상황별 대표기도문

목회자와 평신도 직분자를 위한 상황별 대표기도문

초판 1쇄 발행 | 2015. 07. 10
초판 6쇄 인쇄 | 2024. 12. 20
지은이 | 노진향
펴낸 이 | 정신일
펴낸 곳 | 크리스천리더
편 집 | 이지선
교 정 | 이주련
일부 총판 | 생명의 말씀사 (02) 3159-7979
등 록 | 제 2-2727호(1999. 9.30)
주 소 | 부천시 원미구 중동 1289번지 팰리스카운티 아이파크상가 3층
전 화 | (032) 342-1979
팩 스 | (032) 343-3567
도서 출간 상담 | E-mail:chmbit@hanmail.net
Homepage | cjesus.co.kr

ISBN : 978-89-6594-355-6   03230

정가 : 18,500원

저자와의 협약 아래 인지는 생략되었습니다.
이 출판물은 저작권법에 의해 보호받는 창작물이므로, 무단 복제와 무단전재를 할 수 없습니다.

■ 잘못된 책은 구입하신 곳에서 바꿔드립니다.

목회자와 평신도 직분자를 위한

상황별 대표기도문

A Prayer for pastors and Lay leaders

노진향 목사

크리스천리더

머리말

교회에서 직분자라면 특수한 경우를 제외하고는 대표기도를 피해갈 수가 없습니다. 교회의 유형에 따라 예배형식과 모임의 성격이 약간 차이가 있긴 하지만, 어느 교회든 직분자라면 대표기도를 해야만 하는 때가 반드시 돌아오기 때문입니다. 물론 대형교회 같은 경우는 예외가 될 수도 있습니다.

제직들이 수백 명 혹은 수천 명이 되기 때문에, 기도 순서가 자신에게까지 돌아온다는 것이 그리 쉽지 않기 때문입니다. 그러나 대형교회의 경우도 주중에 다양한 예배와 수십 가지 모임들을 갖고 있고, 교회이외의 장소에서도 다양한 모임을 갖고 있기 때문에 필연적으로 대표기도를 해야만 하는 순서는 돌아올 수밖에 없습니다. 그리고 작고 큰 교회를 떠나서 대표기도는 꼭 교회안의 예배와 모임에만 국한되는 것이 아닙니다. 교회 안에서의 예배를 비롯하여 교회 밖에서 행해지는 구역(셀)모임, 심방예배, 가정예식, 각종모임에 이르기까지, 대표기도는 매우 폭 넓게 적용되기 때문입니다. 심지어 신앙의 만남을 갖는 일대일의 신앙상담이나 식사자리에서도 대표기도를 할 있습니다.

그러므로 개 교회를 섬기고 있는 교우라면 특히, 직분자라면 교회 공 예배를 떠나서 어느 모임, 어떤 자리에서도 대표기도를 할 수 있다는 생각을 항상 인식하고 있어야 합니다. 그리고 그 때를 대비하여 나름대로 조금씩 익혀두는 것이 교회생활과 신앙생활에 많은 유익을 가져다줍니다.

또한, 나름대로 대표기도를 준비하다보면 개인의 변화와 영적인 성장에도 많은 도움을 줍니다. 왜냐-하면 기도란 것은 하나님의 은혜를 받는 방편 중에 하나가 되기 때문입니다. 그리스도인들이 은혜를 받는 방편이 세 가지인데 말씀과 성찬, 그리고 기도입니다.

그러므로 나름대로 대표기도를 위한 기도를 준비하다보면 더 깊은 영적 세계로 인도하시는 하나님의 은혜를 경험할 수 있습니다. 또 개인적으로 더 깊은 기도를 할 수 있는 기도제목을 얻을 수 있습니다.

제가 쓴 대표기도문을 사랑해주시는 분들이 계시기에 부끄러운 마음으로 또 한권의 기도문을 내놓습니다. 이 한권의 책을 내놓기까지 또 한 번의 산모의 진통과 같은 과정을 겪은 것이 저의 솔직한 고백입니다.

수백 가지가 넘는 기도문을 부족한 필력으로 담아낸다는 것이 그리 쉽지 않았기 때문입니다. 하지만 제가 쓴 기도문을 사랑해주시는 분이 계시기에 용기를 내어 쥐어짜내는 기도를 하면서 한자씩 원고에 적어보았습니다.

이 기도문을 접하시는 분들에게 한 가지 부탁드리고 싶은 것은 그냥 읽기용으로만 사용하지 않으셨으면 하는 바람입니다. 바쁘시더라도 기도하는 마음으로 이 책의 기도문이 입에 밸 때까지 읽고 또 읽으면서 자신의 기도로 만들어 가보십시오. 그렇게만 하신다면 훨씬 더 폭넓은 기도의 세계를 경험하면서 다른 신앙의 사람들에게도 도움을 줄 수 있을 것입니다. 그리고 이 책의 특징은 목회자도 사용할 수 있게 집필되었다는 것입니다. 기도가 어렵기는 목회자도 마찬가지이기 때문입니다. 오전예배 기도문에서 '감사와 찬양' 부분은 '개회기도'로도 활용할 수 있습니다.

그리고 공 예배 '봉헌기도'는 목회자와 평신도 모두가 참고할 수 있도록 월별로 실었습니다. 그 외에 '수백 가지 기도문'들을 실었는데, 상황과 때에 맞게 기도문을 활용하고자 하시는 분들에게 많은 도움이 되었으면 합니다.

이 책이 출판되기까지 연약한 종을 위하여 백수의 연세에도 밤낮을 가리지 않고 기도하고 계신 어머니, 그리고 기도로 협력해주신 교우들과 사랑하는 아내에게 감사드리며, 어려운 가운데서도 이 책의 출판을 위하여 힘써주신 크리스천리너 정신일 목사님께도 감사의 말씀을 드립니다.

수리산기슭에서 저자 노진향 목사

"기도문들은 기도하기 위해 쓰여 졌지 읽기 위해 쓴 것이 아니다." _ 스티브 하퍼

목차

머리말 · 4
믿음의 위인들이 말하는 기도 · 12
대표기도 하는 법 · 22
교회력과 일반절기 알아두기 · 31

| 별첨 | 교회력과 절기예배 대표기도문

신년축하주일 · 38 | 주현절 · 40 | 설날 · 204 | 성회수요일 · 206
3.1절 기념주일 · 54 | 사순절 · 56 | 종려주일 및 고난주간 · 62 | 부활절 · 64
어린이주일 · 72 | 어버이주일 · 74 | 성령강림주일 · 78 | 6.25상기주일 · 88
맥추절 · 90 | 8.15광복주일 · 102 | 추석 · 114 | 종교개혁주일 · 122
추수감사절 · 128 | 대림절 · 132 | 성서주일 · 136 | 성탄절 · 140 | 송구영신예배 · 142

| 1장 | 52주 주일오전예배 대표기도문

1월의 기도 · 38 | 2월의 기도 · 46 | 3월의 기도 · 54 | 4월의 기도 · 64
5월의 기도 · 72 | 6월의 기도 · 82 | 7월의 기도 · 90 | 8월의 기도 · 98
9월의 기도 · 108 | 10월의 기도 · 116 | 11월의 기도 · 124 | 12월의 기도 · 134

| 2장 | 52주 주일오후찬양예배 대표기도문

1월의 기도 · 146 | 2월의 기도 · 150 | 3월의 기도 · 154 | 4월의 기도 · 159
5월의 기도 · 163 | 6월의 기도 · 168 | 7월의 기도 · 172 | 8월의 기도 · 176
9월의 기도 · 181 | 10월의 기도 · 185 | 11월의 기도 · 189 | 12월의 기도 · 194

| 3장 | 52주 수요예배 대표기도문

1월의 기도 · 200 | 2월의 기도 · 204 | 3월의 기도 · 208 | 4월의 기도 · 213
5월의 기도 · 217 | 6월의 기도 · 222 | 7월의 기도 · 226 | 8월의 기도 · 230
9월의 기도 · 235 | 10월의 기도 · 239 | 11월의 기도 · 243 | 12월의 기도 · 248

| 4장 | 공예배 봉헌(헌금) 대표기도문

1월의 기도 · 254 | 2월의 기도 · 256 | 3월의 기도 · 258 | 4월의 기도 · 260
5월의 기도 · 262 | 6월의 기도 · 264 | 7월의 기도 · 266 | 8월의 기도 · 268
9월의 기도 · 270 | 10월의 기도 · 272 | 11월의 기도 · 274 | 12월의 기도 · 276

| 5장 | 헌신예배 대표기도문

제직헌신예배 · 280 | 남전도(선교)회 헌신예배 · 282
여전도(선교)회 헌신예배 · 284 | 선교헌신예배 · 286
성가대(찬양대)헌신예배 · 288 | 장학헌신예배 · 290
연합구역(속회)헌신예배 · 292 | 교사헌신예배 · 294
청년(대학)부 헌신예배 · 296 | 중, 고등부 헌신예배 · 298
건축위원회 헌신예배 · 300

| 6장 | 교회특별행사 대표기도문

특별 저녁기도회 · 304 | 특별 새벽기도회 · 305 | 입시생을 위한 기도회 · 306
심령부흥회 · 307 | 찬양집회 · 308 | 간증집회 · 309 | 전도집회 · 310
총동원전도주일 · 311 | 전교인 수련회 · 312 | 전교인 체육대회 · 313
전교인 야외예배 · 314 | 성례식 · 315 | 성찬식 · 316 | 임직식 · 317
교회설립(창립)기념 감사예배 · 318 | 정초(상량)감사예배 · 319
입당감사예배 · 320 | 헌당감사예배 · 321

| 7장 | 교회 회의와 모임 대표기도문

공동의회,사무총회(예, 결산) · 324 | 공동의회(임직자 선출) · 325
제직회 · 326 | 월례회 · 327 | 기관총회 · 328 | 연합구역(속회)모임 · 329
교사모임 · 330 | 성가(찬양)대모임 · 331 | 남전도(선교)회모임 · 332
여전도(선교)회모임 · 333 | 성경공부모임 · 334 | 중보기도모임 · 335
입시생을 위한 어머니기도모임 · 336 | 전도모임 · 337 | 봉사모임 · 338
식사모임 · 339

| 8장 | 구역(셀, 속회)모임 대표기도문

    주님이 바라시는 열매를 많이 맺게 하소서 · 342
    선한 청지기의 본분을 다하게 하소서 · 343
    믿음의 경주를 잘하게 하소서 · 344
    충성스러운 일꾼이 되게 하소서 · 345
    삶의 모든 문제들을 권고하여 주소서 · 346
    강하고 담대한 믿음이게 하소서 · 347
    일꾼을 세워갈 수 있게 하소서 · 348
    주님의 섭리하심을 체험케 하소서 · 349
    맛보고 느껴지는 모임이게 하소서 · 350
    사랑의 마음이 깊어지게 하소서 · 351
    기도의 좋은 습관이 만들어지게 하소서 · 352
    하나님의 나라를 구하게 하소서 · 353
    쓰임 받는 믿음이 되게 하소서 · 354
    나눔과 교제가 기쁨이 되게 하소서 · 355
    모임의 필요성을 깨닫게 하소서 · 356
    성령 충만하게 하소서 · 357
    각 기관과 부서가 든든히 서가게 하소서 · 358
    복음의 전진기지가 되게 하소서 · 359
    마귀를 능히 대적하게 하소서 · 360
    이 나라에 통일을 주소서 · 361
    복된 교회생활이 있게 하소서 · 362
    날마다 부흥하는 모임이 되게 하소서 · 363
    저희의 약점을 보완해 주소서 · 364

| 9장 | 구역(셀, 속회)모임 헌금대표기도문

    사랑과 정성이 담긴 예물이 되게 하소서 · 366
    좀 더 풍성히 드릴 수 있게 하소서 · 367

영원한 것에 가치를 두게 하소서 · 368
기쁨으로 드리게 하소서 · 369
사랑의 소금이 될 수 있게 하소서 · 370
옥합을 깨뜨린 여인의 심정이 되게 하소서 · 371
아벨의 제물처럼 축복하소서 · 372
향기로 받으소서 · 373
주님의 축복을 담아낼 수 있게 하소서 · 374
주께로 돌리는 생활이 되게 하소서 · 375
물질의 은사를 더하여 주소서 · 376

| 10장 | 구역(셀,속회)모임 다과와 식사 대표기도문

영육 간에 복을 더하여 주소서 · 378
섬기는 기쁨이 더하여지게 하소서 · 379
아브라함의 축복을 받게 하소서 · 380
복되고 아름다운 일들이 넘쳐나게 하소서 · 381
축복을 경험하는 삶이 되게 하소서 · 382
주님의 귀한 복을 더하여 주소서 · 383
축복의 통로가 되게 하소서 · 384

| 11장 | 대심방 대표기도문

직장생활을 하는 가정 · 386 | 운송업에 종사하는 가정 · 387
어업에 종사하는 가정 · 388 | 상업에 종사하는 가정 · 389
교육에 종사하는 가정 · 390 | 노동에 종사하는 가정 · 391
정치에 몸담고 있는 가정 · 392 | 자녀가 스포츠에 몸담고 있는 가정 · 393
법조인으로 종사하는 가정 · 394 | 언론인으로 종사하는 가정 · 395
의료인으로 종사하는 가정 · 396 | 예술인으로 종사하는 가정 · 397
연예인으로 종사하는 가정 · 398 | 공직에 종사하는 가정 · 399
방송인으로 활동하는 가정 · 400 | 초신자 가정 · 401 | 신혼가정 · 402

젊은 부부가정 · 403 | 중년 부부 가정 · 404 | 연로한 교우가정 · 405

중직자 가정 · 406 | 수험생 가정 · 407 | 믿음이 신실한 가정 · 408

홀로 신앙생활 하는 가정 · 409 | 먼 거리에 있는 가정 · 410

생활이 바쁜 가정 · 411 | 환자의 가정 · 412 | 문제와 아픔이 있는 가정 · 413

재난당한 가정 · 414 | 부모님을 모시고 사는 가정 · 415

식구가 믿지 않는 성도 · 416 | 종교의 갈등이 있는 가정 · 417

셋집에 살고 있는 가정 · 418

|12장| 일반심방 대표기도문

새로 등록한 가정 · 420 | 방황하는 자녀를 둔 가정 · 421

자녀의 시험 앞두고 있는 가정 · 422 | 자녀의 취직을 앞두고 있는 가정 · 423

자녀가 군대에 가게 된 가정 · 424 | 면회(군대) 425 | 면회(교도소) · 426

장애아를 키우고 있는 가정 · 427 | 자녀가 해외에 나간 가정 · 428

구원의 확신이 없는 성도 · 429 | 불화가 있는 가정 430 | 결별한 가정 · 431

고난당하는 성도 · 432 | 시험에 든 성도 433 | 핍박받는 성도 · 434

고부간의 갈등이 있는 가정 · 435 | 억울한 일을 당한 가정 · 436

외로움과 고독을 느끼는 성도 · 437 | 생활에 지쳐 있는 성도 · 438

열심이 식어진 성도 · 439 | 기도생활이 식어진 성도 · 440

직분을 맡은 성도 · 441 | 헌신의 부담을 느끼는 성도 · 442

헌금에 시험 든 가정 · 443 | 목회자에게 상처받은 성도 · 444

남편이 신앙생활을 반대하는 성도 · 445 | 성수주일이 어려운 성도 · 446

담배와 술을 끊지 못하는 성도 · 447 | 설교를 못 듣는 성도 · 448

영적싸움이 필요한 성도 · 449 | 이단에 미혹된 성도 · 450

모임에 자주 빠지는 성도 · 451 | 자살의 충동을 느끼는 성도 · 452

|13장| 가정 애경사(哀慶事) 대표기도문

잉태 · 454 | 힘든 잉태 · 455 | 출산 · 456 | 생일(백일, 돌) · 457
입학(초등학교) · 458 | 졸업(대학) · 459 | 결혼(자녀) · 460 | 취직(어른) · 461
승진 462 | 수상(受賞) · 463 | 생일(어른) · 464 | 수연(회갑) · 465
희수(칠순), 산수(팔십) · 466 | 이사(확장) · 467 | 이사(축소) · 468 | 입주 · 469
사업(개업) · 470 | 사업(경영) · 471 | 사업(확장) · 472 | 사업(이전) · 473
가게(개업) · 474 | 건축(집) · 475 | 사업실패 · 476 | 실직 · 477 | 이혼 · 478
입원 · 479 | 장기입원 · 480 | 수술(자녀) · 481 | 수술(어른) · 482
수술(응급) · 483 | 질병(깊은 병) · 484 | 불치병(난치병) · 485
별세(사고) · 486 | 별세(자녀) · 487 | 별세(부모) · 488 | 사별(남편) · 489
사별(부인) · 490

|14장| 가정예식(禮式) 대표기도문

약혼식 · 492 | 결혼식 · 493 | 임종(1) · 494 | 임종(2) · 495 | 입관식(1) · 496
입관식(2) · 497 | 발인식(1) · 498 | 발인식(2) · 499 | 하관식(매장) · 500
하관식(안장) · 501 | 화장(1) · 502 | 화장(2) · 503 | 추모식(부모님기일) · 504
추모식(남편, 아내기일) · 505 | 추모식(형제기일) · 506
추모식(자녀기일) · 507 | 추모식(교우기일) · 508
추모식(초신자 가정) · 509 | 추모식(불신자 가정) · 510
추모식(성묘) · 511 | 추모식(설날) · 512 | 추모식(추석) · 513

|15장| 가정추모(追慕) 예배가이드(guide)

부모님기일(신자가족과의 추모예배) · 516
부모님기일(불신가족과의 추모예배) · 518
형제(자녀)기일 · 520
성묘(부모님) 522 | 설날 524 | 추석 · 526

[믿음의 위인들이 말하는 기도]

1. 기도란 무엇인가?

교제 | 기도는 육신의 눈으로 볼 수 없는 하늘 아버지와의 거룩한 교제이며 신성한 대화이다. _작자미상

대화 | 기도는 하나님의 자녀들이 그의 아버지 되시는 하나님과 대화하는 것이다. _클레멘트

호흡 | 기도란 호흡이다. 나는 왜 호흡하는가? 하지 않으면 죽기 때문이다. _키에르 케고오르

고백 | 나에게 있어서는 일할 때나 기도할 때나 다를 바가 없다. 기도는 하나님의 임재를 늘 고백하는 것이다. _브라더 로렌스

임재 | 기도는 바로 하나님의 임재의 체험이다. 즉 기도는 하나님의 임재를 실습하는 것이다. _브라더 로렌스

의무 | 기독교에서 부과된 의무들 중에 기도보다 더 본질적이고 더 소홀히 되는 것은 없다. 대부분의 사람들은 기도를 고된 의식으로 간주하여 가능한 한 단축하는 것을 정당시한다. _페네론

특권 | 기도는 어떠한 필요에 의하여 부르짖는 것 이상으로 영적 생활을 유지하기 위하여 우리에게 주어진 특권이다. _헤럴드 프릴리

영혼의 방패 | 기도는 내 영혼의 방패요, 기도는 하나님께 드리는 제물이요, 기도는 사탄을 향해 휘두르는 채찍이다. _존 번연

영혼의 갈망 | 기도는 영혼의 갈망이다. 유한 세계에 존재하는 상대적 인간이 온 세계를 주관하신 절대자 하나님께 향한 영혼의 갈망이다. _김정복

일하심 | 하나님은 기도로 모든 것을 하시며 기도를 떠나서는 아무것도 하지 않으신다. _요한 웨슬레

2. 왜 기도해야 하는가?

목적 | 기도의 목적은 하나님의 영광을 나타내는 것이다. _R. A. 로레이

통로 | 기도는 하나님과 내가 그리스도로 말미암아 만날 수 있는 유일한 길이며, 하늘의 기쁨을 지상에 끌어내릴 수 있는 유일한 통로이기 때문이다. _작자미상

능률 | 당신은 기도한 후 기도하는 이상의 것을 할 수 있다. 그러나 당신이 기도하기 전까지는 기도하는 이상의 것을 할 수 없기 때문이다. _A.J 고든

성장의 요소 | 일반적으로 기도는 모든 삶에 있어서 영원한 성장의 요소인 출발점과 목적 그 자체가 되기 때문이다. _피얼슨

영혼의 치료 | 무력해지며 둔해지는 영혼을 고칠 수 있는 방법은 끊임없이 기도하는 것뿐이다. _요한 웨슬레

믿음의 강화 | 모든 좋은 것을 아시는 하나님이 왜 우리에게 기도를 원하시는가? 그것은 모든 좋은 것이 하나님께로부터 온다는 믿음을 강화시키기 위해서이다. _요한 칼빈

경건생활 | 기도가 없는 경건생활이나, 경건생활이 없는 기도는 있을 수 없기 때문이다. _바운즈

방어수단 | 항상 깨어 기도로 준비하고 있는 사람에게는 사탄이 들어올 틈이 없다. _작자미상

긍휼과 은혜 | 만일 하나님의 긍휼과 은혜가 없다면 우리의 삶과 노력은 완전히 끝날 것이다. 하나님의 긍휼과 은혜는 기도를 통하여서만 우리가 얻을 수 있기 때문이다. _작자미상

치료제 | 믿음의 기도만이 우주에서 전능하신 여호와를 움직일 수 있는 능력이요, 최상의 치료제이기 때문이다. _로버트 홀

3. 언제 기도해야 하는가?

아침에 | 우리에게 허락하신 하루의 아침과 일생의 아침을 주님께 드리자. _찰스 스펄전

온종일 | 온종일 하나님 앞에서 그대가 기도하는 시간을 갖도록 힘쓰며, 종종 하나님 앞에서 늘 신선한 기도의 샘물이 되도록 하라. _찰스 스펄전

날마다 | 어쩌다 하는 기도는 하나의 위장이자 마지못해 하는 일이요, 어릿광대 극이자 기만이다. _바운즈

언제나 | 그리스도인에게 있어서 기도하기를 쉬는 것은 하나님 아버지 앞에 큰 죄가 된다. 그러므로 하나님의 자녀인 우리들은 언제나 어느 경우에도 아버지께 기도를 계속 해야 한다. _작자미상

걸을 때ㅣ 교회나 골방을 찾을 때까지 기도를 미룰 필요가 없다. 당신이 걷는 순간에도 하나님은 듣고 계신다. _맥도날드

바쁠수록ㅣ 바쁠수록 더 기도해야 한다. 왜냐하면 사단은 그때를 노리고 있기 때문이다. _빌 하이벨스

일이 생길 때ㅣ 하고자하는 어떠한 일이 생기거나 혹은 내가 해서는 안 될 일이 있다면 온전히 기도하라. _작자미상

나이 들수록ㅣ 나이가 들어갈수록 더 많이 기도하라. 그래야 신령한 일이 냉랭해지지 않는다. _조지 뮬러

새벽에ㅣ 새벽기도한 사람치고 잘못된 사람이 없고 세계적으로 위대한 일을 해치웠던 인물들은 다 새벽기도에 열심히 나왔던 사람이다. _바운즈

기도가 안 될 때ㅣ 기도가 안 되고 기도하고 싶지 않은 순간이 바로 기도해야 하는 순간이다. _토레이

4. 어떻게 기도해야하는가?

회개ㅣ 기도는 형식이 필요 없다. 깨어지고 부서진 마음의 소리나 한숨이나 속삭임이라도 심령의 맑음과 회개함이 있다면 하늘 길을 찾아낸다. _부룩스

솔직하게ㅣ 기도 속에서 그대는 친구에게 말하듯 자연스럽게 가슴의 것들을 털어놓으라. 그 후에야 창조적이며 자유로운 하나님과 성숙한 관계에 이를 것이다. _콥번

구체적으로ㅣ 육신의 부모님께 구체적으로 나의 필요를 요청하듯이, 하

나님 아버지께도 구체적으로 기도하라. _작자미상

의지함으로 | 기도할 때 모든 일이 하나님께만 달려 있다 생각하고 기도하라. 일할 때는 모든 일이 자신에게 달려 있다고 생각하며 일을 하라. _히포

전심으로 | 마음에 없이 말로만 하는 기도보다 오히려 말은 없어도 뜨거운 마음을 가지고 하는 기도가 더 소중하다. _존 번연

확신 가운데 | 기도는 시작한 것만으로 된 것이 아니고, 옳게 한 것만으로도 된 것이 아니며, 얼마동안 계속하는 것만으로도 된 것이 아니라, 하나님께서 응답하실 줄로 믿고 응답받기까지 확신가운데 계속 하는 것이다. _조지 뮬러

이루어질 때까지 | 이루어질 때까지 쉬지 말고 기도하라. 기도는 그렇게 하는 것이다. _존 낙스

말씀을 묵상하면서 | 그리스도인으로서 얻은 가장 위대한 발견은 성경을 묵상할 때 더욱 큰 기도의 효과를 얻게 된다는 것이다. _조지 뮬러

시간을 지켜서 | 기분에 따라 기도하지 말고 주님과 약속된 기도 시간을 잘 지켜야 한다. _작자미상

맞설 수 있도록 | 위험을 피하기 위해 기도하지 말고 그 위험을 두려움 없이 맞을 수 있도록 기도하라. _라빈드라나스 타골

예수 이름으로 | 예수 그리스도의 이름으로 기도할 때, 그것은 그리스도 자신이 기도하신 것과 같은 기도이다. _딕 이스트만

5. 무엇을 기도해야하는가?

성령 충만을 위하여 | 기도를 통하여 우리는 성령 충만함을 받을 수 있다. 성령 충만했던 초대교회의 신도들은 모두 기도의 사람들이었다. _작자미상

능력을 달라고 | 편하고 쉬운 인생을 위하여 기도하지 말고 삶의 모든 환경에 승리할 수 있는 능력주시기를 기도하라. _파스칼

필요한 것을 위하여 | 그리스도인은 자신이 원하는 바를 구하지 말고, 자신이 필요한 것을 구해야 한다. _존 라이스

타인을 위하여 | 남을 위해 기도하는 것은 그를 위하여 다른 선을 행하는 것보다 가치가 있다. 이것은 무엇보다 기도하는 일이 가장 큰 사랑이라는 의미이다. _루터

핍박자를 위하여 | 당신을 괴롭히고 모욕하는 사람을 위하여 기도하라. 하나님께서 당신에게 보상하실 것이다. _작자미상

순종하기 위하여 | 우리 모두 주님께 나아가 우리가 상실해 버린 바 주님처럼 하나님께 순종했던 그 기술을 다시 가르쳐 주시기를 기도하자. 그러나 주님은 그 대가를 지불할 준비가 되어 있는지를 물으신다. 그 대가란 우리 자신을 완전히 그리고 철저히 부인하는 것이다. _앤드류 머레이

6. 어떤 기도에 응답하시는가?

기도의 동기 | 하나님의 보좌를 움직이는 기도는 바른 동기로부터 시작되는 기도이다. 하나님은 기도하는 사람의 형식보다 그 동기를 눈여겨보신다. _조지 뮬러

신실한 기도 | 신실한 기도 속에 새로운 느낌, 새로운 의미, 새로운 용기가 주어진다. 기도는 사실 교육이다. _도스토예프스키

솔직한 기도 | 하나님은 능숙하게 기도하는 것보다 진실하고 솔직한 기도를 들으신다. _죠지 뮬러

진지한 기도 | 나 자신은 기도가 효험이 없는 것이라고 감히 말할 수 없다. 진지하게 기도했을 때는 응답을 받았다. _스탠리존스

전심으로 하는 기도 | 전심으로 기도하는 열정에 사로잡힐 때만 생명을 주는 불은 내려온다. _작자미상

합당한 기도 | 편안한 삶을 위해 기도하지 마라. 강한 사람이 되도록 기도하라. 당신의 능력에 합당한 사명을 위해 기도하지 마라. 오히려 당신의 사명에 합당한 능력을 구하라. _필립스 브룩스

물러서지 않는 기도 | 기도할 때 명심할 것은 응답이 내리기 전까지 결코 물러나지 않는 일이다. _조지 뮬러

남을 위한 기도 | 남을 위한 기도는 자기를 위한 기도보다 더 능력이 있다. 원수를 위한 기도는 이웃을 위한 기도보다 더 능력이 있다. 기도 속에 사랑이 있기 때문이다. _작자미상

시간을 드리는 기도 | 기도하기에 가장 좋은 시간을 하나님께 기꺼이

바치는 사람은 하나님의 음성을 분명히 들을 수 있으며 하나님의 능력과 여러 가지 도움을 지속적으로 공급받을 수 있다. _죠지 뮬러

중보기도 | 중보기도는 남도 살리고 자기도 살리는 기도이다. _작자미상

하나님 뜻에 맞는 기도 | 하나님의 뜻이 아닌 것을 제외하고는 응답되지 않는 기도란 없다. _코트랜드 마이어

7. 어떤 기도에 응답하시지 않는가?

맞지 않는 기도 | 어린 아이가 울며 떼쓴다고 어린아이의 모든 요구를 다 들어주는 부모는 세상에 없다. _작자미상

회개가 없는 기도 | 기도가 응답되지 않는가? 먼저 회개부터 하고 부르짖어 간구하라. _작자미상

태만한 기도 | 우리가 기도의 결실을 얻지 못하는 이유는 기도의 태만 때문이다. _Joshua C.

영적조건이 채워지지 않은 기도 | 응답받지 못하는 기도는 영적 조건들이 채워지지 않았기 때문이며 하나님께서는 그 조건이 채워질 때까지 기다리신다. _존 터너

열심이 없는 기도 | 열심이 없는 기도는 죽은 개로 벼룩을 사냥하는 것과 같고 눈먼 매로 빈대를 잡으려는 것과 같다. _작자미상

간절함이 없는 기도 | 간절함이 없는 기도는 버린 기도이다. _티아메르 토드

8. 기도의 능력

세상을 다스리심 | 하나님은 성도의 기도로 세상을 다스리신다. _앤드류 머레이

세계를 움직이는 손 | 세계를 지배하는 손을 움직이는 것은 바로 기도이다. _존 라이스

한 민족보다 강함 | 기도하는 한 사람이 한 민족보다 강하다. _존 낙스

역사의 흐름을 바꿈 | 기도 가운데 하나님께 담대하게 나아가는 자가 역사의 흐름을 바꿀 수 있다. _작자미상

사람을 변화시킴 | 기도는 상황을 변화시키기도 하지만 더 많은 경우에 기도는 기도하는 사람을 변화시킨다. _이. 엠. 바운즈

고통을 견딤 | 자기 영혼도 기도 석에다 흠뻑 적신 사람들은 모든 고통을 조히 견딜 수 있다. _밀레스

넉넉히 이김 | 영혼이 하나님의 앞에 안기는 것은 대단히 유익한 일이다. 어디에 가든지 주님과 함께 동행 한다면 문제가 될 것은 없다. _마더 테레사

사단을 이김 | 두 시간 기도하면 내가 사탄에게 지고 세 시간 기도하면 내가 사탄을 이긴다. _마틴 루터

천국을 봄 | 기도는 하나님 말씀을 확실하게 듣는 귀요 천국을 보는 눈이다. _정문호

교회가 부흥됨 | 내 교회는 내 눈에서 눈물이 흐르지 않는 동안은 결코 부흥되지 않을 것이다. _스탄필

하늘보좌를 움직임 | 합심기도는 하나 된 마음의 역사다. 마음을 합하여 하나님께 간구한 하나의 기도는 하늘 보좌를 움직이는 힘이다. _작자미상

삶의 차이가 있음 | 하루(24시간)의 십일조(2시간 24분)를 성별하여 하나님께 기도로 바친 자의 삶과 그렇지 못한 자의 삶에는 큰 차이가 있다. _여호수아

9. 기도의 적

미룸 | 내일 기도하자는 생각은 마귀가 주는 생각이다. _김준곤

변명 | 악마는 그리스도인이 변명의 밭을 갈 때 희열을 느낀다. _딕 이스트만

태만 | 기도에 태만한 것은 성도의 면류관과 왕국을 축소시키는 것이다. _마틴 루터

게으름 | 해가 떠서 비췰 때 기도하지 못한 자는 구름이 일어났을 때도 기도할 줄 모른다. _비델올도

바쁨 | 너무 바쁘다고 기도하지 않는 사람은, 너무 바쁘다고 자신의 건강을 돌보지 않는 사람과 같다. _작자미상

[대표기도 드리는 법]

1. 대표기도란?

대표기도란 쉽게 말해서 한 사람이 회중을 대표로 하여 하나님께 드리는 기도이다. 그러므로 대표기도를 하는 사람은 대표기도에 대한 분명한 이해가 있어야 한다.

1) 회중 모두가 기도의 주체자라는 것이다.
대표기도는 회중 한 사람이 회중 전체를 대표하여 하나님께 드리는 기도이다. 때문에 회중 모두가 기도의 주체자라는 것을 잊어서는 안 된다.

2) 공동체의 관심과 문제를 파악할 수 있어야 한다.
대표기도는 한 사람이 기도를 하는 것이지만, 회중을 대표하여 기도하는 것이기 때문에 공동체의 관심과 문제가 무엇인지를 정확히 파악하고 있어야 한다.

3) 개인에 관계된 기도내용으로 치우치지 말아야 한다.
대표기도는 회중을 대표하여 기도하는 것이다. 그러므로 기도의 성격과 내용이 개인과 관련된 기도 내용으로 흘러가지 않도록 주의해야만 한다. 자칫 잘못하면 대표기도의 자리가 사사로운 인간의 감정을 들추어내는 추잡스러운 자리로 변할 수 있기 때문이다.

4) 기도의 방향을 제시할 수 있어야 한다.
대표기도자는 회중전체로 하여금 예배에 집중하도록 인도하며 기도의 방향을 제시해 줄 수 있어야 한다. 개인 또는 교회가 감당해야만 할 책임감에 대하여 자각할 수 있도록 해야 하고, 관심을 가질 수 있도록 기도의 방향을 제시할 수 있어야 한다.

2. 대표기도는 언제 하는가?

대표기도는 교회공적인 예배나 모임에서, 또는 교회예식이나 가정예식에서 하게 된다. 예컨대 주일오전예배, 주일오후찬양예배, 수요 예배, 구역(속회)예배, 결혼식, 장례식, 절기예배, 가정예배, 헌신예배, 심방예배, 주일학교예배, 기타 모임 등을 들 수 있다.
그러나 대표기도를 하면서 분명히 기억해야 할 것은, 어떠한 경우든 기도의 참다운 의미는 하나님을 진심으로 경배하고 영광 돌리며, 진실한 간구를 올리는데 있다는 것을 놓치지 말아야 한다.

3. 대표기도는 어떻게 하는가?

 하나님께 드리는 모든 기도의 형태가 그렇듯이 대표 기도의 형태도 찬양과 감사, 죄에 대한 고백, 회중 전체의 염원과 소망을 담은 간구, 기도를 들어주실 것에 대한 신뢰와 확신, 예수님의 이름으로 아멘 하며 끝을 맺는다. 이것을 자세히 구분하여 살펴보면 다음과 같다.

1) 감사와 찬양
 대표 기도도 개인 기도와 마찬가지로 먼저 하나님께 대한 감사와 찬양으로 시작된다. 그 이유는 온 우주 만물의 창조주가 되시고, 죽을 수밖에 없는 죄인인 우리를 구속하여 주시며, 거룩한 자녀로 삼아 주시고, 지금도 우리와 함께 하시는 주님의 은혜와 사랑을 찬양하고 감사하며 영광 돌리는 것이 지극히 당연한 것이기 때문이다.
예수님께서 제자들에게 가르쳐 주신 주기도문을 봐도 하나님께 대한 찬양과 영광이 서두에 나와 있다. 그러므로 하나님의 은혜와 사랑에 감사하며 그 이름을 높이는 기도가 우선 되어야만 한다.

2) 고백과 회개
 하나님께 무엇을 기도하기 전에 먼저 선행되어야 할 것은 하나님과의 관계를 바르게 확립하는 것이다. 그 중에서도 제일 중요한 것이 죄에 대한 고백과 회개이다. 허물 많고 죄 많은 우리가 거룩하신 하나님 앞에 서 있으면서 죄에 대한 깨달음이 없고 서야 우리가 어떻게 하나님의 사랑과 용서와 십자가의 그 크신 은혜를 깨닫고 있는 주님의 자녀라고 말할 수 있겠는가. 우리는 " 하나님이 구하시는 제사는 상한 심령이라 하나님이여 상하고 통회하는 마음을 주께서 멸시치 아니하시리이다."(시 51:17) 라고 고백한 시편 기자의 회개에 귀를 기울여야만 한다. 회개가 이루어지지 않고는 하나님과의 정당한 관계를 회복하기란 매우 불가능한 일이다.

3) 간구

간구는 말 그대로 원하는 바를 하나님께 아뢰고 도움을 구하는 것이다. 기도의 형식이 대표성을 띠고 있는 만큼 간구하는 내용도 개인의 소망이나 염원이 아니라, 회중 전체의 염원과 소망에 초점을 맞춰야 할 것이다.
예컨대 성도들의 영육 간에 강건함을 위해, 교회의 부흥과 성장을 위해, 나라의 안녕을 위해, 가정과 어려움을 당하는 이웃을 위해, 질병을 앓고 있는 교우들을 위해, 목회자를 위해 교회 직분자와 기관을 위한 것들에 간구의 초점을 맞춰야만 한다. 그리고 무엇보다 중요한 것은 이기적인 간구가 아니라 하나님께서 기뻐하시는 것을 구해야 한다는 것이다.

4) 예수님의 이름으로

우리는 거룩하신 하나님 앞에 결코 나아갈 수 없는 죄인이지만 예수 그리스도의 보혈의 공로로 하나님의 은혜의 보좌 앞으로 나아가게 되는 특권을 갖게 되었다. 예수님께서 우리의 중보자가 되지 않으셨더라면 우리는 결코 하나님 앞에 설 수 없는 존재들이다. 그러므로 예수님이 우리와 하나님 사이에 가로막혀 있던 죄악의 담을 허시고 우리의 중보자가 되셨기 때문에 예수님의 이름으로 기도해야만 예수님께서 기도의 영이신 성령을 통하여 우리의 연약함을 도와주시고, 하나님 앞에 우리가 드리는 기도가 상달 될 수 있도록 이끌어 주신다.
그러므로 예수님의 이름은 우리의 기도가 상달 되는 조건이다. 성경에 보면 예수님께서도 자신의 이름으로 구할 것을 친히 말씀하셨습니다.

"내 이름으로 아버지께 무엇을 구하든지 다 받게 하려 함이라"(요 15:16)

"지금까지는 너희가 내 이름으로 아무것도 구하지 아니하였으나 구하라 그리하면 받으리니 너희 기쁨이 충만하리라"(요 16: 24)

5) 아멘

아멘 의 뜻은 "그렇게 될지어다."이다. 복음서에는 "진실로"라고 자주 번역된다. "아멘"이란 믿음과 소원의 표현이다. 우리의 강한 열망을 표현하며 하나님의 권능과 진실하심에 대한 우리의 확신을 표현하는 신앙고백이 "아멘"이다. 그러므로 우리는 기도할 때 응답의 풍성함을 확신하고 기대하며 "아멘" 할 때, 하나님께서는 우리의 기도에 응답하여 주실 것이다.

4. 대표기도는 어떻게 준비해야 하는가?

교회의 공식 예배의 경우 사전에 대표 기도를 준비할 수 있도록 한 달 전, 또는 한 주 전에 대표기도 담당자를 교회소식지에 기재한다. 따라서 자신이 대표기도 담당자라는 것을 알고 그때부터 준비하면 된다.
그러나 제직이라면 자신이 언제라도 대표기도 할 수 있다는 것을 생각할 때, 항상 대표기도를 준비하는 습관을 갖는 것이 바람직하다.

5. 대표기도 시 빼먹지 말아야 할 기도

대표기도는 주일예배의 경우 주마다 내용이 다를 수 있다. 나라와 민족을 위해서도 기도할 수 있고, 고통 받는 이웃을 위해서 기도할 수 있다. 또한 교회의 각 기관을 위해서나 특별행사를 위해서도 기도할 수 있다. 그리고 특별히 교우 중에 질병이나 어려움 당하는 자들을 위해서도 기도할 수 있고, 믿음이 연약한자나 교회 특별 행사를 위해서 기도할 수 있다.
그러나 매번 기도할 때마다 빼먹지 말아야 할 기도가 있으니, 그 날 말씀을 전하는 목사님에 대한 기도이다. 이 기도는 절대로 사사로운 감정의 지배를 받아서는 안 된다. 예배의 모든 순서가 중요하겠지만 가장 중요한 부분이 말씀선포이기 때문이나.

일반 기도의 자리에서도 그 교회를 담임하고 있는 목사님에 대한 기도는 빼놓지 않는 것이 그 교회에서 신앙의 지도를 받고 있는 성도의 마땅한 도리이다.

6. 대표기도 시 버려야 할 악습관

1) 길지 않아야 한다.
길게 하면 믿음이 좋아 보이는 것 같이 생각하기 쉬우나 대표 기도가 길어지면 예배 시간의 전체적인 조화가 깨어지기 쉽고, 회중이 지루해 지고, 설교시간을 침범하게 된다. 따라서 대표기도는 2~3분 정도이면 합당하다.

2) 탄원과 원망과 원성이 섞여 있으면 안 된다.
대표기도 시간을 이용하여 교회에 대한 불만과 불평을 늘어놓는 경우가 종종 있는데 이것은 하나님께로 향하여 있는 성도들의 마음을 막아버릴 뿐만 아니라 자신도 하나님 앞에 범죄하는 행위나 다름없다.

3) 개인 기도로 착각하지 말아야 한다.
대표기도의 내용을 보면 회중을 대표하는 기도라기보다 개인기도와 관련된 제목들을 가지고 기도를 하는 경우가 종종 있다. 따라서 자신이 기도하는 내용이 대표 기도의 성격을 띠고 있는지 아니면 개인 기도로 치우치고 있는지 잘 분별하여 기도할 수 있어야 한다.

4) 설교 식으로 하지 말아야 한다.
간혹 대표기도자 중에 하나님께 대한 설교인지, 혹은 광고인지, 기도인지를 분간할 수 없이 기도하는 경우가 있다. 이 같은 기도는 성도들을 지루하게 만들고 따분하게 만들므로 대표기도 하는 자는 각별히 주의해야 한다.

5) 상투적인 용어를 쓰지 말아야 한다.
호칭의 남발이나, 앞뒤의 연결성이 결여된 반복이나, 의미 없이 인용하는 성경이나 인물 등은 기도를 맥없이 만드는 요인이 된다.

6) 가성을 쓰지 말아야 한다.
기도생활을 많이 하고 영적으로 충만하다는 것을 드러내 보이려고 일부러 쇳소리 같은 가성을 내며 기도하는 경우가 있는데 이것은 아직도 대표기도의 성격을 파악하고 있지 못한 무지한 행동이다.

7) 어려운 문자를 사용하지 말아야 한다.
될 수 있으면 온 회중이 쉽게 알아들을 수 있는 평범한 언어를 구사하는 것이 대표 기도자의 바람직한 언어태도이다.

8) 격한 어조로 기도하지 말아야 한다.
대표 기도를 하는 사람 가운데 시종 울음 섞인 음성으로 기도하는 사람도 있고, 웅변조로 기도하는 사람도 있다. 예배에 참석한 사람들 가운데는 사업이 잘되고, 승진하고, 기쁘고, 즐겁고, 밝은 마음으로 예배에 참석한 사람들도 있고, 반대로 괴로움과 슬픔과 좌절 가운데 잠겨있는 사람도 있기 때문에 처음부터 끝까지 격한 어조로 기도하는 일은 삼가 해야만 한다.

9) 축복이란 말은 가급적 사용하지 않는 것이 좋다.
축복은 한 사람이 다른 사람을 위해서 하나님께 복을 달라고 기도하는 것이고(즉 목사가 하나님께 기도하여 성도들에게 복을 비는 것은 축복이다) 복은 친히 하나님께서 내려 주시는 것이다. 그러므로 기도 가운데 하나님께 축복하여 달라는 말은 대표기도 하는 자가 하지 않는 것이 바람직하다.

10) 기도의 습관적인 잘못된 말버릇은 고쳐야 한다.
사람마다 그 사람에게 독특한 말버릇이 있다. 어떤 사람은 "에…." "그런데…." "그리고…" 이렇듯 기도하는 데에도 좋지 못한 말버릇이 섞여 나오는 경우가 많이 있다.
이를테면 "아버지하나님'이라는 말은 하나님을 아버지로 고백하고 부르는 매우 은혜로운 말이지만, 말끝마다 "아버지하나님'을 연발하는 이런 기도 습관은 결코 바람직하지 않다.
또한 "주여…." 하면서 한숨을 내쉬듯 하는 버릇은 듣는 이로 하여금 짜증스러움을 유발시킬 수 있으므로 은혜로운 기도가 되기 위해서는 이런 습관적인 말버릇은 고치는 것이 유익하다.

11) 개인적이기 보다는 일반화 시킨 대명사를 사용해야 한다.
예컨대 '제가' 보다는 '저희가', '내가' 보다는 '우리가'로 일반화 시킨 대명사를 사용해야 한다.

12) 하나님 또는 예수님에 대하여 "당신" 이라는 단어는 사용하지 않는 것이 바람직하다.
'당신'이라는 말이 상대방을 향한 극존칭이기는 하나, 하나님을 향해서 '당신'이라고 부르는 것은 좋은 언어적 습관이라고는 볼 수 없다. 그리고 하나님을 향하여 '당신'이라는 단어를 사용하면 하나님을 격하 시키는 것이 되고 무례함을 범하는 것이 될 수도 있음을 잊지 말아야 한다.

13) 자랑 하듯이 기도하지 말아야 한다.
기도는 어디까지나 기도 그 자체에서 벗어나서는 안 된다. 어떤 경우에 보면 기도 시간이 성경암송 시간인 듯 착각하게 되는 경우도 있다.
신구약 성경의 여러 구절들을 언급 하면서 모든 성경을 훤히 알고 있는 것처럼 자랑하는 듯 한 인상을 주는 경우가 있는데 기도 시간에 여러 성경 구절들을 자주 인용하여 성경해석을 하는 식으로 기도하는 것은 좋지 못한 습관이다.

14) "지금은 처음시간" 이라는 말을 하지 말아야 한다.
사회자가 예배의 시작을 알리면 이미 예배는 시작된 것이다. 그 후에 사회자가 기도를 하고, 찬송을 부르고, 성시를 교독하고, 사도신경으로 신앙고백을 한 뒤에 또 찬송을 부르고 나서 대표기도자가 나와 대표기도를 하는데, 대개의 대표기도자들은 자기의 기도하는 그 시간이 예배가 시작되는 첫 시간으로 착각을 하는 경우가 있다.
그래서 "지금은 처음 시간이오니 마치는 시간까지"라고 기도한다. 이것은 잘못된 것이고 "예배의 시종을 주님께 의탁한다거나 또는 예배가 이미 시작되었다.'는 식으로 말을 바꿔야만 한다.

15) 기도의 성격을 잘 알아야한다.

주일오전예배인지, 오후찬양예배인지, 구역(속회) 예배인지, 식사 감사 기도인지 기도의 성격을 잘 알아야 하고 거기에 맞는 기도를 드려야 한다. 어떤 이는 설교후의 기도를 하면서 이제 예배를 시작 하는 것 같은 착각을 일으키게 하기도 하며, 식사기도를 하면서 예배기도 하듯이 길게 하는 경우도 있기 때문이다.

16) 중언부언 하지 말아야 한다.

중언부언은 "바타르 게네테" 라는 말인데 이것은 히브리어의 "파트파트"라는 단어에서 비롯된 것이다.

이 단어의 뜻은 어린아이들이 어른에게서 말을 배울 때, 그 뜻도 알지 못하고 부모를 따라 발음하는 데서 이 단어가 생겨났다. 그러므로 중언부언이란 말은 마음에도 없는 단어의 기계적인 반복이며 마음의 간절함이 없이 길기만 하고, 말만 많은 나열일 뿐이다.

17) 발음이 정확해야만 한다.

자신은 이해할 수 있으되 청중이 알아들을 수 없다면 이보다 더 답답한 것은 없다. 청중을 대표하여 하나님께 드리는 기도이므로 청중이 대표기도에 참여할 수 있도록 유도하는 것이 대표로 기도하는 자의 기도자세이다.

7. 대표기도 시 틀리기 쉬운 말들

1) '당회장'은 '담임목사'로

당회장이란 호칭은 당회가 있을 시에만 사용하는 호칭이지, 평소 때에 일반적으로 사용하는 호칭이 아니다. 따라서 대표기도 할 때에 담임목사에 대하여 '당회장님', '당회장 목사님', '당회장 사자 목사님'이란 호칭을 사용하는 것은 적합하지 하지 않다.

2) '제단'은 '교회'로

흔히 교회를 제단이란 말로 종종 바꾸어서 사용하게 되는데, 제단이란 말은 십자가 밑에 성경을 놓아두는 촛대를 둔 곳을 말한다. 그러므로 교회를 이야기하려고 할 때 가급적 제단이란 말은 피하고 교회라는 명칭을 사용하는 것이 바람직하다.

3) '새신자'는 '교우'로
성도(Saints)라는 명칭은 원래 초대 교회 시 순교한 교인들이나 사도들이게 붙인 호칭이다. 그리고 교인 전체를 부를 때에 '성도'라고 일컫는다. 따라서 금방 등록한 사람을 성도라고 부르는 것은 너무 지나친 표현이 될 수도 있다. 이럴 때는 가급적이면 '교우'라고 부르는 것이 적합하다.

4) '예배보다'는 '예배드리다'로
예배를 보는 것과 예배를 드리는 것은 그 의미가 엄격히 다르다. 본다는 것은 내가 무엇인가를 구경할 때 쓰는 말이고, 드린다는 것은 내가 무엇인가를 할 때 쓰는 말이다. 따라서 '예배를 본다.'는 말은 구경한다는 의미가 강하게 느껴지므로 '예배드린다.'는 말로 사용하는 것이 바람직하다.

5) '대예배'를 '오전예배'로
주일오전예배를 대예배로 부르는 것은 아마도 주중에 가장 큰 예배일 것이기 때문이다. 그런데 주일오전예배를 대예배라고 부르는 것은 조금 문제가 있다. 왜냐하면 주일오전예배가 대예배가 된다면 주중에 드려지는 다른 예배는 소 예배로 격하시켜 버리는 것이 되기 때문이다.
하나님이 보시기에 그 분께 드려지는 모든 예배는 다 소중하게 보시고, 동일하게 보신다. 그러므로 대예배라는 말보다 '오전예배'로 부르는 것이 적합하다.

6) '우리'를 '저희'로
대표기도는 하나님께 드리는 기도이다. 따라서 '우리'라는 말은 낮추는 말이 아니므로 '저희'로 고쳐 쓰는 것이 바람직하다.

[교회력과 일반 절기 알아두기]

1. 교회력

현재 한국교회에 모든 교단이 교회력을 다 지키고 있는 것은 아니다. 따라서 일부 교단이 교회력을 전혀 부정하는 것은 아니지만, 교단의 신학노선에 따라서 교회력에 대한 입장차를 약간은 달리하고 있다는 것을 기억해 둘 필요가 있다.

대림절(待臨節, Adyent) 전례색 | 보라

'오다'라는 뜻의 라틴어 Adventus에서 유래되었다. 대림의시기 또는 대강절, 강림절이라고도 하며 교회는 성탄절 전 네 주간을 대림절로 지킨다. 대림절은 세상에서 가장 중요한 손님, 예수 그리스도의 오심을 기다리는 때이다. '오다'는 예수님께서 '오셨음', '오심', '오실 것'이라는 세 가지 의미를 포함하고 있다. 과거와 현재 미래의 오심을 포함하고 있는 것이다. 현재 우리가 지키는 대림절은 앞으로 오시는 예수님을 기다리는 계절이다.

성탄절(聖誕節, Christmas) 전례색 | 흰색

크리스마스란 뜻은 그리스도(Christ)와 마스(Mass)의 두 낱말이 합하여 된 합성어이다. 그리스도란 구약 히브리어 메시아(Messiah)에 해당하는 헬라어로서 '하나님께로부터 기름 부음을 받은 자'란 뜻이고 '마스'란 카톨릭의 '미사' 혹은 '예배를 뜻하는 말이다.
그러므로 크리스마스란 그리스도의 탄생을 축하하고 예배한다는 뜻이다. 성탄절은 12월 25일이고 예수 그리스도의 탄생과 성육신을 축하하는 절기이다.

주현절(主顯節, Epiphany) 전례색 | 흰색

주현절은 예수님의 출현을 축하하는 절기이다. 주현이란 말은 예수님의 신성이 최초로 공식적으로 나타난 것을 뜻한다. 동방교회에서는 마태복음 3장 13-17절에 근거하여 이 날을 예수님의 수세 후 그 출현을 기념하고 축하하는 날로 보고 있으며, 독일의 루터교회나 로마 카톨릭 교회도 현현후 첫 주일을 예수의 세례 받으심의 축하일로 보고 있다. 날짜로는 사순절 전까지 여섯 번 주일을 포함한 46-47일간으로 보고 있으며, 유동적인 부활절의 날짜 결정에 따라 현현절의 날짜도 유동적이다. 현재 교회력을 지키는 교회는 현현절이 처음에는 그리스도의 세례를 기념하다가 후에는 그리스도께서 이방인에게 나타나신 것을 기념하는 의미로 현현절을 지켰기 때문에 이에 따르고 있는 것으로 보고 있다.

사순절(四旬節,Lent) 전례색 | 흰색
부활절 전까지 여섯 번의 주일을 제외한 40일 동안의 기간을 말한다. 사순절은 교회력에 있어서 성탄절과 마찬가지로 신자들에게 중요한 절기 중의 하나이다. 사순절은 부활절을 위한 신앙의 성장과 회개를 통한 영적 준비의 시기이며, 교회력 중에서 주님의 수난과 죽음에 초점이 맞추어지는 때이다. 이 기간에는 금식하며 자기 회개의 기회로 삼기도 하였으며, 구제와 사회봉사를 강화하여 신앙훈련 기간으로 삼기도 하였다.

참회수요일(懺悔水曜日,Ash Wednesday) 전례색 | 보라
참회 수요일은 사순절이 시작되는 수요일이다. 이 날을 다른 말로 재의 수요일이라고도 한다. 재는 고대 이스라엘로부터 인간의 죄악의 번짐과 인간의 죽음의 필연성에 대해 강력하게 기억나게 하는 상징으로 사용되어 왔다. 교회의 예배 전통에서의 재는 죄를 자백할 때의 슬픔과 탄식의 상징으로 사용된다. 그리고 예수님의 생애 가운데 수난과 죽으심이라는 깊은 어두움의 순간이 다가오고 있음을 보여주는 상징으로 사용되기 때문에 사순절을 시작하면서 재의 수요일이라고 불린다.

종려주일(棕櫚主日,Palm Sunday) 전례색 | 보라(빨강)
종려주일은 사순절의 여섯 번째 주일이 된다. 예수님의 예루살렘으로의 입성을 축하하는 주일이며, 고난주간의 시작이기도 하다.
종려주일은 그리스도를 모르는 사람들에게 그리스도의 비밀을 공적으로 알려주는 절기로서 그 가치를 가지고 있다. 또한 이 날은 왕으로 오시는 예수님을 기쁨으로 영접하는 동시에, 예수님의 고난의 시작과 십자가의 죽음을 생각하며 정결하게 일주일을 시작해야 하는 날이기도 하다.

고난주간(苦難週間,Passion WeeK) 전례색 | 보라(빨강)

예수님이 로마군에 붙잡혀 빌라도의 재판을 거쳐 십자가에서 사형을 받기까지 지상에서 겪은 고난을 기념하는 한주간이다. 부활 주일 전 한 주간을 고난주간 또는 수난주간(受難週間)이라고도 하며, 사순절의 마지막 한 주간을 가리킨다.

성금요일(聖金曜日,Good Friday) 전례색 | 보라(빨강)

성금요일은 예수 그리스도의 십자가 수난일이다. 예수 그리스도가 입성한 종려주일로 시작되는 성 주간의 금요일이며, 부활절 전 금요일이다. 이 날은 예수께서 십자가에 못 박히신 슬픈 날이지만, 하나님께서 그리스도의 생애를 통하여 인간을 위한 그의 사역을 성취하셨기에, 또한 예수 그리스도의 부활사건을 좋게 받으셨기에 좋은 금요일(Good Friday)라고 한다.

부활절(復活節,Easter) 전례색 | 흰색

부활절은 기독교 축일 중에서 가장 오래 된 것이며 교회력에서 다른 축일의 근원이 된다. 다른 축일과 절기가 해마다 바뀌어 지는 것은 부활절의 날짜에 따라 정해지고 있기 때문이다. 이 주간의 첫 날에 예수 그리스도께서 죽은 자 중에서 다시 살아나셨기 때문에 이 절기는 기독교의 절정이라고 할 수 있다. 동방교회에서는 부활절이 교회력의 시작이 된다. 부활절이란 명칭 이스터(Easter)는 앵글로색슨 사람의 봄의 여신 이오스터(Eoster)에서 나온 것이다. 이오스터의 축일은 해마다 춘분에 왔는데, 부활절 날짜에 대하여 일치를 보지 못하고 있던 교회는 주후 325년 니케아회의 때에 와서야 이 문제를 해결한 듯하다. 모든 그리스도인들이 "봄의 첫날인 3월 21일 또는 그 이후인 만월 후 첫 주일, 또는 만월이 주일인 경우 그 다음 주일"을 받아들이도록 명령받았다.

성령강림절(聖靈降臨節,Whitsuntide) 전례색 | 빨강

이 날은 부활 후 50일째가 되기 때문에 오순절(五旬節)이라고도 한다. 성령강림은 오순절에 이루어졌다(행2장). 기독교가 세계를 향하여 선교를 시작한 것이 바로 이때부터 이며, 따라서 이날을 교회의 탄생일 시작점으로 보며 또한 선교의 시작으로 본다. 그리스도인의 오순절은 유대인의 오순절과 관계가 있다. 유대인에게는 7주 후에 오는 칠칠절(출34:22, 신16:10, FP 23:15-22)이 있었다. 이것은 율법의 선포와 이스라엘의 건국을 의미한다. 마찬가지로 그리스도인들은 성령을 받고 새 이스라엘을 세운 날로서 오순절을 축하한다.

왕국절(王國節,Kingdom) 전례색 | 녹색

8월 마지막 주일부터 대림절 전 주일까지 13주간 동안 지켜지는 절기 이름이다. 예수 그리스도의 재림과 심판, 그리고 하나님 나라와 그 통치를 기원하는 기간이다. 특히 이 기간은 그리스도의 재림 후 완성될 하나님 나라에 대한 소망을 고취시키며 그리스도인들의 사회적 책임을 깨닫게 하는 절기이다.

2. 일반절기

신년축하주일

신년축하주일은 기독교의 정식 절기는 아니다. 그러나 해가 바뀔 때마다 새 희망으로 새 출발 하는 것은 커다란 의미가 있다. 굳이 성경에서 그 의미를 찾아본다면 느헤미야가 종교사회개혁을 개시한 후에, 이미 채용되어 있던 제사문서에 기록된 음력을 사용하면서 신년일이 공식적으로 정해졌다(레23:24-25,민 29:1-6). 유대교 신년일은 양각 나팔을 부는 것이 특별의식으로 되어 있다.

어린이 주일(Chridren's Day)

국가적으로 어린이날을 공휴일로 정한 나라는 전 세계에서 일본과 우리나라 두 나라뿐이다. 교회에서도 어린이날을 전후하여 어린이 주일을 지키고 있는데 어린이 주일은 다른 말로 꽃주일이라고도 한다. 어린이 주일은 여러 해 동안 프로테스탄트 교회학교 달력에서 널리 준수되어 오고 있고, 한국에서는 5월 첫째 주일(미국에서는 보통 6월 둘째 주일)에 지키며 이 날은 교회생활에서 특별히 어린이의 중요성을 강조하는 시간으로 되어왔다. 어린이 주일을 꽃주일이라고 한 것은 과거 교회들은 어린이 주일날, 들과 숲에서 가져온 꽃들로 교회를 아름답게 장식하였는데 여기서 '꽃주일'이라는 말이 생겨났다.

어버이주일(Parents Day)

어머니 날 운동은 '어머니날의 어머니'라고 불리게 된 쟈비스 부인(Mrs. Ann M. Jarvis)에게서부터 시작되었다. 한국에서는 1930년 6월 15일 가정단에 의해 최초로 어머니 주일이 실시되었으며, 그 후 한국 교회가 어머니주일을 지켰고, 이후 어머니날이 어버이날로 바뀌면서 교회에서도 어버이주일로 명칭을 바꾸어서 지키고 있다.

맥추감사절

이스라엘의 3대 절기 중 맥추절은 두 번째 절기이기도하다. 유월절로부터 시작 되는 절기 주기의 종결로서 간주되는 절기가 맥추절이다. 이 절기의 다른 명칭은 칠칠절 혹은 초실절이라고도 불리워진다. 신약교회에 있어서 아버지의 약속하신 성령을 기다리는 성도들에게 강림하는 역사가 오순절이었는데, 이 날이 바로 칠칠절 그 다음날이었으며 칠칠절이 바로 맥추절이다. 오늘날 한국 교회들은 성령강림절과 맥추절을 따로 구분하여 지키고 있는데 아마도 한국교회가 지키고 있는 맥추절은 추수감사절과 같은 차원에서 지킨다고 보는 것이 정확할 것이다.

종교개혁주일(Reformation Sunday)

종교개혁은 1517년 10월 31일 마틴 루터(Martin Luther)가 비텐베르그(Wittenberg)대학 게시판에 95개 조항을 써 붙이면서 시작 되었다. 이 95개 조항은 주로 면죄부 판매의 부당성에 관한 것인데, 이것이 종교개혁의 도화선이 되었다. 루터는 첫째, 오직 믿음으로(Sola Fide) 둘째, 오직 성경으로(Sola Scriptura) 셋째, 오직 은혜로(Sola Gratia)라는 슬로건을 종교개혁의 3대 원리로 삼았다. 당시 로마 카톨릭 교회는 인간의 구원은 '오직 믿음으로'가 아니라 인간이 율법을 지킨다든가, 선행을 한다든가 하는 행위에 의해 가능함을 강조했다. 이것은 성경에서 벗어난 구원 교리이며, 이러한 잘못된 성경해석으로 인해서 면죄부를 판매하는 해괴한 일이 생겨났던 것이다. 이것을 예리하게 간파한 루터는 '속죄와 구원은 인간의 행위에 의해서 얻는 것이 아니고 믿음으로 말미암아 가능하다'고 했다. 이러한 루터의 주장은 로마 카톨릭 교회 편에서 볼 때는 대단한 도전이요 반항이었다. 이 외에도 로마 카톨릭 교회는 인간의 죄를 교황이 용서해 줄 수 있다고 했고, 루터는 '우리의 죄를 용서해 주실 분은 예수 그리스도를 통한 하나님의 은혜에서만 가능하다'고 했다. 이런 주장들로 인해서 루터는 교황으로부터 파문당했으나 조금도 굴하지 않고 자기주장을 당당히 펴나갔고, 오늘날 교회가 종교개혁주일을 지키는 것은 이러한 루터의 종교개혁 정신을 다시 한 번 되새겨 보자는 뜻에서 지키는 것이다.

추수감사절(Thanksgiving Day)

추수감사절의 기원은 영국의 청교도들이 영국국교의 박해를 피하여 아메리카 신대륙에 정착하면서 처음 거둔 농작물을 하나님 앞에 드리면서 그 유래가 시작된 것이다. 한국교회의 추수감사절은 1904년 장로교 단독으로 지키다가 1914년 각 교파 선교부의 회의를 거쳐 미극인 선교사가 처음으로 조선에 입국한 날을 기념한 11월 3째 주일 후 수요일을 감사절로 지켰다. 이후에 다시 변경하여 셋째주일로 지키게 되었다.

성서주일(Bible Sunday)

성서주일을 언제부터 지켰는지에 대한 정확한 기록은 없다. 성서주일이 특별히 강조된 것은 마틴 루터가 종교개혁을 일으킨 후부터이다. 종교개혁 이후 각 교회에서는 말씀을 주신 하나님께 감사하고 이 말씀을 더 열심히 읽고 전파하겠다는 서약으로 성서주일을 지켜왔다. 내용 보다는 형식으로 치우치고 말씀 보다는 의식에 기울어지는 로마 카톨릭에 대하여 성서의 권위를 바로 세우고 성서에 대한 바른 이해를 가지고 말씀으로 굳게 무장하는 개신교의 개혁 정신을 더욱 새롭게 하기 위하여 이 성서 주일은 더욱 큰 의미가 있다고 보겠다. 성서주일은 강림절 두 번째 주일로 지키기 때문에 일반 달력이 교회력과 일치하지 않으므로 12월 첫째 주가 되기도 하고, 둘째 주가 되기도 한다.

1장
52주 주일오전예배
대표기도문

1월 첫째주 | 신년축하주일

새해를 인도하소서

감사와 찬양 | 우주 만물을 창조하시고 인간의 생사화복을 주장하시는 하나님 아버지! 저희에게 다시금 복된 새해를 허락하여 주심을 감사합니다. 또한, 새해 첫 주일을 맞이하여 하나님이 기뻐하시는 예배의 자리에 나와 경배와 찬양을 주님께 올릴 수 있게 하시니 감사합니다.
이 시간, 마음과 정성을 다하여 주님께 예배드리기를 원하오니 홀로 영광을 받으시고, 주님의 영광이 가득하게 임하는 예배가 되게 하옵소서.

고백과 회개 | 주님! 새해를 맞이하였지만, 여전히 저희의 영과 육이 정결하지 못함을 깨닫습니다. 아직도 주님의 자녀답게 살지 못하고, 주님을 앞세우지 못한 삶을 살아감으로, 세상의 온갖 더러운 것들로 더럽혀진 저희의 모습입니다.
이 시간, 정결하지 못한 저희 자신을 돌아보아 참회하며 회개하기를 원하오니 사죄의 은총을 베풀어주옵소서. 속된 저희를 보혈의 피로 깨끗하게 씻기시는 주님의 사랑을 경험하게 하옵소서.

간구 | 자비로우신 하나님 아버지! 올해에도 저희들은 어김없이 저희 자신과 가정, 자녀, 그리고 생업을 위하여 각오와 결심을 새롭게 한 것이 있습니다. 주님의 뜻을 좇아 사는데 빗나가는 각오와 결심이 되지 않도록 성령의 기름을 부어 주옵소서.
또한, 계획하는 일들이 잘되든지 안 되든지, 감사를 잃지 않게 하시고, 환란을 겪어도 기뻐하며, 고난 중에도 즐거워하고, 병들어도 찬양할 수 있는 능력의 삶이 되게 하옵소서.
주님! 나라의 경제가 너무 어렵고 교회도 어렵고 힘들어지고 있습니다. 그러나 어려움 속에서도 주님이 주시는 분명한 음성이 있음을 깨닫습니다. 이런 때일수록 저희 믿는 자들은 불평과 원망을 앞세우는 일이 없게 하시고, 믿음의 사람답게 합력하여 선을 이루시는 주님을 바라볼 수 있게 하옵소서. 더욱 기도하고 감사하며 믿음을 잃지 않는 삶을 살아갈 수 있게 하옵소서. 이 민족과 교회를 지극히 사랑하고 계시는 하나님께서 뜻하신 때에 회복의 은혜를 더하여 주실 것을 믿습니다.

주님! 새해를 맞이하여 교회의 각 기관과 부서마다 새롭게 사업계획을 세웠습니다. 서로 사랑으로 연합하여 주님의 뜻을 높이고 성장을 이룰 수 있게 하시고, 믿음의 선한 열매를 풍성히 맺을 수 있게 하여 주옵소서.
특별히 주님의 몸 된 교회를 위하여 저희 모두가 또 다시 새로운 일꾼들로 세움을 받게 되오니, 그 어떤 직분과 직책이 주어지든 감사함으로 받을 수 있게 하시고, 아멘으로 충성을 다할 수 있게 하옵소서.
성경에 다섯 달란트와 두 달란트를 받은 종들처럼 직분과 직책 그 이상으로 충성할 수 있는 일꾼들이 되게 하옵소서. 또한 오늘은 공동의회(사무총회)가 있습니다.

한해를 결산하고 새해의 예산을 세우는 일이오니 세례입교인 모두가 주님의 몸 된 교회를 사랑하는 마음으로 적극 참여할 수 있도록 이끌어 주시고, 교회를 든든히 세우는 일에 마음과 지혜를 모을 수 있게 하여 주옵소서.
새해를 맞아 주님의 복된 말씀을 들고 단에 서시는 목사님을 성령의 능력으로 붙드시옵소서. 계시된 주님의 말씀을 증거 하시는 동안 피곤치 않게 하여 주시고, 새해를 출발하는 저희가 꼭 붙들어야 할 생명의 말씀, 진리의 말씀이 되게 하옵소서.
주님! 찬양대의 찬양을 기뻐 받으시기를 원합니다. 저들이 주님께 올리는 찬양이 개인의 신앙고백이 되게 하시고, 주님께 드리는 영광의 도구가 되게 하옵소서. 또한 예배를 위하여 기쁨으로 수종드는 손길이 있습니다. 안내와, 식당봉사와, 꽃꽂이와, 청소와, 차량봉사 등으로 섬기는 손길들을 기억하셔서 섬길 때마다 기쁨이 샘솟게 하시고, 주님이 주시는 위로와 은혜가 넘치게 하옵소서.

예수님의 이름으로 | 예배의 시종을 주님께 의탁합니다. 오늘도 이 복된 예배에 나오지 못한 영혼들을 불쌍히 여기실 것을 믿사옵고, 사랑이 많으신 예수 그리스도의 이름으로 기도합니다. 아멘

1월 둘째주 | 주현절, 빛의 자녀

빛의 자녀들처럼 행하게 하소서

감사와 찬양 | 빛이요 생명이신 우리 주님! 죄로 말미암아 영원히 죽을 수밖에 없는 저희들에게 구원의 빛을 비추셔서 죄 사함 받고 빛의 자녀로 살아가게 하심을 감사합니다. 우리 주님이 생명의 빛으로 오셔서 저희들을 구원의 빛으로 인도해 주시지 않으셨다면 저희들은 영원토록 어둔 죄악의 길을 방황하다가 지옥 가는 인생이 되었을 것입니다.
그러나 이제는 빛이신 주님을 따라 빛의 자녀로 살아갈 수 있는 것이 얼마나 큰 축복이며 영광된 일인지요. 항상 하나님께 감사의 고백을 드리는 저희 모두가 되게 하옵소서.
또한 이 시간에 예배할 때에도 진리의 빛, 은혜의 빛으로 저희의 심령을 밝게 비추기를 원하시는 주님의 사랑을 생각하며 온 마음을 다하여 주님을 찬양하고 경배하게 하옵소서.

고백과 회개 | 하오나 생명의 빛이신 주님을 뵈오니 지난 한주간도 어둔 죄악의 길에서 서성이던 저희의 모습이 생각납니다. 빛의 자녀이면서도 생명의 빛이신 주님을 따라 살지 못하고, 어둠에 속한 것들과 어울리며 짝하기를 좋아했던 저희들이었습니다. 지금 이 순간도 여전히 죄악의 흔적들이 저희 속에서 꿈틀거리고 있음을 깨닫습니다. 주님의 보혈의 피를 의지하여 간구하오니 크신 은총을 베푸셔서 용서하여 주시옵소서. 정결한 마음을 가지고 주님을 예배할 수 있도록 정직한 영을 허락하여 주옵소서.

간구 | "빛의 자녀들처럼 행하라"고 하신 주님! 올해는 무엇보다 이 말씀을 굳게 붙들고 사는 삶이 되게 하옵소서(엡5:8~11). 빛이신 주님을 좇아 사는 것이 주님의 몸 된 교회를 사랑하는 것으로 나타날 수 있게 하시고, 모든 착함과 의로움과 진실함을 가지고 봉사함으로 빛의 열매를 맺는 교회생활이 되게 하여 주옵소서. 또한 주님을 본받아 주님의 빛으로 세상을 비추는 빛이 되게 하여 주옵소서.

주님이 가시는 곳마다 어둠의 세력이 물러가고 빛의 역사가 있었듯이, 저희들이 가는 곳에 빛이신 주님이 저희들을 통하여 비춰는 역사가 있게 하옵소서. 아직도 빛이신 주님을 만나지 못하여 어둔 죄악의 길에서 방황하는 영혼들에게는 구원의 빛을 비출 수 있게 하시고, 실의와 좌절 속에서 희망을 잃고 헤매는 이들에게는 소망의 빛을 비출 수 있는 삶이 되게 하옵소서. 또한 상처와 아픔과 질병으로 고통당하는 이들에게는 치유의 빛을 비출 수 있게 하시고, 비전과 꿈을 잃어버려 살 소망까지 끊어진 이들에게는 생명의 빛을 비출 수 있는 삶이 되게 하옵소서.

주님! 이 기쁘고 좋은 날, 부득불 참석하지 못한 교우들이 있습니다. 그들이 어떤 이유 때문에 이 복된 예배의 자리를 찾지 못하였는지 우리 주님은 아시오니, 그들을 헤아려주시고 긍휼히 여겨주옵소서.
질병 때문에 주일을 지키지 못하는 교우가 있습니까? 우리 주님이 치료의 광선을 발하여 주셔서 속히 질병이 떠나가게 하옵소서. 부득불 출타 중에 있는 성도가 있습니까? 어디에 있든지 하나님이 영광 받으실 예배의 자리를 놓치는 일이 없게 하옵소서.

주님! 새해를 맞이하여 교회의 일꾼으로 세움 받은 자들을 기억하옵소서. 맡은 자들에게 구할 것을 충성이라(고전4:2) 하셨사오니, 겸손함으로 주님의 몸 된 교회를 위하여 더욱 희생의 욕구를 충족시키는 자들이 되게 하옵소서. 교만과 나태함으로 주님의 영광을 가리는 일이 없도록 항상 성령님의 지도를 받을 수 있게 하옵소서. 오늘도 식어진 영혼에 불을 붙이고, 잠자는 영혼을 깨우시기 위하여 말씀을 들고 단 위에 서시는 목사님을 기억하셔서 피곤치 않도록 권능의 오른손으로 붙드시옵소서. 교회를 위하여 이름 없이 빛도 없이 섬기고 있는 교우들을 기억하셔서 몸을 깨뜨려 수고할 때마다 하늘의 기쁨으로 채우시는 주님을 비옵는 영광을 누리게 하옵소서.

예수님의 이름으로 | 예배의 시종을 주님께 맡깁니다. 이 자리에 있는 저희 모두가 하나님의 임재하심을 강하게 경험할 수 있는 예배가 되게 하실 것을 믿사옵고 예수 그리스도의 이름으로 기도합니다. 아멘

1월 셋째주 | 민족의 구원

이 민족을 지켜주소서

감사와 찬양 | 언제나 새로운 역사로 저희와 함께 계시는 하나님 아버지! 흑암의 세계에서 헤매던 저희들에게 구원의 밝은 빛을 비춰주셔서 생명의 길, 의의 길을 걸어갈 수 있게 하시니 감사합니다.
우리 주님이 빛으로 오셔서 저희를 빛 가운데로 인도해 주시지 아니하셨다면 저희들은 영원토록 어둔 죄악 길에서 방황하다가 지옥 가는 인생이 되었을 것입니다.
그러나 이제는 빛이신 주님을 따라 어둠의 자녀가 아닌 빛의 자녀로 산다는 것이 얼마나 큰 축복이며 영광된 일인지요. 항상 하나님께 감사하며 큰 영광을 돌리는 사람이 되게 하옵소서.

고백과 회개 | 빛이신 주님! 지금 저희들이 예비하신 주님의 은혜를 사모하며 예배하고 있지만, 저희 속에는 아직도 어둔 죄악 길에서 길들여진 죄악의 요소들이 꿈틀거리고 있음을 깨닫습니다.
그 짧은 한주간의 삶을 살면서도 죄를 이기지 못하고 오히려 죄를 답습하면서 살았던 저희들이었습니다. 이 시간 회개하오니 긍휼을 베푸셔서 저희의 더러운 심령을 성령의 불로 태워주시옵소서.
모든 죄악의 요소들이 소멸되게 하시고, 깨끗한 영으로 주님을 대면할 수 있는 복된 자리가 되게 하옵소서. 이 시간만이 아닌 매일의 생활 속에서 주님과 교통하며 주님을 기쁘시게 하는 삶을 살아갈 수 있게 하옵소서.

간구 | 사랑의 주님! 이 시간 예비하신 은혜를 마음의 문을 열어놓고 기다리오니 하늘 문을 여셔서 아낌없이 채워주시기를 원합니다. 그리하여 새로운 소망과 새로운 능력으로 신앙의 경주장에 담대하게 나설 수 있게 하여 주시옵소서.
푯대를 향하여 예수 그리스도 안에서 하나님이 위에서 부르신 부름의 상을 위하여 좇아갈 수 있는 삶이 되게 하옵소서(빌3:14). 어렵다고 포기하거나, 힘들다고 주저앉는 일이 없게 하시고, '오직 여호와를 앙망하는 자는 새 힘을 얻으리라'(사40:31)는 확실한 약속의 말씀을 주셨사오니, 그 말씀을 굳게 붙들고 믿음의 승리를 보여 줄 수 있는 저희 모두가 되게 하여 주옵소서.
은혜의 주님! 주님이 다시 오실 날이 가까울수록 교회도 어지러움과 혼란 속에 휩싸이고 있습니다. 회복의 은혜를 더하여 주셔서 이 땅의 모든 교회가 사랑으로 하나를 이루는 교회가 되게 하옵소서. 높고 낮음이 없게 하시고, 빈부귀천이 없게 하시며, 시기와 다툼이 없게 하셔서 주님이 온전한 영광을 받으시는 공동체를 이루어 나갈 수 있게 하옵소서.

주님! 이 나라 이 민족을 긍휼히 여기시옵소서. 항상 전쟁의 위기가 이 나라를 뒤덮고 있습니다. 이 나라에 핵전쟁이 일어날 수도 있다는 전문가들의 말들이 온 국민을 공포와 두려움에 떨게 하고 있습니다. 6, 25 동란으로 인한 전쟁의 아픔이 아직까지도 가시지 않고 있는 이 나라에, 또 다시 끔찍한 전쟁설이 꿈틀거리고 있사오니 불쌍히 여기시옵소서.
이 나라에 다시는 전쟁이 일어나지 않도록 하늘의 불 말과 불 병거로 막아 주시기를 원합니다. 이 나라를 주님의 능력의 오른 손으로 붙드셔서 이 민족의 진정한 주권자는 만군의 여호와 하나님이심을 알게 하옵소서.

오늘 이 기쁘고 좋은 날, 부득불 참석하지 못한 교우들을 살피시고 헤하려 주시기를 원합니다. 특별히 질병으로 인하여 교회에 오지 못한 교우의 마음을 살피셔서 그 마음의 안타까움을 위로하여 주시고, 주님이 항상 곁에 계심을 느끼게 하옵소서.
오늘도 말씀을 강론하시는 목사님께 성령을 기름 붓듯 부어주셔서 주님의 은혜를 사모하는 모든 자들에게 생수의 강이 흘러넘치게 하옵소서. 찬양으로 영광 돌리는 찬양대의 찬송을 받으시고, 예배를 위하여 수종드는 손길들에게 주님의 크신 위로와 상급이 있게 하옵소서.

예수님의 이름으로 | 예배의 시종을 주님께 의탁합니다. 성령님이 운행하시는 거룩한 예배가 되게 하옵소서. 믿음으로 늘 새롭게 하시는 예수 그리스도의 이름으로 기도합니다. 아멘

이웃을 부요케 하는 교회가 되게 하소서

감사와 찬양 | 지금도 예배하는 자들을 찾으시는 하나님 아버지! 주님이 주신 이 복된 날, 저희들이 주님의 전을 찾아 하나님을 예배할 수 있게 하시니 감사합니다. 하나님께 예배드리는 일이 저희들에게 가장 복되고 즐거운 일임을 믿습니다. 저희가 드리는 예배를 홀로 영광 받으시옵소서. 영과 진리 안에서 예배하기를 원합니다. 저희의 마음과 생각을 주의 성령께서 온전히 주장하여 주옵소서.

고백과 회개 | 자비로우신 하나님! 저희들은 주님 앞에 설 때마다 늘 죄인임을 깨닫습니다. 주님의 크신 사랑과 은혜 속에 살면서도 마음으로 입술로 지은 죄들이 너무도 많음을 발견합니다. 생각과 행동으로 지은 죄들도 저희의 심령 속에 켜켜이 쌓여있음을 깨닫습니다.
주님의 보혈의 피로 씻음 받기를 원하오니 긍휼을 베푸셔서 용서하여 주옵소서. 이 시간, 예배하면서 주님의 선하심과 인자하심을 다시금 체험하며 감사할 수 있게 하옵소서. 새롭게 하시는 주님의 능력을 영혼 깊숙이 경험하며 주님을 높일 수 있게 하옵소서.

간구 | 사랑의 주님! 이 시간에 특별히 어려운 이웃을 위하여 기도하기를 원합니다. 그 어느 때보다도 강한 추위를 느낄 수밖에 없는 가난하고 소외된 이웃을 기억하옵소서. 양식이 풍부한 이때에 아직도 굶주린 배를 움켜쥐고 하루하루를 힘겹게 살아가는 이웃이 있습니다.
그들에게 주님의 따뜻한 손길을 내밀 수 있는 저희 모두가 되게 하여 주옵소서. 저희의 헤아리는 손길이 있음으로 인하여 이 추운 겨울이 더욱 따뜻해지게 하시고, 뼛속까지 파고드는 저들의 시린 고통이 훈훈함으로 녹아지게 하옵소서.
"너희의 헤아리는 그 헤아림으로 너희도 헤아림을 도로 받을 것이라"(눅 6장 38절) 말씀 하셨사오니, 주님이 주신 새로운 삶을 사는 동안 헤아릴 줄 아는 것이 저희의 습관이 되게 하옵소서. 주님! 교회에 출석하고 있는 성도 중에도 어렵고 힘든 환경에 놓여있는 교우가 있습니다. 그들의 안타까운 형편과 처지를 헤아리며 도울 수 있는 교회가 되게 하시고, 어려움 중에도 주님이 주시는 평안의 복을 누릴 수 있도록 그들을 위하여 기도할 수 있는 교우들이 되게 하옵소서. 특히 독거노인들을 기억하시옵소서. 고독한 말년을 보내고 있는 그들에게 선한 사마리아인 같이 다가갈 수 있는 교회가 되게 하시고, 영원한 친구가 되어주실 주님을 만날 수 있도록 구원의 손길을 내미는 교회가 되게 하옵소서.

주님! 올 한해도 저희 모두가 청지기의 사명을 잘 감당하기를 원합니다. 교회에서는 주님의 지체로서 교회를 든든히 세워 가는데 충성스런 종이 되게 하시고, 가정에서는 남편과 아내로, 부모로, 믿음의 가정을 세우는 일에 최선을 다하는 저희 모두가 되게 하옵소서.
사회생활에서도 그리스도인으로서 해야 할 역할과 책임이 무엇인지를 분명하게 깨달아, 먹든지 마시든지 무엇을 하든지 주님의 뜻을 담아낼 수 있는 선한 청지기가 되게 하옵소서. 물질에 있어서도 청지기의 사명을 잘 감당하기를 원합니다. 내 것이 아니라 하나님의 것임을 분명히 깨닫게 하셔서 주님의 선하시고 기뻐하시는 뜻대로 선용할 수 있는 저희 모두가 되게 하옵소서. 올 한해를 결산할 때에 주님께 착하고 충성된 종이라는 칭찬을 들을 수 있게 하시고, 더욱 축복하시기를 원하시는 주님의 은혜를 받아 누리는 저희 모두가 되게 하여 주옵소서.

오늘도 말씀을 들고 서시는 목사님을 주님의 능력의 오른 손으로 붙드시기를 원합니다. 그 입술에 권세를 더하셔서 생명의 말씀을 전하시기에 조금도 부족함이 없게 하옵소서. 예배를 돕는 손길들을 기억하시고, 주님께 정성껏 준비하여 드리는 찬양대의 찬양도 기쁘게 받아주옵소서.

예수님의 이름으로 | 예배가 이미 시작되었습니다. 아직까지도 참석하지 못한 교우들을 불쌍히 여기시고 그들의 형편을 헤아려 주셔서 어디서든 예배자의 본분을 잊지 말게 하여 주옵소서. 예배의 시종을 주님께 의탁하오며 생명의 수가 되시는 예수 그리스도의 이름으로 기도합니다. 아멘

2월 첫째주 | 열심

열심을 품고 일하게 하소서

감사와 찬양 | 은혜로우신 하나님 아버지! 인자와 긍휼로 신실한 백성을 보호하고 계시는 주님의 사랑에 감격합니다. 오늘도 그 은혜에 힘입어 주님께 예배하는 자리를 찾았사오니 저희의 드리는 예배를 기쁘게 받으시옵소서. 세상에 속한 교만을 모두 벗어버리고 오직 믿음만으로 주님을 기쁘시게 하는 주의 백성이 되기를 원합니다. 찬양과 영광을 받으옵소서.

고백과 회개 | 사랑의 주님! 한주간도 주님의 뜻을 생각지 못하고 눈앞에 보이는 이익만을 추구하며 살아왔습니다. 사탄이 저희의 눈에 씌워놓은 비늘에 가려서 하나님의 나라를 바라보는 삶을 살지 못했고, 육욕을 이기지 못하여 욕심을 좇아 살았던 한주간의 삶이었습니다.
언제나 이런 모습을 한 채 주님을 찾으니 한없이 부끄러울 뿐입니다. 이 시간, 주님께 엎드려 용서를 구하오니 긍휼을 베풀어 주옵소서. 세상의 이익에 눈먼 인생이 되지 말게 하시고, 오직 하나님 나라를 바라보는 영적인 눈이 활짝 열려지게 하여 주옵소서. 하늘의 진리를 붙들고 자족하는 삶을 살아갈 수 있게 하여 주옵소서.

간구 | 은혜의 주님! 동장군이 기승을 부려서인지 저희들의 신앙이 매우 움츠려 있음을 깨닫습니다. 계절을 타는 신앙인이 되지 않기를 원합니다. 꽁꽁 얼어붙은 대자연도 봄을 준비하고 있듯이, 저희들도 다시 오실 주님을 준비하는 깨어있는 신앙이 되게 하옵소서.
혹한이 몰려와 살을 더욱 애이게 만든다 할지라도, 주님을 만나는 그 복 된 자리를 외면치 말게 하시고, 더욱 열심을 내어 주님을 기쁘시게 할 수 있는 저희 모두가 되게 하여 주옵소서.
냉기가 가시지 않고 있는 기도의 자리라 할지라도 더욱 그 자리를 사랑할 수 있게 하시고, 더욱 깨어 부르짖음으로 언제나 진한 땀내음을 주님께 향기로 드릴 수 있는 기도자가 되게 하옵소서. 또한, 주님이 분부하신 명령은 계절을 탈 이유가 없음을 깨닫습니다. 때를 얻든지 못 얻든지 영혼을 구원하는 일에 최선을 다하게 하시고, 이웃을 생명의 양식으로 부요케 하는데 힘쓰는 저희 모두가 되게 하옵소서. 저희의 게으름과 나태함으로 인하여 반드시 천국가야 할 영혼이 지옥 가는 일 없게 하시고, 지옥 가서는 안 될 영혼이 구원의 기회를 잃어버리는 일이 없게 하옵소서. 언제나 열심을 품고 주님을 섬김으로 날마다 새 힘을 공급해 주시는 주님의 은혜를 경험하는 삶이 되게 하옵소서.

주님! 지금 이 시간, 주님의 도움의 손길이 절박한 교우들이 있습니다. 극복하기 힘든 문제나 여러 가지 질병 때문에 고통당하고 있는 교우를 긍휼히 여기시옵소서. 주님께 소망을 두고 있는 심령마다 찾아가주셔서 치유하시고 회복케 하시는 주님의 은혜를 맛보게 하시고, 주님을 더욱 의지할 수 있는 성숙한 믿음이 세워지는 계기가 되게 하옵소서.

주님! 경제가 너무 어려워 가정마다 힘들어 하고 있습니다. 오직 주님만이 저희를 보호하시고 지키시는 분이심을 믿습니다. 모든 어려움에서 건지시고 회복시켜 주시는 분이심을 믿습니다. 불평과 원망으로 주님의 영광을 가리는 일이 없도록 가정과 생업을 붙들어 주옵소서.
직장과 사업도 붙들어 주옵소서. 오직 주님만이 저희의 영혼을 만족하게 하시고, 형통케 하시는 분이심을 믿습니다. 오늘도 주님이 목사님을 단 위에 세우셨사오니, 목사님을 통하여 주님이 말씀하시고자 하는 음성이 저희 모두에게 들려지게 하옵소서. 저희 모두가 영혼이 소생하는 기쁨을 누릴 수 있는 복된 시간이 되게 하옵소서.
찬양대의 찬양을 기억하시고, 저들의 찬양을 입술의 찬양이 아닌 영혼의 찬양으로 받으실 것을 믿습니다. 주님의 몸 된 교회를 위하여 마음을 드려 봉사하고 충성하는 모든 손길들도 주님의 넘치는 위로와 은혜를 부어주실 것을 믿습니다.

예수님의 이름으로 | 예배가 이미 시작되었습니다. 성령께서 친히 이 예배를 주장하셔서 천사도 흠모하는 예배가 되게 하실 것을 믿사옵고 믿음 소망 사랑이 뇌시는 예수 그리스도의 이름으로 기도합니다. 아멘

2월 둘째주 | 충성

충성하는 일꾼이 되게 하소서

감사와 찬양 | 높은 곳에 계신 주님! 그 크신 성덕을 찬양합니다. 지난 한 주간도 만물 위에 높이 계시며 말씀과 질서를 통해 온 땅의 모든 사람들에게 나타내 주셨음을 믿사옵니다. 주님께서 저희의 무가치한 인생을 바꾸셔서 천사도 흠모하는 주의 백성이 되게 하여 주심을 감사드립니다.
죄악으로 멍든 심령, 죄에 무감각해져 본질상 진노의 자녀였던 저희의 심령을 바꾸셔서 주님을 섬기는 사람으로 삼아주신 것을 감사드립니다.

고백과 회개 | 하지만 저희의 심령은 여전히 메말라 있음을 고백하지 않을 수 없습니다. 말씀을 들을 때 회개함으로 흐느끼고, 말씀을 받을 때 감격하는 모습은 잠시뿐이고, 항상 돌덩이같이 살아가는 저희들임을 고백하오니 불쌍히 여기시고 용서하여 주옵소서.
예배를 드리는 동안 심령이 새롭게 되는 변화의 시간이 되게 하시고, 주님의 말씀을 들을 때에 언제나 주의 말씀의 법도를 좇아서 정직과 공의를 행하며 살아갈 수 있는 새사람으로 거듭나는 시간이 되게 하옵소서. 우리 주님과 더 깊은 교제 속에서 살아갈 수 있도록 도와주시옵소서.

간구 | 은혜의 주님! 새해를 시작한지 벌써 한 달이 지났습니다. 세월의 빠름이 빛과 같다는 것을 다시금 깨닫습니다. 저희에게 넘치던 새해의 각오와 다짐도 차츰 희미해져 감을 느낍니다. 새해를 맞이한 기쁨과 소망도 이제는 서서히 사라지고 있습니다.
다람쥐 쳇바퀴 돌듯 늘 원점으로 돌아가는 인생을 불쌍히 여기시고, 연약해진 저희들을 주님의 강하신 팔로 붙잡아주셔서 새 일을 행하며 살기에 부족함이 없게 하여 주옵소서.
주님! 저희로 하여금 믿음과 소망과 사랑이 넘치는 생활이 되게하여 주옵소서. 주님을 향한 아름다운 믿음의 고백이 넘쳐나는 신앙생활을 할 수 있게 하시고, 땅에 소망을 두지 아니하고 하늘에 소망을 두고 살아감으로 진정한 소망이 주님께 있음을 드러낼 수 있는 삶이 되게 하옵소서. 또한 십자가의 사랑을 받은 자답게 주님을 사랑하고 이웃을 사랑함으로 사랑이 넘치는 위대한 사랑의 정신과 힘을 나타낼 수 있는 삶이 되게 하옵소서.

주님! 조금이라도 더 주님의 몸 된 교회를 위하여 충성하는 일꾼이 되기를 원합니다. 열심을 가지고 뜨겁게 충성할 수 있도록 저희의 심령을 성령의 충만함으로 채워주시옵소서. 주님의 몸 된 교회를 위하여 물질로, 몸으로, 시간으로 헌신의 욕구를 충족시킬 수 있는 저희 모두가 되게 하옵소서.
또한, 말씀에 순종하는 삶도 있기를 원합니다. 구원에 이르는 길은 오직 주님의 말씀에 철저히 순종하는 길밖에 없음을 잊지 말게 하셔서 주님의 말씀이라면 철저히 순종할 수 있는 저희 모두가 되게 하옵소서. 또한, 이웃을 돌아보는 삶이 되기를 원합니다. 갈수록 사회가 강퍅해지고 험악해져감으로 상처를 입고 고통을 안고 사는 이웃들이 증가되고 있음을 깨닫습니다. 그들에게 그리스도의 사랑을 받은 저희들이 가까이 다가가고 따뜻한 벗이 되어줌으로 치유해 나갈 수 있게 하옵소서.

주님! 복되고 좋은 이날, 예배자로 부름 받은 자들 중에 보이지 않는 교우들이 있습니다. 그들의 형편과 처지를 저희들은 알 수 없사오나 우리 주님은 아시오니 크신 사랑으로 헤아려 주시옵소서.
오늘도 주님의 계시된 말씀을 강론하시는 목사님을 기억하시옵소서. 주일예배를 인도하실 때마다 육체적으로 힘들지 않도록 주님의 능력의 오른손으로 강하게 붙들어 주옵소서. 목사님을 보필하시는 부교역자님들도 기억하여 주옵소서. 언제나 주어진 위치에서 주어진 사명을 잘 감당하며 목사님의 손과 발이 되기에 조금도 부족함이 없게 하여 주시고, 어렵고 힘들 때마다 주님의 십자가를 바라보며 위로를 받고 새 힘을 얻게 하여 주옵소서. 찬양을 정성껏 준비하여 하나님께 드리는 찬양(성가)대도 기억하시고, 저들의 마음이 묻어 있는 곡조가 주님께 향기가 되게 하옵소서.

예수님의 이름으로 | 예배가 시작되었습니다. 이 예배를 성령님께서 친히 주장하여 주실 것을 믿사옵고, 예수 그리스도의 이름으로 기도합니다. 아멘

2월 셋째주 | 자족

자족하는 삶이 되게 하소서

감사와 찬양 | 언제나 한결같은 사랑과 은혜로 저희를 보호하시고 지키시는 하나님 아버지! 한 주간도 저희를 주님의 날개아래 보호하여 주셨다가 생명이 있는 예배의 자리로 이끌어주심을 감사드립니다. 주님의 전에서의 한 날이 세상에서의 천 날보다 나음을 다시 한 번 깨닫는 이 시간이 되게 하시고, 마음과 정성을 다하여 하나님을 경배할 수 있는 저희 모두가 되게 하옵소서. 오직 예배만이 저희가 하나님을 만나는 길이요, 가장 행복하게 사는 길이요, 하나님을 기쁘시게 하는 방법임을 잊지 않게 하옵소서.

고백과 회개 | 긍휼을 베푸시는 주님! 주님 앞에 예배드리면서 지난 한 주간의 삶을 되돌아봅니다. 주님의 뜻을 좇아 산다고 하면서도 죄악 된 길에서 벗어나지 못했던 한 주간의 삶이었음을 고백합니다.
이 짧은 시간에 생각과 행동으로 지었던 모든 죄들을 어찌 다 고백할 수 있겠사오리까? 사실상 불가능함에도 불구하고 조금이라도 진실이 묻어 있는 예배를 드리고자 회개하기를 원하오니 크신 은총을 베푸셔서 용서하여 주옵소서. 주님의 십자가를 바라보며 늘 참되고 의롭게 살아갈 수 있도록 저희의 가난한 심령을 은혜로 채워주시옵소서.
또한 진리를 깨달아 알 수 있는 영의 눈을 열어주시고, 그 말씀 앞에 겸손히 머리 숙이며 진리의 길을 따라 살 수 있는 용기와 의지를 주시옵소서.

간구 | 저희 마음의 소원을 아시는 주님! 오늘도 저희의 형편과 처지를 되돌아보며 안타까운 마음으로 간구합니다. 고달프고 험난한 세상을 살아가면서 피할 수 없는 상처와 아픔들을 너무나 많이 겪고 있습니다.
인생들의 죄 짐을 홀로 지시고 피 흘려 돌아가신 주님을 생각하면, 지금 겪고 있는 상처와 아픔들이 엄살로 밖에 보이지 않는 것 같아 부끄럽기 한량없지만, 어머니 품속에 있는 갓난아이처럼 약하고 연약한 저희들인지라 주님을 의지하옵니다. 낮게 하시고 치료하시는 우리 주님께서 상처 난 부분들을 싸매어주시고, 뼛속 깊숙이 자리 잡은 아픔들을 성령의 불로 녹여주셔서 주님을 의뢰하고 의지하는 인생이 얼마나 복된가를 다시 한 번 깨달으며 감사할 있게 하옵소서.

소망이 되시는 주님! 이 사회가 점점 더 불의함이 창궐하고 악함이 판을 치는 세상으로 변질되어가고 있습니다. 온갖 불의함과 악한 방법을 동원해서라도 자신의 소유욕을 끝없이 채우려고 하는 사람들이 경각을 금할 수 없는 끔찍한 일들을 서슴없이 자행하고 있습니다. 물질이 무엇인지 행복해야 할 가족공동체를 피로 물들이는 일들이 너무나 많이 일어나고 있습니다. 돈에 얽혀진 엽기적인 살인사건은 하루가 먼만치 저희 주변에서 발생하고 있습니다. 교회도 돈에 눈멀어서 복음이 사라지고 있습니다.

오, 주여! 갈수록 때가 악하여지는 것을 보니 주님오실 날이 멀지 않음을 깨닫습니다.

주님! 저희에게 때를 분별할 줄 아는 지혜를 주셔서 다시 오실 주님을 준비하는 삶을 살아갈 수 있게 하옵소서. 끝없이 채워도 결코 채울 수 없는 물욕에 사로잡힌 인생이 되지 말게 하시고 하늘에 소망을 두고, 어떤 형편에 처하든지 주님의 섭리에 감사하며 자족할 수 있는 삶을 살 수 있게 하옵소서. 그리하여 "내게 능력 주시는 자 안에서 내가 모든 것을 할 수 있느니라"(빌4:12,13)는 고백으로 주님의 영광을 나타낼 수 있는 믿음의 사람이 되게 하옵소서. 저희들은 이 땅 위에서 사는 동안 항상 본향을 바라보며 항상 나그네의 삶을 살아야 한다는 것을 잊지 말게 하옵소서.

주님께 예배하는 복되고 은혜로운 이 시간에, 사람이 떡으로만 사는 것이 아니라 주님의 입에서 나오는 말씀으로 살아야 한다는 것을 더욱 가슴깊이 새길 수 있기를 원합니다.

말씀을 전하시는 목사님을 진리의 등불로 밝혀 주셔서 귀 기울여 듣는 저희 모두가 진리의 빛이신 주님을 만나는 시간이 되게 하옵소서.

예수님의 이름으로 | 예배가 이미 시작되었습니다. 예배를 위하여 수종드는 손길들에게 하늘의 위로와 은혜로 채우시는 주님의 능력을 경험하게 하실 것을 믿사옵고 예수 그리스도의 이름으로 기도합니다. 아멘

2월 넷째주 | 신앙의 삶

은혜를 입은 자답게 살게 하소서

감사와 찬양 | 저희를 지으시며 저희들의 주인이 되셔서 생사화복을 주장하시는 하나님 아버지! 믿음의 행위가 움츠려들기 쉬운 계절이지만 주님이 불꽃같은 눈동자로 저희들을 지켜 주시고 이끌어 주셔서 이 복된 예배의 자리를 지킬 수 있게 하심을 감사드립니다.
또한 경건한 마음으로 주님을 높이고 진실한 마음으로 주님의 은혜를 사모할 수 있게 하시니 감사드립니다. 주님의 존귀하심과 전능하심을 인하여 마음을 조아려 경배하오니 홀로 영광을 받으시옵소서. 마음을 다하여 찬송하기를 원하오니 주 계신 곳에서 주님만이 기쁨이 되시옵소서.

고백과 회개 | 사랑의 주님! 지난 한 주간도 저희를 주님의 은혜 가운데 살게 하셨지만 의지가 약하고 믿음이 약하여 세상과 어울려 살았던 시간이 많았던 저희들이었습니다.
또한 주님께서 맡겨주신 사명을 감당하려 하기 보다는 육신의 일을 앞세워 핑계로만 일관했던 저희들이었습니다. 이런 저희를 보시며 우리 주님이 얼마나 안타까워 하셨겠습니까? 그러나 저희는 아무런 양심의 가책도 느끼지 않으며 다시금 이 자리에 나왔습니다. 이런 저희를 그대로 받아주시고, 저희의 허물을 탓하지 않으시는 주님을 생각할 때 부끄러워 머리를 들 수 없나이다. 용서하여 주옵소서. 이 시간, 의와 진리와 말씀으로 생명의 예수님을 중심으로 살도록 저희를 새롭게 하여 주옵소서.

간구 | 자비로우신 주님! 올해도 벌써 두 달이 저물어 가고 있습니다. 지난 두 달의 귀한 시간, 그 많은 날들을 돌이켜 볼 때 여전히 저희의 신앙이 제자리만 서성이고 있는 것은 아닌지 돌이켜봅니다. 만약 제자리만 서성이고 있다면 지금이라도 정신을 차려서 주님이 주신 날들을 아름답게 선용할 수 있는 신앙의 삶이 되게 하옵소서.
날마다 하나님께서 불꽃같은 눈동자로 저희를 지켜보고 계신다는 기억 속에서 은혜를 입은 자답게 주님의 거룩하신 뜻을 이루는 신앙생활을 할 수 있게 하옵소서. 성실함과 진실함으로 주님이 맡겨주신 일들에 최선을 다하여 감당할 수 있게 하시고, 주님이 원하시는 믿음의 열매를 풍성히 맺어가는 신앙의 삶이 되게 하옵소서. 가정에서나, 일터에서나, 직장에서나, 항상 믿음의 진한 향기를 풍길 수 있는 복된 사람이 되게 하시고, 주님이 기뻐하시는 것들만 기쁨으로 감당해낼 수 있는 신앙의 사람이 되게 하옵소서. 혹여 연약함이 밀려올 때에는 지금도 하늘 보좌 우편에서 기도하고 계시는 주님을 바라볼 수 있게 하시고, 게으름에 빠지려고 할 때는 저희를 강권하시고 도우시는 성령님을 의지할 수 있게 하옵소서.
올 한해 저희 모두가 하나님이 기뻐하시는 신앙의 사람이 됨으로 영육 간에 복된 열매를 풍성히 맺는 신앙의 삶이 되게 하옵소서.

은혜로우신 주님! 특별히 주께서 사랑하시는 다음세대들을 기억하시옵소서. 주일학생들은 어릴 때부터 말씀 위에 굳게 서서 믿음으로 잘 양육 받으며 자랄 수 있게 하시고, 때 묻지 않은 순순한 심령에 사단이 둥지를 트는 일이 없도록 주의 성령께서 날마다 지켜 주옵소서. 중고등부 학생들은 지금 감수성이 예민한 시기를 지나고 있습니다. 혹여 곁길로 빠지는 일이 없게 하시고, 주의 교양과 훈계로 잘 양육 받아 이 민족과 교회의 미래를 밝힐 수 있는 등불이 되게 하옵소서. 청년들도 도덕적으로 영적으로 병들어가는 이때에 항상 깨어있는 영성으로 어두운 이 시대를 밝힐 수 있게 하시고 잠자는 이 시대를 깨우는 새벽이슬 같은 청년들이 되게 하옵소서.
주님! 이 자리에 있는 교우 가운데 여러 가지 문제로 힘들어하는 교우들이 있습니까? 그들의 형편과 처지를 헤아려 주시고 위로와 평안을 허락하여 주옵소서. 모든 문제들을 권고해 주심으로 하나님께 영광을 돌리는 삶이 되게 하옵소서. 이 시간, 목사님이 주님의 말씀을 전하십니다. 피곤치 않도록 붙들어 주서서 권세 있는 말씀을 전하실 수 있게 하옵소서.

예수님의 이름으로 | 성령께서 친히 저희들 가운데 운행하셔서 저희의 연약함을 도우실 것을 믿사옵고 예수 그리스도의 이름으로 기도합니다. 아멘

3월 첫째주 | 3.1절 기념주일

대대로 잊지 말게 하소서

감사와 찬양 | 만복의 근원이신 하나님 아버지! 오늘도 저희의 생명을 허락하시고 하나님을 예배할 수 있는 복을 누리게 하신 은혜를 감사하오며 찬양을 드립니다. 저희로 하여금 주께서 저희 가운데 계심을 깨닫게 하시고 기쁨으로 드리는 산 제사가 되게 하여 주옵소서.
이 시간, 하나님을 향한 저희들의 눈이 열리고, 입이 열리고, 또 마음의 문이 열리게 하셔서 저희 영혼이 하나님을 찬양하며, 저희 입술이 하나님을 찬송하며, 저희 마음이 하나님께 감사하며 영광을 돌리게 하옵소서.

고백과 회개 | 자비를 베푸시는 주님! 이 시간 저희들이 예배의 복을 누리고 있지만 지난 한 주간의 삶을 되돌아보니 죄로 얼룩진 흔적들이 너무도 많음을 고백하지 않을 수 없나이다. 감사할 겨를도 없이 숨 가쁜 생활이 진행되다보니, 죄가 영혼 깊숙이 스며드는 것도 잊고 살았나이다.
죄가 왕 노릇하기 전에 주님 앞에 고백하오니 크신 은총으로 용서하여 주옵소서. 더 이상 죄의 시녀가 되어 성령을 거역하는 삶이 되지 않도록 말씀으로 사로잡아 주시고, 주님을 나타내는 증거의 삶이 되게 하여 주옵소서.

간구 | 나라의 흥망성쇠를 주관하시는 하나님 아버지! 이 민족에게 평화와 자유를 주시니 감사합니다. 이 나라의 역사 속에서 고난과 어둠의 고비마다 지키시고 보호하여 주심을 감사드립니다.
때로는 주님의 채찍이 아프기도 했지만, 때로는 주님의 질책이 무섭기도 했지만, 모두가 주님의 사랑임을 깨닫습니다. 변함없는 그 사랑이 지금도 저희를 지키시고 계심을 깨닫습니다. 나라의 역사와 개인의 삶이 모두 주님께 달렸기에 오늘도 머리 조아려 주님의 긍휼을 바랍니다.
부족하고 나약하지만, 언제나 크신 사랑으로 보듬어 주시옵소서. 주님! 하나님께서 이스라엘 백성에게 각종 절기를 지키게 하신 것은 압제와 고통, 헐벗음과 굶주림 가운데서 구원하신 하나님의 은혜를 대대로 잊지 않게 하시기 위한 것임을 깨닫습니다. 이와 같이 저희들도 결코 3.1절을 잊지 말게 하여 주옵소서. 과거 일제의 침략으로 36년간 주권을 잃고 인권을 유린 당하면서 고난의 삶을 살아왔던 이 민족의 아픔을 잊지 말게 하여 주시고, 폭력과 압제의 총칼 앞에서도 민족의 해방과 자유를 위하여 자유의 깃발을 높이 쳐들고 무폭력 무저항으로 만세 운동을 일으켰던 선조들의 용기를 잊지 말게 하옵소서.

이 민족의 주권을 회복하기 위하여 투쟁하다 쓰러져간 독립투사들과 순교자들의 피도 잊지 말게 하여 주시고, 대한민국이 주권을 보장받은, 지금의 자유민주주의 국가가 되기까지 기꺼이 희생의 제물이 되기를 주저하지 않았던 선조들의 헌신을 잊지 않는 저희 모두가 되게 하옵소서.

지금 이 민족이 누리는 자유와 평등과 평화 속에는 선조들의 고귀한 희생이 혈관이 되어 흐르고 있다는 것을 언제나 기억하며 사는 저희 모두가 되게 하옵소서. 그러나 안타깝게도 아직 이 나라는 남과 북으로 갈라져 있습니다. 서로가 총부리를 맞대고 대적자로 맞서야하는 안타까운 현실에 놓여 있습니다. 주여! 이 나라에 어서 속히 진정한 자유와 평화가 오기를 기도합니다. 이 나라가 통일이 되지 않는 한 전쟁의 불안은 계속될 것이고 진정한 자유와, 평화와, 안식은 있을 수 없음을 깨닫습니다.

주님의 모든 백성이 안타까운 조국의 현실을 보며 더욱 기도하게 하시고, 남북이 하나 되어 한 민족을 이루는 통일의 꿈을 잃지 않도록 도와주시옵소서. 오늘도 주님의 생명의 말씀을 들고 단 위에 서신 목사님을 능력과 권능의 오른팔로 붙들어 주셔서 힘 있게 증거 하시는 그 말씀이 강퍅한 자의 심령을 쇳물처럼 녹이는 능력의 말씀이 되게 하옵소서.

기쁘고 감격스런 예배를 위하여 몸을 드려 수종드는 손길들을 기억하시고, 그들의 수고가 많아질수록 마음에서 샘솟는 기쁨도 솟아나게 하옵소서. 찬양대의 찬양을 받아주시고, 입술의 찬양이 아닌 마음의 찬양이 되게 하옵소서.

예수님의 이름으로 | 예배의 시종을 주님께 의탁하오며, 이 민족을 복되게 하시기를 소원하시는 예수 그리스도의 이름으로 기도합니다. 아멘

3월 둘째주 | 사순절기간

고난 받으신 주님을 기억하게 하소서

감사와 찬양 | 구원의 은혜를 베푸신 하나님 아버지! 한 영혼을 천하보다 귀하게 보셔서 저희의 구원을 위하여 독생자 예수 그리스도를 화목제물로 삼으심을 감사합니다. 이 시간, 저희의 생각이 놀라우신 하나님의 은혜를 생각하며 주님의 보좌 앞을 향하게 하시고, 저희의 감정이 깊고 깊으신 하나님의 사랑을 느끼며 경배하게 하옵소서.
진실된 기도와 영혼의 찬양을 드릴 수 있게 하시고, 시와 찬미와 신령한 노래들로 하나님을 찬양하며 예배하게 하옵소서. 이 시간의 예배로 오늘의 경배가 끝난 것으로 생각하지 말게 하시고, 이 순간으로부터 흐르는 빛과 기쁨과 능력이 오늘의 시간마다 저희와 함께 하시옵소서.

고백과 회개 | 은혜의 주님! 오늘 저희들이 예배의 자리로 달려 나왔지만, 지난 한 주간의 삶을 돌이켜볼 때 죄만 짓고 살았음을 고백하지 않을 수 없나이다. 지난 한 주간도 주님의 은혜를 저버리는 일들이 얼마나 많았는지 모릅니다. 알면서도 모른 척 그렇게 살았던 저희들이었습니다. 이런 저희의 모습이 주님이 보시기에 얼마나 가증스러워보였겠습니까?
주님! 미련하고 완악한 저희들을 꾸짖어주시옵소서. 주님의 은혜를 저버린 양심을 성령의 불로 태워주시옵소서. 이 시간, 정결함을 받아 주님께 예배할 수 있도록 은총을 베풀어 주옵소서. 주님께 드려지는 예배에 형식보다 진실이 묻어나는 예배가 될 수 있도록 도와주시옵소서.

간구 | 주님! 지금 저희들은 사순절기간을 보내고 있습니다. 십자가를 지신 주님을 생각한다 하면서도 환경에 정신을 빼앗기고 세상에 마음을 빼앗기며 땅을 보는 것으로 낙을 삼았던 저희들입니다. 용서로 보듬어 주시고 긍휼로 덮어주시옵소서.
주님! 사순절기간에 저희들을 위하여 고난을 받으신 주님을 생각하며 기도와 묵상 속에 보내기를 원합니다. 기도와 묵상 속에 고난 받으신 주님의 모습이 저희 심령에 더욱 더 깊숙이 파고들게 하시고, 주님의 피 묻은 십자가를 생각할 때마다 저희의 죄를 철저히 돌아보며 심령을 깨뜨릴 수 있는 은혜가 있게 하옵소서. 사순절 기간 동안 고난 받으신 주님을 더 많이 기억함으로 그 고난의 흔적이 저희들에게도 남을 수 있게 하시고, 십자가를 지고 주님을 따라가는 모습이 저희의 삶 가운데서 보여 지게 하옵소서.
더 많은 낮아짐을 경험할 수 있게 하시고, 더 많은 순종을 경험할 수 있게 하시고, 더 많은 희생과 헌신을 경험할 수 있게 하옵소서.

저희의 마음의 소원을 아시는 주님! 오늘도 저희의 형편과 처지를 되돌아보며 안타까운 마음으로 간구합니다. 험난한 세상을 살면서 피할 수 없는 상처와 아픔을 많이 겪고 있습니다.
인생들의 죄 짐을 홀로 지시고, 골고다 십자가에 피 흘려 돌아가신 주님을 생각하면 지금 겪고 있는 상처와 아픔이 사치스러운 것 같아 부끄럽기 한량없지만 어머니 품속에 있는 갓난아이 같은 저희들인지라 주님을 의지합니다.
넓으신 품으로 감싸 안아 주시고, 상한 심령을 위로하여 주옵소서. 뼛속 깊숙이 자리 잡은 모든 아픔들을 성령의 불로 녹여 주셔서 주님을 의뢰하는 인생이 얼마나 복된 인생인지를 깨닫게 하옵소서. 세상에서는 눌릴 수밖에 없는 삶이었지만 주님 안에서는 누리는 삶이 되기를 원합니다. 이끌어 주시옵소서.

오늘도 주의 말씀을 듣고 서시는 목사님을 기억하시고 증거 하실 말씀에 성령을 기름 붓듯 부어 주셔서 위로가 필요한 자에게는 위로의 말씀으로, 치료가 필요한 자에게는 치료의 말씀으로, 문제해결을 원하는 자에게는 모든 문제를 풀 수 있는 지혜의 말씀으로 선포되어지게 하옵소서. 예배를 수종드는 위원들을 기억하시고, 몸을 깨뜨려 섬길 때마다 기쁨의 은혜를 맛보게 하옵소서. 주님께 올릴 찬양을 정성껏 준비한 찬양대를 기억하옵소서. 저들의 찬양이 주님의 영광을 드러낼 수 있는 찬양이 되게 하옵소서.

예수님의 이름으로 | 예배의 시종을 주님께 의탁하오며 십자가로 죽음같이 강한 사랑을 보여주신 예수 그리스도의 이름으로 기도합니다. 아멘

3월 셋째주 | 섬김

주님의 섬김을 본받게 하소서

감사와 찬양 | 허물로 죽었던 저희들을 예수 그리스도로 말미암아 영원한 생명을 얻게 하신 하나님 아버지! 오늘도 거룩한 주일을 맞이하여 주님의 전을 찾아 하나님을 예배할 수 있게 하시니 감사드립니다.
오늘도 하나님을 예배하면서 주님의 자녀가 된 것을 감사할 수 있게 하시고, 헤아릴 수 없는 그 많은 복되고 영광스러운 약속이 주어진 사실을 인하여 더욱 감사할 수 있게 하옵소서. 오늘도 영과 진리 안에서 예배하기를 원합니다. 영혼 깊은 곳에서 우러나는 진실한 찬양이 있기를 원합니다.
주님의 말씀을 사모하는 갈급한 마음이 있기를 원합니다. 저희의 생각과 마음을 주의 성령께서 온전히 주장하여 주옵소서.

고백과 회개 | 긍휼이 풍성하신 하나님 아버지! 오늘 저희가 거룩하신 하나님을 예배하고 있지만, 저희들의 모습은 여전히 죄악으로 얼룩져 있음을 고백하지 않을 수 없나이다. 육적인 죄악, 심적인 죄악, 영적인 죄악이 저희 속에 가득함을 고백합니다.
거룩함을 입은 하나님의 자녀로 하나님을 두려워하며, 몸과 마음을 깨끗이 하며, 바른 양심을 가지고 살았어야 했는데, 오히려 추악한 죄악에 휩쓸려 살았음을 고백합니다. 주님의 보혈의 공로를 의지하여 회개하오니 저희들의 허물과 죄를 용서하여 주시고 주님의 은혜로 새롭게 하여 주옵소서.
저희가 항상 하나님을 두려워함으로 죄를 멀리하게 하시고, 주님의 계명을 힘써서 지킴으로 주님의 성호를 높일 수 있는 삶이 되게 하옵소서.

간구 | 사랑의 주님! 지금 저희들은 사순절 절기를 보내고 있습니다. 주님의 고난을 조용히 묵상하며 사순절 절기를 복되게 보낼 수 있는 저희 모두가 되게 하옵소서.
사순절 기간에 철저한 자기 성찰이 있게 하셔서 잃었던 경건의 능력을 회복할 수 있게 하시고, 십자가에 달리시기까지 자신의 모든 것을 쏟아 부으신 주님의 희생을 저희의 몸으로 담아낼 수 있는 삶이 되게 하옵소서. 무엇보다도 죄인들을 위하여 낮고 천한 자리에 찾아오셔서 섬기기를 힘쓰셨던 주님을 본받아 섬김을 실천하는 삶이 되게 하옵소서.

말씀을 많이 아는 것보다 한 말씀이라도 그 말씀을 실천하는 것이 좋은 믿음임을 늘 깨닫게 하셔서 배우고 깨닫는 것에만 집착하는 것이 아니라 섬기는 일에 마음을 쏟을 수 있는 저희 모두가 되게 하옵소서.

더 많이 섬기는 것이 신앙의 습관이 되게 하시고, 더 많이 섬기는 것이 신앙의 목표가 되게 하옵소서. 교회도 섬김이 있어야 바로 설 수 있음을 깨닫게 하시고, 믿음은 섬김이 있어야 온전케 됨을 깨닫게 하옵소서.

섬김으로써 아름다운 공동체를 가꾸게 하시고 섬김으로써 신앙의 성숙을 이루어 갈 수 있는 저희 모두가 되게 하옵소서.

섬김으로써 주님을 닮아가고, 섬김으로써 곳곳에 주님의 흔적을 남길 수 있는 저희 모두가 되게 하옵소서. 이 땅을 살아가는 동안 주님을 본받아 섬김의 욕구를 충족시켜 갈 수 있는 저희의 삶이 되게 하옵소서.

은혜의 주님! 안타깝게도 기독교의 인구가 점점 더 감소되고 있다고 합니다. 갈수록 차갑게 식어져 가고 있는 예배의 빈자리를 볼 때 우리 주님의 마음이 얼마나 아프시겠습니까? 이럴 때일수록 저희들이 더욱 더 복음의 빛을 발하는 삶을 살아갈 수 있게 하옵소서. 예수님만이 길이요, 진리요, 생명이 되신다는 것을 힘써서 증거 할 수 있는 삶이 되게 하옵소서.

오늘도 말씀을 들고 서시는 목사님을 기억하옵소서. 언제나 건강을 잃지 않도록 붙들어 주시고, 즐겁고 행복한 사역이 될 수 있도록 능력으로 함께 하옵소서. 찬양대가 찬양으로 주님께 영광 돌리기 위하여 정성껏 준비했습니다. 모든 찬양대원들이 아름다운 화음으로 최상급의 찬양을 주님께 올릴 수 있게 하옵소서.

예수님의 이름으로 | 예배의 시종을 주님께 의탁합니다. 마음을 담아 정성껏 예배하는 자들을 말씀으로 만나주시고, 위로와 치유가 필요한 자에게 놀라운 은혜로 함께하실 것을 믿사옵고, 저희를 죄에서 구원하여 주신 예수 그리스도의 이름으로 기도합니다. 아멘

3월 넷째주 | 때

때를 놓치지 않게 하소서

감사와 찬양 | 지극히 자비하신 하나님 아버지! 저희로 하여금 예수 그리스도의 십자가를 통하여 영원한 생명과 구원을 얻은 그 영광스러운 무리 중에 들게 하신 은혜를 감사드립니다.

오늘도 저희들이 지극히 높으신 하나님을 경배할 수 있게 된 것은 전적으로 주님의 피 묻은 십자가 때문인 것을 믿습니다. 하나님 앞에 담대하게 나아와 거룩하신 하나님을 대면할 수 있게 된 것도 전적인 주님의 피 묻은 십자가 때문인 것을 믿습니다.

이 시간, 하나님을 예배하면서 거룩함을 입은 무리들과 교제를 나눌 수 있게 된 것도 전적인 주님의 피 묻은 십자가 때문인 것을 믿습니다. 그 사랑 그 은혜를 기억하며 예배의 기쁨과 영광을 누리는 저희들이 되게 하옵소서.

고백과 회개 | 저희를 구속하신 주님! 허물과 죄로 인한 상한 심령들이 나왔습니다. 저희들의 지난 한 주간을 돌아볼 때 삶에 있어서의 사언행(思言行)은 의롭고 선한 것이 하나도 없었음을 고백합니다. 그야말로 생각과 마음과 행동 모두가 죄악의 흔적뿐임을 고백하지 않을 수 없나이다.

이 시간, 회개하기를 원하오니 긍휼을 베푸셔서 용서하여 주옵소서. 따뜻한 봄이 겨울의 차가운 날씨를 몰아내듯, 저희 심령 속에 여전히 꽁꽁 얼어붙은 죄악의 요소들을 끄집어내어 주셔서 성령의 불로 말끔히 태워주시옵소서. 깨끗함과 정결한 마음으로 주님께 예배하며 생명의 말씀을 받을 수 있도록 은총을 내려주옵소서.

간구 | 이날까지 저희의 생명을 연장시켜 주시고 때를 따라 돕는 은혜를 주시는 주님! 저희의 삶이 날마다 말씀에 대한 순종과 믿음으로 이루어질 수 있게 하옵소서. 저희의 말에는 절제와 진실이 있게 하시고, 하나님 앞에서는 충성과 근면이 있게 하옵소서. 저희의 심령 속에는 항상 주님의 사랑이 넘쳐나게 하시고, 저희의 손과 발에는 항상 주님을 높이는 향기가 묻어

날 수 있게 하옵소서. 만물을 새롭게 하시고 성장케 하시는 주님! 시간이 지날수록 봄의 기운을 느끼는 곳마다 생명을 노래하고 있는 것이 발견됩니다.

자연만물도 창조주이신 주님께 더 성장하고 열매 맺는 모습을 보여드리기 위하여 주어진 때를 놓치지 않고 있는데, 오늘 저희들은 택함 받은 주님의 자녀로 무엇을 하고 있는지 돌이켜 보게 하옵소서. 주님! 저희로 하여금 때를 놓치지 않는 신앙생활을 할 수 있도록 붙들어 주옵소서.

믿음이 성장할 때를 놓치지 말게 하시고, 열매를 맺을 수 있는 기회를 놓치지 않는 신앙의 삶이 되게 하옵소서. 하나님을 힘써서 찾을 수 있는 때를 놓치지 않게 하시고, 더욱 간절함을 가지고 기도에 힘쓸 수 있는 기회를 잃지 않는 신앙의 삶이 되게 하옵소서.

주님을 기쁘시게 하는 것이라면 몸을 깨뜨려 봉사하며 충성할 수 있게 하시고, 주님이 영광을 받으시는 것이라면 마음을 다하여 섬기며 희생할 수 있는 신앙의 삶이 되게 하옵소서. 그리하여 점점 더 영적으로 부요해지고 믿음의 큰 열매를 맺는 축복의 사람이 되게 하옵소서.

사랑의 주님! 오늘도 주님의 위로의 손길, 치료의 손길, 축복의 손길이 필요한 교우들이 있습니다. 그들의 상한 심령을 찾아가 주셔서 갈급한 문제를 해결해주시고, 병든 육신을 치료해주시며, 갈한 영혼에 소성함을 얻게 하여 주옵소서. 어두운 눈이 밝아지고, 하늘의 지혜와 평안과 기쁨이 넘치게 하옵소서.

주님! 저희들은 지금 사순절 기간을 보내고 있습니다. 고난이 없으면 주님과 함께 받을 영광도 없다는 것을 기억하여, 주님의 고난 받으심에 적극 동참하려는 간절함이 있게 하시고, 주님의 마음으로 주변의 안타까운 곳을 돌아볼 수 있는 긍휼을 품을 수 있게 하옵소서.

오늘도 말씀을 들고 단 위에 서시는 목사님을 기억하셔서 갈급한 영혼마다 성령의 단비로 적시는 능력의 말씀이 되게 하옵소서. 찬양대가 준비한 찬양도 하늘 보좌에 울려 퍼지는 영광의 찬양이 되게 하실 것을 믿습니다.

예수님의 이름으로 | 예배의 시종을 주님께 의탁하오며 예수 그리스도의 이름으로 기도합니다. 아멘

3월 다섯째주 | 종려주일, 고난

고난의 유익을 바라보게 하소서

감사와 찬양 | 독생자 예수 그리스도를 십자가에 달려 죽게 하심으로 저희의 구속을 이루신 하나님 아버지! 그 크신 사랑과 은혜를 감사드립니다. 죄로 말미암아 영원히 죽을 수밖에 없는 저희들을 예수 그리스도로 말미암아 모든 죄를 사해주시고 생명의 나라를 상속받을 수 있는 하나님의 자녀로 삼아주셨으니 하나님의 그 크신 사랑과 은혜는 하늘을 두루마리 삼고 바다를 먹물 삼아도 다 기록할 수 없음을 깨닫습니다.
오늘도 주님이 허락하신 주일을 맞이하여 구원을 베푸신 하나님께 영광을 돌리기를 원하오니 계신 곳 하늘에서 홀로 영광을 받으시고 이 자리에 임재 하셔서 저희의 어두운 영혼을 말씀의 빛으로 밝혀주시옵소서.
이 시간에 하나님께 예배하는 기쁨과 즐거움이 최상에 달하는 복된 시간이 되게 하옵소서.

고백과 회개 | 때를 따라 돕는 은혜를 끊임없이 베풀어 주시는 주님! 죄 많은 저희들을 택하셔서 빛 된 생활, 구별된 삶을 살라고 불러주셨사오나 저희들이 너무 연약하여 주님의 뜻대로 살지를 못했습니다.
여전히 불의를 행하고 자신의 힘만을 의지하며 세상이 주는 기쁨과 안전만을 찾으며 살기에 익숙했던 저희들이었습니다. 오늘 이 자리에도 추악한 인간의 모습 그대로 나왔습니다.
이 시간, 십자가에서 흘리신 주님의 보혈의 공로를 의지하여 회개하오니 저희들의 허물과 죄를 용서하여 주옵소서.
이 시간, 저희의 심령을 깨끗케 하시고 영혼을 소성케 하셔서 하나님께 향내 나는 산 제사, 신령한 예배를 드릴 수 있게 하옵소서.

간구 | 겸손과 섬기심으로 이 땅에 평화를 가져오신 주님! 오늘은 특별히 종려 주일을 맞으면서 그지없는 주님의 사랑에 다시금 머리를 조아립니다. 주님께서 어린 나귀를 타시고 예루살렘에 입성하신 것은 온 인류의 죄

를 대속하시기 위하여 고난을 받으시고 십자가에 달리시기 위함이라는 것을 알고 있습니다. 이제 저희들도 주님의 십자가의 은혜와 사랑을 입은 자로 고난의 유익을 바라보는 삶이 되게 하옵소서. 고난 받으시는 자리를 외면치 않으시고 기꺼이 순종하신 주님의 그 순종하심을 본받을 수 있게 하옵소서. 죽기까지 순종하셨던 주님의 그 순종하심을 본받아 저희도 순종의 욕구를 충족시키는 삶이 되게 하옵소서. 순종이 묻어 있는 신앙생활로 곳곳에 주님의 구원의 십자가를 우뚝 세우는 삶이 되게 하옵소서.

사랑의 주님! 교회는 주님이 남기신 고난이 있음을 깨닫습니다. 주님이 피 흘려 죽으신 골고다의 언덕이 있음을 깨닫습니다. 주님의 몸 된 교회와 성도들을 위하여 받는 괴로움을 기뻐할 수 있는 저희들이 되게 하옵소서. 고상하고 품위 있는 신앙생활이 아니라 그리스도의 남은 고난을 주님의 몸 된 교회를 위하여 육체에 채울 수 있는 신앙생활이 되게 하옵소서(골 1:24). 주님이 남기신 고난에 참여함으로 더욱 주님을 본받게 하시고, 고난을 체험함으로 십자가의 주님을 더욱 더 닮아가게 하옵소서.

이제 오늘 이후로 한 주간 동안 주님께서 그 혹독한 고난을 받으신 고난주간이 시작됩니다. 한 주간만큼이라도 육체의 소욕을 죽이고 주님의 고난 받으심에 적극 참여할 수 있게 하셔서 그 영광된 부활의 새 아침을 기쁨으로 맞이할 수 있게 하옵소서. 오늘도 생명의 말씀을 전하시는 목사님을 십자가의 능력으로 붙들어 주시고, 전하시는 말씀을 통하여 왜 주님께서 고난 받으셔야 했는지, 가슴 저미도록 깨닫는 시간이 되게 하옵소서.

오늘은 특별히 주님이 친히 제정하신 성찬예식이 있습니다. 이 예식에 참여하는 자들마다 "네가 나를 사랑하느냐"는 주님의 음성을 듣게 하셔서, 주님의 제자로 살 것을 다시 한 번 굳게 다짐할 수 있는 은혜로운 시간이 되게 하옵소서. 예배를 위하여 수종드는 손길과 찬양대를 기억하셔서 그들의 아름다운 섬김이 하늘에서 해같이 빛날 수 있게 하옵소서.

예수님의 이름으로 | 예배의 시종을 성령님이 주장하실 것을 믿사옵고 예수 그리스도의 이름으로 기도합니다. 아멘

4월 첫째주 | 부활절

구원의 문, 생명의 문을 열어주소서

감사와 찬양 | 생명의 창조자요 주관자가 되시는 하나님 아버지! 독생자 예수 그리스도를 죽음에서 일으키셔서 주님을 믿는 자들에게 죽어도 다시 살 수 있는 부활의 소망을 주심에 감사드립니다.
오늘 이 자리에 부활의 은총으로 충만하게 임하셔서 저희로 하여금 부활의 주님을 소리 높여 찬양하게 하옵소서. 이 시간 저희 모두가 환희에 찬 감정을 가지고 소망에 찬 눈망울로 부활하신 주님을 축하하며 예배합니다.
주님의 부활의 영광이 이 자리뿐만 아니라 온 땅에 가득 넘치게 하옵소서. 죽음을 이기신 주님의 승리가 온 누리에 선포되게 하옵소서.

고백과 회개 | 나는 부활이요 생명이니 나를 믿는 자는 죽어도 살겠고 무릇 살아서 믿는 자는 영원히 죽지 않는다고 일러주신 주님! 저희의 마음을 썩지 않고, 더럽지 않고, 쇠하지 아니하는 영원한 것들 위에 두고 살았어야 했는데, 썩어지면 없어질 땅에 마음을 두고 살았음을 고백합니다.
또한 저희에게 주어진 물질과 시간과 재능을 좀 더 가치를 가진 것들을 위하여 사용하면서 살았어야 했는데 그렇게 하지 못한 삶이었음을 고백합니다. 이 시간, 저희의 연약함을 불쌍히 여기셔서 용서하여 주옵소서.
실패한 제자들을 먼저 찾아주신 주님께서 오늘 이 시간에도 저희의 가난한 심령을 찾아주셔서 주님의 은혜와 능력으로 가득 채워주옵소서.
그리하여 오직 주님만을 향한 열정을 가지고 영원히 쇠하지 아니하는 하늘에 소망을 두고 살아갈 수 있게 하옵소서.

간구 | 산 소망을 주신 주님! 새로 돌아온 부활절로 말미암아 이 땅 위에 소망이 넘치기를 원합니다. 이 땅의 곳곳마다 고통과 좌절이 끊이지 않고 있고, 눈물과 탄식이 끊이지 않고 있습니다. 내일에 대한 비전과 소망을 잃어버린 사람들이 여기저기서 방황하며 세상을 비판하고 자신의 태어남을 비관하며 살고 있습니다. 부활의 주님! 갈 길을 몰라 방황하고 있는 무리들을

불쌍히 여기시옵소서. 내일에 대한 불안과 염려로 절망의 골짜기를 헤매고 있는 무리들을 긍휼히 여기시옵소서.
이 땅을 고쳐주시고, 치료하여 주옵소서. 불안과 두려움으로 얼룩진 현장을 찾아가셔서 평안을 선포하여 주시옵소서. 내일에 대한 비전과 소망이 타오를 수 있도록 부활의 주님이 용기를 주시고 긍정을 심어 주시옵소서. 무너진 자존감을 회복시켜 주시고, 무너진 관계를 회복시켜 주시옵소서. 또한 무너진 가정과 무너진 일터도 회복시켜 주시옵소서. 신음소리가 변하여 노래가 되고, 원망이 변하여 희망의 이야기꽃을 피워가도록 축복하여 주옵소서. 또한 땅의 것을 뛰어넘어 영원하고 고상한 가치들을 잡을 수 있도록 구원의 문을 열어주시고 생명의 문을 열어주옵소서.

은혜의 주님! 이 시간, 다시 사신 부활의 주님을 찬양하며 주님 앞에 드리는 이 예배에 부활의 영광으로 채워 주실 것을 믿습니다. 드리는 찬송과 기도, 봉헌 예물 이 모든 것이 부활의 주님을 더욱 높이는 도구가 되게 하여 주옵소서.
특히 학습, 세례 및 성찬식의 거룩한 예식위에 주님의 축복을 구합니다. 오늘의 이 모든 순서 하나하나에 은혜가 풍성하고 감사와 기쁨이 넘치기를 원합니다. 역사하여 주옵소서.
오늘도 부활의 기쁜 소식을 증거 하시기 위하여 단 위에 서시는 목사님을 기억하시고 성령께서 친히 붙들어 주옵소서. 저희 모두가 부활과 구원과 산 소망이 넘치는 시간이 되게 하옵소서. 또한 찬양으로 영광의 주님을 높이는 찬양대를 기억하옵소서.
저들이 힘을 다하여 정성껏 준비한 찬양이 주님의 보좌 앞에 상달되게 하시고, 하늘의 천군과 천사들의 찬양처럼 주님의 영광을 더욱 더 높일 수 있는 찬양이 되게 하옵소서. 예배를 위하여 마음과 시간을 깨뜨려 수종드는 손길들도 있습니다. 복되고 아름다운 섬김이 천국에서 주님께 칭찬받을 믿음의 공적이 되게 하옵소서.

예수님의 이름으로 | 예배의 시종을 주님께 의탁하오며 부활의 첫 열매가 되신 예수 그리스도의 이름으로 기도합니다. 아멘

강한 영성이 회복되게 하소서

감사와 찬양 | 은혜가 풍성하신 하나님 아버지! 무용지물인 인생을 아주 버려두지 아니하시고 주님의 백성으로 불러 주셔서 빛과 진리 가운데로 인도하여 주시니 감사드립니다. 성부, 성자, 성령 하나님의 거룩하신 이름이 영광을 받으시옵소서. 오늘도 아무런 자격이 없는 저희들이 거룩하신 하나님을 예배할 수 있게 된 것은 전적인 주님의 은총임을 믿습니다.
주님의 피 흘리심이 있었기에 무자격한 저희들이 주님의 보좌 앞으로 나아가는 담대함을 얻게 되었습니다. 이 시간에 주님의 공로를 기억하면서 마음과 정성과 뜻을 다하여 삼위 하나님을 예배할 수 있게 하옵소서.

고백과 회개 | 소망이 되시는 주님! 말씀을 통하여 장래에 있을 영광을 보여주시고 저희들에게 그 영광에 참여할 수 있는 기회를 주심을 감사드립니다. 하오나 저희의 마음과 행실을 볼 때 그 기회를 놓치는 삶을 살았음을 고백합니다.
주님이 지켜보고 계신다는 것을 알면서도 세상의 영광에 눈이 멀어 죄악된 것도 마다하지 않는 삶을 살았고, 성령님을 근심되게 하는 것인 줄 알면서도 불신자들의 행실과 습관을 좇아 행하기를 즐겨했던 저희들이었습니다. 주님! 주님과 멀어지지 않기 위하여 이 시간에 또 다시 저희의 약함을 내려놓습니다. 죄를 이기지 못하고 반복하는 저희들의 약함을 불쌍히 여기시고 긍휼을 베푸셔서 용서하여 주옵소서.
무너진 결심을 다시 일으켜 세워 주님을 따를 수 있는 믿음이 되기를 원하오니 저희의 부끄러운 심령에 성령의 충만을 허락하여 주옵소서.

간구 | 저희의 간구를 기뻐하시는 주님! 오늘도 말씀에 의지하여 주님께 간구합니다. 주님을 뵐 때마다 앵무새처럼 되풀이하는 기도 제목이지만 주님의 몸 된 교회를 위한 간구를 멈출 수 없사오니 들어주시옵소서.
주님! 주님의 몸 된 교회가 부활하신 주님을 앞세워 강한 영성을 세상에 보여줄 수 있는 교회가 되어야 하는데, 갈수록 영성을 잃어가고 있음을 깨닫습니다. 세상을 변화시키는 교회의 정체성이 빛을 잃은 지 이미 오래되었고, 이제는 세상의 조롱과 비웃음만 받는 교회가 돼버리고 말았습니다.
주님! 영성을 잃은 교회는 결국 무너지는 수순을 밟을 수밖에 없다는 것을 저희로 하여금 잊지 말게 하옵소서.
예루살렘 교회도 무너졌고, 바울의 전도로 세워진 수많은 교회들이 다 무너져 역사 속으로 사라지고 말았습니다. 서구라파 교회도 무너졌고, 청교도신앙을 자랑하던 미국교회도 무너지는 수순을 밟고 있습니다.

주님! 조상의 순교의 피로 세워진 한국교회도 이제는 문을 닫는 교회들이 늘어나는 뼈아픈 위기를 맞고 있습니다. 교회가 영성을 잃어버리면 결국 마귀의 밥이 될 수밖에 없다는 것을 기억하여, 저희모두가 영성을 회복하는데 마음을 쏟을 수 있게 하옵소서. 주일에 한 번 예배당에 나오는 것으로 만족하지 않게 하시고, 식어진 기도의 자리, 식어진 예배의 자리에 다시금 불을 붙일 수 있게 하옵소서.
그리하여 강한 영성을 회복함으로 어두운 세상을 비출 수 있는 등불이 되게 하시고, 오염되고 타락한 문화를 수술해 나갈 수 있는 진리의 칼이 되게 하옵소서.
오늘도 이 복된 예배의 자리에 세상에 마음을 빼앗겨 나오지 못한 교우들이 있습니다. 세상의 그 무엇보다 소중한 것이 믿음임을 깨닫게 하셔서 주님을 더욱 가까이 할 수 있는 그들이 되게 하옵소서.
이 자리에 주님의 도우심을 간절히 사모하는 교우들이 있습니까? 그들의 형편과 처지를 우리 주님은 아시오니 예배를 통하여 회복시키시는 주님의 은혜를 경험하게 하옵소서.
오늘도 주님의 말씀을 들고 단 위에 서시는 목사님을 주님의 능력의 오른손으로 붙드셔서 저희들의 강퍅한 심령이 말씀으로 기경되는 은혜의 시간이 되게 하옵소서.

예수님의 이름으로 | 예배의 시종을 주님께 의탁하오며 말씀으로 교회를 세우시는 예수 그리스도의 이름으로 기도합니다. 아멘

4월 셋째주 | 증인

부활의 증인이 되게 하소서

감사와 찬양 | 영원한 생명과 하늘나라의 기업을 주신 하나님 아버지! 오늘도 저희가 주님의 은혜와 사랑에 감사한 마음으로 예배를 드립니다.
주의 성령께서 저희의 마음을 온전히 주장하여 주셔서 온 맘을 다해 하나님께 영광을 돌릴 수 있게 하시고, 하나님의 이름을 소리 높여 찬송할 수 있게 하옵소서.
하나님의 백성으로 부름 받은 저희들에게 예배시간 보다 더 소중한 것이 어디에 있겠으며, 예배를 통하여 하나님의 위로와 즐거움을 누리는 것보다 더 값진 것이 어디에 있겠사오리까? 지금과 또 앞으로도 언제나 하나님을 예배하는 이 자리를 사랑할 수 있게 하시고, 하나님께 예배하는 것을 인생최대의 복으로 알고 살 수 있게 하옵소서.

고백과 회개 | 자비로우신 주님! 오늘도 의로우신 주님을 마주하고 있으니, 지난 시간의 죄가 생각나 마음의 찔림을 받습니다. 주님의 뜻을 따라 하나님께 영광을 돌리는 삶의 예배가 있어야 함에도 불구하고 저희들은 여전히 죄의 유혹 앞에서 전혀 방어할 생각을 하지 않고 죄에 끌려가는 삶을 살았음을 고백합니다.
주님이 불꽃같은 눈동자로 지켜보고 계시는데도 불구하고 아무렇지도 않게 죄를 용납하면서 산 것을 생각하면 저희의 심령이 너무나 강퍅하고 악하다는 것을 다시금 깨닫습니다. 죄에 물들지 않기 위한 그 어떤 몸부림도, 죄의 요소를 방어하기 위한 그 어떤 방비책도 세우지 않고 마음이 원하는 대로 살았던 저희들을 용서하여 주옵소서.
이 시간, 죄로 얼룩진 저희의 생각과 마음과 몸을 성령의 검으로 수술하여 주님의 뜻을 밝히 드러내며 살아갈 수 있는 믿음의 삶이 되게 하옵소서.

간구 | 소망과 생명이 되시는 주님! 사망 권세를 이기신 주님의 부활하심을 기뻐하며 부활절예배를 드린 후, 지금 저희들은 교회력으로 부활절주

간을 보내고 있습니다. 저희들에게 부활절 주간이 허락된 것은 부활의 주님을 만났던 제자들이 주님의 부활하심을 알리는 증인이 되었듯이, 저희들도 부활의 주님을 증언하고 나타낼 수 있는 삶을 살라고 정해진 것인 줄 믿습니다. 주님! 도망쳤던 제자들이 부활하신 주님을 만난 이후로 그 기쁨의 좋은 소식을 전하기에 주저하지 않았듯이, 저희들도 주님을 담대하게 증거 할 수 있는 삶이 되게 하여 주옵소서.
주님의 부활을 담대하게 증거 할 수 있는 종으로 쓰임받기 위하여 더욱 더 성령 충만을 사모하며 간구할 수 있게 하시고, 이 땅에서 저희의 생명이 다하기까지 부활의 증인으로서의 삶을 살아가기에 헌신을 드리고 희생을 드릴 수 있는 저희들이 되게 하옵소서.

어렵고 힘들다고 하여 증인의 자리를 회피하지 말게 하시고, 바쁘고 피곤하다고 하여 증인의 사명을 게을리 하지 않는 저희들이 되게 하여 주옵소서. 주님이 부활 하셨기에 저희들이 가장 복 된 자들임을 깨닫습니다.
주님의 부활이 없으셨더라면 저희 같이 불쌍한 자들이 또 어디에 있겠습니까? 때를 얻든지 못 얻든지 복된 자의 의무를 다할 수 있는 저희들이 되게 하시고, 살아계신 주님을 온 땅 위에 담아낼 수 있는 축복의 삶이 되게 하옵소서.
가정과 생업도 부활의 기쁨으로 충만하게 채워진 소망의 터전이 되기를 원합니다. 언제나 부활의 기쁨을 나눌 수 있는 소망의 가정이 되게 하시고, 땀 흘려 일하는 곳에도 살아계신 주님을 증거 할 수 있는 은총의 장소가 되게 하여 주옵소서. 오늘도 사랑하는 목사님을 붙들어 주옵소서. 주님의 몸 된 교회와 맡겨진 양들을 위하여 불철주야 기도하시며 마음을 쏟고 계시오니, 피곤치 않도록 늘 새 힘과 새 능력을 더하여 주옵소서.
목사님이 준비하신 말씀을 통하여 주님의 음성을 듣습니다. 건성으로 듣는 일이 없도록 저희의 마음을 활짝 열어 주옵소서.

예수님의 이름으로 | 찬양대의 찬양도 하늘 보좌에 앉으신 주님께 향기가 되게 하실 것을 믿사옵고, 예배의 시종을 주님께 의탁하오며, 지금도 살아계셔서 역사하고 계시는 예수 그리스도의 이름으로 기도합니다. 아멘

4월 넷째주 | 믿음, 변화

움돋는 믿음이 되게 하소서

감사와 찬양 | 할렐루야! 살아계신 주님의 온전한 활동을 찬양합니다. 역경과 어둠 속에서도 어김없이 생동하는 새봄을 허락하시고 움트는 생명의 기쁨을 누릴 수 있게 하심을 진심으로 감사드립니다.
온 땅이 새 생명의 축복을 누리고 있는 이때에 저희들도 새 생명을 허락하신 주님께 찬양과 영광을 돌리고자 이 시간에 모였습니다. 저희의 예배를 기쁘게 받아 주시옵소서. 영과 진리 안에서 참되게 예배하기를 원합니다. 하나님을 찬양하며, 감사하며 예배하기를 원합니다. 주의 성령께서 저희의 마음을 온전히 다스려 주옵소서. 이 시간뿐만이 아니라 저희의 생애를 통하여 변함없이 감사함과 즐거움으로 하나님을 섬기며 예배할 수 있게 하옵소서.

고백과 회개 | 자비로우신 주님! 지난 한 주간의 삶을 돌이켜봅니다. 저희들은 주님의 몸 된 교회를 벗어나기 무섭게 죄의 유혹으로 빨려 들어가는 삶을 살았음을 고백합니다.
저희들의 언행은 선하고 의로운 것이 하나도 없었고, 머리는 병들었고 마음은 피곤하였으며, 발바닥에서 머리까지 성한 곳이 하나도 없었나이다. 기억하기조차 힘든 수많은 불법을 저지르며 살면서도 심령이 강퍅하여 그것을 전혀 느끼지를 못했습니다. 이 시간, 죄로 물들어 있는 저희 자신을 돌아보며 회개하오니 주님의 보혈로 씻어주시고 용서하여 주옵소서.
저희의 심령을 새롭게 하여 주셔서 죄에 대한 심각성과 수치스러움을 깨달으며 죄를 멀리하는 삶을 살아갈 수 있도록 붙들어 주옵소서.

간구 | 사랑의 주님! 이제 4월도 마지막 주일을 맞이했습니다. 자연만물이 더욱 생기를 발하고 있음을 피부로 느낍니다. 생명이 있는 곳마다 날마다 새로움을 더해가는 것이 저희들에게는 신기함과 아름다움으로 비쳐지고 있습니다. 주님! 오늘 저희들도 새로움을 더해가는 신앙생활이 되게 하옵

소서. 습관을 좇아 힘겹게 교회의 문턱만 겨우 밟는 믿음이 되지 말게 하시고, 생기 있고 움돋는 믿음으로 주님을 더욱 기쁘시게 할 수 있는 삶이 되게 하옵소서. 사랑과 기쁨의 싹을 더욱 움돋게 함으로 새로움을 더해갈 수 있는 믿음이 되게 하시고, 기도와 전도의 싹을 더욱 움돋게 함으로 새로움을 더해갈 수 있는 믿음이 되게 하옵소서. 봉사와 섬김의 싹도 더욱 움돋게 함으로 새로움을 더해갈 수 있는 믿음이 되게 하시고, 충성과 헌신의 싹도 더욱 움돋게 함으로 새로움을 더해갈 수 있는 믿음이 되게 하옵소서.

공의로우신 주님! 요즘 전 세계 곳곳에는 이상기온현상으로 인한 자연 재해가 빈번히 일어나고 있습니다. 이로 인하여 많은 사람들이 생명을 잃기도 하며 삶의 터전을 잃는 것을 생각할 때 안타깝고 두려운 마음이 앞서지만, 이 모든 것은 주님이 주신 축복의 땅을 청지기인 인간이 잘못 관리한 대가인 것을 깨닫습니다.

주님! 저희들이 세계 곳곳에서 일어나는 자연 재해를 통하여 인간의 교만을 심판하시는 주님의 손길을 느낄 수 있게 하시고, 자연을 통하여 주신 주님의 은총을 함부로 다루지 않는 삶이 되게 하여 주옵소서. 더 이상 나라와 나라가 문명의 도구를 이용하여 주님이 주신 아름다운 자연을 해치는 일이 없게 하시고, 교만한 지식을 이용하여 바벨탑을 쌓는 일이 없게 하여 주옵소서. 세계 만국을 다스리시는 주님 앞에 겸손히 엎드릴 줄 아는 세계 만민이 되게 하여 주옵소서.

주님! 오늘도 주님께 예배드리는 자들 가운데 고통으로 신음하는 교우들이 있습니까? 주님께 예배하면서 눈물을 닦아주시고 치유하여 주시는 주님의 은총을 경험하게 하옵소서.

오늘도 말씀을 전하실 목사님을 성령의 능력으로 붙드시고, 말씀을 듣는 저희 모두가 심령이 새로워지는 시간이 되게 하옵소서.

예배를 위하여 안내위원으로, 헌금위원으로, 차량주차위원으로, 찬양대로 섬기는 손길들을 기억하시고 조건 없이 충성하는 그 마음이 항상 주님께 아름다운 향기가 되게 하옵소서.

예수님의 이름으로 | 예배의 시종을 주님께 의탁하오며 만유의 주가 되시는 예수 그리스도의 이름으로 기도합니다. 아멘

5월 첫째주 | 어린이주일

주일학교에 부흥을 주소서

감사와 찬양 | 인생들을 긍휼히 여기시는 하나님 아버지! 저희들의 허물을 사하시고 주의 거룩한 백성으로 택하셔서 하나님을 가까이 할 수 있게 하시니 감사드립니다. 5월의 문턱에서 세상 사람들은 부드러운 봄바람에 취하여 살겠지만, 저희들은 주님의 거룩한 백성으로 주님이 내리시는 은혜에 취하여 사는 삶이 되게 하신 것을 감사드립니다.
오늘 저희들이 거룩한 주일을 맞이하여 주님의 전을 찾았사오니 주님이 받으시는 예배를 드릴 수 있도록 주의 성령께서 도와주시옵소서.
사람이 떡으로만 사는 것이 아니라, 하나님의 입에서 나오는 말씀으로 살아야 한다는 것을 다시 한 번 느끼는 시간이 되게 하시고, 마음과 정성과 뜻을 다하여 주님을 예배할 수 있게 하옵소서.

고백과 회개 | 사랑의 주님! 복음 앞에 변하지 않는 세상만큼이나, 저희들의 심령도 좀처럼 변화되지 않는 것을 깨닫습니다. 은혜의 자리에서는 믿음으로 살려고 결단과 결심을 보이지만, 세상으로 나아가면 또다시 세상 풍속에 이끌려서 믿음에서 자주 넘어지는 저희들입니다.
죽음의 한계도 뛰어넘으신 주님 앞에서, 먼지 같은 죄악도 뛰어넘지 못하여 실족하는 저희 자신을 생각하며 한없이 부끄러운 마음으로 참회하고 회개합니다.
용서하여 주옵소서. 이 시간, 예배를 통하여 다시금 죄 사함을 받고 변화를 받아 죄를 이기는 삶을 살아갈 수 있도록 도와주시옵소서.
예배의 능력을 힘입어 삶이 예배가 되고 예배가 삶이 되어, 죄악을 멀리할 수 있는 복된 인생을 살아갈 수 있게 하옵소서.

간구 | 어린아이를 사랑하시는 주님! 오늘은 어린이 주일과 함께 5월에 내리시는 하늘의 은총을 받게 하시니 감사합니다. 양 무리와 같이 순백한 어린이들에게 복을 내려 주시고 그들이 드리는 찬양과 경배를 받아주시옵소

서. 주님! 안타깝게도 교회마다 주일학교가 점점 더 줄어들어가고 있습니다. 주일학교가 줄어들면서 지금 한국교회는 심각한 위기에 처해있는 현실입니다. 주일학교가 없어진 교회가 태반이고, 1년에 3천여교회가 문을 닫고 있다고 합니다. 교회가 세워질 때마다 주일학교부서가 가장 먼저 세워짐으로 전도의 문이 열리고, 교회가 성장하게 되는 발판이 되었는데, 주일학교가 침체되니 한국교회도 점점 더 사라지고 있습니다.

주님! 주일학교가 침체되는 것이 저 출산의 사회적인 영향 때문이기도 하겠지만, 영적인 측면을 놓고 보았을 때 믿음에 대한 열정을 잃어버린 결과임을 깨닫습니다. 얼마나 많은 그리스도인들이 예배의 자리, 기도의 자리, 말씀의 자리, 봉사의 자리, 헌신의 자리를 등지고 있는지 우리 주님은 아시지요. 주님! 지금부터라도 상한 갈대를 꺾지 아니하시고, 꺼져가는 심지를 끄지 아니하시는 주님의 긍휼을 의지하여 믿음에 대한 열정을 회복할 수 있게 하옵소서.

영적인 부담을 가지고 무너져가고 있는 한국교회를 위해서 깨어 기도할 수 있게 하옵소서. 주님이 촛대를 옮기실 수도 있다는 영적인 부담을 가지고 구령에 대한 열정을 회복할 수 있게 하옵소서.

특히 주일학교의 부흥이 없으면 한국교회의 미래도 없다는 것을 자각하여 주일학교의 부흥을 위하여 마음을 쏟고 영혼을 쏟을 수 있는 저희 모두가 되게 하옵소서. 주일학교에 순백색의 어린 영혼들이 꽃동산을 이룰 수 있도록 모든 열정을 쏟아 부을 수 있는 저희모두가 되게 하옵소서.

오늘 이 자리에 앉아있는 저희모두에게 예레미야의 마음을 불붙게 했던 그 열정이 견딜 수 없는 영적각성으로 이어지게 하실 것을 믿습니다.
오늘도 말씀을 전하시는 목사님을 성령의 능력으로 붙드시고, 저희모두가 천국의 새싹들 앞에서 어떻게 행해야만 할 것인가를 다시 한 번 깊이 깨닫는 시간이 되게 하여 주옵소서.

예수님의 이름으로 | 찬양대와 예배를 섬기는 모든 손길들 위에 함께하시고, 어린이를 천국백성의 기준으로 삼으신 예수 그리스도의 이름으로 기도합니다. 아멘

5월 둘째주 | 어버이주일

놀라운 영혼의 평화로 채워주소서

감사와 찬양 | 만백성의 아버지가 되시는 여호와 하나님! 오늘도 저희들이 주님의 전을 찾아 거룩하신 하나님의 이름을 부르며 예배할 수 있게 하시니 감사드립니다. 저희들에게 주님을 예배할 수 있는 이 놀라운 특권이 있게 된 것은 오로지 주님의 그 크신 사랑과 은혜 때문임을 믿습니다.
이 시간에 저희들이 주님을 예배하면서 주님의 그 크신 사랑에 다시 한 번 감격하며 감사할 수 있게 하시고, 온 맘과 정성을 다하여 예배하며 주님의 이름을 높일 수 있게 하옵소서. 저희들이 부르는 찬송이 고백이 묻어 있는 찬송이 되게 하시고, 저희들이 드리는 기도가 주님이 향기로 받으시는 기도가 되게 하옵소서. 오늘도 마음을 다하여 진실한 마음으로 예배하는 자마다, 거룩하신 주님을 경험하며 예배의 축복을 누리게 하실 것을 믿습니다.

고백과 회개 | 은혜로우신 주님! 오늘은 특별히 주님의 약속 있는 첫 계명을 기억하며 어버이주일로 주님 앞에 드립니다. 저희들을 낳아주시고 길러주신 부모님의 은공을 기억하며 다시 한 번 감사할 수 있는 시간을 허락해 주시니 이 또한 주님의 크신 사랑과 은혜임을 믿습니다.
하지만 지난 시간들을 돌이켜 볼 때 저희들은 부끄러운 모습 밖에 기억나는 것이 없음을 고백합니다. 부모님의 마음을 헤아리며, 공경하고, 순종하기 보다는 부모님의 마음을 아프게 해 드린 적이 너무도 많았음을 고백합니다. 또한 주님의 자녀로서 절대적인 보호 가운데 살면서도 죄의 길을 벗어나지 못하고 주님을 근심시켜 드린 적이 너무도 많았음을 고백합니다. 이제껏 주님의 마음을 근심시켜 드리고 부모님의 마음을 안타깝게 해드렸던 모든 잘못됨을 회개하오니 용서하여 주옵소서. 어버이 주일을 맞이하여 참다운 자녀의 모습을 되찾을 수 있는 저희모두가 되게 하여 주옵소서.

간구 | 사랑의 주님! 자녀들이 잘되기를 간절히 원하면서 밤낮으로 고생하며 살아오신 부모님들을 기억하셔서 주님의 넘치는 위로로 가득 채워 주

시기를 원합니다. 때로는 저희들이 그릇된 길로 가는 것을 보면서 가슴 아파하시고, 저희가 병들었을 때 용기와 희망을 주시던 부모님의 그 깊은 사랑을 저희가 어찌 다 헤아릴 수 있겠습니까? 주님께서는 무조건적인 아가페 사랑으로 죄 많은 저희를 품으셨으니, 자식을 위한 부모님의 내리 사랑이 얼마나 큰 지를 우리 주님은 너무나 잘 아실 것이라 믿습니다.
자녀에 대한 그 헌신적인 사랑에 축복으로 보상하여 주시고, 세상에서는 찾을 수 없는 놀라운 영혼의 평화를 채워 주시옵소서.

위로하시는 주님! 이제껏 자녀들을 위해 모든 것을 희생하신 어버이들에게 늙음에서 오는 외로움과 쓸쓸함, 서러움과 섭섭함 등이 주님의 크신 위로로 사라지게 하여 주옵소서. 허약한 분들과, 가난한 분들도 기억하셔서 용기와 힘을 더하여 주시며, 이 땅에 계시는 동안 끝까지 주님의 은총 속에 만족을 누리는 삶이 될 수 있도록 보살펴 주옵소서.
저희들 모두가 십자가상에서도 끝까지 효를 보여주신 예수님을 본받아, 정성스런 효행으로 어버이를 섬길 수 있게 하시고, 낳아주시고 길러주신 부모님의 그 크신 은덕을 잊지 않는 삶이 되게 하옵소서.
주님을 받들고 섬기는 마음으로 육신의 부모님께 효도를 다할 수 있게 하시고, 특별히 자녀 없이 사시는 분들까지도 공경할 수 있는 넓은 효성이 저희모두에게 있게 하옵소서.
오늘도 주님의 복된 말씀을 증거 하시기 위하여 단 위에 세우신 목사님을 능력의 오른손으로 붙드시고, 그 말씀을 듣는 저희모두가 항상 마음속에 되새기며 생활의 동력과 효의 교훈으로 삼을 수 있는 축복의 말씀이 되게 하옵소서. 찬양으로 주님께 영광돌리기를 원하는 찬양대를 기억하시고, 그 입술에 주님을 향한 복된 찬양이 늘 떠나지 않게 하옵소서.
교회와 예배를 위하여 알게 모르게 수고하는 손길들을 기억하시고 그들의 수고를 통해서 주님이 더욱 높임을 받으시는 일들이 많아지게 하옵소서.

예수님의 이름으로 | 예배의 시종을 주님께 의탁하오며, 하나님과 육신의 부모에게 효를 다하신 예수 그리스도의 이름으로 기도합니다. 아멘

5월 셋째주 | 거룩함

거룩함을 심는 삶이 되게 하소서

감사와 찬양 | 사랑의 주 하나님 아버지! 저희들에게 안식의 복을 허락하여 주셔서 거룩한 날, 주님의 품으로 인도되어 참된 안식과 평안을 누리게 하심을 감사드립니다. 저희에게 새 생명의 안식을 베푸신 하나님의 은혜를 감사하며 찬양과 영광을 드립니다. 계신 곳 하늘에서 기쁘게 받으시옵소서.
온 땅이 주님의 은혜를 입고 새 생명의 기쁨을 한껏 노래하고 있습니다. 산과 들녘에 푸른 빛깔을 드러낸 이름 모를 잡초까지도 주님의 은총을 노래하고 생명의 축제를 즐기고 있는 것 같습니다. 오늘 저희들도 온 맘과 정성을 다하여 새 생명을 주신 주님을 찬양하고 영광 돌릴 수 있게 하여 주옵소서. 날마다 새순이 돋고 새 줄기가 하늘을 향하여 뻗어나가는 것같이 저희들의 믿음도 하늘을 향하여 올곧게 뻗어나갈 수 있는 믿음이 되게 하옵소서.

고백과 회개 | 새롭게 하시는 주님! 오늘 저희가 주님의 거룩한 안식으로 초대를 받았지만 무가치하고 무자격한 저희들의 모습을 발견합니다. 거룩한 주님의 백성으로 세상에 보냄을 받아 살면서, 썩어지면 없어질 무가치한 것에 마음을 쏟고 살았음을 고백합니다. 왜 그리도 저희는 세상에 대한 미련을 버리지 못하고 세상에 동화되는 삶을 사는지 모르겠습니다.
주님께 예배할 때 입술로 고백하고 마음으로 다짐한 모든 것들이 실생활에서는 아무런 열매를 맺지 못하고 있습니다. 어느새 주님 없이도 살 것 같은 교만함에 치우칠 때가 한 두 번이 아닙니다. 오늘 이 시간, 도저히 주님의 긍휼을 바랄 수 없는 오만한 저희들이지만, 주님의 피 묻은 십자가의 사랑을 의지하여 회개하오니 넓으신 품으로 품으시고 용서하여 주옵소서.

간구 | 거룩하신 주님! 저희들이 어지럽고 혼탁한 이 세상에 주님의 거룩함을 심을 수 있는 삶이 되도록 도와주시옵소서. 세상풍조에 이리 휩쓸리고 저리 휩쓸리는 삶이 아니라 주님의 의를 심을 수 있는 저희의 삶이 되기

를 원합니다. 조금은 힘들고 불편할지라도, 조금은 손해 보는 일이 발생한다 할지라도, 신자의 삶을 감추지 않는 저희의 모습이 되게 하시고, 주님께서 기뻐하시는 삶을 좇아갈 수 있는 저희들이 되게 하옵소서.
어떤 일을 하든지 그 일에 믿음의 고백을 담아낼 수 있게 하시고, 어떤 상황에 있든지 주님의 밝은 빛을 드러내기 위하여 마음을 쏟을 수 있는 저희들이 되게 하옵소서. 그리하여 저희들로 하여금 거짓과 불의가 가득한 이 세상이 조금씩 변화되어 가는 것을 경험할 수 있게 하시고, 세상 속에 주님의 나라를 확장시키고 든든히 세워갈 수 있는 주님의 일꾼으로 쓰임 받게 하옵소서. 주님의 전을 찾을 때마다 거룩한 믿음의 보고가 예배와 함께 드려지게 하시고, 믿음의 자녀들에게 성실히 이행하시는 주님의 약속 또한 받아 누릴 수 있는 저희모두가 되게 하여 주옵소서.

주님! 오늘 이 복된 자리가 많이 비어 있음을 발견합니다. 이 자리에 참여치 못한 교우들에게 저마다의 피치 못할 사정이 있는 줄 아오나 사욕에 눈 멀어 고의적으로 주님의 전을 멀리한 자리는 되지 말게 하옵소서. 그리고 저희 온 교우에게 주일을 온전히 지킬 수 있는 믿음을 더하여 주시기 원합니다. 주일만큼은 육신의 모든 일을 접고 주님의 몸 된 교회를 위하여 더욱 봉사하고 충성하는 날이 되게 하시고, 오늘만큼이라도 주님의 몸 된 교회를 위하여 맡은바 직분을 잘 감당할 수 있는 주의 백성들이 되게 하옵소서. 휴일이라는 이유로 오락이나 세상적인 풍속을 좇지 않게 하시며, 바쁘고 피곤하다는 이유로 주일성수를 소홀히 하는 일이 없게 하옵소서.
오늘도 주님의 귀한 말씀을 대언하시기 위하여 단 위에 서신 목사님을 기억하시고 성령의 능력으로 함께하셔서 권세 있는 진리의 말씀을 전하시기에 조금도 부족함이 없게 하여 주옵소서. 주님의 몸 된 교회를 위하여 충성을 다하는 아름다운 손길들이 있습니다. 언제나 그들의 정성을 기쁘게 받으시는 우리 주님께서 합당한 복으로 채워주옵소서.

예수님의 이름으로 | 예배의 시종을 주님께 의탁하오며 따스한 봄날의 포근함 같이 저희를 품으시는 예수 그리스도의 이름으로 기도합니다. 아멘

5월 넷째주 | 성령강림주일

성령 충만한 사람이 되게 하소서

감사와 찬양 | 만물의 주인이시며 인간의 생사화복을 주장하시는 하나님 아버지! 온 세상에 주님이 주신 은총으로 생명 있는 것마다 왕성하게 움직이고 활동하는 아름다운 계절입니다. 1년 중 가장 아름다운 계절인 5월을 맞이하여 오늘도 저희들이 주님의 전을 찾아 나와 하나님을 예배할 수 있게 하시니 감사드립니다. 저희들의 소망이요, 반석이요, 구원이시며, 산성이신 하나님을 찬양하며 경배합니다. 저희의 영혼이 잠잠히 하나님만 바라보게 하옵소서. 저희로 하여금 주의 권능과 영광을 보게 하시며 저희 평생에 주를 송축하며 하나님을 인하여 즐거워하며 경배할 수 있게 하옵소서. 이 시간도 저희들이 하나님께 즐거운 소리를 발하며 그 이름의 영광을 찬양하고 영화롭게 찬송하게 하옵소서.

고백과 회개 | 약속하신 성령을 보내주신 주님! 오늘 저희들은 약속하신 성령님을 이 땅에 보내 주신 성령강림주일을 맞이하였습니다. 성령을 통하여 교회 위에 역사하시고 섭리하신 은총을 찬양 드립니다.
지금 이 시간에도 저희들 가운데 운행하심을 믿습니다. 보혜사 성령께서 저희를 이끌고 계심을 믿습니다. 하지만 저희들은 주의 성령께서 함께하심에도 불구하고 주의 영을 거역하는 삶을 산 적이 많았습니다. 성령이 충만한 사람이기보다는 죄로 충만해진 삶을 살았음을 고백하지 않을 수 없나이다. 늘 성령님을 근심케 했던 저희들의 모습을 주님 앞에 고백하오니 용서하여 주시고, 주님의 보혈로 깨끗하게 씻어 주시옵소서.
저희 속에 죄가 왕 노릇 하지 않도록 육체의 소욕을 성령의 불로 태워주시고, 죄 짓는 자리에 가지 않도록 성령의 화염검으로 막아 주시옵소서.

간구 | 사랑의 주님! 저희가 이 땅을 살아가는 동안 성령 충만한 성령의 사람으로 살아갈 수 있기를 원합니다. 예수님의 생각으로 충만하여 성령의 인도하심 속에서 주님의 거룩하신 뜻을 이루어 갈 수 있는 복된 삶이 되

게 하시고, 성령께서 감동을 주시는 대로 주님을 위하여 힘써서 일할 수 있는 저희모두가 되게 하옵소서. 또한 예수님의 마음으로 충만하여 십자가의 사랑으로 더욱 사랑하고 용서하기에 힘쓰게 하시고, 생활의 현장에서 열매 맺는 것은 오직 성령의 아홉 가지 열매만 아름답게 맺을 수 있는 삶이 되게 하옵소서.

주님! 주님의 몸 된 교회를 위해서도 간구합니다. 저희교회가 항상 성령으로 충만한 교회가 되게 하옵소서. 일찍이 이곳에 주님의 몸 된 교회를 세워 주셔서 성령의 권능을 세상에 쏟아 놓는 능력의 제단이 되게 하셨사오니 날마다 진리의 빛을 밝게 비추며 영혼을 구원해 낼 수 있는 생명의 제단이 되게 하옵소서. 또한 저희들도 주님의 몸 된 교회를 위하여 죽도록 충성할 수 있는 성령의 사람이 되게 하옵소서.

무가치하고 무자격한 저희들에게 주님의 귀한 직분도 맡겨주셨사오니, 항상 성령에 매여 봉사하며 헌신할 수 있도록 성령의 충만을 구할 수 있는 저희들이 되게 하옵소서.

주님! 이 자리를 찾은 교우들 중에 온갖 문제로 힘들어 하는 교우가 있습니까? 질병으로 고통당하는 교우가 있습니까? 그 심령마다 성령을 기름 붓듯 부어주셔서 매였던 것이 풀어지고, 병들었던 곳이 치료되며 놀랍게 회복되는 역사가 있게 하여 주옵소서.

오늘도 성령강림주일을 맞이하여 말씀을 전하여 주실 목사님을 기억하시고 성령의 능력으로 함께하시옵소서.

선포하시는 말씀을 능력 있게 하셔서 성령의 권능을 쏟아내는 말씀이 되게 하시고, 심령골수를 쪼개는 불의 말씀이 되게 하여 주옵소서.

오늘도 예배를 위하여 섬기고 충성하는 손길들이 있습니다. 주님의 몸 된 교회를 위하여 몸을 드리고 시간을 드려 충성하는 일꾼들도 기억하셔서, 항상 성령의 사람으로 쓰임을 받는 축복을 누리게 하시고 그 중심 속에는 오직 주님만 사랑하는 마음이 넘치게 하옵소서.

예수님의 이름으로 | 예배의 시종을 주님께 의탁합니다. 성령께서 저희들 가운데 운행하심을 믿사옵고 예수 그리스도의 이름으로 기도합니다. 아멘

5월 다섯째주 | 가정과 복

가정마다 복에 복을 더하소서

감사와 찬양 | 저희들을 빛으로 인도하여 주시고 주님의 따사로운 빛을 온 누리에 가득하게 하신 주님! 자연의 아름다움을 인하여 감사와 찬양을 주님께 드립니다.
온 누리에 향하신 주님의 은총이 충만하듯이, 주님의 전을 찾은 저희의 심령을 주님의 그 크신 사랑의 은총으로 충만하게 채워 주시옵소서.
"하나님께 가까이 함이 내게 복이라"(시73:28)는 시편기자의 고백을 떠올리며 주님을 경배합니다. "내 입의 말과 마음의 묵상이 주님 앞에 열납되기를 원하나이다"(시19:14)라고 고백한 시편기자의 마음을 담아 주님 앞에 엎드립니다. 주 계신 곳에서 홀로 영광을 받으시고 이곳에 임하시옵소서.
저희들이 예배하면서 지금도 살아계셔서 역사하시는 하나님을 마음껏 느낄 수 있는 시간이 되게 하시고, 저희들이 있는 예배하는 이 자리가 세상의 그 무엇과도 바꿀 수 없는 보배롭고 존귀한 자리가 되게 하옵소서.

고백과 회개 | 죄인을 멀리하지 아니하시는 주님! 오늘도 저희들이 주님의 전을 찾아 나왔지만, 주님 보시기에 심히 부끄러운 것으로 가득 차있는 저희의 모습을 발견합니다. 주님의 말씀대로 살지 못하고 교만만 가득했던 저희들입니다. 복음을 전해야만 한다는 것을 알면서도 전하지 못했고, 기도해야 한다는 것을 알면서도 기도하지 않았던 저희들입니다.
사랑하면서 살아야 한다는 것을 알면서도 사랑하지 못했고, 섬기며 살아야 한다는 것을 알면서도 섬기지 않았던 저희들입니다.
이 시간, 주님의 뜻을 따라 살지 못한 추하고 더러운 마음을 주님 앞에 내려놓사오니 불쌍히 여기시고 용서의 은총을 내려 주옵소서.
저희의 더럽고 부끄러운 마음을 주님의 보혈의 피로 씻어주셔서 주님의 마음을 담아낼 수 있는 축복의 생활이 되게 하옵소서.

간구 | 은혜의 주님! 5월도 벌써 마지막주일이 되었습니다. 가정의 달을 보

내면서 복의 근원이신 하나님께 가정의 복을 위하여 간구하기를 원합니다. 복 받기를 사모하는 가정 위에 넘치는 은총을 허락하여 주옵소서.

주님의 말씀에 순종할 때에 천대까지 은혜를 베푸신다고 약속하셨사오니, 말씀에 순종하는 가정들이 되게 하셔서 그 약속을 성실히 이행하시는 주님을 만나는 가정들이 되게 하여 주옵소서.

먹고 마시며 수고하는 가운데 심령의 기쁨을 누릴 수 있게 하시고, 분복을 받아 수고함으로 즐거워 할 수 있는 가정들이 되게 하여 주옵소서.

주님! 무엇보다도 영혼이 잘되고 강건한 복을 허락하여 주시기를 원합니다. 만군의 하나님이 함께 계시매 점점 강성해 갔던 다윗과도 같이(삼하 5:10) 임마누엘의 하나님이, 주님이 택하신 가정마다 동행하심으로 날마다 번성케 되는 복이 있게 하여 주옵소서.

또한 건강의 복도 허락하여 주시기를 원합니다. 모든 질병이 가정에 틈타지 못하도록 성령의 화염검으로 막아주시고, 건강한 육체로 주님을 잘 섬길 수 있는 복된 가정들이 되게 하여 주옵소서. 또한 주님 주신 육신을 불의 병기로 사용하는 일이 없기를 원합니다. 항상 하나님의 영광을 위하여 의의 병기로 사용될 수 있는 가정들이 되게 하여 주옵소서. 자녀들에게도 축복하여 주셔서 허탄한 길을 좇지 않게 하시고 주님의 계명을 사랑하여 그 율례와 법을 좇아 살게 하여 주옵소서. 가정마다 경영하는 사업장과 일터에도 항상 하늘의 신령한 것과 땅의 기름진 것으로 채우시는 주님의 은혜가 있기를 원합니다.

주님께 땀 흘려 수고한 대가를 정직한 마음을 담아 영광 돌릴 수 있도록 함께하여 주옵소서. 오늘도 주님의 말씀을 선포하시기 위하여 단 위에 서시는 목사님을 기억하옵소서. 하늘의 천군과 천사를 동원하셔서 피곤함이 없도록 붙들어 주옵소서. 저희모두가 주님의 말씀을 경청할 때에 복의 근원이 되시는 주님을 다시 한 번 만나는 시간이 되게 하옵소서.

예수님의 이름으로 | 이미 예배가 시작 되었습니다. 찬양대가 준비한 찬양도 기쁘게 흠향하실 것을 믿사옵고, 저희를 행복한 삶으로 이끄시는 예수 그리스도의 이름으로 기도합니다. 아멘

6월 첫째주 | 현충일

순국선열들의 고귀한 희생을 기억하소서

감사와 찬양 | 만유의 주 우리 주 하나님 아버지! 신록이 우거지는 아름다운 계절을 주시고 그 속에서 생명의 복을 누리게 하심을 감사드립니다.
오늘도 저희들이 성령의 인도하심으로 하나님을 예배하는 자리에 나올 수 있게 하심을 감사드립니다. 주의 사랑을 입은 저희들이 하나님을 예배하는 이 거룩한 날에 신령과 진정으로 예배드리기를 원합니다.
주의 성령께서 저희의 연약한 마음을 온전히 주장하여 주셔서 하나님이 받으시고 흠향하시는 예배를 드릴 수 있게 하옵소서.
한 주간의 피곤함이 가시지 않았을지라도 온 맘을 다하여 주의 이름을 찬양할 수 있게 하시고, 상한 마음이 있을지라도 성령님의 만져주심을 바라보며 온 정성을 다하여 주님을 경배할 있게 하옵소서. 저희로 하여금 이 한 시간이 예배에 젖어들고 은혜에 온전히 묻히는 시간이 되게 하옵소서.

고백과 회개 | 상한 마음을 외면치 아니하시는 주님! 주님께서는 저희들에게 바르고 참된 삶이 이루어지기를 원하시지만, 저희들은 그렇게 살지 못했음을 솔직히 시인합니다. 주님의 은혜를 따라 살기보다는 감정을 앞세우면서 살았음을 고백합니다. 사랑하기보다는 미워했고, 이해하기보다는 증오했고, 칭찬하기보다는 판단하며 살았던 저희의 삶이었음을 고백합니다.
지금 이 순간도 저희의 마음속에는 여전히 하나님의 은혜를 대적하는 죄들이 꿈틀거리고 있음을 깨닫습니다. 사람은 속일 수 있을지라도 저희 죄들을 속속들이 알고 계시는 주님을 어떻게 속일수가 있겠사오리까?
주님의 십자가의 공로를 의지하여 회개하오니 크신 은총을 베푸사 용서하여 주옵소서. 주님은 회개하는 자의 은신처가 되어주시고, 회개하면 또 다시 용서하여 주시며, 그 죄를 다시는 기억하지 않으시는 줄 믿습니다.

간구 | 자비로우신 주님! 6월을 맞으면 저희들이 잊지 못할 이 민족의 아

품이 있습니다. 지난 날 이 민족이 풍전등화에 위기에 놓여있을 때, 조국의 평화를 지키기 위하여 온몸을 불사른 순국한 선열들의 고귀한 희생을 잊을 수 없습니다. 정부에서는 전쟁에서 순국한 선열들의 숭고한 정신을 기리기 위하여 현충일로 지키고 있지만, 저희들도 그 희생을 잊지 않고 그들이 목숨을 바쳐 사랑한 이 조국을 위하여 기도할 수 있게 하옵소서.

나라가 없으면 저희도 없고, 교회도 존재치 못함을 깨닫습니다. 저희들에게서 이 조국을 무시하거나 멸시하는 모습이 없게 하시고, 사랑하는 예루살렘을 보시며 우셨던 주님의 마음을 본받아 이 나라를 위하여 눈물의 기도로 주님의 보좌 앞을 적실 수 있게 하옵소서. 주님이 주시는 사랑과 평화로 이 강산 이 강토가 온통 덮여질 때까지, 사랑을 가지고 희생의 기도를 드리는 것이 저희들의 사명임을 잊지 말게 하옵소서.

평화의 주님! 아직도 이 민족 가운데 서려있는 아픔을 아시지요? 이 민족은 여전히 나라가 두 동강이로 갈라진 채 회복되지 못하고 있습니다.
성령의 권능으로 함께 하셔서 잘못된 정권이 무너지고, 잘못된 사상이 무너짐으로 속히 남북이 통일을 이루게 하여 주옵소서.
이 한반도 전체가 한 분이신 하나님을 섬기며 주님이 베푸신 구원의 복을 누릴 수 있도록 은총을 베풀어 주옵소서. 한 나라의 흥망성쇠(興亡盛衰)는 주님의 주권에 달려 있음을 믿습니다.
오늘도 믿음의 방향을 잃어버려서 이 자리에 나오지 못한 교우들이 있습니다. 하나님의 자녀의 특권을 가지고 있으면서도 방황하는 자들이 되지 말게 하시고, 주님을 기쁘시게 할 수 있는 믿음의 자녀로 쓰임 받을 수 있게 하옵소서.
오늘도 생명의 말씀을 들고 단 위에 서시는 목사님을 하늘의 권세로 붙드셔서 그 말씀을 듣는 자들마다 치유와 회복을 경험하게 하옵소서.
이 시간도 주님의 몸 된 교회를 위하여 받은 은사대로 묵묵히 섬기는 교우들이 있습니다. 그들의 아름다운 섬김이 축복의 부메랑이 될 수 있게 하시고, 천국에서 해같이 빛날 수 있게 하옵소서.

예수님의 이름으로 | 예배의 시종을 주님께 의탁합니다. 저희가 드리는 기도에 귀를 기울이고 계시는 예수 그리스도의 이름으로 기도합니다. 아멘

6월 둘째주 | 교회의 사명

주님의 뜻을 이루는 교회가 되게 하소서

감사와 찬양 | 한없는 영광중에 우주를 다스리시는 하나님 아버지! 세상의 모든 것을 소유하시고 지배하시고 섭리하시는 전능하신 하나님께 찬송과 영광과 존귀를 돌립니다. 오늘도 거룩한 날을 맞이하여 주님의 전을 찾아 예배하오니 영광중에 받으시고 넓고 크신 은혜로 저희들의 영혼을 충만하게 채워주시옵소서. 이 세상에 높임을 받으실 이가 주님밖에 누가 또 있겠습니까? 찬양과 경배를 받으실 이가 주님 밖에 누가 또 있겠습니까? 저희들이 온 맘과 온 정성을 다하여 예배하기를 원하오니 저희들의 연약한 마음을 주님의 영으로 이끌어주옵소서. 이 시간, 귀가 열려 듣지 못했던 것을 듣게 하시고, 눈이 열려 보지 못했던 것을 보게 하옵소서. 저희의 가난한 마음이 예배의 신비로 충만하게 채워지는 시간이 되게 하옵소서.

고백과 회개 | 자비로우신 주님! 대지는 온갖 생명의 용솟음의 상징으로 푸르지만, 세상은 역시 어두움이었습니다. 힘들고 어렵게 살았지만 주님이 아니었다면 헤쳐 나올 수 없는 밤이었습니다. 세상의 갖은 위험과 환난 가운데서도 저희를 지켜 주셨음을 진심으로 감사드립니다.
하오나 이 시간, 저희들에게 회개하지 않고는 용서받지 못할 죄가 있음을 고백합니다. 입으로는 주님을 믿는다고 하면서도 마음으로는 염려하고, 불안해하고, 좌절하고, 낙심하면서 살았던 불신앙의 삶이었습니다.
주님이 원하시는 참된 믿음의 모습이라곤 티끌만큼도 찾아볼 수 없는 삶의 현장이었음을 고백하오니 저희가 지은 죄들을 주님의 보혈의 피로 깨끗이 씻어주시옵소서. 주님이 받으실 이 거룩한 예배가 저희들의 죄로 말미암아 훼손되지 않도록 주님의 피 묻은 십자가 뒤에 감춰주시옵소서.

간구 | 능력의 주님! 저희들은 연약하여 언제라도 악한 영에게 미혹당하고 불의의 세력을 이기지 못하는 삶을 살 수 밖에 없음을 깨닫습니다. 저희들이 복음에서 벗어난 모든 것들을 분별하며 경계하고 물리칠 수 있는 삶

을 살아갈 수 있도록 하나님의 능력의 장중으로 붙들어 주옵소서. 또한 무가치한 모든 욕망과 욕구들을 떨쳐버리고 주님이 바라시는 의의 열매, 성령의 열매를 맺을 수 있는 믿음의 삶이 될 수 있도록 성령 충만을 허락하여 주옵소서.

이 민족을 사랑하시는 주님! 이 나라의 정치, 경제, 사회가 안정되고 평온할 수 있도록 도와주시옵소서. 위정자들이 한 마음이 되어 이 나라를 바로 이끌어 갈 수 있도록 도와주시옵소서. 삼부요인을 비롯하여 온 국민들이 하나님을 두려워하고, 하나님의 심판을 무서워하는 복된 민족, 복된 국민이 될 수 있도록 은총을 더하여 주옵소서.

교회의 머리가 되시는 주님! 저희교회를 향하신 주님의 뜻을 이루시고 선하신 계획을 이루시기를 원합니다. 교회의 사명은 영혼구원에 있사오니, 교회 주변에 구원받지 못한 불쌍한 영혼들을 생각할 수 있는 교회가 되게 하옵소서.

하나님을 알지 못하고 불쌍한 삶을 살고 있는 그들에게 복음의 씨를 부지런히 뿌릴 수 있는 교회가 되게 하시고, 듣든지 안 듣든지 끊임없이 복음을 전할 수 있는 교회가 되게 하옵소서. 그리하여 교회주변에 불신영혼이 사라지고 구원받은 백성들로만 가득 넘쳐나게 하옵소서.

주님! 지금 이 자리를 찾은 자 중에 소망을 잃은 심령이 있습니까? 답답한 가슴을 안고 온 심령이 있습니까? 질병의 고통을 안고 온 심령이 있습니까? 그들을 궁휼히 여기시고 불쌍히 여기셔서 소망을 잃은 자에게는 희망이 되어 주시고, 답답한 자에게는 시원한 생수가 되어 주시며, 치료의 손길을 원하는 자에게는 고침을 주시옵소서.

이 시간도 주님의 말씀을 들고 단 위에 서시는 목사님을 기억하시고, 예배 인도와 말씀을 전하시기에 조금도 피곤치 않도록 도와주시옵소서. 찬양대와 예배를 수종드는 손길들도 기억하시고, 주님을 위한 찬양과 봉사가 항상 기쁘고 즐거운 것이 되게 하옵소서.

예수님의 이름으로 | 예배의 시종을 주님께 의탁하오며, 주님만이 홀로 영광을 받으실 것을 믿사옵고 예수 그리스도의 이름으로 기도합니다. 아멘

6월 셋째주 | 믿음의 덕

믿음의 덕을 세울 수 있게 하소서

감사와 찬양 | 존귀와 영광을 받으시기에 합당하신 하나님 아버지! 세계 만민 중에 저희를 주님의 자녀로 택하셔서 영원히 썩지 않는 하늘의 상급을 바라보며 살아가게 하시니 감사합니다.

오늘도 저희들이 주님이 택하신 곳, 이곳에 모여 새 생명과 새로운 신분을 주신 하나님을 예배합니다. 영광과 존귀를 홀로 받으시옵소서. 또한 모든 만물과 함께 어린 양 되신 예수 그리스도께 찬양을 올려드립니다.

부활의 기쁨과 소망을 가진 저희들이 영원히 거듭할 일은 존귀하신 주님을 찬미하는 것임을 깨닫습니다. 온 맘과 정성을 다하여 주님의 이름을 높이며 찬양할 수 있게 하옵소서. 또한 이 예배가 하나님 나라의 경배를 실현하는 모범이 되기를 원합니다. 주님과 천사들과 예배드리는 저희 가운데 은혜로운 화답이 울려 퍼지는 자리가 되게 하옵소서.

고백과 회개 | 자비로우신 주님! 육신적으로 살아온 저희들의 삶 속에 많은 죄악이 묻어 있음을 깨닫습니다. 택함을 받은 주님의 자녀이면서도 사는 것은 세상 사람들과 별만 차이점이 없었음을 고백합니다.

믿음의 자녀답게 세상과 구별된 삶을 살지 못하고 오히려 동화되어 가는 삶을 살았음을 고백합니다. 주님이 기뻐하실 것은 하나도 없고 주님이 진노하실 것들만 가득한 저희 자신을 보며 두려움 가운데 회개하오니 주님의 궁휼로 덮어 주시고 용서하여 주옵소서. 주님은 저희의 연약함과 부족함을 너무나 잘 아시오니 이 시간을 통하여 주님의 능력으로 보완해주시고 날마다 주님의 형상을 닮아갈 수 있는 삶이 되게 하옵소서.

간구 | 은혜의 주님! 오늘 저희가 예배를 위하여 주님의 전을 찾았사오니 이 시간만큼은 저희가 예배에 집중할 수 있도록 도와주시기를 원합니다. 주님이 받으시는 예배를 드릴 수 있도록 저희에게 예배의 능력을 부어 주시옵소서. 찬양을 하더라도 기쁨과 감격에 젖은 찬양을 주님의 보좌 앞에

올리게 하시고, 기도를 하더라도 마음을 쏟고 영혼을 쏟을 수 있는 기도를 주님 앞에 쏟아낼 수 있는 저희들이 되게 하옵소서. 이 예배를 통하여 생각과 인격이 주님을 닮아갈 수 있게 하시고, 강단을 통하여 선포되어지는 생명의 말씀이 이 힘든 세상에서 이길 힘과 능력이 되게 하옵소서.

주님! 저희가 이 땅을 살아가는 동안 주님의 은총을 받은 자들로 믿음의 덕을 세우며 살아갈 수 있게 하옵소서.
주님의 몸 된 교회의 유익을 위하여 맡은 직분에 최선을 다하게 하시고, 주어진 사명에 충성을 다할 수 있게 하옵소서. 무슨 일을 하든지 신앙 본연의 모습을 상실하지 말게 하시고, 주님이 기뻐하시는 방향으로만 좇아갈 수 있게 하옵소서. 섬기는 일이라면 힘든 일, 궂은일 가리지 말게 하시고, 주님을 섬기듯 기쁨으로 감당할 수 있게 하소서. 부름 받은 주님의 백성으로서 저희가 늘 아끼지 말아야 할 수고가 무엇인지를 깨닫게 하셔서 믿음의 덕을 나타내는 일에 깊은 신앙심을 보여줄 수 있게 하옵소서.
한량없는 은혜로 채워주시기를 원하시는 주님! 오늘 저희들이 주님께 드리는 예배에 마음과 정성이 묻어 있기를 원합니다. 주님께 드리는 찬송, 주님께 드리는 기도, 주님께 드리는 봉헌에 저희의 마음과 정성이 묻어 있게 하시고, 측량할 수 없는 주님의 은혜를 다시 한 번 경험하는 복된 자리가 되게 하옵소서.

오늘도 주님의 몸 된 교회를 위하여 아름다운 봉사와 섬김의 손길로 마음을 쏟는 교우들이 있습니다. 저들의 봉사와 섬김이 많아질수록 때를 따라 도우시는 주님의 은혜도 풍성해지게 하옵소서.
이 시간, 이 교회를 담임하고 계시는 목사님이 주님의 말씀을 들고 단 위에 서십니다. 주님의 능력의 장중에 붙드셔서 피곤함이 없게 하시고, 권세 있는 말씀을 생명의 말씀을 선포하시게 하옵소서.

예수님의 이름으로 | 예배가 이미 시작되었습니다. 주님께 드릴 찬양을 정성껏 준비한 찬양대 위에도 놀라우신 은총으로 함께하실 것을 믿사옵고 예수 그리스도의 이름으로 기도합니다. 아멘

6월 넷째주 | 6.25상기주일

이 나라에 전쟁이 없게 하소서

감사와 찬양 | 찬양과 경배를 받으시기에 합당하신 주님! 언제 어디서나 늘 저희들과 함께하심을 감사드립니다. 슬플 때나, 기쁠 때나, 일할 때나, 쉴 때에도 함께하시고, 주님의 선하신 뜻대로 이끌어 주심을 감사드립니다.
오늘, 거룩한 주님의 날을 맞이하여 저희들이 주님의 전을 찾아 주님께 예배할 있게 된 것도 언제나 함께하시는 주님께서 이끌어 주셨기에 가능한 것임을 깨닫습니다.
이 시간에 저희들이 주님께 예배하면서 감사하는 마음으로 예배할 수 있게 하시고, 기쁜 마음으로 예배의 순서마다 참여할 수 있게 하옵소서.
찬송을 부를 때에도 영혼에서 흘러나오는 찬양을 할 수 있게 하시고, 머리 숙여 기도할 때에도 영혼에서 우러나오는 기도를 할 수 있게 하옵소서.

고백과 회개 | 자비로우신 주님! 주님을 예배하면서 먼저 저희 자신을 돌아봅니다. 죄가 묻어 있는 채로 주님께 예배할 수 없기에, 주님께 불의 병기를 드릴 수 없기에 저희 자신을 성찰해봅니다.
저희 자신을 가만히 돌아보면 죄로 얼룩진 한 주간의 삶이었음을 발견합니다. 죄의 무서움을 모르고 죄를 먹고 마시는 일에 주저하지 않았던 삶이었음을 깨닫습니다. 회개하는 마음을 멸시치 아니하시는 주님의 말씀을 의지하여 또 염치없이 주님 앞에 내려놓고 죄 사함의 은총을 입기를 원합니다. 미련한 저희를 불쌍히 여겨 주시고 용서하여 주옵소서.
죄에 오염되기 쉬운 저희의 심령을 강하게 붙들어 주셔서 죄 짓는 삶에 익숙해지지 말게 하시고, 주님의 은혜와 사랑을 담아 낼 수 있는 복 된 삶이 되게 하여 주옵소서. 주님께서 미워하시는 것들로 가득 채워지는 삶이 아닌 주님이 기뻐하시는 것으로 가득 채워지는 삶이 되게 하여 주옵소서.

간구 | 이 민족을 사랑하시는 주님! 6월의 마지막 주일을 보내며 주님께

기도합니다. 항상 바람 앞에 등불같이 위태롭던 이 작은 나라를 반만년이 지나도록 돌보시고, 전국 방방곡곡에 주님의 교회를 세우셔서 복음의 보루로 든든히 서가게 하심을 감사드립니다. 하오나 저희들이 지난 세기에 있었던 동족상잔의 비극을 결코 잊을 수 없나이다. 아직도 북한은 적화야욕을 굽히지 않고 온갖 전쟁무기를 앞세워 이 나라를 전쟁의 공포 속으로 몰아넣고 있사오니, 1950년 6월 25일에 발발했던 그 끔찍한 전쟁이 다시는 이 땅 위에 되풀이 되는 일이 없도록 보호하시고 지켜주옵소서.
주님이 주시는 안정과 자유와 평화가 이 강산과 이 강토에 강같이 흐를 수 있도록 축복하여 주옵소서.

사랑의 주님! 이 민족의 통일을 위해서도 기도합니다. 남과 북이 대치 국면 상태로 있으면서 개인적인 아픔도 겪고 있사오니, 어서 속히 이 민족이 하나의 나라를 이루어 이산의 아픔이 사라질 수 있도록 평화를 이룰 수 있도록 회복의 은혜를 더하여 주옵소서. 주님께서 구원하실 사랑하는 백성들이 저 북한 땅에도 있습니다. 그들도 주님의 놀라운 사랑을 느끼며 구원의 주님을 마음껏 찬송할 수 있도록 은총을 베풀어 주옵소서.
저희들도 이 민족 위에 주님의 온전한 구원과 평화가 이루어지기까지 마음을 쏟고 눈물을 쏟는 기도를 할 수 있게 하시고, 복음의 빚을 진 자로서 증인의 사명을 게을리 하지 않는 주의 백성들이 되게 하옵소서.

이제는 6월의 이 아픔이, 평화 통일의 기틀이 되게 하실 것을 믿습니다. 온 땅 곳곳에 복음을 심을 수 있는 선교의 씨앗이 되게 하실 것을 믿습니다. 오늘도 말씀을 전하시는 목사님을 성령의 능력으로 붙드셔서 상한 심령이 위로받고, 병든 심령이 치료함을 받으며, 고통 받고 있는 심령이 시원케 되는 역사가 있게 하여 주옵소서. 예배를 돕는 손길들과 찬양대 위에도 함께 하셔서 주님께 쓰임 받는 기쁨이 날마다 샘솟게 하여 주옵소서.

예수님의 이름으로 | 예배의 시종을 주님께 의탁하오며, 모든 만물을 주관하시고 세계 모든 민족을 다스리고 주장하고 계시는 예수 그리스도의 이름으로 기도합니다. 아멘

7월 첫째주 | 맥추감사절

복된 감사의 열매를 맺게 하소서

감사와 찬양 | 사랑의 하나님 아버지! 금년도 어느덧 반년이 지나고 7월을 맞이했습니다. 들녘에는 심겨진 곡식들이 푸르름을 띠며 왕성하게 자라고 있고, 산천에는 신록이 우거져 마치 성장을 경쟁하는 듯 비쳐지고 있습니다. 농부들의 땀방울이 풍요로운 가을을 약속하는 듯 하며, 단비를 촉촉이 받아먹는 대지는 더욱 신록을 우거지게 하기에, 이러한 자연의 푸르름이 하나님의 은혜를 연상케 하오니 감사하지 않을 수 없나이다.
이 시간 주님의 사랑과 축복을 온 몸에 담고 주님 앞에 예배드리게 하시니 다시 한 번 감사합니다. 이른 봄에 심은 씨앗들이 어느덧 제 모습을 갖추며 성장을 더해가듯 저희들의 신앙도 달과 해를 거듭할수록 성장하는 신앙이 되게 하옵소서.

고백과 회개 | 상한 심령을 멸시치 아니하시는 주님! 예배를 드리기에 앞서 지난 한 주간의 삶을 돌이켜 봅니다. 저희는 주님을 닮아가는 삶을 살아야 함에도 불구하고 주위의 환경에 이끌림을 받을 때가 너무나 많았습니다. 주님의 향기를 드러내며 살아야 하는 삶이어야 함에도 불구하고 오히려 악취를 풍기는 삶을 살았음을 부인할 수 없나이다.
사사로운 감정을 이기지 못했고, 거짓과 위선을 이기지 못했습니다. 주님의 뜻보다 저희의 생각과 고집을 앞세우는 삶을 살았습니다. 이 시간, 저희의 몸과 영혼은 주님의 은혜를 받기에 너무나 많이 더럽혀져 있음을 깨달 습니다. 이런 저희들을 보시며 우리 주님은 얼마나 실망하셨겠습니까? 철부지 같은 저희들이 주님께 잘못을 고백하오니 용서하여 주옵소서.

간구 | 범사에 감사하라고 하신 주님! 특별히 오늘은 때를 따라 은혜의 단비를 내려 주시는 주님의 은혜와 사랑을 찬양하며 맥추감사주일로 주님께 영광을 돌립니다. 저희에게 맥추기를 허락하셔서 맥추감사주일로 지킬 수 있도록 은총을 베푸시니 감사드립니다. 이 시간, 저희들이 맥추감사주일로

지키면서 그동안 감사하는 삶을 살지 못하고 원망하고 불평하는 삶을 살았다면 회개할 수 있게 하시고, 잃었던 감사를 다시 회복할 수 있게 하옵소서. 범사에 감사하는 것이 주님의 뜻임을 알고 있사오니 언제나 주님께 감사의 고백을 드릴 수 있는 저희들이 되게 하옵소서. 저희들의 삶을 되돌아 보면 감사해야할 이유와 조건들이 너무나 많음을 깨닫습니다. 이제는 저희에게 원망하고 불평하는 어리석음이 없게 하옵소서. 원망과 불평을 일삼은 이스라엘 백성들의 모습을 따라가지 않는 삶이 되게 하옵소서. 주님께 감사하는 일을 잊어버린 아홉 명의 한센병자의 모습을 저희는 닮아가지 않는 삶이 되게 하옵소서.

믿음의 사람답게 범사에 감사하며 주님을 기쁘시게 할 수 있는 삶이 되게 하시고 복된 감사의 열매를 풍성하게 맺는 삶이 되게 하옵소서. 저희가 이 땅을 살아가는 동안 절대적인 감사의 생활이 되기를 원합니다. 절대적인 감사의 생활 속에서 주님의 은혜를 누리며 사는 삶이 되게 하옵소서.

주님! 오늘 맥추감사절을 맞이하여 저희들이 감사의 마음을 물질에 담아 주님께 드립니다. 주님 보시기에 인색한 손길이 되지 말게 하시고, 주님께 마음을 담아 정성껏 감사를 드릴 수 있는 저희모두가 되게 하여 주옵소서. 혹 준비 되지 않은 마음으로 왔을지라도 마음의 감동이 있게 하셔서 넘치는 감사로 주님의 이름을 부를 수 있게 하옵소서. 그러나 물질로 주님께 감사하고 싶어도 경제적인 어려움으로 주님 앞에 빈손으로 나온 교우도 있을 줄 압니다. 중심을 보시는 우리 주님께서 그 심령을 긍휼히 여기셔서 주님이 채우시는 위로가 넘치게 하시고 주님을 향한 기쁨이 샘솟게 하옵소서.

오늘도 말씀을 선포하시는 목사님을 기억하시고 성령의 능력으로 붙들어 주셔서 힘 있고 권세 있는 말씀만 증거 하게 하시고 목마른 영혼마다 생수가 되는 은혜의 말씀이 되게 하옵소서. 찬양으로 영광 돌리는 찬양대를 기억하시고, 입술의 찬양이 아닌 중심의 찬양이 될 수 있도록 이끄실 것을 믿습니다.

예수님의 이름으로 | 예배의 시종을 주님께 의탁합니다. 주님의 크신 사랑을 감사하오며 예수 그리스도의 이름으로 기도합니다. 아멘

7월 둘째주 | 자기성찰

자신을 돌아보게 하소서

감사와 찬양 | 찬송 속에 거하시는 하나님 아버지! 오로지 주님의 섭리하심을 찬양합니다. 무더위가 함성되어 외치지만, 장마철의 장대비와 태풍이 몰아치지만, 저희에게 주님 계신 전을 주시고 구원을 알게 하셔서 기쁨의 노래로 주님의 이름을 높일 수 있게 하시니 감사합니다.
태초부터 지금까지 한 번도 어김없이 언약을 지키신 주님께서 주일에 복을 주시겠다는 말씀을 기억합니다. 오늘 주일을 지키며 예배드리는 저희들에게 그 신실하신 약속이 이루어질 줄 믿습니다. 이 예배 시간을 통하여 주님을 사모하는 저희들의 눈을 밝히셔서 진리를 찾게 하시고, 마음을 열어 하나님 나라의 영광을 누리게 하옵소서. 찬송과 기도로 주님께 경배합니다. 주님의 보좌에 향기 나는 제물이 되게 하옵소서.

고백과 회개 | 신실하신 주님! 지나간 시간을 회고하니 하나에서 열까지 모든 것이 주님의 사랑과 자비의 결과임을 깨닫습니다. 하지만 저희들은 주님의 뜻대로 살지 못하고 주님의 마음을 아프게 해드린 경우가 너무나 많았음을 고백하지 않을 수 없습니다.
주님의 자녀로서 손색이 없도록 주님을 따르며, 주님을 위해서만 살겠노라고 다짐했던 모든 것이 삶의 현장에서는 맥없이 허물어지고 말았습니다. 늘 다짐만 하고 죄에 복속되어 살아가는 저희의 모습이 주님을 망령되이 일컫게 되는 것은 아닌지 두려움이 앞섭니다.
주님! 이 시간 저희의 심령을 주님의 강한 빛으로 비추셔서 주님 앞에 지은 죄를 숨김없이 고백할 수 있게 하시고, 사죄의 은총을 덧입게 하여 주옵소서. 저희의 죄악을 주님의 이름을 위하여 사하시고, 주님의 이름을 인하여 저희를 인도하시고 지도하시옵소서.

간구 | 사랑의 주님! 이 시간 저희들이 주님께 예배하면서 저희 자신을 돌아볼 수 있기를 원합니다. 주님께 용서를 구하면서도 정작 저희는 용서하

지 않는 마음으로 이 자리에 앉아 있는 것은 아닌지요? 주님의 긍휼을 구하면서도 정작 저희는 남을 헤아리기에 인색했던 마음으로 이 자리에 앉아 있는 것은 아닌지요? 주님께 도움을 구하면서도 정작 저희는 남을 돕기에 인색했던 마음으로 이 자리에 앉아 있는 것은 아닌지요?

주님! 주님의 용서하심을 바라는 저희들이라면 아무리 용서할 수 없는 것일지라도 먼저 용서의 마음을 품고 주님을 바라볼 수 있게 하옵소서. 주님의 긍휼하심을 덧입기 원한다면 남을 헤아리기에 인색했던 마음을 내려놓으며 주님을 찾을 수 있게 하옵소서.

주님의 도우심을 바라는 저희들이라면 남을 돕기에 인색했던 마음을 먼저 내려놓으며 주님을 의지할 수 있게 하옵소서.

은혜의 주님! 신앙의 적신호가 켜지기 쉬운 무더운 여름입니다. 나태한 믿음이 되지 않기 위하여 더욱 더 힘써서 기도하고, 더욱 더 힘써서 봉사할 수 있는 저희들이 되게 하옵소서.

하절기를 맞이하여 교육기관이 여름행사를 준비하고 있습니다. 주님께서 행사를 주관하는 교사들과 성도들의 머리가 되시고 지혜가 되어주셔서 주님을 찬양하며 주님의 영광을 높이 드러낼 수 있는 복된 행사를 준비할 수 있게 하옵소서.

평화의 주님! 아직도 이 나라는 온전한 평화가 이루어지지 않고 있습니다. 전쟁이 휴전 중에 있으며, 남과 북이 갈라져 있는 상태입니다. 이 땅에 온전한 평화가 오기까지 세워진 교회와 부름 받은 성도들이 이 민족을 위하여 끊임없이 기도할 수 있게 하옵소서.

하나님의 온전한 다스림을 받고 구원의 복음이 편만해질 때까지 눈물 뿌려 기도할 수 있는 주의 백성들이 되게 하옵소서.

오늘도 말씀을 들고 단 위에 서시는 목사님을 기억하셔서 능력의 말씀을 선포하실 수 있도록 성령의 권능으로 붙들어주옵소서. 찬양대도 기억하셔서 주님이 흠향하시는 기쁨의 찬송을 올릴 수 있게 하옵소서.

예수님의 이름으로 | 예배의 시종을 주님께 의탁하오며 저희의 영혼을 소성케 하시는 예수 그리스도의 이름으로 기도합니다. 아멘

7월 셋째주 | 돌아봄, 구제

가난과 어려움에 처한 이웃을 돌아보소서

감사와 찬양 | 살아계신 하나님 아버지! 자연이 아름다움과 성장을 더해가는 이 계절에 저희를 주님의 전으로 불러주셔서 주님을 향하여 마음의 문을 열고 주님의 음성에 귀 기울일 수 있도록 사랑을 베푸시니 감사드립니다. 오늘도 거룩한 주일을 맞이하여 마음과 정성을 다하여 주님을 예배하기를 원하는 저희들을 칭찬하시고 위로하여 주실 것을 믿습니다. 주님 앞에 서는 그날까지 저희들의 이 좋은 모습이 변하지 않도록 도와주옵소서.
그러나 이 복된 자리에 참여치 못한 주님의 사랑하는 백성들이 있습니다. 주님의 구속의 은혜를 값없이 취급하는 그들이 되지 말게 하시고, 주님을 높이고 주님을 인정하는 삶이 될 수 있도록 이끌어 주옵소서.
부득불 이 자리에 나오지 못한 안타까운 교우들도 있사오니 주님께서 그 심령을 찾아가셔서 위로하여 주시고 용기와 힘을 더하여 주옵소서.

고백과 회개 | 사랑의 주님! 주님 앞에 예배드리면서 지난 한 주간의 삶을 돌이켜 봅니다. 이유 없이 남을 미워할 때도 있었고 비방할 때도 있었습니다. 자신의 뜻대로 되지 않는다고 하여 주님을 원망할 때도 있었습니다.
위선과 거짓 속에서 지낼 때도 있었고, 감정을 다스리지 못하여 불신앙의 말을 마구 쏟아낼 때도 있었습니다.
주님께 감사하기보다는 불만을 가득 품을 때가 많았습니다. 신앙을 앞세우기 보다는 주위의 환경에 이끌림을 받을 때가 많았습니다.
주님! 이 시간, 주님의 십자가의 보혈의 공로를 의지하여 회개하오니 너르신 주님의 품으로 품어 주시고 용서하여 주옵소서.

간구 | 은혜의 주님! 오늘도 저희들이 주님을 간절히 사모하는 마음으로 예배하고 기도드리며 주님의 귀한 말씀을 들을 때에 저희들 가운데 내주하시는 주님의 숨결을 강하게 느끼게 하시고, 주님께서 부어주시는 성령의 충만이 넘치는 시간이 되게 하여 주옵소서. 말씀을 전하시는 목사님도

성령의 권능에 사로잡히게 하시고, 말씀을 귀 기울여 듣는 모든 성도들도 주님이 교회들에게 하시는 말씀을 듣는 시간이 되게 하옵소서.

가난한 자를 먼저 찾으신 주님! 참으로 있어서는 안 될 일이지만 경제가 어려워지면서 빈부의 격차가 갈수록 심해지고 있습니다.

물질로 인한 온갖 혜택을 누리는 가정이 있는가 하면 한 끼의 양식을 위하여 근심을 해야 하는 가정들도 있습니다. 시간이 흐르면 흐를수록 빈부의 격차가 심해지고 있사오니, 이로 인하여 아름다운 인간관계가 파괴되고, 사회의 질서가 흔들리는 일이 없도록 회복의 은혜를 베풀어 주옵소서.

국가의 복지 정책도 균형과 방향을 잃지 말게 하셔서 찾아가는 복지 서비스를 실현해 나갈 수 있게 하시고, 복지의 사각지대에 놓인 자들이 혜택을 받지 못하는 일이 없도록 최선을 다할 수 있게 하옵소서.

위로의 주님! 해마다 여름철이 되면 폭우와 홍수로 인하여 많은 피해가 발생하고 있습니다. 올해도 애써 땀 흘려 가꾼 농작물이 물에 잠기고, 가옥이 침수되며, 가족을 잃은 이웃이 있사오니 불쌍히 여기시고 긍휼을 베풀어 주옵소서.

지금 재난을 당한 이웃에게 위로와 격려가 절실히 필요하다는 것을 저희들이 알고 있습니다. 그들이 일어설 수 있도록 주님의 사랑을 품은 교회가 선한 사마리아인의 역할을 감당할 수 있게 하옵소서.

주님! 오늘 이 자리에 나온 성도들 가운데 원치 않는 고통에 시달리며 기쁨과 평안을 잃은 성도가 있습니까? 위로의 주님께서 그 심령을 만져주셔서 안식과 평안을 얻게 하여 주옵소서.

신앙의 새 힘을 얻고자 하는 성도에게는 새 능력을 공급받을 수 있는 축복의 시간이 되게 하시고, 문제의 해결을 얻고자 하는 성도에게는 모든 문제에 말없이 개입하셔서 시원케 하시는 주님의 손길을 느끼게 하옵소서.

예수님의 이름으로 | 오늘도 예배를 위하여 쓰임 받는 손길들을 기억하시고, 크신 은혜와 복을 더하여 주옵소서. 예배의 시종을 주님께 의탁하오며 거룩하신 예수 그리스도의 이름으로 기도합니다. 아멘

7월 넷째주 | 게으름

영적인 게으름에 빠지지 않게 하소서

감사와 찬양 | 사랑이 많으신 하나님 아버지! 크신 은혜와 사랑 가운데 저희들을 다시금 주님의 전으로 불러 주시니 감사드립니다. 만 가지 은혜를 받은 저희들이 오늘도 주님의 부름을 받고 이 자리에 나왔습니다.
마음과 정성과 뜻을 다하여 주님을 예배할 수 있게 하시고, 생명의 능력이 되시는 주님을 찬양할 수 있게 하옵소서. 주님의 보좌 앞에 여호와의 이름에 합당한 영광을 돌릴 수 있게 하시고, 거룩한 옷을 입고 하나님을 경배할 수 있게 하옵소서.
저희들이 예배하면서 사람이 떡으로만 사는 것이 아니라 하나님의 입에서 나오는 말씀으로 살아야 함을 다시 한 번 깨닫게 하시고, 변함없이 은혜 주시기를 원하시는 주님의 사랑을 다시 한 번 느낄 수 있게 하옵소서. 이 예배에 성령의 감동과 감화로 충만하게 하실 것을 믿습니다.

고백과 회개 | 너희는 먼저 그의 나라와 의를 구하라고 말씀하신 주님! 지난 시간의 삶을 돌이켜보건대 저희들이 그렇게 살지 못했음을 고백합니다. 모든 염려를 다 주님께 맡겨버리면 주님께서 권고하신다는 약속과 보장을 받고 있으면서도 시시 때때로 염려하고 근심하는 불신앙의 죄를 범하며 살아왔던 저희들입니다. 세상이 주는 육신의 이익과 유익 앞에서는 신앙인의 모습을 애써 감추려고 했던 저희들입니다.
주님의 말씀만을 따르리라 고백하며 다짐했던 모든 것들이 항상 구호로만 그치는 것을 생각할 때, 저희들은 주님의 은혜가 없이는 살 수 없는 죄인임을 깨닫습니다. 이 시간, 회개하오니 약하고 추한 저희들을 긍휼히 여기시고 용서하여 주옵소서. 인애하신 주님께서 사유의 은총을 베풀어 주옵소서.

간구 | 은혜의 주님! 올해도 찌는 듯한 무더위가 기승을 부리고 있습니다. 무더운 날씨 때문에 마음의 평안을 잃어버리기 쉽고 나태해지기 쉬운 계절입니다. 사단마귀는 이런 기회를 절대 놓치지 않는다는 사실을 기억하

여 게으름에 빠지지 않도록 영적으로 깨어 있게 하여 주옵소서.
기후와 날씨를 탓하며 주님의 자녀 된 본분을 망각하는 일이 없게 하시고, 저희들 각자에게 맡겨진 신앙의 본분을 잘 지켜 행함으로 주님을 기쁘시게 해드릴 수 있는 삶이 되게 하옵소서. 예배의 자리, 기도의 자리도 힘써서 찾을 수 있게 하시고, 봉사의 자리도 힘써서 찾을 수 있게 하셔서 한결같은 모습으로 주님께 영광을 돌릴 수 있는 저희의 삶이 되게 하옵소서.

주님! 교육부서의 여름행사가 시작되었습니다. 무더운 여름에 이루어지는 행사라서 아이들이 건강을 잃을까 염려되오니, 특히 여름행사를 맡은 지도자와 교사들에게 힘을 더하여 주시고. 모두가 건강을 잃지 않도록 붙들어 주옵소서. 특히 안전사고가 발생하지 않도록 모든 위험에서 막아주시고 보호하여 주옵소서.
저희들도 도울 일이 있으면 힘을 다하여 도울 수 있게 하시고, 봉사의 손길이 필요한 곳에 수고를 아끼지 않는 저희들이 되게 하옵소서. 합력하여 선을 이루시는 주님의 뜻을 좇아갈 수 있는 저희모두가 되게 하실 것을 믿습니다.

주님! 오늘 이 자리에 나온 성도들 가운데 말 못할 어려움에 놓여 있는 성도들이 있습니까? 육신의 질병으로 인하여 절망하는 성도들이 있습니까? 긍휼히 여기시는 주님의 사랑과 은혜를 경험하게 하여 주옵소서.
오늘도 저희들이 주님을 간절히 사모하는 마음으로 기도하고 예배드리며 주님의 귀한 말씀을 들을 때에 저희들 가운데 내주하시는 주님의 숨결을 강하게 느끼게 하시고, 주님께서 부어주시는 성령의 충만이 넘치는 시간이 되게 하여 주옵소서. 말씀을 전하시는 목사님도 성령의 권능에 사로잡히게 하시고, 말씀을 귀 기울여 듣는 모든 성도들도 주님이 교회들에게 하시는 말씀을 듣는 시간이 되게 하옵소서.

예수님의 이름으로 | 예배의 시종을 주님께 의탁합니다. 오늘의 예배를 위하여 섬기는 손길들에게도 성령의 위로하심이 있게 하실 것을 믿사옵고 예수 그리스도의 이름으로 기도합니다. 아멘

8월 첫째주 | 변화

영적인 변화를 갈망하게 하소서

감사와 찬양 | 영광의 하나님 아버지! 오늘도 저희들이 주님의 전에서 예배할 수 있게 하시니 감사합니다. 사람의 제일 되는 목적이 하나님을 영화롭게 하고 영원토록 그를 인하여 즐거워하는 것일 줄 알기에, 오늘도 거룩하신 주님을 경배하며 찬양하기를 원합니다. 기쁘고 즐거운 마음으로 주님을 높이고 찬양할 수 있도록 성령께서 저희의 마음을 주장하여 주옵소서.
이 시간, 저희들이 예배하면서 주님을 사모하는 마음이 더욱 간절하게 되기를 원합니다. 주님을 사랑하는 마음이 더욱 사무치기를 원합니다.
저희의 가난한 심령을 주님의 은혜로 채워주시옵소서. 오직 주님만이 보이게 하시고, 오직 주님만이 느껴지는 예배가 되게 하옵소서.

고백과 회개 | 자비로우신 주님! 한 주간의 삶을 돌이켜 보건대 저희에게는 의로운 것이 하나도 없었음을 고백합니다. 불의를 용납지 아니하시는 우리 주님이심을 알면서도 올바르지 못한 생활에 젖어 있었던 저희들입니다.
주님의 사랑이 크심을 핑계 삼아 함부로 죄악을 범하고, 사랑으로 덮어주시기를 요구했던 염치없는 사람이 바로 저희들입니다. 용서하여 주옵소서. 남의 허물을 덮어주고 사랑을 베푼 기억은 아득히 희미해져 버리고 말았습니다. 불의에 젖어 벗어날 길 없는 삶 속에서, 오직 주님의 용서만을 바라며 여기까지 왔사오니 불쌍히 여겨 주옵소서.
이 시간에 죄로 찌든 저희의 영혼을 치유하시는 주님의 그 은혜와 그 사랑을 다시 한 번 경험하며 감사의 눈물을 흘릴 수 있게 하옵소서.

간구 | 잠자는 영혼을 깨우시는 주님! 이 시간에 저희들이 한 시간 주님께 예배하는 것으로 끝나지 말게 하시고, 저희 자신의 영적 현주소를 바라보며 마음을 찢는 회개와 성령의 충만을 간구할 수 있게 하옵소서.

이 자리는 단지 주님께 예배만 드리는 자리가 아니라, 우리의 영이 주님의 말씀으로 인하여 새롭게 재창조 되는 자리임을 알게 하셔서, 목사님의 성령 가득한 외침에 영적 변화를 위하여 가슴을 칠 수 있는 저희 모두가 되게 하옵소서. 항상 주님의 전을 찾을 때마다 회개의 영이 소용돌이치게 하시고, 주의 말씀에 저희의 미래가 달려 있음을 깨닫는 은혜가 있게 하옵소서.

주님! 무더운 날씨를 핑계 삼아 영적인 안일함과 나태함에 빠질 수 있음을 깨닫습니다. 그 어느 때보다도 삶의 우선순위를 분명히 해야 할 때임을 잊지 말게 하셔서 허탄한 것에 마음을 빼앗기지 않도록 저희의 마음을 주의 영으로 충만하게 하옵소서.
저희는 이 세상 어느 곳에도 진정한 휴식이 없다는 것을 깨닫습니다. 잠시의 휴식을 위하여 영적인 귀한 자리를 내어주지 말게 하시고, 주님을 더욱 가까이 함으로 주님이 주시는 참된 안식을 누릴 수 있는 저희들이 되게 하옵소서.

주님! 무더운 여름철을 맞이하여 교육부서가 여름행사를 진행하고 있습니다. 이 행사를 위하여 정성을 다하여 준비한 손길들을 기억하셔서 저들의 수고가 헛되지 않도록 풍성한 열매를 맺는 길로 인도하여 주옵소서.
또한, 온 성도들이 교육부서의 여름행사를 위하여 기도로 뒷받침 할 수 있게 하시고, 물질과 봉사로도 관심과 사랑을 보여줌으로 함께하는 공동체의 아름다움을 나눌 수 있게 하옵소서.
오늘도 주님의 말씀을 들고 단 위에 서시는 목사님을 기억하셔서 성령의 능력으로 붙드시기를 원합니다. 목양과 말씀 준비에 온 힘을 쏟고 계시오니 건강을 잃지 않도록 붙들어 주옵소서. 목사님의 입술을 통하여 선포되어지는 말씀에 저희 모두가 새 힘을 얻기를 원합니다. 말씀을 들을 수 있는 귀를 열어주셔서 저희의 입술에서 아멘만이 고백되어지게 하옵소서.

예수님의 이름으로 | 예배의 시종을 주님께 의탁합니다. 예배를 섬기는 손길들과 찬양대 위에도 함께하셔서 언제나 변함없이 함께하고 계시는 주님을 확신할 수 있게 하옵소서. 주님만이 홀로 영광을 받으실 것을 믿사옵고 예수 그리스도의 이름으로 기도합니다. 아멘

8월 둘째주 | 신앙생활

흐트러짐이 없는 신앙생활이 되게 하소서

감사와 찬양 | 온 세상을 창조하신 성부 하나님! 그 위대하신 은총을 찬송합니다. 영원히 피조물들의 예배를 받으실 아버지시오니 영광 가운데 계시며 만유의 주님이 되시옵소서. 인생들을 구원하기 위해 세상에 오신 성자 예수님! 죄인들을 위해 몸 버리신 그 사랑 앞에 감사를 그칠 수 없나이다. 심판의 주님으로 오셔서 하나님의 나라로 인도하여 주옵소서. 영화로우신 성령님! 귀한 은사를 저희에게 채우셔서 능력의 삶을 살아가게 하옵소서. 오늘도 저희들에게 주님의 날을 허락하여 주시고, 삼위 하나님을 예배할 수 있는 축복을 주심을 감사드립니다.
저희의 생각과 마음을 밝히시고 주장하여 주셔서 삼위 하나님이 영광을 받으시는 예배를 드릴 수 있게 하옵소서. 또한 진리의 말씀으로 저희의 영혼이 소성케 되는 은혜의 자리가 되게 하옵소서.

고백과 회개 | 자비하신 주님! 이 시간, 삼위일체 하나님을 예배하면서 지난 한 주간의 삶을 돌이켜봅니다. 주님의 은혜가 없이는 한순간도 살 수 없었던 한 주간의 삶이었지만, 저희들은 주님께서 은혜로 인도하시는 사랑을 망각하고 삶의 여러 가지 모습 속에서 흔들림이 많았음을 발견합니다. 주님의 백성으로서 밝히 드러나야 하는 신앙의 모습은 온데간데없고, 여전히 세상 권세에 속한 사람처럼 살아가는 것을 부끄러워하지 않았습니다. 양심을 통하여 들려주시는 주님의 음성을 애써 외면했고, 자기의 생각과 감정과 생활방식을 앞세워 살기에 주저하지 않았습니다. 빛의 자녀들처럼 살기에 힘쓰지 못한 저희들의 못난 모습을 회개하오니 용서하여 주옵소서.

간구 | 정직한 자의 노래가 되시는 주님! 아직도 무더위의 높이가 교만을 더하는 한 여름의 폭염이 계속되고 있습니다. 저희들의 신앙생활도 흐트러질까 염려되오니, 신앙의 나태함과 무기력함이 찾아오지 않도록 정신을 차리고 믿음의 길을 잘 달려갈 수 있게 하옵소서.

한 여름의 유혹을 견디기 힘들 때마다 십자가에 달리신 주님을 바라보며 이길 수 있게 하시고, 경건생활이 흐트러질 때마다 언제나 기도의 자리를 잊지 않으셨던 주님의 모습을 좇아갈 수 있게 하여 주옵소서.

무더운 여름이 되면 교회와 이웃에 저희의 손길이 더욱 필요하다는 것을 깨닫습니다. 저희의 손길이 필요한 곳이라면 주님을 섬기는 마음으로 더욱 힘써서 봉사할 수 있게 하여 주시고, 수고의 기쁨을 함께 나눌 수 있는 저희들이 되게 하옵소서.

주님! 주님의 몸 된 교회에서 저희들이 맡은 직분과 직책이 있습니다. 주님이 맡겨주신 직분인줄 아오니, 계절에 상관없이 맡은바 직분을 잘 감당하여 주님의 교회를 더욱 아름답고 풍성하게 세울 수 있는 저희모두가 되게 하옵소서.

아침 이슬 같고 풀의 꽃과 같은 연약한 저희들이지만, 받은 은사대로 주님을 위하여 열심히 일하는 자에게 강건함의 복을 허락하실 것을 믿습니다.

주님! 해마다 여름철에는 예상치 않은 집중폭우와 강력한 태풍이 자주 일어나고 있습니다. 특히 곳곳에 기상이변으로 인한 자연재해와 인명피해가 어마어마한 것을 보며 놀라움과 충격을 금치 못하고 있습니다. 이런 피해가 우리나라에도 도시와 농촌을 가리지 않고 자주 일어나고 있음을 봅니다. 바람도 잔잔케 하시고 풍랑이 이는 바다도 잔잔케 하신 우리 주님께서 홍수와 태풍에 생명을 잃는 일이 없도록 보호하여 주옵소서. 정부 해당부처에서는 무고한 국민이 재산을 잃거나 생명을 잃는 일이 없도록 방비책을 잘 세워나갈 수 있게 하옵소서.

오늘도 예배를 집례하시는 목사님을 기억하셔서 주님의 말씀을 선포하실 때 저희모두가 살아계신 하나님을 온몸으로 체험하는 역사가 있게 하여 주옵소서. 주님의 몸 된 교회를 위하여 봉사하고 섬기는 일꾼들이 있습니다. 그들이, 봉사와 섬김을 통하여 자신을 깨뜨릴수록 주님을 닮아가는 기쁨이 영혼 깊은 곳에서 솟아나게 하옵소서.

예수님의 이름으로 | 예배의 시종을 주님께 의탁하오며 믿음의 주요 온전하게 하시는 이인 예수 그리스도의 이름으로 기도합니다. 아멘

8월 셋째주 | 광복절기념주일

나라사랑하는 마음이 넘쳐나게 하소서

감사와 찬양 | 만왕의 왕이요, 만유의 주이신 하나님 아버지! 영광과 존귀를 홀로 받으시옵소서. 하나님을 사랑하고 섬기는 온 세상의 성도들과 한국교회 주의 백성들의 예배를 기쁘게 받으시고 흠향하시옵소서.
이 땅에 자유와 평화를 주시고 예수 그리스도를 구원과 해방의 주님으로 믿게 하신 은총을 감사드립니다. 오늘은 특별히 이 민족을 억압과 질고로부터 해방을 주시고 광복의 빛을 다시 비춰주신 하나님께 감사와 영광을 돌리며 광복절 기념 주일로 지키고 있습니다.
이 광복의 축복을 허락하심은 상한 갈대를 꺾지 아니하시며 꺼져가는 등불을 끄지 아니하시는 하나님의 긍휼하심과 자비하심의 은총임을 깨닫습니다. 한 많은 이 민족의 눈물을 씻겨주신 주님께 감사와 찬양을 돌리오니 영광을 받으시옵소서.

고백과 회개 | 은혜의 주님! 오늘 저희가 이 민족에게 해방을 주신 그날을 기억하며 감사의 예배를 드리지만, 지나간 시간을 통하여 주님께 지은 죄를 고백하지 않을 수 없나이다. 사람에게는 저희가 지은 죄를 잠시라도 숨길 있겠지만, 저희의 머리털까지도 세신바 되시는 창조주 하나님께 어떻게 저희들이 지은 죄를 숨길 수 있겠사오리까?
상한마음을 가지고 주님의 긍휼하심을 바라보며 고백합니다. "너희의 죄가 주홍 같을지라도 눈과 같이 희어질 것이요 진홍 같이 붉을지라도 양털 같이 희게 되리라"(사1:18)는 주님의 말씀을 의지하여 지나간 시간의 죄를 회개하오니 용서하여 주시옵소서.
알고 지은 죄, 모르고 지은 죄를 주님 앞에 자백하오니 저희의 영혼을 불쌍히 여기셔서 사죄의 은총을 내려 주시옵소서. 주님의 죄 용서의 선언이 있기를 간절히 원합니다.

간구 | 자비로우신 하나님! 이제 세월이 흐르면서 이 민족이 일제 강점기로부터 해방을 받은 광복절의 의미가 점점 더 화석화되어가고 있음을 절감합니다. 광복절이 되면 곳곳에서 일제치하로부터의 해방을 기념하는 행사를 다채롭게 갖고 있지만, 과연 오늘날 젊은이들의 의식 속에는 과거의 이 민족의 광복이 어떻게 인식되고 있는지 걱정하지 않을 수 없나이다.

지금 이 민족이 과거의 아픔을 딛고 나라발전과 경제성장을 이룩하였다고 하지만, 이 민족이 자자손손 결코 잊지 말아야 할 것은 나라의 주권을 빼앗겼던 뼈아픈 역사인줄 압니다. 한 세대가 가고 또 한 세대가 온다 할지라도 이 민족이 설움을 당했던 과거의 역사를 결코 잊지 말게 하여 주옵소서.

과거의 치욕을 거울삼아 근신하고 경계함으로써 더욱 나라를 든든히 세워갈 수 있는 이 세대의 사람들이 되게 하여 주옵소서. 이 나라의 독립과 해방을 위하여 목숨을 바쳐 투쟁하고 숨져간 많은 영혼들이 있습니다.

그들의 나라사랑 정신이 이 세대에도 강같이 흐르게 하셔서 아직도 분반된 아픔을 안고 이 나라가 통일의 길로 나아갈 수 있게 하여 주옵소서.

오늘의 교회도 나라사랑하는 마음이 넘쳐나기를 원합니다. 그 옛날 순교를 각오하고 이 민족의 해방을 위하여 일생을 던졌던 믿음의 선조들이 있기에 오늘의 교회에 주님의 축복이 있음을 깨달아서 교회마다 나라를 위한 기도가 메마르지 않게 하여 주옵소서. 통일의 그날이 오기까지 주님 앞에 나라를 위한 눈물의 기도를 멈추지 않는 교회가 되게 하여 주옵소서.

오늘도 단 위에 서신 목사님을 기억하셔서 말씀을 전하실 때에 입술의 권세를 더하여 주셔서 죄악을 태우고 사르는 불의 말씀이 되게 하시고, 온갖 질병이 치유되는 치료의 말씀이 되게 하여 주옵소서. 또한 눌려있는 모든 문제로부터도 자유케 되는 진리의 말씀이 되게 하여 주옵소서.

주님의 몸 된 교회를 위하여 한결같은 믿음으로 헌신과 충성을 아끼지 않는 성도들을 기억하시고, 그들의 흘린 땀이 주님의 보좌 앞을 적시고 주님이 받으시는 향기가 되게 하옵소서.

예수님의 이름으로 | 예배의 시종을 주님께 의탁하오며 이 민족에게 해방을 주시고, 죄에서 자유를 주신 예수 그리스도의 이름으로 기도합니다. 아멘

8월 넷째주 | 영성

영적으로 민감하게 하소서

감사와 찬양 | 사랑이 풍성하신 하나님 아버지! 지난 한 주간 동안도 저희들을 주님의 은혜의 빛으로 인도하여 주시다가 다시금 주일을 맞이하여 주님의 교회로 불러주시니 감사드립니다.
저희들이 이 자리에 올 수 있었던 것은 주님의 강권하심과 권고하심이 있었기 때문인 것을 믿습니다. 주님의 사랑을 입은 자들이 또 다시 한 자리에 모여 한 마음으로 예배할 수 있게 하시니 얼마나 감사한지요.
이 시간에 진실한 마음으로 주님을 예배할 수 있게 하시고, 성실한 마음으로 주님을 찬송하게 하시며, 가난한 마음으로 주님의 말씀을 받을 수 있게 하옵소서. 또한 주님을 예배하면서 주님과의 거룩한 교통이 이루어지게 하시고, 성도 간에도 성령의 교통하심을 따라 깊은 교제를 나눌 수 있게 하옵소서.

고백과 회개 | 죄 씻음 받기를 원하시는 주님! 지난 한 주간을 돌이켜보건대 만 가지 은혜를 받은 저희들이 주님의 은혜에 합당하지 못한 삶을 살았음을 고백합니다.
매일의 삶을 통하여 주님의 영광을 드러내고, 믿음의 고백이 묻어 있는 신앙의 삶을 살았어야 했는데, 저희들의 삶은 여전히 불신앙으로 찌든 삶이었음을 고백합니다. 이 시간에 거룩하신 주님을 마주하니 불의 병기가 되어 살았던 저희 모습이 주님의 보좌 앞을 가리고 있음을 깨닫습니다.
주님! 죄 씻음 받기를 원하여 회개하오니 긍휼을 베푸셔서 용서하여 주옵소서. "만일 우리가 우리 죄를 자백하면 그는 미쁘시고 의로우사 우리 죄를 사하시며 우리를 모든 불의에서 깨끗하게 하실 것이라"(요일1:9)하였사오니 저희의 허물을 사하여 주옵소서.

간구 | 은혜의 주님! 시대가 악하여질수록 무엇보다도 저희모두가 영적으로 민감한 삶을 살기를 원합니다. 주님의 뜻을 밝힐 수 있는 영적인 능력을

허락하여 주옵소서. 죄를 멀리하며 세속에 물들지 않는 거룩한 삶을 살 수 있게 하여 주시고, 주님의 향기를 발할 수 있게 하여 주시며 주님의 성품을 닮아갈 수 있는 삶이 되게 하여 주옵소서. 현실을 바로 볼 수 있는 통찰력을 주시고, 매사에 적극적이며 미래를 내다볼 수 있는 예지를 갖게 하여 주옵소서.

지나친 편견과 선입관에 사로잡히지 않게 하여 주시고, 저희들 자신만을 생각하는 이기주의적인 사고방식에 매여 있지 않게 하여 주옵소서. 대인관계에 있어서도 융통성이 있기를 원합니다. 원수를 맺거나 불화하는 일이 없게 하시며, 서로가 양보할 줄 아는 너그러운 마음이 있게 하여 주옵소서. 의롭지 못한 일과 타협하지 않게 하시고, 진정으로 주님이 원하시는 일이라면 그 어떤 고난이라도 감수 할 수 있는 담대한 믿음이 있게 하여 주옵소서.

사랑의 주님! 지금도 북한에서 신음하고 있는 동포들을 기억하시옵소서. 그들 중에도 주님을 의지하고 신앙을 지키는 주의 사랑하는 백성들이 있는 줄 믿사오니 그들의 애끓는 기도의 소원이 속히 이루어지게 하시고, 자유국가에서 한껏 주님을 높이며 영광 돌릴 수 있도록 은총을 베풀어 주옵소서.

충성을 보여주신 주님! 저희 교회에 세움을 받은 직분자들을 기억하여 주옵소서. 끝까지 맡은바 직분을 소홀히 하지 말게 하여 주시고, 힘 주시는 주님을 바라보면서 죽도록 충성할 수 있는 직분자들이 되게 하여 주옵소서. 직분자라고 하면서도 평신도보다도 못한 신앙생활을 하지 말게 하시고, 겸손한 마음으로 주의 사업을 위해 마음을 쏟을 수 있는 직분자들이 되게 하여 주옵소서. 계절을 타지 않는 믿음, 계절을 타지 않는 충성을 주님께 보일 수 있는 직분자들이 되게 하여 주옵소서.

주님! 오늘도 사랑하는 목사님, 말씀을 들고 단 위에 서십니다. 능력의 오른손으로 붙드시고, 저희 모두가 큰 은혜 받는 시간이 되게 하여 주옵소서. 찬양대로, 갖가지 봉사로 예배를 위하여 수종드는 손길도 기억하셔서 주님의 크신 위로로 채워주시옵소서.

예수님의 이름으로 | 예배가 시작되었습니다. 마치는 시간까지 주님 홀로 영광 받으실 것을 믿사옵고 예수 그리스도의 이름으로 기도합니다. 아멘

8월 다섯째주 | 주님의 뜻

새로운 계절을 주신 뜻을 알게 하소서

감사와 찬양 | 영원히 계시고 영원히 저희를 사랑하시는 하나님 아버지! 오늘도 저희를 길과, 진리와, 생명의 자리로 이끄심을 감사드립니다.
주님의 은혜와 사랑을 풍성하게 받고 있는 자들이 한 자리에 모여 주님을 예배합니다. 마음과 정성과 뜻을 다하여 주님을 예배할 수 있도록 저희의 마음을 주장하여 주옵소서. 주님께 올리는 찬송이 영혼 깊은 곳에서 우러나는 찬송이 되게 하시고, 주님께 드리는 기도 또한 영혼을 쏟아내는 기도가 되게 하옵소서. 주님의 은혜와 사랑을 풍성하게 받았은즉, 저희가 주님께 드리는 예배도 넘쳐흐르는 사랑과 감사를 가지고 예배할 수 있게 하옵소서. 이 시간의 예배가 주님께 드리는 최고의 경배가 되게 하옵소서.

고백과 감사 | 자비로우신 주님! 오늘도 저희들이 주님을 예배하면서 저희의 마음이 깨끗하지 못함을 깨닫습니다. 주님을 온전히 의지하지 못하고 교만과 거짓에 치우치는 삶을 살았습니다. 주님을 의식하며 살기보다, 사람을 의식하며 살았던 한 주간이었습니다. 죄를 지으면서도 부끄러워 할 줄도 몰랐고, 양심의 가책을 전혀 느끼지도 않았습니다.
주님! 얼마나 못나고 미련한 저희들입니까? 죄를 이기지 못하고 걸러내지 못하는 저희의 신앙이 참으로 부끄럽고 책망을 받아 마땅함을 깨닫습니다. 하오나 일흔 번씩 일곱 번이라도 용서해야한다는 주님의 말씀을 의지하여 용서를 구하오니, 긍휼을 베푸셔서 용서하여 주옵소서.
이 시간, 저희들이 추한 마음을 가지고 주님을 예배하지 않도록 보혈의 피로 정결하게 씻어 주옵소서.

간구 | 섭리하시는 주님! 이제 8월의 마지막 주일입니다. 그 덥던 여름의 더위도 가을의 선선한 바람 앞에 고개를 숙이고 있습니다. 자연은 계절을 바꾸며 또 다른 모습으로 창조주이신 주님을 높이려 하는데 저희의 삶은 왜 이다지도 밋밋한지 모르겠습니다. 주님, 이제는 주님의 자녀로 주님을

높이는 삶이 되게 하옵소서. 주어진 환경 속에서 섭리하시는 주님의 손길을 의심치 않으며 주님을 높이는 삶을 살 수 있게 하시고, 무엇을 하든지 주님의 뜻을 담아내야 한다는 철학을 가지고 움직일 수 있는 저희모두가 되게 하옵소서. 저희들을 통하여 주님이 영광 받으시는 일이 넘쳐나기를 원합니다. 주님이 기뻐하시는 일들이 넘쳐 나기를 원합니다.

열매 맺기를 원하시는 주님! 추수의 계절인 가을이 오고 있는데, 과연 어떻게 하는 것이 새로운 계절을 허락하신 주님을 높이는 것인지를 고민할 수 있게 하옵소서. 계절에 맞는 기쁨을 드릴 수 있는 저희모두가 되게 하시고, 주님의 마음을 담아 낼 수 있는 일들을 넘치도록 할 수 있는 저희모두가 되게 하옵소서. 특별히 주님의 몸 된 교회가 가을이 와도 추수할 것이 없는 교회가 되지 않기를 원합니다. 믿음의 열매를 풍성히 맺어갈 수 있는 교회가 되게 하시고, 영적인 수확을 풍성하게 거둘 수 있는 교회가 되게 하옵소서.

상한 심령을 긍휼히 여기시는 주님! 오늘 이 자리를 찾은 성도들 중에 연약해진 심령들이 있습니까? 고통에 시달리는 심령들이 잇습니까? 주님의 도우심이 절대적으로 필요한 영혼들이 있습니까? 이 시간을 통하여 신앙의 힘을 얻을 수 있게 하시고, 비전과 소망을 얻을 수 있게 하옵소서. 외로운 마음들이 위로를 받게 하시며, 답답해하는 심령들이 참 평안을 얻을 수 있게 하옵소서.
오늘도 단 위에 세우신 목사님을 기억하시고 성령의 능력으로 붙들어주옵소서. 교회와 양들을 위하여 온 몸을 불사르고 계시오니 사역하심에 어려움이 없도록 인도하시옵소서. 말씀을 전하실 때에 목사님의 마음을 읽을 수 있는 양들이 되게 하시고, 주님의 뜻을 깨달을 수 있는 저희 모두가 되게 하옵소서.

예수님의 이름으로 | 예배를 위하여 수종드는 손길들을 기억하시고 넘치는 봉사와 헌신 위에 풍성한 하늘의 상급으로 채우실 것을 믿습니다.
찬양을 준비한 찬양대 위에도 함께하셔서 정성껏 준비한 찬양이 주님께 향기가 되게 하옵소서. 예배의 시종을 주님께 의탁하오며 사랑이 많으신 예수 그리스도의 이름으로 기도합니다. 아멘

9월 첫째주 | 열매

주님께 드릴 열매를 맺어가게 하소서

감사와 찬양 | 사랑의 하나님 아버지! 그릇 된 일들이 난무하는 세대 속에서도 저희를 보호해 주셔서 죄악 된 생활에 젖어있지 않게 하여 주시고, 죄 된 자리를 피하여 은혜의 자리로 달려 나올 수 있도록 이끌어 주시니 감사합니다. 오늘도 저희를 감싸시는 주님의 크신 사랑을 느낍니다. 너르신 품으로 안아주시고, 주님 안에서 평안을 얻게 하여 주옵소서.
주님이 특별히 임재하시는 곳에서 손을 들고 주님을 송축합니다. 두 손을 높이 들어 주님을 송축하기를 원하는 심령마다 크신 복으로 함께하여 주옵소서. 주님의 말씀을 통하여 세미한 주님의 음성 듣기를 사모합니다. 저희의 어두운 영혼을 주님의 크신 은혜로 충만하게 채워주옵소서.

고백과 회개 | 저희의 영혼을 밝혀주시는 주님! 지난 한 주간 동안도 저희들의 생활 속에 죄의 흉악함이 묻어 있음을 깨닫습니다. 저희를 구속하신 주님의 은혜를 따라 살지 못하고 죄에 자주 넘어지는 저희 자신을 생각할 때, 너무나 속상한 감정을 지울 수 없나이다.
때로는 아무렇지도 않은 듯 죄를 은폐하려고까지 했었고, 누군가 잘못을 지적하면 아무것도 아닌 것처럼 합리화하려고까지 했었습니다. 악하고 수치스러운 마음을 주님 앞에 고백하며 내려놓사오니 긍휼히 여기사 용서하여 주옵소서. 이 시간, 연약하고 부족한 저희들은 십자가 뒤에 감추시고 주님의 뜻, 성령의 역사만이 나타날 수 있게 하옵소서.

간구 | 은혜의 주님! 이제 열매 맺는 가을입니다. 열매 맺는 가을이지만 오늘 저희들은 주님께 드릴 열매를 맺고 있는 삶을 살고 있는지 돌이켜볼 수 있게 하옵소서.
헌신과 봉사에 대한 열매, 순종의 열매를 맺으며 살고 있는지요. 영혼을 사랑하고 영혼을 구원하는 전도의 열매를 맺으며 살고 있는지요. 성경에 열매 없는 무화과나무를 저주하시던 주님의 심판을 기억합니다. 삶이 힘들고 고달프다고 하여 주님의 백성으로서 마땅히 해야 할 기본적인 의무를 무시하지 말게 하시고, 사도바울과 같이 주님께 받은 사명을 잘 감당하기 위하여 푯대를 향하여 잘 달려 갈 수 있는 삶이 되게 하옵소서.

열심히 전도할 수 있게 하시고, 열심을 다하여 헌신하고 열심을 다하여 충성할 수 있게 하옵소서. 영적인 열매를 풍성하게 맺음으로 주님께 큰 영광 돌릴 수 있게 하시고, 저희의 삶 또한 보람과 소망과 기쁨이 넘치는 삶이 되게 하옵소서.

위로의 주님! 풍요로운 수확을 기대하는 가을이지만 뜻하지 않은 자연 재해로 애써 가꾼 곡식들을 다 잃은 사람들이 있습니다. 거두고 싶어도 거둘 것이 없어서 상처를 안고 있는 사람들을 기억하셔서 끝까지 희망을 잃지 않도록 도와주시옵소서.

주님! 이 사회가 어려울수록 일자리를 갖지 못한 사람들이 많습니다. 땀 흘린 보람을 누리면서 수고의 떡을 먹을 수 있는 기쁨이 있도록 은총을 베풀어 주옵소서. 또한 힘들 때일수록 사람이 떡으로만 사는 것이 아님을 깨닫게 하셔서 산 소망을 더하시는 주님을 만날 수 있게 하옵소서.

오늘도 주님의 몸 된 교회를 위하여 마음을 쏟고 물질을 깨뜨려 봉사하고 섬기는 교우들이 있습니다. 주님의 몸 된 교회를 위하여 육체의 수고를 채울 때마다, 그 심령 안에도 주님의 몸 된 교회가 우뚝 세워지게 하옵소서. 또한 주님의 몸 된 교회를 섬길수록 더욱 귀한 주님을 경험하는 복을 누리게 하옵소서.

이 시간, 주님의 말씀을 듣고 단 위에 서신 목사님을 기억하옵소서. 주님의 능력의 장중에 붙들어 주셔서 능력의 말씀을 전하게 하시고, 그 말씀을 듣는 저희들은 말씀의 열매를 맺는 은혜를 누리게 하옵소서.

예수님의 이름으로 | 이미 예배가 시작되었습니다. 예배의 시종을 주님께 맡기오니 성령께서 친히 저희의 마음을 주장하시고, 이 자리에 운행하시옵소서. 저희들을 언제나 축복의 사람으로 세워주시기를 원하시는 예수 그리스도의 이름으로 기도합니다. 아멘

9월 둘째주 | 예배의 삶

삶으로 이어지는 예배가 되게 하소서

감사와 찬양 | 전능하신 하나님 아버지! 저희를 하나님의 자녀로 삼아주셔서 거룩하신 하나님을 아빠아버지라 부르며 빛의 자녀로 살아갈 수 있게 하시니 감사드립니다. 저희들에게 만 입이 있은들 어찌 다 주님의 은혜와 사랑을 표현할 수 있겠습니까? 오늘도 그 은혜 감당할 길이 없어 다만 주님께 엎드리오니 저희들이 드리는 예배를 기쁘게 받으시옵소서.
하나님을 예배하는 이 기쁘고 좋은 날, 저희들이 마음과 정성을 다하여 예배할 수 있도록 주의 성령께서 도와주시옵소서.
저희의 마음을 주장하셔서 온전히 예배에 집중할 수 있게 하시고, 저희의 입술을 주장하셔서 온 맘을 다하여 주님을 찬양할 수 있게 하옵소서. 예배에 합당치 못한 생각이나 마음으로 주님의 영광을 가리지 않도록 성령으로 충만하게 하시옵소서.

고백과 회개 | 은혜의 주님! 오늘 저희들이 하나님을 예배하면서 지난 시간을 돌이켜 봅니다. 은혜 받을 생각에만 사로잡혀 지난 시간의 과오를 새까맣게 잊고 있는 모습이 되지 않게 하옵소서.
저희들이 죄가 묻어 있는 상태로 거룩하신 주님을 예배할 수 없기에 먼저 저희가 지은 죄를 고백합니다. 진실한 마음으로 회개할 수 있도록 저희에게 깨닫는 은혜를 허락하여 주옵소서. 숨김이 없이 모든 죄를 낱낱이 자백할 수 있도록 저희의 생각과 마음을 성령의 방망이로 두들겨 주시옵소서. 심령 깊숙이 자리 잡고 있는 죄까지도 토설할 수 있도록 기억해내는 지혜를 부어주시옵소서. 이 시간을 통하여 다시금 죄 사함을 받고 은혜의 보좌 앞으로 담대히 나아갈 수 있게 하옵소서. 또한 강단에서 흘러나오는 생명의 말씀에 저희의 영혼이 푹 잠기는 시간이 되게 하옵소서.

간구 | 사랑의 주님! 이 시간은 저희 모두가 참된 예배자가 되기를 소망하여 기도하기를 원합니다. 참된 예배자가 되려면 참된 삶이 뒷받침되어야

함을 깨닫습니다. 오늘 저희가 주님의 전을 찾아 이 짧은 시간을 주님께 드리는 것으로 예배자의 의무를 다한 것으로 생각지 말게 하시고, 예배의 정신이 묻어 있는 삶을 살아갈 수 있는 저희 들이 되게 하옵소서.

삶 속에서도 주님께 예배하는 마음으로 살아 갈 수 있다면, 분명히 죄를 이기고 죄를 멀리하는 삶을 살게 될 것을 믿습니다. 어디에 있든지 무엇을 하든지 항상 삶 속에서의 예배가 주님께 드려질 수 있게 하여 주시고, 주님께 영광 돌리는 은혜의 처소가 되게 하여 주옵소서.

저희의 삶이 예배의 정신이 묻어 있는 삶이 될 수 있다면 장소와 시간을 초월하여 주님의 임재하심을 경험하는 삶을 살게 될 것을 믿습니다.

주님의 음성을 듣는 삶을 살게 될 것을 믿습니다. 주님의 능력을 경험하는 삶을 살게 될 것을 믿습니다. 주님, 저희모두가 단회적인 예배자가 되지 말게 하시고, 삶속으로 이어지는 예배가 있게 하여 주옵소서.

주님! 계절적으로 영적인 게으름에 빠지기 쉬운 때입니다. 좋은 계절을 틈타서 은밀히 다가오는 사단의 유혹에 미혹됨이 없게 하시고, 부지런함으로 주님을 더욱 힘써서 섬길 수 있는 저희들이 되게 하옵소서. 무엇보다도 믿음 안에서 영적인 건강관리를 잘 할 수 있는 저희모두가 되게 하옵소서. 계절의 유혹 앞에 영적인 리듬이 깨지지 않도록 늘 깨어있는 신앙생활을 할 수 있게 하옵소서.

주님! 교회에 속한 여러 기관과 부서들을 기억하옵소서. 어렵고 힘든 때일수록 주님을 더욱 의지하는 마음이 넘쳐나게 하셔서 끝까지 맡겨진 사명을 잘 감당할 수 있게 하옵소서. 때를 얻든지 못 얻든지 시대를 탓하지 않고 구령의 열정을 다할 수 있는 기관과 부서가 되게 하옵소서.

오늘도 생명의 말씀을 전하시는 목사님을 성령의 능력으로 붙드셔서 저희모두가 말씀의 시냇가를 걷는 기쁨이 있게 하여 주옵소서.

주님의 몸 된 교회를 위하여 사랑으로 봉사하며 섬기는 손길들두 붙드셔서 봉사와 섬김이 기쁨이 되게 하옵소서.

예수님의 이름으로 | 이미 예배가 시작 되었습니다. 마치는 시간까지 함께 하실 것을 믿사옵고 예수 그리스도의 이름으로 기도합니다. 아멘

9월 셋째주 | 교회, 변화

변화를 일으키는 교회가 되게 하소서

감사와 찬양 | 섭리하시는 하나님 아버지! 이 민족에게 사계절을 주셔서 씨를 뿌리고 가꾸며 결실을 거둘 수 있는 은혜와 축복을 주시니 얼마나 감사한지요. 때에 맞게 섭리하시는 주님의 손길을 보며 저희들을 향하신 주님의 손길도 그와 같음을 다시 한 번 깨닫고 감사함을 드립니다.
오늘도 저희들이 이 자리에 나와 주님을 예배하는 것도 주님의 섭리하심이 있었기에 가능한 것임을 믿습니다. 결실의 계절인 가을을 맞이하여 감사와 존귀와 영광을 모두 주님께 돌립니다. 저희가 드리는 예배를 기쁘게 받으시고 흠향하여 주옵소서.
이 시간에 저희들이 전심으로 주님을 송축하기를 원합니다. 온 맘을 다하여 주님을 경배하기를 원합니다. 저희가 드리는 예배에 친히 강림하시고 주님의 은혜를 사모하는 자마다 넘치는 은혜로 화답하여 주옵소서.

고백과 회개 | 자비로우신 주님! 오늘도 주님을 예배하면서 저희들의 지난 시간들을 돌이켜봅니다. 생명 있는 것마다 앞 다투어 열매를 맺는 이 계절임에도 불구하고 저희들은 과연 주님이 원하시는 열매를 얼마나 맺으며 살았는지 자문해보지 않을 수 없습니다.
저희 자신의 욕심만을 채우기에 급급해하며, 육욕을 따라 사는 일에만 많은 시간을 할애하였던 저희들의 모습은 아니었는지요? 저희의 머리털까지도 세고 계시는 주님 앞에 무엇을 숨길 수 있겠으며, 저희의 마음을 꿰뚫고 계시는 주님 앞에 무엇을 감출 수 있겠사오리까? 언제나 자신을 이기지 못하고 정욕에 이끌려 사는 저희를 긍휼히 여기시고 용서하여 주옵소서.
이 아름다운 계절을 맞이하면서 주님의 백성으로서의 열매 맺는 삶이 되게 하시고, 주님이 기뻐하시는 열매를 풍성하게 맺을 수 있는 저희 모두가 되게 하여 주옵소서.

간구 | 교회를 붙들고 계시는 주님! 저희교회를 이 지역에 세워 주시고 주님의 은혜 가운데 든든히 서가게 하심을 감사드립니다. 또한 온 교우들이 한 마음 한 뜻이 되어 주님의 몸 된 교회를 잘 섬길 수 있도록 이끌어 주심을 감사드립니다.
그리고 온 교우들이 교회에서 가르침을 받은 대로 주님의 말씀을 따라 진리 위에 굳게 서서 살아갈 수 있도록 인도하시니 감사합니다.

주님! 이 가을에 교회를 위하여 다시 한 번 간구합니다. 항상 말씀이 충만한 교회가 되게 하여 주옵소서. 인생에 지친 심령들이 말씀을 통하여 위로를 얻고 새 힘을 얻을 수 있는 교회가 되게 하여 주시고, 갈한 심령마다 흘러넘치는 주님의 은혜를 체험할 수 있는 교회가 되게 하여 주옵소서.
또한 항상 사랑이 넘치는 교회가 되기를 원합니다. 증오와 미움이 가득한 사람일지라도 교회에 발을 들여놓기만 하면 사랑과 용서의 사람으로 변화를 체험하는 교회가 되게 하여 주옵소서.
또한 항상 모이기에 힘쓰는 교회가 되기를 원합니다. 함께 모여 말씀을 상고하고 떡을 떼므로 천국의 아름다움을 보여줄 수 있는 교회가 되게 하여 주옵소서. 또한 항상 깊이 있는 기도가 있는 교회가 되게 하여 주옵소서.
누구나 이곳에서 기도하면 주님의 음성을 듣기도 하며 주님의 능력을 체험할 수 있는 교회가 되게 하여 주옵소서. 또한 항상 찬송과 감사가 넘치는 교회가 되게 하여 주옵소서.
뜨거운 찬송으로 하늘의 문도 열 수 있는 교회가 되게 하여 주시고 온전한 감사로 믿음의 역사를 이룰 수 있는 교회가 되게 하여 주옵소서. 항상 구제하는 교회가 되게 하시고, 선교하는 교회가 되게 하여 주옵소서.
오늘도 주님의 말씀을 듣고 단 위에 서시는 목사님을 기억하시고 저희들이 주님의 몸된 교회를 받들어 섬기기에 큰 도전을 받을 수 있는 말씀이 되게 하여 주옵소서. 예배를 수종드는 손길들을 기억하시고, 그들의 손길이 항상 축복이 묻어나는 손길이 되게 하여 주옵소서.

예수님의 이름으로 | 예배의 시종을 주님께 의탁합니다. 계신 곳 하늘에서 홀로 영광을 받으실 것을 믿사옵고 예수 그리스도의 이름으로 기도합니다. 아멘

9월 넷째주 | 추석

명절의 들뜬 마음이 예배에도 있게 하소서

감사와 찬양 | 고마우신 하나님 아버지! 오늘도 저희들이 주님께 예배하는 이날을 잊지 아니하고 주님의 전으로 달려 나올 수 있도록 이끌어 주시니 감사합니다. 주님을 모르는 불신자들은 이날을 자신의 여가활동을 즐기는 날로 사용하고 있지만, 주님께 선택을 받은 저희들은 하나님을 예배하며 참된 안식을 얻게 되는 복된 날로 삼게 하시니 얼마나 감사한지요.
이 시간에 주님을 예배하는 저희들에게 세상에서는 맛볼 수도 얻을 수도 없는 참된 안식과 평안을 누리게 하실 것을 믿습니다. 저희로 하여금 마음과 정성과 뜻을 다하여 예배할 수 있도록 주의 성령께서 주장하여 주옵소서.
마음에서 우러나오는 찬양이 주님의 보좌 앞에 울려 퍼지게 하시고, 진실을 담은 기도가 주님 앞에 향기가 되게 하여 주옵소서.

고백과 회개 | 자비로우신 주님! 오늘 저희들이 주님의 부르심을 받아 이 자리에 나왔지만, 저희들의 마음에는 주님이 기뻐하시지 않는 것들로 가득 차있음을 깨닫습니다. 한 주간도 마음에 죄와 욕심을 담고 자기주장만 앞세워 삶을 꾸려나가던 저희들이었습니다.
생각과 양심을 통하여 들려주시는 주님의 음성을 못들은 척 거부하며 자기 편한 대로만 행동했던 저희들이었습니다. 거룩하신 주님을 예배하기에 합당하지 못한 모습만 하고 있는 저희 자신을 보며 회개하오니 긍휼히 여기사 용서하여 주옵소서.
다시금 저희를 성령의 능력으로 강하게 붙들어 주셔서 소망 가운데 주님이 인도하시는 길을 걷게 하시고, 주님의 영광을 드러내고 주님의 뜻을 좇아 살 수 있는 저희들이 되게 하여 주옵소서.

간구 | 사랑의 주님! 이번 주에는 이 민족의 고유 명절인 추석이 있습니다. 모든 것이 풍성하기만 한 결실의 계절에, 이 민족에게 아름다운 명절을 허

락하셔서 떨어져 지냈던 가족이 한 자리에 모일 수 있게 하시니 얼마나 감사한지요. 오늘 예배를 드리는 저희들 중에도 마음이 벌써 고향에 가 있는 교우들도 있을 것입니다. 이처럼 명절이 저희의 마음을 들뜨게 하는 것을 보면서 주님의 예배하기 위하여 교회를 찾는 저희들의 마음도 항상 들뜬 마음이 되기를 소원해봅니다. 세상의 명절이 아무리 좋아도 천국생활을 미리 맛보는 신앙생활과는 비교가 되지 않음을 믿습니다.

주님! 고향을 향해 귀성길에 오르는 사랑하는 성도들을 기억하옵소서. 오고 가는 길을 주님의 불꽃같은 눈동자로 지키시고 보살펴 주셔서 작고 큰 사고를 당하는 일이 없게 하옵소서.
또한 사사로운 것일지라도 주님의 계명을 거스르는 일이 없게 하시고, 조상에게 절하거나 귀신을 공경하는 일도 없게 하옵소서. 혹 주님을 믿지 않는 가족과 자리를 같이 할 때, 주님의 백성으로서의 아름다움을 보여 줄 수 있게 하시고, 신앙인의 본분을 이탈하지 않도록 지혜를 더하여 주옵소서. 세상 법과 주님의 법이 다르기 때문에 마찰이 생길 수 있는 성도의 가정이 있을 줄 압니다. 주님께서 은혜를 더하여 주셔서 어려운 자리가 변하여 기쁨을 나눌 수 있는 자리가 되게 하옵소서. 온 가족이 한 자리에 모입니다. 때를 따라 돕는 주님의 손길을 기억하며 복음을 증거 할 수 있는 복 된 시간을 만들 수 있게 하시고, 주님의 사랑과 은혜에 대한 맛을 전달 할 수 있는 자리가 되게 하옵소서.
이제 9월도 오늘이 마지막주일입니다. 세월이 유수(流水)와 같이 빠름을 다시 한 번 깨닫습니다. 남은 기간 동안도 주님의 뜻이 이 땅 위에 이루어질 수 있도록 땀 흘리고, 더욱 사랑하며, 서로 격려하고 용기를 더하는 저희의 삶이 되게 하옵소서.
오늘도 주님의 복 된 말씀을 들고 단 위에 서시는 목사님을 기억하시고 성령의 능력으로 붙드셔서 주님의 음성을 담아낼 수 있는 말씀이 되게 하여 주옵소서. 예배를 위하여 수고하는 손길도 항상 복 있는 손길로 쓰임 받게 하옵소서.

예수님의 이름으로 | 예배의 시종을 주님께 의탁합니다. 주님만이 홀로 영광을 받으실 것을 믿사옵고 예수 그리스도의 이름으로 기도합니다. 아멘

10월 첫째주 | 국군의 날

이 나라의 국군장병을 기억하소서

감사와 찬양 | 이 좋은 풍요의 계절을 허락하신 하나님 아버지! 그 어떤 화가가 최선을 다하여 그림을 그린들 주님의 솜씨를 흉내나 낼 수 있겠습니까? 풍요를 경험할 수 있는 이 좋은 계절에 부름을 받은 저희들이 뜻하신 곳에서 예배할 수 있게 하시니 감사드립니다. 저희들은 언제나 풍성하심이 넘치는 주님의 은혜 가운데 있음을 깨닫습니다.
오늘도 마음을 다하여 주님께 예배드리기 원하오니 저희의 마음을 주장하셔서 예배의 행위 속에 인색함이 없게 하여 주옵소서. 전심을 다하여 주님을 앙망하게 하시고, 기쁨으로 소리 높여 주님을 찬송할 수 있게 하옵소서. 예배의 거룩함 나타나고 은혜의 충만함이 임하는 시간이 되게 하옵소서.

고백과 회개 | 긍휼이 풍성하신 주님! 이 시간도 주님을 예배하면서 저희 자신을 돌아봅니다. 짧은 한 주간의 삶이었지만 주님의 백성으로서 성결의 삶을 살기보다 세상에 이끌려 살았던 저희들입니다.
잘못된 것인 줄 알면서도 육신의 정욕과 이생의 안목만을 위하여 살았고, 유익이 되는 것이라면 죄도 묵인하고 용납했던 저희들입니다. 삶의 모습을 보아서는 천국의 사람이 아니라 지옥의 사람이었습니다. 영의 사람이 아니라 육의 사람이었습니다. 그러면서도 이 시간 아무렇지도 않은 듯 주님을 전을 찾아 예배자로 자리하고 있으니 얼마나 가증스럽고 외식적인 모습입니까? 회개하오니 용서하여 주옵소서.
주님, 이 외식의 삶이 습관이 되어 더 이상 주님의 영광을 가리는 신앙생활을 하지 않도록 도와주시옵소서. 주님이 기뻐하시는 삶을 좇아갈 수 있도록 저희의 심령을 성령으로 충만하게 하여 주옵소서.

간구 | 이 나라를 지키시는 주님! 지난 주간에는 이 나라에 국군이 창설된 것을 기념하는 국군의 날 행사가 있었습니다. 이 나라에 젊고 씩씩한 젊은이들을 주셔서 이 땅의 안보를 지켜나갈 수 있도록 이끌어주시니 감사합

니다. 젊을 때에 나라를 위하여 봉사하는 것이 축복임을 기억하게 하셔서 기쁨과 즐거움으로 군복무에 임할 수 있게 하옵소서. 군에 입대한 자녀를 둔 부모를 기억하셔서 자녀에 대한 지나친 염려와 걱정이 앞서지 않도록 붙들어주시고 자녀가 군 생활에 잘 적응하여 훌륭한 군인으로 쓰임 받을 수 있도록 기도로 뒷받침할 수 있는 부모가 되게 하옵소서.

주님! 안타깝게도 군부대에서 구타와 총기사고가 자주 발생하고 있습니다. 적을 겨누고 있어야 할 총부리를 전우를 향해서 겨누는 일이 없게 하시고, 형제같이 서로를 아끼고 사랑할 수 있는 군인들이 되게 하옵소서.
동료의 부족함이 보이면 마음을 다하여 도울 수 있게 하시고, 동료의 허물이 보이면 은밀히 가려줄 수 있는 군인들이 되게 하옵소서. 그리하여 군복무를 하는 동안 가족 같은 분위기 속에서 사명감을 갖고 잘할 수 있게 하옵소서.
특별히 군 복음화를 위하여 기도합니다. 주님을 모르는 군인들에게 믿음을 허락하셔서 전쟁이 하나님께 있음을 깨닫게 하옵소서.
그리하여 총, 칼을 의지하는 것보다 하나님을 의지할 수 있는 군인들이 되게 하시고, 주님만을 경외하는 십자가 군병들이 되어서 주님이 쓰시는 귀한 일꾼들이 되게 하옵소서. 군부대마다 찬송 소리가 아침의 기상나팔이 되게 하시고, 그들이 부르는 군가도 하나님을 찬양하는 찬송 소리로 바뀌어 질 수 있게 하옵소서. 교회도 군 복음화에 관심을 가질 수 있게 하셔서 그 일을 위하여 기도하며 적극 후원할 수 있는 교회가 되게 하옵소서.
오늘도 주님의 말씀을 듣고 단 위에 서시는 목사님을 기억하시고 성령의 능력으로 붙드시기를 원합니다. 전하시는 말씀 속에 주님의 능력이 나타나게 하시고, 주님의 음성이 들려지는 말씀이 되게 하여 주옵소서.
오늘도 찬양을 정성껏 준비하여 주님께 찬양으로 영광 돌리는 찬양대를 기억하옵소서 그들이 부르는 입술의 찬양이 영혼 속에서 우러나는 찬양이 되게 하실 것을 믿습니다.

예수님의 이름으로 | 예배의 시종을 주님께 의탁합니다. 주의 성령께서 이 자리에 운행하심을 믿사옵고 예수 그리스도의 이름으로 기도합니다. 아멘

10월 둘째주 | 열매

영적인 열매를 풍성히 맺게 하소서

감사와 찬양 | 주님을 앙망하는 자에게 새 힘을 주시는 하나님 아버지! 산마다, 들마다 탐스런 열매를 맺고 있는 계절에 저희들로 하여금 주님의 전을 찾을 수 있게 하심을 감사드립니다.
 이 자리를 찾기까지 저희들에게 찾아오는 갖가지 유혹들이 있었지만, 사람의 제일 되는 목적이 하나님을 영화롭게 하는 것이기에 저희들이 주님의 전을 찾았습니다. 유혹 앞에 쉽게 넘어지지 아니하고 믿음을 앞세울 수 있게 하심을 다시 한 번 감사드립니다.
저희들의 생각과 마음을 주장하시는 분은 주의 성령이심을 믿습니다. 언제나 저희를 주님의 영으로 다스려 주옵소서. 오늘도 주님을 예배하는데 육신이 원하는 대로 끌려가지 않기를 원합니다. 주님을 찬양하고 경배하는데 저희의 감정이 걸림돌이 되지 않기를 원합니다.
저희들의 예배를 기쁘게 받으실 주님을 생각하며 마음과 뜻과 정성을 다하여 예배할 수 있게 하옵소서.

고백과 회개 | 회개하는 자를 기뻐하시는 주님! 한 주간의 삶을 돌이켜 보건대 빛의 자녀로서 살지 못하고 어둠에 휩싸인 경우가 많았음을 고백합니다. 불의 앞에서 비굴함을 보일 때도 있었고, 거짓으로 성령의 전인 마음을 더럽힐 때도 있었습니다.
죄를 은근슬쩍 용납할 때도 있었고, 주님의 뜻과는 전혀 상관없는 것임에도 이익이 되는 것이라면 주님의 뜻을 무시해 버렸습니다. 이외에도 수많은 죄들이 저희들의 심령 속에 출렁이고 있음을 깨닫습니다.
주님의 자녀로서 죄를 이기지 못하고 끌려 다니기만 했던 부끄러움을 회개하오니 긍휼히 여기시고 용서하여 주옵소서.

간구 | 섭리하시는 주님! 주님의 섭리하심을 따라 오곡백과가 무르익는 계절입니다. 오곡백과가 탐스럽게 익어가는 자연 앞에서 저희들의 신앙이

믿음의 아무런 열매를 맺지 못한 부끄러운 모습이 되지 않기를 원합니다. 혹시 느슨해졌던 신앙이었다면 다시 분발하여 믿음의 열매를 맺는 길을 달려 갈 수 있게 하옵소서. 수확의 시기가 되어도 수확할 것이 없어 빈둥대기만 하는 게으른 모습이 되지 않기를 원합니다. 주님이 허락하신 귀한 시간들을 아무렇지도 않게 허비하기만 하는 인생이 되지 않기를 원합니다. 이유만 무성하고, 핑계만 무성한 잡초 같은 신앙인이 되지 않기를 원합니다. 심지 않은데서 열매를 바랬던 악한 종이 되지 않기를 원합니다. 오곡백과가 탐스럽게 익어가고 추수를 기다리는 들녘을 보면서 저희들도 주님 나라를 풍요롭게 하는 영적인 열매를 풍성히 맺어갈 수 있게 하옵소서.

사랑의 주님! 어려운 경제난으로 인하여 신앙적으로 넘어지는 성도들이 있습니다. 직장을 잃고 생계의 터전을 잃어버린 채, 살길이 막막해진 그들의 삶의 현장에는 낙심과 절망과 원망과 불평이 노래가 될 수밖에 없음을 불쌍히 여겨주옵소서. 고통에도 하나님의 선하신 뜻이 계신 줄 믿고 합력하여 선을 이루시는 주님을 끝까지 바라볼 수 있게 하시고, 믿음의 눈을 열어 고통 중에도 찾아오시는 주님을 볼 수 있게 하옵소서.
위기가 곧 주님이 주신 기회가 될 수 있음을 기억하여 더욱 더 믿음으로 달려갈 수 있는 성도들이 되게 하시고, 믿음에서 떠나지 않는 승리의 생활이 될 수 있도록 붙들어 주옵소서.

주님! 주님의 몸 된 교회와 성도들을 위하여 수고하시는 교역자분들을 기억하옵소서. 고된 사역일지라도 성도들의 믿음이 자라고 믿음의 지경이 확장되는 것을 보며 위로를 얻을 수 있게 하시고, 주님의 몸 된 교회가 든든히 서가고 천국의 지경이 확장되는 것을 보며 하늘의 기쁨을 맛보게 하옵소서.
오늘도 주님의 귀한 말씀을 듣고 단 위에 서시는 목사님을 기억하시고 생명의 말씀, 진리의 말씀을 증거 하실 수 있도록 성령의 능력으로 붙드시옵소서.

예수님의 이름으로 | 이미 예배가 시작되었습니다. 시종일관 은혜로 역사하실 것을 믿사옵고 예수 그리스도의 이름으로 기도합니다. 아멘

10월 셋째주 | 신앙

최선책의 신앙이 되게 하소서

감사와 찬양 | 언제나 함께하시는 하나님 아버지! 저희의 생명이 시작되기 전 부터 택함 받은 자녀로 삼아주시고 인생의 거칠고 험한 고비마다 잠시도 멀리하지 않으시고 동행하신 은혜를 진심으로 감사드립니다.
오늘도 혼탁한 세상으로 향하려는 마음을 굳게 붙드셔서 가장 고귀한 주님의 은혜를 사모하게 하심을 감사드립니다. 저희의 생명이 다하는 그날까지 주님을 경배하는 복된 길로 이끄셔서 예배하는 즐거움으로 인생의 낙을 삼을 수 있게 하옵소서. 이 시간에 마음과 뜻과 정성을 다하여 주님을 예배하기를 원합니다. 영혼 깊은 곳에서 우러나는 찬양을 주님께 올리기를 원합니다. 저희를 마음을 주의 성령께서 온전히 주장하여 주옵소서.

고백과 회개 | 은혜의 주님! 오늘도 저희들이 주님을 예배하기 위하여 이 자리에 왔지만 죄로 얼룩진 저희 자신의 모습을 감출 수 없음을 깨닫습니다. 천국에 소망을 두고 주님을 위해 일해야 할 저희들이오나, 오히려 세속의 분주함 때문에 주님의 일을 소홀히 했던 저희들입니다.
주님께 건성으로 예배하기를 즐겨 했고 마음은 늘 세상에 두고 살았던 저희들입니다. 양심을 속이는 일이 습관화 되어 있었고, 위선된 행동에 익숙해져 있는 저희들입니다. 주님을 예배하면서 저희의 사악함을 고백하며 긍휼을 구하오니 용서하여 주옵소서.
주님의 임재하심을 경험하는 이 귀한 시간, 세상에 온갖 잡동사니로 꽉 찬 마음을 비우게 하시고 주님의 진리로 채울 수 있게 하여 주옵소서.

간구 | 교회를 사랑하시는 주님! 주님이 친히 세우신 교회를 위하여 기도합니다. 이 교회에 마음과 뜻과 정성을 다하여 주님께 예배하는 성도들이 넘쳐나게 하시고, 주님께 대한 헌신과 봉사가 살아 있는 교회가 되게 하여 주옵소서.
무엇보다도 죄 많은 세상을 향하여 십자가의 복음을 담대하게 증거 할 수 있는 교회가 되게 하시고, 그 어떤 영혼이라도 주님의 능력으로 새로워지고 변화 받는 축복의 동산이 되게 하여 주옵소서.

주님! 가치관이 많이 흔들리는 때입니다. 신앙의 가치관도 많이 흔들리는 시대임을 절감합니다. 최선책으로서의 신앙이 아니라 차선책으로서의 신앙으로 변질되어 가고 있는 것 같습니다. 상황과 조건에 따라 신앙의 색깔을 얼마든지 바꿀 수 있는 시대가 되어버렸습니다.
이제 백절불굴의 신앙은 시대에 어울리지 않는 골동품 같은 신앙이 되어버렸습니다. 오히려 올곧은 신앙을 가진 자가 미련하게 보이고 바보처럼 보이는 시대가 되어버렸사오니 우리 주님의 마음이 얼마나 아프시겠습니까?

주님! 저희들이 아무리 혼돈의 시대에 살고 있다 할지라도 푯대 없는 신앙이 되지 말게 하옵소서. 환경에 맞추어진 신앙이 아니라 하나님께 맞추어진 신앙이 되게 하여 주옵소서. 경건의 모양만 있는 신앙인이 아니라 경건의 능력을 갖춘 신앙인이 되게 하옵소서. 세상적인 경험 보다는 영적 경험을 풍성하게 누릴 수 있는 신앙인이 되게 하옵소서. 타협하는 신앙인이 아니라 믿음을 위해서라면 희생도 감수 할 수 있는 신앙인이 되게 하여 주옵소서. 진리를 사수할 수 있게 하시고, 타락한 이 시대에 주님의 거룩함을 보여줄 수 있는 신앙인이 되게 하여 주옵소서.
오늘도 이 복된 자리에 미참한 성도들이 있습니다. 그들이 어떤 형편에 놓여 있는지 우리 주님은 아시오니 긍휼히 여기시옵소서. 항상 주님을 가까이 할 수 있도록 그들의 형편을 붙들어 주시고, 식어지는 신앙이 되지 않도록 상한 마음의 문을 두드려 주옵소서. 오늘도 주님의 거룩한 말씀을 들고 단 위에 서시는 목사님을 기억하시고, 저희의 비유를 맞추는 설교가 아니라 저희의 미지근한 신앙을 갈아 엎고 기경하는 말씀을 전하실 수 있게 하옵소서.
예배를 섬기는 성도들과 찬양대를 기억하셔서 항상 성령님의 위로가 넘치게 하옵소서.

예수님의 이름으로 | 예배의 시종을 주님께 의탁하오며 저희의 영을 새롭게 하시는 예수 그리스도의 이름으로 기도합니다. 아멘

10월 넷째주 | 종교개혁주일

개혁되는 교회가 되게 하소서

감사와 찬양 | 교회의 머리가 되시는 주님! 저희들로 하여금 복되고 거룩한 주일을 기억하게 하셔서 마음이 주님의 전을 향할 수 있게 하심을 감사드립니다. 이 시간, 또 다시 주님의 전으로 발걸음을 옮겨 주님을 경배할 수 있게 하심을 감사드립니다. 저희에게 향하신 주님의 섭리와 사랑을 생각할 때 감사와 감격뿐입니다. 예배에 파묻힌 삶으로 인도되는 것이 너무나 큰 주님의 축복임을 다시 한 번 깨닫습니다.
오늘도 저희들이 신령과 진정으로 예배할 수 있도록 도와주시고, 온 맘과 정성을 다하여 주님을 경배할 수 있도록 인도하시옵소서. 주님을 예배하는 이 시간만큼은 온갖 잡생각에 사로잡히지 않도록 저희의 생각과 마음을 주의 성령께서 주장하여 주옵소서. 언제나 감격이 넘치는 예배로 주님께 영광을 돌리기를 원합니다.

고백과 회개 | 은혜의 주님! 저희들이 주님의 선택받은 백성으로 열심히 산다고는 하지만, 지난 한 주간을 돌이켜 볼 때 여전히 저희들의 생각과 행위 속에는 죄악 된 요소들이 많았음을 고백합니다. 저희의 지은 죄가 너무 많기에 무엇부터 고백해야 할지 모르겠습니다. 주님의 자녀이면서도 의를 좇지 아니하고 불의를 좇아 살았던 저희 자신을 볼 때 너무나 부끄러워 얼굴을 들 수 없나이다.
세상의 헛된 욕심에 이끌려 주님의 자녀로서의 본문을 망각하고 살았던 온갖 죄악들을 회개하오니 긍휼을 베푸셔서 용서하여 주옵소서. 주님의 보혈로 저희의 죄를 씻어주셔서 죄 사함의 은총을 허락하신 주님의 은혜를 다시금 감사하며 주님께 영광을 돌릴 수 있게 하옵소서.

간구 | 의로우신 주님! 오늘은 종교개혁주일로 지킵니다. 오늘의 교회 모습을 보면 근심할 수밖에 없사오나 매년 종교개혁을 기억하고 그 옛날 교회가 개혁의 횃불을 높이 쳐들어 가톨릭의 천년 묵은 먼지를 털어버린 개

혁자들의 신앙정신을 본받게 하심을 감사드립니다. 그러나 오늘의 교회가 말로는 개혁되어야 한다고 하지만, 인간들의 게으름과 자기만족 때문에 오히려 인간의 어떤 틀에 고정시키고 그것이 교회의 본연의 자세인 것처럼 생각하는 오만한 마음으로 가득 차 있습니다. 또한 권력과 지배욕에 사로잡혀 귀족같이 대접받기만을 바라고 있습니다. 오늘의 교회도 현재의 모습에 안주하지 말게 하시고 주님의 뜻에 위배된 것이 있으면 즉시 개혁해 나갈 수 있는 교회가 될 수 있게 하옵소서.

성전을 정화시키신 주님! 오늘 저희의 신앙도 개혁이 필요한 줄 믿습니다. 이제껏 고인 웅덩이에 생명 없는 물같이 죽은 신앙은 아니었는지 돌이켜 봅니다. 흐르지 않는 물은 이내 썩어 악취를 풍기는 물이 될 수밖에 없듯이, 저희 신앙도 썩어서 물컹거리고 악취를 풍기지 말게 하시고, 끊임없이 주님의 말씀과 계명으로 연단시키고 씻겨 주셔서 잘못된 것을 바로 잡고 그릇된 것을 고쳐 나갈 수 있는 개혁 신앙인이 되게 하여 주옵소서.
또한 열심히 주님을 섬기고 있는 성도들에게는 그 믿음에 믿음을 더하여 주셔서 "오직 은총, 오직 믿음, 오직 성경"으로 살기에 조금도 부족함이 없게 하여 주옵소서.

주님! 주님의 몸 된 교회에 속한 당회와 각 기관을 붙드시기를 원합니다. 하나님의 의를 드러낼 수 있는 당회가 되게 하시고, 교회의 질서를 바로 세우며, 바른 치리가 이루어질 수 있는 당회가 되게 하여 주옵소서. 각 기관들도 주님의 영광을 위하여 세움을 받았다는 것을 잊지 않게 하셔서 주님의 영광을 나타내는 일에 마음을 쏟을 수 있는 기관들이 되게 하여 주옵소서. 오늘도 말씀을 전하시기 위하여 단 위에 세우신 목사님을 기억하시기를 원합니다. 능력의 말씀을 전하시기에 조금도 부족함이 없도록 붙들어 주시고, 이 교회에 속한 양무리들을 돌보시기에 조금도 피곤함이 없도록 늘 새 힘을 공급하여 주옵소서. 예배를 위하여 봉사하는 손길들이 있습니다. 그들이 힘을 다하여 수고한 대로 하늘의 귀한 상급으로 갚아주시옵소서.

예수님의 이름으로 | 예배의 시종을 주님께 의탁하오며 거룩하신 예수 그리스도의 이름으로 기도합니다. 아멘

11월 첫째주 | 의지함

의지하고 간구하는 신앙이 되게 하소서

감사와 찬양 | 저희들에게 믿음을 주신 하나님 아버지! 이 세상의 모든 것이 속절없고 허무할 뿐이건만 홀로 영원히 계시는 하나님을 믿음의 눈으로 바라보게 하시니 감사드립니다.
이 시간 믿음을 가진 자들을 부르셔서 주님께 예배할 수 있는 귀한 특권을 주시고, 주님의 자녀 된 의무를 다할 수 있도록 이끄시니 감사드립니다.
저희들을 주님을 경배하고 찬양하는 믿음의 자리로 부르셨사오니, 마음과 뜻과 정성을 다하여 예배할 수 있도록 도와주시옵소서. 주님을 예배하면서 역사하시는 하나님을 경험할 수 있게 하시고, 언제나 동일하게 찾아오시는 주님의 손길을 경험할 수 있게 하옵소서. 저희들이 예배하는 이곳에 주님의 영광만이 가득하게 하실 것을 믿습니다.

고백과 회개 | 은혜로우신 주님! 저희들이 주님을 잊은 순간에도 우리 주님께서는 한 번도, 한 순간도 잊지 않고 섭리하셨다는 것을 깨닫습니다. 그 사랑 앞에 다시 한 번 감사를 드립니다.
하지만 이 시간 주님을 예배하면서 저희들의 삶을 돌아보니 주님의 섭리하심 속에서도 육체에 이끌려 살았음을 고백하지 않을 수 없나이다. 곧은 길을 걷기 보다는 굽은 길을 걸었던 저희들입니다. 주님의 음성 듣기를 사모하기 보다는 사단의 달콤한 음성에 귀 기울였던 저희들입니다. 목이 곧은 이스라엘 백성을 품에 안으셨던 그 사랑이 우리 주님의 사랑이시기에 저희들도 용기를 내어 회개하오니 긍휼히 여기시고 용서하여 주옵소서.

간구 | 사랑의 주님! 저희로 하여금 늘 주님을 의지하고 간구하는 신앙이 되게 하옵소서. 아무리 신앙생활을 오래 했어도 주님께 맡기지 못하고 주님의 도우심을 구하지 않는다면 그것은 신앙의 초신자나 다름없음을 깨닫습니다. 무슨 일을 만나든지 항상 주님께 맡길 수 있는 저희의 신앙이 되게 하시고, 항상 주님의 도우심을 간구 할 수 있는 신앙이 되게 하옵소서. 그

리하여 언제나 응답하시는 주님을 만나는 삶이 되게 하시고, 주님의 선하심을 맛보아 아는 삶이 될 수 있게 하옵소서.

언제나 기도를 쉬지 않을 수 있게 하시고, 기도를 통하여 영적인 즐거움을 얻을 수 있는 저희들이 되게 하옵소서. 또한 진정한 복은 주님께로부터 옴을 깨닫게 하셔서 항상 주님께 신령한 복을 간구할 수 있는 저희들이 되게 하옵소서.

진주의 가치를 알지 못하는 미련한 짐승처럼 신령한 하늘의 복을 소홀히 하는 어리석은 자들이 되지 말게 하시고, 하늘의 복을 소중히 여기고 열심히 구하는 가운데 시편기자의 고백처럼 여호와를 송축함이 항상 내 입에 계속하리라(시34:1)고 고백할 수 있는 저희들이 되게 하옵소서.

주님! 주님께 기도할 때마다 항상 마음에 부담으로 남는 것이 있습니다. 올해도 황금 들녘에서는 대풍의 소식이 들려오고 있지만 아직도 이 나라의 경제는 많은 고통을 겪고 있습니다.

시간이 흐를수록 빈부의 격차가 심해지고 있고, 양극화 현상이 두드러지게 나타나고 있사오니 이 나라를 불쌍히 여기시고 나라의 경제가 회복 될 수 있도록 도와주시옵소서. 잘 살고 못 사는 사람이 명확히 구분되는 나라가 아니라, 모두가 잘 사는 나라가 될 수 있도록 이 민족을 불쌍히 여겨 주옵소서. 주님! 질그릇 같은 인생들이 주님 앞에 엎드렸습니다. 주님을 힘써 찾음으로 인하여 하나님 사랑의 참맛을 경험할 수 있게 하시고, 주님을 의지하는 즐거움을 날마다 누릴 수 있는 저희의 삶이 되게 하옵소서.

오늘도 주님의 말씀을 듣고 단 위에 서시는 목사님을 기억하시고 느슨했던 저희의 신앙에 믿음의 경종을 울리는 말씀이 되게 하여 주옵소서. 이 자리에 참석지 못한 성도들도 기억하시고, 예배생활에 힘을 잃고 있음을 안타까워하며 예배의 회복을 위하여 마음을 쏟을 수 있는 성도들이 되게 하옵소서.

예수님의 이름으로 | 이미 예배가 시작 되었습니다. 마치는 시간까지 사단마귀 일절 틈타지 못하도록 성령께서 이 자리에 함께 하실 것을 믿사옵고 예수 그리스도의 이름으로 기도합니다. 아멘

11월 둘째주 | 수능

수능시험을 보는 학생들을 기억하소서

감사와 찬양 | 풍요의 계절과 수확의 절기를 주신 하나님 아버지! 자연 속에 섭리하시는 주님의 은총을 보며 저희 인생들을 이끄시는 주님의 섭리하심을 생각하며 감사드립니다. 죄 짐을 지고 가는 저희 인생들을 긍휼히 여기셔서 구원의 자녀가 되게 하여 주시고, 주님의 은혜를 먹고 사는 주의 백성들이 되게 하심을 감사드립니다.
이 시간에도 저희들을 주님의 전으로 이끄셔서 주님의 자녀 됨의 축복을 누리게 하시고, 거룩하신 주님께 예배할 수 있게 하시니 감사드립니다. 주님의 은혜에 감사하여 소리 높여 찬양하며 예배할 수 있도록 주의 성령께서 도와주시옵소서. 주님께 큰 영광 돌릴 수 있기를 원합니다.
예배의 순서마다 진지한 마음으로 참여할 수 있게 하시고, 진실한 마음으로 주님을 바라볼 수 있게 하옵소서.

고백과 회개 | 저희를 홀로 버려두지 아니하시는 주님! 오늘도 주님을 예배하면서 한 주간의 삶을 돌이켜 봅니다. 주님께 겸손히 머리 숙여 저희자신을 들여다보니, 늘 저희들의 모습은 기우뚱거리는 모습이었음을 발견합니다. 그토록 굳은 결심을 하고, 다짐을 하면서도 죄 앞에서는 왜 그리도 쉽게 무너지는지, 참으로 저희들은 어찌할 수 없는 죄인임을 깨닫습니다. 회개하오니 우둔하고 미련한 저희를 용서하여 주옵소서.
저희들이 성령님께 온전히 매여서 주님을 기쁘시게 하는 삶을 살아갈 수 있도록 은총을 베풀어 주옵소서. 이 시간도, 저희의 모습은 부끄러운 것이 많을지라도 주님의 크신 사랑으로 덮으실 것을 믿습니다. 무가치하고 무자격한 저희들일지라도 주님의 긍휼의 옷으로 입혀주실 것을 믿습니다.

간구 | 긍휼이 풍성하신 주님! 이 나라와 백성들을 불쌍히 여기시기를 원합니다. 하루 속히 이 사회가 안정될 수 있도록 도와주시고 좀처럼 회복되지 않는 실물경제가 하루 속히 회복될 수 있도록 도와주시옵소서. 이 나라

에 걱정이 많은 것은 교회가 바로서지 못하고 사명을 망각한 까닭인 줄 압니다. 이 사회가 잘못된 것을 비난하고 판단하기에 앞서 이 사회의 아픔을 끌어안고 눈물로 기도할 수 있는 저희모두가 되게 하옵소서. 미스바 회개운동과 같은 회개 운동이 전국 방방곡곡에서 일어나게 하시고, 기도하는 자를 통하여 회복을 주시는 주님의 은총을 경험할 수 있게 하옵소서. 하루속히 이 나라가 복음화 되기를 원합니다. 이 땅 곳곳에서 독버섯처럼 자라나고 있는 모든 우상들이 물러가고 주님의 영의 지배를 받고 말씀의 지배를 받는 민족이 되게 하옵소서.

사랑의 주님! 이번 주에는 수능시험이 있습니다. 시험을 앞둔 학생들이 그동안 마음고생을 한 것을 우리 주님은 다 아실 줄 믿습니다. 이 나라의 대학입시제도가 조금씩 바뀌어가고 있긴 하지만, 여전히 그 소중한 학창시절을 시험 준비로 일관해야 하는 학생들의 안타까운 현실은 변하지 않고 있습니다.

주님! 이 나라의 학생들을 불쌍히 여겨주옵소서. 입시의 지옥에서 희생당하고 있는 이 나라의 학생들을 긍휼히 여겨 주옵소서. 청소년기 때에, 저마다 적성에 맞는 바른 꿈과 비전을 세워서 미래를 향하여 힘 있게 나아갈 수 있도록 은총을 베풀어 주옵소서. 주님! 이번 수능시험에 응시한 학생들을 굽어 살피시옵소서. 그동안 밤잠을 자지 못하며 준비한 실력을 정직하게 평가받을 수 있게 하옵소서. 학생들마다 좋은 컨디션을 허락하셔서 마음의 평안을 잃어버리는 일이 없게 하시고, 잘 생각나지 않는 문항을 만나도 당황함 없이 침착함으로 잘 풀어낼 수 있게 하옵소서. 시간의 안배도 잘 할 수 있게 하셔서 한 문항이라도 못 푸는 문제가 없게 하시고, OMR카드에 체크할 때도 잘못 기록하는 일이 없도록 떨리는 손을 굳게 잡아주시옵소서. 모든 학생들이 자신들이 바라는 결과를 얻을 수 있도록 축복하실 것을 믿습니다. 오늘도 주의 말씀을 전하시는 목사님을 주님의 능력으로 굳게 붙드셔서 살리는 말씀, 생명의 말씀을 전하실 수 있게 하옵소서.

예수님의 이름으로 | 이미 시작된 예배순서마다 성령님이 함께하실 것을 믿시옵고 예수 그리스도의 이름으로 기도합니다. 아멘

마지막 때를 감사로 준비하게 하소서

감사와 찬양 | 사랑의 하나님 아버지! 헤아릴 수 없는 주님의 도우심으로 이처럼 풍요로운 한 해의 결실을 안고 주님을 생각하게 하시니 감사합니다. 천지에 흐르는 주님의 호흡과 산천을 적시는 주님의 손길, 그 어느 곳에도 주님의 흔적이 닿지 않은 곳이 없음을 깨닫습니다.
이 시간, 한 해 동안 지켜주신 주님의 사랑을 가슴에 품고 마음 깊숙한 곳에서 나오는 감사의 찬양을 드리길 원합니다. 저희의 마음을 주관하셔서 농부들이 한 해의 결실을 가슴에 안고 뿌듯함과 풍만함으로 마음의 풍요를 느끼듯, 그 마음을 가지고 감사의 예배를 드릴 수 있는 저희들이 되게 하옵소서.

고백과 회개 | 은혜로우신 주님! 이 시간 저희들이 감사의 마음을 담아 주님을 예배하면서 지난 한 주간의 삶을 돌이켜 봅니다. 부끄럽게도 많은 죄를 범한 한 주간이었습니다. 주님께 예배드리고 다시 회개의 자리에 서기까지 일백육십팔 시간, 그 사이에 쌓인 허물들이 어찌 그리 많은지요. 형제를 미워했고, 탐욕에 젖었고, 거짓말을 했으며, 음욕을 품기도 했습니다. 먹지 말아야 할 음식을 먹기도 했고, 하지 말아야 할 일을 하기도 했으며, 가지 말아야 할 곳을 가기도 했습니다. 무엇보다도 주님을 멀리 떠나 있었습니다. 경건의 시간을 소홀히 했고, 기도를 해도 형식적인 기도를 드렸을 뿐입니다. 이 육신의 일들을 어찌 용서받을 수 있겠습니까? 회개하오니 긍휼을 베푸시고 영의 사람으로 변화시켜 주옵소서.

간구 | 감사를 가르쳐주신 주님! 오늘은 특별히 추수감사주일로 주님께 영광을 돌립니다. 감사주일을 맞이하여 주님께 대한 감사를 기억하며, 주님의 은혜를 돌아볼 수 있게 하시니 감사합니다.
오늘 이곳만큼이라도 주님께 감사하는 심령이 되게 하셔서 주님께 감사의 제사를 드릴 수 있는 저희모두가 되게 하옵소서. 세상은 시간이 지날수록 강퍅해져만 가고 있습니다. 경악을 금치 못하는 일들이 매일 일어나고 있고, 충격을 더하는 일들이 매일 뉴스거리가 되고 있습니다. 저희는 이때가 만물의 마지막 때인 줄은 알 수 없사오나, 어둠 속에 빠진 세상을 보며 주님의 심판이 가까이 와 있음을 깨닫습니다. 이런 때일수록 세속에 미련을 갖지 말게 하시고, 주님의 선하신 뜻을 잘 분별하여 주님의 은혜를 따라 살아갈 수 있는 저희의 삶이 되게 하옵소서. 주님을 향한 넘치는 소망 속에 항상 찬송하며 살 수 있게 하시고, 감사로 마지막 때를 잘 준비할 수 있는 저희 모두가 되게 하옵소서.

주님께서 저희들에게 공급해 주시는 성령의 능력 안에서, 성령의 도와주시는 지혜 속에서 더욱 충성스러운 청지기의 직분을 감당 할 수 있는 저희들이 되게 하시고, 선하고 충성되고 지혜로운 청지기의 삶으로 이 마지막 때를 살아갈 수 있는 저희들이 되게 하옵소서.
인생에 그 어떤 일이 발생할지라도 주님의 섭리 가운데 있기에 항상 감사할 수 있게 하시고, 주님을 높일 수 있는 삶이 되게 하옵소서.

오늘에 이르기까지 도와주신 에벤에셀의 하나님, 내일도, 또한 주님 오시는 그날이 오기까지 범사에 감사함으로 살아갈 수 있도록 도우실 것을 믿습니다. 오늘 특별히 감사의 예물을 드리는 손길을 축복하시고 정성을 모아 드리는 이 감사가 하늘나라 창고에 차곡차곡 쌓여지는 알곡의 제물이 되게 하옵소서.
오늘도 추수 감사주일을 맞이하여 축복의 말씀을 듣고 단 위에 서시는 목사님을 기억하시고 성령의 능력으로 붙드시기를 원합니다. 말씀을 전하실 때에 저희 모두가 잃었던 감사를 회복하고 항상 감사가 넘치는 삶을 살기를 다짐하는 시간이 되게 하여 주옵소서.
감사주일에 예배를 위하여 섬기는 손길들을 기억하시고, 늘 주님의 은혜를 기억하여 섬김의 욕구를 충족시키며 살아가는 복된 삶이 되게 하옵소서.

예수님의 이름으로 | 예배의 시종을 주님께 맡깁니다. 주님만이 감사의 예배를 받으시고 은총을 더하실 것을 믿사옵고 예수 그리스도의 이름으로 기도합니다. 아멘

11월 넷째주 | 이웃

약하고 소외된 이들을 기억하소서

감사와 찬양 | 기쁨의 절기를 허락하신 하나님 아버지! 이 땅에 오곡백과가 영글게 하셔서 창조의 은총을 다시금 깨닫게 하심을 감사드립니다. 찬란하고 밝은 이 은혜의 계절에 저희의 눈은 주님의 창조 솜씨를 바라보게 하시고, 저희의 혀는 지금도 살아계셔서 역사하시는 주님의 진리의 말씀만을 말하게 하여 주옵소서.
주님, 이 시간 저희의 마음을 주님께 엽니다. 주님께서 내리시는 은총으로 심령이 풍요로워지게 하시고, 말할 수 없는 주님의 은총을 마음 다하여 찬양할 수 있는 저희들이 되게 하여 주옵소서. 이리 저리 쫓기던 바쁜 하루의 일과를 멈추고 주님의 전을 찾았사오니 세상은 간 곳 없고 오직 주님과의 친밀한 교제와 만남이 이루어지는 축복의 시간이 되게 하여 주옵소서.

고백과 회개 | 은혜의 주님! 참으로 못난 저희들입니다. 주님의 은혜를 먹고 사는 주님의 백성이면서도 저희들이 하는 행동을 보면 세상 사람들보다도 못할 때가 더 많음을 깨닫습니다. 주님의 뜻이 이 땅 위에 이루어 질 수 있도록 힘써야 할 저희들이 오히려 주님의 나라가 임하는 것을 가로막는 역할을 하고 있사오니 얼마나 답답한 일이옵니까? 저희가 주님의 전에 나와서 기도할 때마다 '이렇게 해서 하나님 나라의 상속자가 될 수 있을까?' 하는 염려를 지워버릴 수 없나이다.
너무나 미련한 저희들을 용서하여 주시고, 주님 나라를 위하여 복 되게 쓰임 받는 주님의 백성으로 살게 하여 주옵소서.

간구 | 천하보다 한 영혼을 귀하게 보시는 주님! 추수의 계절을 맞이하여 저희들의 영혼의 추수를 되돌아봅니다. 저희 주변에 추수할 영혼들이 많이 있는데, 그 동안 영혼의 추수에 너무나 눈멀었던 저희들이었습니다. 지금부터라도 영혼의 추수에 태만했던 저희 자신들을 되돌아보며 참회하는 심정으로 영혼의 추수에 마음을 쏟을 수 있는 저희들이 되게 하옵소서. 한

영혼이라도 더 주님께 돌아올 수 있도록 영혼의 추수를 힘써서 할 수 있는 저희들이 되게 하옵소서.

긍휼이 풍성하신 주님! 약하고 소외된 이들을 위하여 기도합니다. 사회의 약한 자들, 즉 무의탁 노인과 소년 소녀 가장들, 장애인들, 그리고 어둠 속에서 외로워하는 그들에게 다가서는 이웃이 되게 하옵소서. 이 땅에 지역 때문에, 계층 때문에, 수입이 적기 때문에, 또 다른 이유로 차별받는 이들이 없게 하시고, 선한 사마리아인처럼 그들의 편에 설 수 있는 교회와 성도들이 되게 하옵소서. 실직 당하고 해직된 자들, 고향을 잃은 사람들, 그들의 고통을 함께 아파하고 나눌 수 있는 저희들이 되게 하옵소서.

의로우신 주님! 생활이 힘들고 어려울수록 잘못된 문화, 잘못된 가치관들이 급속도로 번지고 있습니다. 풍성한 열매를 기쁨으로 거두는 계절이지만, 이 사회는 선한 열매를 맺을 수 있는 그 무엇도 찾아보기 어렵습니다. 오염된 문화 속에서 청소년들이 허덕이고 있고, 가출 청소년들이 날로 증가하고 있습니다. 청소년 범죄가 급증하고 있습니다. 이 나라의 미래가 회색빛처럼 흐려지고 있음을 절감합니다.

주님! 세상의 잘못된 문화를 고쳐주시고 이 나라의 청소년이 바른 가치관을 가지고 건전한 사회 풍토 속에서 살아갈 수 있도록 건져주시기를 원합니다. 더욱 강렬한 영성을 갖춘 그리스도인들이 푯대 잃은 이 사회에 고루 배치되게 하시고, 그들로 하여금 이 민족, 이 사회가 건강하게 성장할 수 있도록 도와주시옵소서. 소망 없는 이 시대에 선지자적 소명을 가지고 말씀을 외치시는 목사님을 기억하시고, 오늘도 새롭게 하시는 성령의 역사를 증거 하시기 위하여 단 위에서 말씀을 증거하시오니 이 자리에 모인 저희 모두가 성령의 강력한 역사를 체험케 하여 주옵소서.

예배를 위하여 아낌없이 봉사하는 손길들이 있습니다. 힘을 다하여 수고하는 그들에게 주님의 위로와 채우심의 축복이 있게 하옵소서.

예수님의 이름으로 | 예배의 시종을 주님께 의탁하오며 사랑이 많으신 예수 그리스도의 이름으로 기도합니다. 아멘

11월 다섯째주 | 대림절

재림의 주님을 소망하여 살게 하소서

감사와 찬양 | 할렐루야! 여호와의 영광을 찬양하며 주님께 경배합니다. 영과 진리 안에서 예배하는 자들을 찾으시는 하나님 아버지, 권능과 영광과 승리와 위엄이 모두 하나님의 것이요, 나라와 권세가 아버지의 것임을 믿습니다. 이 시간, 저희들이 주님의 이름에 합당한 영광을 돌리게 하옵소서. 온 땅에 대림의 계절을 주신 주님의 섭리하심을 찬송합니다.
한 해가 저물어 가는 자리에 서 있는 저희 마음의 형상이 주님을 기다리는 간곡한 모습이 되게 하옵소서. 산돌 같이 신령한 주님의 집에서 예수 그리스도의 강림을 예비하며, 거룩한 제사장처럼 하나님께서 기쁘게 받으실 예배를 드리길 원합니다. 저희에게 임하실 주님을 맞이하는 지금, 저희 심령의 문이 요동치며 활짝 열리게 하옵소서.

고백과 회개 | 사랑의 주님! 많은 죄로 인하여 일일이 고백할 수도 없는 죄인들이 여기 섰습니다. 지금까지 주님의 뜻을 앞세워서 하나님의 영광을 위하여 산다고 했지만, 결국은 하나님의 영광을 가리고 가진 믿음을 부끄럽게 하며 살아온 저희의 삶이었습니다.
이제 겨우 한 달 남짓 남은 이 짧은 시간에, 저희의 무거운 죄악들을 어찌다 용서받을 수 있사오리까. 엎드려 뉘우치며 눈물로 회개합니다.
주님! 죄인인 저희들이 한 가지 확신하는 것은 예수님의 이름으로 속함을 얻는다는 위대한 약속입니다.
강림하시는 주님의 이름으로 한순간에 죄 사함을 얻을 줄 믿사오며 주님을 바라보오니 긍휼을 베푸셔서 용서하여 주옵소서.

간구 | 다시 오마 약속하신 주님! 주님의 오심을 기억하며 재림을 소망하는 절기인 대림절입니다. 주님의 재림을 소망하며 종말신앙으로 살았던 믿음의 위인들처럼, 저희들도 언제 다시 오실지 모르는 주님을 간절히 소망하며 오늘을 살아가는 종말신앙이 되게 하여 주옵소서. 그날이 도적같

이 임한다 하였사오니 영적인 잠을 자지 않도록 늘 깨어 있게 하시고, 영적으로 벌거벗은 상태에 놓여 부끄러움을 당하지 아니하도록 영적인 무장을 게을리 하지 않는 저희의 믿음이 되게 하여 주옵소서.

미련한 다섯 처녀들처럼 기름을 준비하지 못하여 문 밖에서 슬피 울며 후회하지 않도록 항상 기름을 잘 준비할 수 있는 믿음이 되게 하시고, 뜻밖에 그날이 덫과 같이 임할 때 세상의 염려 때문에 심판을 받는 일이 없도록 항상 기도하며 믿음의 훈련을 게을리 하지 않는 저희 모두가 되게 하옵소서.

또한, 주님께서 맡겨주신 사명에 한 점 부끄러움 없이 최선을 다할 수 있는 저희들이 되게 하시고, 죽도록 충성할 수 있는 믿음의 종들이 되게 하옵소서. 주님께서 싫어하시는 것에는 아예 마음을 두지 않게 하시고, 주님이 기뻐하시는 일만을 좇아 마음을 쏟을 수 있는 저희들이 되게 하옵소서.

그날이 되면 열매로 저희를 평가하실 것을 믿습니다. 주님께 칭찬받고 상 받는 종들이 되기 위하여 믿음의 열매를 맺는 일에 열심을 다할 수 있는 저희들이 되게 하옵소서. 사랑이 필요한 곳에 사랑의 씨를 뿌릴 수 있게 하시고, 섬김이 필요한 곳에 섬김의 씨를 힘써서 뿌릴 수 있는 저희들이 되게 하옵소서.

봉사와 헌신에 익숙한 종들이 되게 하시고, 자신을 깨뜨리는 것이 습관이 되게 하옵소서. 오늘도 주님의 말씀을 들고 서시는 목사님을 기억하시고, 절망의 시대에 희망을 심어줄 수 있는 메시지를 전하실 수 있도록 성령의 능력으로 붙들어주옵소서.

찬양대를 위하여 기도합니다. 찬양 대원들이 다 성령 충만하여 인간의 자랑이나 즐거움이 아니라, 성령으로 말미암아 지극히 높으신 하나님을 높이고 경배하며 하나님을 영화롭게 하는 찬양을 드릴 수 있게 하옵소서.

예수님의 이름으로 | 예배를 위하여 수종드는 손길들을 기억하시고, 다시 오실 신랑 되신 주님을 기다리는 마음으로 주님의 전을 위하여 봉사할 수 있게 하옵소서. 예배의 시종을 주님께 맡깁니다. 우리 주님이 받으시는 복된 예배가 되게 하실 것을 믿사옵고 예수 그리스도의 이름으로 기도합니다. 아멘

12월 첫째주 | 기관총회와 결산

각 기관의 총회와 결산을 기억하소서

감사와 찬양 | 다함이 없는 사랑의 하나님 아버지! 주님의 값없는 사랑으로 말미암아 침침하고 시끄러운 세상에서도 힘과 희망을 잃지 않고 살아왔음을 감사드립니다. 삶의 여정에서 패이고 낡아진 모습으로 오늘도 주님의 은총이 그리워 주님의 전으로 발걸음을 옮겼습니다.
저희를 너르신 가슴으로 품어주시고 주님의 품 안에서 안식과 평안을 찾을 수 있게 하여 주옵소서. 고인 삶의 찌꺼기들을 거르고, 모나고 후미진 삶에의 조각들을 닦으며, 주님의 말씀 속으로 들어가기를 원합니다.
저희들의 닫힌 귀가 열리고, 마음을 잠근 자물쇠가 풀려서 주님의 사랑으로 한껏 호흡하며 그 사랑을 한껏 안을 수 있는 이 시간이 되게 하옵소서.

고백과 회개 | 상한 심령을 긍휼히 여기시는 주님! 오늘 저희들이 주님께 예배를 드리기 위하여 이 자리를 찾았지만, 세상에 나가서 살 때에 주님의 사랑을 저버리며 산 것은 아닌지 자신을 살피지 않을 수 없습니다.
세상에서 살 때에 거의 한 번도 주님을 생각한 적이 없었던 것은 아닌지요. 갖가지 염려와 탐욕 때문에 주님 모실 마음의 자리를 마련하지 못했던 것은 아닌지요. 영혼은 황폐해지고, 육신은 고달픔으로 피로해져 갔던 것은 아닌지요.
이 시간 저희 자신을 돌아보며 저희의 죄과와 어리석음을 고백하기를 원합니다. 주님의 보혈의 피를 의지하여 회개하는 심령마다 주님의 긍휼로 품으시고, 모든 죄들을 성령의 불로 태워주시옵소서. 깨끗함을 받고 정결함을 받을 수 있게 하옵소서.

간구 | 인도하시는 주님! 이제 금년도 마지막 달인 12월이 시작되고 있습니다. 지금까지 어떤 모습으로 살아왔던지 연연해하지 말게 하시고, 이 한 달 동안을 잘 선용하므로 유종의 미를 잘 거둘 수 있는 저희들이 되게 하옵소서. 주님이 맡겨 주신 청지기 직을 잘 마무리할 수 있게 하시고, 신앙의 열

매를 맺어 주님께 영광을 돌릴 수 있게 하옵소서.
특별히 수능 시험을 치른 수험생들을 기억하셔서 어떤 결과가 주어지든 실족하거나 넘어지지 않도록 붙들어 주옵소서. 수험생의 가정도 더욱 큰 은총을 내려 주셔서 주님의 위로하심을 경험할 수 있게 하여 주옵소서.

주님! 이제 교회의 각 기관마다 새 일꾼을 선출하는 기관총회를 하고 있습니다. 사람이 제비를 뽑으나 그 걸음을 인도하시는 분은 여호와라고 하였사오니 사람의 생각이나 판단대로 하지 않게 하시고, 마음과 생각을 주관하시는 주님의 뜻이 나타나는 총회가 되게 하옵소서.
교회도 1년의 결산을 마감할 때가 되었습니다. 결산을 준비하는 자들을 기억하셔서 올해에 함께하신 주님의 행적을 느끼며 준비할 수 있게 하시고 사람의 생각이 아닌 하나님의 생각을 담아낼 수 있는 결산으로 마무리 할 수 있도록 도와주옵소서.

주님! 이제 이번 달에는 주님께서 누더기 같은 인간의 몸을 입으시고 죄악이 관영한 이 땅을 치료하시고 건지시기 위하여 성육신 하신 성탄절이 있습니다.
죄악에 죽을 수밖에 없는 저희들을 찾아오신 하나님의 사랑, 십자가 위에서 희생 제물이 되어주신 주님의 그 은혜를 기억하면서 성탄절을 준비할 수 있게 하시고, 헛된 감회에 젖어있는 저희의 모습이 되지 않게 하옵소서.
주님! 연말이 되면 교회 안팎으로 여러 가지 행사들이 많습니다. 죄 짓는 자리는 피할 수 있는 지혜를 주시고, 어느 자리에서든지 주님의 자녀 된 본분을 잊지 말게 하옵소서.
또한 겨울이 오면 추위 때문에 걱정하는 사람들이 많습니다. 그들의 고통을 함께 나눌 수 있는 교회가 되게 하시고, 따뜻하고 훈훈한 이웃이 곁에 있음을 부여줄 수 있는 저희들이 되게 하옵소서.
오늘도 생명의 말씀을 듣고 단 위에 서시는 목사님을 기억하시고, 성령의 능력으로 붙들어 주셔서 능력 있는 말씀을 선포할 수 있게 하옵소서.

예수님의 이름으로 | 예배가 시작 되었습니다. 마치는 시간까지 주님만이 영광 받으실 것을 믿사옵고 예수 그리스도의 이름으로 기도합니다. 아멘

12월 둘째주 | 성서주일

말씀이 기준이 되게 하소서

감사와 찬양 | 함께하시는 하나님 아버지! 저희의 생명이 시작되기 전부터 택함 받은 자녀로 삼아 주시고 인생의 거칠고 험한 고비마다 잠시도 멀리 하지 않으시고 동행해 주신 은혜를 감사드립니다. 오늘도 세상의 혼탁한 것으로 향하려는 마음을 성령님께서 붙들어 주셔서 이 세상에서 가장 복된 자리인 주님의 전으로 달려 나와 하늘의 은혜를 사모할 수 있게 하시니 감사합니다. 저희의 생명이 다하는 그날까지 주님을 가까이 할 수 있는 길로 이끄셔서 주님 나라에 합당한 백성이 되게 하여 주옵소서.

고백과 회개 | 애통해하는 자를 긍휼히 여기시는 주님! 예배를 통하여 주님의 약속의 말씀을 받기 전, 먼저 저희의 지은 죄를 회개합니다.
주님 없이는 살 수 있으되, 죄 없이는 살 수 없을 만치 늘 죄를 멀리하지 못했던 저희들입니다. 언제나 죄 앞에서 연약한 믿음을 후회하며 믿음의 자리를 비켜주던 이 못난 죄인들을 긍휼히 여기시고 용서하여 주옵소서.
영혼의 뉘우침으로 주님을 바라보지 않으면 저희의 탄식도 헛된 것임을 깨달아 영혼을 쏟고 마음을 쏟는 회개와 죄 자백이 있게 하여 주옵소서.

간구 | 은혜의 주님! 이제 이 해의 마지막 달인 12월입니다. 여러 가지 어려운 여건 속에서도 정신없이 달려온 한 해였습니다. 새해를 맞이하면서 다짐하고 결심한 것들이 세월의 흐름 속에서 희석되어 버리고, 지금은 아련한 기억 속에서조차 떠오르지 않는 장밋빛 같은 것들이 되어 버렸습니다. 결심과 결단력이 약하여 감사드릴 결실을 마련하지 못한 저희들의 모습을 볼 때 주님 앞에 심히 부끄럽기만 합니다.
더욱이 이런 저희들을 꾸짖으시거나 책망치 않으시고, 늘 덮어 주시고 용납하여 주신 주님의 은혜와 사랑을 생각할 때 주님 앞에서 고개를 들지 못하겠나이다. 앞으로 남은 기간만큼이라도 감사의 결실을 맺기 위하여 마음을 다할 수 있는 저희들이 되게 하옵소서.

말씀으로 찾아오신 주님! 대림절 기간에 오늘은 특별히 성서주일로 지킵니다. 저희의 삶 속에 가장 중요한 것이 말씀이기에 주님께서는 저희가 말씀을 가슴에 담고, 언제나 그 말씀을 따라 살 것을 염원하고 계심을 믿습니다. 생명과 복이 되는 주님을 말씀을 가장 귀하고 중요한 것으로 삼을 수 있게 하시고, 항상 그 말씀대로 살아갈 수 있는 저희들이 되게 하옵소서. 주님의 말씀을 단지 지식적으로 아는 데 그치는 것이 아니라, 언제나 저희의 마음을 새롭게 하며, 무엇을 하든지 말씀을 실천의 기준으로 삼을 수 있게 하옵소서.

인간이 물 없이 살 수 없듯이 하나님의 자녀는 성경 없이는 살 수 없음을 깨닫게 하시고, 성경이 생명의 샘임을 항상 잊지 않게 하옵소서. 말씀에 근거한 기도가 힘이 있음을 깨닫게 하셔서 말씀을 붙들고 간구의 자리로 나아가게 하시고, 말씀을 통하여 말씀하시는 주님의 음성을 들을 수 있게 하옵소서. 언제나 말씀에 순종함이 있게 하시고, 말씀을 통하여 주님의 약속을 받아 누릴 수 있는 저희들이 되게 하옵소서.

주님의 교회도 말씀 위에 든든히 서가기를 원합니다. 주님의 말씀보다 앞서가는 교회가 되지 말게 하시고, 항상 말씀을 심는 교회가 되게 하옵소서. 말씀으로 날마다 새롭게 되는 교회가 되게 하시고, 말씀을 통한 성령의 역사가 매일 일어나는 교회가 될 수 있게 하옵소서.

교회의 생명은 말씀에 있음을 깨닫게 하셔서 말씀 중심의 교회를 세우는 일에 마음을 쏟을 수 있는 저희 모두가 되게 하옵소서.

오늘도 주님의 말씀을 들고 단 위에 서신 목사님을 기억하시고 성령의 두루마기를 입혀 주셔서 말씀을 들으려고 하는 자에게 놀라운 말씀의 능력을 체험할 수 있는 시간이 되게 하여 주옵소서.

주님의 말씀을 따라 순종의 욕구를 충족시키며 주님의 전을 위하여 봉사하는 성도들을 기억하시고, 수고가 더하여질 때마다 말씀으로 찾아오시고 위로하시는 주님을 경험할 수 있게 하옵소서.

예수님의 이름으로 | 이미 예배가 시작되었습니다. 마치는 시간까지 성령께서 인도하실 것을 믿사옵고 예수 그리스도의 이름으로 기도합니다. 아멘

12월 셋째주 | 결산

믿음의 결산을 잘 할 수 있게 하소서

감사와 찬양 | 허물과 죄로 죽었던 저희를 살리시려고 예수 그리스도를 저희에게 보내주신 하나님 아버지! 그 위대한 선물로 말미암아 감사를 드립니다. 진노의 자녀였던 저희들을 하나님의 자녀가 되게 하셔서 하나님 나라의 백성의 복을 누리게 하시니 감사드립니다.
오늘 저희들이 하나님을 예배하는 이 자리는 사망에서 생명으로, 어둠에서 빛으로 끌어내신 구원의 자리인 것을 믿습니다. 빛의 자녀들답게 주님을 찬양하게 하시고, 구원의 백성답게 주님을 경배할 수 있게 하옵소서.
성탄절을 한 주간 앞둔 온 세상은 들뜬 분위기에 쌓여 있습니다. 온 백성이 그날을 바로 맞이할 수 있는 은혜와 축복이 있게 하옵소서.

고백과 회개 | 택하신 자를 사랑하시되 끝까지 사랑하시는 주님! 저희를 사랑하시기 때문에 징계도 내리시고 어려움도 주시는 것을 알면서도 때때로 견디기 힘든 시험을 만났을 때 견디지 못하고 괴로워하며 아우성쳤던 저희들입니다. 사특한 죄를 저지르고도 뻔뻔하게 주님 앞에 나와 은혜를 내려달라고 소리 질렀던 저희들이 아닙니까? 그러나 곧 은혜를 잊어버린 채 주님께 방자하게 행동했던 저희 모습이 너무도 부끄럽습니다.
주님, 저희를 징계하여 주옵소서. 연단하여 주옵소서. 또한 거짓되고 사악한 모습을 용서하여 주옵소서. 주님과의 온전한 관계를 회복함으로써 영생의 기쁨과 평강이 넘치게 하여 주옵소서.

간구 | 주님! 이제 연말연시가 다가오고 있습니다. 주신 달란트를 계산하는 믿음의 결산이 있는 연말을 맞이할 수 있게 하시고, 소외된 영혼들을 바라볼 수 있는 은혜를 주옵소서.
저희들의 믿음이 누군가에게 덕을 끼치는 믿음이 되기를 원합니다. 사랑을 나눌 수 있게 하시고, 믿음을 세워줄 수 있는 주의 사람이 되게 하여 주옵소서. 또한 주님의 몸 된 교회를 기억하셔서 신년의 계획과 목회를 준비하는 일에 간섭하시기를 원합니다. 주님의 뜻 안에서 주님의 소원을 이룰 수 있는 더 크고 아름다운 비전을 갖게 하시고, 과거의 경험으로 미래를 설계할 수 있게 하여 주옵소서.

한 해 동안도 사랑하는 목사님께 함께하셔서 목회사역을 감당하실 수 있도록 건강과 영성으로 함께하심을 감사드립니다. 사랑하는 목사님을 끝까지 붙들어 주셔서 목회에 승리하는 길을 달려갈 수 있게 하옵소서. 주님, 성탄절이 얼마 남지 않은 가운데 있습니다. 믿는 사람이나 불신의 사람이나 할 것 없이 모두가 기쁨의 성탄절이 되기 위하여 많은 계획을 세우며 준비 중에 있습니다.

저희가 이런 시기에 "여호와의 길을 예비하라, 하나님의 대로를 평탄케 하라, 골짜기 마다 돋우어지며, 작은 산마다 낮아지며, 고르지 않은 곳이 평탄케 되며, 험한 곳이 평지가 되게 하라"(사40:3~5)고 하신 하나님의 음성을 듣게 하옵소서.

그리하여 저희의 내면에서의 의심과, 회의와 분노와 괴로움과, 비뚤어진 성격과 거친 감정들, 이런 모든 것들을 이 성탄절의 절기에 주님의 재림을 기다리는 믿음으로 평탄케 할 수 있도록 도와주시옵소서.

주님! 날씨는 추위를 더해 가는데 가정과 일터를 잃은 노숙자들이 많습니다. 교회가 이 사회의 아픔을 어루만질 수 있는 따뜻한 손길이 되게 하시고, 이 사회의 슬픈 노래에 귀를 기울일 줄 하는 교회가 되게 하여 주옵소서.

건물을 높이 세우고 확장하는 것만이 주님의 뜻이 아니라, 소망이 없는 곳에 소망의 등불을 밝히는 것이 교회의 사명임을 잊지 않게 하옵소서.

오늘도 주님의 말씀을 듣고 단 위에 서시는 목사님을 기억하시고 주의 오른손으로 굳게 붙드셔서 주님의 마음을 가득 담아낼 수 있는 말씀을 증기하시게 하옵소서. 주님의 몸 된 교회를 위하여 자신의 몸을 깨뜨리는 숨은 봉사자들에게도 하늘의 신령한 은혜로 채워주실 것을 믿습니다.

예수님의 이름으로 | 예배의 시종을 주님께 의탁합니다. 언제나 은혜 베푸시기를 즐거워하시는 예수 그리스도의 이름으로 기도합니다. 아멘

12월 넷째주 | 성탄절

성육신하신 주님을 닮아가게 하소서

감사와 찬양 | 저희를 사하셔서 저희의 죄를 위하여 화목제로 그 아들을 보내신 하나님 아버지! 주님의 탄생을 해마다 기념하는 가운데 영생을 주신 하나님께 감사의 예배를 드리게 하시니 감사합니다. 구속자 구주 예수 그리스도를 맞이하는 저희의 마음이 하늘의 평화와 기쁨으로 흘러넘치게 하옵소서. 또한 인류가 이 세상에 오신 그리스도의 성탄의 의미를 바로 깨달아 알게 하셔서 바른 태도와 참된 사랑과 봉사로 이 기쁜 성탄절을 맞이하며 지키게 하옵소서.
이 시간 저희의 예배 속에, 처음 성탄의 그 밤에 목자들이 불렀던 찬송이 있기를 원합니다. 동방에서 온 박사들이 바쳤던 정성된 예물이 있기를 원합니다. 저희의 마음을 주의 성령으로 주장하여 주옵소서.

고백과 회개 | 저희의 질고를 지신 주님! 주님의 탄생하심을 소리 높여 축하하며 영광 돌리는 이 복된 자리에, 저희들의 죄는 여전히 주님 앞에 있음을 고백합니다. 성탄의 계절을 살면서 저희의 지은 죄를 돌아봅니다.
형제와 이웃들에게 무례하게 행한 적도 많았습니다. 혼자만 선한 척, 잘난 척 행동했고, 잘못된 것을 알면서도 자존심 때문에 고집을 피우며 뜻을 굽히지 않은 적도 많았습니다. 주님의 전에 엎드리니 저희가 하나님과 여러 이웃에게 얼마나 많은 허물을 범하였으며, 생채기 내는 삶을 살았는지 고백하지 않을 수 없나이다. 회개하오니 용서하여 주옵소서. 형제와 이웃을 인정하고 세워주는 삶을 살아가는 저희 모두가 되게 하옵소서.

간구 | 평화의 주님! 이번 성탄절에 구세주를 보내 주신 사랑을 다시 한 번 깨닫게 하시니 감사합니다. 하나님께서 태초부터 감추어 오셨던 구속의 비밀과 은총을, 예수 그리스도를 통해서 밝히 보여 주시니 그 귀한 사랑과 사역을 찬양합니다. 오늘 아기 예수님의 탄생을 축하하며 더욱 순결한 마음이 될 수 있게 하시고 세상의 죄악으로 인해 더럽혀지고 흉측한 모습들

을 깨끗이 떠날 수 있게 하옵소서.

성육신하신 주님! 저희로 하여금 주님을 닮아가는 삶이 되게 하옵소서. 주님이 하늘 보좌를 버리셨듯이, 저희들도 저희의 가장 소중한 것을 버릴 수 있는 삶이 되게 하옵소서. 주님이 인간의 몸을 입기까지 낮아지셨듯이, 저희들도 이 땅 위에서 사는 동안 낮아질 수 있는 삶이 되게 하옵소서. 주님이 보잘 것 없는 저희를 섬기셨듯이, 저희들도 어느 누구나 차별을 두지 않고 섬길 수 있는 삶이 되게 하옵소서.
주님이 십자가를 지시기까지 겸손을 보이셨듯이, 저희들도 겸손의 삶을 살아갈 수 있게 하옵소서. 주님이 죽기까지 복종하셨듯이, 저희들도 주님의 뜻에 죽기까지 복종할 수 있는 삶을 살게 하옵소서. 이것이 성탄절에 저희가 주님께 드릴 기도의 제목인줄 믿습니다. 이렇게 주님을 닮아갈 수 있도록 저희를 붙들어 주옵소서. 그리고 죄인들을 찾아오신 주님을 증거 할 수 있는 삶이 되게 하옵소서. 평화의 왕으로 오신 주님을 전파할 수 있는 삶이 되게 하옵소서. 그러므로 온 땅 위에 구원이 빛이 충만해지는 역사가 있게 하옵소서. 온 누리에 평화의 빛이 강하게 비추이는 역사가 있게 하옵소서.

오늘도 주님의 말씀을 들고 서시는 목사님을 기억하시고 성령의 능력으로 붙드셔서, 오늘 저희가 주님이 왜 하늘 보좌를 버리시고 이 땅에 오셔야 했는지 그 의미와 본질을 다시 한 번 깨닫는 시간이 되게 하옵소서.
그리고 평화의 왕으로 오신 주님을 기쁨으로 노래하며 주님의 보좌 앞으로 나아갈 수 있게 하옵소서. 오늘도 예배를 섬기는 손길들을 기억하시고 언제나 주님을 영접하는 마음을 가지고 성도들을 수종들 수 있게 하시고, 그 마음에 하늘의 평화만이 넘치게 하옵소서. 특별히 주님의 나심을 축하하는 찬양대의 찬양을 기억하옵소서. 시간을 쪼개고 깨뜨려 정성껏 준비한 찬양이 하늘 보좌에 울려 퍼지게 하시고, 저희들에게는 찬양을 통하여 평화를 내리시는 주님을 경험하게 하옵소서.

예수님의 이름으로 | 예배의 시종을 주님께 의탁하오며 만왕의 왕이요, 평화의 왕이신 예수 그리스도의 이름으로 기도합니다. 아멘

12월 마지막날 | 송구영신예배

또 다시 기회를 주심을 감사하게 하소서

감사와 찬양 | 어제도 오늘도 변함없으신 하나님 아버지! 또 한 겹 두꺼운 외투를 입듯 나이를 집어 삼키며 한 해를 엽니다. 그렇게도 여물기를 원하시는 주님의 바람에도 여물기는커녕 쭉정이로만 남아 주님 앞에 서기가 죄스러웠던 한 해를 이렇게 값없이, 또 접습니다.
한량없는 자비로 돌보시는 하나님 아버지! 새해에도 주님 없이 살 수 없기에, 주님을 떠나서는 평안할 수 없기에 한밤의 추위를 가슴으로 안으며 주님의 전을 찾았습니다. 주님을 만나러 나왔습니다. 마다하지 마시고 만나주시옵소서.

고백과 회개 | 한 해를 보내고 새해를 맞이하는 자리에 서서 고백할 것은 오직 부족한 것뿐이옵니다. 주님의 영광을 드러내며 살겠노라 다짐했었던 지난 한 해였지만, 주님의 영광을 진토에 떨어뜨리게 한 일들이 얼마나 많았는지 모릅니다.
그렇게 허망하게 보내지 않아도 될 일이었었는데, 이렇게 망가지고서 맞지 않아도 될 새해였었는데, 모든 것이 저희의 이기적인 욕심 때문임을 깨닫습니다. 자비로우신 주님께서 용서하여 주시고, 새해에는 지난해와 같은 어리석음이 반복되지 않도록 도와주시옵소서.

간구 | 주님! 저희들에게 새해를 허락하심을 감사드립니다. 주님께서 새해를 저희에게 주신 것은 또 한 번의 기회를 허락하신 것임을 깨닫습니다. 주님께 선물로 받은 새해를 맞으면서 주님의 자녀로서 가장 먼저 무엇을 기억하고 다짐해야만 하는지 깨닫게 하시고, 그 마음의 소원을 주님께 고백할 수 있는 저희 모두가 되게 하옵소서.
썩어지면 없어질 것에 미련을 버리지 못하여 세속의 것들을 마음의 화랑에 그리며 소원의 간구를 쏟아내는 저희의 모습이 없게 하시고, 주님의 뜻을 나타내고, 자녀 된 본분을 다할 수 있는 일에 마음의 소원을 품을 수 있는 저희 모두가 되게 하여 주옵소서.

주님! 이제껏 저희 교회를 든든히 세워주심을 감사합니다. 금년에도 주님의 섭리를 따라 든든히 세움을 받을 수 있는 교회가 되게 하시고, 주님이 분부하신 명령을 잘 준행할 수 있는 교회가 되게 하여 주옵소서.
영혼을 추수하기에 마음을 쏟을 수 있게 하시고, 이웃을 부요케 하고, 구제와 선교에 힘쓰는 교회가 되게 하여 주옵소서. 건물에 치중하는 교회가 아니라 복음의 길을 닦을 수 있는 교회가 되게 하여 주옵소서.
또한 저희들에게도 다시 한 번 주님을 섬길 수 있는 은혜와 기회를 주셨사오니 마음의 부담을 느끼거나 괴로워하지 않게 하시고, 힘을 다하여 충성을 다할 수 있는 저희 모두가 되게 하옵소서.
작은 일이건 큰일이건 주님께서 맡겨주신 일이라면 최선을 다하여 마음의 헌신을 보일 수 있는 저희들이 되게 하시고, 결과는 주님께 맡길 수 있는 저희모두가 되게 하옵소서. 인내가 필요할 때는 인내할 수 있게 하시고, 기도가 필요할 때는 기도할 수 있는 저희모두가 되게 하옵소서.

성도들의 가정마다 주님의 크신 은혜로 함께하여 주셔서 경제적인 문제로 어려움 당하는 가정이 없게 하시고, 부부간의 갈등이 일어나지 않게 하시며 자녀들도 주님을 멀리하는 일이 없게 하여 주옵소서. 모든 위험과 재난과 질병으로부터 지키시고 보호하여 주시옵소서.

이 시간, 새해를 맞아 축복의 말씀을 준비하신 목사님을 기억하셔서 새해를 출발하는 저희들에게 주님이 주시는 지혜와 소망을 얻는 귀한 말씀이 되게 하여 주옵소서. 올 한해, 주님의 뜻 안에서 세운 저희들의 계획이 하나도 땅에 떨어지지 아니하고 주님이 허락하시는 대로 열매 맺을 수 있도록 인도하실 것을 믿습니다. 주님의 뜻 안에서 서원한 모든 일들이 일 년 내내 불변하게 하시고, 주님께 큰 영광을 돌릴 수 있게 하옵소서.

예수님의 이름으로 | 송구영신예배의 시종을 주님께 의탁하오며 예수 그리스도의 이름으로 기도합니다. 아멘

제 마음을 지켜주소서

부해진다 해도, 가난해진다 해도
주님을 잊는 일 없게 하소서.
희망이나 두려움, 기쁨이나 고통,
외적으로 겪는 사고나 내적으로 겪는 아픔도
제가 마땅히 해야 할 의무를 회피하게 하거나 방해하거나,
당신의 뜻에서 벗어나게 만들지 않게 하소서.
오, 성령이 제 안에 영원히 거하게 하시어
제 영혼을 바르고 자비롭게, 정직하고 경건하게,
거룩한 뜻을 위해 결연하고 한결같게,
악에 대해서는 굽힘이 없게 하소서.
겸손하고 순종하게 하시며,
평화를 위해 일하며 경건하게 하소서.
다른 사람의 장점을 시기하지 않게 하시고
무시당해 마땅하도록 행동하지 않게 하소서.
만일 그런 잘못을 범하거든 온유와 사랑으로 참아 내도록
저를 가르치소서.

_ 제레미 테일러

2장
52주 주일오후 찬양예배
대표기도문

1월 첫째주 | 부흥

부흥의 불씨를 살리게 하소서

온 누리에 자비를 주셔서 새로움으로 거듭나게 해주신 하나님 아버지! 새해를 맞이하여 오늘 첫 찬양예배를 주님께 드리게 됨을 감사드립니다. 이 시간, 저희들이 드리는 찬양예배를 통하여 주님만이 홀로 영광을 받으시옵소서. 또한, 오늘 주님께 드려지는 첫 찬양예배가 올해가 끝나는 그날까지 한결같을 수 있도록 저희의 믿음을 굳게 세워주시옵소서.

사랑의 주님! 무엇보다도 올해는 우리의 구주 되시는 예수님의 삶을 더 깊이 깨닫고 실천하는 한해가 되기를 원합니다. 그 어떤 열악한 조건과 환경을 만날지라도 믿음으로 살고자 하는 결단이 변치 말게 하여주시고, 믿음의 주요 온전케 하시는 주님만을 끝까지 바라보며 달려갈 수 있는 한해가 되게 하여 주옵소서.

은혜의 주님! 저희 교회를 오늘날까지 든든히 세워주시고 인도하심을 감사드립니다. 갈수록 교회부흥이 어려워지고 있는 것이 사실이지만, 그럼에도 교회가 부흥되는 것이 주님의 뜻이오니, 이 교회의 주님의 지체된 저희 모두가 꺼져가는 부흥의 불씨를 다시 살릴 수 있도록 은혜를 더하여 주옵소서. 열심을 다하여 더욱 기도할 수 있게 하시고, 때를 얻든지 못 얻든지 복음을 전하기에 힘쓸 수 있게 하여 주옵소서. 그리하여 우리 교회가 이 지역에 구명선의 역할을 감당할 수 있는 구원의 방주가 되게 하시고, 산 위에 세운 등대가 되게 하시며, 썩어가는 것을 막는 소금의 역할을 다하는 교회가 되게 하여 주옵소서.

주님! 담임목사님과 모든 교역자분들께 언제나 성령으로 충만케 하여 주시기를 원합니다. 그리하여 맡겨진 양들을 믿음으로 세워주기에 피곤함이 없게 하시고, 혹 사역의 어려움이 있을 때마다 하늘의 상급을 바라보며 위로와 평안을 얻을 수 있게 하옵소서. 예배가 이미 시작되었습니다. 이 예배의 자리에 악한 마귀 일절 틈타지 못하도록 성령님이 친히 운행하심을 믿습니다. 언제나 저희들에게 새로움을 주시고 산 소망의 삶을 살게 하여 주신 예수 그리스도의 이름으로 기도합니다. 아멘

1월 둘째주 | 믿음의 회복

뜨거운 믿음이 회복되게 하소서

세상에 빛으로 오신 주님! 존귀하신 예수 그리스도의 이름을 찬양합니다. 어둠 속에서 헤매던 가련한 저희들이 그 이름을 영접하여 생명의 길을 찾았사오니 감사와 찬송을 주님께 드립니다. 저희의 심령을 날마다 새롭게 하셔서 벅찬 감격으로 주님을 찬송할 수 있게 하시고, 찬송 중에 임하시는 주님을 경험하는 삶이 되게 하옵소서. 주님! 이 뜨겁고 감격스런 예배의 자리도 점점 더 식어져가고 있다는 것을 생각할 때 너무나 안타깝습니다. 삶의 고백이 묻어있는 새 노래로 주님께 올릴 찬송을 불러야 믿음의 무리들이, 육신의 정욕과 안목의 정욕에 마음을 빼앗겨서 이 복된 자리를 찾지 않고 있습니다. 주님이 뜨겁지도 않고 차지도 않은 라오디게아교회를 책망하신 것을 기억합니다. 뜨겁지도 않고 차지도 않은 미지근한 상태에 있으면 토하여버리라는(계 3:16) 그 무서운 책망의 말씀이, 오늘 저희들에게 주시는 말씀이 될 수도 있다는 것을 생각할 때 두렵고 떨리는 마음을 금할 수 없습니다.

주님! "이 세상이나 세상에 있는 것들을 사랑하지 말라 누구든지 세상을 사랑하면 아버지의 사랑이 그 속에 있지 아니하다"(요일2:15,16)고 하셨사오니, 주님을 더욱 사랑하고 예배를 더욱 사모할 수 있는 믿음을 회복시켜 주옵소서. 썩어 없어질 세상의 재물에 치심(侈心)말게 하여 주시고, 영원한 그 나라와 그 의를 구할 수 있는 믿음이 되게 하여 주옵소서. 세상 유혹이 넘실거려도 믿음의 주요 온전하게 하시는 이인 예수님만을 바라보며 나아가는 삶이 되게 하여 주옵소서(히 12:2). 올 한해에 저희에게서 더욱 성숙된 신앙의 모습이 보여 질 수 있게 하옵소서. 이 시간, 목사님을 통하여 주시는 주님의 말씀을 주님의 음성으로 듣게 하시고, 은혜의 자리, 믿음의 자리를 항상 놓치지 않는 저희 모두가 되게 하여 주옵소서. 오늘도 믿음을 찾고자 모인 저희들에게 좌정하시고 영광의 모습으로 임재하사 크신 영광을 홀로 받으시기를 원하오며 예수 그리스도의 이름으로 기도합니다. 아멘

1월 셋째주 | 새해의 표어와 목표

새로운 목표와 표어를 이루게 하소서

자비로우신 하나님 아버지! 저희를 예배의 자리로 이끌어주셔서 주님을 찬양하며 경배할 수 있게 하시니 감사드립니다. 저희 각 사람의 마음을 성령님이 주장하여 주셔서 오전과 오후에 예배할 수 있게 하시니 얼마나 감사한지요. 저희를 향하신 주님의 은혜와 사랑임을 믿습니다. 일평생 하나님의 자녀로 살아가면서 주일을 주일되게 주님께 드릴 수 있는 신앙의 삶이 되게 하여 주옵소서. 사랑의 주님! 이 시간, 주님의 은혜와 사랑을 마주하고 있으니 저희에게는 부끄러운 모습 밖에는 없습니다. 주님 앞에 내 놓을 것은 죄로 얼룩진 심령밖에 없나이다. 용서하여 주옵소서. 주님의 넓으신 사랑으로 품어주시고 새롭게 하시는 주님의 긍휼을 덧입게 하옵소서. 온전한 주님의 자녀로 이끌어 주옵소서. 은혜로우신 하나님 아버지! 저희 교회가 새해를 맞이하여 좀 더 주님의 뜻을 이룰 수 있는 교회가 되기를 소망하며 목표와 표어를 새롭게 세웠습니다. 이 교회에 권속이 된 저희 모두가 목사님이 기도하시며 정하신 목표와 표어를 따라 순종의 욕구를 충족시켜 나갈 수 있게 하옵소서.

새롭게 정해진 목표와 표어를 이루어 내기 위하여 헌신과 충성을 아끼지 않게 하시고, 맡겨진 직분과 직책을 따라 부끄럼 없이 책임을 다할 수 있게 하옵소서. 교회와 주님을 위한 일이라면 가리지 않고 앞장서서 일할 수 있는 저희 모두가 되게 하시고, 더욱 엎드려 기도하며 더욱 겸손하여 희생으로 주님을 본받을 수 있는 신앙생활이 되게 하옵소서. 지금도 사탄은 삼킬 자를 찾으려고 극성을 부리고 있지만, 성령으로 충만하여 사단의 권세와 계략을 결박할 수 있게 하시고, 말씀을 가까이 함으로 미혹의 영을 잘 분별하여 대적할 수 있는 지혜로운 주님의 군사가 되게 하옵소서. 이 시간, 단위에 서신 목사님을 붙들어주옵소서.
권세와 능력이 충만한 말씀을 전하게 하셔서 저희 모두가 아멘으로 받아 주님께 영광 돌리게 하옵소서. 이 예배가운데 성령님이 친히 운행하심을 믿사옵고 예수 그리스도의 이름으로 기도합니다. 아멘

1월 넷째주 | 예배의 회복

참된 예배가 회복되게 하소서

언제나 저희가 드리는 예배를 기다리시는 하나님 아버지! 아침과 저녁(오후)으로 하나님께 예배할 수 있는 은혜를 주심을 감사드립니다. 아침의 예배도 받으신 하나님께서 저녁(오후)에 드리는 찬양예배도 기쁘게 받아주실 것을 믿습니다. 저희가 드리는 이 예배가 항상 하나님께 영광을 돌리는 예배가 되게 하옵소서. 주님! 갈수록 예배가 점점 더 힘을 잃어가고 있음을 깨닫습니다. 예배 때마다 썰렁한 빈자리가, 예배를 너무 가볍게 생각하고 있는 지금의 성도들의 신앙상태를 그대로 보여주고 있는 것 같습니다. 매 예배마다 하나님의 임재하심을 느끼며, 은혜로 풍성했던 그 감격의 자리를 이제는 찾아볼 수 없게 되었습니다. 더 나은 제사를 드리기를 힘썼던 아벨의 믿음보다, 때우기 식으로 제사를 드렸던 가인의 악함이, 이 시대의 신앙인들의 예배태도에도 그대로 투영되고 있다는 것을 생각하면 강한 영적인 부담을 느끼지 않을 수 없습니다.

주님! 무엇보다도 올해는 저희모두가 무너져가고 있는 예배를 회복할 수 있는 한 해가 되게 하옵소서. 저희가 복 받고 형통하는 길은 예배를 얼마나 사랑하느냐에 달려 있음을 깨닫게 하셔서 예배에 뜨거운 불을 지필 수 있는 저희 모두가 되게 하여 주옵소서. 저희모두가 예배를 사모할 수 있게 하시고 예배에 집중할 수 있는 신앙생활이 되게 하셔서 어떤 예배든지 주님이 임재하심을 경험하는 참된 예배를 세워갈 수 있게 하옵소서. 바쁠수록 더욱 더 예배를 찾을 수 있게 하시고, 힘들수록 더욱 더 예배를 사모하게 하셔서 항상 예배에 대한 승리를 보여줄 수 있는 믿음의 사람이 되게 하옵소서. 올 한해는 저희 모두가 참된 예배를 누리는 자들이 되기를 원합니다. 오늘도 영적인 부담을 안고 단 위에 서신 목사님을 기억하옵소서. 미약한 숫자로 인하여 흔들림이 없게 하시고, 권세 있는 말씀을 증거 하실 수 있도록 도와주옵소서. 이미 예배가 시작되었습니다. 예배의 시종을 주님께 의탁하오며, 참된 예배자로 서기를 원하시는 예수 그리스도의 이름으로 기도합니다. 아멘

2월 첫째주 | 영적인 부요함

신앙의 부요함이 나타나게 하소서

육신의 추위를 막아주시고 영혼의 기갈도 풀어주시는 하나님 아버지! 오늘도 저희들을 통하여 영광을 받으시려고 불러주신 은혜와 사랑을 감사드립니다. 저희에게 향하신 주님의 은혜와 사랑을 세 치의 짧은 혀로 어찌 다 형용할 수 있겠습니까? 다만 심령의 가난함으로 주님 앞에 설 따름이옵니다. 저희들의 모습이 미천할지라도 찬양과 영광을 홀로 받으시옵소서.

자비로우신 주님! 주님이 주신 소중한 날들을 주님의 뜻대로 살지 못하고 허비하며 살고 있는 저희들입니다. 그럼에도 불구하고 저희를 외면치 않으시고 또 다시 품어주시는 주님의 은혜와 사랑에 너무도 부끄러운 죄인임을 깨닫습니다. 용서하여 주옵소서.

주님! 새해를 시작한지 벌써 한 달이 지났습니다. 여전히 저희들의 신앙은 잠자고 있는 것은 아닌지요? 주여! 깨어나는 신앙이 되도록 흔들어 주시고 채찍질하여 주옵소서. 올 한 해는 저희 모두가 더욱 더 성장하는 신앙이 되게 하옵소서. 부요한 신앙생활을 할 수 있게 하옵소서. 주님께 충성하고 헌신하는 일에 부요함이 넘치게 하시고, 주님의 몸 된 교회를 위하여 봉사하는 일에도 부요함이 넘치게 하옵소서. 어려운 이웃을 구제하는 일에도 부요함이 넘치게 하시고, 선교하는 일에도 부요함이 넘치는 신앙생활이 되게 하옵소서.

또한, 주님을 대면하는 기도의 자리도 항상 부요할 수 있게 하시고, 영혼을 구원하는 전도의 현장도 항상 부요할 수 있는 저희 모두가 되게 하옵소서. 마음 아파 괴로워하는 교우들을 돌아보는 일에도 부요함이 넘치게 하시고, 질병으로 고통 받는 이들에게도 위로와 소망과 용기로 부요함을 줄 수 있는 신앙생활이 되게 하옵소서. 그리하여 주님의 몸 된 교회도 저희들로 인하여 믿음과 사랑이 부요한 교회로 소문이 날 수 있게 하옵소서. 오늘도 목사님이 주님의 말씀을 증거 하십니다, 피곤치 않도록 성령의 권능으로 붙드실 것을 믿습니다. 예배의 시종을 주님께 의탁하오며 예수 그리스도의 이름으로 기도합니다. 아멘

2월 둘째주 | 통일

조국의 통일이 오게 하소서

저희의 드리는 예배를 기뻐 받으시는 하나님 아버지! 죄인들을 불러 주셔서 거룩한 예배에 동참할 수 있도록 이끌어 주시니 감사합니다. 저희들은 항상 주님의 사랑을 빗겨갈 수 없는 존재들임을 깨닫습니다. 그 사랑 앞에 감격하여 가난한 마음으로 예배드리오니 상한 심령을 받아주옵소서.

사랑의 주님! 여전히 저희들은 주님 앞에 내 놓을 것은 부끄러운 죄밖에는 없습니다. 주님께 칭찬받고, 상급받기 어려운 행동을 하며 살았음을 고백합니다. 늘 육신의 생각에 이끌려서 주님의 뜻과는 동떨어진 생활을 하는 저희들입니다. 회개하오니 크신 긍휼로 품어주시고 용서하여 주옵소서.

오직 한 분이신 하나님! 이 시간에 사랑하는 조국을 위하여 기도하기를 원합니다. 추운 겨울 만큼이나 아직도 이 나라는 분단이라는 시린 아픔을 안고 있습니다. 아직도 남과 북이 서로 대치된 채 늘 전운(戰雲)이 감돌고 있습니다.

주님! 이제껏 조국의 통일을 위하여 눈물 뿌려 기도한 성도들의 부르짖음을 기억하시고 어서 속히 이 민족의 통일을 앞당겨 주시옵소서. 국민의 혈세를 더 이상 군비증강에 쏟는 일이 없게 하시고, 오히려 고통 받는 자들을 헤아리고 도와주는 일에 쓰여 질 수 있게 하옵소서.

주님! 지금 언제 전쟁이 일어날지 모를 일촉즉발(一觸卽發)의 위기 상황에 놓여 있습니다. 다시는 이 강산 이 강토에 아벨과 같은 억울한 피가 쏟아지지 않도록 전쟁을 막아주시고, 남과 북이 서로 하나가 되어 영원한 평화가 아침 이슬 같이 내려지는 이 민족이 될 수 있도록 긍휼을 베풀어 주옵소서. 오늘도 주이 전을 찾은 성도들 가운데 상처받고 마음 아파하는 성도들이 있습니다. 질병으로 고통 받는 성도들이 있습니다. 주님의 위로와 치료하심을 경험할 수 있는 이 시간이 되게 하옵소서. 이 시간, 말씀을 전하시는 목사님을 성령의 능력으로 붙드셔서 생명의 말씀을 전하시기에 조금도 부족함이 없게 하여 주옵소서. 예배의 시종을 주님께 의탁하오며 예수 그리스도의 이름으로 기도합니다. 아멘

2월 셋째주 | 구원

구원받을 믿음을 회복하게 하소서

거룩하신 하나님 아버지! 오늘도 저희들을 속된 세상에 버려두지 아니하시고 주님의 푸른 풀밭으로 인도하셔서 신령한 말씀의 꼴을 먹으며 하나님을 찬양할 수 있게 하시니 감사합니다. 저희들이 이 땅을 살아가는 동안 구원받은 하나님의 자녀로 항상 은혜의 자리를 사모하며 사는 복 있는 삶이 되게 하옵소서.

주님! 불의하고 속된 세상에서 믿음을 지키려고 애쓰긴 했지만, 주님의 백성답지 못한 삶의 흔적들이 저희에게 너무도 많음을 고백하지 않을 수 없습니다. 이 시간, 깨닫는 은혜를 더하여 주셔서 주님께 솔직히 고백하며 회개할 수 있게 하시고, 용서로 저희를 품어주시는 주님의 은총을 덧입을 수 있게 하옵소서.

구원의 주님! 이 시간에 저희들이 과연 구원받을만한 믿음이 있는지 돌이켜보기를 원합니다. 지금 이 모습 이대로 과연 구원받을 수 있을지 저희 자신의 믿음을 한번쯤 의심해볼 수 있게 하옵소서. 주님은 분명히 성경에 구원을 어려운 것으로, 많은 사람이 들어갈 수 없는 곳으로 말씀하셨음을 발견합니다(눅13:24). 그러므로 저희는 구원받는 것을 쉬운 것으로만 생각지 말게 하시고, 구원받는 것이 어려울 수도 있다는 것을 마음에 새길 수 있게 하옵소서.

지금 저희의 믿음이 느슨해져 있었다면 이대로는 구원받지 못할 수도 있다는 경각심을 가지고 다시금 믿음을 굳게 세우는 일에 마음을 쏟을 수 있게 하옵소서. 사도바울도 "두렵고 떨림으로 너희 구원을 이루라"고 하였사오니(빌2:12), 저희의 믿음을 주님이 기뻐하시는 믿음으로 회복시키는 일에 올인 할 수 있게 하옵소서. 또한 주님이 맡겨주신 것은 온 힘을 다하여 감당할 수 있게 하시고, 주님을 위한 것이라면 가진 것 모두를 깨뜨려서 헌신의 욕구를 충족시킬 수 있는 삶이 되게 하옵소서.

주님! 오늘도 생명의 말씀을 선포하시는 목사님을 성령의 능력으로 붙드셔서 저희모두가 신앙의 큰 도전을 받게 하옵소서. 예배의 시종을 주님께 의탁하오며 예수 그리스도의 이름으로 기도합니다. 아멘

2월 넷째주 | 이단

거짓 영을 분별하게 하소서

영원히 살아계신 하나님 아버지! 연약한 저희들이 하나님의 존전에 나왔습니다. 저희들에게 예배를 통하여 주님과의 만남을 허락하여 주셨사오니 영과 진리로 예배할 수 있게 하옵소서.

이 시간, 주님만을 높이기를 원합니다. 소리 높여 주님을 경배하며 찬양하기를 원합니다. 주의 성령께서 저희의 생각과 마음을 온전히 주장하여 주옵소서. 자비로우신 하나님 아버지! 허물 많은 저희들입니다. 주님께 받은 은혜를 따라 성령의 열매를 맺는 삶을 살아야 하는데, 오히려 자행자지(自行自止)하며 죄악만 더하는 삶을 살았습니다. 불량하고 악한 저희들임을 고백합니다. 긍휼히 여기시고 용서하여 주옵소서.

주님! 갈수록 이 세상이 악함으로 더욱 더 창궐해지고 있고, 교회를 무너뜨리고자 하는 사단마귀의 계략도 더욱 더 극성을 부리고 있습니다. 사단마귀는 이미 하나님의 백성이 된 자들의 믿음을 넘어뜨리려고 온갖 방법을 총동원하여 공격하고 있사오니, 이런 때일수록 경성하여 항상 깨어 있는 신앙생활을 할 수 있게 하옵소서. 말씀을 가까이 함으로 언제든지 사단마귀의 거짓 영을 분별할 수 있는 지혜를 갖게 하시고, 깨어 기도함으로 사단마귀의 집요한 공격을 물리칠 수 있는 주님의 능력을 공급받을 수 있게 하옵소서. 거짓 영에 사로잡힌 자들은 말세가 임박한 것처럼 성도들의 마음을 들뜨게 하고 있사오니, 악령으로 충만한 자들을 물리치기 위해서 항상 성령 충만을 사모할 수 있게 하옵소서.

교회 내에 거짓 영이 침투하는 것을 막아내기 위하여 영적 파수꾼의 역할을 힘써서 감당할 수 있게 하시고, 진리인척 가장하는 이단도 잘 분별하여 철저히 경계할 수 있는 저희모두가 되게 하옵소서. 오늘도 목사님이 말씀을 들고 단 위에 서십니다. 기도하며 준비하신 말씀을 온전히 전하실 수 있도록 주님의 능력의 오른손으로 강하게 붙들어 주옵소서. 예배의 시종을 주님께 의탁하오며 빛과 기쁨과 능력이 되시는 예수 그리스도의 이름으로 기도합니다. 아멘

3월 첫째주 | 사순절기간

주님의 마음으로 채워지게 하소서

구원의 주님! 오늘도 저희에게 허락하신 주일에 하나님께 예배합니다. 성부, 성자, 성령 하나님께 감사와 찬송을 올립니다. 계신 곳 하늘에서 홀로 영광을 받으시옵소서. 하오나 죄 많고 허물 많은 저희들인지라 거룩한 산 제물로 예배한다는 것이 너무나 부끄럽습니다. 은혜의 주요, 사랑의 하나님께서 저희를 긍휼히 여기사 모든 불의에서 씻어주시고 깨끗하게 하여 주옵소서.
거룩하신 주님! 저희들은 지금 교회의 절기로 사순절기간을 맞이하고 있습니다. 저희가 사순절기간을 맞이하여 하루하루를 어떻게 보내고 있는지 성찰해 보기를 원합니다. 주님의 피 묻은 십자가의 은혜를 생각하면서 죄로 얼룩진 내 자신의 모습을 들여다보고는 있는지요. 고난 받으신 주님을 생각하면서 어떻게든 그 고난에 동참하고자 하는 믿음의 흔적들이 있는지요.

주님! 이 시간 저희의 마음과 정신이 온통 주님의 마음으로 채워지기를 원합니다. 이번 사순절 기간 동안 십자가를 지고 골고다 언덕을 오르신 주님을 생각하며, 저희도 제 몫의 십자가를 지고 잠잠히 주님의 뒤를 따를 수 있는 삶이 되게 하시고, 고난 받으신 주님을 바라보며 그 흔적을 육체에 채우기 위하여 봉사와 헌신의 자리를 자원하여 찾을 수 있는 삶이 되게 하옵소서. 또한 예루살렘을 보시며 통곡하시던 주님을 생각하며, 죄악에 찢기고 있는 이 민족을 보며 가슴 아파할 수 있는 저희들이 되게 하시고, 영혼을 사랑하되 죽음같이 강한 사랑을 보여주신 주님의 사랑을 본받아 작은 사랑이라도 실천해 나가는 저희들이 되게 하옵소서. 그리하여 육적인 시각이 영적인 시각으로 변화되는 계기가 되게 하옵소서. 오늘도 십자가의 피 묻은 복음을 전하시기 위하여 단 위에 서시는 목사님을 붙들어 주셔서 말씀을 듣는 저희들이 다시 한 번 주님의 사랑을 체험하고 믿음의 걸음을 옮길 수 있게 하여 주옵소서.
예배의 시종을 주님께 의탁하오며 저희의 약함을 도우시는 예수 그리스도의 이름으로 기도합니다. 아멘

3월 둘째주 | 변화

변화되기에 힘쓰게 하소서

예배를 받으시기에 합당하신 하나님 아버지! 오전 예배를 주님 앞에 드리고, 또 다시 오후에 주님의 전을 찾아 찬양 예배로 주님께 영광을 돌리게 하시니 감사드립니다.

이 시간도 저희들은 따스한 손길로 이끄시는 주님의 사랑을 느낍니다. 언제나 주님의 사랑 한 복판에 서 있는 복된 인생임을 깨닫습니다. 주님이 부르시는 그날까지 예배를 통하여 주님을 기쁘시게 할 수 있는 저희의 삶이 되게 하옵소서.

사랑의 주님! 저희들의 삶은 항상 주님의 사랑에서 멀리 떠나있었던 모습이었음을 고백합니다. 허물과 죄로 죽었던 저희들에게 예수 그리스도로 말미암아 영원한 생명을 얻게 하셨는데, 여전히 저희들은 생명 없는 것들에 현혹되어 그것에 이끌려 마음을 쏟으며 살고 있습니다. 성결치 못한 저희들을 용서하여 주시고, 죄에 묻히는 삶이 되지 않도록 인도하여 주옵소서.

생명의 주님! 만물은 주님의 섭리하심을 따라 순종하여 저마다 변화를 주고 있는데, 저희들은 주님의 자녀로서 어떻게 변화되기를 힘쓰고 있는지 돌이켜 보기를 원합니다. 단지 주일을 지키고 교회 다니는 것으로만 애써 위안을 삼으며 신앙의 만족을 얻고 있는 것은 아닌지요.

주님! 저희모두가 주님의 자녀로서 변화에 초점을 두고 신앙생활 할 수 있게 하여 주옵소서. 주님이 오실 날이 점점 더 가까워지고 있는데도 불구하고 아무런 변화도 없고 신앙의 연수만 더해가는 저희의 모습이 되지 않게 하옵소서.

저희 자신의 내적 변화와 외적 변화를 위하여 마음을 쏟을 수 있게 하시고, 이 땅을 살아가는 동안 점점 더 성화되어가는 구원의 서정을 잘 보여 줄 수 있는 믿음의 삶이 되게 하옵소서. 점점 더 주님의 흔적만 보여지며 주님의 영광을 드러낼 수 있는 삶이 되게 하옵소서. 이 시간도 말씀을 전하시는 목사님을 통하여 믿음의 큰 도전을 받을 수 있게 하실 것을 믿사옵고, 예배의 시종을 주님께 의탁하오며 예수 그리스도의 이름으로 기도합니다. 아멘

3월 셋째주 | 사명

사명을 좇아갈 수 있게 하소서

사랑의 주님! 저희들의 삶을 복되게 하여 주셔서 주님의 전에 나올 수 있도록 인도하여 주신 은혜를 감사드립니다. 세상에는 평화가 없고 슬픔과 고통이 만연되어 있사오나 오직 주님의 은혜로 이 모든 어려움을 헤쳐 나갈 수 있도록 인도하여 주시니 감사합니다. 아침이슬 같고 풀의 꽃과 같은 연약한 저희들이 주님이 주시는 지혜와 힘을 얻어서 독수리처럼 영원을 지향하게 하시고 강한 믿음으로 살아갈 수 있게 하옵소서. 이 시간 주님께 감사의 찬양을 드립니다. 감사의 기도를 올립니다. 계신 곳 하늘에서 홀로 영광을 받으시옵소서.

자비하신 주님! 만물이 소생하는 봄은 왔지만 아직도 찬 기운이 온 대지를 맴돌고 있습니다. 그러나 지금 이순간도 하나님의 창조질서에 순종하는 자연만물은 봄의 계절에 맞게 자신에게 주어진 사명을 감당하며 생명을 꽃피우고 있습니다.
오늘 저희에게도 주님이 각자에게 맡기신 사명이 있는데, 그 사명을 잘 감당하고 있는지 돌이켜 보기를 봅니다. 혹 헛된 것에 우리의 시간과 물질과 생명을 버리고 있는 것은 아닌지요? 주님이 맡기신 사명을 위하여 생명도 귀한 것으로 여기지 아니하고 희생하기를 원했던 믿음의 사람들처럼, 저희도 힘을 다하여 사명을 좇아갈 수 있는 삶이 되게 하옵소서.
"맡은 자들에게 구할 것은 충성이라"(고전4:2)이라 하셨사오니 끝까지 주님께 충성하며 기쁨으로 사명의 길을 달려갈 수 있는 삶이 되게 하옵소서. 주님을 믿는 자들에게 최대의 행복은 주님이 주신 사명을 감당하다가 그분이 주시는 상을 맛보는 것임을 믿습니다. 사명을 따라 죽도록 충성하는 주님의 사람이 되게 하옵소서. 이 시간, 말씀을 전하시는 목사님을 성령의 능력으로 붙드셔서 권세 있는 말씀을 전하실 수 있게 하시고, 말씀을 귀 기울여 듣는 저희들에게는 오직 아멘만 있게 하옵소서. 이미 예배가 시작되었습니다. 여기에 참여치 못한 교우들에게도 동일한 은혜를 내려 주실 것을 믿사옵고 예수 그리스도의 이름으로 기도합니다. 아멘

깨어있는 믿음이 되게 하소서

전능하신 하나님 아버지! 이 시간도 주님께 예배할 수 있도록 저희의 마음을 주장하여 주심을 감사합니다. 저희로 하여금 평생에 하나님께 노래하며, 저희가 생존하는 동안 언제나 하나님을 찬양하는 삶이 되게 하옵소서. 정해진 예배시간에도, 날마다의 생활 속에서도 항상 하나님을 소리 높여 찬양할 수 있는 기쁨의 가락이 영혼 깊은 곳에서 솟아나게 하옵소서. 또한 저희의 영혼이 곤고하거나 상처가 있을 때에도, 낙심되며 불안할 때에도 회복의 은혜를 더하시는 주님을 바라보며 기쁨으로 찬양할 수 있는 주의 사람이 되게 하옵소서.

궁휼이 풍성하신 주님! 지난 한 주간도 저희들은 죄로부터 자유롭지 못한 삶을 살았음을 고백합니다. 주님이 주신 그 소중한 삶을, 은근슬쩍 죄짓는 자리로 밀어 넣는 삶을 살았음을 고백하오니 저희들의 믿음 없음을 꾸짖어 주시고 용서의 은총을 허락하여 주옵소서.

저희가 깨어있는 믿음이 되기를 간절히 원하시는 주님! 만물이 소생하는 봄이 시작 된지도 벌써 한 달이 다 되어가고 있는데, 아직도 저희들은 동면을 취한 짐승들처럼 잠에 취해있는 신앙상태는 아닌지 돌이켜봅니다. "너희가 이 시기를 알거니와 자다가 깰 때가 벌써 되었다"(롬13:11)는 사도 바울의 권면을 기억합니다. 열심을 품고 주님을 섬길 수 있도록 저희를 채근하여 주옵소서. 항상 깨어서 기도할 수 있게 하시고, 때를 얻든지 못 얻든지 전도할 수 있게 하여 주옵소서. 주님께 받은 은사대로 주님의 몸 된 교회를 위하여 힘을 다하여 봉사하며 섬길 수 있게 하시고, 지혜가 부족하거든 모든 사람에게 후히 주시고 꾸짖지 아니하시는 하나님께 항상 구할 수 있게 하옵소서(약1:5).

지금 이 시간도 성령의 충만을 사모하는 시간이 되기를 원합니다. 하늘 문이 열려지는 예배를 드릴 수 있기를 원합니다. 말씀을 전하시는 목사님을 성령의 능력으로 강하게 붙드실 것을 믿사옵고 깨어 있는 믿음이 되기를 원하시는 예수 그리스도의 이름으로 기도합니다. 아멘

3월 다섯째주 | 십자가

십자가만을 자랑하게 하소서

존귀와 영광을 받으시기에 합당하신 주님! 저희를 위하여 목숨까지 버리신 그 크신 사랑을 생각할 때 한없이 감사하고 감격할 뿐이옵니다. 주님의 십자가의 죽으심이 없었더라면 저희가 어찌 죄와 사망의 법에서 해방될 수 있었겠사오리까? 오늘도 저희를 예수 안에 있는 생명의 성령의 법이 이 복된 전으로 이끄셨기에 저희들이 이 은혜의 자리에 있게 됨을 믿습니다. 감격과 감사의 마음을 가지고 주님을 경배하오니 저희가 드리는 예배를 기쁘게 받으시옵소서. 사랑의 주님! 십자가로 저희에 대한 사랑을 완성하신 주님을 바라보며 산다고 하지만 작은 유혹에도 쉽게 넘어졌던 저희들입니다. 주님께 못난 모습, 허물 많은 모습만 보일 것이 없는 인생을 불쌍히 여기시고 긍휼을 베풀어 주옵소서.

저희의 죄를 사해주시기 위하여 기꺼이 고난의 자리로 나아가신 주님! 오늘부터 시작되는 고난주간에 저희 모두가 주님의 고난 받으심에 동참할 수 있게 하옵소서. 주님의 고난 받으심을 묵상하며 한 주간을 보낼 때, 희생의 자리로 나아가신 주님의 고통이 얼마나 힘드셨는지를 온몸으로 느끼며 참회할 수 있게 하시고, 저희가 자랑할 것은 생명의 법아래 살게 하신 주님의 피 묻은 십자가 밖에 없음을 뼛속 깊숙이 깨닫고 확신할 수 있게 하옵소서. 또한 그 십자가만을 붙들고, 그 십자가만을 앞세우며, 그 십자가만을 자랑하는 삶을 살아갈 수 있게 하옵소서. 십자가 외에 다른 어떤 것으로 대치하려는 어리석음이 없게 하시고, 오직 십자가의 은혜로만 기쁨과 소망을 삼을 수 있는 저희의 삶이 되게 하옵소서.
또한 주님의 피 묻은 희생의 십자가를 바라보며 저희 자신을 깨뜨리기에 주저함이 없게 하시고, 이 땅을 살아가는 동안 잘 깨뜨리는 삶을 살아감으로 저희를 위하여 모든 것을 깨뜨리신 주님을 닮아갈 수 있게 하옵소서.
오늘도 목사님이 전하시는 말씀을 통하여 주님의 크신 사랑 앞에 회개의 눈물만 흐르게 하옵소서. 예배의 시종을 주님께 의탁하오며 예수 그리스도의 이름으로 기도합니다. 아멘

4월 첫째주 | 믿음

부활의 믿음을 갖고 살게 하소서

할렐루야! 죽음의 권세를 깨뜨리시고 부활하심으로 저희에게 부활의 소망으로 함께해주시는 주님! 죄와 죽음에서 승리하심으로 저희에게 영원한 소망과 영원한 삶을 갖게 하신 것을 진심으로 감사드립니다. 오늘은 주님의 부활로 말미암아 온 세계 만민들이 기뻐하는 하루였습니다. 죄와 죽음을 이기신 일이 분명한 역사적 사건임을 믿습니다. 이 시간 저희모두가 다시 한 번 소망으로 주님을 찬양합니다. 계신 곳 하늘 보좌 우편에서 영광을 받으시옵소서.

부활의 첫 열매가 되신 주님! 저희에게 어떤 어려움이 닥치든지 부활의 믿음을 가지고 살아갈 수 있게 하옵소서. 이제는 부활의 확신을 가지고 모든 의심과 두려움을 떨쳐 버리고 부활의 증거자로 살아갈 수 있는 담대함이 있게 하옵소서. 주님의 몸 된 교회도 부활하신 주님의 권능을 온 세상에 증거 할 수 있게 하시고, 죽음과 질병과 공포와 절망으로 살아가는 사람들에게 위로와 소망과 용기를 주는 교회가 되게 하옵소서.

사랑의 주님! 특별히 어려움에 처한 교우들을 기억하옵소서. 여러 가지 문제로 삶이 고달픈 교우를 기억하셔서 사망 권세를 깨뜨리시고 부활하신 주님을 바라보며 용기를 얻어 모든 어려움을 극복할 수 있게 하옵소서. 믿음이 흔들리는 교우를 기억하셔서 부활하신 주님을 다시금 영접함으로 새 힘을 얻어 승리하는 신앙생활을 할 수 있게 하옵소서. 병마로 고통당하는 교우를 기억하셔서 사망의 권세를 물리치신 주님을 바라봄으로 병마를 이길 수 있는 능력을 얻을 수 있게 하옵소서. 만물이 새 생명으로 활기를 띠고 있는 계절입니다. 새 생명을 얻은 저희 모두가 살아 움직이는 생동감 있는 신앙으로 주님을 기쁘시게 하는 삶이 되게 하옵소서.

오늘도 단 위에 세우신 목사님을 붙드셔서 생명의 말씀을 전하시기에 조금도 부족함이 없게 하옵소서. 예배의 시종을 주님께 의탁하오며 부활이요 생명이신 예수 그리스도의 이름으로 기도합니다. 아멘

4월 둘째주 | 전도

영혼구원에 힘쓰게 하소서

저희를 생명으로 초대하신 하나님 아버지! 내리쬐는 따사로운 햇빛이 마냥 감미로운 봄입니다. 주님이 창조하신 자연의 피조물마다 계절에 맞는 옷을 갈아입으며 창조주이신 하나님께 영광을 돌리고 있습니다. 곳곳마다 연두 빛 생명의 냄새가 코끝을 진동시키고 있습니다. 저희들도 생명으로 초대하신 주님을 더욱 찬양하며 영광 돌릴 수 있는 주의 백성이 되게 하옵소서.

사랑의 주님! 이처럼 자연은 주님 앞에서 항상 정직하고 받은 달란트대로 그 사명을 다하고 있는데, 새 생명의 은총을 누리고 있는 저희들은 지금 무엇을 하고 있는지 돌이켜 봅니다. 아무것도 하지 않으려 하고, 아무데도 가지 않으려 하는 것은 아닌지요. 주님이 저희들에게 분부하신 명령과 맡기신 사명은 영혼구원이오니 생명이 약동하는 봄을 맞이하여 영혼구원에 힘쓰는 저희들이 되게 하옵소서. 먼 곳은 가지 못한다 할지라도 가까운 곳에 있는 불신영혼들에 복음을 전할 수 있게 하시고, 듣든지 안 듣든지 성령님을 의지하여 복음을 부지런히 전할 수 있는 저희들이 되게 하옵소서. 영혼의 구원의 열매가 없을지라도 쟁기를 잡고 뒤를 돌아보는 일이 없게 하시고, 때를 얻든지 못 얻든지 복음을 전하는 것이 저희의 사명임을 잊지 말게 하옵소서.

복음을 전하면 전할수록 영혼을 사랑하시고 저희들을 구원하신 주님의 마음이 더욱 헤아려질 수 있게 하시고, 주님의 뜻을 더욱 담아내기 위하여 마음을 쏟고 영혼을 쏟을 수 있는 전도자의 삶을 살아갈 수 있게 하옵소서. 오늘도 말씀을 증거 하시는 목사님을 기억하시고, 성령의 능력을 덧입혀 주셔서 잠자는 저희의 영혼을 깨우고, 게으른 저희의 영혼을 기경하는 말씀이 되게 하옵소서. 오늘도 이 자리에 나오지 못한 교우들이 있습니다. 이 땅을 살아가는 동안 생명의 자리를 놓치지 않는 그들이 되게 하옵소서. 예배의 시종을 주님께 의탁하옵고 저희들을 십자가에 달려 죽기까지 사랑하신 예수 그리스도의 이름으로 기도합니다. 아멘

4월 셋째주 | 빛 된 삶

빛을 비추는 삶이 되게 하소서

사랑의 하나님, 은혜의 주님! 이 시간 저희들이 주님 앞에 나와 기쁨으로 예배할 수 있게 하시니 감사합니다. 주님의 은혜가 예배하는 이곳에 가득함을 깨닫습니다. 저희들이 온 맘과 온 정성을 다하여 주님께 예배하고 주님을 높일 수 있게 하옵소서. 주님께 경배함이, 주님을 찬양함이, 이 자리뿐 아니라 온 땅에 가득하게 하옵소서.

주님! 세상은 어지럽고 어수선하지만 이리도 세월은 흘러서 봄기운이 완연합니다. 만물들이 여기저기서 고개를 들고 살아있음을 선포하며 생명의 기운을 발산하고 있습니다. 이제 저희들도 일어나 빛을 발하는 믿음이 되게 하옵소서(사60:1). "이같이 너희 빛이 사람 앞에 비치게 하여 그들로 너희 착한 행실을 보고 하늘에 계신 너희 아버지께 영광을 돌리게 하라"(마태5:16)고 말씀하셨사오니 빛의 자녀로 사람들에게 빛을 비추는 삶이 되게 하옵소서. 예수복음으로 구원의 빛을 비추는 삶이 되게 하시고, 착한 행실로 참 빛이신 주님을 나타내는 삶이 되게 하옵소서. 믿음의 지체들에게는 섬김의 빛을 비추는 삶이 되게 하시고, 주님께는 충성의 빛, 희생의 빛을 드리는 삶이 되게 하옵소서.

주님! 이 나라의 경제를 위하여 기도합니다. 오래도록 지속되는 경제 한파로 인하여 국민들이 많은 고통과 어려움을 겪고 있습니다. 정부에서는 얼어붙은 경제를 다시 살리기 위하여 여러 가지 자구책을 강구하고 있지만, 한번 얼어붙은 경제는 좀처럼 풀릴 기미가 보이지 않고 있습니다. 여기저기서 탄식과 한숨소리만 커져가고 있사오니, 이 나라 이 백성을 긍휼히 여겨 주시옵소서. 망하게도 하시고 부하게도 하시는 우리 주님께서 이 나라의 경제를 회복시켜 주셔서 교회가 세계 곳곳에 선교사를 보내고 복음을 전하는데도 어려움이 없게 하옵소서. 오늘도 생명의 말씀을 들고 단 위에 서시는 목사님을 주님의 오른팔로 강하게 붙드실 것을 믿습니다. 예배의 시종을 주님께 의탁하오며 소망이 되시는 예수 그리스도의 이름으로 기도합니다. 아멘

4월 넷째주 | 기도생활

주님의 기도를 닮아가게 하소서

언약을 반드시 이루시는 하나님 아버지! 말씀을 통하여 맺으신 약속이 일점일획도 어긋남이 없음을 보며 그 신실하심에 머리 숙여 감사드립니다. 약속하신 메시야 예수 그리스도를 이 땅에 보내시고, 구속의 사역을 완성하심으로 말미암아 저희가 생명을 얻게 되었음을 감사합니다. 이 은혜에 감사하는 저희들이 오늘도 찬송과 기도로 주님을 경배하오니 받아주시옵소서.

의로우신 주님! 날마다 자신을 죽이고 주님의 뜻을 따르는 삶을 살고자 하여도 죄 앞에서 자주 넘어지는 저희들입니다. 하루하루 은혜의 열매를 맺으며 살아야 하는데, 열매로 맺혀지는 것은 오히려 죄악의 열매들입니다. 엎드려 회개하오니 용서하여 주옵소서.

기도의 본을 보이신 주님! 주님은 저희들에게 항상 기도하며 깨어있어 기도하라고 당부하셨는데, 저희들의 기도생활은 점점 더 식어져가고 있음을 깨닫습니다. 이 시간을 통하여 저희의 기도생활을 반성해보며 주님의 깊이 있는 기도를 닮아가기를 다시 한 번 다짐할 수 있게 하옵소서.
매일 기도하셨던 주님을 본받아 하루도 기도 하지 않고는 살 수 없는 저희들이 되게 하시고, 항상 기도에 대한 갈급함이 저희 심령에 사무치게 하여 주옵소서. 지금 이 시대야말로 깨어 기도할 수밖에 없는 절체절명(絕體絕命)의 위기 상황임을 깨닫습니다. 경제와 안보, 사회불안의 총체적인 위기감이 이 나라를 뒤덮고 있는 이때에, 예루살렘을 보시며 눈물을 흘리셨던 주님처럼 이 민족을 끌어안고 눈물의 기도를 드릴 수 있는 저희모두가 되게 하옵소서. 깊이 있는 기도가 항상 주님께 드려질 수 있기를 소원합니다.
오늘도 저희 심령에 불같은 하나님의 말씀을 던지시고자 단 위에 서시는 목사님을 기억하시고 성령의 능력으로 붙드실 것을 믿습니다.
예배의 시종을 주님께 의탁하오며 지금도 하늘 보좌 우편에서 저희들을 위하여 중보의 기도를 쉬지 않고 계시는 예수 그리스도의 이름으로 기도합니다. 아멘

5월 첫째주 | 어린이

고통 받는 어린생명을 돕게 하소서

온 땅을 더욱 생기 있게 하시는 하나님 아버지! 계절의 여왕이라는 5월의 첫 주일을 맞이하여 저희들이 어린이주일로 지키며 하나님께 영광을 돌렸습니다. 꽃과 같은 이 땅의 모든 아이들이 주님을 섬기는 아이들, 주님의 축복을 듬뿍 받으며 자랄 수 있도록 이끄실 것을 믿습니다. 이 시간도 저희들이 주님을 찬양하며 경배할 때에 어린아이와 같이 깨끗하고 순수한 마음을 담아내며 주님을 예배할 수 있게 하옵소서.

사랑의 주님! 어린아이들과 같이 되지 아니하면 천국에 들어가지 못할 것이라고 말씀하신 주님의 말씀을 심령에 새겨봅니다. 저희의 마음은 온갖 사욕으로 가득 차 있어 어린아이같이 순수하고 깨끗한 마음이 되지를 못했습니다. 눈은 남의 눈치를 살피기에 익숙해 있었고, 말과 행동도 거칠고 자유분방했습니다.

천국 백성과 사뭇 멀어진 저희들의 못난 모습을 긍휼히 여기시고 용서하여 주옵소서. 이제는 주님이 보시기에 가증한 모습을 뒤로하고 어린아이 같이 순수한 신앙으로 천국에 합당한 삶을 살아갈 수 있게 하옵소서.

사랑의 주님! 이 땅에 살고 있는 모든 어린이들을 축복하시기를 원합니다. 특별히 가난한 나라에서 인권을 유린당하며 사는 아이들을 기억하셔서 더 이상 아이들이 생계의 수단이나 전쟁의 도구로 이용되는 일이 없게 하여 주옵소서. 세계 곳곳에는 굶주림에 죽어가는 아이들도 많습니다. 지금 이 순간도 굶주림에 지친 아이들이 생명의 마지막 끈을 놓지 않으려고 안간힘을 쓰고 있을 것입니다. 저희모두가 선한 사마리아인의 역할을 감당할 수 있는 복 있는 사람이 되게 하옵소서. 그리고 부모가 없거나 부모의 사랑을 받지 못하고 있는 어린아이들이 있습니다. 그들을 주님의 사랑으로 감싸고 보듬어줄 수 있는 저희모두가 되게 하옵소서. 이 시간 주님의 말씀을 증거 하시는 목사님을 기억하시고, 저희모두가 어린아이 같은 마음으로 주님의 말씀을 받게 하옵소서. 예배의 시종을 주님께 의탁하오며, 예수 그리스도의 이름으로 기도합니다. 아멘

5월 둘째주 | 영혼구원

천국복음의 씨를 뿌리게 하소서

자비로우신 하나님 아버지! 저희로 하여금 예수 그리스도의 십자가를 통하여 영원한 생명과 구원을 얻은 그 영광스러운 무리 중에 들게 하셔서 주님께서 즐겨 받으시는 예배가 허락된 은총의 장소에서 찬양과 경배를 드릴 수 있게 하시니 감사합니다. 주님께 예배할 수 있는 이 시간이 저희에게는 말할 수 없는 특권이요, 행복임을 깨닫습니다. 저희의 드리는 예배를 홀로 영광 받아 주옵소서.
주님! 곳곳마다 생명의 향기가 진동하고 있는 5월입니다. 농부들은 가을의 풍성한 결실을 꿈꾸며 묵은 땅을 기경하고 온갖 씨앗들을 파종하고 있는 이때에, 오늘 저희들은 영혼을 구원하고 천국의 지경을 확장해나가야 할 주체들로서 복음의 씨앗을 힘써서 파종하고 있는지 성찰해봅니다.

주님! 저희들로 하여금 때와 시기를 놓치지 않는 삶이 되게 하옵소서. 때와 시기를 놓치지 않고 땅을 기경하고 씨를 뿌리는 농부의 지혜를 가지고 복음의 씨를 열심히 뿌릴 수 있는 저희들이 되게 하옵소서. 주님은 분명히 "그들의 열매로 그들을 알리라"(마7:20)고 말씀하셨사오니, 주님이 원하시는 복된 열매를 맺기 위하여 마음을 쏟을 수 있는 저희들이 되게 하옵소서. 우리 주변에 구원을 받지 못한 영혼들을 그냥 지나치는 일이 없게 하시고, 믿지 않는 가족과 친척이 있다면 그들에게도 주님의 심정으로 천국복음의 씨를 뿌릴 수 있게 하옵소서. 저희들이 이렇게 하는 것이 주님의 명령을 지키고, 다시 오실 주님을 준비하는 삶임을 잊지 말게 하옵소서.
주님! 오늘 저희들이 어버이주일로 지켰습니다. 하나님을 아버지로 섬기며 사는 저희들만큼이라도 부모공경에 대한 주님의 명령을 철저히 지키게 하셔서 효가 살아있는 기독교 정신을 자녀들에게 거룩한 유산으로 물려줄 수 있게 하옵소서. 이 시간, 말씀을 듣고 단 위에 서시는 목사님을 기억하셔서 능력의 말씀을 전하실 수 있도록 하늘의 권세를 더하여 주옵소서. 예배의 시종을 주님께 맡기오며 예수 그리스도의 이름으로 기도합니다. 아멘

5월 셋째주 | 가정, 부부

축복의 가정을 세워나가게 하소서

오늘도 성령으로 함께하신 하나님 아버지! 푸르름을 마음껏 머금은 산야가 더욱 생동감을 더하는 때입니다. 이 시간에 주님의 전을 찾는 저희들도 이 산록의 청초함처럼 주님의 생명력으로 넘쳐날 수 있게 하옵소서. 저희가 주님께 올리는 찬양에도 생명력이 넘치게 하시고, 주님께 드리는 기도에도 믿음의 향기가 진동하게 하옵소서.

사랑의 주님! 5월은 가정의 달입니다. 싱싱하게 피어오르는 산야의 나뭇가지 이파리처럼 저희의 사랑 또한 들끓어 오르게 하옵소서. 부모님을 향한 사랑과 아이들을 향한 사랑이 온 가정 위에 들끓어 오르게 하시고, 부부의 사랑 또한 들끓어 오르게 하셔서 사랑의 꽃이 만개한 축복의 가정을 이루게 하옵소서. 특히 이번 주에는 부부의 날이 있습니다. 갈수록 해체되는 가정이 늘어나고 있어 이 사회에 큰 아픔을 더해주고 있습니다. 우리나라는 OECD국가 중 이혼율이 1위라는 불명예를 안고 있습니다. 건강한 가정은 건강한 국가의 근간이 된다는 것을 생각할 때, 하나님의 자녀 된 저희만이라도 주님이 제정하신 가정 제도를 잘 세워갈 수 있게 하옵소서.
부부간에 서로 이해하고 격려하며 위로함으로 위기의 틈들을 미리 차단할 수 있게 하시고, 서로의 실수나 잘못이나 허물도 폭넓은 이해로 용납해줌으로 불신의 틈들을 미리 차단해 나갈 수 있게 하옵소서. 권리를 앞세우기보다 항상 서로를 위하여 무릎으로 기도할 수 있게 하시고, 불필요한 대화도 진실함으로 들어주고 칭찬해줄 수 있는 친근한 벗이 되게 하옵소서. 그리하여 하나님이 짝지어 세우신 축복의 가정을 사랑과 믿음으로 잘 세워갈 수 있는 저희들이 되게 하시고, 변질되어 가는 세상 속의 가정도 그리스도의 사랑을 가지고 치유하고 회복시킬 수 있는 저희들이 되게 하옵소서. 오늘도 주님의 말씀을 준비하여 단 위에 서신 목사님을 기억하시고 저희 모두가 식어진 사랑을 회복하고, 식어진 가슴에 불이 붙는 능력의 말씀을 전하게 하옵소서. 예배의 시종을 주님께 의탁하오며 사랑이 많으신 예수 그리스도의 이름으로 기도합니다. 아멘

5월 넷째주 | 사랑

사랑으로 살게 하소서

은혜의 주님! 오늘도 저희로 하여금 주일을 거룩하게 지킬 수 있게 하시니 감사드립니다. 이 시간도 주님께 예배할 때에 어설픈 마음이지만, 어눌한 몸짓이지만, 어설픈 찬양이지만, 주님을 향한 저희들의 작은 마음을 받아 주시옵소서.
시간을 드려 예배할 때에 저희의 엉클어진 마음이 정돈되게 하시고, 닫힌 마음이 열려지게 하시고, 어눌한 저희의 몸짓이 활짝 펴져서 은혜의 주님을 찬양할 수 있게 하여 주옵소서.
용서의 주님! 푸르고 울창한 숲들도 가까이 접하고 보면 죽어서 쓰러져 있는 나무들을 보게 됩니다. 이와 같이 저희들도 겉으로는 살아있는 믿음처럼 보이나 실제로는 죽은 믿음 그대로였음을 고백하지 않을 수 없나이다. 행함이 없는 믿음으로 주님을 실망시켜드렸던 저희의 삶을 고백하오니 긍휼을 베푸셔서 십자가의 크신 사랑으로 용서하여 주옵소서.

사랑의 주님! 이 세상이 점점 더 사랑을 잃어가고 있음을 깨닫습니다. 사랑 없는 까닭에 아파하는 일들이 얼마나 많고, 실망하는 일들이 얼마나 많습니까? 지금도 저희의 주변에는 사랑에 목말라하고 사랑에 굶주려 있는 사람들이 너무나 많음을 깨닫습니다. 저희들의 구원을 십자가의 사랑으로 완성하신 주님을 기억하며, 그 사랑 받은 자로 사랑 베풀기에 힘쓸 수 있는 저희 모두가 되게 하여 주옵소서. 사랑이 없어 냉랭하고, 아픔과 실망이 많은 이 세상을 사랑이 충만한 세상으로 변화시켜 갈 수 있는 저희 모두가 되게 하옵소서.
특별히 주님의 사랑으로 온 세상 가운데 사랑의 향기를 진동시킬 수 있는 저희 모두가 되게 하소서. 그리하여 이 땅 위에 주님의 나라가 이루어지는 것을 누릴 수 있는 삶이 되게 하옵소서. 오늘도 주님의 말씀을 준비하여 단 위에 서신 목사님을 기억하시고 저희 모두가 식어진 사랑을 회복하고, 식어진 가슴에 불이 붙는 능력의 말씀을 전하게 하옵소서. 예배의 시종을 주님께 의탁하오며 예수 그리스도의 이름으로 기도합니다. 아멘

5월 다섯째주 | 가정

가정의 선한 청지기가 되게 하소서

모든 인류의 전체를 통찰하고 계시는 하나님 아버지! 하나님을 예배하는 이 거룩한 날에 저희를 주님의 전으로 불러 모아 주시니 감사합니다. 이 시간, 저희들이 신령과 진정으로 예배드리기를 원합니다. 저희의 연약한 마음을 붙들어 주시고, 흠과 티가 묻어나지 않도록 주의 성령께서 도와주시옵소서.

자비로우신 주님! 지난 한 주간을 돌이켜보건대 온갖 허무한 손놀림으로 분주하기만 했던 저희들이었습니다. 삶 속에 주님의 뜻을 담아내기 위하여 마음을 쏟기보다는 육욕을 좇아 분주히 움직였던 삶이었음을 고백합니다. 부끄러움을 안고 회개하오니 저희를 크신 사랑으로 감싸시고 용서하여 주옵소서.

사랑의 주님! 가정의 달로 지켰던 5월의 마지막주일을 보내며 저희 가정을 위하여 다시 한 번 기도하기를 원합니다. 하나님께서 맺어 주시고 복을 내려 주신 가정을 선한 청지기로 잘 관리할 수 있는 저희모두가 되게 하여 주옵소서. 온 집이 여호와께 제단을 쌓고 하나님만을 경배했던 엘가나의 가정처럼, 저희들도 가정 예배를 통하여 늘 주님을 찬양할 수 있는 가정을 세워갈 수 있게 하시고, 자녀들에게 주님의 말씀을 청종하고 하나님을 경외하는 법을 가르칠 수 있는 가정을 세워갈 수 있게 하옵소서(삼상1:1~3).

또한 온 가정이 죄악으로부터 성결케 되었던 욥의 가정처럼, 저희의 가정도 죄로 물드는 일이 없게 하시고, 죄악을 멀리하며 주님만을 사모하고 가까이 할 수 있는 가정이 되게 하옵소서(욥1:1~5).

또한 온 집으로 더불어 하나님을 경외하며 많은 백성을 구제했던 고넬료의 가정처럼, 저희의 가정도 우상을 숭배하지 않게 하시며, 이웃을 위해 봉사하는 즐거움이 넘치는 가정이 되게 하여 주옵소서(행10:1). 오늘도 이 교회의 목자의 사명을 감당하고 계시는 목사님을 기억하시고, 부족한 저희들을 위하여 모든 것을 쏟아 붓는 삶을 살고 계시오니 언제나 큰 능력으로 붙들어 주옵소서. 예배의 시종을 주님께 의탁하오며 예수 그리스도의 이름으로 기도합니다. 아멘

6월 첫째주 | 사명감당

사명을 성실히 감당하게 하소서

우주만물을 섭리하시는 하나님 아버지! 신록이 우거진 계절의 신비함이 하나님의 창조솜씨를 한껏 뽐내고 있습니다. 산야의 푸른빛과 길가의 이름 모를 꽃들도 생명을 주신 하나님을 찬양하고 있는 것 같습니다.
오늘 저희들도 새 생명을 주신 하나님께 예배하며 찬양하기 위하여 이 자리에 모였습니다. 어설픈 몸짓이고, 성글은 정성일지라도 긍휼히 여기셔서 저희의 드리는 찬양과 경배를 받으시옵소서.
주님을 떠나 먼 길로 가려던 베드로를 다시 찾아가셔서 상심한 마음을 위로해 주시고, 사랑으로 덮으시며 사명을 다시 맡겨주셨던 주님! 오늘 저희들에게도 그렇게 찾아오시는 주님이심을 깨닫습니다. 저희들에게도 주님이 맡겨주신 사명이 있는데 그 사명을 얼마나 가볍게 취급하며 살았는지 모릅니다. 그럼에도 못난 저희들을 끝까지 포기하지 않으시고 귀한 사명을 감당할 수 있도록 기회를 주시는 주님의 사랑을 생각할 때 한없이 부끄럽고 감사할 뿐이옵니다.

주님! 저희로 하여금 주님이 주신 귀한 사명을 가볍게 취급하거나 소홀히 대하는 일이 없게 하시고 성실히 감당할 수 있게 하옵소서. 사명의 자리에 있는 것을 기뻐할 수 있게 하시고, 몸을 드리고, 시간을 드리고, 물질을 드릴 수 있는 것을 즐거워할 수 있게 하옵소서. 이 땅을 살아가는 동안 주님이 주신 사명에 붙들려 살 수 있다면, 그것이 저희에게는 최고로 축복된 삶을 사는 것임을 잊지 말게 하옵소서.
주님의 몸 된 교회에도 사명자들이 넘쳐나기를 원합니다. 주님을 위하여 닳아서 없어지는 자들이 많아지는 교회가 되게 하시고, 어두운 이 시대에 복음의 빛을 밝힐 수 있는 주의 일꾼들이 되게 하여 주옵소서.
오늘도 사랑하는 목사님이 거룩한 말씀을 들고 단 위에 서십니다. 능력의 말씀을 전하실 수 있도록 그 입술을 붙들어 주옵소서. 이미 예배가 시작되었습니다. 존귀와 찬양을 받으실 예수 그리스도의 이름으로 기도합니다. 아멘

6월 둘째주 | 선한목자

선한목자이신 주님만을 따라가게 하소서

선한 목자이신 주님! 방향감각이 없고 한치 앞을 내다볼 수 없는 인생을 살고 있는 저희들에게 선한 목자가 되어 주심을 감사드립니다. 저희들은 선한 목자이신 주님의 인도하심이 없이는 한 순간도 살아갈 수 없는 인생들임을 깨닫습니다. 이 시간도 선한 목자이신 주님이 저희를 이끌어주셨기에 저희가 이 복된 자리에 있게 된 것임을 믿습니다. 선한 목자이신 주님께 감사의 예배를 드리며, 기쁨의 찬양을 올릴 수 있는 은혜의 시간이 되게 하옵소서.

사랑의 주님! 주님을 목자로 모시고 사는 자는 비록 양과 같이 무력하더라도 조금도 부족한 것이 없음을 깨닫습니다. 맹수들의 위협을 당한다 할지라도 두려워할 필요가 없음을 깨닫습니다. 사망의 음침한 골짜기를 지난다 할지라도 조금도 염려할 필요가 없음을 깨닫습니다. 이 땅에서 저희의 일생이 다하는 그날까지 선한 목자이신 주님만을 의지하고 따라가는 삶이 되게 하옵소서. 혹여 다른 음성에 미혹되어 길을 잃는 일이 없게 하시고, 선한 목자이신 주님의 음성만을 듣고 따라갈 수 있는 삶이 되게 하옵소서. 선한 목자이신 주님께서는 저희를 분명히 푸른 초장으로 인도하실 것을 믿습니다. 쉴 만한 물가와 그늘진 곳, 진정한 안식을 누릴 수 있는 곳으로 인도하실 것을 믿습니다. 선한 목자이신 주님이 계시기에 그것으로 행복을 누릴 수 있는 저희들이 되게 하옵소서.

오늘도 하늘의 신령한 꼴을 먹이시기 위하여 저희를 이곳에 부르셨사오니, 그 꼴을 먹고 배부름을 경험하는 저희들이 되게 하옵소서. 또한 주님이 목자로 계신 이 은혜의 울타리를 벗어나지 않는 저희의 삶이 되게 하옵소서. 사랑하는 목사님을 기억하시옵소서. 밤낮으로 저희를 위하여 눈물로 기도하고 계시오니 목사님의 수고를 기억하시고 그 마음을 살필 줄 아는 저희 모두가 되게 하여 주옵소서. 오늘도 저희의 드리는 예배를 받으시고, 만족케 하실 것을 믿사옵고 예수 그리스도의 이름으로 기도합니다. 아멘

6월 셋째주 | 열심

주님을 위하여 열심을 내게 하소서

항상 좋은 것으로 채워주시는 하나님 아버지! 저희들에게 각가지 좋은 은사를 주셔서 주님의 영광을 위하여 일하게 하시니 감사드립니다.
저희들의 봉사와 섬김이 항상 주님께 기쁨이 되게 하옵소서. 주님의 인도하심을 따라 이 시간에도 예배의 자리를 찾았습니다. 마음을 다하여 주님을 경배하고 찬양하기를 원하오니 주의 성령께서 저희의 마음을 주장하여 주옵소서.
자비로우신 주님! 주님의 뜻을 거스르지 않으려고 노력을 했지만, 여전히 죄와 짝하며 살았음을 고백합니다. 한낱 미세한 먼지 같은 죄도 이기지 못하는 약한 믿음을 가진 저희들을 긍휼히 여기시고 용서의 은총을 내려주옵소서.

지금도 일하시는 주님! 저희들도 일할 수 있을 때 주님을 위하여 열심을 낼 수 있기를 원합니다. 언제라도 일할 수 없는 날이 올 수 있다는 것을 기억하여 일할 수 있는 기회가 있을 때 그 기회를 놓치지 않고 열심을 낼 수 있는 저희들이 되게 하옵소서. 주님의 몸 된 교회를 섬기는 일에 언제나 앞장서게 하시고, 서로 간에 잘 받들어 섬길 수 있는 아름다운 모습이 넘치게 하옵소서. 피차 종노릇하는 데에 마음을 쏟게 하시고, 주님만이 높임을 받을 수 있는 복된 일들을 만들어 갈 수 있는 저희들이 되게 하옵소서. 많은 일을 한다고 하여 우쭐댐이 없게 하시고, 핍박이 있다고 하여 좌절하는 일이 없게 하옵소서. 부족함과 능력의 한계가 있을 때 더욱 더 엎드려 기도하게 하시고, 겸손을 위장한 교만이 파고들 때 넘어질까 조심할 수 있는 신앙의 지혜를 갖게 하옵소서. 주님! 놀지 않는 신앙생활이 되기를 원합니다. 일할 수 있을 때 열심을 다하는 근면한 신앙생활이 되게 하옵소서. 오늘도 주님의 복된 말씀을 듣고 단 위에 서신 목사님을 기억하시고, 권세 있는 주님의 말씀을 증거 하실 수 있도록 붙들어 주옵소서. 이미 예배가 시작되었습니다. 마치는 시간까지 주의 성령께서 함께하실 것을 믿사옵고 예수 그리스도의 이름으로 기도합니다. 아멘

6월 넷째주 | 경륜과 섭리

주님의 경륜과 섭리를 깨달아 알게 하소서

사랑의 주님! 나른한 더위가 저희가 느끼지 못하는 순간 한 발자국 한 발자국 대지를 덮어오는 초여름입니다. 날씨의 영향을 받아 신앙의 나태함에 이르지 않도록 저희의 마음을 다잡아 주옵소서. 이 시간도 마음을 다하여 주님을 찬양하게 하시고, 주님의 성호를 높일 수 있게 하옵소서.
주님! 자연으로 다가오는 여러 소리들을 접하며 정작 주님의 음성은 듣지 못하고 있는 것은 아닌지 저희 자신을 점검해 봅니다. 이제껏 주님의 음성을 듣지 못하는 삶을 살아 왔다면 이 시간에 회개할 수 있게 하옵소서.

주님! 그동안 나라와 겨레를 사랑하지 못했던 잘못을 용서하여 주옵소서. 주님께서 사랑하시고 인애를 베푸신 이 나라를 오히려 저희들이 업신여기는 죄를 범했습니다. 작고 약한 나라라고 스스로 비하했으며, 소망이 없다고 말하며 절망에 빠지기도 했습니다. 그러나 주님께서 이 땅에 복음을 심으시고 세계의 교회로 자라게 하셨으며, 미래에 온 세상을 움직일 중심 국가로 성장시켜 주셨음을 생각할 때 저희들이 어찌 그 같은 주님의 은총을 은폐시킬 수 있겠사오리까? 이 민족, 이 교회에 향하신 주님의 경륜과 섭리를 늘 깨달아 알 수 있는 저희의 믿음이 되게 하옵소서.
주님! 밭에 심겨진 겨자씨 한 알이 모든 것 보다 작은 것이로되 자란 후에는 나물보다 커서 나무가 되매 공중의 새들이 그 가지에 와서 깃들인다는 주님의 말씀을 되새겨 봅니다. 저희의 영혼에 심겨진 천국의 씨앗도 날마다 자라서 무성해지게 하옵소서. 그리하여 천국의 복음을 힘 있게 전할 수 있게 하시고, 천국의 지경을 확장시켜 나갈 수 있는 믿음의 삶이 되게 하옵소서.
이 시간, 주님의 말씀을 대언하시는 목사님을 기억하셔서 목사님께 날마다 놀라운 지혜를 부어주시고, 말씀을 쪼갤 수 있는 권세와 능력을 더하여 주옵소서. 예배의 시종을 주님께 의탁하오며 산 소망이 되시는 예수 그리스도의 이름으로 기도합니다. 아멘

7월 첫째주 | 충만

충만하게 하소서

존귀하신 하나님 아버지! 삼위일체 하나님께 영광을 돌립니다. 이 부족한 피조물들이 드리는 예배와 찬미를 받아주시옵소서. 이 예배가 향기가 넘치는 산 제사가 되어 하나님이 기뻐 받으시는 헌신이 되게 하시고, 예비하신 은혜를 넘치도록 받는 시간이 되게 하옵소서. 주님의 이름으로 모인 이 공동체에 크신 영광을 나타내시옵소서.

사랑의 주님! 이 시간 저희의 모습은 은혜 받기에 준비된 그릇이 아님을 깨닫습니다. 자신의 죄에 대하여 늘 관대한 태도를 취했던 저희들을 끝까지 붙드시고 이끌어주시니 그 크신 은혜에 감복할 뿐이옵니다. 회개하오니 주님의 보혈의 피로 씻어주시고, 용서하여 주옵소서.

인애하신 주님! 오늘은 저희들이 맥추감사주일로 하나님께 영광을 돌렸습니다. 조건적 감사만이 아니라 한 걸음 더 나아가 무조건적 감사를 표현할 수 있는 저희의 삶이 되게 하옵소서. 즐겁고 기쁠 때나, 어렵고 힘들 때나, 모든 것 다 얻었을 때에나 모든 것을 잃었을 때에도 절대적인 감사로 주님을 기쁘시게 할 수 있는 저희들이 되게 하옵소서.

은혜의 주님! 모든 생명 있는 것들이 왕성한 성장을 드러내고 있습니다. 저희들도 주님의 뜻을 이루는 일에 왕성해 질 수 있게 하여 주옵소서. 예배의 충만, 찬양의 충만이 있게 하시고, 기도의 충만, 전도의 충만이 있게 하옵소서. 사랑의 충만, 섬김의 충만이 있게 하시고, 봉사의 충만, 헌신의 충만이 있게 하옵소서.

주의 이름의 영광을 위하여 주님이 남기신 흔적에 충만해 질 수 있는 저희들이 되게 하시고, 주님의 몸 된 교회를 충만으로 채울 수 있는 저희들이 되게 하옵소서.

오늘도 변함없이 주님의 말씀을 들고 단 위에 서시는 목사님을 기억하시고 성령의 능력으로 무장시켜 그 입술에 권세를 더하실 것을 믿습니다. 예배의 시종을 주님께 의탁하오며 예수 그리스도의 이름으로 기도합니다. 아멘

7월 둘째주 | 신앙의 전진

계절을 핑계치 말게 하소서

복의 근원이신 하나님 아버지! 무더운 여름이지만 저희로 하여금 하나님을 예배하는 이 복된 자리를 지킬 수 있게 하심을 감사드립니다.
계절에 관계없이 예배의 감격을 누리고 예배의 기쁨을 누릴 수 있는 저희의 믿음이 되게 하옵소서. 저희의 참 된 소망은 오직 예배를 통하여 더욱 더 확고해 질 수 있음을 잊지 말게 하옵소서. 오늘도 예배하는 가운데 평안의 손길로 마음의 문을 두드리시는 주님을 경험하게 하실 것을 믿습니다.
사랑의 주님! 모든 생명 있는 것들이 성숙과 성장을 위하여 발돋움하고 있는 이때에 저희들의 신앙도 더욱 더 발돋움할 수 있는 신앙이 되게 하옵소서. 무더운 계절을 핑계 대며 쉴 곳만 찾는 신앙이 되지 말게 하시고, 내게 능력 주시는 자 안에서 무엇이든지 할 수 있다는 믿음을 가지고 전진할 수 있는 신앙이 되게 하옵소서. 무더운 낮에도 전도하시고 추운 밤에도 기도하셨던 주님을 본받아, 저희들도 저희의 신앙생활에도 그 모습을 담아내며 주님을 닮아가게 하옵소서.

주님! 오늘도 육신의 정욕과 안목정욕을 이기지 못하여 이 자리에 나오지 못한 성도들이 있습니다. 연약한 믿음을 불쌍히 여기시고 주님을 사랑하고 사모할 수 있는 마음을 허락하여 주옵소서. 지금 어디에 있든지 주님을 아주 떠나있는 모습이 되지 않기를 소원합니다. 죄악된 것들을 마음에 심으며 즐거워하는 자리가 되지 않기를 소망합니다. 주님을 떠나있는 생활 자체가 불행임을 깨닫게 하셔서 힘써서 주님의 전을 찾을 수 있는 성도들이 되게 하옵소서. 부득불 예배에 참석하지 못한 성도들도 기억하셔서 그들의 상한 마음을 위루하여 주시고 기쁨을 더하여 주옵소서.
오늘도 주님의 말씀을 들고 단 위에 서시는 목사님을 권능으로 붙드셔서 생명의 말씀을 전하실 수 있도록 도우실 것을 믿습니다. 예배의 시종을 주님께 의탁하오며, 주님만이 홀로 영광 받으실 것을 믿사옵고 예수 그리스도의 이름으로 기도합니다. 아멘

7월 셋째주 | 공동체

교우들에게 은총을 더하소서

사랑의 하나님 아버지! 오늘도 저희들에게 주님의 날을 허락해주시고 하나님을 예배할 수 있는 복을 주심을 감사드립니다. 저희의 생각과 마음을 밝게 비추어주셔서 주님의 은혜를 사모하고 찬양할 수 있는 시간이 되게 하여 주옵소서. 진리의 말씀으로 저희의 영혼이 소성케 되는 은혜도 있기를 원합니다. 말씀을 들을 때 깨달아 알 수 있는 지혜가 있게 하여 주옵소서.

사랑의 주님! 저희의 심령이 죄로 말미암아 상하여 있음을 깨닫습니다. 죄를 멀리하고 물리치는 삶을 살아보려고 했지만 믿음이 연약하여 미혹되고 말았습니다. 저희에게 생각과 말과 행위에 주님이 기뻐하시는 것이 하나도 없음을 고백합니다. 더러운 죄로 옷 입고 있는 저희의 심령을 회개하오니 미쁘고 의로우신 주님께서 사하여 주옵소서.

은혜의 주님! 교우들을 위하여 기도합니다. 교우들 중에 출산한 가정이 있습니까? 태의 열매는 그의 상급이라고 하였사오니 신앙 안에서 잘 키울 수 있도록 이끌어 주옵소서.
생일을 맞은 교우가 있습니까? 지금까지 지켜주신 하나님을 찬양하며 남은 생애 더욱 주님만을 위하여 살아갈 수 있도록 이끌어 주옵소서. 이사 온 가정이 있습니까? 낯선 환경이지만 교회를 통하여 잘 적응할 수 있게 하시고, 질병으로 고통 받는 교우가 있습니까? 만병의 의원이신 주님을 의지하게 하시고, 치료하시는 주님의 손길을 체험케 하여 주옵소서. 수술이 잡혀 있는 교우가 있습니까? 주님께서 의사의 손길을 붙들어 주셔서 실수하지 않게 하여 주시고, 속히 완쾌될 수 있도록 도와주시옵소서. 오늘도 일일이 간구하지 못한 것까지도 주님이 기억하실 것을 믿습니다. 주님의 뜻에 맞게 응답을 더하여 주옵소서.
오늘도 목사님이 말씀을 증거 하십니다. 주의 성령께서 붙들어 주셔서 은혜 충만한 말씀이 되게 하여 주옵소서. 예배의 시종을 주님께 의탁하오며 예수 그리스도의 이름으로 기도합니다. 아멘

7월 넷째주 | 인도함

성령의 인도하심을 따라 살게 하소서

사랑과 은혜가 풍성하신 자비의 하나님 아버지! 오늘 저희들이 주의 성전에 모여 감사와 찬양으로 주님께 예배를 드립니다. 저희들에게 성령님을 보내셔서 영광을 받으시고 저희 심령을 성결케 하여 주옵소서. 세상의 날씨에 뜨거움을 느끼기보다 불길 같은 성령님의 임재로 뜨거움을 느끼게 하시고 세상의 어떤 도움으로 기뻐하기보다 주의 전에서 저희의 예배를 받으시는 주님의 사랑으로 기뻐할 수 있게 하옵소서.

인애하신 주님! 지난 한 주간의 삶을 돌이켜 봅니다. 주님을 의지하기보다 세상 가운데서 믿고 의지하는 대상을 찾으려 했던 저희였습니다. 주님을 사랑하기보다 물질에 더 애착을 갖고 움직였던 저희였습니다. 주님의 도우심을 바라보기보다 세속적인 것에 기대를 걸었던 저희였습니다. 이 시간, 보혜사 성령께서 세속에 물들어 있는 저희 심령을 훈계하시고 일깨워 주셔서 다시는 세상에 끌려 사는 비굴한 모습이 없게 하여 주옵소서. 이 시간 저희가 성령 안에서 기도하고 찬송하며 말씀을 사모할 때에 은혜 받게 하시며, 새로운 인격을 갖추고 새 사람으로 새날을 살아갈 수 있게 하여 주옵소서. 또한 성령님의 인도하심 속에서 저희의 신앙도 살찌게 하시고 주님의 거룩하신 뜻을 이루어 드릴 수 있는 복된 삶이 되게 하옵소서. 저희의 생각과 계획도 미리 아시는 성령께서 철저하게 이끌어 주시고 주관하여 주시옵기를 원합니다. 저희들의 전 생활 영역이 성령의 인도하심을 따라 사는 권세 있는 삶이 되게 하여 주옵소서.

주님! 여름 행사를 진행하고 있는 교육 부서를 기억하시고, 은혜롭고 성령이 충만한 여름행사가 될 수 있도록 이끌어주옵소서. 함께 참여하고 있는 교역자와 교사들도 피곤치 않도록 붙들어 주옵소서. 오늘도 목사님이 말씀을 들고 단 위에 서십니다. 생명의 말씀, 축복의 말씀, 치료의 말씀을 전하실 수 있도록 성령의 능력으로 함께하시옵소서. 예배가 이미 시작되었습니다. 구하지 않은 것까지 들어주시는 주님을 찬양하오며 예수 그리스도의 이름으로 기도합니다. 아멘

8월 첫째주 | 쉼, 휴식

주님 품에서 진정한 쉼을 누리게 하소서

사랑과 자비의 하나님 아버지! 오늘 저희들이 주님의 전에 모여 찬미와 감사로 예배를 드리게 하심을 감사드립니다. 저희들에게 성령님을 보내셔서 영광을 받으시고 저희 심령을 성결케 하여 주옵소서.

세상의 날씨에 뜨거움을 느끼기보다 불길 같은 성령님의 임재로 뜨겁게 느끼게 하시고, 세상의 어떤 도움으로 기뻐하기보다 주의 전에서 저희의 예배를 받으시는 주님의 사랑으로 기뻐할 수 있게 하옵소서.

수고하고 무거운 짐 진 자들을 쉼으로 초청하신 주님! 저희들이 진정으로 쉼을 얻을 수 있는 곳은 주님의 품 밖에 없음을 깨닫습니다. 하지만 예배의 자리를 뒤로하고 휴가를 떠난 교우들이 많습니다. 그들로 하여금 마음의 평안이 없으면 그것은 진정한 휴식이 될 수 없음을 깨달을 수 있게 하옵소서.

또한 저희들에게도 세상이 주는 휴식은 쉴 수는 있어도 평안은 얻을 수 없다는 것을 잊지 말게 하셔서 잠시 찾아오는 휴식에 마음이 흔들리는 일이 없게 하옵소서. 항상 저희로 하여금 영원한 평안을 허락하시는 주님을 갈망하게 하시고, 주님 안에서 진정한 자유를 얻을 수 있게 하옵소서.

사랑의 주님! 이 전을 찾은 교우들 가운데 여러 가지 힘든 상황에 놓여 있는 교우들이 있을 줄 압니다. 생활고로 시달리는 교우들도 있을 것입니다. 물질의 고통을 받는 교우들도 있을 것입니다. 어려운 문제 앞에서 낙심하고 있는 교우들도 있을 줄 압니다. 질병의 고통을 안고 신음하고 있는 교우들도 있을 줄 압니다. 주님의 능력의 손으로 만져주셔서 고통에서 놓임을 받게 하여 주시고, 주님께 영광 돌릴 수 있게 하여 주옵소서.

오늘도 말씀을 전하시는 목사님을 기억하시고 성령의 능력으로 붙드시옵소서. 전하시는 말씀에 저희의 심령이 뜨거워지게 하셔서 새로움을 경험하게 하옵소서. 이미 예배가 시작되었습니다. 예배의 시종을 주님께 의탁하오며 찬양을 받으실 예수 그리스도의 이름으로 기도합니다. 아멘

8월 둘째주 | 견고한 믿음

믿음을 견고히 세워주소서

은혜로우신 주님! 오늘 하루도 저희들에게 주님을 예배하는 예배자로 설 수 있게 하시니 감사드립니다. 성령께서 저희의 생각과 마음을 주장하여 주셨기 때문에 오늘 하루를 주님께 드릴 수 있었음을 믿습니다. 지금도 저희들은 성령의 능력에 힘입어 주님께 예배드리기 원하오니 저희의 연약한 믿음을 붙들어 주옵소서. 이 복되고 은혜로운 자리에 사탄이 일절 틈타지 못하도록 성령의 화염검으로 막아주시옵소서.

사랑의 주님! 이 시간을 통하여 저희의 믿음의 불완전함을 다시 돌아봅니다. 한 주간의 삶도 거듭 되풀이 되는 죄악 된 습관을 멀리하지 못했습니다. 견고한 믿음 위에 서기를 원하였지만 그것은 마음뿐일 뿐 부딪히는 일마다 쉽게 넘어지는 저희들입니다. 주여, 간구하오니 저희의 믿음을 견고히 세워주시옵소서. 주님의 반석 위에 세워진 믿음이 되게 하여 주시고, 세상을 넉넉히 이겨갈 수 있는 믿음이 되게 하여 주옵소서.
무슨 일이 있어도 세상과 타협하지 않는 믿음이 되게 하여 주시고, 그 어떤 사탄의 유혹 앞에서도 쉽게 흔들리지 않는 믿음이 되게 하여 주옵소서. 모든 염려를 주님께 다 맡길 수 있는 믿음이 되게 하여 주시고, 의인은 일곱 번 넘어질지라도 다시 일으켜 주시는 주님이 계시다는 것을 굳게 믿고 넘어지는 것을 두려워하지 않는 믿음이 되게 하여 주옵소서. 아무리 우리 자신에게 도움이 되고 유익이 되는 것이라 할지라도 신앙적인 것이 아니면 단호히 뿌리칠 수 있는 믿음이 되게 하여 주시고, 손해가 발생한다 할지라도 주님이 기뻐하시는 것이라면 기꺼이 헌신을 드릴 수 있는 믿음이 되게 하여 주옵소서.
오늘도 주님의 말씀을 증거 하시는 목사님을 주님의 능력의 오른 손으로 붙드셔서 권세 있는 말씀을 증거 하실 수 있도록 함께하실 것을 믿습니다. 이미 예배가 시작 되었습니다. 마치는 시간까지 주님만이 홀로 영광 받으실 것을 믿사옵고 예수 그리스도의 이름으로 기도합니다. 아멘

8월 셋째주 | 사랑

사랑으로 회복할 수 있게 하소서

전에도 계시고 이제도 계시며 장차 오실 주님! 이 시간, 저희들이 드리는 예배를 받으시옵소서. 온 맘을 다하여 주님을 경배하고 찬양하기를 원합니다. 저희의 연약한 마음을 주의 성령님이 온전히 주장하여 주옵소서.

미쁘시고 의로우신 주님! 이 시간, 주님을 예배하면서 지난 한 주간을 삶을 돌이켜 봅니다. 주님이 주신 생명의 감사함을 잊고 살았던 것은 아닌지요. 삶이 예배가 되어야 함에도 불구하고, 오히려 죄를 짓는 통로가 되었던 것은 아닌지요. 오늘 저희에게 셀 수조차 없는 죄들이 곳곳에 숨겨져 있음을 깨닫습니다. 회개하오니 용서하여 주옵소서. 죄로부터 영원히 결별할 수 있는 삶이 될 수 있도록 저희의 심령을 온전히 주장하여 주옵소서.

사랑의 주님! 이 시간은 점점 더 사랑을 잃어가는 교회와 세상을 보면서 사랑을 위하여 기도하기를 원합니다. 교회와 세상에 온갖 악한 일들이 범람하고 있는 것은 사랑을 잃어버렸기 때문인 줄 압니다.

주님! "하나님은 사랑이라"(요일4:8)고 하였사오니, 저희 모두가 사랑함으로 주님의 형상을 닮아갈 수 있게 하옵소서. "형제를 미워하는 것은 살인하는 자라"(요일3:15)고 하였사오니, 서로 사랑함으로 주님이 이 땅에 남기신 사랑을 저희의 육체에 채워가는 삶이 되게 하옵소서. 또한 사랑함으로 성령의 아홉 가지 열매 중 제1의 열매를 맺을 수 있는 삶이 되게 하시고, 은사 중에 제일 큰 은사인 사랑의 은사를 소유할 수 있는 저희 모두가 되게 하옵소서.

교회와 세상에 만연되어 있는 악한 것들을 사랑으로 물리치고, 교회와 세상에 타락한 것들을 사랑으로 치유하며, 교회와 세상에 더러운 것들을 사랑으로 씻어낼 수 있는 저희 모두가 되게 하옵소서. 이 시간에도 여러 가지 아픔으로 질병으로 고통당하는 성도가 있으면 목사님이 전하시는 말씀을 통하여 주님의 사랑을 경험하고, 치유를 경험할 수 있게 하옵소서. 예배의 시종을 주님께 의탁하오며 사랑이신 예수 그리스도의 이름으로 기도합니다. 아멘

8월 넷째주 | 은혜

받은 은혜를 기억하는 삶이 되게 하소서

저희를 찾으시는 하나님 아버지! 주님의 찾으심이 계시기에 이 시간에도 저희들이 주님의 전으로 발걸음을 옮겼습니다. 이 자리를 찾은 저희들을 인하여 기뻐하시고 즐거워하시옵소서. 몸과 마음을 드려 주님을 찬양합니다. 영광중에 저희들 가운데 임재 하시옵소서.

사랑의 주님! 약하고 약한 저희들이라서 늘 기우뚱 거리는 신앙으로 주님을 근심케 해드렸던 저희들입니다. 주님 앞에 잘못한 것을 앞세우면 감히 이 자리를 찾을 수 없지만, 어린아이 같은 저희들을 꾸짖지 아니하시고 품어주시는 주님의 사랑이 한없이 크기에 주님 품에 안기길 원합니다. 너르신 주의 품으로 안아 주시고, 다독여 주시며, 저마다 지은 죄를 용서하여 주옵소서.

은혜의 주님! 간구 하옵기는 주님이 택하여 주신 지체들마다 주님의 은혜를 항상 잊지 아니하고 기억하며 살아가는 삶이 되게 하옵소서. 언제나 예배와 기도로 하루를 시작하는 지체들이 되게 하시고, 받은 은혜에 감사할 줄 아는 지체들이 되게 하옵소서. 고난이 온다 하여도 주님의 사랑을 의심치 않게 하시고, 질병이 찾아온다 하여도 질병을 걸머지신 주님을 바라보며 흔들림이 없게 하옵소서. 고통 중에 거할지라도 그 고통의 자리에 주님이 함께 계심을 믿고 감사의 찬송을 잊지 않는 지체들이 되게 하시고, 언제나 자신들에게 향하신 주님의 깊으신 뜻을 분별할 줄 아는 믿음의 지혜가 있게 하옵소서. 잘되는 것도 주님의 축복이지만, 안 되는 것도 주님의 사랑임을 깨닫게 하셔서, 행여나 불평과 원망으로 주님의 사랑을 의심하는 일이 없게 하옵소서.

오늘도 말씀을 전하시는 목사님을 기억하시고 성령의 능력으로 함께하셔서 선포하시는 말씀마다 성령 충만한 은혜의 말씀이 되게 하옵소서. 또한 그 말씀을 듣는 저희모두가 주님의 은혜를 경험하게 하옵소서. 예배의 시종을 주님께 의탁하오며, 믿음의 주요 온전케 하시는 예수 그리스도의 이름으로 기도합니다. 아멘

8월 다섯째주 | 열매

열매를 위하여 마음을 쏟게 하소서

자비로우신 주님! 아침과 저녁으로 차가운 공기를 피부로 느끼면서 이제 가을이 오고 있다는 것을 깨닫습니다. 생명 있는 것들이 향기를 발하고, 성숙을 향하여 발돋움하던 때가 엊그제 같았는데 벌써 두 번의 계절이 변하여 가을을 맞고 있습니다. 신앙의 성숙을 위하여 더욱 힘차게 전진하기를 원했던 저희들은 지금 어떤 모습을 하고 있는지 반성해 봅니다. 말만 요란했지, 신앙의 성숙을 위하여 그 어떤 노력도 하지 않았던 저희의 모습은 아니었는지요.

주님! 저희로 하여금 심는 대로 거두게 된다는 주님의 말씀을 다시금 기억할 수 있게 하옵소서. 지금이라도 정신을 차려서 결실의 계절인 가을 앞에 부끄러운 모습을 남기지 않게 하옵소서. 허락하신 주님의 은혜를 생각하며 열매의 향기를 더하기 위하여 마음을 쏟을 수 있게 하시고, 성경에 이름과 같이 100배, 60배, 30배의 결실을 거둘 수 있는 저희들이 되게 하옵소서. 더욱 기도의 불을 밝힐 수 있게 하시고, 더욱 전도의 불을 밝힐 수 있게 하옵소서. 또한 각기 받은 은사가 있사오니 선한 청지기로서 받은 은사를 잘 활용할 수 있게 하시고, 열매를 원하시는 주님 앞에 착하고 충성된 종으로 인정받을 수 있는 저희들이 되게 하옵소서.

교회의 머리이신 주님! 주님의 몸 된 교회를 위하여 기도합니다. 이 교회를 통하여 이 지역이 복음화 되게 하시고, 주님의 뜨거운 사랑을 나타 낼 수 있는 교회가 되게 하옵소서. 삶의 소망을 잃은 자는 이 교회를 통하여 삶의 소망이 넘쳐나게 하시고, 인생의 평안이 없는 자는 이 교회를 통하여 주님이 채우시는 참된 평안을 얻을 수 있게 하옵소서. 고달픈 삶을 살아가는 자는 이 교회를 통하여 참 안식의 은총을 경험하게 하시고, 병든 자와 상처받은 자는 이 교회를 통하여 치유하시는 주님의 은혜를 경험하게 하옵소서. 오늘도 말씀을 전하시는 목사님을 기억하시고, 능력의 말씀을 전하실 수 있도록 성령의 두루마기를 입히시옵소서. 예배의 시종을 주님께 의탁하오며 예수 그리스도의 이름으로 기도합니다. 아멘

9월 첫째주 | 변화

성령의 사람으로 살아가게 하소서

은혜가 풍성하신 하나님! 오늘 오후에도 저희를 부르셔서 주님께 찬양과 경배를 드릴 수 있게 하여 주시니 감사합니다. 인생 본분이 주님을 가까이 하는 것이요, 주님을 영화롭게 하는 것임을 깨닫습니다. 저희 모두가 일생을 다하도록 언제나 주님을 가까이 할 수 있게 하시고, 주님으로 말미암아 즐거워하고 행복해 할 수 있는 삶이 되게 하옵소서.
주님! 이 시간 예배드리면서 주님의 깊으신 뜻을 실천하지 못하는 저희의 모습을 돌아봅니다. 주님의 뜻과는 전혀 상관없는 일들을 하면서도 저희들은 너무나 당당했고, 너무나 교만했습니다. 죄를 지으면서도 자신에게 너무나 관대했습니다. 이런 저희의 모습을 주님이 보시며 얼마나 웃으셨겠습니까?
주님, 이 시간 주님의 용서만을 구합니다. 죄 짓는 삶에 익숙해진 저희를 변화시켜 주시고 정결케 하여 주옵소서. 주님의 사람으로, 성령의 사람으로 살아가기에 조금도 부족함이 없도록 변화시켜 주시옵소서.

주님! 세상의 시달림 속에서 저희의 신앙 자세가 흐트러질 때가 많습니다. 그리할 때 현실에 대하여 불만과 불평을 앞세우지 말게 하시고, 오히려 그 같은 시달림과 어려움 속에서 하나님의 깊으신 뜻을 깨달을 수 있는 기회를 얻을 수 있게 하옵소서. 더욱 더 신앙의 성숙을 기(期)할 수 있는 기회로 삼는 저희들이 되기를 원합니다.
오늘도 슬픔을 안고 나온 성도들이 있습니까? 위로하여 주옵소서. 질병을 안고 나온 성도들이 있습니까? 주님이 친히 안수하여 주셔서 치료의 은혜를 누리게 하여 주옵소서. 이 시간에도 말씀을 준비하여 단 위에 서신 목사님을 기억하시고 성령의 능력으로 붙드셔서 말씀을 전하시기에 조금도 피곤치 않게 하여 주시고, 듣는 자 모두가 역동하시는 주님의 말씀을 체험케 하여 주옵소서.
이미 예배가 시작되었습니다. 마치는 시간까지 주님 홀로 영광 받으실 것을 믿사옵고 예수 그리스도의 이름으로 기도합니다. 아멘

9월 둘째주 | 영적무감각

영적인 무감각증에 빠지지 않게 하소서

사랑의 주님! 오늘도 주님의 은혜와 사랑 가운데 주일 성수를 할 수 있도록 이끌어 주시니 감사합니다. 다른 무엇보다도 주일 성수를 잘하게 된 것을 주님이 주시는 귀한 축복으로 삼을 수 있는 저희 모두가 되게 하여 주옵소서. 많아보이던 낮 예배의 인원이 오후예배에는 초라하기 그지없지만 삶의 중심을 온전히 주님께 두기를 원하는 저희의 심령을 감찰 하셔서 저희가 드리는 찬양예배를 기쁘게 받아 주시옵소서.

주님! 명절을 앞두고 있는 만큼이나 저희의 마음을 들뜨게 만드는 계절입니다. 이 자리에 앉아 있는 저희들이지만, 저희들 가운데는 이미 다른 곳에 마음을 두고 다른 곳을 생각하고 있는 성도들도 있을 것이라 짐작해 봅니다. 자칫 잘못하면 영적인 패턴이 흔들리기 쉽고, 영적인 무감각증에 빠지기 쉬운 이때에 저희의 중심이 믿음에서 흔들리지 않도록 붙들어 주시기를 원합니다. 주님을 등지는 미혹에 빠지지 않게 하여 주시고, 방종의 생활로 흐르지 않도록 이끌어 주시옵소서. 마음을 잘 다스릴 수 있도록 성령의 충만함을 허락하여 주시고, 절제의 열매를 맺음으로 주님의 마음을 흡족하게 해 드릴 수 있는 저희 모두가 되게 하옵소서. 유혹 앞에서 신앙의 흐트러짐을 보이지 않게 하시고, 믿음의 중심을 잘 잡고 주님이 기뻐하시는 길로 걸어갈 수 있는 이 계절이 되게 하옵소서. 자신의 만족을 위하여 마음을 쏟기 보다는 이웃의 만족을 위하여 자신을 깨뜨릴 수 있는 계절이 되게 하옵소서. 선한 일과 의로운 일이 저희의 손길을 통하여 열매를 맺는 계절이 되게 하옵소서.

오늘도 말씀을 증거 하시는 목사님을 기억하시고 성령의 능력으로 붙들어 주셔서 저희의 심령골수를 쪼개는 능력의 말씀이 되게 하여 주옵소서. 예배를 돕는 손길들과 이름 없이 빛도 없이 봉사하는 손길들을 기억하시고, 저들의 마음을 천국의 부요함으로 채우실 것을 믿습니다. 예배의 시종을 주님께 의탁하오며 주님의 보혈의 공로를 의지하여 예수 그리스도의 이름으로 기도합니다. 아멘

9월 셋째주 | 뜨거움

항상 뜨거운 신앙을 갖게 하소서

저희를 감싸시고 사랑하시는 하나님 아버지! 거룩한 주님의 날에 저희들이 해야 할 일들을 할 수 있게 하시고, 이 시간에 또 다시 주님을 예배할 수 있게 하여 주시니 감사드립니다. 저희들이 주님의 전에 있는 것 자체가 큰 축복임을 믿습니다. 온 맘을 다하여 주님을 예배할 수 있게 하시고, 소리 높여 주님을 찬양할 수 있게 하옵소서. 이 시간도 주의 은혜로 역사하실 것을 믿습니다.

사랑의 주님! 이 시간에 저희들이 주님을 예배하지만 저희 속에 많은 죄가 있음을 고백합니다. 알고 지은 죄, 모르고 지은 죄가 너무도 많사오니, 악하고 추한 것들을 낱낱이 고백하지 않아도 회개하기를 원하는 심령에게 죄 씻음의 은총을 허락하여 주옵소서.

은혜의 주님! 저희로 하여금 주님을 향한 뜨거운 신앙을 항상 잃지 말게 하옵소서. 피곤할지라도, 지칠지라도 주님을 향한 뜨거움이 식지 않게 하시고, 언제든지 아름다운 은혜의 열매를 맺는 저희들이 되게 하옵소서. 길바닥에 뿌린 씨앗은 공중의 새가 날아와서 먹어버린다 할지라도 저희의 마음은 혹은 100배, 혹은 60배, 혹은 30배의 결실을 맺을 수 있는 옥토의 마음이 되게 하시고, 복음의 씨앗을 뿌릴 때마다 풍성한 결실을 맺는 자랑스런 신앙인이 되게 하옵소서.

주님! 신앙적으로 느슨해진 성도들이 있습니까? 어서 속히 믿음의 자리를 찾을 수 있게 하여 주시고, 주님을 가까이 할 수 있는 삶의 자리로 나아가게 하여 주옵소서. 주님의 몸 된 교회를 위하여 손을 놓고 있던 봉사의 자리에도 적극 참여할 수 있게 하여 주시고, 맡은 직분에 충성을 다할 수 있도록 도와주시옵소서.

오늘도 말씀을 들고 단 위에 서신 목사님을 성령의 능력으로 붙드셔서, 갈급한 영혼에게는 생수의 말씀이 되고, 길 잃은 영혼들에게는 등불이 되며, 병들고 지친 영혼들에게는 소망과 능력이 되는 말씀을 전하실 수 있게 하여 주옵소서. 예배의 시종을 주님께 의탁하오며 거룩하신 예수 그리스도의 이름으로 기도합니다. 아멘

9월 넷째주 | 주님사랑

주님을 가까이 할 수 있게 하소서

은혜로우신 주님! 피곤한 세상살이에 지친 인생들을 간과치 않으셔서 주님을 만날 수 있는 은혜의 자리로 이끌어 주심을 감사드립니다. 주님의 은총을 입어 이 자리에 나왔사오니 저희의 예배를 받으시고 홀로 영광을 받으시옵소서. 이 시간도 저희는 구원의 잔을 들고 은혜의 하나님을, 귀한 이름인 여호와를 소리 높여 부르기를 원합니다. 저희의 마음을 온전히 주장하여 주옵소서.

사랑의 주님! 저희들의 삶을 돌이켜 보면 주님의 사랑을 받고 주님의 사랑 안에 있으면서도 그 사랑을 실천하기에는 왜 그다지도 인색했는지 모릅니다. 그러면 안 되는 줄 알면서도 늘 미움에 이끌려 다니기를 좋아했습니다. 판단과 질투의 화신으로 변해 있을 때가 많았습니다. 이런 저희를 우리 주님이 보시며 얼마나 안타까워 하셨겠습니까? 회개하오니 용서하여 주옵소서.

자비로우신 주님! 국가적으로나 교회적으로 영적인 위기의식을 느껴야 할 때인 줄 믿습니다. 영적인 위기는 도적같이 찾아옴을 깨닫게 하셔서 위기의식을 느낄 때 빨리 신앙의 자리로 돌이킬 수 있게 하시고 믿음의 길을 잘 달려갈 수 있게 하옵소서. 주님! 갈수록 교회당의 빈자리가 많아지고 있습니다. 예배에 점점 더 관심을 잃어버리는 신앙인들을 불쌍히 여기시옵소서. 사람이 떡으로만 사는 것이 아니라 하나님의 입에서 나오는 말씀으로 살아야 한다는 것을 깨닫게 하셔서 주님을 가까이 할 수 있는 그들이 되게 하옵소서. 이 시간에, 세상 유혹을 뒤로한 채 끝까지 예배의 자리를 지키며 주님께 영광 돌리는 저희들을 기억하시고, 먼저 주님의 나라와 그 의를 구한 심령 속에 하늘의 영원한 복으로 함께 하실 것을 믿습니다. 오늘도 말씀을 전하시는 목사님을 기억하시고 저희들에게 꼭 필요한 말씀, 영의 양식이 되는 말씀을 증거 하실 수 있도록 붙드시옵소서. 예배가 마치는 시간까지 주님만이 홀로 영광 받으실 것을 믿사옵고 예수 그리스도의 이름으로 기도합니다. 아멘

10월 첫째주 | 신앙

신앙의 자리를 지키게 하소서

넘치는 사랑으로 저희를 감싸시는 하나님 아버지! 이 시간도 저희가 주님의 사랑을 뼛속 깊숙이 느낄 수 있는 이 복 된 자리로 이끄심을 감사드립니다. 이 세상의 고통스런 현실만 생각하면 절망일 수밖에 없지만, 저희를 감싸시는 주님의 사랑을 생각할 때 말할 수 없는 기쁨과 평안을 얻습니다. 이 시간도 힘을 다하여 주님께 예배할 때에 저희의 드리는 예배를 받으시고, 사랑으로 찾아오시는 주님을 다시 한 번 경험하는 복된 시간이 되게 하여 주옵소서.

은혜의 주님! 세상 유혹에 이끌려 갈수록 신앙의 자리를 지키는 자들이 줄어들고 있다는 것을 피부로 느낍니다. 오늘 이 자리에도 주님이 찾으시는 성도들이 많이 보이지 않고 있습니다.
그들이 힘써서 찾아야 할 자리는 예배의 자리요, 즐겨 들어야 할 음성은 주님의 음성인데, 주님의 교회를 멀리하는 것을 보면서 "인자가 올 때에 세상에서 믿음을 보겠느냐"(눅18:8)는 주님의 말씀이 저희의 영혼을 두드립니다. 주님! 구원의 은총을 받은 주의 백성으로서 육신의 즐거움을 위하여 마땅히 행할 바를 행치 않는 죄를 범치 말게 하시고, 늘 말씀 안에서 성령을 좇아 행할 수 있는 삶이 되게 하옵소서. 마음과 정성을 다하여 주님의 뜻을 온전히 좇을 수 있는 삶이 되게 하시고, 주님이 분부하신 명령을 힘써서 준행하는 삶이 되게 하옵소서.
주님! 오곡백과가 무르익어가는 가을입니다. 저희의 인생도 가을의 열매처럼 여문 결실을 맺어야 하는 것이 이치인데, 주께서 오셔서 열매를 내 놓으라 하실 때 미처 여물지 못한 열매를 내놓을까 두렵습니다. 주님께 부끄럽지 않은 열매를 보이기 위해 주님의 일로 더욱 분주해 지는 저희들이 되게 하시고, 더욱 충성할 수 있는 일꾼들이 되게 하옵소서.
오늘도 주님이 귀하게 쓰시는 목사님이 단 위에 서시오니 크신 능력으로 붙드시옵소서. 성령님께서 이 예배를 주장하실 것을 믿사오며 예수 그리스도의 이름으로 기도합니다. 아멘

10월 둘째주 | 전도

전도의 사명을 잘 감당하게 하소서

사랑이 많으신 하나님 아버지! 주일오전과 오후에도 주님의 전을 힘써서 찾을 수 있도록 인도하심을 감사드립니다. 또한 거룩한 날, 거룩한 시간을 주셔서 주님을 만날 수 있게 하시고, 주님과 신령한 교제를 갖게 하신 것을 감사드립니다. 육신은 피곤할지라도 주의 성령으로 충만하게 하셔서 영혼의 만족과 기쁨의 찬송이 넘치는 시간이 되게 하옵소서.

은혜의 주님! 저희들에게 어제의 땀과 수고를 결실할 수 있는 가을을 주심을 감사합니다. 황금물결이 출렁이는 가을 들녘을 바라보면서 저희의 믿음도 여문 황금 들녘 같은 믿음이 되기를 소원해봅니다. 이 가을에 무엇보다도 전도의 사명을 잘 감당할 수 있게 하옵소서. 믿음의 선배들의 뒤를 이어 복음을 전파하는 일에 게으르지 않게 하시고, 전도의 미련한 것으로 믿는 자들을 구원하시기를 기뻐하시는 주님의 마음을 살필 줄 아는 저희들이 되게 하옵소서.

전도의 달란트가 없다는 이유를 내세워 전도하는 일에 게으르지 말게 하시고, 열매를 거두시는 이는 하나님이라는 사실을 깨달아 복음을 전하기에 힘쓸 수 있는 저희들이 되게 하옵소서. 영혼이 주님 앞에 돌아올 수만 있다면 산고의 고통이 따른다 할지라도 그 수고를 감당할 수 있게 하시고, 고난이 주어진다 할지라도 주님의 위로와 상급을 바라보며 능히 인내할 수 있는 저희들이 되게 하옵소서. 저희가 움직여야 교회가 부흥되고, 하늘나라의 지경이 확장되며, 지옥 갈 백성이 천국백성으로 바뀌어 지는 역사가 있게 될 것을 믿습니다. 전도인의 직무를 잘 수행할 수 있는 저희들이 되게 하셔서 땅 끝까지 복음을 전하는 전도 주인공이 될 수 있게 하옵소서. 오늘도 주님의 말씀을 들고 단 위에 서시는 목사님을 기억하시고 성령의 능력으로 강하게 붙드셔서 식어진 가슴에 불을 붙이는 능력의 말씀이 되게 하옵소서. 이미 예배가 시작되었습니다. 마치는 시간까지 주의 성령께서 저희의 연약함을 도우실 것을 믿사옵고 예수 그리스도의 이름으로 기도합니다. 아멘

10월 셋째주 | 열매

사랑과 감사의 열매를 맺게 하소서

때를 따라 아름답게 하시는 하나님! 풍요의 계절 가을을 맞이하여 주님께 예배드릴 수 있는 이 복된 시간을 허락하심을 감사드립니다. 이 시간 주님께 예배하는 저희의 심령마다 주님의 은혜로 풍성하게 채우셔서 예배의 기쁨을 한껏 누릴 수 있게 하여 주시고, 주님의 영광을 나타내는 예배자가 되게 하옵소서.

사랑의 주님! 저희에게 풍성한 결실의 계절인 가을을 허락하여 주셨사오니 이 가을에 풍성한 열매를 맺기 위하여 마음을 쏟을 수 있는 저희 모두가 되게 하여 주옵소서. 저희를 잠잠히 사랑하시고 조건 없이 사랑하시며 끝이 없는 사랑으로 대하시는 그 깊은 주님의 사랑을 생각하며 사랑의 열매를 더욱 많이 맺을 수 있는 이 가을이 되게 하여 주옵소서.

또한 감사의 열매도 많이 맺기를 원합니다. 기쁘고 좋을 때만 감사하는 것이 아니라 환난을 당했을 때도 감사할 수 있게 하여 주옵소서. 형통할 때만 감사하는 것이 아니라 험한 가시밭길을 가면서도 감사할 수 있게 하여 주옵소서. 재물이 많음을 인하여 감사의 조건을 삼는 것이 아니라 가진 것이 없어도 감사할 수 있게 하여 주옵소서. 또한 이 가을에 성령의 열매가 있기를 원합니다. 성령의 열매를 맺음으로 영적인 창고에 영적인 열매를 가득 채울 수 있는 저희모두가 되게 하여 주옵소서. 또한 저희모두가 신령한 복을 늘 구하는 삶이 되기를 원합니다. 진주의 가치를 알지 못하는 미련한 짐승처럼 하늘의 신령한 복을 소홀히 하는 어리석은 자들이 되지 말게 하시고, 하늘의 복을 소중히 여김으로 신령한 복을 늘 구하는 삶이 되게 하여 주옵소서.

이 시간, 단 위에 세워 주신 목사님을 능력의 오른팔로 붙들어 주셔서 주님의 권세 있는 말씀을 선포하게 하여 주시고, 저희 심령마다 성령의 역사를 뜨겁게 체험할 수 있게 하여 주옵소서. 예배의 시종을 주님께 맡깁니다. 저희들의 연약함을 주의 성령께서 도우실 것을 믿사옵고 예수 그리스도의 이름으로 기도합니다. 아멘

10월 넷째주 | 결실

풍요와 결실의 자리로 나아가게 하소서

언제 어디서나 저희들과 함께 계시는 주님! 슬플 때나 기쁠 때나 쉴 때에도 함께하시고, 주님의 선하신 뜻대로 이끌어 주심을 감사합니다. 또한 시대와 환경이 변하여 황금만능과 과학만능의 세상에서도 변치 않는 주님의 진리 안에서 승리하게 하여 주시니 감사합니다. 오늘 주님의 사랑을 입은 자로 이 자리에 나와 예배를 드리오니 저희의 드리는 예배를 받아주시옵소서.
은혜의 주님! 우리 주님은 저희의 모든 것을 아시오니 언제 어디서 무엇을 하였는지도 잘 아실 줄 믿습니다. 마음을 어둡게 한 잘못, 신앙인답지 못했던 말과 행동이 있었다면 용서하여 주옵소서. 또한 진리를 안다고 하는 지식의 교만, 오래 믿었다고 하는 연조의 자랑, 감당하지 못한 직분의 태만이 있었다면 긍휼의 풍성하심을 따라 용서하여 주옵소서.

사랑의 주님! 흐르는 물과 같은 게 시간이 아니니까? 멀찌감치 도망간 푸른 하늘을 보며 주님의 한량없는 섭리를 찬양합니다. 한 순간도 쉬지 않으시고 삼라만상을 주관하시며 인류의 숨결을 보듬으시는 주님의 사랑과 일하심을 보며 열정 없이 살아온 지난 시간이 부끄럽습니다. 이제라도 열심을 낼 수 있는 저희 모두가 되게 하셔서 풍요와 결실의 자리로 나아갈 수 있게 하옵소서.'맡은 자에게 구할 것은 충성'이라고 하셨사오니 주님의 직분을 멋으로 감당하지 않게 하시고 마음을 쏟아 열심히 뛸 수 있는 저희모두가 되게 하옵소서. 매년 돌아오는 가을이라고 하여 열매 맺을 수 있는 가을이 또 주어질 것으로 생각지 말게 하시고, 이번 가을이 마지막인 것처럼 주님께 충성할 수 있는 저희 모두가 되게 하옵소서.
오늘도 주님의 말씀을 듣고 단 위에 서시는 목사님을 기억하시고 준비하신 말씀을 힘 있게 전하실 때에 주님의 능력이 나타나고 성령의 역사가 강하게 나타나는 은혜의 시간이 되게 하옵소서. 이미 예배가 시작 되었습니다. 주님만이 홀로 영광을 받으실 것을 믿사옵고 예수 그리스도의 이름으로 기도합니다. 아멘

11월 첫째주 | 겸손, 섬김

주님의 겸손을 본받게 하소서

찬양과 경배를 받으시기에 합당하신 하나님! 오늘도 저희들이 주님의 전을 찾아 주님을 찬양하며 예배할 수 있게 하여 주시니 감사드립니다. 저희의 입술에서 울려 퍼지는 찬양이 이 성전을 가득 메울 때, 계신 곳 하늘에서 영광을 받으시고 크신 은총을 내려 주시옵소서.

자비로우신 주님! 참으로 미련한 저희들이라서 죄를 지을 때가 많았습니다. 주님의 은혜와 축복 속에 거하면서도 죄를 좇아가는 저희들입니다. 주님의 자녀로서 너무나 무자격한 저희를 징계치 아니하시고 오래 참으셔서 주님의 보좌 앞으로 이끄시는 은총을 생각할 때 감사 감격할 뿐이옵니다. 회개하기만 하면 저희의 죄악을 기억치 아니하시는 주님께 회개하오니 긍휼히 여기셔서 용서하여 주옵소서. 주님! 죄인들을 위하여 낮고 천한 자리를 찾아오신 주님이신데, 저희들은 스스로를 높이고 섬김을 받는 일을 더욱 좋아했습니다. 저희로 하여금 주님의 겸손을 본받아 섬기는 자로서의 삶을 살아갈 수 있게 하옵소서. 저희를 교회의 지체로 삼아주셨사오니, 늘 하나님의 선하시고 온전하신 뜻이 무엇인지 분별할 수 있게 하시고, 믿음의 분량에 따라 지혜롭게 봉사할 수 있게 하옵소서. 봉사자의 중요한 자세는 자기 직분에 따라 그 역할을 잘 감당해야만 될 줄로 압니다. 손은 손으로서, 발은 발로서, 머리는 머리로서의 기능을 잘 감당하는 것이 중요한 줄 압니다. 각자가 주님이 주신 은사로 맡은 바 직분을 잘 감당하여 이 좋은 추수의 계절에 교회를 섬기는 귀한 모습이 넘쳐나게 하시고, 열매 맺는 신앙이 되게 하옵소서. 오늘도 사랑하는 목사님을 단 위에 세우셨사오니 진리의 말씀을 전하실 수 있도록 붙드시고, 저희 모두가 송이 꿀보다 더 단 주의 말씀을 경험하는 시간이 되게 하여 주옵소서. 이 예배에 참석하지 못한 교우들이 있습니다. 언제나 그 마음의 중심에 주님의 교회가 우뚝 서 있게 하옵소서.

이미 예배가 시작 되었습니다. 마치는 시간까지 예배의 시종의 주님께 의탁하오며 예수 그리스도의 이름으로 기도합니다. 아멘

수능시험을 잘 보게 하소서

자비하시고 사랑이 많으신 하나님 아버지! 오늘도 저희를 진리의 빛으로 비추셔서 주님의 전에 나와 예배할 수 있게 하시니 감사합니다. 세상에 매여 사는 것이 아니라 주님의 은혜에 매여 살아갈 수 있게 하시니 얼마나 감사한지요. 이 땅을 살아가는 동안 주님의 은총을 받은 자로 주님의 은혜를 놓치지 않는 삶이 되게 하여 주시고, 항상 주님을 높이고 그 영광을 드러낼 수 있는 삶이 되게 하여 주옵소서. 이 시간 저희들이 주님을 찾은 것은 오직 주님을 찬양하고 예배하기 위함입니다. 저희의 마음을 주장하여 주셔서 주님께 온전한 예배가 드려질 수 있도록 인도하여 주옵소서.

사랑의 주님! 이번 주에는 대학진학을 위한 수능시험이 있습니다. 이제껏 시험에 대한 스트레스를 받아가며 학업에 전념해 온 학생들이 최종적으로 평가를 받는 날입니다. 시험을 보는 학생들마다 좋은 점수를 얻어서 자신을 꿈을 펼칠 수 있는 대학에 들어가는데 어려움이 없게 하옵소서. 시험에 임할 때 평정심을 잃지 말게 하시고, 복잡한 문제가 나와도 당황하지 않게 하여 주옵소서. 아는 문제라고 자만함이 없게 하시고, 침착함을 가지고 조심스럽게 문제를 풀어갈 수 있게 하옵소서. 서두름도 없기를 원합니다. 차분함과 여유를 갖게 하셔서 답안을 잘못 작성하는 일이 없게 하옵소서. 특별히 믿음의 자녀들을 기억하옵소서.
주일을 온전히 지키며 시험을 준비해 온 학생들입니다. 능력의 주님이 놀라운 지혜를 부어 주셔서 배우고 익혔던 모든 것들이 생각나게 하시고, 문항들을 대할 때마다 머리가 되어 주시는 주님의 사랑을 경험하게 하옵소서.
신실한 그리스도의 학생들에게 신실하신 주님을 경험하는 수능시험이 되게 하실 것을 믿습니다.
오늘도 주님의 말씀을 전하시는 목사님을 성령의 능력으로 붙드셔서 말씀을 사모하는 저희 모두가 큰 은혜를 받는 시간이 되게 하옵소서. 예배의 시종을 주님께 의탁하오며 예수 그리스도의 이름으로 기도합니다. 아멘

11월 셋째주 | 감사

감사를 회복하게 하소서

찬송 받으실 하나님 아버지! 높은 영광 속에서 인생을 돌보시는 위엄을 찬양합니다. 이 예배에 나온 저희들도 그 영광을 찬미하게 하옵소서. 우리의 길이 되신 그리스도 예수님, 간절히 구하며 주님을 찾는 저희들의 앞길을 빛으로 인도하옵소서. 은혜의 성령님, 예배드리는 저희 영혼의 소원을 만족하게 하시고 충만하게 하여 주옵소서. 성삼위 하나님께 영광을 돌리는 예배가 되게 하옵소서.

은혜의 주님! 저희들에게 추수의 계절인 가을을 주심을 감사합니다. 저희들에게 추수의 계절을 주신 것은 이 계절을 통하여 주님께 대한 감사를 회복할 수 있도록 이끄시는 주님의 섭리임을 깨닫습니다. 그동안 감사생활을 해야 함에도 불구하고 오히려 불평불만으로 살아왔던 저희들 아닙니까?

이 시간, 지나온 일 년을 돌이켜 보면서 감사생활을 하지 못했던 것을 회개하며 참으로 감사해야 될 일이 무엇인지를 기억하게 하시고, 주님께 깊은 감사를 드릴 수 있는 저희모두가 되게 하옵소서. 조건적인 감사를 찾지 말게 하여 주시고, 절대적인 감사생활을 할 수 있는 저희들이 되게 하옵소서. 사람이 무엇으로 심든지 그대로 거둔다(고후9:6)고 하셨사오니, 저희가 거두는 것이 감사의 열매가 될 수 있게 하옵소서.

주님! 그동안 저희가 복음의 씨앗을 얼마나 뿌렸는지를 돌이켜 봅니다. 주님은 저희들에게 영적인 결실을 기대하시는데 저희들은 아무것도 하지 않으려고 했고, 아무데도 가지 않으려고 했던 것은 아닌지요. 지금부터라도 영적인 결실을 맺기 위하여 사랑의 수고를 아끼지 않는 저희 모두가 되게 하시고, 영적인 추수기 때에 빈손 들고 주님 앞에 서는 인생이 되지 않게 하옵소서.

오늘도 주님의 말씀을 들고 단 위에 서시는 목사님을 기억하시고 큰 능력으로 붙드시옵소서. 말씀을 증거 하실 때 메말랐던 심령이 은혜의 단비를 경험하는 시간이 되게 하옵소서. 예배의 시종을 주님께 의탁하오며 예수 그리스도의 이름으로 기도합니다. 아멘

11월 넷째주 | 강한영성

영적으로 승리하게 하소서

아름다운 계절과 풍성한 수확의 절기를 주신 하나님 아버지! 자연의 섭리를 보며 이 땅을 주관하시는 주님의 섭리하심을 생각지 않을 수 없습니다. 죄 짐을 지고 가는 저희 인생들을 긍휼이 여기셔서 구원의 자녀가 되게 하심을 감사드립니다. 날이 갈수록 성숙된 믿음을 보여줄 수 있는 저희들이 되게 하시고, 아름다운 영적인 열매를 알차게 맺을 수 있는 저희 모두가 되게 하여 주옵소서.

주님! 갈수록 시대가 악하고 어두워져 감을 깨닫습니다. 이런 때에 영적으로 승리하는 삶이 되려면 강한 영성을 소유하는 방법 밖에는 없는 줄 압니다. 하지만 바쁘다는 핑계로 주님의 전을 멀리하는 경우가 얼마나 많습니까? 피곤을 핑계 삼아 영적인 모임을 피하는 경우가 얼마나 많습니까? 서서히 영적으로 죽어가고 있음에도 그것을 깨닫지 못하고, 영적인 자리를 육신의 안일로 대치하려고 하는 저희들을 보며 사단이 얼마나 기뻐하겠습니까? 이제는 어렵고 힘들더라도 주님이 기뻐하시는 자리에 저희들이 늘 있게 하여 주옵소서.

주님! 이제는 저희들이 잡다한 핑계로 주님의 전을 멀리하기보다 모이기에 힘쓸 수 있게 하옵소서. 성전을 멀리할수록 형식적인 신앙인으로 기울어 질 수 있음을 깨달아, 어떤 환경에 놓여 있든지 주님의 전을 가까이 할 수 있는 저희들에 되게 하옵소서. 그리하여 강단에서 흘러나오는 주님의 말씀을 통하여 새 힘을 얻을 수 있게 하시고, 부르짖는 기도를 통하여 새 능력을 공급받을 수 있게 하옵소서. 주님! 질병으로 고통당하는 성도가 있습니까? 이 시간, 말씀을 통하여 치료하시는 주님의 손길을 느끼게 하옵소서. 사랑하는 목사님이 말씀을 들고 단 위에 서십니다. 주님의 말씀을 온전히 전하실 수 있도록 성령의 능력으로 붙들어 주옵소서. 말씀을 귀 기울여 듣는 저희들에게도 귀한 은혜의 역사가 있게 하옵소서.

이미 예배가 시작되었습니다. 예배의 시종을 성령께서 친히 주장하실 것을 믿사옵고 예수 그리스도의 이름으로 기도합니다. 아멘

11월 다섯째주 | 산 신앙

살아있는 신앙이 되게 하소서

비록 약하고 추해도 주 앞으로 나오라 부르시고, 힘을 더하시며 씻어주시는 주님! 저희가 이 부르심을 받들어 지금 주님 앞에 나왔습니다. 서서히 한 해가 가고 있건만 부르심의 은혜에 응답하지 못한 인생이 얼마나 많은지 모릅니다.

단지 주님 앞에 나온 것으로만 만족하지 말게 하시고, 이웃과 함께 주님을 부르며 씻김의 은혜를 사모하는 백성들이 되게 하여 주옵소서.

죽기까지 저희를 사랑하신 주님! 주님이 이 땅에 오셔서 사랑으로 사시며 죽기까지 자신을 희생하신 그 모습을 본받을 수 있는 교회가 되기를 원합니다. 가난하고, 헐벗고, 굶주린 자의 친구가 되어주신 주님의 사랑을 본받아, 소외되고 외로운 자들을 대접하고 섬기는 교회가 되게 하여 주옵소서.

은혜의 주님! 오늘 저희의 신앙도 살아있는 신앙이 되기를 원합니다. 갈수록 말씀에 대한 감격이 없고 죽어있는 저희의 마음에 감격과 찬양과 감사가 살아있는 믿음을 소유하게 하옵소서.

게으르고 나태한 자리에서 열심과 헌신의 자세로 새롭게 변화되는 믿음을 주옵소서. 주님께서 "너희 자신을 부인하고 십자가를 지고 나를 따르라"고 말씀하였사오니 저희 자신에게 주어진 십자가를 지고 주님을 따를 수 있게 하옵소서.

자신의 욕망과 계획 때문에 주님이 짊어지라고 주신 십자가를 외면하는 일이 없게 하시고, 주님의 뜻을 높이고 주님의 몸 된 교회를 세워 가는데 마음을 쏟을 수 있는 저희들이 되게 하옵소서.

오늘도 말씀을 들고 서시는 목사님을 기억하시고 하루 종일 예배 인도하시느라 매우 피곤하신 줄 아오니, 새 힘과 새 능력을 공급하여 주옵소서. 그리하여 이 시간에도 주님의 말씀을 강론하실 때에 능력 있는 말씀을 선포하실 수 있게 하여 주옵소서. 이미 예배가 시작되었습니다. 마치는 시간까지 주의 성령께서 함께하실 것을 믿사옵고 저희를 구원하여 주신 예수 그리스도의 이름으로 기도합니다. 아멘

12월 첫째주 | 믿음

믿음의 옷을 단장할 수 있게 하소서

영광의 하나님 아버지! 왕이신 그리스도의 주일에 성삼위 하나님의 영광을 높이 찬양합니다. 온 세상의 평화가 그리스도께로부터 나오고, 세계의 통치자들이 그리스도의 섭리 아래 일하고 있음을 저희는 확실히 믿습니다. 인류의 앞날을 주관하시고, 온 나라 백성들에게 자비를 베푸시옵소서. 오늘 주님의 전에 모여 예배드리는 세상 모든 믿음의 자녀들에게 복을 내리시고 간절한 간구에 응답하옵소서.

믿음의 주요, 온전하게 하시는 주님! 겨울의 문턱에서 주의 사랑을 입은 자녀들이 어떤 신앙의 옷을 입고 있어야 하는지를 돌아볼 수 있기를 원합니다. 자연은 주님의 섭리에 따라 계절에 맞는 옷을 갈아입기 위하여 준비하고 있건만, 저희들은 지금 무엇을 하고 있는지요? 이제 식어져 있던 열심을 다시 추슬러서 믿음의 옷으로 단장하기 위하여 분발할 수 있는 저희 모두가 되게 하옵소서.

그동안 계절을 탓하며 사명의 자리를 고의적으로 피한 적도 많았었고, 개인생활에 우선권을 두고 교회생활을 등한히 했던 적도 많았습니다. 저희 자신도 모르게 신앙이 식어진 상태에 있었음을 부인할 수 없나이다.

주님, 이제 다시 열심을 내어 얼마 남지 않은 한 해를 주님께서 인정하시는 믿음의 사람으로 살아갈 수 있게 하옵소서. 아무런 믿음의 열매를 맺지 못하여 주님께 드릴 것이 없는 모습으로 한 해를 마무리 하지 말게 하시고, 믿음의 결실을 풍성히 맺어 한 광주리 가득 담아 주님께 드릴 수 있는 모습으로 한 해를 마무리 할 수 있게 하옵소서. 저희들의 신앙생활 전 영역에서 풍성함이 드러날 수 있는 축복의 삶이 되기를 원합니다.

오늘도 주님께 더 큰 영광을 돌리기 위하여 계시된 주님의 말씀을 듣고 단 위에 서신 목사님을 기억하시고 성령의 능력으로 붙들어 주셔서 선포하시는 말씀이 성령의 권능을 세상에 쏟아 놓는 말씀이 되게 하옵소서.

예배가 이미 시작되었습니다. 순종하는 마음으로 드리는 예배를 받으실 것을 믿사옵고 예수 그리스도의 이름으로 기도합니다. 아멘

12월 둘째주 | 돌보심

지금까지 돌보아주심을 감사합니다

인생을 돌보시는 하나님 아버지! 오늘도 인간을 위하여 펼쳐주신 놀라운 역사를 바라보며 감사와 찬미를 드립니다. 높은 하늘에 보좌를 두신 하나님께서 저희를 살피시려 아들을 세상에 보내시고, 인간의 깊은 데까지 친히 통찰하시오니 감격에 넘치나이다. 이제 성전에 임하여 계시는 하나님을 뵙고자 하오니 이 예배를 받으시고 저희들을 자녀로 삼아주시기를 원합니다. 주님의 전에서 다시 오실 주님을 모시는 영광을 누리게 하여 주옵소서.

인도하시는 주님! 이제 한 해도 얼마 남지 낳았습니다. 지금까지 지내온 날들을 돌아보니 어느 한 순간도 주님의 은혜가 아닌 것이 없습니다. 온 세상의 평화와 공존으로부터 저희 삶의 작은 부분에 이르기까지 주님께서 친히 돌보아 주셨음을 다시금 깨닫게 됩니다. 백성의 도리를 다하지 못한 저희의 부족함을 용서하시고 천국시민으로서 거듭나게 하여 주시기를 원합니다. 대림절 기간에 더욱 굳건한 믿음으로써 다시 오실 왕을 맞이할 준비를 갖추게 하옵소서.

은혜의 주님! 지금 이 시간까지 한 영혼이라도 주님 앞에 인도하려고 마음을 쏟은 성도들을 기억하옵소서. 열매가 없을지라도 주님의 섭리하심을 바라보며 실망치 않게 하옵소서. 은밀한 가운데 주님의 몸 된 교회를 위하여 봉사하는 손길들도 기억하시고, 주님 보시기에 언제나 착하고 충성된 종이라는 칭찬을 받게 하옵소서.

오늘도 이 자리에 나오지 못한 성도들이 있습니다. 저마다의 사정이 있어서 이 자리에 못나온 줄 아오나 주님께 예배하기 위하여 늘 앉던 그 자리를 사단에게 빼앗기지 않도록 붙들어 주옵소서. 오늘도 주님의 귀한 말씀을 듣고 단 위에 서신 목사님을 기억하시고, 주님의 말씀을 사모하는 자에게 꼭 필요한 주님의 음성이 되게 하여 주옵소서. 이미 예배가 시작되었습니다. 마치는 시간까지 주님의 영광을 보며 예배할 수 있도록 이끄실 것을 믿사옵고 예수 그리스도의 이름으로 기도합니다. 아멘

12월 셋째주 | 사랑

더욱 사랑하게 하소서

우리의 힘이시며, 우리의 노래시며, 우리의 구원이신 하나님 아버지! 지난 한 주간도 저희들을 주님의 은혜로 지켜 보호하여 주시고 오늘 이렇게 주님의 백성들이 한 자리에 모여 주님 앞에 찬양하며 예배할 수 있도록 이끄심을 감사드립니다. 이 시간 새 힘을 얻어 기쁨의 노래를 힘껏 부를 수 있게 하시고, 주님의 영광을 찬송할 때 이 전에 그 귀하신 이름이 선포되게 하여 주옵소서.

자비로우신 주님! 올해도 저희들은 많은 날들을 흘려보냈습니다. 돌아보면 주님의 사랑 속에 거하며 기쁨을 누린 시간이 매우 짧고 부족하였음을 고백합니다. 세상과 어울려 보내면서 근심에 싸였던 때가 오히려 많았음을 부끄럽게 여깁니다. 이름은 주님의 사람이지만 실제로는 세상에 속한 사람과 전혀 다를 바 없었습니다. 이해의 끝자락에 서서 지난날의 허물을 들추어 보며 회개의 시간을 갖습니다. 긍휼을 베푸셔서 용서하여 주옵소서.

사랑의 주님! 성탄의 계절에 저희로 하여금 더욱 사랑할 수 있게 하옵소서. 저희를 잠잠히 사랑하시고 조건 없이 사랑하시며, 끝이 없는 사랑으로 대하시는 그 깊은 사랑을 생각하며, 주님께서 관심 가지신 모든 것을 사랑할 수 있는 저희들이 되게 하옵소서. 영혼을 구원하시는 것에 온몸을 불사르셨던 주님의 사랑을 본받아 저희도 그 사랑을 실천할 수 있는 삶이 되게 하옵소서. 저희가 있음으로 말미암아 이 세상이 사랑으로 바뀌어져 가는 놀라운 역사가 있게 하옵소서. 주님이 친히 세우신 교회도 마음을 다하여 사랑할 수 있게 하시고, 진실을 담은 사랑의 수고를 아끼지 않는 저희들이 되게 하옵소서.

오늘도 주님의 말씀을 들고 단 위에 서신 목사님을 기억하시고, 저희를 위하여 사랑의 수고를 아끼지 않고 계시오니 언제나 주님의 위로하심이 목사님의 마음속에 넘치게 하옵소서. 예배의 시종을 주님께 의탁합니다.

사랑의 종소리가 울려 퍼지는 예배가 되게 하실 것을 믿사옵고 예수 그리스도의 이름으로 기도합니다. 아멘

12월 넷째주 | 기쁜소식

이 기쁜 소식이 온 땅에 전파되게 하소서

찬송 받으실 주님! 오늘 저희들이 아기 예수님의 탄생을 축하하며 하나님께 영광을 돌리게 하심을 감사드립니다. 주님의 탄생하심은 세상의 모든 백성을 죄에서 구하시기 위한 예언의 성취임을 믿습니다. 저희 같은 죄인을 위하여 친히 죄악에 오시다니 다만 감격할 뿐이옵니다. 저희에게 오신 주님, 영원히 함께 계셔서 떠나지 마옵소서.

주님! 지난 한 주간도 저희들이 그려놓은 삶의 발자국들이 혹시 상처와 불신으로 멍들지는 않았는지요? 행여나 주님을 욕되게 하지는 않았는지요? 알지 못하는 사이에 저지른 잘못은 없는지요? 이 시간 주님께 은총을 구하며 회개하오니 용서하여 주시고 주님의 한없는 사랑에 잠기게 하옵소서.
주님이 오신 이날, 구원의 날이요 생명의 날인 이날, 이 기쁜 소식이 특별히 가난한 자와 병든 자, 그리고 믿지 아니하는 수많은 이웃들에게 전파되기를 원합니다. 그들에게 구원의 소식, 영원한 소망의 소식이 되게 하옵소서. 어두운 이 민족 위에도 구원하시는 주님의 은혜가 넘쳐나게 하옵소서. 이제 이 민족이 주님이 베풀어 주신 은혜를 기억하고 사신과 우상을 숭배하는 못된 버릇을 버리게 하시고, 만유의 주재이신 주님께 소망을 두게 하옵소서.
또한 주님을 의지하지 않는 번영과 평화는 진정한 번영과 평화가 아님을 깨닫게 하셔서 주님이 허락하신 진정한 번영과 부요를 누릴 수 있는 이 민족이 되게 하옵소서. 주님의 몸 된 교회도 인간을 찾아오신 이 위대한 복음을 증거 할 수 있는 교회가 되게 하시고, 천사의 음성을 듣고 주님의 음성에 겸손히 무릎 꿇고 순종했던 마리아의 신앙처럼, 주님의 말씀에 적극 순종하고 주님의 뜻을 신실하게 행할 수 있는 교회가 되게 하옵소서.
오늘도 구원의 복된 소식을 전하여 주실 목사님을 성령의 능력으로 붙드셔서 피곤함이 없게 하옵소서. 예배의 시종을 주님께 의탁하오며 예수 그리스도의 이름으로 기도합니다. 아멘

겸손한 마음의 기도

제가 남보다 부유하다고 생각될 때
저는 두렵습니다.
주님께서는 가난한 자를 사랑하시기 때문입니다.

제가 남보다 높다고 생각될 때
저는 두렵습니다.
주님께서는 낮은 자를 사랑하시기 때문입니다.

제가 남보다 지혜롭다고 생각될 때
저는 두렵습니다.
주님께서는 지혜로운 자를 부끄럽게 하시기 때문입니다.

제가 남보다 선하다고 생각될 때
저는 두렵습니다.
주님께서는 죄인을 사랑하시기 때문입니다.

_ 작자 미상(외국)

3장
52주 수요예배
대표기도문

1월 첫째주 | 세상의 빛

빛을 비추는 교회가 되게 하소서

사랑과 은혜가 충만하신 하나님 아버지! 새해 첫 수요일을 맞이하여 저희의 발걸음을 주님의 전으로 향하게 하시니 감사드립니다. 이 시간 저희들이 하나님을 예배할 수 있는 것은 특권 중의 특권임을 믿습니다. 이 복된 예배의 자리를 언제나 사랑하고, 언제나 기다리며, 언제나 기대하는 삶을 살아갈 수 있는 저희 모두가 될 수 있게 하옵소서. 주님! 오늘 저희들이 하나님을 경배할 수 있는 이 복 된 자리로 이끌림을 받았지만 깨끗하지 못한 모습 밖에는 보여드릴 것이 없어 참으로 부끄럽습니다. 저희들의 허물과 잘못을 겸손히 주님의 보좌 앞에 내려놓습니다. 생명싸개로 싸매시고, 만만의 강수 같은 주님의 긍휼하심을 덧입게 하여 주옵소서. 주님! 새해를 맞이하여 특별히 주님의 몸 된 교회를 위하여 기도하기를 원합니다. 교회가 갈수록 점점 빛을 잃어가고 있음을 깨닫습니다. 세상의 빛이 되어야만 할 교회가 은혜의 빛, 복음의 빛, 사명의 빛을 잃어감으로 세상으로부터 많은 비난과 비판의 목소리를 듣고 있습니다.

주님! 다시금 깨어 경성할 수 있는 저희 모두가 되게 하시고, 세상에 빛을 비추는 교회가 될 수 있도록 주님이 저희에게 맡겨주신 사명을 잘 감당할 수 있게 하여 주옵소서. 어렵고 힘든 이때에 이웃을 더욱 헤아려 나갈 수 있게 하시고, 그들의 영혼을 위해서도 눈물을 쏟으며 기도할 수 있는 저희 모두가 되게 하옵소서. 또한 세계 선교를 위하여 물질을 깨뜨려 선교하는 일에 동참할 수 있게 하시고, 선교 현장의 일선에서 몸을 깨뜨려 희생하고 있는 선교사님들을 위하여 기도로 도울 수 있는 사역자가 되게 하옵소서. 오늘도 단 위에 서시는 목사님을 붙들어 주옵소서. 언제나 건강을 잃지 않도록 능력의 오른손으로 붙드시고, 항상 심령을 깨우는 권세 있는 말씀을 전하실 수 있도록 성령으로 충만케 하여 주옵소서. 내조하시는 사모님에게도 힘든 일이 없도록 은혜 위에 은혜를 더하여 주옵소서. 예배의 시종을 주님께 의탁하오며 저희들을 늘 생명의 길로 이끄시는 예수 그리스도의 이름으로 기도합니다. 아멘

1월 둘째주 | 겨울행사

교육부서의 행사를 기억하소서

사랑이 풍성하신 하나님 아버지! 주님을 믿는다고 하여도 아무나 나올 수 없는 이 자리에 저희를 불러주심을 감사합니다. 항상 이 복된 자리를 사단에게 내어주지 않고 주님의 은혜를 좇아 사는 저희모두가 되게 하여 주옵소서. 오늘도 이 시간을 통하여 저희들이 주님께 드리는 예배를 기쁘게 받아주실 것을 믿습니다. 때가 가까울수록 항상 깨어 있는 믿음 생활을 할 수 있게 하시고, 흔들리지 않는 믿음을 견고하게 세워가는 주의 사람이 되게 하여 주옵소서. 헤아려주시는 주님, 저희들만이라도 이 예배의 자리를 지켜야 한다는 절박한 영적부담을 가지고 이 자리에 왔지만, 허물투성이인 저희의 모습을 주님께 그대로 드릴 수 없음을 깨닫습니다. 짧은 삼일이지만 죄로 얼룩져 있을 저희 자신을 성찰해봅니다. 생각과 입으로, 행동으로 지은 저희의 죄를 우리 주님은 다 아시오니 한없으신 주님의 사랑으로 품어주시고 용서의 은총을 베풀어 주옵소서.

주님! 지금 교회에서는 교육부서의 겨울행사가 진행 중에 있습니다. 교회마다 교육부서가 침체되고 있어 안타까움이 더해지고 있는 이때에, 참석한 젊은이들이 프로그램을 통하여 영적인 강한 도전을 받는 계기가 되게 하여 주옵소서. 그리하여 젊을 때에 창조주 하나님을 기억하는 것이 저들의 삶을 주장할 수 있게 하시고, 부서마다 다시금 부흥의 불씨를 지필 수 있는 믿음의 사람으로 쓰임 받을 수 있게 하여 주옵소서. 또한, 어지러운 세상문화 앞에서 동화되어 가는 것이 아니라, 세상 문화 속에 하나님의 뜻을 심어갈 수 있는 젊은이들이 되게 하여 주옵소서. 또한, 행사를 마치기까지 인전사고가 일어나지 않도록 지켜주시고, 건강을 잃지 않도록 보호하여 주옵소서. 책임을 맡은 교역자님과 교사 분들도 피곤치 않도록 주님의 능력을 갑절로 더하여 주옵소서. 오늘도 단 위에 세우신 목사님을 기억하시고 생명의 말씀, 진리의 말씀을 전하시기에 조금도 부족함이 없도록 권능을 더하여 주옵소서. 지금도 살아계셔서 믿는 자들과 함께하시는 예수 그리스도의 이름으로 기도합니다. 아멘

1월 셋째주 | 예배

수요예배를 사랑하게 하소서

은혜로우신 하나님 아버지! 죄에 빠진 저희들을 부르셔서 구원의 확신을 주시고 진리의 말씀을 따라 살 수 있게 하시니 감사합니다.
수요예배도 주일예배와 다름없이 하나님이 기쁘게 받으시고 흠향하시는 예배이기에 하루의 일과를 마치고 고단한 육신을 이끌고 주님의 전을 찾았습니다. 믿음의 권속들이 한 자리에 모여 신령과 진정으로 예배하기를 원합니다. 주님의 교회에 나와 예배드리는 것이 인생에 가장 복된 것임을 깨닫는 저희모두가 되게 하여 주옵소서.

자비로우신 주님! 지금도 하나님은 영과 진리 안에서 참되게 예배하는 자들을 찾고 계시는 줄 믿습니다(요4:23). 하오나 주일예배 외에는 주중예배가 소홀히 취급되는 작금의 신앙형태를 보면서 저희들도 공범자임을 깨닫지 않을 수 없습니다. 가장 복된 예배를 잃어가는 이 세대를 보시며 안타까워하실 주님을 생각하면 저희들도 너무 부끄러워 속상한 감정이 밀려옴을 감출 수 없나이다.
주님! 이 자리에 있는 저희 모두가 수요예배를 잘 지킬 수 있는 예배의 파수꾼이 되게 하옵소서. 이 시간에 모여서 더욱 뜨겁게 부르짖어 기도할 수 있게 하시고, 온 맘을 다하여 찬송할 수 있게 하옵소서. 피곤하더라도 말씀을 귀 기울여 들을 때 새 힘을 더하시는 주님의 놀라운 은혜의 역사가 있게 하시고, 초대교회와 같이 성령의 충만함과 성령의 교통하심을 강하게 느끼는 성령폭발의 현장이 되게 하옵소서. 그리하여 이 교회의 성도들 중에 수요예배를 외면했던 성도들이 다시 돌아오는 역사가 있게 하시고, 주일예배와 같이 수요예배를 사모하며 기다리는 예배자들이 이 자리를 가득 메울 수 있게 하옵소서.
오늘도 생명의 말씀을 들고 단 위에 서시는 목사님을 기억하시고 말씀의 권세로 붙드셔서 계시된 말씀을 강론하실 때 듣는 자 모두가 변화되고 새 힘을 얻을 수 있게 하여 주옵소서. 예배의 시종을 주님께 의탁하오며 저희를 지극히 사랑하고 계시는 예수 그리스도의 이름으로 기도합니다. 아멘

1월 넷째주 | 제자의 삶

주님을 따르게 하소서

언제나 교회를 가까이 할 수 있도록 도우시는 하나님 아버지! 오늘도 바쁜 하루의 일과를 마치고 고단한 육신을 이끌고 예배의 자리로 나왔습니다. 사단은 집에서 쉬라고 속삭이지만, 예배생활을 잃으면 신앙생활의 전부를 잃게 되는 것이기에 성령님의 음성을 좇아 주님 품에 안깁니다. 이 시간, 삶에 지친 저희들에게 참된 안식과 평안을 더하여 주옵소서.
자비로우신 하나님 아버지! 주님 앞에 설 때마다 저희들이 얼마나 미련하고 약한 존재인지를 깨닫지 않을 수 없습니다. 언제나 육신의 굴레를 벗어나지 못하는 나약한 믿음을 꾸짖어 주시고, 너무나 쉽게 주님의 은혜를 망각하는 저희들을 매질하여 주옵소서.

주님! 저희들을 주님의 제자로 부르셨사오니 어렵고 힘들어도 주님을 따를 수 있게 하옵소서. 인생의 모든 문제는 주님께 맡기고 죽기까지 순종하셨던 주님의 십자가의 희생을 본받아 그 뒤를 좇을 수 있게 하옵소서. 어렵고 힘들지라도 주님의 뜻을 이루어 내는 것이 저희의 기쁨이 되게 하시고, 주님의 간절한 소원을 이루어 드리는 것이 저희의 행복이 되게 하옵소서. 누구나 주저하는 일일지라도 주님이 뜻하신 일이라면 망설임이 없게 하시고, 누구나 피하고 싶은 일일지라도 주님의 마음을 담아낼 수 있는 일이라면 기꺼이 몸을 던질 수 있는 저희들이 되게 하옵소서. 주님께서 높임을 받는 일이라면 피곤함을 모르게 하시고, 주님의 영광을 나타내는 일이라면 핍박이나 고난 받는 것도 즐거워 할 수 있는 저희들이 되게 하옵소서. 주님의 제자의 삶이 주님께 온전히 드려지는 저희모두가 되기를 간절히 원합니다.
오늘도 말씀을 전하시는 목사님을 권능의 오른손으로 붙드시고, 저희모두가 말씀 앞에서 새롭게 변화되고 새 힘을 얻는 시간이 되게 하옵소서.
예배의 시종을 주님께 의탁합니다. 저희들 가운데 성령의 위로하심이 넘치게 하실 것을 믿사옵고 예수 그리스도의 이름으로 기도합니다. 아멘

2월 첫째주 | 설날

믿음의 덕을 세우게 하소서

사랑의 구주 예수님! 바쁜 하루 일과를 마친 후 휴식의 자리로 돌아가지 않고 주님께 영광 돌리는 은혜의 복 된 자리로 나올 수 있게 하시니 감사드립니다.
언제나 예배에 대한 열심이 식어지지 않도록 주의 성령께서 저희의 마음을 주장하여 주옵소서. 예배를 항상 사랑함으로, 예배를 통하여 거룩하신 주님을 닮아갈 수 있게 하옵소서. 이 시간, 주님께 예배하면서 저희 자신을 돌이켜봅니다. 짧은 기간이지만 죄에 젖어 있는 저희의 모습을 발견합니다. 죄라는 것을 알면서도 그렇게 살기를 묵인했던 저희들입니다. 회개하오니 완악한 저희의 마음을 성령의 불로 태워주시고 깨끗함을 얻게 하여 주옵소서.

사랑이 많으신 주님! 오늘은 다른 때보다 예배의 자리가 더 많이 비어 있음을 봅니다. 아마도 민족의 명절인 설날 때문에 주의 백성들의 마음이 다른 곳을 향하여 있나봅니다. 그러나 세상 풍속에 동요되지 않고 끝까지 예배의 자리를 지키려고 하는 주의 백성들도 있사오니 그들로 인하여 주님이 영광을 받으시옵소서. 주님! 설날을 맞이하여 고향을 오가는 성도들의 마음을 붙들어 주옵소서. 고향을 찾는 그들의 마음이 기쁘고 즐겁든, 또는 무겁고 우울하든 주님의 자녀라는 본분을 망각하는 일이 없게 하시고, 복되고 아름다운 믿음의 덕을 세울 수 있는 주님의 사람이 되게 하옵소서. 모든 대화에 말없이 듣고 계시는 주님을 생각하며 복 있는 대화를 나눌 수 있게 하시고, 우상에게 절하거나 동조함으로 주님의 계명을 어기는 일이 없게 하여 주옵소서. 또한 명절의 소중함 만큼이나 믿음의 소중함도 다시 한 번 깨닫는 계기가 되게 하시고, 믿지 않는 가족들에게는 구원의 복된 소식도 전할 수 있는 기회를 가질 수 있게 하옵소서. 오늘도 말씀을 강론하시는 목사님을 붙드셔서 피곤함이 없게 하시고, 저희의 심령골수를 쪼개는 능력의 말씀을 전하실 수 있게 하옵소서. 예배의 시종을 주님께 의탁하오며 예수 그리스도의 이름으로 기도합니다. 아멘

2월 둘째주 | 예배

가슴 벅찬 예배를 드리게 하소서

은혜가 풍성하신 하나님 아버지! 은혜로 가득했던 지난 시간을 돌아보며 주님 앞에 감사와 찬송을 올립니다. 삶의 멍에가 무겁게 느껴질 때마다 주님께서 꼭 붙들고 계시는 사랑을 뼛속 깊숙이 느낄 수 있었던 지난 시간이었습니다. 저희들이 주님의 사랑을 받기에 얼마나 무가치하고 무자격한지를 절감합니다. 급한 마음, 속 좁은 생각들, 충동적으로 행동했던 것들, 책임을 회피하려고 했던 것들, 주님의 사랑과 도우심을 생각해볼 때 어리석음이 많았던 저희 모습을 고백하지 않을 수 없습니다. 저희들은 "나는 마음이 온유하고 겸손하니 나의 멍에를 메고 내게 배우라"는 주님의 말씀을 너무도 소홀히 했습니다(마11:29).

사랑의 주님! 주님의 한없으신 사랑을 무색하게 만들었던 저희들을 불쌍히 여기시고 용서하여 주시기를 원합니다. 저희들은 어찌할 수 없는 죄인들입니다. 지금도 주님의 사랑 안에 있으면서도 예배드리는 저희의 모습이 너무나 준비 없어 보이고 기쁨이 말라 있음을 깨닫습니다. 형식적인 예배가 아닌 가슴 벅찬 예배를 드릴 수 있도록 저희의 마음에 성령의 단비를 부어주시옵소서.

주님! 기관과 부서마다 세우신 귀한 일꾼들을 기억하옵소서. 저들을 통하여 주님의 몸 된 교회가 반석 위에 든든히 서가게 하시고, 주님의 나라가 날마다 확장되는 역사가 있게 하옵소서. "맡은 자들에게 구할 것은 충성이라"고 하셨사오니 오직 주님의 말씀에 '예'만 있고 '아멘'만 있게 하여 주옵소서. 아직도 동장군이 기승을 부리고 있습니다. 머리 둘 곳 없어 가난과 추위에 떠는 가련한 이웃들이 너무 많습니다 이 나라가 빈부의 격차 없이 모두가 더불어 행복하게 사는 사회가 될 수 있도록 기도할 수 있는 저희들이 되게 하옵소서. 오늘도 목사님이 전하시는 말씀에 성령님의 위로가 있게 하시고, 위로부터 내리시는 계시의 은총을 충만히 받을 수 있게 하옵소서. 예배의 시종을 주님께 의탁하오며 예수 그리스도의 이름으로 기도합니다. 아멘

2월 셋째주 | 주님의 사랑, 성회수요일

크신 사랑에 보답하는 삶이 되게 하소서

사랑이 무한하신 주님! 저희가 예배의 자리를 찾을 때마다 저희를 향하신 주님의 사랑이 얼마나 큰지를 다시 한 번 깨닫고 감사를 드립니다.
저희를 지극히 사랑하시기에 저희들이 이 복된 예배의 자리에 있는 줄 믿습니다. 저희를 사랑하시기 때문에 저희를 이 복된 예배의 자리로 이끄신 것을 깨닫습니다. 주님의 사랑에 온전히 매여 있는 저희 자신을 볼 때 이것이 진정으로 행복한 삶임을 확신합니다. 저희를 언제나 주님의 품에 두셔서 그 사랑 안에서 행복을 누리게 하옵소서.

주님! 저희들이 이 땅을 살아가는 동안 주님의 크신 사랑에 보답하는 삶을 살기를 원합니다. 비록 가진 것이 넉넉하지 않을지라도 있는 것으로 주님을 기쁘시게 할 수 있는 삶이 되게 하옵소서. 저희의 소유한 것이 주님을 위하여 이 땅 위에 아름답게 뿌려지게 하시고, 선한 열매를 풍성히 맺어갈 수 있게 하옵소서. 어떤 형편에 처하든지 주님의 섭리하심을 바라보며 감사가 넘치는 삶을 살아갈 수 있게 하시고, 주어진 기회를 잘 선용하여 주님의 생애를 본받는 삶이 되게 하옵소서. 혹, 정욕과 욕심이 꿈틀거릴 때마다 말씀으로 잠재워 주시고 성령의 검으로 수술하여 주옵소서. 육신이 약하여 게으름이 밀려올 때마다 주님의 사랑 채찍으로 채근(採根)하셔서 영적인 깊은 잠에 빠지지 않도록 이끌어 주옵소서.
주님! 이 시간도 찬송 부를 때 모든 피곤함이 사라지고 주님의 은혜만 고백되어지는 영혼의 가락이 되기를 원합니다.
말씀을 들을 때 저희의 심령을 새롭게 기경하고 계시는 주님의 손길을 느끼기를 원합니다. 오늘도 주님을 향한 저희들의 삶의 방향이 더욱 확실해지는 시간이 되게 하옵소서. 오늘 이 시간에도 저희를 그 풍성한 말씀의 강가로 인도하시기 위하여 말씀을 들고 서시는 목사님을 붙드시고 말씀 속에서 주님의 세미한 음성을 들을 수 있게 하옵소서. 예배의 시종을 주님께 의탁하오며 예수 그리스도의 이름으로 기도합니다. 아멘

2월 넷째주 | 영적전쟁

영적으로 강하게 무장하게 하소서

존귀하신 하나님 아버지! 지난 삼일동안 저희를 지켜 주시고 주님과 약속한 시간에 예배드릴 수 있도록 인도하여 주심을 감사드립니다. 수요예배도 영이신 하나님께 드리는 예배이오니 습관에 따라 형식적으로 드리는 일이 되지 않게 해 주옵소서.
용서하시는 주님! 지난 삼일동안도 사단의 교묘한 유혹에 빠져 주님의 뜻대로 살지 못했던 적이 많았음을 고백합니다. 저희의 생각이 앞설 때마다 죄악이 저희를 사로잡았고, 그때마다 주님이 계시지 않는 것처럼 마음대로 행동했습니다. 주님의 자비와 은혜에 기대어 용서를 구하오니 긍휼을 베풀어 주옵소서.

존귀하신 주님! 때가 악하여 갈수록 사단마귀도 우는 사자와 같이 삼킬 자를 찾기 위하여 몸부림 치고 있습니다. 이런 때일수록 사단의 덫에 걸려 넘어지지 않기 위하여 성령 충만을 사모할 수 있게 하시고 예배에 집중할 수 있는 삶을 살아갈 수 있게 하옵소서. 정해진 시간에만 예배드리는 것으로 영적인 생활이 유지 될 수 있을 것이라 착각하지 말게 하시고, 무시로 기도 생활에 충실할 수 있는 저희들이 되게 하여 주옵소서. 사단의 목표는 성도의 마음에 자기의 왕국을 우뚝 세우려고 하는 것이 아닙니까? 저희들이 영적으로 강하게 무장하지 않으면 언제라도 사단의 밥이 될 수 있다는 것을 잊지 말게 하여 주옵소서.
이 시간, 저희들이 주님의 은혜를 간절히 사모하는 마음으로 예배 순서마다 참여할 때에 놀라우신 주님의 은혜를 경험하게 하시고, 성령으로 충만해지는 역사가 있게 하옵소서. 오늘도 먼저 교회에 나와서 예배를 수종드는 아름다운 손길들이 있습니다. 그들의 마음을 받으시고 샘솟는 기쁨으로 채워 주시옵소서. 말씀을 듣고 서시는 목사님을 붙드셔서 전하시는 말씀에 영적권세가 충만하게 하옵소서. 이미 예배가 시작되었습니다. 사단마귀가 일절 틈타지 못하도록 성령의 화염검으로 막아주옵소서. 예배의 시종을 주님께 의탁하오며 예수 그리스도의 이름으로 기도합니다. 아멘

3월 첫째주 | 순종

순종의 삶이 되게 하소서

모든 계절을 통하여 저희들에게 기쁨을 주시고 은혜를 베푸시는 하나님 아버지! 엄동설한이 지나고 만물이 기지개를 펴는 새봄을 맞을 수 있게 하시니 감사드립니다. 계절이 바뀐 이때에도 변함없이 주님의 전을 찾아 하나님을 예배할 수 있게 하시니 감사드립니다. 계절은 변할지라도 하나님을 향한 저희들의 믿음은 언제나 올곧게 하여 주옵소서.
소망의 주님! 이제 3월입니다. 겨울을 이겨낸 이름 없는 들풀들이 따뜻한 봄기운을 맞으며 조심스럽게 꽃망울을 터트리고 있습니다. 보잘 것 없는 들풀도 주님이 창조하신 계절의 질서에 순종하는 것을 보면서, 저희도 주님의 뜻을 따라 늘 순종하는 삶이 되어야 한다는 것을 다시 한 번 깨닫습니다.

주님! 저희들이 이 땅을 살아가는 동안 항상 주님께 순종하는 삶이 될 수 있도록 이끌어 주옵소서. 어디서든 저희가 있는 곳에는 항상 주님을 향한 순종의 열매가 있게 하시고, 순종으로 주님을 닮아갈 수 있는 삶이 되게 하옵소서. 저희의 생각과 의지로는 할 수 없는 것들도 주님의 뜻이라면 기꺼이 순종할 수 있게 하시고, 고난이 임하고 시련이 닥친다 할지라도 그것이 주님을 기쁘시게 하는 것이라면 기꺼이 순종의 욕구를 충족시킬 수 있는 저희의 삶이 되게 하옵소서.
주님! 3월을 맞으면서 학생들이 새 학년으로 올라갔습니다. 새로운 친구들과 잘 사귀고 열심히 공부할 수 있게 하시고 모든 학생들이 나라의 미래를 밝히는 희망들이 되게 하여 주옵소서.
또한 사순절기간입니다. 그 어느 때보다도 주님의 피 묻은 십자가를 기억하게 하시고, 그 십자가의 사랑을 실천할 수 있는 기간이 되게 하옵소서.
오늘도 생명의 말씀을 증거 하시기 위하여 단 위에 세우신 목사님을 기억하시고, 말씀을 전하실 때 피곤치 않도록 성령의 능력으로 붙들어 주옵소서. 이미 시작된 예배가 끝날 때까지 성령님이 저희 각 사람의 마음을 주장하실 것을 믿사옵고 예수 그리스도의 이름으로 기도합니다. 아멘

3월 둘째주 | 경제

경제를 회복시켜주소서

마음이 상한 자를 가까이 하시고, 중심에 통회하는 자에게 긍휼을 베푸시는 하나님 아버지! 이 시간도 저희를 주님이 임재하시는 예배의 처소로 이끄심을 감사드립니다. 예배를 통하여 저희의 상한 마음이 치유되기를 원합니다. 저희의 죄를 위하여 십자가에 달리신 주님을 바라보며 죄 용서함을 받기를 원합니다. 구원하시는 주님의 은총을 더하여 주옵소서.
은혜의 주님! 계절은 바뀌어 만물은 소생하고 있는데, 어려운 경제는 아직도 나아질 기미를 보이지 않고 있습니다. 경제가 어렵다보니 국민의 대다수가 힘들어져 힘겹게 사투를 벌이고 있는 것이 사실입니다. 믿음으로 사는 저희들도 물질로 인하여 마음을 빼앗기지 말아야 하지만, 힘든 현실 앞에서 밀려오는 경제적 부담을 느끼지 않을 수 없나이다. 오늘도 저희의 영혼은 삶에 찌들어 메마를 대로 메말라 가고 있습니다. 좌절과 절망과 한숨만 깊어지고 있습니다.

주여! 이 안타까운 삶의 현장을 돌아보시옵소서. 꽁꽁 얼어붙은 이 나라의 경제를 풀어주시고 회복의 은혜를 더하여 주옵소서. 성실을 심으며, 땀 흘린 결과를 얻기 원하는 자들의 소망이 절망으로 변하지 않게 하여 주옵소서. 국가의 흥망성쇠나 개인의 생사화복 모든 것이 주님의 손끝에 달려 있음을 깨닫습니다. 주님이 닫으시면 풀 자가 없고, 주님이 여시면 닫을 자가 없음을 깨닫습니다. 모든 것이 주님의 주권에 달려 있음을 믿사오니 어서 속히 이 어려운 경제를 회복시켜 주옵소서. 교회도 더 이상 경제적인 어려움 때문에 빈궁한 모습으로, 궁색한 변명으로 주님이 맡기신 일들을 외면치 않도록 도와주시옵소서. 오직 주님의 능력만을 바라봅니다. 회복시켜 주옵소서.
오늘도 사랑하는 목사님이 주님의 말씀을 들고 단 위에 서십니다. 피곤치 않도록 도와주시고, 저희 모두가 새 힘을 얻을 수 있는 능력의 말씀이 되게 하여 주옵소서. 예배의 시종을 주님께 맡기오며 사랑이 풍성하신 예수 그리스도의 이름으로 기도합니다. 아멘

3월 셋째주 | 따라감

십자가를 지고 주님을 따르게 하소서

사랑의 하나님, 영생의 아버지! 저희들에게 구원으로 인도하는 삶을 살아갈 수 있게 하시니 감사드립니다. 오늘도 저희들이 개인의 감정과 욕구를 억누르고 예배의 자리로 발걸음을 옮겼습니다. 주님께 예배하는 인생이 가장 복되고 아름다운 인생임을 잊지 말게 하옵소서.
오늘도 주님의 은혜에 흠뻑 젖는 시간이 되기를 원합니다. 세상에 있는 천 시간보다 주님께 예배하는 이 한 시간이 더 복되고 행복한 시간이 되기를 원합니다. 생명의 강과, 은혜의 바다를 헤엄치며 주님께 영광을 노래할 수 있게 하옵소서.

구원의 십자가를 지신 주님! 저희도 각자의 십자가를 지고 주님을 따를 수 있게 하옵소서. 무겁다고 하여 가볍게 되기를 구하지 말게 하시고, 힘들다고 하여 내려놓고 싶은 충동에 휩싸이지 않게 하옵소서.
하늘의 상급을 바라보며 끝까지 십자가를 지고 주님의 뒤를 따를 수 있게 하옵소서. 고통스러울 땐 주님의 피 묻은 십자가를 바라보며 새 힘을 얻을 수 있게 하시고, 주저앉고 싶을 땐 저희를 업고 가시는 주님의 사랑을 생각하며 위로를 얻게 하옵소서. 말할 수 없는 부담이 밀려올 땐 그 부담이 곧 주님이 주신 사명이라는 것을 기억하게 하시고, 뼈아픈 실패가 찾아와도 십자가로 승리를 보여주신 주님을 바라보며 끝까지 일어서는 삶을 살 수 있게 하옵소서. 저희가 주님의 제자로 이 땅을 살아가는 동안 녹슬어 없어지는 인생이 아니라 사명을 감당하다 닳아서 없어지는 인생이 되기를 원합니다. 끝까지 용기를 잃지 않고 사명으로 행복을 찾을 수 있게 하옵소서.
주님! 오늘도 생명의 말씀, 진리의 말씀을 들고 단 위에 서시는 목사님을 기억하시고 성령의 능력으로 강하게 붙들어 주옵소서. 말씀을 귀 기울여 듣는 저희 모두가 말씀을 통하여 찾아오시는 주님을 경험하게 하시고, 말씀의 능력자로 거듭나는 시간이 되게 하옵소서. 이미 예배가 시작되었습니다. 하나님을 받들어 섬기는 기쁨과 행복을 주신 예수 그리스도의 이름으로 기도합니다. 아멘

3월 넷째주 | 구원

두렵고 떨림으로 구원을 이루게 하소서

인간의 생사화복을 주장하시는 하나님 아버지! 주일 이후로 짧은 시간이었지만 주님의 은혜 속에서 살게 하시다가 주님의 전으로 달려 나와 예배할 수 있게 하시니 감사합니다. 엉클어진 모습으로 주님의 전을 찾았을지라도 저희의 영혼이 넓으신 주님의 품에 안길 수 있게 하옵소서. 이 시간에 저희들이 드리는 예배 속에 어쭙잖은 몸짓이고, 덜 여문 생각이 들었다 할지라도 주님을 향한 그 마음을 살피시고 흠향하여 주옵소서.

풍성한 사랑을 주시는 주님! 따뜻한 봄날의 온풍이 사람들의 마음을 들뜨게 하고 있습니다. 신앙인들 중에도 인간적인 유혹을 뿌리치지 못하여 주님을 가까이 하지 못하고 산으로 들로 향하는 발걸음이 있습니다. 가벼운 유혹에도 신앙인들이 쉽게 믿음에서 멀어지는 것을 볼 때, 저희의 마음도 안타까운데 우리 주님께서는 마음이 얼마나 아프시겠습니까? 이 시대가 주님께 받은 구원을 너무 값싼 구원으로 취급해 버리는 경향을 볼 때 "인자가 올 때에 세상에서 믿음을 보겠느냐"(눅18:8)는 주님의 말씀이 영혼 깊숙이 영적인 부담으로 자리 잡습니다. 주님! "두렵고 떨림으로 너희 구원을 이루라"(빌2:12)는 사도바울의 권면을 가볍게 여기는 어리석음이 없게 하옵소서. "이 세상도 정욕도 지나가되 오직 하나님의 뜻을 행하는 자는 영원히 거하느니라"(요일2:17)는 요한의 권면을 기억하여, 하나님의 기쁘신 뜻을 위하여 마음을 쏟고 영혼을 쏟을 수 있는 저희의 믿음이 되게 하옵소서. 하나님 앞에 흠이 없고 순전한 모습으로 설 때까지 세상에서 그리스도의 빛을 앞세우며, 그리스도의 덕을 선전하며 두렵고 떨림으로 구원을 이루는 삶이 되게 하옵소서.

오늘도 구원의 복된 소식을 전하시는 목사님을 성령의 능력으로 붙드시고, 말씀을 사모하는 영혼들마다 새벽이슬 같은 주님의 은혜를 경험하게 하옵소서. 예배의 시종을 주님께 의탁하오며 구원자이신 예수 그리스도의 이름으로 기도합니다. 아멘

3월 다섯째주 | 고난주간

내어버릴 수 있게 하소서

사랑의 주님! 미천한 저희를 용서하시고 저희의 죄를 사하시기 위하여 험한 십자가를 지신 주님을 생각할 때마다 주님의 한없는 사랑과 놀라운 은혜에 감사와 찬송을 드립니다. 이 시간에도 주님이 당하신 고난을 묵상하며 예배할 수 있도록 이끌어주신 은혜와 사랑을 감사드립니다.

아무 죄도 없으신 주님께서 저희를 대신하여 고통을 당하시고 십자가에 달려 죽으신 일을 생각하면 눈물만 흘릴 뿐입니다. 하오나 저희들은 주님의 고난을 깊이 깨닫지 못하고 안일과 평안만을 추구하면서 태만하게 살아왔음을 고백합니다. 주님을 배반한 가룟유다 보다도 더 큰 배신의 삶이 저희들에게 있었음을 고백합니다. 떨리는 심령으로 참회하며 회개하오니 용서하여 주옵소서.

저희의 구원을 이루시기 위하여 자신의 모든 것을 내어버리신 주님을 생각하며, 저희들도 내어버리는 삶을 살아갈 수 있게 하옵소서. 욕심도, 정욕도, 물질도, 자존심도, 명에도 다 내어버리고 주님 한 분만으로 만족할 수 있는 삶이 되게 하옵소서. 또한 내어버림을 통하여 주님을 진정으로 본받는 삶이 되게 하시고, 주님을 진정으로 닮아갈 수 있는 삶이 되게 하옵소서. 저희들에게 내어버리는 삶이 없으면 주님의 자녀로서 주님의 뜻을 따라 산다는 자체가 거짓이고 위선임을 깨닫습니다. 내어버림이 있어야만 주님의 고난 받으심도 이해할 수 있고, 그리스도의 피 묻은 십자가의 사랑도 이해할 수 있음을 깨닫습니다.

내어버림의 삶을 사는 것이 진정으로 그리스도의 십자가의 정신을 가지고 사는 것임을 잊지 말게 하옵소서. 이번 고난주간을 통하여 내어버림의 믿음을 든든히 세울 수 있는 저희들이 되게 하옵소서. 고난주간을 맞이하여 특별새벽기도를 하고 있습니다. 참여하는 자들마다 고난의 유익을 경험하는 계기가 되게 하옵소서. 말씀을 들고 단 위에 서시는 목사님을 성령의 능력으로 붙드시고, 예배의 시종을 주님께 의탁하오며 십자가의 사랑을 보여주신 예수 그리스도의 이름으로 기도합니다. 아멘

4월 첫째주 | 기쁨

기쁨을 앞세우게 하소서

살아계신 하나님 아버지! 혼탁한 세상에서 지난 삼일간도 보호하시고 인도하여 주신 것을 감사드립니다. 일분일초도 주님의 간섭하심과 돌보심이 없이는 살아갈 수 없는 저희들임을 깨달기에 오늘도 주님의 따뜻한 가슴에 기대길 원하여 주님의 몸이신 교회로 달려 나왔습니다. 하루의 일과로 엉클어진 저희의 못난 모습이지만 주님을 향한 저희들의 마음을 기쁘게 받아주시옵소서.

은혜의 주님! 저희 모두가 부활의 소망을 가지고 주님의 말씀대로 항상 기쁨을 잃지 않는 삶이 되기를 원합니다. 무엇을 하든지, 무슨 일을 만나든지 항상 부활의 증인으로 기뻐할 수 있는 삶이 되게 하옵소서. 사단은 지금도 원망과 불평을 이용하여 저희에게서 기쁨을 빼앗으려고 하고 있지만, "항상 기뻐하라"는 주님의 말씀을 앞세워 살아감으로 사단의 꾐을 무력화시키는 삶이 되게 하옵소서.

사랑의 주님! 저희가 주님의 일꾼으로 부름 받았사오니 무슨 일을 하든지 기쁨으로 봉사할 수 있게 하시고, 기쁨이 샘솟는 교회로 든든히 세워갈 수 있게 하옵소서. 그리스도의 지체된 서로를 격려하고 칭찬함으로 기쁨이 풍성해지는 신앙공동체를 세울 수 있게 하시고, 이 땅 위에서 천국의 기쁨을 누릴 수 있는 믿음의 공동체를 세울 수 있게 하옵소서. 가정과 직장과 일터에서도 기쁨의 꽃망울을 터트릴 수 있는 축복의 사람이 되게 하시고, 만나고 접촉하는 모든 사람들에게도 기쁨을 선물할 수 있는 그리스도의 사람이 되게 하옵소서. 오늘도 주님의 말씀을 듣고 강단에 서시는 목사님을 기억하옵소서. 지금 이 시간 목사님이 준비하신 말씀을 증거 하실 때 저희들이 그 말씀 속에서 다시 한 번 목자의 수고를 느끼고 그 사랑을 기억할 수 있는 은혜의 시간이 되게 하옵소서. 주님의 몸 된 교회를 위하여 몸을 아끼지 않고 충성하는 성도들이 있습니다. 주님의 일을 하면 할수록 풍성한 기쁨으로 채워주시는 주님의 사랑을 경험하게 하옵소서. 예배의 시종을 주님께 의탁하오며 기쁨의 주인 되시는 예수 그리스도의 이름으로 기도합니다. 아멘

4월 둘째주 | 자기반성

주님을 철저히 닮아가게 하소서

만물을 새롭게 하시는 하나님 아버지! 아름다운 봄날을 저희에게 주시고 따사로운 햇살로 어루만지시는 주님의 손길 아래 무릎을 꿇습니다. 어둔 밤이 지나면 밝은 아침이 오듯, 추운 겨울을 보낸 저희의 가슴에 회복의 봄기운이 넘쳐나고 있습니다. 이 좋은 계절에 성전으로 부르셔서 천지를 주관하시는 하나님을 찬양하게 하시니 감사합니다. 하나님만이 홀로 영광을 받으시옵소서.
사랑의 주님! 이 시간에 주님께 예배하면서 특별히 저희들의 신앙생활을 돌이켜보며 반성해보기를 원합니다. 사랑의 감정에 익숙해지기보다는 오히려 미움의 감정에 길들여져 있던 저희들은 아닌지요. 섬기는 일에 익숙해지기보다는 도리어 섬김을 받으려는데 익숙해져 있던 저희들은 아닌지요. 순종하기보다는 불순종하고, 충성하기보다는 핑계대기를 좋아했던 저희들은 아닌지요. 은혜를 따라 살기보다는 욕심을 따라 살기를 좋아하고, 기도와 전도와 봉사의 자리를 귀찮아하고 입술의 고백만 드렸던 저희들은 아닌지요. 교회와 예배를 멀리하고, 세속의 욕구만 채우려고 마음을 쏟았던 저희들은 아닌지요.

주여! 이 시간 주님께 용서를 구합니다. 주님의 사랑이 누구를 위한 사랑이었는지, 주님의 섬김이 누구를 위한 섬김이셨는지, 주님의 희생이 누구를 위한 희생이셨는지 철저히 깨닫는 은혜를 부어 주시옵소서. 이제껏 저희들이 주님의 그 한없으신 은혜와 사랑을 교만과 자만으로, 핑계와 무관심으로, 육신의 정욕과 안목의 정욕으로 덮어씌우기를 좋아했지만, 이제부터는 모든 것을 쏟아 부으신 주님의 뒷모습을 철저히 닮아갈 수 있는 신앙생활이 되게 하옵소서. 그리하여 이 땅을 살아가는 동안 주님의 제자로서의 삶이 부끄러움과 수치가 되지 않게 하옵소서. 오늘도 주님의 말씀을 증거하실 목사님을 기억하시고, 무디고 악하여진 저희 심령을 변화시킬 수 있는 능력의 말씀이 되게 하옵소서. 예배의 시종을 주님께 의탁하오며 삶의 기준이 되시는 예수 그리스도의 이름으로 기도합니다. 아멘

4월 셋째주 | 치료

이 땅을 고쳐주소서

사계절을 주신 하나님 아버지! 온 천지에 봄의 기운이 약동하여 대지의 아름다움이 더해가는 이때에, 주님의 십자가의 공로로 인하여 저희 심령도 훈훈해지며 밝아지게 되오니 참 감사합니다. 오늘도 주님이 계신 이곳에 저희들의 예배를 기쁘게 받으시는 주님을 생각하며 나왔습니다. 이 시간 정성을 다하여 예배할 수 있는 저희 모두가 되게 하여 주옵소서.
주님! 이 시간 먼저 주님께 지은 죄를 회개합니다. 짧은 삼일이지만 저희들이 지은 죄는 수를 셀 수 없을 만큼 무수히 많음을 고백합니다. 잘못된 생각으로 지은 죄가 있습니다. 부정한 입술로 지은 죄가 있습니다. 손과 발로 지은 죄가 있습니다. 회개하오니 용서하여 주옵소서.

주님! 이 세상은 갈수록 노아의 홍수 심판 때와 같이 죄악이 관영해지고 있습니다. 사람들의 선량한 양심이 파괴되고 있고, 감정을 절제하지 못한 자들의 생명을 해치는 일들이 수없이 자행(恣行)되고 있습니다.
점점 더 흑암의 권세로 덮이는 이 사회를 보며 구명선의 역할을 감당해야 할 교회가 지금 무엇을 해야만 하는지 주님의 음성을 분명히 들을 수 있게 하여 주옵소서. 세상 사람들과 똑같이 비난과 비판의 목소리만 높이는 것이 아니라, 주님을 향한 부르짖음의 강도를 높일 수 있는 교회가 되게 하옵소서. 그리하여 교회를 통하여 병든 이 사회가 주님의 이름으로 고침을 받고 새롭게 될 수 있는 역사가 일어나게 하옵소서. 교회가 세인(世人)들로부터 비웃음과 조롱을 당한다 할지라도, 그래도 하나님은 교회를 통하여 이 땅을 기경해나가시고 치료하신다는 것을 저희들로 하여금 잊지 말게 하옵소서.
오늘도 복음을 들고 단 위에 서시는 목사님을 기억하셔서 성령의 큰 능력으로 함께하시고, 전하시는 말씀이 풍성한 열매로 맺어질 수 있게 하옵소서. 예배의 시종을 주님께 의탁하오며 구원하시기를 기뻐하시는 예수 그리스도의 이름으로 기도합니다. 아멘

4월 넷째주 | 자기부인

자기를 부인하는 삶이 되게 하소서

전능하신 하나님 아버지! 오늘도 성령의 인도하심을 따라 교회에 나와 하나님께 예배할 수 있게 하시니 감사드립니다. 주님께 예배함이 저희의 마음에 항상 기쁨이 되게 하시고, 즐거움으로 자리 잡을 수 있게 하옵소서. 하루의 일과로 피곤한 몸이지만 예배를 통하여 새 힘을 얻게 하실 것을 믿습니다. 말씀을 통하여 시원케 하시는 주님의 은혜를 경험하게 하실 것을 믿습니다.
삼일간의 짧은 삶이었지만 죄악의 물결 앞에 자주 넘어졌던 저희들이었습니다. 주님을 의지하고 살면서도 바람 앞에 놓인 등불처럼 자주 흔들렸던 부끄러운 모습을 고백하오니 불쌍히 여기시고 용서하여 주옵소서.

사랑의 주님! 저희로 하여금 이 땅을 살아가는 동안 자기를 부인하는 일에 익숙해지는 삶이 되게 하옵소서. 자기를 부인하는 일이 쉽지는 않겠지만, 그렇게 하지 않고서는 사실상 주님을 본받아 사는 삶이 불가능한 것임을 잊지 말게 하옵소서. 육체와 마음이 원하는 것을 잘 다스리기 위하여 성령의 충만을 구할 수 있게 하시고, 성령을 거스르는 말과 행동과 음식을 금할 수 있게 하옵소서.
검소한 생활에 익숙해 질 수 있게 하시고, 저희의 가진 모든 것을 주님의 나라와 의를 위하여 보람 있게 쓸 수 있는 믿음이 되게 하옵소서. 능욕을 당해도 주님을 바라봄으로 참아내며, 오해를 받아도 자기를 변명하기에 급급한 모습이 없게 하옵소서.
무슨 일을 하든지 자기 의를 앞세우지 않게 하시고, 모든 공은 철저히 주님께만 돌릴 수 있게 하옵소서. 저희의 삶 전 영역에서 자기부인이 넘쳐남으로 주님을 닮아가고 주님의 뜻을 이룰 수 있는 복된 삶이 되게 하옵소서.
오늘도 목사님이 말씀을 준비하셨습니다. 철부지 양들을 보살피고 양육하시느라 어려움이 많사오니 주께서 날마다 새 힘과 새 능력을 공급하여 주옵소서. 예배가 이미 시작되었습니다. 마치는 시간까지 주님만이 홀로 영광 받으실 것을 믿사옵고 예수 그리스도의 이름으로 기도합니다. 아멘

5월 첫째주 | 환경

한계를 뛰어넘는 믿음이 되게 하소서

때를 따라 은혜 베푸시기를 즐겨하시는 주님! 오늘도 저희가 주님의 은혜에 이끌려 예배의 처소를 찾을 수 있게 하심을 감사드립니다. 이 시간을 통하여 주님께 드리는 예배와 찬송과 기도가 주님을 기쁘시게 할 수 있는 믿음의 행위가 되게 하옵소서. 짧은 예배의 자리이지만 측량할 수 없는 주님의 은혜를 다시 한 번 경험하는 복된 자리가 되게 하옵소서.

사랑의 주님! 여전히 이 시대는 주님의 십자가의 사랑이 절실히 필요한 시대임을 깨닫습니다. 곳곳마다 울음과 탄식이 떠나지 않고 있고, 고통과 괴로움에 허덕이고 있는 자들이 너무나 많습니다. 십자가의 사랑 속에 있는 저희들이 그 사랑을 가지고 그들을 찾아갈 수 있게 하시고, 그들을 주님의 사랑 앞으로 인도할 수 있는 복된 삶이 되게 하옵소서. 주님의 십자가의 사랑은 저희가 평생 높이 들고 가야 할 깃발과 같은 것임을 깨닫습니다. 어디든지 십자가의 사랑이 전해질 수 있도록 높이 들고 나아갈 수 있게 하옵소서. 또한 저희들로 하여금 한계를 잘 뛰어넘는 믿음으로 주님을 기쁘시게 할 수 있는 삶이 되게 하옵소서. 그 어떤 문제를 만나든지 실족하여 넘어짐이 없게 하시고, 문제의 한계를 잘 뛰어넘을 수 있는 믿음이 되게 하옵소서. 뜻하지 않은 질병이 찾아와도 절망하는 것이 아니라, 그 질병의 한계를 잘 뛰어 넘을 수 있게 하시고, 시험이 닥쳐와도 낙심하는 것이 아니라, 그 시험의 한계를 잘 뛰어넘을 수 있는 믿음이 되게 하옵소서.

유혹이 찾아와도 그 유혹의 상황을 잘 뛰어넘을 수 있게 하시고, 근심하는 일이 생겼을 때에도 침착함을 가지고 그 근심을 평안으로 바꿀 수 있는 믿음이 되게 하옵소서. 모든 악조건의 환경을 잘 뛰어넘어 주님을 더욱 가까이 따르고, 주님을 더욱 충실히 섬길 수 있는 저희의 삶이 되게 하옵소서.

오늘도 말씀을 전하실 목사님을 기억하셔서 피곤치 않는 주님의 능력으로 붙들어 주옵소서. 이미 예배가 시작되었습니다. 시종을 주님께 의탁하오며 예수 그리스도의 이름으로 기도합니다. 아멘

5월 둘째주 | 복종

복종이 관제로 부어지게 하소서

영광 받으시기에 합당하신 주님! 오늘도 약하고 부족한 저희를 부르셔서 주님의 한없으신 구속의 은총을 경험하게 하시니 감사합니다. 더욱 더 만물의 약동을 느끼는 5월의 봄을 보내게 하여 주시고 이 시간, 거룩한 예배자로 의와 진리를 좇아 하나님을 예배할 수 있게 하시니 감사드립니다. 주님만이 홀로 영광을 받으시옵소서.

사랑의 주님! 저희들은 주님의 십자가를 바라보며 사노라 하면서도 작은 유혹에도 쉽게 흔들리며 살았음을 고백합니다. 아직도 저희 심령에서 죄가 왕 노릇함을 깨닫습니다. 회개하오니 멀리하지 마시고 용서하여 주옵소서.

복종의 본을 보이신 주님! 저희로 하여금 십자가에서 죽으시기까지 하나님께 온전한 복종을 드리신 주님을 바라보게 하옵소서. 저희가 어디에 있든지 무엇을 하든지 하나님께 온전한 복종을 드리신 주님을 본받는 삶이 되게 하옵소서. 주님의 뜻이라면 이유를 달지 말게 하시고, 주님이 영광 받으시는 일이라면 기꺼이 복종의 자리로 나아가는 저희들이 되게 하옵소서. 저희 모두가 복종에 부요한 자가 되게 하셔서 저희의 온전한 복종으로 죽기까지 복종하신 주님의 십자가가 저희의 심령에 세워지는 것을 느낄 수 있게 하옵소서. 또한 저희 모두가 복종의 욕구를 채우는 것에 목마른 삶을 살아감으로 주님의 나라가 이 땅 위에 이루어지는 것을 볼 수 있게 하옵소서. 주님! 주님의 몸 된 교회도 복종으로 자신을 깨뜨리는 자가 많아진다면 분명히 주님을 닮아가는 교회가 될 줄로 믿습니다. 세상에 빛과 소금의 역할을 감당하는 교회가 될 줄로 믿습니다. 십자가의 사랑이 온 땅에 흘러넘치게 하는 교회가 될 줄로 믿습니다. 저희의 복종이 교회의 부흥에 부어지는 관제가 되게 하옵소서. 오늘도 생명의 말씀을 들고 단 위에 서시는 목사님을 기억하시고 말씀을 듣는 저희 모두에게 복종함으로 아멘만 있게 하옵소서. 이미 예배가 시작되었습니다. 마치는 시간까지 주님만이 홀로 영광 받으실 것을 믿사옵고 예수 그리스도의 이름으로 기도합니다. 아멘

5월 셋째주 | 감사

감사하는 신앙의 사람이 되게 하소서

사랑의 주님! 온 대지가 생명의 기운으로 찬란합니다. 온 땅이 온화한 바람으로 넘실대고 있습니다. 산천초목이 푸르름을 더해가며 주님이 창조하신 아름다운 계절을 노래하고 있습니다. 이 좋은 계절에 저희를 예배의 자리로 부르심을 감사드립니다. 엉클어진 마음으로 주님의 전을 찾아왔지만 저희의 드리는 예배를 기쁘게 받으시고 은혜로 화답하실 것을 믿습니다. 은혜의 주님! 짧은 시간이었지만 회개에 합당한 열매를 맺지 못하고 살았음을 고백합니다. 일상생활 가운데 알게 모르게 지은 죄들을 주님의 십자가 앞에 또 다시 내려놓사오니 덜 여문 믿음으로 살았던 저희를 긍휼히 여기시고 용서하여 주옵소서.

항상 감사할 것을 가르쳐주신 주님! 감사보다 불평할 일들이 많은 이때에 저희들은 감사하며 사는 신앙의 사람이 되기를 소망합니다. "범사에 감사하라 이것이 그리스도 예수 안에서 너희를 향하신 하나님의 뜻이니라"(살전5:18)는 주님의 말씀을 기억하여 언제나 감사의 삶으로 주님의 뜻을 따를 수 있는 저희의 삶이 되게 하옵소서. 악인의 특징은 "하나님을 알되 하나님으로 영화롭게도 아니하며 감사치도 아니한다"(롬1:21)고 했는데, 저희가 그 중 한 사람이 되지 않게 하시고, 이제껏 주님께서 베푸신 은혜와 복을 헤아려 보며 힘 있는 감사의 고백을 드릴 수 있는 삶이 되게 하옵소서. 감사할 수 없는 상황 속에서도 주님의 섭리하심과 예정하심을 바라보며 찬양할 수 있는 저희의 믿음이 되게 하시고, 감사할 수 없는 조건과 형편 속에서도 주님의 이끄심과 인도하심을 바라보며 엎드려 기도할 수 있는 저희의 믿음이 되게 하옵소서.

오늘도 예배할 때에 감사만이 고백되어질 수 있게 하시고, 목사님을 통하여 계시된 주님의 말씀을 들을 때에도 아멘으로 주님의 은혜를 표현할 수 있게 하옵소서. 예배의 시종을 주님께 의탁합니다. 이 자리에 나오지 못한 교우들에게도 변함없이 찾아가주실 것을 믿사옵고 예수 그리스도의 이름으로 기도합니다. 아멘

5월 넷째주 | 믿음

쓰임 받는 믿음이 되게 하소서

자비로우신 주님! 살아있는 모든 식물들이 꽃봉오리를 터뜨려서 아름다운 꽃을 피우고 향기를 내 뿜는 계절입니다. 이 좋은 계절에 저희의 마음을 주님이 임재하시는 곳 성전에 두게 하심을 감사드립니다. 저희의 일생이 다하도록 항상 성전을 가까이 하고 주님만을 예배하는 삶이 되도록 인도하여 주옵소서.

상한 심령을 긍휼히 여기시는 주님! 이 시간 저희들이 주님을 예배하고 있지만, 알게 모르게 저희 속에 덕지덕지 묻어 있는 많은 죄들을 발견합니다. 주님이 구하시는 제사는 상한 심령이요, 상하고 통회하는 자들을 멸시치 아니하신다고 말씀하였사오니 저희의 허물을 사하여 주시고 용서하여 주옵소서. 이 시간 주님 안에 있는 생명의 성령의 법이 저희를 죄와 사망의 법에서 해방시키시는 은총을 경험하게 하옵소서.

주님! 저희로 하여금 더욱 더 성장하는 믿음이 되게 하시고, 주님을 기쁘시게 할 수 있는 믿음이 되게 하옵소서. 또한 주님께 쓰임 받을 수 있는 믿음이 되게 하시고, 주님께 칭찬을 들을 수 있는 믿음이 되게 하옵소서. 이 믿음이 되기 위하여 언제나 하나님을 가까이 할 수 있게 하시고, 기도의 자리, 봉사의 자리, 섬김의 자리를 사랑할 수 있게 하옵소서.

또한 사랑이 메말라가는 이웃과 사회에 주님의 참사랑을 나타낼 수 있는 믿음이 되기를 원합니다. 주님의 참 복음을 전할 수 있는 믿음이 되기를 원합니다. 저희들이 나타내는 것이 없음으로 세상이 실망하지 않도록 주님이 보이신 사랑과, 주님이 보이신 섬김을 실천해갈 수 있는 저희들이 되게 하옵소서.

주님! 이 시간에도 저희들은 주님의 말씀에 귀를 기울입니다. 말씀을 증거하시는 목사님을 성령의 능력으로 강하게 붙들어 주셔서, 말씀을 듣는 저희 모두가 영적으로, 육적으로 새로움을 경험하는 시간이 되게 하옵소서. 이미 예배가 시작되었습니다. 지금도 변함없이 저희를 사랑하고 계시는 예수님의 이름으로 기도합니다. 아멘

5월 다섯째주 | 기도

눈물의 기도가 있게 하소서

저희들의 지친 손을 잡아 주시기를 원하시는 주님! 지난 삼일간도 헛된 영광으로 가득한 세상 속에서 살다가 주님의 전으로 달려 나왔습니다. 주님을 의지하고픈 그 욕심 하나로 주님의 전을 찾았사오니 저희의 영혼을 받아주시고 하늘의 신령한 은혜로 채워 주시옵소서.

기도의 본을 보이신 주님! 저희 모두가 주님의 기도를 본받는 신앙생활이 되기를 원합니다. 지금은 저희들이 탄식하며 기도할 때임을 깨닫습니다. 악을 향해 질주하고 있는 세상을 보며 중보의 기도를 쉬지 않아야 할 때임을 깨닫습니다. 갈수록 복음의 문이 막혀지는 세상을 보며 울어야 할 때임을 깨닫습니다. 차츰 교회가 영적인 힘을 잃어가고 있는 것을 보며 주님의 보좌 앞으로 울며 나아가야 할 때임을 깨닫습니다. 차츰 영적으로 무감각해지는 저희 자신의 모습을 보며 영혼을 쏟아내는 눈물의 기도를 쉬지 말아야 할 때임을 깨닫습니다.

주여! 울며 탄식하게 하옵소서. 채워도 채워지지 않는 욕망의 빈 잔을 채우기 위하여 울지만 말게 하시고, 어두운 영적 현실을 직시하여 깨어있지 못했던 신앙생활을 안타까워하며 눈물로 기도할 수 있는 저희 모두가 되게 하여 주옵소서. 나라가 어렵고 힘든 것도 그 옛날 강산마다 메아리쳤던 간곡한 부르짖음이 사라졌기 때문인 것을 깨닫습니다. 이제는 깨어 부르짖게 하옵소서. 눈물의 기도를 회복하게 하옵소서. 모든 것을 끌어안고 내 탓으로 여기며 중보의 기도를 쉬지 않게 하옵소서. 저희의 눈물의 기도가 하늘을 적시고 땅을 적셔서 곳곳마다 주님의 은혜의 강물 되어 흐르게 하옵소서.

오늘도 주님의 말씀을 들고 서시는 목사님을 기억하셔서 피곤치 않도록 주의 능력으로 붙들어 주옵소서. 말씀을 듣는 저희 모두가 영혼의 배부름을 느끼는 시간이 되게 하옵소서. 예배의 시종을 주님께 의탁하오며, 지금도 하늘 보좌 우편에서 중보의 기도를 쉬지 않고 계시는 예수 그리스도의 이름으로 기도합니다. 아멘

6월 첫째주 | 영혼구원

영혼구원에 마음을 쏟게 하소서

빛이요 구원이신 하나님 아버지! 짧은 시간이지만, 든든한 주님의 사랑에 기대어 살다가 주님께 예배하기 위하여 이 자리를 찾았습니다. 저희의 영혼을 받아 주시고 넓으신 품으로 품어 주시옵소서.
사유하시기를 즐겨하시는 하나님 아버지! 지나간 시간도 믿음을 따라 주님의 자녀답게 살지 못했던 저희들입니다. 생각과 말과 행동으로 너무나 많은 불신앙적인 삶을 살았고, 복음을 힘써서 전하는 일도 없었습니다. 회개하오니 용서하여 주시고, 긍휼로 덮어주시옵소서.

주님! 저희 모두가 새 생명을 잉태하고 영혼을 구원하는 일에 마음을 쏟을 수 있게 하옵소서. 자신이 구원 받은 것에만 만족하며 그 구원을 지키기 위한 수단으로만 교회를 찾는 것이 아니라, 주님의 몸 된 교회를 부흥시켜야 한다는 영적인 부담을 가지고 영혼을 구원하는 일에 마음을 쏟을 수 있게 하옵소서.
때를 얻든지 못 얻든지 복음을 들고 날마다 전도하게 하시고, 불신이웃을 향하여 구원의 손길을 내밀 수 있는 삶이 되게 하옵소서. 그리하여 구원 받은 백성들의 수가 날마다 더하여지게 하시고, 주님의 몸 된 교회가 큰 성장을 이룰 수 있게 하옵소서. 주님! 수요예배의 자리가 갈수록 초라해지고 있습니다. 하나님을 만나고 하나님의 은혜를 경험하는 이 소중한 자리를 더욱 사랑할 수 있는 저희들이 되게 하옵소서. 바쁘다는 핑계로 예배를 등한히 하는 일이 없게 하시고, 피곤하고 힘들다는 이유로 주님을 멀리하는 일이 없게 하옵소서. 바쁠수록, 힘들수록 더욱 더 주님을 찾아 새 능력과 새 힘을 공급받아 믿음으로 승리하는 삶을 살아가게 하옵소서.
이 시간도 목사님이 생명의 말씀을 전하십니다. 성령의 두루마기를 입혀 주셔서 말씀을 듣는 자 모두가 주님의 음성을 듣는 복을 누리게 하옵소서. 예배의 시종을 주님께 의탁하오며, 저희들을 죽기까지 사랑하신 예수 그리스도의 이름으로 기도합니다. 아멘

6월 둘째주 | 열심

불을 붙일 수 있게 하소서

사랑이 풍성하신 하나님 아버지! 온 우주 만물을 주관하시는 주님의 솜씨가 더욱 빛나는 계절에 주님의 은총으로 새롭게 빚으신 주의 백성들이 한 자리에 모여 예배할 수 있게 하시니 감사드립니다. 주님의 은총 속에 만물이 더욱 생명 있음을 찬양하는 것을 보며, 저희들도 주님을 찬양할 수 있는 거룩한 백성으로 부름 받은 것을 다시 한 번 감사드립니다. 오늘 저희가 드리는 예배를 기쁘게 받으시고, 아침 이슬 같은 은혜로 화답하여 주옵소서.

사랑의 주님! 지금 저희들은 주님을 위하여 일하고, 주님을 위하여 뛰기에 매우 좋은 계절을 맞이하고 있습니다. 주님이 주신 이 좋은 계절에 영적인 게으름을 보이지 않고 열심을 품고 주님을 섬길 수 있게 하옵소서. 그동안 뜨겁게 신앙생활을 하지 못했던 것을 반성하며 다시 한 번 행함이 있는 믿음으로 주님을 기쁘시게 할 수 있는 삶을 살아갈 수 있게 하옵소서. 식어져 있는 기도생활에 불을 붙일 수 있기를 원합니다. 깊은 기도를 통하여 주님의 음성을 듣고 더 나은 영적인 단계로 나아갈 수 있게 하옵소서. 미온적이었던 봉사생활에도 불을 붙일 수 있기를 원합니다. 주님의 몸 된 교회를 위하여 영혼까지 지칠 수 있는 섬김이 되게 하셔서 모든 것을 깨뜨리신 주님의 형상을 닮게 하옵소서.
적극적이지 못했던 전도생활에도 불을 붙일 수 있기를 원합니다. 사람들이 거부할지라도 생활현장에서 복음을 전하기에 힘쓰게 하셔서 주님이 분부하신 명령을 준행하며 천국의 지경을 확장해 나갈 수 있게 하옵소서. 또한 더 많이 사랑하기에도 힘쓸 수 있게 하옵소서. 많은 희생이 뒤따를지라도 디 많이 사랑하게 하셔서 주님의 십자가의 그 사랑을 삶으로 보여줄 수 있게 하옵소서. 오늘도 주님의 말씀을 대언하시는 목사님을 기억하시고 능력의 말씀을 선포하실 수 있도록 성령의 두루마기를 입혀 주옵소서. 이미 예배가 시작 되었습니다. 마치는 시간까지 주님만이 홀로 영광을 받으실 것을 믿사옵고 예수 그리스도의 이름으로 기도합니다. 아멘

6월 셋째주 | 믿음

흔들리지 않는 믿음이 되게 하소서

사랑이 풍성하신 하나님 아버지! 오늘도 저희들을 예배하는 주님의 자녀로 살아가게 하심을 감사드립니다. "이 백성은 내가 나를 위하여 지었나니 나를 찬송하게 하려 함이니라"(사43:21)는 주님의 말씀이 저희에게 큰 기쁨과 위로가 됩니다. 세월을 따라 저희의 육신은 쇠하여 갈지라도 주님을 예배하는 저희의 중심은 언제나 한결같게 하옵소서.
주님! 지금 저희들은 믿음이 무너지고 있는 시대에 살고 있습니다. 저희들의 믿음도 안전하지 못함을 깨닫습니다. 저희로 하여금 흔들리지 않는 믿음을 갖게 하옵소서. 어렵고 힘든 일이 발생할지라도 너무 쉽게 믿음의 자리를 사단에게 내어주지 않게 하시고, 산 소망을 주신 주님을 바라보며 넉넉히 이길 수 있는 믿음이 되게 하옵소서. 고난 앞에서도 주눅 든 인생이 되지 않기를 원합니다. 믿는 사람에게는 당연히 고난이 따른다는 것을 생각하여 고난 앞에서도 평안을 잃지 않는 저희의 믿음이 되게 하옵소서. 주님을 향한 그 열정 하나로 환란과 핍박 가운데서도 복음을 전하며 담대한 삶을 살았던 사도바울처럼, 저희도 주님을 위해 최선을 다하는 복 된 믿음의 삶이 되게 하옵소서.

주님! 아직도 이 세상에는 삶에 지쳐서 눈물 흘리는 영혼들이 많습니다. 갈 길 몰라 이리저리 방황하는 영혼들이 많습니다. 빛과 소금의 사명을 가지고 찾아갈 수 있는 교회가 되게 하시고, 그들의 눈물을 닦아주고 평안을 심어줄 수 있는 교회가 되게 하옵소서.
오늘도 주님이 귀하게 쓰시는 목사님이 말씀을 들고 단 위에 서십니다. 목사님의 건강을 항상 붙들어 주시고, 영혼을 깨우는 능력의 목회를 하실 수 있도록 성령의 두루마기를 입혀 주옵소서. 이 시간도 새 소망이 넘치는 말씀으로 저희들의 나태한 심령을 기경할 수 있게 하옵소서.
이미 예배가 시작되었습니다. 미참한 발걸음도 예배의 소중함을 잃지 않도록 성령님이 주장하실 것을 믿사옵고, 예수 그리스도의 이름으로 기도합니다. 아멘

6월 넷째주 | 의지함

주님만을 의지하게 하소서

인생을 바른 길로 인도하시는 주님! 저희들을 주님의 자녀들로 택하여 주셔서 경건한 신앙의 길로 나아가게 하여 주시니 감사합니다. 오늘도 주님을 사랑하는 마음으로 주님이 계신 곳을 찾았습니다. 예배하며 주님의 이름을 높이기를 원하는 저희의 마음을 성령으로 충만하게 하옵소서.

사랑의 주님! 삼일의 짧은 삶이었지만 회개의 열매를 전혀 맺지 못하는 삶을 살았음을 고백합니다. 주님의 뜻은 아랑곳하지 않고 내 뜻과 내 고집대로 행하며 살기를 좋아했던 저희들이었습니다. 회개하오니 크신 사랑으로 용서하여 주옵소서. 주님! 시대가 어려울수록 주님만 의지하는 삶이 되게 하여 주옵소서. "여호와께 피하는 것이 사람을 신뢰하는 것보다 나으며 여호와께 피하는 것이 고관들을 신뢰하는 것보다 낫다"(시118:8,9)고 했사오니 사람을 의지하다가 낙심하는 일 없게 하시고, 의인의 요동함을 영영히 허락지 아니하시는 주님만을 의지하는 저희의 삶이 되게 하옵소서. 또한, 가진 재물을 의지하지 않기를 원합니다. 있다가도 없어지는 재물에 마음을 빼앗겨서 물질이 우상이 되는 일이 없게 하시고, 오직 모든 경영을 이루시는 주님만을 의지하는 저희들이 되게 하옵소서. 잘못된 풍습에도 빠져들지 않기를 원합니다. 입이 있어도 말하지 못하고 눈이 있어도 보지 못하며 귀가 있어도 듣지 못하는 우상을 의지하는 일이 없게 하시고, 눈에 보이는 것이 없고 귀에는 들리는 것이 없고 손에는 잡히는 것이 없다 할지라도 지금도 살아계셔서 역사하시는 주님만을 의지하는 저희들이 되게 하옵소서.

주님! 저희들을 위하여 불철주야 기도하시며 목양에 애쓰시는 목사님을 기억하셔서 어려움이 없도록 순풍으로 이끌어 주시기를 원합니다. 주님께 몸을 드려 수고하는 봉사자들도 기억하셔서 주 안에서 하는 수고를 누리는 기쁨이 넘치게 하옵소서. 이미 예배가 시작되었습니다. 마치는 시간까지 주님만이 홀로 영광 받으실 것을 믿사옵고 예수 그리스도의 이름으로 기도합니다. 아멘

7월 첫째주 | 사로잡힘

성령의 능력에 사로잡히게 하소서

은혜로우신 주님! 온 대지를 덮어버린 푸르름의 역사는 나무들만의 이야기가 아님을 깨닫습니다. 실망과 좌절로 앞을 보지 못한 제자들이 다락방에 도란도란 둘러앉았을 때 괄괄하고 드센 바람 소리로, 혀같이 갈라지는 불꽃으로 다가와 힘과 능력을 부여하셨던 성령의 역사가 있었음을 깨닫습니다.

지금도 여전히 함께하시는 주님! 이 시간도 너무 힘든 세상사에 시달리다 지치고, 경쟁하는 사회의 일원으로 이리저리 휩쓸리다 주님의 전을 찾은 저희들을 안타까이 여기셔서 강한 성령의 능력에 사로잡히게 하여 주옵소서. 그리하여 초대교회가 그랬듯이 저희들도 성령 충만한 삶을 살게 하여 주옵소서. 성령님을 거스르는 죄를 짓지 않게 하시고, 성령님을 근심케 하는 일들은 하지 않으며 살아가게 하옵소서.

과거로부터 쓰임을 받았던 사람들은 성령의 감동을 받은 사람들이었음을 저희는 압니다. 오늘 저희들에게도 성령의 감동하심과 인도하심의 은혜를 허락하여 주셔서 주님의 능력 있는 증인이 되게 하시고, 이 땅 위에 천국의 지경을 확장시켜 나갈 수 있는 천국의 일꾼이 되게 하여 주옵소서.

사랑의 주님! 지금은 주님의 긍휼히 여기심과 은혜의 소낙비가 절실히 요구되는 때입니다. 상처입고 괴로워하는 심령들이 너무나 많고, 미래에 대한 소망을 잃어버린 채 어두운 곳을 헤매는 영혼들도 많사오니 이 사회가 안고 있는 고통을 주님의 손길로 만져주시옵소서.

오늘도 주님의 전을 찾은 성도들 가운데 상처 입은 교우들이 있습니다. 온유하신 손길로 싸매어 주옵소서. 질병으로 고통 받는 성도가 있습니다. 주님의 피 묻은 손으로 안수하여 주셔서 깨끗함을 얻게 하여 주옵소서.

이 시간, 주님의 말씀을 듣고 단 위에 서시는 목사님을 기억하시고, 성령의 능력으로 붙들어 주셔서 권세 있는 주님의 말씀을 증거 하실 수 있게 하옵소서. 예배의 시종을 주님께 의탁하오며 예수 그리스도의 이름으로 기도합니다. 아멘

7월 둘째주 | 경제회복

희망을 잃어가지 않게 하소서

생명의 하나님 아버지! 부활 생명을 저희에게 주셔서 새 삶을 살게 하여 주신 은혜를 감사합니다. 죄로 인하여 죽은 옛 사람 대신에 저희를 새롭게 살리셨으니 저희의 생명은 주님의 것입니다. 이 저녁에 생명의 주인이 되시는 주님께 나아와 예배하기를 원합니다. 경건한 마음을 가지고 정성을 다하여 예배할 수 있도록 도와주시옵소서.

주님! 이 시간에 주님께 예배하면서 용서를 구합니다. 저희들은 주님의 말씀을 듣기만 했지, 그 말씀대로 살지 못했습니다. 저희들은 주님의 몸 된 교회를 드나들기만 했지, 섬기지를 못했습니다. 저희들은 가정을 이루기만 했지, 화목한 방초동산을 만드는 데에는 정성을 다하지 못했습니다. 회개하오니 용서하여 주옵소서. 이제는 저희들에게 이와 같은 모습이 습관적으로 반복되지 않도록 도와주시고, 주님의 뜻을 담아낼 수 있는 삶이 되게 하여 주옵소서.

치유하시는 주님! 지금 이 사회가 경제 침체로 인하여 수많은 아픔들이 발생하고 있사오니 혼란스러운 이 사회를 불쌍히 여겨주시기를 원합니다. 가뭄에 단비가 내리듯 주님의 자비와 은총으로 함께하셔서 한껏 풍성해지는 여름날의 만물과 같이 풍성함이 가득한 이 사회가 될 수 있게 하여 주옵소서. 주님의 몸 된 교회도 가정과 사회가 안고 있는 아픔에 대하여 외면하지 않기를 원합니다. 소돔과 고모라를 놓고 주님을 찾았던 아브라함처럼, 희망을 잃어가는 가정과 사회를 놓고 마음을 쏟는 기도가 있게 하시고, 온 몸으로 껴안는 사랑이 있게 하여 주옵소서.

주님! 오늘도 예배시간에 참여하지 못한 교우들이 있습니다. 예배를 가까이 하지 못하는 것이 습관으로 굳어지지 않도록 그들의 믿음을 붙들어 주옵소서. 오늘도 신령한 만나를 준비하신 목사님을 성령의 능력으로 붙드시고, 귀 기울여 주님의 말씀 듣기를 사모하는 심령마다 주님의 세미한 음성을 들을 수 있게 하여 주옵소서. 예배의 시종을 주님께 의탁하오며 예수 그리스도의 이름으로 기도합니다. 아멘

7월 셋째주 | 물리침

악한 마귀를 대적하게 하소서

세상을 이처럼 사랑하신 하나님 아버지! 무한하신 그 사랑과 그 은혜를 감사하며 경배를 드립니다. 주님을 믿는 자, 주님을 영접하는 자에게 하나님의 자녀가 되는 권세를 주신 하나님께 찬양과 영광을 돌립니다. 계신 곳 하늘에서 저희의 예배를 받으시고 하나님께 영광이 되게 하옵소서.
자비하신 주님! 짧은 삼일이지만 세상 풍파에 이리 쏠리고 저리 헤매면서 죄에 물든 것도 모르고 살아왔습니다. 예배를 통하여 주님께 엎드리니 수많은 과오가 저희의 생각을 스쳐갑니다. 기억하지 못하는 과오까지 합치면 너무나 부끄러워 얼굴을 들 수 없나이다. 주님의 넓으신 사랑을 의지하여 회개하오니 용서하여 주옵소서.

사랑의 주님! 저희로 하여금 죄를 멀리하고 물리치는 삶을 살 수 있도록 성령의 충만함을 허락하여 주옵소서. 원수마귀 사탄은 성도들을 죄에 빠지게 하여 믿음에서 떨어지게 하려고 갈수록 극성을 부리고 있습니다. 우는 사자와 같이 두루 다니며 삼킬 자를 찾는 이때에 마귀를 능히 대적할 수 있는 믿음을 가질 수 있도록 성령의 충만함을 허락하여 주옵소서. 죄를 짓고 싶어 하는 충동을 이길 수 있는 강한 의지력과, 유혹과 시험을 말씀으로 물리칠 수 있도록 하나님의 전신갑주를 입혀주옵소서.
주님! 무더운 여름입니다. 주님을 믿는 성도들도 엉뚱한 것에 마음을 빼앗겨서 신앙이 흐트러지기 쉬운 때입니다. 악한원수 사단마귀는 이런 때를 놓치지 않고 기필코 틈탄다는 사실을 기억하여 믿음의 틈을 보이지 않기 위하여 더욱 깨어 있는 신앙생활을 할 수 있게 하옵소서. 한결같은 믿음으로 주님을 기쁘시게 해드릴 수 있는 주의 백성들이 되게 하여 주옵소서.
주님! 짧은 시간일지라도 목사님이 전하시는 말씀을 통하여 주님의 은혜를 체험하기 원합니다. 성령께서 저희의 마음을 주장하여 주옵소서. 예배의 시종을 주님께 의탁하오며, 예수 그리스도의 이름으로 기도합니다. 아멘

7월 넷째주 | 봉사와 섬김

지혜롭게 봉사하며 섬기게 하소서

교회에 머리가 되시는 주님! 저희의 심령을 항상 복되게 하셔서 주님의 전에 나올 수 있게 하심을 감사드립니다. 피곤한 육신을 생각하면 집에서 쉬고 싶은 유혹을 떨쳐버릴 수 없지만, 주님을 예배하는 것이 영혼이 잘되고 범사가 잘되는 것임을 알기에 이 자리를 찾았습니다. 이 시간에 저희가 드리는 기도를 받으시고, 저희가 올리는 찬양을 받으시옵소서.

사랑의 주님! 저희들은 참으로 죄를 이길 수 없는 존재들임을 깨닫습니다. 먼지 같은 작은 죄 앞에서도 맥없이 넘어지는 삶을 살았음을 고백합니다. 무거운 죄 짐을 내려놓으며 주님께 회개하오니 사죄의 은총을 허락하여 주옵소서.

은혜의 주님! 삼위 하나님께서 지금도 일하고 계시기에 저희가 구원받은 주님의 백성으로 살아감을 믿습니다. 주님의 사랑만 받고, 은혜만 받으며 아무것도 하지 않는 어리석은 주의 백성이 되지 말게 하시고, 주님의 온전하신 뜻이 무엇인지 분별하여 지혜롭게 봉사하며 살아가는 주의 백성이 되게 하옵소서.

주님의 교회에 해야만 할 일들이 얼마나 많습니까? 믿음의 분량에 따라 주님의 선하신 뜻을 이루어 드릴 수 있는 주의 백성이 되게 하시고, 넘치는 섬김으로 주님을 닮아갈 수 있는 저희들이 되게 하옵소서.

자비로우신 주님! 이 사회도 수많은 아픔들이 발생하고 있습니다. 혼란스러운 이 사회를 불쌍히 여겨주시기를 원합니다. 가뭄에 단비가 내리듯 주님의 자비와 은총으로 함께하셔서 평화와 희망이 흘러넘치는 이 사회가 되게 하옵소서 주님의 몸 된 교회도 가정과 사회가 안고 있는 아픔에 대하여 외면하지 않기를 원합니다. 희망을 잃어가는 가정과 사회를 놓고 마음을 쏟는 기도가 있게 하시고, 온 몸으로 껴안는 사랑이 있게 하옵소서.

오늘도 말씀을 전하시는 목사님을 성령의 능력으로 붙드셔서 듣는 자들에게 얼음냉수와 같은 말씀이 되게 하옵소서. 예배의 시종을 주님께 의탁하오며 예수 그리스도의 이름으로 기도합니다. 아멘

8월 첫째주 | 나라와 교회

나라를 붙드시고 교회를 새롭게 하소서

거룩하신 하나님 아버지! 무더운 여름이지만 천하 만물이 주님의 은총을 가득 담아내고 있는 것을 볼 때 축복의 계절임을 믿습니다. 그 은총을 받고 있는 저희들도 이 시간에 주님의 사랑과 축복을 온 몸에 담고 주님 앞에 엎드리게 하심을 감사드립니다. 저희들이 드리는 예배를 기쁘게 받아주시옵소서. 꾸준한 예배생활을 통하여 저희의 신앙도 성장을 거듭할 수 있는 모습이 되게 하옵소서.

이 나라를 사랑하시는 주님! 지금 이 나라가 여러 가지 문제로 어수선하고 혼란스런 가운데 있습니다. 어서 속히 불안이 걷히고 안정을 찾을 수 있도록 도와주시옵소서. 특히 정치인들을 붙들어 주셔서 국민을 생각하는 마음이 저들에게 넘쳐나게 하시고, 나라를 생각하는 마음이 그들에게 넘쳐나게 하옵소서. 이제 국민들은 정치인들을 믿지 않고 있습니다. 그들은, 국민에게 사랑받고 인정받는 정치가 무엇인지 너무나 잘 알고 있을 것인데, 그것을 좇을 수 있는 정치인들이 되게 하옵소서.

교회를 사랑하시는 주님! 하나님의 축복으로 말미암아 날마다 말씀으로 새롭게 되는 교회가 되게 하시고, 성령의 뜨거움과 은사의 충만함이 역사하는 교회가 되게 하옵소서. 기도를 잊은 자에게 기도의 불을 붙이는 교회가 되게 하시고, 소망을 잃은 자에게 소망을 주고, 찬양을 잃은 자에게 찬양의 기쁨을 되살려 줄 수있는 교회가 되게 하옵소서. 무엇보다도 마귀의 권세 아래 놓여있는 영혼들을 주님의 능력의 나라로 옮겨 놓을 수 있는 구명선이 되는 교회가 되게 하옵소서.

말씀을 전하시는 목사님을 기억하옵소서. 철부지 같은 신앙인들로 인하여 마음에 받는 상처가 없게 하시고, 혹 상처가 있을지라도 하늘의 위로로 채우시는 주님을 바라보며 넉넉히 이길 수 있게 하옵소서.

이미 예배가 시작되었습니다. 마치는 시간까지 주님만이 영광을 받으실 것을 믿사옵고 예수 그리스도의 이름으로 기도합니다. 아멘

8월 둘째주 | 전쟁, 평화

이 나라에 전쟁이 없게 하소서

고마우신 하나님 아버지! 지난 삼일도 저희를 주님의 날개 아래 품어 주셨다가 주님을 예배할 수 있는 이 복된 자리로 이끄심을 감사드립니다.
오늘도 주님의 전에 나와 엎드리니 주님의 은혜와 사랑이 없이는 도저히 살 수 없는 연약한 인생임을 다시 한 번 깨닫습니다. 오늘도 주님을 예배하면서 하나님을 만나고 기도의 응답을 받는 은혜의 역사가 있게 하옵소서.

은혜의 주님! 이 시간을 통해 이 나라를 위하여 기도하기를 원합니다. 이 나라에 전쟁이 날 수도 있다는 위기감이 갈수록 확산되고 있습니다. 북한이 시도 때도 없이 전쟁을 들먹이며 위협하고 있어서 전쟁이 갑자기 발발할 수도 있다는 불안감이 갈수록 팽배해지고 있습니다. 주님! 전쟁은 분명히 하나님께 속한 것임을 믿습니다. 이 민족을 긍휼히 여기시는 우리 주님께서, 이제는 더 이상 이 땅 위에 삶과 죽음의 통곡소리가 들리지 않도록 전쟁을 막아주실 것을 믿습니다. 화합의 나라로 이끄시고 평화의 나라로 이끄실 것을 믿습니다. 전쟁의 사기를 드높이는 군가가 변하여 통일을 축하하는 노래가 되게 하실 것을 믿습니다. 전쟁무기가 변하여 땅을 일구는 보습이 되게 하실 것을 믿습니다. 영광의 주님을 찬양하고 주님을 높이는 제사장 나라가 되게 하실 것을 믿습니다. 그날이 속히 올 수 있도록 저희들도 기도로 주님의 전을 뜨겁게 달굴 수 있게 하옵소서.
사랑의 주님! 주님이 세워주신 저희 가정을 위해서도 기도합니다. 저희의 가정 속에는 주님의 따뜻하고도 감싸시는 사랑이 넘쳐나게 하옵소서. 무거운 짐을 내려 주시고 쉼을 허락하시는 주님의 자비로운 손길을 느끼게 하여 주옵소서. 화목과 평안이 샘솟는 가정이 되게 하여 주시고, 교제의 즐거움 속에 서로를 용납하고 위하는 화목이 넘쳐나는 가정이 되게 하옵소서.
오늘도 생명의 말씀을 들고 단 위에 서시는 목사님을 기억하셔서 피곤치 않도록 항상 새 능력으로 채워주시옵소서. 예배의 시종을 주님께 의탁하오며 예수 그리스도의 이름으로 기도합니다. 아멘

8월 셋째주 | 가정

사단의 공격을 당하는 가정을 지키소서

고마우신 하나님 아버지! 지난 삼일도 저희를 주님의 날개 아래 품어 주셨다가 수요기도회를 맞이하여 주님의 전을 찾을 수 있도록 발걸음을 인도하심을 감사합니다. 오늘도 주님의 전에 나와 엎드리니 주님의 사랑과 은혜가 없이는 살 수 없는 종들임을 다시 한 번 깨닫습니다. 저희들은 늘 넘치는 주님의 사랑을 받고 사는 인생임을 깨닫습니다. 부족하고 못난 저희를 즐겨 품으시는 주님을 경배하오니 영광을 받으시옵소서.

소망이 되시는 주님! 이 시간 주님께 예배하면서 행복이 시작되는 가정을 위하여 기도하기를 원합니다. 요즘 흔들리고 무너지는 가정들이 봇물을 이루면서 이 사회에 또 하나의 아픔으로 자리 잡고 있습니다. 행복해야 할 가정에서조차 온갖 더럽고 악하고 끔찍한 일들이 서슴없이 자행되고 있는 것을 볼 때, 에덴동산의 아담과 하와의 가정을 무너뜨렸던 사단의 간교한 공격이 지금도 여전히 가정을 향하고 있음을 깨닫습니다. 저희로 하여금 이 사단의 공격으로부터 가정을 지킬 수 있는 길이 무엇인지 깨닫는 지혜가 있게 하옵소서. 믿음의 가정을 세워가고 있는 저희들만이라도, 가정에 사단이 틈타지 못하도록 가정예배를 힘써서 드릴 수 있게 하시고, 매일 기도로 가정을 주님께 봉헌하기에 힘쓸 수 있게 하옵소서.

주님! 이제 기승을 부리던 무더운 여름도 서서히 뒷걸음질을 치고 있습니다. 그동안 하늘나라의 영광스런 직분을 받아 최선을 다한다고는 했지만 그에 따른 합당한 열매가 없는 것 같아 참으로 부끄럽습니다. 그러나 지나간 시간들을 되돌아보며 부족함만을 곱씹고 주저앉아 있을 것이 아니라, 연말에 풍성한 열매를 한 광주리 가득 담아 주님께 드릴 수 있도록 최선을 다할 수 있는 저희 모두가 되게 하여 주옵소서.

이 시간도 생명의 말씀을 전하시는 목사님을 능력의 장중에 붙드실 것을 믿습니다. 예배의 시종을 주님께 의탁하오며 저희의 소망이 되시는 예수 그리스도의 이름으로 기도합니다. 아멘

8월 넷째주 | 신앙

더욱 성숙한 신앙이 되게 하소서

영원하신 하나님 아버지! 죽음의 공포에서 저희를 건지시고 영원한 생명을 주신 은혜를 감사하오며 찬양합니다. 이 시간도 저희의 찬송을 받으시고 저희가 드리는 기도를 받으시옵소서. 주님을 예배하는 저희의 마음에 주님을 향한 사랑이 가득하게 하시고, 주님을 향한 사모함이 가득하게 하옵소서.

사랑의 주님! 저희의 죄를 따라 저희를 처벌하지 아니하시며, 저희의 죄악을 따라 저희에게 그대로 갚지 아니하시는 주님의 말씀을 의지하여 저희가 지은 죄를 고백합니다(시103:10). 지난 삼일동안도 성령을 거스르며, 성령을 근심되게 하였던 죄들을 회개하오니 용서하여 주옵소서. 동이 서에서 먼 것 같이 저희의 죄과를 저희에게서 멀리 옮기실 것을 믿습니다(시103:13).

은혜의 주님! 이 시간은 저희모두가 더욱 성숙한 신앙이 되기를 소망하며 기도합니다. 저희로 하여금 어린아이처럼 투정만 부리는 철부지 신앙을 벗어나서 주님의 영광만을 생각하며 살아갈 수 있는 성숙한 신앙이 되게 하옵소서. 주님을 위해서 충성을 하되 불평이 없게 하시고, 교회를 위해서 봉사를 하되 교만을 앞세우지 말게 하옵소서. 혹 저희 보다 열심을 보이는 성도가 있다면 시기하지 말게 하시고, 겸손한 마음으로 응원해주고 그 열심을 본받을 수 있게 하옵소서. 바쁘다는 핑계로 자주 예배에 빠지는 일이 없게 하시고, 피곤하다는 이유로 기도생활을 멀리는 일이 없게 하옵소서. 어렵고 힘들다는 이유로 물질로 범죄 하는 일이 없게 하시고, 괴롭고 속상하다는 이유로 범사에 감사하는 것을 잃는 일이 없게 하옵소서.

주님! 언제나 변함없이 주님의 몸 된 교회를 위하여 봉사하는 교우들을 기억하옵소서. 그들의 아름다운 섬김과 봉사가 주님의 보좌를 장식하는 빛나는 보석이 되게 하옵소서. 오늘도 주님의 말씀을 들고 단 위에 서신 목사님을 강하신 주님의 능력으로 붙드실 것을 믿습니다. 예배의 시종을 주님께 의탁하오며 예수 그리스도의 이름으로 기도합니다. 아멘

8월 다섯째주 | 신앙생활

열매 맺는 신앙생활이 되게 하소서

저희 인생을 주장하시고 이끌어 가시는 주님! 저희를 험한 세상에 버려두지 아니하시고 주님의 전으로 인도하여 주셔서 주님의 은혜를 사모할 수 있게 하여 주시니 감사드립니다. 사람이 떡으로만 사는 것이 아니라, 하나님의 말씀이 있어야 사는 것인 줄 알기에 오늘도 주님의 말씀을 갈망합니다. 저희들이 드리는 예배를 받으시고 저희의 심령을 진리의 말씀으로 가득 채워 주시옵소서.

사랑의 주님! 삼일의 짧은 시간이었지만 죄 앞에서 힘없이 넘어졌던 저희들입니다. 죄를 이기고 주님의 뜻을 심는 삶을 살아야 함에도 불구하고 저희는 그와 같은 삶을 살지를 못했습니다. 주님의 백성이면서도 늘 죄짓는 일에 익숙한 저희들을 불쌍히 여겨 주옵소서. 죄 짓지 않기를 소망합니다. 주님의 뜻대로 살기를 소망합니다. 도와주시옵소서.

주님! 이제 8월 한 달도 다 지나가고 있습니다. 새해를 시작한지가 엊그제 같은데 벌써 이 해의 가을을 맞고 있습니다. 저희의 신앙을 돌아보니 잎만 무성했을 뿐, 열매 맺은 것이 별로 없음을 깨닫습니다. 아직도 시간이 더 남은 것을 감사하게 여기며 저희 모두가 열매 맺는 신앙생활에 힘쓸 수 있게 하시고, 주님께 큰 영광 돌리는 삶이 될 수 있도록 이끌어 주시옵소서. 주님께 충성을 다하지 못했다면 더욱 충성 할 수 있게 하여 주시고, 주님께 헌신하지 못했다면 더욱 헌신할 수 있는 저희 모두가 되게 하여 주옵소서. 오늘도 주님의 말씀을 들고 단 위에 서시는 목사님을 기억하시고, 주의 크신 능력으로 붙드셔서 진리의 말씀을 전하시기에 조금도 부족함이 없게 하옵소서. 말씀을 듣는 모든 이의 귀가 울리고, 마음의 찔림을 받는 시간이 되게 하여 주옵소서.

주님의 몸 된 교회를 위하여 마음을 쏟아 충성하는 손길들도 언제나 동일한 은혜로 함께하셔서 세상에서 가장 즐거운 일이 되게 하시고, 가장 행복을 느낄 수 있는 일이 되게 하옵소서. 예배의 시종을 주님께 의탁하오며 만유의 주재이신 예수 그리스도의 이름으로 기도합니다. 아멘

9월 첫째주 | 신앙

흠 없는 신앙의 길을 가게 하소서

사랑의 하나님 아버지! 저희를 만민 중에 택하여 주셔서 선택받은 주님의 백성으로 살게 하신 은혜를 감사드립니다. 또한 어렵고 힘든 삶 속에서도 주님을 늘 의지하며 믿음으로 이겨나갈 수 있도록 이끄심을 감사드립니다. 저희들이 이 시간에 주님을 전을 찾게 된 것도 주님의 전적인 사랑과 은총 때문임을 믿습니다. 찬양과 기도를 드립니다. 주님만이 홀로 영광을 받으시옵소서.

은혜의 주님! 저희를 불쌍히 여기시기 원합니다. 죄로 인하여 어둠 속에 떨어져 헤맬 때가 많았습니다. 마음이 추해져서 주님을 뵐 수 없었고, 마귀의 손짓만 눈앞에 어른거릴 때가 많았습니다. 지난 삼일도 그렇게 살았습니다. 주님, 용서를 구하오니 죄로 물든 저희의 마음을 다시 한 번 주님의 보혈로 씻기셔서 새 사람이 되게 하여 주옵소서. 기도의 본을 보이신 주님! 주님이 보시기에 저희들이 신앙의 등불을 꺼뜨리지 않기를 원합니다. 기도로 항상 주님의 전을 간검케 할 수 있는 신앙생활이 되게 하시고, 주님의 몸 된 교회를 위하여 봉사와 섬김의 아름다움을 더해갈 수 있는 신앙생활이 되게 하옵소서.

사랑의 주님! 주님 오시는 그날까지 정결한 신부로서(고후11:2) 흠이 없는 신앙의 길을 가기를 원합니다. 베드로와 같이 순간적으로라도 주님을 부인하는 일이 없게 하시고, 가룟유다와 같이 주님을 배반하는 일이 없게 하옵소서. 신앙생활을 하되 말씀에 근거하지 않는 합리적인 사고방식의 지배를 받지 않게 하시고, 비록 이해가 되지 않는 일이 있을지라도 믿음으로 승리하는 성도가 되게 하여 주옵소서.

주님! 오늘도 말씀을 듣고 단 위에 서시는 목사님을 기억하옵소서. 말씀을 전하실 때마다 능력의 말씀을 선포하실 수 있도록 굳게 붙드시옵소서.
주님의 몸 된 교회를 위하여 충성을 다하여 일하는 일꾼들도 기억해주시옵소서. 예배의 시종을 주님께 의탁하오며 예수 그리스도의 이름으로 기도합니다. 아멘

9월 둘째주 | 예배

텅 비어가는 예배의 자리를 기억하소서

은혜의 주님! 오늘도 저희들을 주님의 전으로 모아주셔서 주님께 예배할 수 있게 하시고, 찬송과 기도와 말씀으로 주님과 교제할 수 있도록 이끌어 주시니 감사합니다. 저희들이 주님의 부르심을 받아 이 자리에 나오게 되었사오니 주님과의 깊은 교제가 이루어질 수 있는 복 된 시간이 되게 하여 주옵소서.
자비로우신 주님! 저희가 자리에 나왔지만 사실은 주님의 은혜에 이끌려 살기보다는 죄의 종노릇할 때가 너무나 많습니다. "이러면 안 되는데" 하면서도 죄가 저희를 끌고 가는 것을 느낄 때가 많습니다. 죄 앞에서 싸워볼 용기도 갖지 못한 채 쉽게 무너지는 저희의 모습을 보며 성령님께서 얼마나 근심하셨겠습니까? 주님, 저희들에게 죄를 이길 수 있는 믿음을 주옵소서. 죄를 물리칠 수 있는 능력을 허락하여 주옵소서. 주님의 사람으로 의를 심으며 살아갈 수 있는 복된 종들이 되게 하옵소서.

사랑의 주님! 저희들이 이 자리를 찾을 때마다 마음 한구석에 늘 안타까움으로 자리 잡는 것이 있습니다. 그것은 이 교회에 속한 주의 백성들이 한 자리에 모이지 못하여 텅 빈 자리가 너무 많이 있음을 보기 때문입니다. 저희의 마음도 이처럼 안타까운데 우리 주님의 마음은 얼마나 안타깝고 속상하시겠습니까? 주님을 만나는 시간만큼이라도 세속에 마음을 빼앗겨 주님의 마음을 아프게 해드리는 성도가 없게 하시고, 이 땅 위에 사는 동안 주님 주신 구원을 이루기 위하여 경건에 이르는 연습을 게을리 하지 않는 주의 백성들이 되게 하여 주옵소서.
오늘도 모든 성도들이 말씀으로 새롭게 변화되고 새 힘을 얻기를 소망하며 말씀을 준비하신 목사님을 기억하시고, 주님의 강하신 오른팔로 붙들어 주시옵소서. 예배드리는 저희 모두가 성령으로 충만하여지며 믿음에 믿음이 더하여지는 시간이 되게 하옵소서. 예배의 시종을 주님께 의탁하오며 언제나 항상 함께하시는 예수 그리스도의 이름으로 기도합니다. 아멘

9월 셋째주 | 충성

마음을 잘 다스려 충성하게 하소서

사랑이 풍성하신 하나님 아버지! 오늘도 주님의 이름으로 이 전에 불러주시고 주님께 예배하며 주님의 귀한 말씀을 듣도록 축복하신 은혜에 감사와 찬송과 영광을 돌립니다. 성령의 인도하심을 따라 주님의 자녀 된 본분을 다할 수 있는 저희 모두가 되게 하옵소서.

은혜의 주님! 짧은 삼일의 기간이었지만 저희는 마음과 뜻과 정성을 다하여 주님을 사랑하지 못하였고, 주님께서 저희를 사랑하신 것같이 서로 사랑하지 못했음을 겸손히 고백합니다. 주님의 생명이 저희 영혼에 내재하지만 저희 욕망이 주님의 뜻을 거역했습니다. 저희를 긍휼히 여기셔서 용서하여 주시고, 회개하는 심령을 주님의 사랑으로 품어 주시옵소서.

다스리시는 주님! 저희들로 하여금 마음을 잘 다스릴 수 있는 신앙생활을 하게 하옵소서. 마음을 잘 다스림으로 변함없이 주님께 충성을 다할 수 있게 하시고, 맡은 직분에 충성을 다할 수 있는 신앙생활이 되게 하옵소서.

또한 항상 주님의 마음을 시원케 해드리며 목회자의 마음도 시원케 해드릴 수 있게 하시고, 누구라도 열매 맺기 어려운 이때에 주님이 기뻐하시는 귀한 열매를 맺어갈 수 있는 신앙생활이 되게 하옵소서.

주님! 아직도 나라의 경제가 회복이 되지 않고 있습니다. 날로 빈부격차는 심해지고 있고, 최저의 생계비마저 보장받지 못하여 아픔을 겪는 가정들이 늘어나고 있습니다. 이 나라를 불쌍히 여기시고 회복이 있게 하여 주옵소서.

주님! 가을의 계절을 주신 주님의 교훈을 듣기 원합니다. 시절이 바뀌는 것을 바라만 보는 저희들이 아니라 계절을 통해 말씀하시는 주님의 음성을 들을 수 있게 하옵소서. 이 가을이 가져다주는 풍요와 결실이 저희들과 무관하지 않기를 원합니다. 주님이 주신 가을의 풍요가 저희들의 영혼에도 넘치게 하옵소서.

오늘도 말씀을 듣고 단 위에 서시는 목사님을 굳게 붙드실 것을 믿사옵고, 예수 그리스도의 이름으로 기도합니다. 아멘

9월 넷째주 | 달음질

계속 믿음으로 달음질하게 하소서

저희를 불러주신 하나님 아버지! 아무 쓸모없는 저희들을 가장 큰 영광의 자녀로 삼으시고 택한 백성으로서의 권리를 허락해 주시니 감사합니다. 각기 모습은 다르고 성품도 다르지만, 하나님을 경외하는 믿음 안에서 하나가 되어 주님께 예배하오니 계신 곳 하늘에서 받으시고 크신 은총을 내려 주시옵소서.

사랑의 주님! 더위 속에서 쏟아지는 한 줄기 소나기처럼 저희의 해묵은 죄악들이 씻겨나갈 수 있기를 간절히 소원합니다. 죄 사함의 은총을 부어 주셔서 죄로 물든 저희의 심령이 자유함을 얻게 하여 주옵소서.

은혜의 주님! 올해도 벌써 추수기를 맞고 있습니다. 저희 모두가 교회를 위하여 달음질하던 발걸음이 뒤처지지 않기를 원합니다. 어쩔 수 없는 환경을 핑계 삼아 주님을 위하여 품은 열정이 식어지지 않게 하시고, 주님을 따라 달려가는 것이 인생 최대의 즐거움이 되게 하여 주옵소서.

이 세상은 주님을 가까이 하지 못하도록 저희를 묶어놓는 족쇄들이 너무나 많습니다. 성령으로 충만하게 하여 주셔서 믿음으로 승리하는 삶이 되게 하여 주옵소서. 생활이 어렵다고 하여 신앙인의 본분과 의무를 게을리 하지 않게 하시고, 어렵고 힘들수록 더욱 봉사하고, 더욱 충성할 수 있는 저희 모두가 되게 하여 주옵소서.

상처 난 인생을 불쌍히 여기시는 주님! 이 저녁에 주님의 전을 찾은 성도들 가운데 삶에 시달려 지친 성도들도 있을 줄 압니다. 원치 않는 질병으로 고통 중에 신음하는 성도들도 있을 줄 압니다. 힘든 일이나 직장생활로 힘겨워하는 성도들도 있을 줄 압니다. 여러 모양으로 삶에 지쳐있는 성도들에게 새 힘을 부어 주시고, 치료의 은총을 내려 주시옵소서.

이미 예배가 시작되었습니다. 빨리 끝나기를 기대하기보다 은혜받기를 소원할 수 있는 저희들이 되게 하여 주옵소서. 예배의 시종을 주님께 의탁하오며 예수 그리스도의 이름으로 기도합니다. 아멘

10월 첫째주 | 사단을 대적함

하나님의 전신갑주를 입게 하소서

사랑의 주님! 질그릇 같이 깨지기 쉬운 저희들을 붙드셔서 세상의 바람 앞에 쉬 깨지지 않게 하여 주시고, 주님의 자녀로 살아갈 수 있게 하심을 감사드립니다. 오늘도 수요예배를 드리기 위하여 주님의 전을 찾았습니다. 주님께 향기 나는 예배를 드릴 수 있게 하여 주시고, 주님께서 기쁘게 받으시는 예배가 되게 하여 주옵소서.

저희를 영적군사로 부르신 주님! 마귀를 대적하는 그리스도의 좋은 군사가 되기를 원합니다. 세상은 날로 악해져만 가고 성도를 유혹하는 사단의 무리는 갈수록 극성을 부리고 있습니다. 수많은 성도들이 사단의 유혹에 넘어가고 있고, 주님을 멀리하고 있습니다. 하나님의 나라와 성도를 대적하는 마귀는 우는 사자와 같이 두루 다니며 삼킬 자를 찾고 있사오니 이러한 마귀를 능히 대적할 수 있는 하나님의 전신갑주를 입는 저희들이 되게 하옵소서.

마귀에게 영적인 틈을 보이지 않기 위하여 철저하게 말씀으로 무장하게 하시고, 쉬지 않고 기도에 힘쓰며 겸손으로 허리를 동일 수 있는 저희 들이 되게 하옵소서. 또한 마귀가 좋아하는 것이라면 철저히 눈을 가리고 귀를 막을 수 있게 하시고, 마귀가 싫어하는 것이라면 힘을 다하여 마귀의 사기를 땅에 떨어뜨리는 주의 사람이 되게 하옵소서. 주위에서 우리를 넘어뜨리려고 하는 수많은 대적자가 일어난다 할지라도 절대로 마귀의 꾐에 넘어가는 일이 없게 하시고, 믿음의 사람 욥과 같이 승리하는 저희들이 되게 하옵소서. 마귀에게 철퇴를 가하고 마귀의 진을 파하는 강력한 주의 사람으로 살 수 있는 저희들이 되게 하옵소서.

오늘도 강단에서 말씀을 전하시는 목사님을 붙드시기를 원합니다. 선포하시는 말씀을 심령에 잘 새겨서 마귀를 물리치고, 마귀의 진마다 십자가의 깃발을 꽂는 영적 기수가 되게 하옵소서. 이미 예배가 시작되었습니다. 사단마귀가 이 예배를 방해하지 않도록 주의 성령께서 이 자리에 운행하실 것을 믿사옵고 예수 그리스도의 이름으로 기도합니다. 아멘

10월 둘째주 | 봉사

봉사의 현장에서 주님을 만나게 하소서

온 세상 만물을 다스리시는 주님! 주님의 피조물인 저희들이 그 높으신 위엄을 찬양합니다. 오늘도 수요예배를 맞이하여 주님의 전을 찾았습니다. 엉클어진 모습일지라도 마음을 다하여 예배하기를 원하오니 저희의 영혼을 받아주시고 품어주시옵소서.

사랑의 주님! 성령의 충만함 속에 살지 못함으로 육신에 이끌리고 세상에 이끌려 살았던 지난 시간의 삶을 주님 앞에 고백합니다. 성령 충만하지 못함이 영적 실패인 것을 알면서도 성령 충만을 간구하지 못하고 살았던 저희들을 용서하여 주옵소서. 이 시간, 주의 성령으로 충만케 하사 이제는 육의 사람이 아니라 영의 사람으로 살게 하시고, 예수 사람이라는 것을 나타낼 수 있는 저희들이 되게 하옵소서.

믿음의 주님! 유혹의 물결이 넘실대며 춤을 추고 있는 계절입니다. 육신의 만족과 즐거움을 위하여 따라가다가 영적인 자리를 잃어버리는 저희의 모습이 되지 말게 하시고, 주의 백성으로서 마땅히 행할 바를 행할 수 있는 저희들이 되게 하옵소서. 잠시의 즐거움을 좇아가다가 영원한 것을 잃어버릴 수도 있음을 깨닫게 하셔서 언제나 주님과의 동행을 사모하며 살아갈 수 있는 저희들이 되게 하옵소서.

섬김의 주님! 봉사하기 좋은 계절입니다. 주님의 몸 된 교회를 위하여 더욱 봉사할 수 있게 하시고, 주님이 기뻐하시는 것을 생각하며 그 기쁨을 좇아갈 수 있는 저희들이 되게 하옵소서. 도움이 필요한 곳에도 기꺼이 도울 수 있는 손길이 되기를 원합니다.

"지극히 작은 자 하나에게 한 것이 곧 내게 한 것이니라"(마25:40)는 주님의 말씀을 기억하면서 봉사의 현장에서 항상 주님을 만날 수 있는 저희의 삶이 되게 하옵소서. 오늘도 생명의 말씀을 듣고 단 위에 서신 목사님을 기억하시고 능력의 말씀을 증거 하실 수 있도록 붙드시옵소서. 예배의 시종을 주님께 의탁하오며 예수 그리스도의 이름으로 기도합니다. 아멘

10월 셋째주 | 기관과 부서

교회의 기관과 부서를 기억하소서

영광과 찬양을 받으시기에 합당하신 하나님 아버지! 구속 받은 주의 백성들이 오늘도 주님의 전에 모여 찬양하게 하시고, 주님을 높일 수 있는 은혜의 시간을 주심을 감사드립니다. 이 시간에 저희 모두가 영과 진리 안에서 주님께 예배할 수 있도록 도와주시고 주님이 기쁘게 받으시는 예배로 이끄시옵소서.

사랑의 주님! 이 시간은 특별히 주님의 몸 된 교회가 더욱 부흥하는 교회가 되기를 간절히 소망하여 각 기관과 부서를 위하여 기도하기를 원합니다. 먼저 주일학교를 기억하시옵소서. 어릴 때부터 교회를 가까이 하여서 키가 자라듯 믿음도 쑥쑥 자랄 수 있게 하시고, 주님 안에서 아름다운 꿈을 키워갈 수 있게 하옵소서.

중, 고등부를 위하여 기도합니다. 아직 가치관이 미성숙한 때입니다. 길과 진리가 되시고 생명이 되신 우리 주님께서 여리고 연약한 학생들의 마음을 강하게 붙들어 주셔서 주의 법도를 익혀가며 불의에 흔들리지 않고 주님께 영광 돌리는 믿음의 사람으로 성장할 수 있게 하옵소서. 대학, 청년부를 위하여 기도합니다. 젊을 때에 주님을 위하여 더욱 헌신할 수 있는 청년들이 되게 하시고, 모든 일에 성실한 자세를 잃지 아니함으로, 주님이 귀하게 쓰시는 존귀한 그릇들이 되게 하옵소서. 남,여 전도(선교)회를 위하여 기도합니다. 주님의 영광을 위하여 선한 청지기의 삶을 살 수 있도록 인도하시고, 주님의 몸 된 교회를 위하여 교우를 섬기고 위로하는 봉사와 헌신에 몸을 드리는 남녀종들이 되게 하옵소서. 또한 영혼이 구원 되는 믿음의 열매도 풍성히 맺는 남녀 전도회가 되게 하옵소서. 오늘도 이 복된 자리에 미참한 성도들이 있습니다. 한 번의 때우기 식의 예배가 저들의 신앙습관이 되지 말게 하시고, 이 땅을 살아가는 동안 하나님의 거룩한 예배자로 살아갈 수 있는 믿음이 있게 하여 주옵소서.

오늘도 주님의 말씀을 선포하시는 목사님을 주의 능력으로 충만케 하실 것을 믿사옵고, 예수 그리스도의 이름으로 기도합니다. 아멘

10월 넷째주 | 믿음

믿음 없는 삶이 반복되지 않게 하소서

힘이 되시고 능력이 되신 하나님! 오늘도 주님 앞에 나아와 예배할 수 있게 하시니 감사합니다. 이 시간, 주님께 저희 모두가 기쁨의 노래를 부르며 감사의 찬송을 올리기 원하오니, 소리 높여 주님의 영광을 찬송할 때에 계신 곳 하늘에서 받으시고 주님의 은총을 이슬같이 내려주시옵소서.
주님! 이 시간도 저희의 불완전함을 돌아봅니다. 죄악 된 습관을 멀리하며 견고한 믿음 위에 서서 주님의 자녀 된 본분을 다하려고 하였지만 또 다시 쉽게 넘어지고 말았습니다. 죄를 이기지 못하고 죄에게 굴복 당하는 못난 삶을 사는 저희를 불쌍히 여기시고 용서하여 주옵소서.

주님! 믿음 없는 삶이 반복되지 않기를 원합니다. 든든한 믿음을 가지고 살아갈 수 있는 저희들이 되게 하옵소서. 지금도 성부, 성자, 성령으로 역사하시는 하나님을 저희가 깨닫고, 진리 위에 서서 승리하는 생활을 할 수 있게 하시며, 믿음의 길을 달려갈 수 있는 저희들이 되게 하옵소서.
"행여 나의 삶에 창수가 나겠는가?"하는 안일한 마음이 없게 하시고, 두렵고 떨림으로 구원을 이루어 갈 수 있는 저희들이 되게 하옵소서.
주님! 풍요와 결실이 있는 축복의 계절입니다. 육적으로나 영적으로 거둘 것이 없는 인생이 되지 말게 하시고, 결실의 계절을 허락하신 하나님의 은총과 섭리를 생각하며 합당한 열매를 맺을 수 있는 저희의 삶이 되게 하옵소서.
울며 씨를 뿌리는 자는 기쁨으로 단을 거두리라고 말씀을 하셨사오니(시 126:5), 기쁨의 단을 거두기 위하여 수고의 땀을 흘릴 수 있게 하시고, 주어진 일에 최선을 다할 수 있는 저희의 삶이 되게 하옵소서.
이 시간도 주님의 말씀을 듣고 단 위에 서신 목사님을 기억하셔서 능력의 오른손으로 붙들어 주옵소서. 이미 예배가 시작되었습니다. 이 전에서 예배하는 저희들 가운데 성령께서 친히 운행하실 것을 믿사옵고 예수 그리스도의 이름으로 기도합니다. 아멘

11월 첫째주 | 성품

주님의 성품으로 변화 받게 하소서

살아계신 하나님 아버지! 진정 사모하는 마음으로 주님의 이름을 높이 부릅니다. 고달픈 인생길을 늘 주님이 붙잡아 주셔서 절망과 낙심 가운데 방황하지 않도록 인도하여 주심을 감사드립니다. 이 시간에 소리 높여 찬양하며 경배하오니 영광을 받으시옵소서.
사랑의 주님! 어찌 보면 짧다고 생각되는 삼일의 시간이었지만, 아쉬웠던 일도 많았고, 안타까웠던 일들도 많았었습니다. 상처입고 괴로웠던 시간들도 있었습니다. 이 모든 것들이 이 시간 주님 앞에 기도하며 귀한 말씀을 들을 때에 치유되고 회복되는 역사가 있게 하여 주시옵소서.

나를 본받으라고 하신 주님! 날마다 그리스도의 성품으로 변화 받기 위해 마음을 쏟을 수 있는 저희 모두가 되게 하옵소서. 주님의 영원한 생명을 받은 자로서 날마다 새로워지고 성숙되게 하옵소서. 그리스도를 아는 지식과 총명으로 자라가며 주님의 성품이 나타나는 주의 사람으로 살아갈 수 있게 하옵소서. "빛의 열매는 모든 착함과 의로움과 진실함에 있느니라"(엡5:9)고 하신대로 주님의 빛 된 자녀로서 의롭고 거룩하고 진실한 삶의 열매를 맺는 저희모두가 되게 하옵소서. 주님의 사랑과 겸손과 온유의 성품을 닮을 수 있게 하시고, 항상 진실하고 정직하고 충성되게 주님을 섬길 수 있는 저희 모두가 되게 하옵소서. 살든지, 죽든지, 흥하든지, 망하든지 저희 안에서 주님만이 존귀하게 되고 영광을 받으시는 삶이 있게 하옵소서. 저희 자신의 유익보다는 주님의 영광과 형제의 유익을 위해 희생과 헌신의 삶을 살 수 있는 저희모두가 되게 하옵소서.
오늘도 주님의 말씀을 들고 단 위에 서신 목사님이 피곤치 않도록 새 힘을 더하여 주옵소서. 이 시간에도 능력 있는 주님의 말씀을 증거 하실 수 있도록 성령의 능력으로 붙드시옵소서.
예배의 시종을 주님께 맡깁니다. 마치는 시간까지 성령께서 저희 가운데 운행하심을 믿사옵고 예수 그리스도의 이름으로 기도합니다. 아멘

11월 둘째주 | 교역자

목사님을 영육 간에 강건케 하소서

만물을 창조하시고 섭리하시는 하나님 아버지! 오늘도 저희의 공허한 심령을 말씀으로 채우시고 새 힘을 주시기 위하여 주님의 전으로 불러주심을 감사드립니다. 이 시간에 흩어진 마음을 모아서 주님께 예배드리기 원합니다. 주님께 향기가 되고 영광을 받으시는 예배가 될 수 있도록 인도하옵소서.

사랑의 주님! 철마다 역사하시는 주님의 예정된 손길이 늘 저희에게 함께 하심을 믿습니다. 저희는 작은 일에서 큰일에 이르기까지, 그 모두를 주님이 아심에도 스스로의 방법과 지혜를 의지하고 다른 방법으로 해결하려고 했음을 고백합니다. 저희의 불신앙적인 생각을 회개하오니 고쳐주시고 은혜를 더하여 주옵소서.

주님! 혼돈의 세찬 바람이 불어오는 이때에 주님의 교회를 붙들어 주시기 원합니다. 폭풍우가 몰아치고 불확실의 늪이 깊어지는 때라 하여도 주님의 교회는 더욱 견고해야만 어두운 세상을 비추는 등불이 될 수 있음을 믿습니다. 저희들로 하여금 기도와 말씀으로 주님의 몸 된 교회를 든든히 세워갈 수 있게 하시고, 성령이 뜨겁게 역사하는 교회로 세워갈 수 있게 하옵소서.

주님! 사랑하는 목사님을 영육 간에 강건케 하셔서 교회와 양 무리들을 위하여 맡은바 직임을 감당하시는데 조금도 피곤함이 없게 하옵소서. 목양하시는데 사람을 의식하지 말게 하시며, 오직 주님의 영광만을 위하여 달려가실 수 있도록 인도하시옵소서.

어렵고 힘들 때마다 새 힘을 주시고, 고달파 쉬고 싶으실 때 마음의 평안과 안식을 허락하여 주옵소서. 사모님께도 더욱 큰 능력으로 함께 하셔서 목사님을 내조하시는데 조금도 부족함이 없게 하시고, 마음이 아프고 괴로울 때 주님의 십자가를 바라보며 위로를 얻을 수 있게 하옵소서.

오늘도 목사님이 생명의 말씀을 들고 단 위에 서십니다. 저희의 굳은 심령을 기경하는 능력의 말씀을 전하시게 하옵소서. 이미 예배가 시작되었습니다. 예배의 시종을 주님께 의탁하오며 예수 그리스도의 이름으로 기도합니다. 아멘

11월 셋째주 | 감사

감사로 주님을 높이게 하소서

높고 맑은 하늘을 볼 수 있게 해주신 하나님 아버지! 붉게 물들어 가는 자연의 아름다움을 보며 주님의 성실하심을 만날 수 있게 하시니 감사합니다. 산하를 통해 아름다움을 보듯, 주님의 전을 통하여 저희에게 향하신 한없으신 주님의 사랑의 깊이를 다시 한 번 깨닫습니다.
저희를 믿음의 사람으로 만드시기 위한 주님의 열심을 생각할 때 아직도 성실하지 못한 저희의 모습이 심히 부끄럽습니다. 선한 목자 되신 우리 주님을 항상 기쁨과 즐거움과 소망 가운데 따라갈 수 있게 하옵소서.

은혜의 주님! 11월은 감사의 계절입니다. 지나온 날을 더듬어 보면 모든 것이 주님의 은총임을 깨닫습니다. 지금까지 인도하신 주님의 은혜를 생각하며, 그리고 앞으로도 인도하실 주님의 은혜를 생각하며 감사할 수 있는 저희 모두가 되게 하옵소서. 이 한 달만큼이라도 주님께 깊은 감사를 드릴 수 있는 저희의 모습이 되게 하시고, 주님께 대한 감사로 주님을 높일 수 있는 저희 모두가 되게 하옵소서. 감사의 언어에 축복의 열매가 있게 하실 것을 믿습니다. 감사의 마음에 감사의 결실을 맺게 하실 것을 믿습니다.

사랑의 주님! 아직도 우리나라의 경제는 답보상태에 놓여 있습니다. 특히 청년실업의 문제가 사회적인 아픔으로 자리 잡고 있습니다. 젊을 때에 불확실한 미래로 침체의 늪에 빠지는 일이 없도록 이 땅의 젊은이들을 불쌍히 여기시옵소서. 청년의 때에 창조주 하나님을 기억하라고 하셨사오니 인생을 도우시는 하나님을 찾는 젊은이들이 많아지게 하시고, 주님을 의뢰함으로 새 힘을 얻을 수 있게 하옵소서.
오늘도 말씀을 들고 서시는 목사님을 기억하셔서 능력의 말씀을 선포하실 수 있도록 붙드실 것을 믿습니다. 말씀을 듣는 저희 모두가 주님의 은혜에 잠기는 시간이 되게 하옵소서. 예배의 시종을 주님께 맡기오며 거룩하신 예수 그리스도의 이름으로 기도합니다. 아멘

11월 넷째주 | 신앙생활

깨끗한 신앙생활이 되게 하소서

사랑의 하나님 아버지! 저희에게 베풀어 주신 큰 사랑에 감사하며 주님의 전을 찾았습니다. 언제나 주님의 백성으로 주님을 가까이 할 수 있는 은혜를 허락하여 주시니 감사합니다. 이 시간, 저희가 마음과 뜻과 정성을 다하여 주님께 예배할 수 있도록 도와주시고, 우리 주님께서 베푸신 은혜의 잔치 자리에 나아가는 저희들이 되게 하옵소서.

죄인을 사랑하시고 용서하시기를 기뻐하시는 주님! 지난 시간의 저희의 죄와 허물을 기억합니다. 주님을 멀리하고 저희의 뜻대로 살기를 고집했던 어리석음을 기억하며 주님 앞에 고백하오니 긍휼을 베푸셔서 용서하여 주옵소서.

주님! 높고 맑은 하늘이 온 세상을 덮고 있는 가을입니다. 이 자연의 깨끗함 앞에서 오늘 저희가 추구해야 할 신앙의 색깔이 무엇인지를 깨닫게 하셔서 이 땅에서 주님이 허락하신 연수를 다하기까지 깨끗한 신앙생활을 유지할 수 있는 저희들이 되게 하옵소서.

이 시간, 저희의 신앙생활이 너무나 혼탁하다는 것을 깨닫습니다. 깨끗한 모습을 찾아봐야 찾아볼 수 없는 지저분함 그 자체임을 깨닫습니다. 더러운 곳에는 더러운 벌레들이 득실거리듯, 저희의 신앙도 죄악으로 썩어가고 있는 것은 아닌지 모르겠습니다. 주님, 깨끗한 신앙생활을 위하여 마음을 쏟을 수 있게 하시고, 깨끗한 신앙생활을 추구하는 것이 저희가 이 땅에서 복 있는 사람으로 잘 사는 것임을 잊지 말게 하옵소서.

주님! 오늘도 육신의 일에 마음이 빼앗겨 은혜의 자리를 잃어버린 성도들이 있습니다. 주님의 택한 백성들은 은혜를 먹고 살아야 잘살 수 있음을 깨닫게 하셔서, 은혜의 자리를 사단에게 내어주는 삶이 되지 않도록 정신을 차리게 하여 주옵소서.

오늘도 생명의 말씀을 전하시는 목사님을 성령의 큰 능력으로 붙드실 것을 믿습니다. 예배의 시종을 주님께 의탁하오며 예수 그리스도의 이름으로 기도합니다. 아멘

11월 다섯째주 | 노인

이 나라의 노인들을 기억하소서

언제나 사랑과 은혜로 인도하여 주시는 주님! 이 시간도 저희를 주님의 전으로 인도하여 주심을 감사드립니다. 이 시간도 저희들이 주님께 산 제물로 드려지는 예배가 되기를 원합니다. 저희의 심령을 감찰하시고 주님이 영광 받으시는 예배를 드릴 수 있게 하여 주옵소서. 수요예배라고 하여 가볍게 여기는 일이 없게 하시고, 하나님께 드리는 예배는 차별이 없음을 기억하게 하옵소서.

연약한 인생을 불쌍히 여기시는 주님! 이제 풍요와 결실의 계절이었던 가을도 찬바람에 밀려 뒷걸음질 치고 있습니다. 겨울의 문턱에 들어서면서 이 땅의 노인들을 위하여 기도하기를 원합니다. 고령화 인구가 갈수록 늘어나면서 이 땅의 노인들 중에는 아픔을 겪는 노인들이 그 수를 더해가고 있습니다. 자녀들에게 버림을 받은 노인들도 있고, 홀로 험한 세상과 싸워가며 말년을 쓸쓸히 보내야만 하는 노인들도 있습니다.

주님! 이 시대의 악함을 불쌍히 여겨 주옵소서. 늙은 부모를 공경할 수 있는 이 세대가 되게 하시고, 힘없는 노인들을 존경할 수 있는 이 사회가 되게 하옵소서. 저희들도 언젠가는 노인이 될 수밖에 없을 것인데 노인을 무시하거나 홀대하는 일이 없게 하시고, 노인 되었을 때의 저희의 모습을 생각하며 노인을 공경할 수 있는 저희들이 되게 하옵소서.

정부 차원에서 실시하고 있는 노인을 위한 복지 정책이 잘 정착될 수 있게 하시고, 늙어서도 일할 수 있는 기회가 항상 주어질 수 있게 하옵소서. 특히 주님을 모르는 노인들을 기억하셔서, 죽음 이후에 또 다른 세계가 있음을 깨달음으로 내세를 바라보며 주님을 섬길 수 있게 하옵소서.

오늘도 주님의 말씀을 듣고 서신 목사님을 기억하시고 피곤치 않도록 붙드셔서 기도하시며 준비하신 말씀을 능력 있게 선포하실 수 있게 하여 주옵소서. 이미 예배가 시작 되었습니다. 예배의 시종을 주님께 의탁하오며 예수 그리스도의 이름으로 기도합니다. 아멘

12월 첫째주 | 별세신앙

별세를 준비하는 신앙이 되게 하소서

은혜의 주님! 쌀쌀한 바람이 옷깃을 스치지만 주님의 사랑과 은혜가 있기에 마음이 따뜻함을 감사드립니다. 해어진 마음과 상한 심령으로 주님의 전을 찾았을지라도 주님의 말씀으로 인하여, 주님의 은혜로 인하여 행복하고 신령한 예배를 드릴 수 있게 하여 주옵소서. 비교할 것 없이 좋으신 우리 주님, 수많은 사람들 중에 저희들을 특별히 택하여 주셔서 주님의 자녀를 삼으신 이유가 있음을 깨닫게 하시고, 마음을 다하여 주님을 찬양하고 경배하며 영광 돌릴 수 있는 이 시간이 되게 하여 주옵소서.

별세의 복을 주신 주님! 저희들이 이 땅에서 천년만년 살 것 같지만 그 기간이 매우 짧다는 것을 알고 있습니다. 길어야 백년도 못사는 것이 저희의 인생임을 깨닫습니다. 그러므로 이 땅의 것이 전부인 것 마냥 살지 말게 하시고, 별세를 준비하는 신앙생활을 할 수 있게 하옵소서.
주님이 언제라도 부르시면 저희는 주님의 부르심에 끌려갈 수밖에 없는 인생임을 깨닫습니다. 주님이 수명을 정하시고 때가 되면 부르실 것을 생각하며, 언제라도 부름을 받아도 주님을 영접할 수 있는 준비된 인생을 살 수 있게 하옵소서. 살아 있으나 실상은 영적으로 죽어 있는 사람이 허다한 것처럼, 저희 육신의 장막이 갈수록 낡아져도 영적으로는 독수리가 날개 치듯 힘차게 솟아오르는 믿음이 될 수 있게 하옵소서. 빈손으로 왔다가 빈손으로 돌아갈 인생이오니, 재물을 모으는 일에 마음을 쏟지 말게 하시고, 가진 재물을 주님 뜻대로 활용할 수 있는 믿음의 삶을 살게 하옵소서. 주님 앞에 섰을 때에 책망대신 면류관을 씌어주시는 주님의 환영을 받는 저희의 삶이 되게 하옵소서.
오늘도 주님의 말씀을 증거 하시는 목사님을 기억하시고 성령의 능력으로 붙드시옵소서. 말씀을 듣는 저희들도 말씀의 부요를 경험하며 하늘나라를 더욱 더 소망할 수 있게 하옵소서. 예배의 시종을 주님께 의탁합니다. 성령께서 저희들 가운데 친히 운행하심을 믿사옵고 예수 그리스도의 이름으로 기도합니다. 아멘

12월 둘째주 | 넉넉함

마음이 넉넉해지게 하소서

빛과 진리로 충만하신 주님! 한 없이 약해질 수밖에 없는 저희들을 항상 주님의 전으로 이끌어 주셔서 새 힘을 주심을 감사드립니다. 주님의 전을 찾는 것이 때론 귀찮은 생각이 들 때도 있지만, 저희를 사랑하시는 주님이 은혜 주시기 위하여 이끄신 것이라는 것을 생각할 때 저희를 향하신 주님의 사랑에 감격할 뿐이옵니다. 오늘도 한없는 미련함 그 자체로, 한없는 우둔함 그 자체로 성전의 뜰을 밟았습니다. 이 시간만큼이라도 모든 육신의 생각을 접을 수 있게 하시고 주님과의 친밀한 교제가 이루어 질 수 있도록 도와주시옵소서.

평화의 주님! 성탄의 계절을 맞이하여 저희의 마음이 넉넉해지기를 원합니다. 사랑과 용서도 넉넉해지게 하시고, 이해와 용납도 넉넉해질 수 있게 하여 주옵소서. 남을 위한 헤아림과 배려도 넉넉해지게 하시고, 기쁨을 채우는 일에도 넉넉해질 수 있게 하여 주옵소서. 겸손의 마음을 가지고 남을 섬기는 일에도 넉넉해지게 하시고, 꿈과 희망을 심어주는 일에도 넉넉해질 수 있게 하여 주옵소서. 주님의 몸 된 교회를 위한 봉사와 헌신에도 넉넉해지게 하시고, 마음을 다한 충성에도 넉넉해질 수 있게 하여 주옵소서. 주님! 교육부서가 아기 예수님의 탄생을 축하하기 위하여 성탄절 행사를 준비하고 있습니다. 시간을 쪼개어 정성껏 준비하는 손길들을 기억하셔서 피곤하지 않도록 힘을 더하여 주옵소서. 또한 성탄의 정신을 잘 담아내어 아기 예수님을 경배하는 행사가 될 수 있도록 인도하시옵소서. 준비하는 과정 속에서 평강의 주님을 만나는 축복으로 함께하실 것을 믿습니다.
오늘도 말씀을 들고 단 위에 서시는 목사님을 기억하시고 성령의 능력으로 붙드셔서, 말씀을 듣는 저희모두가 주님의 은혜를 깊이 체험하는 시간이 되게 하여 주옵소서.
이미 예배가 시작 되었습니다. 마치는 시간까지 주님만이 영광을 받으실 것을 믿사옵고 예수 그리스도의 이름으로 기도합니다. 아멘

12월 셋째주 | 하나됨

언제나 하나가 되게 하소서

저희를 부르시는 하나님 아버지! 무거운 짐을 지고 가는 인생들이 주님의 부르심을 듣고 이곳에 왔습니다. 주님의 따뜻한 손길이 지친 인생을 어루만지시며 쉴 만한 물가로 인도하여 주실 줄 믿습니다. 여기 모인 무리 위에 임하셔서 참된 안식과 평안을 내려 주옵소서. 세상 어디에서도 얻을 수 없는 이 평안 속에서 하나님 나라의 영원한 안식을 얻게 하여 주옵소서.
영원토록 영광을 받으실 주님! 어둠의 이 땅에 주님이 친히 오심을 감사합니다. 주님의 지극한 사랑이 온 땅에 알려지는 날이 되기를 원합니다. 주님의 오심이 병든 자와 외롭고 쓸쓸한 이들에게 기쁨의 소식이 되게 하시며, 새 소망 가운데 살아가는 계기가 되게 하옵소서.

평화의 왕으로 오신 주님! 저희가 언제나 하나 될 수 있게 하옵소서. 저희가 하나 되고 뜨겁게 사랑함으로 인해 저희가 주의 백성이 된 것을 나타내고 증거 할 수 있게 하옵소서. 분열하고, 깨어지고 찢어지는 것은 그 어떤 것이라도 모습이 추할 수밖에 없음을 깨달습니다. 저희에게서 그런 모습이 전혀 없게 하시고, 오직 화평하고, 평화하게 하옵소서. 그래서 믿음의 아름다움이 이런 것이라고 증거하며 더욱 주님께 영광 돌릴 수 있는 삶이 되게 하옵소서.
위로와 치료의 주님! 인생의 삶을 꼭 무슨 전쟁마당에서 전투하듯 살아온 심령들이 있습니다. 그들을 위로하여 주시고, 질병 같은 육체의 괴로움으로 인하여 고통 받고 있는 심령들에게도 은총을 베푸시고 치료하여 주옵소서.
염려와 근심 속에서 자신들이 해야 할 일들을 들뜬 마음으로 인해 감당하지 못하는 심령들에게 평안과 안정을 허락하시고 위로하심으로 격려하여 주옵소서.
오늘도 주님의 말씀을 듣고 단 위에 서신 목사님을 기억하시고, 피곤치 않도록 주님의 강하신 팔로 붙드실 것을 믿습니다.
예배가 시작되었습니다. 마치는 시간까지 주님만이 홀로 영광을 받으시기 원하오며 예수 그리스도의 이름으로 기도합니다. 아멘

12월 넷째주 | 한해의 마무리

믿음으로 정리할 수 있게 하소서

찬양과 경배를 받으시기에 합당하신 하나님 아버지! 매서운 겨울바람이 코끝을 시리게 하지만, 주님의 따뜻한 돌보심이 있어 지난 삼일간도 은혜 중에 살았습니다. 주님의 그 사랑의 넉넉하심에 감사를 드립니다. 오늘도 주님께 찬양과 영광을 돌리고자 이 전을 찾았사오니 저희의 드리는 예배를 받으시고 홀로 영광을 받으시옵소서.
주님! 이제 이 해도 얼마 남지 않았습니다. 그동안 주님을 멀리하고 방만한 삶을 살아왔었다면 주님께 진정한 회개를 드릴 수 있게 하시고, 주님이 맡겨주신 직분을 소홀히 했다면 불의한 청지기였음을 고백하며 주님의 용서를 구할 수 있는 저희모두가 되게 하여 주옵소서. 잘못된 버릇과 잘못된 신앙습관을 새해까지 갖고 가지 말게 하시고, 이 해가 끝나는 시간까지 믿음으로 정리할 수 있는 지혜가 있게 하여 주옵소서. 묵은해를 보내고 새해를 맞게 되는 날, 두려움에 떠는 모습이 아니라 용기에 가득 찬 모습으로 맞이할 수 있게 하여 주옵소서.

주님! 이제 새로운 계획을 준비하고 있는 교회 부서와 기관들을 기억하셔서 사람의 생각을 반영한 것이 아닌 하나님의 뜻이 온전히 담겨 있는 계획을 세우고 준비할 수 있게 하옵소서. 개인을 위한 계획도 주님께 맡길 수 있게 하시고 먼저 주님의 도우심을 의뢰할 수 있는 성도들이 되게 하옵소서.
주님! 판단하는 것은 주님께 있사오나 오늘 이 자리를 둘러 보건대 빈자리가 너무 많습니다. 연말을 맞이하여 허탄한데 마음을 빼앗겨 이 자리를 찾지 못한 성도들이 있다면 불쌍히 여겨 주시고, 그 어느 자리보다 주님과의 영적인 교제가 이루어지는 성전의 자리를 귀하게 여길 줄 아는 성도들이 되게 하옵소서.
오늘도 말씀을 들고 서시는 목사님을 위해서 기도합니다. 저희 양떼들을 양육하시기 위해 헌신하시는 목사님을 주님께서 친히 붙들어 주옵소서. 예배의 시종을 주님께 의탁하오며 이 시간까지 인도하여 주신 예수 그리스도의 이름으로 기도합니다. 아멘

오늘의 생명을

우리에게 날마다 생명을 주심을 감사합니다.
덤으로 하루씩, 은혜로 하루씩 보태 주시는 이 목숨,
감사함으로 사용하게 하소서.
주께서 기다려 주시는 동안
회개하여 돌이키게 하시고
팔다리 성할 때 힘껏 사랑하게 하시고
기회 주실 때 얼른 대답하고 이웃을 섬기에 하시며
눈과 귀가 성한 동안 주의 말씀을 사모하게 하소서.
높은 가을 하늘처럼 보다 높이 바라보게 하시고
붉은 단풍처럼 열정적으로 나를 불태우게 하시고
떨어져 묻히는 잎새들처럼
아낌없이 소리 없이 묻히게 하소서.
주께서 내 이름을 부르시는 날이
가까워 옴을 느끼면서
오늘도 주신 생명
소중하게 쓰게 하소서.

_최효섭목사, 저술가

4장
공예배 봉헌(헌금) 대표기도문

1월의 기도 (1)

기쁨으로 드릴 수 있게 하소서

저희들을 변함없이 사랑하시고 끊임없이 다스리시는 주님! 저희들로 하여금 희망의 새해를 맞게 하신 것을 감사드립니다. 새해 첫 주일에 주님을 예배하면서 순서에 따라 주님께 예물을 드렸습니다. 저희가 봉헌하는 이 예물을 기쁘게 받으시고 아벨의 제물처럼 축복하셔서 하나님의 뜻을 이룸에 쓰임 받게 하옵소서.

자비하신 주님! 오늘 첫 주를 주님께 드리며 물질 뿐만이 아닌 저희들의 마음도 함께 봉헌하였사오니, 이 한 해 동안 저희를 붙드시고, 도우시며, 인도하여 주옵소서. 재해나 재난을 만나지 않도록 지켜주시고, 물질 때문에 고통당하거나 어려움 당하는 일이 없도록 저희들의 재산을 보호하여 주옵소서. 또한 때를 따라 부어주시는 하나님의 은혜를 경험하는 삶이 되게 하시고, 수고한대로 결실을 얻게 하셔서 항상 주님께 감사의 예물을 기쁨으로 드릴 수 있는 삶이 되게 하옵소서.

이 시간에 주님께 마음을 담아 정성껏 드리고 싶어도 물질의 빈약함을 안타까워하며 죄인 된 심정으로 예물을 드린 손길이 있습니까? 과부의 두 렙돈을 칭찬하신 주님께서 그 심령에 큰 위로와 복을 허락하여 주옵소서.

주님! 저희들이 드린 예물이 하나님의 영광을 위하여 사용되기를 원합니다. 주님의 뜻이 나타나는 곳에 쓰일 수 있게 하시고, 형제와 이웃을 구제하는 일에도 아름답게 쓰일 수 있는 예물이 되게 하옵소서. 특히 저희가 드린 예물이 영혼을 살리고 구원하는 일에 깨트려지는 예물이 되게 하시고, 땅 끝까지 복음을 전하는 선교의 현장에서도 복의 씨앗으로 뿌려지는 예물이 되게 하옵소서. 금년 한 해가 주님께 더 많이 드려지고, 더 많이 봉헌하는 축복의 해가 되기를 원합니다. 또한 사랑의 손길을 더 많이 펼칠 수 있는 한 해가 되기를 원합니다. 또한 하나님의 소원을 크게 이루어드리는 한 해가 되기를 원합니다.

저희들의 생업을 주장하여 주시고 복에 복을 더하여 주옵소서. 저희들의 생사화복을 주관하시는 예수 그리스도의 이름으로 기도합니다. 아멘

1월의 기도(2)

주님의 뜻이 나타날 수 있게 하소서

만복의 근원이 되시는 주님! 허물과 죄로 죽었던 저희들에게 주 예수 그리스도로 말미암아 영원한 생명을 얻게 하시고 그리스도 안에서 거룩하여지고 성도라 부르심을 입은 자들과 함께 하늘의 기업을 누리게 하시니 감사합니다.
주님이 귀하게 쓰시는 목사님을 통하여 축복을 말씀을 듣게 하셔서 새해를 출발하는 저희들이 큰 도전을 받게 하심을 감사드립니다. 오늘도 저희들이 예배의 순서에 따라 주님께 예물을 드렸습니다. 마음을 담아 정성껏 드린 손길마다 기쁘게 받으시고 흠향하여 주옵소서. 주님! 십의 일조는 주님의 것인 줄 알아 주님께 드렸사오니, 하나님의 것을 정직하게 구분하여 드린 손길에게 크신 복을 더하여 주옵소서. 언제나 주님께 십의 일조를 정직하게 드림으로 주님의 마음을 기쁘시게 해드리는 믿음의 사람이 되게 하시고, 십의 일조를 통하여 약속하신 주님의 복과 은혜를 받아 누리는 삶이 되게 하옵소서.

주님! 감사의 예물을 드린 손길도 있습니다. 마음과 입술의 감사만이 아닌 물질로도 감사를 표현하며 감사의 내용도 함께 올린 그 손길을 우리 주님이 귀하게 보시고 보배롭게 보실 것을 믿습니다. 이 땅을 살아가는 동안 항상 감사할 수밖에 없는 이유들이 넘쳐날 수 있도록 우리 주님이 그 삶을 주장하실 것을 믿습니다. 감사로 주님을 기쁘시게 하며 이웃을 부요케 할 수 있는 믿음의 사람이 되게 하옵소서.
주님! 건축헌금을 비롯하여 각종 헌금을 빠짐없이 드린 손길도 있습니다. 주님께 힘써서 드리는 것이 즐거움이 될 수 있도록 언제나 풍족히 채우시는 주님의 은혜를 경험하는 삶이 되게 하옵소서.
이 시간에 예물을 드리지 못한 손길도 기억하셔서 마음을 담아 정성껏 드릴 수 있도록 물질의 복을 더하여 주옵소서. 저희들이 드린 예물이 쓰여지는 곳에 주님의 뜻이 나타나고, 주님의 축복이 임하게 하실 것을 믿사옵고 예수 그리스도의 이름으로 기도합니다. 아멘

2월의 기도 (1)

억지로나 인색한 마음이 없게 하소서

저희들이 구하고 생각할 수 있는 이상의 것을 주시는 하나님 아버지! 때를 따라 저희의 쓸 것을 채우시며 필요한 양식을 끊임없이 주시는 은혜를 감사합니다.

나그네로 사는 이 땅 위에서 저희들이 가난에 처할 줄도 알고 풍부에 처할 줄도 알아 모든 일에서 주님의 섭리하심에 감사하며 자족할 수 있는 삶이 되게 하옵소서. 또한 보리떡 다섯 개와 물고기 두 마리를 가지시고 감사하시는 주님의 그 감사의 모본을 저희도 배울 수 있게 하옵소서. 저희들이 성도의 합당한 태도를 가지고 일상의 의무에 임할 수 있게 하시고, 또한 저희들이 주님의 은혜를 받은 것같이 저희도 은혜를 끼치며 살아갈 수 있게 하옵소서.

주님! 이 시간 저마다 정성껏 준비하여 온 예물을 주님께 봉헌한 손길을 기억하옵소서. 항상 주님께 예물을 드릴 때 억지로나 인색한 마음을 가지고 드리지 않도록 주님을 사랑함이 그 마음에 가득 넘치게 하옵소서.

각종 헌금이 부담이 될 터인데도 불구하고 정성껏 챙겨서 주님께 드린 손길을 기억하셔서 하는 일마다 복을 더하여 주옵소서. 형통하게 하시는 주님의 은혜를 누리는 삶이 되게 하시고 많은 사람을 부요케 할 수 있는 믿음의 사람으로 쓰임 받는 삶이 되게 하옵소서.

가정에도 복을 주셔서 위험한 일을 당하거나 질병이 틈타는 일이 없게 하시고, 항상 건강한 몸으로 주님의 몸 된 교회를 세워 가는데 귀하게 쓰임 받는 축복의 가정이 되게 하옵소서.

주님! 이 시간 주님께 드려진 각종 예물이 선하게 사용되기를 원합니다. 속된 일에 사용되어서 주님의 영광을 가리는 일이 없도록 재정을 집행하는 자의 생각과 마음을 굳게 붙들어 주옵소서. 주님의 영광을 위하여 아름답게 뿌려지는 예물이 되게 하시고, 주님이 바라시는 일들을 이루어 내는데 사용되어질 수 있는 예물이 되게 하옵소서. 저희의 삶을 항상 복된 길로 이끄시는 예수 그리스도의 이름으로 기도합니다. 아멘

2월의 기도 (2)

성경에 이르신 복으로 함께 하소서

날마다 저희들에게 일용할 양식을 주시는 하나님 아버지! 오늘도 베푸신 은혜를 감사드립니다. 저희로 하여금 육신의 것, 세상의 것만을 생각하지 않게 하시고 신령한 것, 영원한 것을 추구하며 영원한 가치를 가진 것들 위에 두게 하옵소서. 또한 영원히 썩지 않는 양식을 위해서 일하게 도와주시고 이 땅 위의 소유를 영원한 보물로 바꾸는 지혜로운 삶을 살아갈 수 있게 하옵소서.

오늘 저희들이 주님께 예배드리면서 정해진 순서에 따라 예물을 드렸습니다. 십의 일조와 감사헌금, 건축헌금, 선교헌금, 구역헌금, 주정헌금 등을 주님께 드렸사오니 신령한 제물로 받으시고 흠향하여 주옵소서.

주님께 드린 예물의 분량은 제각기 다르오나 마음을 담아 정성껏 드린 손길마다 성경에 이르신 대로 크신 복으로 함께 하옵소서. 이후로도 좀 더 준비되고 정성스런 예물을 풍성히 드릴 수 있도록 저희들의 물질을 주장하여 주시고, 주님께 힘을 다하여 드릴 때마다 흔들어 넘치도록 하여 도로 갚아주시는 주님의 은혜를 풍성히 경험하는 삶이 되게 하옵소서.

주님! 저희들이 주님께 드린 예물이 복되게 사용되기를 원합니다. 주님의 의를 나타내고 주님이 영광을 받으시는 일에 사용될 수 있는 예물이 되게 하옵소서. 주님의 몸 된 교회에도 올해에 세운 예산이 있습니다. 성도들이 드린 헌금으로 세운 예산이오니 주님이 원하시는 대로 잘 집행될 수 있도록 인도하시고, 잘못 사용되는 일이 없도록 성령의 화염검으로 막아 주시옵소서. 오늘도 생활이 힘든 중에도 힘을 다하여 예물을 드린 손길이 있습니다. 하나님의 것을 손대지 않고 주님의 명령을 지키고자 마음을 쏟고 있는 그 믿음을 우리 주님이 소중히 보실 것을 믿습니다. 이 땅을 살아가는 동안 주님의 복을 담아내는 귀한 그릇으로 사용하시고, 평생 주님의 제단을 복되게 할 수 있는 거룩한 섬김이 그 손길을 통하여 나타나게 하옵소서. 언제나 저희들에게 드릴 예물을 예비해 주시는 예수 그리스도의 이름으로 기도합니다. 아멘

3월의 기도(1)

정성스런 예물을 드릴 수 있게 하소서

천지만물의 주가 되시고 저희의 일용할 양식을 끊임없이 공급해 주시는 하나님 아버지! 오늘도 저희의 생명을 허락하시고 하나님의 은혜와 복을 받아 누리게 하심을 감사드립니다. 저희로 하여금 주님이 항상 저희 가운데 계심을 깨닫게 하셔서 주님께 기쁨으로 나아갈 수 있는 복 있는 삶이 되게 하옵소서.

주님! 오늘도 저희들이 주님께 예물을 드릴 수 있는 은혜를 주심을 감사드립니다. 저희가 드리는 이 예물은 주님이 주신 것이요, 저희가 받은 것을 드리는 것뿐이오며, 심히 적고 무성의한 것이오나 저희를 긍휼히 여기시고 기쁘게 받아주시옵소서. 이후로는 좀 더 준비되고 정성스러운 예물을 풍성히 드릴 수 있도록 저희의 마음을 주의 성령께서 주장하여 주옵소서. 그리고 저희는 평생 주님의 교회를 기쁘게 섬김으로 하늘의 신령한 복과 땅의 기름진 복을 받아 누리는 자가 되게 하옵소서.

주님! 오늘 저희가 드린 예물이 주님의 몸 된 교회를 위해서 귀하게 사용되어지기를 원합니다. 주님이 친히 세우신 교회를 든든히 세우는 일에 아낌없이 사용될 수 있는 예물이 되게 하시고, 주님의 뜻을 나타내는 선한 사업에 부족함 없이 사용될 수 있는 예물이 되게 하옵소서.

주님! 요즘 경제적으로 너무 어려워 물질의 고통을 받고 있는 가정들이 많습니다. 주님이 택하신 믿음의 가정들마다 물질 때문에 어려움 당하거나 고통당하는 일이 없도록 생업을 붙들어 주시고 온전히 주장하여 주옵소서. 하나님께서 "의인의 영혼은 주리지 않게 하신다"고 하셨사오니 궁핍이 도적같이 찾아오지 않도록 막아주시옵소서(잠10:3). 악인의 소득을 기뻐하지 아니하고 정직한 수고의 열매를 얻기를 원하는 주의 백성들의 마음을 붙드셔서 아침에 돋는 햇볕 같은 주님의 은총을 경험하는 삶이 되게 하옵소서. 항상 저희들을 옳은 데로 인도하시고 축복의 손길로 함께하시기를 원하시는 예수 그리스도의 이름으로 기도합니다. 아멘

3월의 기도(2)

주님의 향한 믿음의 고백이 되게 하소서

하늘과 땅의 주인이시며 저희의 모든 물질의 소유권과 사용권과 또한 거두어 가실 수도 있는 회수권을 갖고 계신 하나님 아버지! 저희들이 세상에 아무것도 가지고 온 것이 없었으나 오늘날까지 일용할 양식을 주신 은혜를 감사드립니다. 그러나 저희에게 주신 물질을 하나님의 뜻대로 바로 쓰지 못한 죄와 허물을 용서하여 주옵소서. 오늘, 저희들이 받은 모든 은사를 사용하되, 낭비하거나 허비하지 아니하고 주님을 위해서 바르게 사용할 수 있는 삶을 살아갈 수 있도록 인도하시옵소서. 저희의 생애를 통하여 주님이 저희에게 주신 물질을 시시때때로 주님이 원하시는 일을 위하여 바치며, 복음을 위하여 더욱 풍성히 사용할 수 있도록 도와주시옵소서.

주님! 오늘 저희들이 주님께 드린 예물이 주님을 향한 믿음의 고백이 되기를 원합니다. 저희들에게는 주님보다 더 소중한 것이 없다는 것을 증명할 수 있는 예물이 되게 하옵소서. 저희들의 섬김의 대상은 물질이 아니라 주님이심을 확실히 보여드릴 수 있는 예물이 되게 하옵소서. 저희들이 사랑하는 대상도 주님이시요, 저희들이 의지하는 대상도 주님이심을 확실히 증명해 보일 수 있는 예물이 되게 하옵소서. 저희들이 주님께 드리는 예물에, 향유옥합을 깨뜨려 주님께 쏟아 부은 여인의 헌신이 항상 묻어 있게 하옵소서. 주님! 오늘 저희들이 드린 예물이 주님의 나라와 주님의 몸 된 교회를 위해서 복 있게 쓰일 수 있게 하옵소서. 모든 기관과 부서가 든든히 서가는 일에 사용될 수 있는 예물이 되게 하시고, 복음을 능력 있게 전하는 현장에 사용될 수 있는 예물이 되게 하옵소서.
어려운 이웃을 구제하는 일에도 아름답게 사용될 수 있는 예물이 되게 하시고, 땅 끝 선교지에서 영혼구원을 위하여 온몸을 불사르고 있는 선교사들을 후원하는 일에도 적극 사용될 수 있는 예물이 되게 하옵소서. 이 예물이 사용되는 곳에 항상 성령의 크신 역사가 동반되게 하실 것을 믿사옵고, 저희에게 물질을 깨뜨릴 수 있는 기회를 주신 예수 그리스도의 이름으로 기도합니다. 아멘

4월의 기도 (1)

언제나 믿는 자의 도리를 다하게 하소서

복음을 통하여 이 세상을 구원하시는 하나님의 사랑을 감사드립니다. 오늘 저희들의 믿음을 검증하시기 위하여 물질을 깨뜨릴 수 있는 시간을 주심을 감사합니다. "하나님과 재물을 겸하여 섬길 수 없다"(마6:24)는 주님의 말씀을 기억하면서 주님께 예물을 드렸습니다. 저희들이 드린 예물이 주님께 받은 은혜와 사랑에 비하면 너무나 보잘 것 없음을 깨닫습니다. 저희의 몸과 마음과 정성을 다 드리고 재물과 생명까지 모두 드려도 아까울 것이 없지마는 저희들이 그렇게 하지 못하는 것이 너무나 부끄럽고 죄송스러울 뿐입니다. 저희의 연약함을 아시는 주님께 다시금 회개하오니 용서하여 주옵소서.

사랑의 주님! 은혜에 은혜를 더하시고 권고에 권고를 더해주셔서 저희가 받은바 은혜에 합당한 신앙의 삶을 살며, 복음에 합당한 생활을 할 수 있도록 도와주시옵소서. "늘 울어도 눈물로서 못 갚을 줄 알아 몸 밖에 드릴 것이 없어 이 몸 바칩니다"고 한 어느 찬송의 시인처럼 저희의 가진 것을 기쁨으로 드리며, 주님의 계명을 지키며, 주님을 더욱 사랑하는 자가 되게 하옵소서. 저희가 늘 주님께 예물을 드림이 감사함으로, 기쁨으로, 즐거운 마음으로 드리는 예물이 되게 하셔서 주님의 영광과 저희의 영혼에 도움이 되게 하여 주옵소서.

은혜의 주님! 요즘 경제가 어렵다보니 교회의 헌금도 차츰 줄고 있습니다. 교회가 세운 모든 계획들이 빛을 잃을까 염려되오니, 주님께 빚을 진 자로서의 의무를 게을리 하지 않는 저희 모두가 되게 하옵소서.

경제적인 사정이 어려워도 주님의 것을 손대는 일이 없게 하시고, 사도바울같이 "내게 능력 주시는 자 안에서 내가 모든 것을 할 수 있느니라"(빌4:13)는 믿음을 가지고 힘을 다하여 물질을 깨뜨릴 수 있는 저희들이 되게 하옵소서. 어떤 형편에 처하든지 선한 사업에 부하고, 의를 좇아가는 인생을 우리 주님은 반드시 붙들어 주시고 화가 변하여 복이 되게 하실 것을 믿습니다.

언제나 변함없이 믿는 자의 도리를 다할 수 있도록 힘주실 것을 믿사옵고 예수 그리스도의 이름으로 기도합니다. 아멘

4월의 기도(2)

하늘의 창고에 보물로 쌓아지게 하소서

천만번 죽고 또 죽어 영원한 형벌을 받아 마땅할 저희들로 하여금 예수 그리스도 안에서 정죄함을 받지 않게 하시고, 믿음으로 의롭다 함을 받게 하신 삼위 하나님께 감사와 찬송을 드립니다. 오늘 이 시간에도 "사람이 떡으로만 살 것이 아니요 하나님의 입으로부터 나오는 모든 말씀으로 살아야 함"(마4:4)을 다시금 깨닫게 하시고, 성령의 감동과 감화가 있게 하심을 감사드립니다.

사랑의 주님! 오늘도 저희들이 정해진 순서에 따라 주님 앞에 예물을 드렸습니다. 예물의 성격과 액수는 다를지라도 마음을 다하여 정성껏 드린 손길마다 기쁘게 받으시고 흠향하여 주실 것을 믿습니다. 이 시간에 주님께 예물을 드린 자에게는 "썩지 아니하고 더러워지지 아니하고 쇠하지 아니하는 유업을 잇게 하시는 것"(벧전1:4)이 되게 하실 것을 믿습니다. 하늘의 창고에 보물로 쌓아지게 하실 것을 믿습니다. 또한 저희들이 이 땅을 살아가는 동안 영혼과 범사가 잘되고 강건한 복을 누릴 수 있게 하셔서 하나님께 드리는 기쁨과 보람과 즐거움을 항상 느끼며 살아갈 수 있게 하실 것을 믿습니다.

은혜의 주님! 이 시간, 예물을 드리고 싶어도 드릴 물질이 부족하여 인색한 마음으로 드린 손길이 있습니까? 없는 것도 있게 하시는 주님을 굳게 믿고 행위로 믿음을 보여줄 수 있는 손길이 되게 하옵소서. 우리가 믿는 하나님은 한 끼 먹고 죽을 양식도 변하게 하셔서 다시는 주리지 않게 하시는 하나님이신 것을 잊지 말게 하시고(왕상17:16), 힘들고 어려울수록 주님께 잘 깨뜨리는 것이 마르지 않는 샘물을 얻는 길임을 항상 기억할 수 있게 하옵소서. 주님! 오늘 저희들이 주님께 드린 예물이 주님의 몸 된 교회를 위하여 아름답게 사용되어 질 수 있는 물질이 되기를 원합니다. 주님의 나라와 그 의를 위하여 사용되어 질 때에 삼십 배, 육십 배, 백배의 결실이 나타나게 하옵소서. 자원하여 즐겁게 드리는 자를 사랑하시는 예수 그리스도의 이름으로 기도합니다. 아멘

5월의 기도 (1)

마음은 동일하오니 받아주소서

전능하신 하나님 아버지! 저희 평생에 여호와께 노래하며, 저희가 생존하는 동안 하나님만을 찬양하는 삶이 되게 하옵소서. 저희에게는 하나님의 도우심과 인도하심과 보호하심과 위로가 있음을 믿습니다. 영생의 소망과 하늘에 쌓아둔 소망, 기업에 대한 산 소망이 있음을 믿습니다. 이 땅을 살아가는 동안 이 소망을 가지고 주님을 기쁘시게 하는 삶이 되게 하옵소서.

사랑의 주님! 오늘도 저희들이 예배 순서에 따라 주님께 예물을 드릴 수 있게 하심을 감사드립니다. 저희들이 주님께 예물을 드릴 수 있는 마음이 있는 것은 성령께서 저희의 마음을 주장하셨기 때문임을 믿습니다.
저희의 마음이 항상 성령의 이끌림을 받아 선하고 의로운 모습으로 주님의 영광을 나타낼 수 있게 하옵소서. 이 시간에 저희들이 여러 모양으로 예물을 드렸습니다. 예물의 성격은 다를지라도 드린 마음은 동일하오니 우리 주님이 기쁘게 받으시고 흠향하여 주옵소서. 더욱이 십의 일조는 주님의 것인 줄 알아 주님께 드렸사오니 정직하게 떼어서 주님께 봉헌하는 그 손길을 통해서 은혜의 역사가 나타날 수 있게 하옵소서. 기업과 가게를 경영하고 있다면 하나님이 친히 경영하시는 복을 누리게 하시고, 직장생활을 하고 있다면 승진의 복을 허락하셔서 기쁨으로 갚아주시는 주님의 손길을 경험하는 삶이 되게 하옵소서.
여러 가지 감사의 기도제목을 담아 예물을 드린 손길도 있습니다. 내 귀에 들린 대로 행하신다(민14:28)고 말씀하셨사오니 감사의 기도제목대로 행하시는 하나님의 손길을 경험할 수 있게 하옵소서. 기타 예물을 드린 손길도 그 믿음에 합당한 은혜와 은총을 더하실 것을 믿습니다. 주님! 이 물질이 쓰이는 곳에 불신앙적인 것들을 제거하여 주시고 아름답고 좋은 소식들이 들려지게 하옵소서. 풍성한 사랑이 있게 하시고, 풍성한 섬김이 있게 하옵소서. 주님의 뜻이 이루어지는 예물이 되게 하옵소서. 이 봉헌 예물에 동참한 손길과 항상 동행하실 것을 믿사옵고 예수 그리스도의 이름으로 기도합니다. 아멘

5월의 기도(2)

많이 심고 많이 거두게 하소서

지극히 자비하신 하나님 아버지! 저희로 하여금 예수 그리스도의 십자가를 통하여 영원한 생명과 구원을 얻은 그 영광스러운 무리 중에 들게 하신 것을 감사드립니다. 가정의 달을 맞이하여 가정의 소중함을 다시 한 번 느끼게 하시고 구원받은 백성으로서 주님께 감사의 예배를 드리게 하시니 한량없는 주님의 은혜임을 믿습니다. 주님을 향하고 있는 저희의 마음이 변질되지 않도록 언제나 성령님께서 저희의 마음을 주장하여 주옵소서.

은혜의 주님! 오늘도 저희들이 정해진 순서에 따라 주님께 예물을 드렸습니다. 저희들의 진실한 마음이 담겨진 예물이 되기를 원합니다. 물질보다 하나님을 더 사랑하는 신앙고백이 묻어있는 예물이 되기를 원합니다. 정직한 수고와 땀의 대가를 얻게 하신 하나님을 향한 감사의 고백이 되기를 원합니다. 기쁘게 받으시고 흠향하여 주옵소서. 지금이나 앞으로도 때를 얻든지 못 얻든지 항상 힘써서 드릴 수 있는 저희들이 되게 하시고, 없는 중에서도 주님께 드릴 것은 항상 준비된 예물이 있는 저희의 삶이 되게 하옵소서. 그리하여 "너희는 먼저 그의 나라와 그의 의를 구하라 그리하면 이 모든 것을 너희에게 더하시리라"(마6:33)는 주님의 약속의 말씀이 저희의 삶을 통하여 이루어지는 것을 경험할 수 있게 하옵소서. 또한 많이 심는 자는 많이 거두게 하신다고 하셨사오니 저희의 생애를 통하여 많이 심을 수 있는 축복의 삶이 되게 하옵소서.

사랑의 주님! 저희가 드린 예물을 축복하셔서 그 물질을 통하여 주님의 몸 된 교회가 든든히 서가게 하시고, 하나님 나라의 지경이 확장되는 역사가 있게 하옵소서. 예수님의 사역에도 물질로 섬겼던 여인들의 헌신이 뒷받침되었듯이, 저희가 깨뜨린 물질도 복음을 전하는 사역자들에게 큰 위로가 될 수 있게 하옵소서(눅8:2,3). 주님의 선하신 계획들이 나타나는 곳에 항상 귀하게 사용될 수 있는 물질이 되게 하실 것을 믿습니다. 성령을 통하여 저희들을 항상 격려하고 계시는 예수 그리스도의 이름으로 기도합니다. 아멘

6월의 기도 (1)

형식적인 예물이 되지 않게 하소서

저희로 하여금 예수 그리스도를 믿어 구원받게 하신 사랑의 하나님 아버지! 오늘도 예배를 통하여 주님과 축복의 교제가 이루어지며 성령의 교통하심이 있게 하심을 감사드립니다. 또한 성도들과도 사랑의 교제가 있게 하심을 감사드립니다. 저희들이 이 땅에서 살아갈 때에 주님께로부터 받은 이 귀한 특권을 영광스럽게 생각하며 복음에 합당한 삶을 살아갈 수 있게 하옵소서. 저희가 드리는 물질을 기쁘게 받으시기를 원하시는 주님! 이 시간에 저희들이 주님의 사랑과 은혜에 감사하여 예물을 드렸습니다. 십의 일조와 감사헌금을 드렸습니다. 건축헌금과 선교헌금도 드렸습니다. 다른 헌금들도 드렸습니다. 받은 은혜와 복을 따라 기쁜 마음으로 드린 손길을 기억하셔서 계신 곳 하늘에서 흠향하여 주시옵소서.

주님! 저희들이 주님께 드리는 물질이 형식적인 것이 되지 않기를 원합니다. 항상 준비된 물질을 주님께 드릴 수 있도록 저희의 마음을 주장하여 주옵소서. 비록 드리는 물질이 작다고 하여 가벼이 여기는 일이 없게 하시고, 풍족하다고 하여 있는 것 중에서 아무렇게나 떼어서 드리는 방만함이 없게 하여 주옵소서. 작든 크든 하나님의 것을 따로 구분하여 정직하게 드릴 수 있는 헌금 습관이 있게 하시고, 남은 물질도 주님의 영광을 위하여 의롭게 사용할 수 있게 해달라고 기도할 수 있는 저희들이 되게 하옵소서.
주님! 주님께 예물을 드리는 것은 해도 되고 안 해도 되는 것이 아니라, 반드시 해야 하는 것임을 잊지 말게 하옵소서. 그것이 하나님의 자녀가 된 저희들이 당연히 해야 할 의무와 본분임을 가슴에 새길 수 있게 하옵소서.
특별히 직분을 받은 자는 헌금의 본도 잘 보일 수 있게 하셔서 나중 된 자들이 헌금에 실족하여 넘어지는 일이 없게 하여 주옵소서. 또한 정해진 헌금을 자기감정에 따라 드리는 불신앙적인 모습도 없게 하여 주옵소서.
이 시간에 저희가 드린 예물을 복음을 위하여, 좀 더 가치가 있는 것들을 위하여 사용되게 하실 것을 믿사옵고 예수 그리스도의 이름으로 기도합니다. 아멘

6월의 기도(2)

깨끗함과 진실이 묻어 있게 하소서

믿음과 소망과 생명을 주신 하나님 아버지! 오늘도 저희들이 하나님을 예배할 수 있는 거룩되고 복된 시간을 허락하심을 감사드립니다. 오늘 저희들이 주님을 예배하면서 저희들을 향하신 우리 주님의 사랑이 얼마나 크고 놀라운지를 다시 한 번 경험하며 감사의 고백을 드릴 수 있게 하옵소서. 또한 믿음의 눈으로 주님을 바라보며 모든 것을 주님께 맡길 수 있는 믿음의 결단이 있게 하옵소서.

예물의 부피보다 예물을 드린 자의 중심을 보시는 하나님! 오늘 저희가 드린 예물이 불의한 예물이 되지 않기를 원합니다. 믿음과 사랑과 하나님을 경외하는 마음으로 드린 예물이 되게 하옵소서. 혹여 하나님이 물질이나 좋아하시는 분으로 착각하지 말게 하셔서 주님께 드릴 예물을 아무렇게나 적당히 드리려고 하는 악함이 저희에게 없게 하옵소서. 마음을 담아 정성껏 드리지 않은 예물은 하나님이 받지 않으신다는 것을 항상 기억하여 깨끗함과 진실이 묻어 있는 물질을 드리기에 힘쓸 수 있는 저희모두가 되게 하옵소서.

오늘도 주님께 올린 예물을 드린 자의 중심을 보시며 흠향하여 주시기 원합니다. 없는 가운데서도 풍성하게 드리기를 소원하며 정성을 다한 손길을 기억하셔서 합당한 복을 더하여 주시고 의인이 받을 분복을 받아 누리는 삶이 되게 하옵소서. 또한 그 손길을 통하여 주님의 뜻을 이루시고, 주님의 나라를 건설하는데도 의로운 일꾼으로 쓰임 받을 수 있게 하옵소서. 가정과 일터에도 함께하셔서 언제 어디에서나 가까이하시고 동행하시는 하나님을 경험하는 삶이 되게 하옵소서. 드릴 예물이 빈약하여 부끄러운 마음으로 드린 손길이 있습니까? 그것이 과부의 두 렙돈과 같은 연보라면 우리 주님이 칭찬하시고 복에 복을 더하여 주실 것을 믿습니다.

주님께 드릴 물질이 없어 상한 마음만 드린 손길도 기억하셔서 동일한 은혜를 허락하여 주옵소서. 이 시간에 주님께 드려진 예물마다 성결케 하셔서 사람을 살리고 교회를 세우는 일에 이로움이 되는 물질이 되게 하실 것을 믿시옵고 예수 그리스도의 이름으로 기도합니다. 아멘

7월의 기도 (1)

순종이 담겨 있는 예물이 되게 하소서

만물의 주인이 되시는 하나님 아버지! 오늘날까지 끊임없이 연약한 저희들에게 베푸신 은혜와 사랑을 감사드립니다. 또 이 하루, 이 복된 주일을 허락하신 하나님을 경배하고 섬기는 일에 마음과 정성을 다하여 예배드리게 하시니 감사드립니다. 저희들을 향하신 뜻을 이루시고 저희 교회를 향하신 선하신 계획을 이루시옵소서.

물질의 주인이신 주님! 오늘 저희가 드린 예물을 받아주시옵소서. 저희들에게 있는 모든 것은 주님께서 주신 것이오며 주님의 것임을 고백합니다. 주님의 것을 가지고 저희가 사용하면서도 주님의 뜻대로 사용하지 못하고, 또한 마땅히 하나님께 구별하여 드려야 할 부분까지도 드리지 못한 것이 있었다면 용서하여 주옵소서. 오늘 저희들이 주님께 예물을 드리면서 주님이 말씀하신 대로 십의 일조를 드렸습니다. 생활이 어려운 중에도 유혹을 물리치고 주님의 말씀에 순종할 수 있게 하신 것은 전적인 주님의 은혜임을 믿습니다. 이 땅을 살아가는 동안 항상 순종하는 주의 사람이 되게 하셔서 아브라함이 누렸던 복을 저희도 누리게 하옵소서. 또한 죽기까지 순종하신 주님을 본받는 삶이 되게 하옵소서.

오늘은 특별히 맥추감사주일로 하나님께 영광을 돌리면서 감사의 예물도 드렸습니다. 지금까지 인도하신 주님의 은혜에 감사하여 드린 예물이오니 기쁘게 흠향하여 주시고 항상 감사가 떠나지 않는 저희의 삶이 되게 하옵소서. 갖가지 예물을 드린 손길도 있습니다. 주님을 사랑하고 교회를 사랑하는 마음으로 힘을 다하여 드린 예물이오니, 우리 주님이 기쁘게 흠향하실 것을 믿습니다. 선한 사업에 부하고 믿음이 부요케 되는데 사용될 수 있는 물질이 되게 하시고, 하나님의 영광을 드러내는데 사용될 수 있는 물질이 되게 하옵소서. 예물을 드린 손길도 기쁨이 담긴 헌금생활이 될 수 있도록 때를 따라 필요한 것들을 공급해 주시고 채워주시옵소서.

예물을 드리고 싶어도 드리지 못한 손길에게도 동일한 은혜로 함께하실 것을 믿사옵고 예수 그리스도의 이름으로 기도합니다. 아멘

7월의 기도(2)

저희의 믿음도 견고히 서가게 하소서

은혜가 풍성하신 하나님 아버지! 오늘도 소망이시요, 반석이시요, 구원이시며 산성이신 하나님을 예배하며 찬송할 수 있게 하시니 감사드립니다. 또한 어두워진 저희의 영혼을 진리의 말씀으로 밝게 비쳐주심을 감사드립니다. 주님을 예배하는 것이 언제나 저희들의 삶에 중심이 되게 하옵소서.
사랑의 주님! 이 시간에 주님을 예배하면서 저희들이 저마다 준비해온 예물을 주님께 드렸습니다.
이 세상의 재물보다 주님을 더 사랑하고, 부귀와 영화와 권세보다 주님을 더 사랑한다는 고백이 담겨진 예물이 되게 하실 것을 믿습니다. 주님께 드리는 저희들의 헌금생활이 확고해지고 풍성해질 때마다 저희들의 신앙도 더욱 견고한 믿음으로 우뚝 서갈 수 있게 하옵소서.
우리 주님이 저희를 위하여 자신의 소중한 모든 것들을 깨뜨리셨듯이, 저희들도 소중하다고 여기는 것들을 깨뜨리는 삶을 살 때에, 비로소 주님을 닮아가는 것임을 잊지 말게 하옵소서. 이 땅의 것들에 가난해질수록 천국의 부요함이 주어지고, 이 땅의 것들을 포기할수록 천국의 기쁨이 주어진다는 것을 항상 마음에 새기며 살아갈 수 있게 하옵소서. 물질의 넉넉함을 누리는 것이 오히려 부끄러움이 되게 하시고, 생활의 여유로움을 누리는 것이 오히려 수치스러움으로 다가오는 저희의 믿음이 되게 하옵소서.

주님! 오늘 저희들이 주님께 드린 예물이 복 있는 곳에 사용될 수 있기를 원합니다. 믿음이 심겨지고 그 믿음이 자라는 곳에 사용될 수 있게 하시고, 소망이 심겨지고 그 소망이 커가는 곳에 사용될 수 있는 물질이 되게 하옵소서. 주님을 알지 못하는 영혼들이 구원을 받으며, 삶에 지친 영혼들이 새 힘을 얻는데 사용될 수 있는 물질이 되게 하옵소서.
이 시간에 주님께 바치기를 원하나 빈손으로 온 손길을 기억하셔서 그들의 가난한 마음을 위로해 주시고 천국의 부요함으로 채워주옵소서.
주님께 드리는 저희의 예물이 더욱 확고해지게 하실 것을 믿사옵고 예수 그리스도의 이름으로 기도합니다. 아멘

8월의 기도 (1)

모든 것을 드릴 수 있게 하소서

은혜의 주님! "여호와께서 집을 세우지 아니하시면 세우는 자의 수고가 헛되며 여호와께서 성을 지키지 아니하시면 파수꾼의 깨어있음이 헛되도다"(시127:1)는 시편기자의 고백이 오늘 저희들이 주님께 올릴 고백임을 깨닫습니다. 지금까지 저희들의 일거수일투족(一擧手一投足)을 주님이 붙드시고 인도하셨기에 오늘 저희들이 여기까지 달려온 줄 믿습니다. 저희들로 하여금 언제나 주님만을 신뢰하고 의지하는 삶을 살아갈 수 있게 하옵소서.
사랑의 주님! 이 시간에 저희들이 주님을 사랑하는 마음으로 예물을 드렸습니다. 저희들에게 주님께 드릴 물질을 주심을 감사드립니다. 언제나 저희의 삶을 주장하여 주셔서 주님께 감사의 예물을 드릴 수 있는 삶이 되게 하옵소서. 오늘 저희들이 드린 물질이 힘을 다하여 드린 물질이 되기를 원합니다. 수고와 땀의 결실이 배어있는 물질이 되기를 원합니다. 순종이 묻어 있고 믿음이 묻어 있는 물질이 되기를 원합니다. 희생이 묻어 있고 헌신이 묻어 있는 물질이 되기를 원합니다. 이 예물을 기쁘게 받으시고 흠향하여 주옵소서.

주님! 저희들이 이 땅을 살아가는 동안 물질 뿐만 아니라, 시간과 생명까지도 기꺼이 드릴 수 있는 삶이 되기를 원합니다. 저희의 마음에 주님보다 더 귀한 것이 없게 하셔서, 항상 주님을 사랑하고 사모하는 마음으로 저희의 모든 것을 자원하여 깨뜨릴 수 있는 삶이 되게 하옵소서. 또한 항상 모든 것이 주님께로부터 왔고 또한 주님께로 돌아감을 알고 저희의 모든 것을 주님께 돌려드리는 생활을 할 수 있게 하옵소서.
오늘, 이 신령한 예물에 동참한 손길들을 기억하셔서 신령한 복과 땅의 복을 누리게 하실 것을 믿습니다. 십일조와 감사와 기타 헌금을 드린 손길을 축복하시되 옛적 택한 백성을 축복하심같이 하여 주옵소서. 이 예물이 쓰여 지는 곳에 주님의 영광이 나타나게 하시고. 주님의 은혜와 복이 더하여지는 역사가 있게 하여 주옵소서. 언제나 마음을 담아 정성껏 드릴 수 있도록 이끄실 것을 믿사옵고 예수 그리스도의 이름으로 기도합니다. 아멘

8월의 기도(2)

항상 준비된 예물이 되게 하소서

만물의 주님이 되시는 하나님 아버지! 저희들에게 은혜에 은혜를 더하여 주셔서 오늘도 주님을 예배할 수 있게 하시니 감사드립니다. 또한 저희들이 마음과 정성을 다하여 주님을 찬양하여 영광을 돌릴 수 있게 하시니 감사드립니다. 저희들이 주님의 자녀로 이 땅을 살아가는 동안 항상 감사하며, 찬송하며, 경배하며 주님을 기쁘시게 할 수 있는 삶이 되게 하옵소서.
은혜의 주님! 오늘도 택하신 자들을 위하여 보이지 않는 보화를 마련하신 주님께 저희들의 마음을 담아 예물을 드렸습니다. 어렵고 힘든 삶 가운데서도 항상 주님께 드릴 수 있는 물질이 있게 하심을 감사드립니다. 저희들이 어떤 형편에 처하든지 자족할 줄 아는 삶이 되게 하시고 주님께 드릴 예물은 항상 준비되어 있는 삶이 되게 하여 주옵소서. 혹여 오늘 예물을 드린 손길들 중에 마지못해 억지로 드린 손길이 있습니까? 감사의 마음이 아닌 불평과 원망으로 드린 손길이 있습니까? 그들의 마음의 눈을 밝혀주셔서 십자가에서 피 흘리신 주님을 바라볼 수 있게 하시고, 구속함을 받은 은총이 얼마나 크고 놀라운 축복인지를 깨달아 알 수 있는 지혜가 있게 하옵소서.

주님! 오늘 주님께 드린 예물이 주님의 뜻을 이루는 계획에 선하게 사용되어지기를 원합니다. 죄악 된 세상을 복음으로 기경하는 일에 아낌없이 사용되어질 수 있게 하시고, 많은 영혼이 주님께로 돌아오게 하는데 부족함 없이 사용되어질 수 있는 물질이 되게 하여 주옵소서. 혹여 이 물질이 세상의 부귀와 영화를 좇는 일에 사용되는 일이 없도록 재정을 집행하는 자의 생각을 주장하시고 그 손길을 붙드시옵소서.
주님! 헌금에 참여한 권속들에게 크신 복을 허락하여 주옵소서. 가진바 물질을 썩지 아니하는 보물로 바꿀 수 있는 삶이 되게 하시고, 이 땅에 교회를 통하여 남기신 주님의 사역을 힘써서 도울 수 있는 삶이 되게 하옵소서. 저희들이 드릴 때마다 성령의 감동이 있게 하실 것을 믿사옵고 예수 그리스도의 이름으로 기도합니다. 아멘

9월의 기도 (1)

탐욕을 깨뜨린 예물이 되게 하소서

신령과 진정으로 예배하는 자들을 찾으시는 하나님 아버지! 오늘도 죄 많은 저희들을 용납하셔서 하나님께 감사의 예배를 드릴 수 있게 하심을 감사드립니다. 또한 저희의 마음을 주님의 영감으로 가득하게 하셔서 구원의 능력과 위로의 즐거움을 맛보게 하시니 감사드립니다. 저희들이 주님을 섬길수록 더 귀하고 소중한 주님이심을 경험하는 삶이 되게 하옵소서.

사랑의 주님! 만 가지 은혜를 받은 저희들이 감사하는 마음으로 예물을 드렸습니다. 주님께 받은 은혜에 비하면 지극히 보잘 것 없는 예물이지만, 저희의 마음을 담아 정성껏 드린 것이오니 기쁘게 받아주시고 흠향하여 주시옵소서.

이 시간에 주님께 드린 예물이 저희의 탐욕을 깨뜨린 예물이 되기를 원합니다. 탐심은 우상숭배라고 하였사오니 소유의 넉넉함을 부러워하지 아니하며 삼가 탐심을 물리치는 저희의 헌금생활이 되게 하옵소서(골3:5).

또한 주님께 드린 예물이 하늘에 쌓아두는 보물이 되기를 원합니다(마 6:20). "네 보물이 있는 곳에 네 마음도 있느니라"(마6:21)고 말씀하셨사오니, 이 땅에서 누리는 가치보다 천국에서 누리는 가치를 더 앞세우는 헌금생활이 되게 하옵소서.

주님! 주님께 봉헌된 예물이 주님의 영광을 위해서 귀하게 쓰일 수 있게 하옵소서. 저희가 드린 물질이 주님의 뜻을 따라 선용될 수 있도록 불꽃같은 눈동자로 살피시고 감찰하시옵소서. 주님의 뜻을 따라 이웃을 부요케 하는 일에도 쓰일 수 있게 하시고, 영혼을 구원하는 일에도 쓰일 수 있는 물질이 되게 하옵소서. 또 얼마의 물질이 이 교회에 필요한가를 우리 주님은 아시오니, 항상 저희들에게 감동을 주셔서 교회에 결핍이 없도록 힘을 다하여 드릴 수 있는 헌금생활이 되게 하옵소서.

오늘도 우리 주님은 예물을 드린 손길마다 만 배로 갚아주실 것을 믿습니다. 시마다, 때마다 채우시는 주님의 능력을 경험하는 삶이 되게 하실 것을 믿사옵고 예수 그리스도의 이름으로 기도합니다. 아멘

9월의 기도(2)

계산을 앞세우지 않게 하소서

자비의 아버지시요, 모든 위로의 하나님! 오늘도 은혜 중에 저희들이 모여서 예배를 드리게 하심을 감사드립니다. 저희들이 드리는 이 예배가 참으로 주님이 받으시는 예배가 되게 하실 것을 믿습니다. 우리 주님은 지금도 예배하는 자를 찾고 계신다는 사실을 기억하여 언제나 예배로 주님을 기쁘시게 할 수 있는 저희의 삶이 되게 하옵소서.

은혜의 주님! 오늘도 저희들이 순서에 따라 주님께 예물을 드렸습니다. 저희들의 삶을 주장하여 주셔서 주님께 드릴 수 있는 물질이 있게 하시니 감사드립니다. 항상 주님께 드릴 예물이 준비되어 있는 삶이 되게 하옵소서.

사랑의 주님! 저희가 드린 예물이 주님이 보시기에 부끄러운 손길이 되지 않게 하실 것을 믿습니다. 드린 액수에 관계없이 저마다 선한 양심과 믿음을 따라 정성을 다하여 드린 예물인줄 믿습니다. 중심을 보시는 우리 주님께서 기쁘게 받아주시고 흠향하여 주옵소서.

주님! 저희들이 주님께 예물을 드릴 때는 계산을 앞세우지 않게 하옵소서. 주님이 저희에게 맡겨주신 것을 다시 주님께 돌려드리는 것뿐이오니 오직 감사함으로 예물을 드릴 수 있는 저희들이 되게 하옵소서. 언제나 더 많이 드리지 못한 것을 안타까워하며, 걱정 없이 드리지 못한 것을 부끄러워할 수 있는 저희들이 되게 하옵소서.

주님! 짧은 인생입니다. 저희의 인생 가운데 주님께 드릴 수 있는 기회가 그리 많지 않음을 깨닫습니다. 드릴 수 있는 기회가 주어졌을 때 힘을 다하여 드릴 수 있는 저희들이 되게 하옵소서. 땅의 것에 너무 연연해하지 말게 하시고, 더 많이 채우시고 더 풍족하게 채우실 주님의 은혜를 생각하며 힘을 다하여 드릴 수 있는 저희들이 되게 하옵소서. 또한 저희가 드린 물질이 쓰이는 곳에 주님의 뜻이 이루어지기를 원합니다. 아무런 열매를 거둘 수 없는 곳에 사용되는 일이 없도록 주님이 친히 주장하여 주옵소서. 사랑과 은혜가 충만하신 예수 그리스도의 이름으로 기도합니다. 아멘

10월의 기도(1)

물질의 청지기임을 잊지 말게 하소서

자비로우신 하나님 아버지! 오늘도 저희들에게 주님의 날을 허락하여 주셔서 하나님을 예배하는 복을 누리게 하시니 감사드립니다. 또한 온 맘을 다하여 주님을 찬양하게 하시고, 진리의 말씀으로 저희의 영혼을 소성케 하여 주시니 감사드립니다. 예배를 통하여 언제나 주님의 자녀 된 권세를 누리게 하시고, 영혼이 잘되어가고 범사가 강건케 되는 복을 누리게 하여 주옵소서.

은혜의 주님! 오늘도 저희들이 정해진 순서에 따라 주님께 예물을 드렸습니다. 반복되는 헌금시간이라고 하여 주님께 예물을 드리는 것을 가볍게 여기는 일이 없게 하시고, 예물을 드릴 때마다 온 맘과 정성을 다할 수 있는 저희들이 되게 하옵소서. 또한 저희들이 주님께 예물을 드릴 때마다 왜 해야만 하는지를 분명히 깨닫게 하셔서 마지못해 억지로 드리거나 아까워하는 마음으로 드리는 일이 없게 하옵소서.

사랑의 주님! 주님이 저희로 하여금 물질을 깨뜨리게 하신 것은 돈보다 주님을 더 사랑하며 살도록 하시기 위한 것임을 깨닫습니다. 물질의 주인이 누구인가를 분명히 알도록 하시기 위해서 정하신 제도임을 깨닫습니다. 저희들은 항상 물질을 대할 때마다 그 물질을 맡아서 관리하는 청지기임을 잊지 말게 하옵소서. 또한 저희들이 물질을 제 것인 냥 주장할 때 언제라도 거두어 가시는 주님이심을 잊지 말게 하옵소서. 물질 뿐만 아니라 저희들의 삶 전체가 주님의 것임을 항상 기억하며 살게 하옵소서. 그러므로 살아도 주를 위하여 살고 죽어도 주를 위하여 죽는 저희의 삶이 되게 하옵소서.

주님! 오늘도 마음을 담아 정성껏 드린 손길 위에 크신 복으로 함께 하실 것을 믿습니다. 주님 앞에서 항상 복된 삶을 살아갈 수 있도록 그 삶을 주장하여 주시고, 힘을 다하여 선한 청지기의 사명을 감당하고자 하는 그 중심에 항상 새벽이슬 같은 주의 은혜가 넘치게 하여 주옵소서. 항상 주님께 드릴 인생으로 살게 하신 예수 그리스도의 이름으로 기도합니다. 아멘

10월의 기도(2)

주님의 소원을 이루시는 곳에 쓰소서

영광의 하나님 아버지! 저희로 하여금 하나님께 모든 영광을 돌리게 하심을 감사드립니다. 마음과 영혼을 다하여 찬양하게 하시고 기쁨으로 경배할 수 있게 하시니 감사드립니다. 저희들이 이 땅을 살아가는 동안 항상 신앙과 온전한 순종을 드릴 수 있는 예배의 생활이 되게 하여 주옵소서. 또한 저희로 하여금 주님께서 항상 저희가운데 계심을 느끼며 사는 소망의 삶이 되게 하옵소서.

은혜의 주님! 오늘도 저희들이 예배의 순서에 따라 저마다 준비해온 예물을 드렸습니다. 비록 정성이 부족하고 보잘 것 없는 예물이오나 기쁘게 받으시고 흠향하여 주옵소서. 오늘 뿐만이 아니라 앞으로도 항상 준비되어진 예물을 주님께 드릴 수 있도록 저희의 삶을 주장하여 주옵소서. 주님이 저희들로 하여금 예물을 드리게 하신 것은 주님의 몸 된 교회를 든든히 세우고, 하나님 나라의 지경을 확장하는데 사용하시기 위해서임을 믿습니다. 주님의 사랑과 복음이 온 인류에게 전파되는 것이 우리 주님의 소원이시기에, 그 소원을 이루시기 위하여 저희에게 축복하신 것을 조금씩 거두어 가시는 것임을 믿습니다.

사랑의 주님! 주님이 나귀를 쓰시겠다 하셨을 때, 그 어떤 이유도 달지 않고 즉각 내놓았던 나귀의 주인처럼, 오늘 저희들에게도 주님이 쓰시겠다 하면 그 무엇이라도 기꺼이 내놓을 수 있는 삶이 되게 하옵소서. 아브라함과 같이 독자 이삭이라도 바치라 하면 주님께 바칠 수 있는 용기 있는 믿음이 되게 하옵소서. 그리하여 저희를 통하여 주님의 뜻을 온전히 이루는 삶을 살아갈 수 있게 하옵소서. 주님! 특별히 물질의 고통을 당하는 교우를 불쌍히 여기시옵소서. 주님 앞에 나올 때마다 기쁨의 예물을 드릴 수 있도록 그 삶을 만져주시고 하는 일들을 이끌어 주옵소서. 시름이 깊어져 주님을 원망하는 자리에 이르지 않도록 고통스러워하는 현장을 찾아가주시옵소서. 이 시간에 예물을 드린 손길마다 만 배로 갚아주시는 주님을 믿사오며 예수 그리스도의 이름으로 기도합니다. 아멘

11월의 기도 (1)

아브라함 같은 축복의 사람이 되게 하소서

빛과 구원이 되시는 주님! 오늘도 그 구원의 주님을 찬송하며 예배할 수 있게 하심을 감사드립니다. 저희들이 이 땅을 살아가는 동안 주님의 그 은혜와 그 사랑에 항상 감사하며 찬양과 영광을 돌리는 삶이 되게 하옵소서. 오늘도 예배하면서 변함없이 진리의 말씀으로 찾아오시는 주님을 경험했습니다. 이 시간 주님께 받은 은혜가 저희의 삶의 현장에서 풍성한 열매로 나타날 수 있게 하옵소서.

사랑의 주님! 오늘도 저희들에게 주님을 향한 고마움과, 사랑의 감정과 구원의 기쁨을 표현할 수 있는 길을 열어주시니 감사드립니다. 이 시간에 정해진 순서에 따라 주님께 예물을 드렸습니다. 저마다 드린 예물을 기쁘게 받으시고 흠향하여 주시옵소서. 십의 일조를 드린 손길이 있습니다. 하나님의 것을 정직한 마음을 담아 드린 손길을 기억하셔서 아브라함과 그 후손에게 언약하신 그 축복에 온전히 동참하는 삶이 되게 하여 주옵소서. 하늘의 별과 같이 땅의 모래와 같이 넘치도록 부어주시는 주님의 은혜를 경험하는 삶이 되게 하옵소서.

감사의 예물을 드린 손길도 있습니다. 감사할 수 없는 상황 속에서도 "범사에 감사하라"(살전5:18)는 주님의 말씀을 따라 살기를 소원하며 힘을 다하여 감사하는 그 손길을 굳게 붙들어 주옵소서. 그로 하여금 일평생 감사의 사람으로 살아갈 수 있도록 붙들어 주시고, 갈수록 감사의 조건과 열매도 풍성하게 맺을 수 있게 하옵소서. 여러 모양으로 예물을 드린 손길도 있습니다. 그들이 드린 예물의 모양은 각각 다를지라도, 주님을 사랑하고 교회를 사랑하는 마음으로 드린 것은 동일하오니 우리 주님의 크신 축복으로 함께하여 주옵소서.

주님! 저희들이 물질 뿐만 아니라 받은바 은사를 바로 사용하며 봉사할 수 있기를 원합니다. 그 은사에 대한 책임을 잘 감당하며 주님의 뜻을 이루는 저희들이 되게 하옵소서. 저희 가운데 부드럽고 은혜로운 봉사의 이야기가 항상 넘쳐나게 하셔서 주님을 기쁘시게 하는 삶이 되게 하옵소서. 사랑이 풍성하신 예수 그리스도의 이름으로 기도합니다. 아멘

11월의 기도(2)

맘몬 신을 깨뜨리게 하소서

영원하신 하나님 아버지! 저희로 하여금 주의 법도를 배우며 진리의 말씀을 따라 살아갈 수 있게 하시니 감사드립니다. 또한 썩어지면 없어질 세상에 마음을 빼앗기지 않고 신령한 것을 좇아 믿음의 삶을 살아갈 수 있게 하시니 감사드립니다. 오늘도 저희가 주님을 예배하면서 천국을 치는 삶이 된 줄을 믿습니다. 항상 주님의 자녀로 살아가는 것이 저희의 행복이 되게 하옵소서.
생명의 주님! 사람이 떡으로만 사는 것이 아니라, 하나님의 입에서 나오는 말씀으로 살아야 함을 알기에 주님께 예물을 드렸습니다. 저희들이 주님께 예물을 드릴 때마다 저희 속에 꿈틀거리는 맘몬 신을 깨뜨릴 수 있게 하시고, 사랑의 대상이 주님이심을 확실하게 시인하는 것이 될 수 있게 하옵소서.
지금도 사단은 돈과 재물을 이용하여 저희로 하여금 주님을 멀리하게 하려고 안간힘을 쓰고 있습니다. 이와 같은 사단의 계략에 걸려 넘어지지 않도록 주님을 더 가까이 할 수 있는 저희들이 되게 하옵소서. "돈을 사랑함이 일만 악의 뿌리가 된다"(딤전6:10)고 하였사오니 돈보다 주님의 은혜에 매료되어 사는 저희의 삶이 되게 하옵소서.

주님! 물질의 주인은 우리 주님이심을 믿습니다. 하나님이 저희에게 물질을 주신 것은 잘 선용하라고 주신 것임을 믿습니다. "주는 것이 받는 것보다 복이 있다"(행20:35)고 말씀하였사오니 저희로 하여금 잘 주는 삶을 살아갈 수 있게 하옵소서. 오늘 주님께 드려진 예물도 복 있는 주님의 말씀을 따라 주는 곳으로 향할 수 있게 하옵소서. 주고자하는 물질이 될 때에 그것이 모든 것을 내어주신 주님의 사랑과 십자가의 정신을 계승하는 것임을 잊지 말게 하옵소서.
이 시간도 주님께 드린 손길마다 복에 복을 더해주시고 은혜에 은혜를 더하여 주옵소서. 영혼이 잘되고 범사가 잘되며 강건 하는 삶이 되게 하여 주옵소서.
저희들에게 시시때때로 주님께 드려지는 예물이 항상 준비되어 있는 삶을 살게 하실 것을 믿사옵고, 예수 그리스도의 이름으로 기도합니다. 아멘

12월의 기도(1)

축복의 수단으로만 삼지 않게 하소서

고마우신 하나님 아버지! 오늘도 저희들이 주님의 이름을 높이며 마음과 정성을 다하여 예배할 수 있게 하시니 감사드립니다.
주님께 예배할 때마다 하나님의 크신 사랑이 너무도 고맙고 감사하여 구원의 십자가만 바라보며 눈물을 흘립니다. 이제는 저희들의 신앙이 주님을 예배하는 것에 그치는 것이 아니라, 생활의 예배가 드려질 수 있는 삶이 되게 하옵소서.

은혜의 주님! 오늘도 저희들은 주님의 크신 사랑을 기억하며 예물을 드렸습니다. 오늘 저희가 드린 예물 속에 돈의 지배를 받는 것이 아니라 주님의 지배를 받는다는 저희의 결심이 함께 묻어 있기를 원합니다. 저희가 먹고 사는 것이 돈 때문이 아니라, 하나님의 은혜로 먹고사는 것임을 시인하는 물질이 되기를 원합니다. 또한 재물이 하나님과 같은 섬김의 대상이 될 수 없다는 것을 보여드리는, 신앙의 결단이 있는 물질이 되기를 원합니다. 저희의 신앙생활에 많은 비중을 차지하고 있는 물질이 주님께 드리는 헌금을 통하여 바른 물질관으로 세워지는 축복을 누릴 수 있게 하옵소서.
또한 저희들이 주님께 예물 드리는 것을 축복의 수단으로만 삼는 어리석음이 없게 하옵소서. 하나님의 축복은 물질 외에도 얼마든지 우리를 유익하게 하시는 것들이 있음을 기억하여, 모든 것에 합력하여 선을 이루시는 하나님의 은총을 좇아가는 저희의 삶이 되게 하옵소서.
오늘 주님께 드려진 예물이 주님의 몸 된 교회를 든든히 세우는데 귀하게 사용되어질 수 있기를 원합니다. 진리의 등불을 밝히고, 많은 사람을 주님께로 돌아오게 하는데 사용될 수 있는 예물이 되게 하옵소서.
또한 선한 사업에도 복 있게 쓰이는 예물이 되기를 원합니다. 어려운 이웃을 돌아보는데 사용되어질 수 있는 예물이 되게 하시고, 주님의 섬김의 도를 실천하는데 사용되어질 수 있는 예물이 될 수 있게 하옵소서. 저희의 예물이 항상 주님께 기쁨이 되기를 원하오며 예수 그리스도의 이름으로 기도합니다. 아멘

12월의 기도 (2)

밀알처럼 잘 썩는 예물이 되게 하소서

저희들에게 거룩한 즐거움을 허락하시고 은혜와 평강을 받아 누리게 하시는 하나님 아버지! 오늘도 저희에게 주의 은총을 더하여 주셔서 주님의 탄생하심을 축하하며 기쁨의 예배를 드릴 수 있게 하시니 감사합니다. 성육신하신 주님의 탄생하심이 인류에게 어떤 영향을 미쳤는지를 생각하며, 저희들도 주님의 마음을 본받아 살 수 있는 삶이 되기를 소망할 수 있게 하옵소서.

평강의 주님! 오늘도 저희들이 순서에 따라 주님께 예물을 드렸습니다. 주님의 사랑과 은혜에 비하면 지극히 보잘 것 없는 예물입니다. 이 예물을 받아달라고 기도하기에도 너무나 부끄러운 예물입니다. 하오나 저희들의 형편과 처지를 너무나 잘 아시는 주님이시기에 주님의 긍휼하심을 바라보며 봉헌의 기도를 드립니다. 저희들의 연약함을 용서하시고 기쁘게 받아주시옵소서.

이 시간을 통하여 주님께 십의 일조를 드린 손길이 있습니다. "너희의 온전한 십일조를 창고에 들여 나의 집에 양식이 있게 하라"(말3:10)는 주님의 말씀을, 그대로 실천하는 그 중심을 기쁘게 보실 것을 믿습니다. "하늘 문을 열고 너희에게 복을 쌓을 곳이 없도록 붓지 아니하나 보라"(말3:10)고 하셨사오니 그 말씀대로 축복하시옵소서. 이 교회에 출석하는 모든 성도들도 동일한 십일조의 축복을 누릴 수 있도록 온전한 십일조 생활에 힘쓸 수 있게 하옵소서. 감사헌금을 비롯하여 각종 헌금을 드린 손길도 기억하옵소서.

어렵고 힘들어도 주님께 드릴 예물만큼은 항상 넉넉하기를 원하는 그 마음을 귀하게 보시고 축사해 주시기를 원합니다. 생활을 통하여 항상 오병이어의 기적을 경험하는 축복의 역사가 있게 하옵소서.

오늘 주님께 드려진 물질이 쓰이는 곳에 주님의 영광이 깃들 수 있게 하옵소서. 밀알과 같이 잘 썩어서 많은 사람을 부요케 할 수 있는 물질이 되게 하시고, 어둡고 그늘진 곳에도 선한 사마리아인 역할을 감당할 수 있는 물질이 되게 하옵소서. 저희를 더 나은 삶으로 인도하시는 예수 그리스도의 이름으로 기도합니다. 아멘

헌신의 기도

주님, 제 이성을 바칩니다.
당신을, 당신의 완전함을,
당신의 역사를, 당신의 뜻을 아는 일에만 사용하소서.
제 의지를 바칩니다.
제 자신의 뜻이 제겐 없게 하소서.
주님이 원하시는 것, 오직 그 뜻만을 품게 하소서.
당신처럼 모든 일에서 하나님의 영광만을 위하게 하시고
그것이 제 모든 행동의 목적이 되게 하소서.
제 감정을 바칩니다.
그 모두를 다스리소서.
당신만이 제 사랑, 제 두려움, 제 기쁨이 되소서.
주님을 경외하고 주님을 원하는 것 외에
아무것도 있지 않게 하소서.
주님이 사랑하시는 것을 사랑하게 하소서.
주님이 미워하시는 것을 미워하게 하소서.
주님이 저에게 원하시는 만큼
그 감정을 풍성하게 하소서.
제 몸을 드립니다.
제 몸으로 주께 영광을 돌리게 하시고
오 하나님, 몸을 거룩하게,
당신이 거하시기에 합당하게 잘 지키게 하소서.

_ 존 웨슬리

5장
헌신예배
대표기도문

제직헌신예배

담임목사님을 중심으로 하나 되게 하소서

온 누리에 자비를 주셔서 새로움으로 거듭나게 해주신 하나님 아버지! 주님 앞에 새해 첫 주일, 첫 오후예배를 드리게 됨을 감사드립니다. 올 한 해도 저희 모두가 예배를 사랑하게 하시고, 하나님을 가까이 하는 주의 백성이 되게 하옵소서. 언제나 주님의 은총 속에 사는 것을 더 없는 기쁨과 행복으로 여길 수 있게 하옵소서.

자비로우신 하나님! 저희들이 늘 성전을 찾아 나오지만 주님 앞에 깨끗하지 못함을 깨닫습니다. 성결의 삶을 살지 못하고 죄에 넘어지는 저희들, 지금 이 시간에도 주님 앞에 보여드릴 것은 죄 지은 모습밖에 없습니다. 크신 긍휼을 베풀어 주셔서 용서하여 주시고 죄 사함의 은총이 있게 하옵소서.

은혜로우신 주님! 이 시간은 특별히 강사 목사님을 모시고 제직헌신예배로 주님 영광 돌립니다. 주님께 무가치하고 무자격한 저희들이 주님의 몸 된 교회를 위하여 영광 된 직분과 직책을 받았사오니 얼마나 감격할 일이요, 감사할 일입니까? 마지못해 형식이나 때우기 식으로 드리는 헌신 예배가 되지 않게 하시고, 마음과 영혼을 쏟아드릴 수 있는 헌신예배가 되게 하옵소서.
또한 새롭게 받은 직분과 직책에 대하여 서운함이나, 불만이나, 부담이 없기를 원합니다. 주님의 몸 된 교회를 든든히 세우기 위하여 역할과 필요에 따라 주님이 맡겨주신 것이오니 감사와 기쁨으로 잘 감당할 수 있게 하시고, 넘치는 봉사와 헌신이 주님을 향하게 하옵소서.
주님께 자신을 드리면 드릴수록, 자신을 깨뜨리면 깨뜨릴수록, 샘솟는 기쁨이 더욱 심령 가득히 흘러넘치게 하시고, 주님을 위하여 닳아서 없어지는 삶이 인생 최고의 만족과 축복이게 하옵소서.

사랑의 주님! 교회의 비전과 목사님의 목회 방침에 발맞추어 가는 제직들이 되기를 원합니다. 교회의 일을 긍정적으로 보고, 말하고, 듣고, 행동하는 제직들이 되게 하시고, 담임목사님을 중심으로 하나가 되어서 주님의 몸 된 교회를 잘 섬길 수 있는 제직들이 되게 하옵소서.
제직들의 가정과 경영하는 사업장마다 축복의 은사를 더하여 주셔서 물질로 주님의 교회를 섬기고, 이웃을 돌아보는데 부족함이 없게 하여 주옵소서.

섬김의 주님! 교회뿐만 아니라 이 지역을 위해서도 구제와 봉사하는 일에 힘쓰기를 원합니다. 교회 안에서 만의 제직이 아니라 교회 밖에서 주님의 일꾼 된 모습을 잘 보여줄 수 있는 제직들이 되게 하셔서 믿지 않는 자들로 하여금 그들도 하나님 앞에 영광 돌릴 수 있는 자리로 이끌 수 있는 신실한 종들이 되게 하옵소서.

이 시간, 본 교회의 제직 헌신예배를 위하여 먼 길을 달려오신 강사 목사님을 기억하시기를 원합니다. 피곤치 않게 주님의 강하신 손으로 붙들어 주시고, 들려주시는 말씀에 저희 모두는 주님의 음성으로 듣게 하옵소서.
섬기시는 교회에도 주님의 귀한 은혜의 역사가 항상 있기를 원합니다. 본 교회를 담임하고 계신 목사님께도 언제나 놀라운 능력으로 함께하시옵소서. 주님의 몸 된 교회를 세우고, 양 무리들을 이끌기에 조금도 부족함 없도록 성령의 권능으로 함께하시옵소서.

이 시간, 헌신예배를 위하여 준비한 모든 손길들 위에도 함께하실 것을 믿습니다. 특히 순서를 맡은 제직들을 주님의 오른손으로 붙드셔서 예배순서마다 진지한 마음을 담아내며 주님을 감동시킬 수 있게 하옵소서. 예배의 시종을 주님께 의탁하오며 예수 그리스도의 이름으로 기도합니다. 아멘

남전도(선교)회 헌신예배

주님이 쓰시기에 편한 도구가 되게 하소서

높이 들린 보좌에 앉으신 하나님 아버지! 주님의 거룩하신 성호를 찬양합니다. 생명을 내어던지시면서 까지 저희에게 사랑을 쏟아 부으신 주님의 사랑을 생각할 때 감사 감복할 뿐이옵니다. 오늘 이 시간은 특별히 남전도회 헌신 예배로 주님께 영광 돌립니다. 기쁘게 받으시옵소서.

주님! 저희가 지금 이 시간에 헌신예배를 드리기에 앞서 과연 얼마나 헌신이 묻어 있는 삶을 살아왔는지 되짚어 보지 않을 수 없나이다. 입술은 드리면서도 마음은 드리지 못한 저희들은 아니었는지요? 물질을 드리면서도 시간은 드리지 못했던 저희들은 아니었는지요? 주님의 뜻보다는 기분에 따라 움직였던 저희들은 아니었는지요? 의무와 사명을 앞세우기 보다는 육신의 일을 앞세우기 좋아했던 저희들은 아니었는지요?

주님! 먼저 주님 앞에 회개하기를 원합니다. 용서하여 주옵소서. 이제 이후로는 저희 남전도(선교)회가 말로만의 헌신이 아니라 항상 저희의 모든 것을 드릴 수 있는 헌신이 되기를 원합니다.
주님의 몸 된 교회에서 선한 청지기의 역할을 잘 감당할 수 있기를 원합니다. 쉬운 일 보다 어려운 일에 앞장 설 수 있는 저희모두가 되기를 원합니다. 편한 일보다 궂은 일에 익숙해질 수 있는 저희모두가 되기를 원합니다. 주님이 어떤 모양으로 쓰시든 가장 쓰시기에 편한 헌신의 도구가 되게 하여 주옵소서.

주님! 이웃과 직장, 사업 현장에서도 그리스도를 증거하고 빛을 발하는 저희들이 되게 하옵소서. 주님의 몸 된 교회를 위해서도 교우를 섬기며, 교우를 위로하는 봉사와 헌신에 몸을 드릴 수 있는 저희 모두가 되게 하옵소서.

가정에서도 가장으로서 화평과 평안이 넘치는 가정으로 이끌기에 부족함이 없도록 은총을 허락하여 주옵소서. 또한 한 여자의 남편으로서 존경 받는 남편이 되기를 원합니다. 자녀들의 아버지로서 존경 받고, 삶의 기준을 제시하며, 자랑할 수 있는 아버지가 되기를 원합니다. 믿음을 더하여 주시옵소서.

주님! 남전도(선교)회를 이끌어가는 회장님 이하 임,역원들에게도 축복 하셔서 맡은바 본분을 잘 감당하게 하시고 부흥하고 성장하는 남 전도회가 될 수 있도록 이끌어 주옵소서.
남전도(선교)회 뿐만 아니라 이 교회에 모인 모든 성도들도 한마음 한뜻으로 주님의 뜻을 높이는 삶을 사는데 부족함이 없게 하시고, 주님의 지상 명령을 받들어 전도에 힘쓰고, 모이기에 힘쓰고, 기도에 힘쓰고, 봉사에 힘쓰는 성도들이 되게 하여 주옵소서.

주님! 선한 사업에 부하는 남전도(선교)회가 되기 위하여 올해에 세운 사업 계획이 있습니다. 형식적으로 끝나는 사업 계획이 되지 말게 하시고, 선한 열매를 풍성하게 맺을 수 있는 사업 계획이 될 수 있도록 은총을 허락하여 주옵소서.

이 시간, 능력의 말씀, 축복의 말씀을 증거 하시기 위하여 단 위에 서실 강사 목사님을 성령의 능력으로 붙들어 주시고, 남전도(선교)회 회원은 물론 이 자리에 참석한 성도들 모두가 주님의 말씀으로 새롭게 거듭나는 축복의 시간이 되게 하여 주옵소서. 순서를 맡은 자마다 실수하지 않도록 주의 성령께서 도와주시고, 남전도(선교)회 회원들 모두가 준비하여 드리는 찬양도 기쁘게 받아주시옵소서. 예배의 시종을 주님께 의탁하오며 예수 그리스도의 이름으로 기도합니다. 아멘

여전도(선교)회 헌신예배

성경의 여인들을 닮아가게 하소서

언제나 가까이 계시며 지극한 사랑으로 보호하고 돌보시고 계시는 주님! 저희를 위하여 목숨까지 버리신 그 크신 사랑을 받을 자격이 없음에도 불구하고 조금도 꾸짖지 아니하시고 다시금 저희를 불러 주신 주님의 은혜에 감사하며 찬양을 드립니다. 저희를 받아주시옵소서.
주님 앞에 참으로 부끄러운 저희들이지만, 죄를 자백하기만 하면 용서해 주시는 주님의 긍휼을 의지하여 회개합니다. 저희의 지은 죄를 용서하여 주옵소서.

주님, 지금 저희들은 사순절 절기와 함께하고 있습니다. 이 기간에 주님의 십자가의 속죄하심이 얼마나 위대하고 놀라운 것인지 영혼 깊숙이 경험할 수 있게 하시고, 저희도 십자가의 길을 걸어갈 수 있는 믿음이 되게 하여 주옵소서.

사랑의 주님! 오늘은 특별히 여전도(선교)회 헌신예배로 주님께 영광 돌립니다. 골고다 언덕까지 눈물을 흘리며 십자가를 지신 예수님을 따라갔던 여인들의 믿음을 생각하며, 저희들도 그와 같은 믿음이 되기를 소원합니다. 겁 많고 두려움 많은 여전도(선교)회 회원이 아니라, 생명의 위협 앞에서도 개의치 않고 주님의 십자가를 앞세울 수 있는 믿음이 될 수 있게 하옵소서.
또한 저희로 하여금 우리 주님의 기도를 본받아 언제나 엎드려 기도할 수 있는 믿음이 되게 하시고, 주님의 섬김을 본받아 언제나 다른 사람을 섬기며 사랑으로 감싸주는 믿음이 있게 하옵소서.
민족을 구원한 에스더와 같은 믿음이 있게 하시고, 가문을 구한 아비가일과 같은 신앙이 있게 하옵소서.

요시아 왕을 도와 부패한 종교를 개혁한 훌다와 같은 강한 의지가 있게 하옵소서. 저희 교회 여전도(선교)회 회원들 한 사람 한 사람 마다 주님의 은총을 더하여 주셔서 주님이 인정하시고 귀히 쓰시는 일꾼들이 될 수 있도록 크신 은사를 내려 주옵소서.
무엇보다도 주님의 몸 된 교회를 받들어 섬기는데 게으르지 않게 하시고, 여전도(선교)회의 몸과 마음과 시간을 바친 수고로 날마다 풍성한 믿음의 열매를 수확하는 교회가 되게 하여 주옵소서.

주님! 언제나 힘든 일 굳은일은 서로가 먼저 할 수 있는 여전도(선교)회 회원들이 될 수 있게 하옵소서. 가정에서도 아름답고 신실한 여성이 되게 하셔서 남편으로부터 사랑받는 아내이게 하시고, 자녀들에게는 존경받는 인자한 어머니가 될 수 있게 하옵소서. 이웃들에게는 섬세한 부분까지 마음을 쏟을 수 있는 사랑을 실천하게 하시고, 주님을 높이는 일에는 물불을 가리지 않는 저희 여전도(선교)회 회원들이 되게 하여 주옵소서.

주님! 가정에 주님을 모르는 식구들로 인하여 가슴앓이 하는 회원들도 있습니다. 주님께서 그 마음을 살피시고 그 기도를 기억하셔서 구원 받지 못한 식구들에게 천국의 문을 열어 주옵소서.
또한 여전도(선교)회 임,역원을 기억하시옵소서. 맡겨진 일에 개인의 경험과 실력을 앞세우기보다 주님의 능력으로 감당할 수 있도록 늘 기도할 수 있는 임,역원이 되게 하옵소서. 준비한 사업도 주님의 뜻대로 잘 이루어질 수 있도록 도우실 것을 믿습니다.

오늘 이 저녁에 주님의 말씀을 대언하시는 목사님을 기억하시고, 헌신을 다짐하는 여전도(선교)회 모든 성도들에게 주님의 십자가의 희생을 경험할 수 있는 말씀이 되게 하옵소서. 예배의 시종을 주님께 의탁합니다. 성령님이 예배의 순서를 맡은 회원들을 강하게 붙드실 것을 믿사옵고 예수 그리스도의 이름으로 기도합니다. 아멘

선교헌신예배

선교하는 교회로 세워가게 하소서

구원의 하나님 아버지! 환한 불꽃처럼 이 땅을 밝히시려 임재하신 주님의 놀라운 권능을 찬송합니다. 더욱이 사망 길에 빠진 저희를 건져내셔서 생명의 자리로 옮겨 주시고, 하늘 영광을 바라보며 기쁜 마음으로 살아갈 수 있도록 택하여 주신 은혜와 사랑을 감사드립니다. 이 시간 주님께 영광의 찬송을 올리고자 다시 모였사오니 저희의 찬송과 예배를 기쁘게 받아 주시옵소서.

주님! 주님의 고난과 환희를 나타내는 사순절 기간이지만 이 시간에는 특별히 선교헌신예배로 주님께 영광을 돌립니다. 황무지 같은 이 땅에 복음의 씨앗을 뿌려 주시고, 구원의 방주 역할을 하는 교회를 세우셔서 지금도 구원의 역사를 이루어 가시는 주님의 은혜를 생각할 때 저희들은 축복의 백성임을 다시 한 번 깨닫습니다. 더 나아가 세계 곳곳에 선교사를 파송하고 복음을 수출하는 민족으로 세우셨으니, 이 민족에게 향하신 주님의 뜻과 섭리가 실로 경이로움을 다시 한 번 깨닫습니다.

주님 오시는 그날까지 선교의 사명을 잘 감당할 수 있는 저희 모두가 될 수 있게 하시고, 선교하는 교회로 세워갈 수 있는 저희 모두가 될 수 있게 하옵소서.

단지 약간의 선교헌금을 드리는 것으로만 선교에 대한 의무를 다한 것으로 생각지 말게 하시고, 어렵고 힘든 선교지에서 말할 수 없는 고생을 겪고 있는 선교사들을 위하여 눈물의 기도를 쉬지 않는 저희들이 될 수 있게 하옵소서.

주님! 아직도 이 땅에 주님의 나라가 온전히 이루어지지 않았음을 깨닫습니다.

아직도 곳곳에 죄악의 그늘 속에서 허덕이며 살아가는 영혼들이 얼마나 많습니까? 주님을 모른 채 방황하는 영혼들이 얼마나 많습니까? 사단에게 매여 우상에게 절하고, 우상을 받들며 사는 인생들이 얼마나 많습니까? 그 영혼들을 불쌍히 여기고 사랑하는 마음이 저희의 마음에 가득 넘치게 하시고, 주님의 마음을 품고 생명이신 주님을 증거 할 수 있는 저희 모두가 되게 하여 주옵소서. 그리하여 이 지역이 복음화 되고 이 나라 곳곳은 물론 저 북한 땅에도 곳곳에 교회가 다시 세워지는 축복을 누리게 하여 주옵소서.

특별히 한국의 농어촌 교회들과 낙도 오지에 있는 교회들을 기억하시기 원합니다. 물질 때문에 어려움을 겪고 있는 교회들이 많은 줄 압니다. 이 땅에 주님이 세우신 몸 된 교회이오니, 차별을 두지 않고 섬길 수 있는 마음이 저희에게 있게 하여 주옵소서.
물질로 후원하는데 인색함이 없게 하시고, 외로움과 고독함 속에서도 초라한 교회를 묵묵히 지키고 있는 목회자분들을 위하여 기도의 후원을 아끼지 않는 저희 모두가 되게 하여 주옵소서.

오늘도 선교를 주제로 말씀을 선포하시는 강사 목사님을 성령의 능력으로 붙드시고 말씀을 듣는 저희 모두가 다시 한 번 선교에 대한 깊은 다짐과 결심을 할 수 있게 하옵소서. 강사 목사님이 섬기시는 교회에도 동일한 역사가 있게 하여 주옵소서. 예배의 순서를 맡은 선교 위원들을 성령께서 붙들어 주셔서 은혜 가운데 진행할 수 있도록 도와주시옵소서.
선교의 주관자가 되시고, 지금도 땅 끝까지 이르러 복음 전하기를 소원하시는 예수 그리스도의 이름으로 기도합니다. 아멘

성가대(찬양대)헌신예배

향기로운 제물과 같은 찬양이 되게 하소서

사랑의 하나님 아버지! 오늘 이 시간도 주님께 몸과 마음을 드려 예배할 수 있게 하시니 감사드립니다. 사계절 중에 가장 아름다운 계절인 5월에 자녀와 부모와 가정을 기억할 수 있는 주일을 주심을 감사드립니다. 어린이 주일을 맞이하여 자녀들에게 믿음의 본을 보이지 못하고 바르게 키우지 못한 것을 회개하며 믿음으로 바르게 키울 것을 다짐했습니다.
또한 오늘 어버이 주일을 맞이하여 부모를 바로 공경하지 못했던 것을 회개하며 부모 공경에 대한 주님의 계명을 잘 지키며 살 것을 다짐했습니다. 이 모든 다짐이 헛되지 않도록 주의 성령께서 도와주시옵소서.

주님! 이 시간은 저희들에게 주님을 힘껏 찬양할 수 있는 찬양대원으로 세워 주신 것이 너무나 감격스럽고 놀라워 헌신을 결단하는 마음으로 찬양대 헌신 예배를 드립니다. 모든 찬양 대원들이 뜻을 같이하여 주님께 헌신과 충성을 다짐하는 이 예배를 받아 주시옵소서. 이 시간, 헌신예배를 드리면서 주님께서 저희에게 찬양할 수 있는 귀한 사명을 맡기신 것을 감사하게 하시고, 찬양의 도구로 쓰임 받는 것을 기뻐하며 맡겨주신 달란트대로 힘써서 봉사할 수 있는 저희 모두가 되게 하여 주옵소서.

주님! 매주 저희가 준비하여 주님께 올리는 찬양이 단지 입술의 찬양이 되지 않기를 원합니다. 구속받은 은총의 감격이 묻어 있게 하시고, 특별한 은사를 받은데 대한 기쁨과 감격을 가지고 찬양할 수 있게 하옵소서.
성의 없는 마음으로 찬양하는 모습이 없기를 원합니다. 온 맘과 정성을 다하여 주님께 감사하며 찬양할 수 있게 하시고, 때로는 듣는 이들의 영혼도 감동시킬 수 있는 찬양이 되게 하여 주옵소서.

주님! 저희가 주님께 올리는 찬양이 주님께는 항상 향기로운 제물과 같은 찬양이 되기를 원합니다. 실력과 은사가 있다고 하여 연습을 가볍게 여기는 교만함이 없게 하시고, 가식적인 찬양이 되지 않기 위하여 연습을 소중히 여길 줄 아는 찬양대원들이 되게 하여 주옵소서.

또한 경건에 이르는 신앙 훈련도 게을리 하지 않기를 원합니다. 아무리 천사가 흠모하는 화음을 낸들 무슨 소용이 있겠습니까? 찬양하는 자의 믿음이 묻어 있지 않으면 주님께는 잡음이 될 수밖에 없음을 깨닫습니다. 항상 성실한 예배가 있게 하시고, 성실한 기도생활이 뒷받침 되게 하옵소서.

찬양대 대장님과 지휘자, 반주자에게 더욱 뛰어난 재능과 지혜와 건강을 주셔서 귀한 직분을 감당하는데 어려움이 없게 하시고, 모든 찬양대원들도 주님께 헌신을 드리는데 부족함이 없도록 이끌어 주옵소서.

이 시간, 말씀을 듣고 단 위에 서시는 강사 목사님을 성령의 능력으로 붙들어 주셔서 온 성도의 심령에 천국의 은혜가 가득 채워지는 시간이 되게 하옵소서. 예배의 순서를 맡은 임원들에게도 성령님이 함께하셔서 예배순서마다 실수하지 않도록 도우실 것을 믿습니다.
이 시간 함께 예배드리는 온 성도들의 심령을 주님을 찬양하는 은혜로 가득 채워 주실 것을 믿사옵고, 저희들이 올리는 찬양을 기뻐하시는 예수 그리스도의 이름으로 기도합니다. 아멘

장학헌신예배

희망과 용기가 되게 하소서

오늘도 죄인의 무리를 불러주신 하나님 아버지! 그 위대하신 사랑과 구원에 감사를 드립니다. 죄에서 놓임 받은 기쁨을 무엇으로 찬양할 수 있사오리까? 오직 하나님께서 원하시는 정의로움과 인자함을 가지고 겸손히 무릎을 꿇었습니다. 계신 곳 하늘에서 저희의 예배를 받으시고 은혜로 저희의 영혼을 적셔주시옵소서.

사랑의 하나님 아버지! 오늘은 특별히 장학 헌신예배를 드릴 수 있게 하시니 감사드립니다. 장막의 터만 넓히는 교회가 아닌 미래를 세우는 교회가 되게 하시니 얼마나 감사한지요. 미래의 꿈나무들에게 용기와 희망을 줄 수 있는 교회가 되게 하시니 얼마나 감사한지요. 항상 선한 사업에 부하고 나눠주기를 좋아하는 교회가 되게 하시고, 하나님께서 기뻐하시는 것이 무엇인지 헤아려 그것을 온전히 좇아갈 수 있는 교회가 되게 하옵소서.

미래의 꿈나무들을 위하여 교회에서 주관하고 있는 장학 사업이 든든히 세워질 수 있기를 원합니다. 모든 성도들이 물질의 많고 적음을 떠나서 참여할 수 있는 감동이 있게 하시고, 장학 사업에 참여하는 것도 또 다른 선교의 방법임을 잊지 말게 하여 주옵소서.
또한 장학 사업에 참여하는 손길들에게 우리 주님이 만복으로 갚아주실 것을 믿습니다. 하늘 문을 열고 닫을 수 있는 능력으로 함께 하실 것을 믿습니다. 새로운 믿음의 역사를 이루어가는 천국의 일꾼이 되게 하실 것을 믿습니다.
장학 사업을 주관하는 위원회에 함께하셔서 주님의 영광을 위하여 세움을 받았다는 것을 잊지 말게 하시고, 주님의 도구로 하나님의 의를 드러내기에 최선을 다할 수 있게 하옵소서.

상처를 주거나 상처를 받는 일이 없게 하시고, 사랑과 이해가 조화된 바탕 위에서 집행할 수 있는 지혜가 있게 하여 주옵소서.

또한 장학금 수혜자를 선정할 때 개인의 생각이나 자기주장을 앞세우지 말게 하시고, 주님의 마음을 담아내는 것을 최우선순위에 놓을 수 있게 하옵소서. 그리고 그들의 부족한 것을 도와주고 채워주는 것이 아니라 조금 보완해준다는 관점을 가지고 집행할 수 있게 하옵소서.

주님! 간구하옵기는 이 땅의 모든 학생들이 공부할 수 있는 기회가 주어졌을 때 그 기회를 잘 선용할 수 있기를 원합니다. 잘 배우고 익혀서 배운 만큼 이 민족과 이 사회의 이익을 위하여 지식의 힘을 사용할 수 있는 학생들이 되게 하여 주시고, 무엇보다 하나님의 말씀에 잘 순종하고 하나님을 기쁘시게 하는 학생들이 될 수 있도록 도와주시옵소서.

오늘 장학헌신예배로 드리는 이 예배가 하나님께서 기뻐 받으시는 예배가 되게 하시고, 형식적이며 무의미한 예배가 되지 않도록 주의 성령께서 도와주시옵소서. 말씀을 전하시는 강사 목사님께도 함께하여 주셔서 이 자리에 참석한 온 교우가 주님의 마음을 느끼는 시간이 되게 하여 주옵소서. 마치는 시간까지 주님만이 홀로 영광을 받으실 것을 믿사옵고, 이 예배의 처음과 나중이 되시는 예수 그리스도의 이름으로 기도합니다. 아멘

연합구역(속회)헌신예배

죽도록 충성하게 하소서

능력의 주님! 약하고 부족한 저희들을 부르셔서 세상의 어떤 강한 것, 지혜 있는 것보다 더욱 복되게 하신 은혜에 감사와 영광을 돌립니다.
이 시간 진정 사모하는 마음으로 주님의 이름을 높이 부릅니다. 주님께서 피로 값 주고 사신 권속들이 한 자리에 모여 예배 하오니 계신 곳 하늘에서 홀로 영광 받으시옵소서.

 지난 한 주간을 돌이켜 보건대 주님의 뜻대로 살겠노라 하면서도 죄악 된 길에서 벗어나지 못하고 세상에 동요되어 살았음을 고백하지 않을 수 없나이다. 숨 가쁜 생활이 진행되다 보니 죄가 영혼 깊숙이 스며드는 것도 잊었습니다. 죄가 우리 속에서 왕 노릇 하기 전 주님의 용서를 구하고 은총을 구하오니 긍휼히 여겨주셔서 더 이상 죄의 시녀가 되어 성령을 거역하는 삶이 되지 않도록 말씀으로 사로잡아 주시옵소서.

 사랑의 주님! 오늘은 특별히 6월의 푸른 계절을 맞이하여 돋아나는 새순 같이 부흥하는 구역(속회)이 될 것을 다짐하며 구역 연합 헌신예배로 주님께 영광을 돌립니다. 저희를 구원하여 주시고 천국 백성으로 삼아주신 것도 너무나 감격할 일이온데, 교회의 혈관과 같은 구역(속회)을 돌볼 수 있는 직책을 맡겨 주시니 그 크신 은혜에 말문이 막힐 뿐이옵니다. 저희에게 하나님나라의 확장을 위한 천국의 귀한 직책을 맡겨 주셨사오니 죽도록 충성할 수 있는 일꾼들이 되게 하여 주옵소서.

혹 저희들의 부족함과 연약함 때문에 상처받는 구역식구들이 없게 하시고, 저희들에게 맡겨주신 구역식구들을 영적으로 잘 이끌어 주고 잘 섬길 수 있는 구역장들이 되게 하여 주옵소서. 언제나 구역장으로서 신앙의 본을 보일 수 있게 하시고, 잘못된 말과 행동으로 말미암아 구역식구들을 실족케 하는 일이 없게 하여 주옵소서. 어렵고 힘든 구역식구들에게는 따뜻한 위로와 용기를 줄 수 있는 구역장들이 되게 하시고, 고통 중에 고민하고 있는 구역식구들에게는 친절한 상담자가 되어줄 수 있는 구역장들이 되게 하옵소서.

질병 중에 있는 구역식구들에게는 완쾌를 위하여 함께 기도할 수 있는 구역장들이 되게 하시고, 기쁜 일이 생긴 구역식구들에게는 함께 내 일처럼 기뻐하며 축하해 줄 수 있는 구역장들이 되게 하여 주옵소서.

주님! 날마다 모여 기도하고 전도하며 교제에 힘쓰는 구역(속회)을 위하여 기도하기 원합니다. 구역(속회)마다 주님이 기뻐하시는 열매를 풍성하게 맺을 수 있게 하여 주옵소서. 기도의 열매, 전도의 열매, 봉사의 열매, 헌신의 열매를 풍성히 맺을 수 있는 구역(속회)이 되게 하여 주옵소서.

또한 구역(속회) 모임을 가질 때마다 주님의 사랑과 은혜가 넘쳐나게 하시고, 주님의 몸 된 교회를 세우고 가정을 세우는 구역(속회) 모임이 되게 하여 주옵소서. 구역(속회)원들마다 성령의 능력과 은사를 충만하게 부어 주셔서 주님의 일에 적극적으로 헌신하며 봉사할 수 있는 일꾼들이 되게 하시고 주님을 닮아가는 구역(속회)원들이 되게 하여 주옵소서.

교회에서나 가정에서나 모임을 가질 때 모든 구역(속회)원들이 모임의 열매를 맺기에 인색함이 없게 하시고, 적극적으로 모일 수 있게 하여 주셔서 주님의 열심을 닮아갈 수 있게 하여 주옵소서. 구역(속회)에 속한 가정들도 주님의 영으로 충만한 가정이 되게 하셔서 가정 같은 교회, 교회 같은 가정의 아름다운 모습을 보여줄 수 있게 하옵소서.

이 시간에 생명의 말씀을 전하실 강사 목사님을 성령의 능력으로 함께하셔서 말씀을 듣는 저희 모두가 다시 한 번 헌신을 새롭게 다짐하는 복된 시간이 되게 하옵소서. 강사 목사님이 섬기시는 교회도 저희 교회와 동일한 은혜로 함께하셔서 날마다 주님의 역사를 더하는 교회가 되게 하여 주옵소서.

오늘 예배의 순서를 맡은 자들에게도 함께하셔서 실수함이 없게 하시고, 헌신이 묻어있는 예배를 주관할 수 있도록 도와주시옵소서. 저희가 드리는 헌신을 기뻐하시는 예수 그리스도의 이름으로 기도합니다. 아멘

교사헌신예배

주님을 의뢰하는 교사가 되게 하소서

고마우신 하나님 아버지! 항상 주님의 전을 찾아 예배할 수 있도록 이끄심을 감사드립니다. 이 오후에도 주님의 전을 찾았사오니 주님께 진실이 묻어 있는 예배를 드릴 수 있게 하여 주시고 마음을 다하여 주님을 찬양할 수 있는 저희 모두가 되게 하여 주옵소서.
오늘은 특별히 여름행사를 앞두고 교사 헌신예배로 주님께 영광 돌립니다. 교사들이 한 자리에 모여 헌신을 다짐하며 드리는 예배에 함께하여 주옵소서.

주님! 먼저, 교사의 직분을 충실히 감당하지 못했음을 고백합니다. 어린 생명들에게 교사로서의 본을 보이지 못할 때가 많았습니다. 성실하게 준비하여 지도하지 못할 때도 많았고, 아이들보다 더 게으름을 피울 때도 많았습니다. 맡겨진 아이들에게 많은 관심을 쏟지도 못했고, 아이들의 형편을 제대로 살핀 적도 없었습니다.
이와 같은 저희들이 감히 이 자리에 나와서 아무렇지도 않은 듯 헌신예배를 드린다고 생각하니 너무나 부끄러워 얼굴을 들지 못하겠나이다. 주님, 무익한 교사였음을 다시 한 번 깨닫습니다. 저희의 죄를 고백하오니 불쌍히 여기셔서 용서하여 주옵소서.

주님! 주님께서 저희들에게 맡겨 주신 어린 양떼들을 주님을 섬기는 마음으로 성실히 보살필 수 있게 하시고, 어린 생명들이 주님께로 가는 길을 막고 있는 저희들이 되지 않도록 이끌어 주시옵소서. 부지중에라도 말과 행동을 실수하여 어린아이들이 상처받는 일이 없게 하여 주시고, 어린 생명들에게 언제나 신앙의 모범을 잘 보일 수 있는 교사들이 되게 하여 주옵소서.

아이들을 위하여 늘 엎드릴 수 있는 교사들이 되기를 원합니다. 교사 자신의 영성이 뒷받침 되지 않으면 아이들을 잘못 지도할 수 있다는 것을 깨달아 늘 주님을 의뢰할 수 있는 교사들이 되게 하여 주옵소서. 아이들을 주의 말씀으로 지도하는 것인 만큼 말씀을 늘 가까이 할 수 있는 교사들이 되게 하여 주시고, 단지 성경지식을 전수하는 교사이기보다는 주님의 사랑을 느낄 수 있도록 지도할 수 있는 교사들이 되게 하여 주옵소서.

특별히 간구하옵기는 열악한 환경 속에서도 교사의 직분을 감당하고자 힘쓰고 애쓰는 교사들이 있습니다. 성령께서 늘 위로하여 주시고 힘을 더하여 주셔서 항상 기쁨이 넘쳐나는 교사의 직분을 감당할 수 있게 하시고, 착하고 충성 된 종이라고 인정하시는 주님의 축복이 있게 하옵소서.
또한, 이 자리에 함께 머리 숙인 모든 성도들도 영적인 교육의 중요성을 깨닫기를 원합니다. 온 성도들이 혼연일치가 되어서 자녀들의 신앙교육에 전념할 수 있도록 축복해 주옵소서.

오늘 말씀을 들고 단 위에 서시는 강사 목사님을 성령의 능력으로 붙들어 주셔서 목사님의 선포하시는 말씀을 통해 모든 교사들이 영적으로 재충전하고 더욱 사명에 충실한 교사들로 결단하는 시간이 되게 하여 주옵소서. 예배의 순서를 맡은 교사들도 기억하셔서 주님이 감동하시는 예배를 주관할 수 있도록 성령의 인도함을 받게 하옵소서. 예배의 시종을 주님께 의탁하오며 어린 생명들을 천국의 주인공으로 보신 예수 그리스도의 이름으로 기도합니다. 아멘

청년(대학)부 헌신예배

귀중한 일꾼으로 쓰임 받게 하소서

주님을 앙망하고 의지하는 자에게 새 힘을 주시는 능력의 하나님 아버지! 이 시간에도 저희들이 주님의 이끌림을 받아 주님의 전으로 향할 수 있게 하시고, 주님 앞에 찬양하며 예배드릴 수 있게 하심을 감사드립니다. 저희들이 드리는 예배를 기쁘게 받으시옵소서.

은혜의 주님! 오늘도 저희들의 죄악과 허물을 주님 앞에 겸손히 내려놓습니다. 탐욕과 거짓, 교만과 욕심을 부끄럽게 내어놓습니다. 저희를 견책하지 마시고 긍휼을 베푸셔서 용서하여 주옵소서. 주님의 인자하심을 인하여 새로운 날들을 살아가게 하여 주시고, 깨끗해진 몸과 마음으로 다시 오실 주님을 기다릴 수 있는 저희의 믿음이 되게 하여 주옵소서.

사랑의 주님! 이 시간에 특별히 청년(대학)부 헌신예배로 주님께 영광을 돌립니다. 더욱 큰 헌신의 삶을 살고자 헌신을 다짐하면서 주님께 드리는 청년들의 헌신예배를 향기로운 제물로 받아 주시고 이 청년들을 통해서 주님의 역사를 이끌어 가는 도구로 삼아 주시옵소서.
오늘 이 교회를 통하여 불러주신 주의 청년들이 주님의 교회를 든든히 세우는데 한결같이 귀중한 일꾼으로 쓰임받기를 원합니다. 곳곳에서 청년들이 주님께 헌신을 드리고 있사오니, 그들의 충성을 통하여 주님의 몸 된 교회가 더욱 힘 있는 교회가 되게 하시고, 젊은 교회가 되게 하시며, 독수리 날개 짓 함같이 강한 믿음으로 비상하는 교회가 되게 하여 주옵소서.

은혜의 주님! 주의 사랑하는 청년들 중에 아직도 주님을 온전히 영접하지 못한 청년들도 있는 줄 압니다. 우리 주님이 그 심령 속에 찾아가셔서 주님을 온전히 영접할 수 있도록 도와주시옵소서.

주님을 위해서 자신을 깨뜨리는 청년들도 있습니다. 그러나 자칫 주님을 위한 열심과 열정이 교만함으로 나타나지 않게 하시고, 주님의 뜻을 앞서가는 지나침이 되지 않게 하여 주옵소서.

청년의 때에 주님을 더욱 사랑하고, 영원을 사모하는 마음으로 살 수 있는 청년들이 되기를 원합니다. 때마다 필요한 지혜를 부어주셔서 인생의 참 주인이신 주님을 의지하는 삶이 되게 하여 주옵소서.

긍휼이 풍성하신 주님! 요즘 일자리가 없어 방황하고 있는 청년들이 많습니다. 청년실업이 사회적인 문제로 각인되고 있습니다. 이 땅의 청년들을 불쌍히 여기셔서 일할 수 있을 때에 힘써서 일할 수 있도록 도와주시옵소서. 노동의 축복이야말로 주님이 주신 가장 신성한 축복이 아닙니까? 젊은 청년들이 이 축복을 누릴 수 있도록 길을 열어 주시고, 조국과 사회를 위해서도 젊음을 바칠 수 있는 일꾼들이 되게 하여 주옵소서.

특별히 군 복무 중에 있는 청년들을 기억하시기를 원합니다. 젊음을 나라에 바치고 있사오니 그 마음을 살피셔서 외로움 없게 하여 주시고 건강한 군복무가 이루어 질 수 있도록 이끌어 주옵소서. 안전사고가 발생하고 있습니다. 모든 위험으로부터 보호하여 주시고 막아주시옵소서.

주님! 오늘 이 시간 주님께 헌신의 삶을 살고자 또 한 번 다짐하며 마음을 깨뜨리는 청년들의 예배를 향기로운 제물로 받아주시고 이 청년들 모두가 이 땅에 그리스도의 푸른 계절이 오게 하는데 귀하게 쓰임 받는 일꾼들이 되게 하옵소서.

특별히 이 시간 청년들에게 생명의 말씀을 증거 하시기 위하여 단 위에 세우신 강사 목사님을 기억하시고, 이 자리에 참석한 모든 청년들이 다시 한 번 꿈과 비전을 세울 수 있는 능력의 말씀이 되게 하여 주옵소서.
이미 예배가 시작되었습니다. 예배 순서 자들에게도 성령의 능력으로 함께하실 것을 믿사옵고 예수 그리스도의 이름으로 기도합니다. 아멘

중,고등부 헌신예배

진리 안에 거하게 하소서

인간을 사랑하시는 하나님 아버지! 죄로 인하여 멸망 받아 마땅한 인간들을 이토록 사랑하사 독생자를 통한 대속의 은총을 베푸시고, 희망 없던 인간들이 이 은혜를 인하여 소망의 삶을 누리게 하신 하나님께 감사를 드립니다. 이 시간 마음을 다하여 경배 드리오니 계신 곳 하늘에서 영광을 받으시옵소서.

긍휼이 풍성하신 주님! 때때로 저희는 저희가 얼마나 행복하고 얼마나 많은 복을 받고 있는지를 잊어버리고 저희 생활에 대해서 트집을 잡고, 불평을 하고, 투정을 부리고 감사하지 못할 때가 많았습니다. 이 시간 말씀으로 저희를 찾아오시는 주님 앞에 회개 하오니 용서하여 주시고, 참된 감사를 가지고 말씀 위에 서서 살아갈 수 있는 저희의 삶이 되게 하여 주옵소서.

사랑의 주님! 이 복된 주일 오후에 특별히 저희 학생들이 헌신예배를 드릴 수 있게 하심을 감사드립니다. 어린 학생들이 드리는 헌신예배를 기쁨으로 받으시고 주님께 영광이 되게 하옵소서.
주님! 어릴 때부터 주님을 섬기고 주님의 말씀을 가까이 하며 주님을 본받아 살기를 원하는 귀한 학생들을 축복하시고 붙들어 주셔서 늘 주님의 은혜를 체험하고 만나는 삶이 되게 하여 주옵소서. 다윗과 같이 주님만을 섬기고, 주님만을 의지하며 주님만을 따라가는 복된 삶이 되게 하여 주시고, 솔로몬과 같이 지혜롭게 하셔서 늘 진리 안에 거할 수 있도록 이끌어 주옵소서. 인격 또한 주님의 성품을 닮아갈 수 있기를 원합니다. 주님이 쓰시기에 합당한 인격을 갖춘 학생들로 성장하게 하시고, 주님의 겸손을 본받아 섬김의 도를 실천할 수 있는 학생들이 되게 하여 주옵소서.
또한 이웃을 위해서도 헤아릴 줄 아는 학생들이 되게 하시고, 주님의 사랑을 심을 수 있는 학생들이 되게 하여 주옵소서.

주님! 요즈음 학생들이 학생으로서의 본분을 망각하고 탈선하는 학생들이 급증하고 있습니다. 건전하지 못한 시대문화의 영향으로 청소년들의 비행과 탈선이 심각한 사회적인 문제로 대두되고 있습니다. 꿈을 버리고 미래를 생각지 않는 학생들이 많아지고 있고, 무책임한 행동과 충동적인 행동에 이끌려 사는 학생들이 많아지고 있습니다.

주님! 바라옵기는 이 땅의 모든 학생들이 학생이라는 본연의 위치를 충실히 지킬 수 있기를 소원합니다. 배움에 충실할 수 있게 하여 주시고, 기성세대가 남긴 잘못된 풍습을 좇지 않게 하여 주시옵소서. 지나면 후회될 일에 감정을 잘못 다스려서 자신들의 미래를 망치는 일이 없게 하여 주시고, 순간의 만족을 위해서 충동에 이끌리는 학생들이 되지 않게 하여 주옵소서. 냉정한 판단력을 주시고 옳고 그름을 분별할 수 지혜가 있게 하여 주옵소서. 선생님으로부터 가르침을 잘 받게 하여 주시고, 배운 것을 바르게 적용할 수 있는 학생들이 되게 하여 주옵소서.
특히 하나님을 섬기는 믿음의 학생들을 붙드셔서 어두운 이 세상에 빛으로서의 역할을 잘 감당할 수 있는 학생들이 되게 하여 주시고, 죄악 된 이 세상에 주님의 말씀을 파종할 수 있는 학생들이 되게 하여 주옵소서.

하나님을 기쁘시게 하는데 자신의 모든 것을 잘 깨뜨릴 수 있는 학생들이 되게 하여 주시고, 하나님을 경험하는 삶이 저들의 삶을 지배할 수 있게 하여 주옵소서. 학생들을 신앙으로 지도하고 양육하고 있는 교역자님과 교사들에게 은총을 더하여 주셔서 신앙 인격을 고루 갖춘 사람으로 지도하는데 최선을 다할 수 있게 하여 주옵소서. 학생회 임원들도 붙들어 주셔서 주님의 말씀과 사랑으로 뭉친 학생회를 가꿀 수 있게 하여 주옵소서.

오늘 중, 고등부 헌신 예배로 드리는 이 예배가 하나님께서 기뻐 받으시는 예배가 되게 하시고, 말씀을 전하시는 강사 목사님도 주님이 함께하셔서 교사들에게 새 힘과 도전을 주는 말씀이 되게 하시고, 학생들의 영을 새롭게 하는 말씀이 되게 하여 주옵소서.
예배의 시종을 주님께 의탁하오며 주의 성령께서 함께하실 것을 믿사옵고 예수 그리스도의 이름으로 기도합니다. 아멘

건축위원회 헌신예배

다윗과 같은 마음과 열심이 있게 하소서

영광을 받으실 하나님 아버지! 오늘도 주님의 날을 맞이하여 예배할 수 있는 기쁨을 주심을 감사드립니다. 또한 예배를 통하여 주님의 은혜를 사모하게 하시고, 변화되기를 갈망하는 마음을 주심을 감사드립니다.
이 시간도 저희들이 다시 모여서 주님께 예배합니다. 마음과 정성을 다하여 예배하기를 원하오니 저희의 마음을 받으시옵소서. 저희의 연약함을 아시오니, 주의 성령께서 저희의 마음을 주장하여 주셔서 예배에 대한 흐트러짐이 없게 하시고, 예배에 집중하여 주님께 영광을 돌릴 수 있게 하옵소서.

자비로우신 주님! 저희들로 하여금 주님의 몸 된 교회를 가까이 할 수 있게 하심을 감사드립니다. 또한 항상 주님의 몸 된 교회를 사랑할 수 있게 하심을 감사드립니다. 하오나 주님의 몸 된 교회를 가까이하고 사랑한다 하면서도 입술의 고백에 그쳤던 적이 많았음을 고백합니다. 의지가 연약하여 핑계를 앞세우고 멀리했던 적이 한 두 번이 아님을 고백합니다. 회개하오니 뒤늦은 참회를 받으시고 용서하여 주옵소서.

사랑의 주님! 오늘은 특별히 건축위원회 헌신예배로 주님께 영광을 돌립니다. 저희 교회를 사랑하셔서 주님의 전을 건축할 수 있는 건축위원회를 구성할 수 있게 하시고, 온 교우로 하여금 주님의 전을 건축할 수 있는 생각과 마음을 품게 하여 주시니 얼마나 감사한지요. 이 또한 저희들에게는 말로 다 형언할 수 없는 주님의 사랑이요, 영광스런 일임을 깨달으며 감사와 영광을 주님께 올려드립니다.
이 시간, 주님의 은혜와 축복임을 확신하며 저희들이 예배할 때에, 그 옛날 다윗이 주님의 궁정을 사모하며 성전 건축하기를 사모했던 그 간절한 마음을 가지고 예배할 수 있도록 저희의 마음을 주장하여 주시옵소서.

은혜의 주님! 주님의 몸 된 교회를 건축하는 것은 생각과 마음만으로 되는 것이 아님을 깨닫습니다. 물질의 헌신이 뒤따라야 한다는 것을 저희들이 알고 있사오니, 온 교우가 기쁜 마음으로 물질을 드려 헌신할 수 있도록 성령의 충만을 허락하여 주옵소서.

우선 건축위원으로 세움을 받은 자들을 기억하셔서 다윗과 같은 마음과 열심을 가지고 성전건축을 위하여 마음을 쏟을 수 있게 하옵소서. 교회 건축을 놓고 항상 엎드려 기도할 수 있게 하시고, 다윗과 같이 하나님의 뜻을 물어가며 헌신을 드리고 순종을 드릴 수 있는 슬기로운 종들이 되게 하옵소서. 교회를 위하여 세움을 받은 제직들도 건축위원들과 기도로 조력하며 협력할 수 있게 하시고, 앞장서서 헌신의 본을 보일 수 있는 충성자들이 되게 하옵소서. 온 교우가 한마음을 가지고 기쁜 마음으로 참여할 때에, 저희들로 하여금 주님의 몸 된 교회를 건축할 수 있는 영광과 축복을 누리게 하실 것을 믿습니다.

온전케 하시는 주님! 외형적인 교회 건축도 중요하지만, 저희 각자가 주님이 쓰실 수 있는 믿음의 사람으로 세워져가는 것도 그에 못지않게 중요하다는 것을 깨닫습니다. 믿음의 집을 든든히 세우기 위하여 항상 예배생활에 힘쓰게 하시고, 항상 깨어 기도할 수 있는 저희들이 되게 하옵소서. 또한 자신이 관제로 드려지기를 간절히 소원하며 주님의 심장을 가지고 죽도록 충성한 사도바울과 같이 주님께 충성을 다할 수 있는 저희 모두가 되게 하옵소서.

오늘도 강사 목사님을 통하여 귀한 말씀을 듣게 하여 주심을 감사드립니다. 목사님을 피곤치 않도록 성령의 능력으로 붙들어 주시고, 말씀을 들을 때 성전 건축에 대한 거룩한 결심이 주님께 드려질 수 있게 하옵소서.
오늘 헌신예배의 순서를 맡은 자들에게도 능력의 오른손으로 붙들어 주셔서, 실수하지 않고 헌신이 묻어 있는 예배를 주관할 수 있게 하옵소서. 교회의 머리와 몸이 되시고, 교회를 통하여 구원을 이루어 가시는 예수 그리스도의 이름으로 기도합니다. 아멘

흥겨운 잔치

춤추시며 노래하시는 아버지,
저의 눈을 뜨게 하시어
아버지의 춤을 보고
저의 귀를 열어 주시어
아버지의 노래를 듣게 하소서.
잔치의 주인이신 아버지,
저를 깨우치시어
천하에 베풀어 놓으신 잔치를 보게 하소서
그 잔치에 참여하여
아버지와 함께 노래하고 춤추게 하소서.

_ 김영봉

6장 교회특별행사 대표기도문

특별 저녁기도회

은혜와 사랑이 충만하신 하나님 아버지! 고달프고 힘든 삶 가운데서도 주님께 엎드리는 시간을 잊지 아니하고 기도의 자리로 나올 수 있도록 이끌어 주신 은혜를 감사드립니다. 이 자리에 성 삼위 하나님께서 함께하심을 믿습니다.

은혜의 주님! 저희 모든 성도들이 그 어느 때보다 기도의 필요성을 절감하고 주님께 엎드리기 위하여 특별기도회를 갖습니다. 주님이 채워주시는 신령한 은혜에 젖어드는 이 시간이 되게 하여 주옵소서. 저마다 육신의 피곤함은 있을지라도 성령의 능력을 힘입어 힘써서 부르짖을 수 있게 하시고, 영혼을 새롭게 만지시는 주님의 은총을 경험하는 이 시간이 되게 하옵소서.

'기도하는 한 사람이 한 민족보다 강하다'는 종교개혁자 존 낙스의 말이 사실임을 입증할 수 있는 저희 모두가 되게 하여 주옵소서. 무엇보다도 요즘 전 세계적으로 경제가 어렵습니다. 이 나라는 물론 지구촌을 위해서도 간절히 기도할 수 있는 이 밤이 되게 하시고, 어려움 당하는 믿음의 형제들과 이웃을 위해서도 눈물 뿌리며 기도할 수 있는 이 시간이 되게 하여 주옵소서. 여러 가지 문제로 근심 중에 놓여 있는 성도들도 있는 줄 압니다. 악한 병마로 고통 속에서 신음하는 성도들도 있는 줄 압니다. 이 시간, 주님 앞에 엎드려 간절히 부르짖을 때 주님의 응답을 경험하게 하시고, 새 힘과 새 능력을 공급받는 시간이 되게 하여 주옵소서.

주님! 이 시간에 저희 모두가 더욱 큰 은사를 사모하는 시간이 되기를 원합니다. 주님의 능력이 이 자리에 모인 저희 모두에게 충만히 임하는 시간이 되기를 원합니다. 성령의 불길이 타오르는 시간이 되기를 원합니다. 기도에 흠뻑 취할 수 있는 시간이 되기를 원합니다. 저희 모두가 충만케 하시는 주님의 은혜를 경험하게 하옵소서. 말씀을 전하실 주의 사자 목사님을 주님의 능력의 장중에 붙드시고, 계시된 주님의 말씀을 전하실 때에 저희들의 각 심령이 말씀으로 수술 받는 시간이 되게 하여 주옵소서. 이 기도회의 시간을 주님께 의탁합니다.

하늘의 불 말과 불 병거로 이 자리를 지키실 것을 믿사옵고 예수 그리스도의 이름으로 기도합니다. 아멘

특별 새벽기도회

은혜가 풍성하신 하나님 아버지! 지난 밤 동안에도 저희들을 주님의 품 안에 지키시며, 편히 쉬게 하여 주시고 새벽을 깨우며 하루를 맞이하게 하여 주시니 감사합니다.

새벽을 깨워 주님을 대면할 수 있도록 이끄신 것은 전적인 주님의 간섭이심을 믿습니다. 이 새벽에 주님께 이끌림을 받아 주님의 거룩한 집에서 예배를 드림으로 하루를 시작하오니 저희의 드리는 예배를 받으시고 새벽이슬 같은 주님의 은혜를 내려주시옵소서.

은혜의 주님! 오늘부터 특별새벽기도회가 시작됩니다. 그동안 영적인 잠에 취하여 영혼이 병들어 가는 것조차 모르고 살았던 저희들의 신앙을 안타깝게 여기셔서 새벽의 하나님을 만날 수 있는 이 복된 자리로 이끄신 것을 믿습니다.

이 시간, 저희들의 영육이 변화 되어 소성케 되는 역사가 있게 하여 주옵소서. 이번 특별새벽기도회를 통하여 아무리 바빠도 기도를 쉬어서는 안 된다는 것을 뼛속 깊숙이 깨닫게 하시고, 잠을 희생하고서라도 주님과의 교제는 이루어져야 한다는 영적인 부담이 골수와 심령을 파고드는 역사가 있게 하여 주옵소서. 이번 한 번의 일회성으로 끝나는 새벽기도가 되지 말게 하시고, 주님 앞에 가는 그날까지 새벽무릎의 사람으로 살아갈 수 있는 저희 모두가 되게 하여 주옵소서.

주님! 성경에 기록되어 있는 하나님의 놀라우신 역사는 새벽에 이루어졌음을 저희가 만나 봅니다. 이번 특별새벽기도회를 통하여 새벽에 역사하셨던 주님의 은혜를 다시 한 번 경험할 수 있게 하여 주시고, 새벽시간이 주의 자녀들에게는 축복의 시간임을 알게 하여 주옵소서.

새벽말씀을 전하시는 목사님께 피곤함이 짓누르지 않도록 성령의 능력으로 붙드셔서 심령마다 기도의 불을 붙이고 성령이 폭발하는 말씀을 전하실 수 있게 하여 주옵소서.

예배의 시종을 주님께 의탁합니다. 악한마귀 일절 틈타지 못하도록 성령의 화염검으로 막아주실 것을 믿사옵고 예수 그리스도의 이름으로 기도합니다. 아멘

입시생을 위한 기도회

높고 맑은 하늘을 볼 수 있게 해주신 하나님 아버지! 주님의 크신 사랑을 인하여 감사와 영광을 돌립니다. 아름답게 물들어가는 산하를 통하여 하나님의 나라를 보듯, 저희의 삶과 이해를 통해 믿음의 세계가 더욱 깊을 수 있도록 도와주시옵소서.

이 시간은 특별히 수능시험을 앞두고 있는 수험생들을 위하여 기도하는 시간을 갖습니다. 이 자리에 참석한 부모와 수험생들을 기억하시고, 그 마음을 헤아려 주시기를 원합니다. 자신의 열심과 쌓은 지식을 의지하기보다 주님을 의지하고 의뢰하는 것이 지혜의 근본이기에, 그 동안 학업에 전념하며 꾸준히 힘써 온 시험 준비에 기도로 덮고 기도로 마무리 하려고 이 자리를 찾았습니다. 그 발걸음이 복되게 하시고, 기쁨과 소망의 열매를 거둘 수 있도록 함께 하여 주옵소서. 낙심과 절망이 밀려오지 않도록 평안과 담대함을 주시고, 마지막까지 최선을 다할 수 있도록 용기와 힘을 더하여 주옵소서.

수험생을 두고 있는 부모들에게도 함께하여 주시기를 원합니다. 이제껏 수능시험을 준비하는 자녀를 위하여 안쓰러운 마음과 안타까운 마음으로 기도하며 수발해온 줄 압니다. 그 모든 수고와 그 마음의 간절함이 헛되지 않도록 은총을 더하여 주옵소서.

'무릇 여호와를 의지하며 여호와를 의뢰하는 사람은 복을 받을 것이라'고 말씀하였사오니 기도로 수능준비를 마감하는 수험생들에게 복에 복을 더하여 주실 줄 믿습니다. 시냇가에 심은 나무가 번성하듯이 그 앞길을 형통케 하실 것을 믿습니다. 담장너머로 뻗어가는 줄기처럼 저들의 앞길을 풍성케 하실 것을 믿습니다. 주님의 놀라운 지혜로 그 머리를 주장하실 것을 믿습니다.

오늘도 주님의 말씀을 증거 하시기 위하여 단 위에 서신 목사님을 성령의 능력으로 붙드셔서 말씀을 듣는 자의 심령마다 주님의 위로와 평안이 가득 넘치게 하옵소서. 이 기도회의 시간을 주님께 의탁하오며 예수 그리스도의 이름으로 기도합니다. 아멘.

심령부흥회

어제나 오늘이나 영원토록 살아계신 전능하신 하나님 아버지! 오늘 저희의 심령에 성령의 충만을 허락하시기 위하여 심령부흥회를 갖게 하시고, 성령 충만한 강사 목사님도 보내주심을 진심으로 감사드립니다.

그 동안 부흥회를 앞두고 기도로 준비하였사오니 성령의 충만을 받기 위하여 영적으로 목말라하며 준비한 심령들에게 주님께서 약속하신 신령한 은혜를 충만하게 맛보게 하여 주옵소서. 오늘부터 시작되는 이 부흥집회에 성령님이 바람같이, 불같이, 생수같이 임하시기를 원합니다. 초대교회 때와 같이 죽은 자가 살아나며, 병든 자가 치료되며, 약한 자가 강건케 되며, 잠자는 자가 일어나며, 넘어진 자가 새 힘을 얻는 축복의 시간이 되게 하여 주옵소서. 상하고, 애통하고, 갈급한 심령들이 소성케 되며, 온갖 육신의 문제가 속 시원히 허물어지는 축복의 시간이 되게 하여 주옵소서.

가정과 사업과 생활에 뒤엉켜져 있는 모든 문제들도 근본적으로 해결되는 축복의 시간이 되게 하실 것을 믿습니다. 일신상의 문제로 인하여 주님이 베풀어 주신 은혜의 자리를 외면하는 성도들이 없게 하여 주시고, 육신적인 문제에 얽매여 영적인 일을 소홀히 하는 성도들이 없게 하여 주옵소서. 부득불 참석하지 못하는 성도들도 있습니까? 어디서 무엇을 하든지 이곳에 임하신 성령님이 저들에게도 찾아가셔서 동일한 은혜를 체험할 수 있게 하여 주옵소서. 부흥집회의 기간에 사단마귀가 일절 틈타지 못하도록 성령의 화염검으로 지켜주시고, 저희가 받을 은혜를 도적질 당하지 않도록 영적으로 깨어있는 저희 모두가 되게 하여 주옵소서.

이 시간 단 위에 세우신 강사 목사님을 성령의 능력으로 붙드셔서 피곤치 않도록 도와주시고, 은혜를 사모하는 저희에게 불을 던지는 말씀을 전하실 수 있게 하여 주옵소서.
예배의 시종을 주님께 의탁합니다. 성령님이 친히 이 자리에 운행하심을 믿사옵고 거룩하신 예수 그리스도의 이름으로 기도합니다. 아멘

찬양집회

우리의 찬송이시요, 구원이시요, 소망이 되시는 하나님 아버지! 한 뜻과 한 목소리로 구원의 주님께 찬양을 드립니다. 미천한 저희를 주님의 자녀로 삼아주시고 영원토록 주님을 찬송할 수 있는 특권을 주심을 감사합니다.

오늘은 특별히 찬양집회로 주님께 영광을 돌립니다. 이 자리에 참여한 저희 모두가 구속받은 은총의 감격과 기쁨을 가지고 찬양하게 하옵소서. 마음 깊은 곳에서 우러나오는 참된 찬양이 있게 하시고, 주님을 향한 저희의 영혼의 울림이 되게 하여 주옵소서.

심령이 메마른 자 있습니까? 찬양하면서 단비와 같이 내리시는 주님의 은혜를 경험하게 하옵소서. 심령이 강퍅한 자가 있습니까? 찬양하다가 그 마음을 녹이시는 주님의 은혜를 경험하게 하옵소서. 질병으로 고통당하는 자가 있습니까? 찬양하다가 치유하시는 주님의 능력의 손길을 경험하게 하옵소서. 온갖 문제로 신음하는 자가 있습니까? 찬양하다가 상한 심령을 치유하시는 주님의 은혜를 경험하게 하옵소서. 감사를 잃어버린 자가 있습니까? 찬양하다가 그 마음을 감사로 채우시는 주님의 손길을 경험하게 하옵소서.

주여! 오늘 저희가 주님께 올리는 찬양이 저희의 기쁨의 고백이 되기를 원합니다. 하늘 보좌에까지 상달되는 향기가 되기를 원합니다. 주님이 기뻐하시는 신령한 노래가 되기를 원합니다. 천사도 흠모하는 찬양이 되기를 원합니다. 저희의 심령을 찬양의 은혜로 가득 채워 주옵소서.

이 집회를 마련하기 위하여 수고한 손길들을 기억하시고, 천국의 기쁨으로 가득 채워주옵소서. 뛰어난 지혜와 감각으로 함께하셔서 언제나 주님 앞에 부족함 없이 사용되는 복된 일꾼들이 되게 하여 주옵소서.

오늘 이 집회에 초대된 찬양사역자들에게도 함께하시기를 원합니다. 주님께서 저들에게 귀한 달란트를 주셨사오니 은사를 받은데 대한 기쁨과 감격을 가지고 주님을 기쁘시게 할 수 있는 사역자들이 되게 하여 주옵소서. 오늘의 이 집회에 주의 성령께서 친히 운행하심을 믿사옵고 예수 그리스도의 이름으로 기도합니다. 아멘

간증집회

은혜가 풍성하신 하나님 아버지! 오늘 저희들에게 간증집회를 허락하셔서 은혜 받을 수 있도록 축복하심을 감사드립니다. 저희들에게 이 복된 집회를 허락하여 주셨사오니 가벼운 마음으로 참여하는 일이 없게 하시고, 갈급한 마음을 가지고 참여할 수 있는 저희 모두가 되게 하여 주옵소서.

사랑의 주님! 우리 주님께서 이번 간증집회를 통하여 저희들에게 들려주시고픈 음성이 계신 줄 믿습니다. 저희의 귀를 복되게 하셔서 강사님이 전하시는 말씀 속에서 그 음성을 분명히 들을 수 있게 하여 주옵소서. 그리하여 저희의 신앙을 다시 한 번 새롭게 결단할 수 있는 시간이 되게 하여 주옵소서.

이름뿐인 신앙인이었다면 진실 된 회개를 통하여 진실한 신앙인으로 거듭나는 시간이 되게 하시고, 미온적인 신앙인이었다면 진실 된 회개를 통하여 주님을 향한 뜨거움을 회복할 수 있는 시간이 되게 하여 주옵소서. 또한 열심을 품고 주님을 따르는 신앙인이었다면 더욱 큰 헌신과 충성을 다짐할 수 있는 시간이 되게 하여 주옵소서.

인생의 어려움으로 인하여 낙심한 자들이 있습니까? 간증을 듣는 가운데 새 힘을 얻게 하시고, 질병으로 인하여 고통당하는 자들이 있습니까? 간증을 듣는 가운데 그 어떤 질병이든 치료하시는 주님을 만날 수 있게 하옵소서. 또한 오늘 이 자리에 처음 참석한 영혼이 있습니까? 주님의 전도를 받게 하셔서 구원의 감격을 누릴 수 있게 하여 주옵소서.

주님! 특별히 간구하오니 주님이 귀히 쓰시는 강사님의 건강을 붙들어 주시기 원합니다. 이 집회를 인도하시는 동안 피곤치 않도록 권능의 오른팔로 붙들어 주시고, 교회마다 간증집회를 인도할 때에 성령의 불길이 뜨겁게 타오르는 역사가 있게 하여 주옵소서.

이 집회를 마련하기 위하여 밤낮으로 수고하며 애쓴 손길들을 기억하시고 이 시간 예비하신 주님의 은혜로 충만히 채워주시옵소서.

마치는 시간까지 주의 성령께서 이 자리에 운행하심을 믿사옵고 예수 그리스도의 이름으로 기도합니다. 아멘

전도집회

찬양과 경배를 받으시기에 합당하신 하나님 아버지! 오늘도 저희들이 주님의 전을 찾아 찬양하며 예배할 수 있게 하시니 감사합니다. 계신 곳 하늘에서 영광을 받으시고 크신 은총을 내려 주옵소서.
한 영혼을 천하보다 귀하게 여기시고 사랑하시는 주님! 이 시간에 특별히 주님이 귀히 쓰시는 강사 목사님을 모시고 전도 집회를 가질 수 있도록 은혜 베푸심을 감사드립니다.
저희의 마음을 다 아시는 주님! 그 동안 저희들이 전도의 중요성을 알면서도 영혼을 구원하는 일에 마음을 쏟지 못했던 것은 아닌지요. 바쁘고 시간이 없다는 것을 핑계 삼아 복음 전하는 일에 아예 관심을 접으려고 했던 것은 아닌지요.

주여! 주님의 크신 사랑과 은혜로 용서하여 주옵소서. 저희의 간사함과 완악함을 성령의 불로 녹여 주시고 성령충만을 허락하여 주옵소서. 이 시간 강사 목사님이 들려주시는 말씀을 통하여 영혼구원의 중요성을 다시 한번 깨닫는 시간이 되게 하시고, 전도에 대한 열정이 강하게 회복되는 시간이 되게 하여 주옵소서. 전도의 미련한 것으로 믿는 자들을 구원하시기를 기뻐하시는 주님의 마음을 온몸으로 느낄 수 있는 시간이 되게 하여 주옵소서.
저희가 움직여야 교회가 부흥되는 줄 믿습니다. 저희가 움직여야 하늘나라의 지경이 확장되며, 사단의 권세 아래 놓여있는 자들이 주님의 자녀로 변화되는 기적의 역사가 나타날 줄 믿습니다. 이 시간 강사 목사님의 말씀을 들으면서 전도인의 직무를 잘 감당하겠노라는 고백과 다짐이 있게 하여 주옵소서. 오늘 이 복된 자리에 참석하지 못한 성도들이 있습니다. 오늘의 이 집회를 가볍게 여기는 저들이 되지 말게 하시고, 전도자로 세우시려는 주님의 안타까운 마음을 헤아릴 수 있는 은혜를 주옵소서. 이 시간, 강사 목사님을 성령의 능력으로 강하게 붙드시기를 원합니다. 이 집회가 끝나는 시간까지 육신의 피곤함이 엄습하지 않도록 도와주시옵소서. 이 집회 시간 내내 주의 성령께서 친히 이 자리에 운행하실 것을 믿사옵고 예수 그리스도의 이름으로 기도합니다. 아멘

총동원전도주일

모든 권세와 힘의 주인이 되시며 모든 피조물의 주관자가 되시는 하나님 아버지! 저희가 그 능력의 은혜를 입어 지금까지 살아왔음을 고백하며 감사드립니다. 오늘 복되고 귀한 이날, 저희를 주님의 전으로 불러주시고 은혜의 자리로 초청하여 주셔서 주님의 은총을 덧입을 수 있게 하시니 감사 감격할 뿐이옵니다. 저희의 드리는 예배를 받으시고 계신 곳 하늘에서 영광을 받으시옵소서.

내 집을 채우라 말씀하신 주님! 특별히 오늘을 총동원전도주일로 지키게 하시니 감사드립니다. 주님이 분부하신 복음전도의 명령을 조금이라도 더 힘써서 감당하고자 총동원전도주일로 지키게 되었사오니 저희의 마음을 받으시고 영혼구원의 열매를 맺기 위하여 마음을 쏟은 저희들에게 한없는 은혜를 부어주시옵소서. 오늘 뿐만이 아니라 매일 영혼구원을 위하여 마음을 쏟을 수 있는 저희들이 되게 하시고, 기도하며 전도에 힘쓸 때에 영혼구원의 결실을 맺는 귀한 축복이 있게 하여 주옵소서.

사랑의 주님! 몸과 마음과 시간을 바쳐 한 생명이라도 주님께 인도해 보려고 힘썼지만 결실을 거두지 못한 성도들의 마음을 기억하시고, 낙심과 실망에 사로잡히지 않도록 위로와 용기를 더하여 주옵소서. 때가 되면 주님께서 반드시 거두실 것이라는 믿음을 갖고 계속해서 영혼을 구원하는 일에 마음을 쏟을 수 있게 하옵소서.

오늘 이 교회의 문턱을 처음 밟은 자들을 기억하셔서 어색하거나 불편한 자리가 되지 않도록 그 마음에 평안의 복을 허락하여 주시옵소서. 오늘 한 번의 참석으로 끝나지 않게 하시고, 목사님이 전하시는 말씀을 통하여 구원의 진리를 깨달아 주님을 영접할 수 있게 하여 주옵소서. 그리하여 천국을 향하여 달려갈 수 있는 발걸음들이 되게 하여 주옵소서. 총동원전도주일을 위하여 여러모로 준비한 손길들을 기억하시고 주님의 위로를 더하여 주옵소서. 말씀을 전하시는 목사님을 기억하셔서 여기에 참석한 모든 영혼을 깨우고 영혼을 새롭게 하는 능력의 말씀을 전하실 수 있게 하옵소서. 예배의 시종을 주님께 의탁하오며 예수 그리스도의 이름으로 기도합니다. 아멘.

전교인 수련회

은혜의 주님! 저희 교회를 축복하셔서 이 아름다운 자연 속에서 수련회를 갖게 하심을 감사드립니다.
금번 수련회를 갖게 하신 것은 전적인 주님의 은혜임을 깨닫습니다. 전 교우가 다 참석하지는 못했을지라도 은혜롭고 유익한 수련회가 되게 하실 것을 믿습니다. 금번 수련회를 위하여 오래전부터 준비한 기관과 손길이 있습니다. 그들의 수고를 기억하셔서 뜻 깊은 수련회가 될 수 있도록 인도하시옵소서.

사랑의 주님! 이번 계기를 통하여 저희의 신앙을 다시 한 번 점검할 수 있게 하시고, 소홀히 했던 믿음의 교제를 회복할 수 있는 시간이 되게 하여 주옵소서. 짧은 기간이라 할지라도 소중한 기간이 되게 하여 주시고, 오래도록 기억에 남는 수련회가 될 수 있도록 인도하실 것을 믿습니다. 여러 가지 프로그램을 준비한 진행위원들에게도 함께하셔서 준비한 모든 프로그램들이 빠지거나 흐트러짐 없이 잘 진행될 수 있도록 도와주시옵소서.

수련회기간 동안 주 강사로 말씀을 증거 하시는 목사님을 기억하시고 피곤치 않도록 성령의 능력으로 붙들어 주옵소서. 수련회기간의 날씨도 우리 주님이 친히 주관하여 주셔서 날씨 때문에 정성들여 준비한 프로그램들이 빛을 보지 못하는 안타까움이 없게 하여 주옵소서. 이번 수련회기간 동안 그 어떤 불미스러운 일이 발생되지 않도록 저희를 지키실 것을 믿습니다. 이 수련장을 성령의 화염검으로 두르셔서 저희들을 모든 위험으로부터 막아주시옵소서.
모든 일을 주관하시고 이끄시며 세우시기도 하시고 허무시기도 하시는 예수 그리스도의 이름으로 기도합니다. 아멘

전교인 체육대회

사랑의 하나님 아버지! 좋은 환경과 맑은 날씨를 허락하여 주셔서 온 교우들이 한 자리에 모여 체력을 단련하고, 친밀한 성도의 교제를 가지며 주님께 영광 돌릴 수 있는 자리를 허락하여 주심을 감사드립니다.
오늘 교육부서로부터 장년에 이르기까지 온 교우들이 한 자리에 모였습니다. 우리 주님께서 이 시간을 통하여 영광을 받으시고, 저희 모두가 주님의 은혜 아래서 뛰놀 수 있는 복된 시간이 되게 하여 주옵소서.

특별히 진행위원들을 붙드셔서 이 대회를 진행하는데 힘들지 않도록 도와주셔서 모든 교우들에게 은혜를 끼치고 주님께 영광을 돌려야 한다는 그 마음 하나로 모든 프로그램을 맡아서 수고할 수 있도록 붙들어 주옵소서. 그들의 수고가 온 교우들에게 펼쳐질 때에 기쁨과 즐거움이 넘치는 시간이 되게 하옵소서.
특별히 바라옵기는 성도 서로 간에 친화력을 다지기 위하여 체육대회를 갖는 것인 만큼, 지나친 승부욕에 사로잡히는 일이 없게 하시고, 서로 용납하는 마음으로 아름다운 경기를 만들어 갈 수 있는 저희 모두가 되게 하여 주옵소서.
오늘 이 자리에 연로하신 성도님들도 많이 참석하셨습니다. 젊은 성도들만 독점하는 체육대회가 아니라, 노인 분들을 배려할 수 있는 체육대회가 되게 하여 주옵소서. 오늘 참석한 모든 교우들에게 안전사고가 발생하지 않도록 성령님께서 도와주시고, 서로의 소중함을 다시 한 번 느낄 수 있는 시간이 되게 하실 것을 믿습니다.

경기에 임하기 전에 목사님을 통하여 귀한 말씀을 듣습니다. 말씀 속에서 교훈하시는 주님의 음성을 들을 수 있게 하시고, 예배의 정신을 가시고 체육대회를 가질 수 있는 저희 모두가 되게 하여 주옵소서.
오늘 하루, 저희들이 주님의 은혜 안에서 뛰놀며 천국의 교제를 이루게 하실 것을 믿사옵고 예수 그리스도의 이름으로 기도합니다. 아멘

전교인 야외예배

할렐루야! 주님의 성호를 찬양합니다. 화창한 날씨와 좋은 장소를 허락하여 주셔서 온 교우들이 한 자리에 모여 야외예배를 가질 수 있도록 축복하심을 감사드립니다.
성도의 교제를 뜨겁게 나누기 위하여 마련된 자리오니, 대 자연 속에서 저희에게 향하신 주님의 사랑을 피부로 느끼며 친밀한 교제를 나눌 수 있는 복된 자리가 되게 하여 주옵소서.
이 복되고 아름다운 자리에 참석하지 못한 성도들도 있습니다. 저마다의 안타까운 사정으로 인하여 부득불 참석하지 못한 성도들의 마음을 기억하시고, 그 마음을 주님의 위로와 평안으로 채워 주시옵소서.

오늘 저희들이 즐겁게 노는 데만 정신을 빼앗기지 말게 하시고, 이 아름다운 자연을 보며 저희에게 쏟고 계시는 주님의 사랑과 은혜를 온 몸으로 느끼며 찬양과 감사를 드릴 수 있는 시간이 되게 하여 주옵소서.
또한 주님이 창조하신 아름다운 자연을 훼손시키는 일이 없도록 저희의 마음을 붙드시고, 뒷정리도 깨끗하게 함으로 믿는 자의 아름다움을 보여줄 수 있는 저희 모두가 되게 하여 주옵소서. 특별히 이번 야외 예배를 준비하기 위하여 마음을 쏟은 손길들을 기억하시고, 주님께서 더 큰 복으로 함께하시고 위로하여 주옵소서.

말씀을 전하여 주실 목사님도 함께하셔서 주님께서 창조하신 자연과 더불어 전하시는 말씀이 송이 꿀보다 더 단 말씀이 되게 하여 주옵소서. 진행을 맡아 수고하는 진행위원들에게도 함께하셔서 피곤하거나 지치지 않도록 성령의 능력으로 붙드실 것을 믿습니다.
오늘의 모든 순서를 다 마치고 돌아가는 발걸음까지도 인도하실 것을 믿사옵고 예수 그리스도의 이름으로 기도합니다. 아멘

성례식

전능하신 하나님 아버지! 이 시간 저희들이 뜻을 모아 드리는 예배를 받아 주시고 주님의 사랑과 은혜를 다시 한 번 깨닫는 복된 시간이 되게 하여 주옵소서.
주님! 허물과 지은 죄가 많은 저희들입니다. 영적인 일에 우선하기 보다는 썩을 양식을 위하여 마음을 쏟았던 저희들입니다. 연약한 저희를 불쌍히 여기시고 긍휼과 용서를 베풀어 주옵소서.

새롭게 하시는 주님! 오늘은 성례식이 있습니다. 이제껏 말씀과 기도로 잘 준비하여 학습과 입교, 세례를 받는 교우들을 기억하셔서, 성례식이 거행될 때에 예식을 받는 자나 참예하는 자 모두가 주의 신령한 은혜로 충만해지는 시간이 되게 하여 주옵소서.
특히 세례는 하나님의 백성으로 인정받는 귀한 예식이오니 그가 이제 새롭게 태어나 하나님의 뜻에 충성을 다하기로 결심하는 기회를 갖게 하시고, 주님의 백성으로 인정받아 그 가정을 구원하며 친척과 이웃들에게도 하나님을 증거하며 받은바 주님의 크신 사랑을 나타낼 수 있도록 이끌어 주옵소서. 이제부터는 세상이나 자신을 제일로 삼을 것이 아니라 주님을 제일로 삼으며 세상 습관이 아니라 주님의 법에 따라 살고자 힘쓰는 믿음이 될 수 있게 하여 주옵소서. 그 가정도 축복하여 주셔서 온전히 주님을 모시고 살게 하시며 그의 앞날과 계획하는 것들도 주님의 섭리 가운데 이루어지게 하옵소서.

주님! 이 시간 환경과 육체로 인한 약함을 지닌 성도들이 있습니까? 이 거룩한 예식에 참예할 때에 신음과 고통이 사라지게 하시고, 위로하시는 주님의 음성을 들을 수 있게 하시며, 회복되고 치료되는 주님이 은총이 있게 하여 주옵소서. 일그러지고 깨어진 일들, 찢어지고 상처 입은 일들이 말씀을 듣는 가운데 온전케 되는 역사가 있게 하여 주옵소서.
이 시간 성례식을 집례하시는 목사님을 주님의 능력으로 강권적으로 붙드실 것을 믿사옵고 예수 그리스도의 이름으로 기도합니다. 아멘

성찬식

사랑이 많으신 주님! 미천한 저희들을 용서하시고, 저희의 죄를 사하시기 위해 험한 십자가를 지신 주님을 생각할 때마다 주님의 한없는 사랑과 놀라운 은혜에 감사와 찬송을 드립니다.

아무 죄도 없으신 주님께서 저희들을 대신하여 고난을 당하시고 십자가에서 몸을 찢으시고 물과 피를 흘리신 것을 생각하면 가슴이 미어질 뿐입니다. 주님의 피 묻은 십자가를 생각할 때마다 저희의 추악함과 사특함을 고백하지 않을 수 없사오니 회개하는 저희의 심령에 용서의 은총을 베풀어 주옵소서.

오늘은 주님께서 친히 '나를 기념하라' 말씀하신 뜻을 받들어 성찬예식을 가지며 주님께 영광을 돌립니다. 저희들을 위하여 살을 찢으시고 피를 흘리신 주님을 기념하여 갖는 예식이니만큼, 이 거룩한 예식에 참예할 때에 저희의 죄악이 묻어나지 않도록 도와주시옵소서.

또한 주님이 이 땅에 계시는 동안 마지막 피 한 방울까지도 아낌없이 쏟으셨던 주님의 사랑을 본받아 오늘 저희들도 저희 자신을 내어주는 희생의 욕구를 충족시키는 삶이 되게 하여 주옵소서.

또한 수치와 모욕을 당하시면서도 끝까지 분노를 쏟지 않으셨던 주님의 그 인자하심을 본받아, 저희도 겸손의 삶을 실천할 수 있는 삶을 살 수 있게 하여 주옵소서.

오늘 저희가 성찬에 참여할 때에 눈물로 주님의 살과 피를 받을 수 있게 하시고, 회개하는 마음으로 주님의 고난 받으심에 동참할 수 있는 저희 모두가 되게 하여 주옵소서. 혹여 건성으로 떡과 잔을 받으므로 주님의 은혜를 값없이 취급하는 죄를 범치 않게 하여 주옵소서.

이 시간 성찬 예식을 집례하시는 목사님을 붙드셔서 피곤치 않도록 도우실 것을 믿습니다. 예식의 모든 순서를 주님이 친히 주장하실 것을 믿사옵고 예수 그리스도의 이름으로 기도합니다. 아멘

임직식

만유를 다스리시고 통치하시는 전능하신 하나님 아버지! 오늘도 피로 값 주고 사신 주님의 몸 된 교회를 다스리시고 통치하시는 주님의 능력과 권세를 찬양합니다. 저희 각 사람에게 그리스도의 선물의 분량대로 은혜를 주셔서 직분을 맡기시고 주님의 몸 된 교회를 위해 헌신할 수 있게 하시니 감사합니다.

오늘 특별히 하나님의 몸 된 교회를 위하여 헌신할 일꾼을 세우는 임직식을 갖게 하시니 주님께 영광 돌립니다. 이제 목사님을 보필하며 더욱 충성할 항존직을 세우게 되었사오니 주님께서 함께 하사 기름 부어 주시고 성령과 지혜로 충만케 하여 주옵소서.

교회를 위하여 장로로, 안수집사로, 권사로 세움을 받은 직원들이 그 맡은 직분에 소홀함 없이 하나님 앞과 사람 앞에 더욱 충성된 청지기가 되게 하시고, 교회에 유익을 끼치고, 성도들에게 믿음의 본과 덕을 끼칠 수 있는 복된 자들이 되게 하여 주옵소서. 항상 진리의 말씀을 굳게 붙들 수 있는 삶이 되게 하시고, 주님 앞에 부끄러울 것이 없는 일꾼으로 인정된 자로 드리기를 힘쓰는 자들이 되게 하여 주옵소서. 겸손으로 허리를 동이게 하시며, 온유함으로 사람을 대하게 하시며, 하나님의 공급하시는 힘으로 봉사할 수 있는 자들이 되게 하여 주옵소서.

이들 일꾼들의 가정과 개인 사업과 직장에 함께하여 주셔서 믿는 자들에게나 믿지 않는 자들에게 본이 되게 하시며, 번영하고 창대하여 주님의 일에 더욱 헌신하는 일꾼들이 되게 하여 주옵소서.

이제 안수자가 안수할 때에 성령의 기름 부으심으로 충만히 임하게 하여 주시고, 취임을 받을 때에 성령의 충만함으로 함께하여 주옵소서. 임직식의 순서를 맡아 수고하시는 목사님들을 기억하시고, 성령의 능력으로 붙드셔서 피곤치 않게 하여 주옵소서. 오늘 세움을 받는 일꾼들과 이 자리에 함께한 모든 성도들에게 큰 기쁨과 은혜로 함께하여 주실 것을 믿사옵고 예수 그리스도의 이름으로 기도합니다. 아멘

교회설립(창립)기념 감사예배

전능하시고 거룩하신 하나님 아버지! 주님의 크신 뜻이 계셔서 이곳에 주님의 몸 된 교회를 세워 주시고 구원의 역사를 감당하게 하시며 복음의 빛과 진리의 등불을 밝히게 하여 주시니 감사합니다. 오늘 이 뜻 깊은 설립(창립) 기념 주일을 맞이하여 온 교우들이 한 마음 한 뜻이 되어 주님께 영광 돌리기를 원하오니 이 예배를 기쁘게 받아주시옵소서.

은혜의 주님! 저희들의 온전한 헌신이 없었음에도 불구하고 이 교회와 저희를 사랑하셔서 일취월장 성장하게 하셨사오니, 이 같은 주님의 은혜를 깨달아 교회 성장을 위하여 더욱 힘쓰는 저희 모두가 되게 하시고, 생산적인 교회로, 복음을 전파하는 교회로, 이 시대를 구원하는 교회로 더욱 든든히 서갈 수 있도록 축복하여 주옵소서.

위로의 주님! 이제껏 이 교회를 위하여 눈물과 기도로 밤을 지새우며 주님의 뜻을 이루고자 온갖 고초를 겪으시며 애쓰고 계신 목사님을 기억하시고, 이 땅에서 사명의 길을 다 가고 주님 앞에 섰을 때에 주님의 몸 된 교회와 성도들을 위하여 흘린 목사님의 눈물을 우리 주님께서 친히 닦아주실 것을 믿습니다. 하늘나라의 영원한 상급으로 보답하여 주실 것을 믿습니다. 저희들 또한 목사님의 목회방침에 적극 순종하여 주님의 몸 된 교회를 더욱 아름답게 세워 가는데 합당한 도구로 사용되어지게 하여 주옵소서. 모든 제직들에게도 함께하셔서 주님의 몸 된 교회를 위하여 수고한 모든 것들이 아름다운 열매로 나타나게 하시고, 늘 주님께 인정받는 착하고 충성된 종들이 되게 하여 주옵소서.

오늘도 말씀을 들고 서시는 목사님을 기억하시고, 성령의 능력으로 붙드셔서 생명의 말씀을 전하시기에 조금도 부족함이 없게 하여 주옵소서.
예배의 시종을 주님께 의탁하오며 저희들을 주님의 몸 된 교회의 지체가 되게 하신 예수 그리스도의 이름으로 기도합니다. 아멘

정초(상량)감사예배

거룩하신 하나님 아버지! 00교회 성도들로 하여금 오랫동안 눈물로 호소하게 하시더니, 오늘 이 터전에 거룩한 주의 전을 건축하게 하시니 감사합니다. 간절히 바라고 소원합니다. 하나님의 사람 다윗이 주님의 전을 건축하리라고 뜻을 정하기만 하였는데도 하나님이 기뻐하셔서 "네가 어디로 가든지 내가 너와 함께 있어 네 모든 대적을 네 앞에서 멸하였은즉, 세상에서 존귀한 자의 이름 같이 네 이름을 존귀케 만들어 주리라, 내가 또 내 백성 이스라엘을 위하여 한 곳을 정하여 심고, 저희로 자기 곳에 거하여 다시 옮기지 않게 하며, 악한 유로 전과 같이 저희를 해하지 못하게 하여 전에 내가 사사를 명하여 내 백성 이스라엘을 다스리던 때와 같지 않게 하고, 너를 모든 대적에게서 벗어나 평안케 하리라"(삼하7:9~10)고 축복해 주신 일을 우리가 아나이다.

다윗은 뜻을 정하였을 뿐이었는데도 이 같은 복이 임하였거늘, 하물며 신령한 사역을 착수하고 이미 그 기초를 놓는(이미 그 들보를 올리는) 자리에 이르렀사오니 어찌 더욱 큰 축복이 없사오리까? 이미 놀라운 은혜가 임하였으며, 사랑이 임하였으며, 아름다운 복락이 임하였으며, 오늘도 내일도 끊임없이 계속되어 풍성하게 하실 줄 믿어 감사와 찬송을 드립니다. 다윗의 정한 뜻이 반드시 이 땅 위에 그 성취를 보았던 것처럼 저희도 그 성취를 보리라고 믿습니다. 이를 인하여 하나님이 다윗에게 풍성한 물질을 주실 뿐 아니라, 거룩한 역사를 대리할 존귀한 아들 솔로몬을 허락하셨으며, 또한 수많은 일꾼들을 보내어 주실 뿐 아니라, 특별히 두로 왕 희람의 마음을 움직여 레바논의 향기로운 백향목을 무궁무진 하도록 찍어 쓸 수 있게 하셨던 것처럼, 앞으로 이 전을 건축하는 과정에 있어서도 이와 같이 축복해 주실 것을 저희가 확신합니다. 감격스러운 입당의 날을 어서 속히 앞당길 수 있게 하여 주옵소서. 건축재정이 원활하게 하시며, 인력동원에 차질이 없게 하시며, 무엇보다도 산발랏과 도비야 같은 무리가 일어나 신령한 일을 훼방치 못하게 하옵소서. 이 예배를 통하여 하나님만이 영광을 받으시고, 오늘 이 자리에 참석한 저희 모두에게 놀라운 은총을 힘입을 수 있게 하옵소서. 예수 그리스도의 이름으로 기도합니다. 아멘

입당감사예배

교회의 머리가 되신 주님! 주님께서 친히 이곳에 교회를 세우시고 예배당을 건축하게 하신 것은 전적으로 주님이 친히 주관하신 것임을 믿습니다. 부족한 저희의 손길을 통하여 하나님께 신령과 진정으로 예배드릴 예배당을 건축할 수 있게 하시니 감사드립니다. 이 교회를 통하여 영광을 받으시고 이 교회가 구원의 방주로서의 역할을 잘 감당할 수 있게 하여 주옵소서.
위로하시는 주님! 그동안 예배당이 건축되기까지 성도들의 정성어린 헌금이 있었습니다. 어려운 형편 가운데서도 자신의 소유물을 전부 바친 성도들도 있습니다. 그 헌신을 주님께서 기쁘게 받으신 줄 믿습니다.
또한 예배당이 완성되기까지 수고한 건축업자들과 인부들이 있습니다. 이들의 생각과 가진 재능을 주님께서 활용하셔서 이 전을 건축케 하신 것을 믿습니다. 그들의 수고도 기억하셔서 주님의 거룩한 일에 쓰임 받는 기회가 많아지게 하여 주옵소서. 또한 은밀한 봉사로 참여했던 교우들이 있습니다. 주님이 그들의 마음을 받으신 줄 믿습니다. 저들의 가정과 일터 위에 은밀히 채우시는 주님의 축복이 있게 하여 주옵소서.

은혜의 주님! 이제 저희들에게 새로운 성전을 허락하여 주셨사오니 힘을 다하고 성품을 다하여 더욱 봉사할 수 있게 하시고, 이 전에 나올 때마다 고민과 질병과 삶에 대한 궁핍함이 해결되고 새로운 평안과 기쁨과 소망으로 넘쳐나게 하여 주옵소서. 또한 교회로서의 역할도 잘 감당할 수 있도록 권고하여 주옵소서.
이 전이 세워지기까지 무릎기도와 헌신을 쉬지 않으셨던 목사님을 기억하시기를 원합니다. 저희의 봉사와 헌신이 어찌 목사님의 희생에 비교될 수 있겠사오리까? 그 중심을 아시는 주님께서 목사님을 위로하여 주시고, 이 새로운 성전에서 주님의 사역을 맡아 수고하실 때에 큰 능력으로 함께하여 주옵소서.
오늘도 순서를 맡은 주님의 종들을 하나님의 권세로 붙드셔서 이 영광되고 은혜로운 자리에 꼭 필요한 말씀들이 되게 하옵소서. 저희들을 사랑하사 이곳에 새로운 성전을 허락하신 예수 그리스도의 이름으로 기도합니다. 아멘

헌당감사예배

지극히 영화로우신 주님! 옛날 솔로몬 왕이 하나님께서 거하실 처소를 위하여 성전을 건축할 때와 같은 마음으로 건축하게 하시고 건축이 완공될 때까지 아무런 사고 없이 순조롭게 진행되게 하여 주셔서 하나님께 드릴 수 있게 하여 주시니 감사합니다.

이 예배를 통하여 이 성전을 받으시옵소서. 그리고 이제부터 이곳에서 행하는 모든 예배가 항상 하나님께 영광이 되게 하시고 저희 모두에게는 큰 영광이 되게 하여 주옵소서. "내 눈과 내 마음이 항상 여기 있으리라."(대하 7:16)고 하셨사오니 주의 백성들이 이 전을 통하여 주님의 임재하심을 늘 경험할 수 있게 하여 주시고, "내 집은 만민이 기도하는 집이라."(막11:17)고 하셨사오니 주의 백성들이 이 전에 나와 주야로 기도하며 하나님의 뜻을 이루게 하옵소서.
심령에 고통이 있는 자가 자유함을 얻고 질병에 매인 자가 풀려나며 절망한 자들마다 새로운 소망으로 넘쳐나는 성전이 되게 하여 주옵소서. 이 전에서 주님의 말씀을 듣는 자로 하여금 구원의 진리를 깨달아 알게 하시고, 구원에 이르는 영적인 성숙함이 더하여 지게 하여 주옵소서. 주의 백성들이 이 전을 통하여 믿음의 교제를 나눌 때에 사랑이 더하여지게 하시며 믿음의 덕을 세워갈 수 있게 하여 주옵소서.

또한 이 전을 통하여 전도함을 받는 자마다 주님께로 돌아오는 역사가 있게 하여 주시고, 거룩한 세례로 주께 바치는 자마다 영원한 주의 진실한 자녀 가운데 거하게 하여 주옵소서. 주의 성신이 충만한 교회가 되게 하시고 생명의 역사가 일어나는 교회가 되게 하여 주옵소서.
이 전에 속한 모든 주의 백성들이 다 주의 성전이 되게 하시고, 나중에 하늘에 있는 주의 성전에까지 이를 수 있게 하여 주옵소서.
저희를 사랑하사 성전을 봉헌하도록 은혜를 베푸신 예수 그리스도의 이름으로 기도합니다. 아멘

새롭게 하소서

새로움의 주님,
나의 사고와 행동 양식과 삶 전체가
새롭게 되기를 원하나이다.
그러나 나 자신의 것과 세상의 것으로
나 자신과 우리를 새롭게 해보려는
어리석음을 범하지 않게 하소서.
오직 새로움의 주인이신 창조주
당신을 덧입음으로써
새롭게 되게 하소서

_ 김지철

7장
교회 회의와 모임
대표기도문

공동의회, 사무총회(예,결산)

사랑이 풍성하신 하나님 아버지! 저희들에게 새로운 해를 출발할 수 있도록 은혜를 베푸시고, 새해 첫 주일에 기쁨 가운데 감사의 예배를 드리게 하심을 감사드립니다.

이제 예배를 마치고 지난해의 교회 재정을 결산하고, 새해 예산 편성을 위한 공동의회(사무총회)를 갖게 되었습니다. 먼저, 한 해 동안 이 교회를 붙드셔서 큰 어려움 없게 하시고, 부흥과 성장이 있게 하신 주님의 크신 은혜에 큰 영광을 돌립니다. 저희 모두가 감사하는 마음으로 공동의회에 참여할 수 있게 하시고, 주님을 높일 수 있는 자리가 되게 하여 주옵소서.

이 자리는 입교한 자 중 세례교인이라면 누구나 참여할 수 있는 자리입니다. 교회 살림에 대하여 관심을 갖고 참여할 수 있게 되었음을 감격스럽게 여길 수 있게 하시고, 회무가 진행되는 동안 성령의 충만함을 구할 수 있게 하옵소서.
회무를 맡은 제직들에게도 함께하셔서 교회를 사랑하는 마음이 넘치게 하시고, 참여한 자 모두가 주님의 교회를 사랑하는 마음으로 회무와 안건을 매듭지을 수 있게 하여 주옵소서.
또한 책임을 맡은 자들에게 격려와 칭찬을 아끼지 않는 아름다운 모습도 있게 하여 주옵소서. 회장석에 서신 목사님께도 함께하여 주셔서 이 회의를 잘 이끌어나갈 수 있도록 지혜와 능력을 더하여 주옵소서.

올해도 저희 교회가 한 해의 예산을 잘 세워서 교회로서의 사명을 잘 감당하는데 부족함이 없게 하실 것을 믿사옵고 교회의 머리가 되시는 예수 그리스도의 이름으로 기도합니다. 아멘

공동의회(임직자 선출)

거룩하신 하나님 아버지! 거룩한 주일을 맞이하여 저희 모두가 예배의 감격을 누릴 수 있게 하시고, 마음을 다하여 예배할 수 있게 하시니 감사드립니다.
이 즐겁고 복된 날, 저희에게 주님의 몸 된 교회를 위하여 더욱 충성하고 봉사할 일꾼을 세울 수 있는 은혜를 주심을 감사드립니다. 이 자리에는 세례교인 이상만 참여하여 일꾼을 세울 수 있는 자격을 갖게 되었사오니, 이에 들지 못한 성도들의 마음을 헤아려 주시고, 교회의 질서를 귀히 여기며 사랑할 수 있게 하여 주옵소서.

오늘 이 자리에 참여한 저희 모두에게 주님의 교회에 합당한 일꾼을 선출할 수 있는 지혜를 주시고, 은혜를 더하여 주시옵소서. 기분에 의한 것이나 사사로운 감정이 개입되지 않게 하여 주시고, 오직 주님의 몸 된 교회를 위하여 어떤 일꾼이 필요한지를 분별할 수 있게 하여 주셔서 기도하는 마음으로 투표에 임하게 하여 주옵소서.

거룩한 공회를 통하여 선출되는 직원들, 직분을 가볍게 여김으로 주님이 세우신 공동체를 욕되게 하는 일이 없게 하여 주시고, 두렵고 떨리는 마음으로 직분을 받게 하여 주옵소서. 주님이 세우시는 영광된 직분에 아멘만 있게 하여 주시고, 회개하는 마음으로 열과 성을 다하여 충성하고 헌신할 수 있는 일꾼들이 되게 하여 주옵소서.

주께서 세우셨사오니 어렵고 힘든 일일수록 앞장 설 수 있게 하여 주시고, 믿음이 약한 자들을 사랑으로 이끌어 주며, 주님을 위한 일이라면 불속에라도 들어갈 수 있는 일꾼들이 되게 하여 주옵소서. 이 시간에 오직 주님만이 함께하시고, 저희의 심령을 붙드셔서 거룩한 한 표를 행사하며, 주님의 일꾼을 세우게 하실 것을 믿사옵고 예수 그리스도의 이름으로 기도합니다. 아멘

제직회

거룩하신 하나님 아버지! 주님의 인도하심 가운데 예배를 마치고 이 시간 제직회로 모였습니다. 제직의 직분을 저희들에게 주셔서 주님의 몸 된 교회를 위하여 죽도록 충성할 수 있는 기회를 주시니 감사합니다.
바라옵기는 아말렉과의 전투에서 모세의 기도를 도왔던 아론과 훌 같이 (출17:12) 모든 제직들이 합심하여 목사님을 보좌함으로 주의 일에 승리만 있게 하여 주옵소서.

교회의 모든 제직들이 목사님의 동역자가 될지언정 걸림돌이 되지 않게 하시고 어린아이와 같은 신앙으로 인하여 목사님께 염려를 끼치는 일이 없게 하여 주옵소서. 제직회를 통하여 의논되어지는 일들이 하나님의 영광을 위한 것이 되게 하시며, 주님의 몸 된 교회를 위한 것이 되게 하시고, 이 교회의 권속들을 위한 것이 되게 하여 주옵소서. 인간적인 아집과 고집을 앞세우지 않게 하여 주시고, 모든 안건들이 주님의 뜻대로 되어 지기를 소원하며 기도하는 마음으로 참석하게 하여 주옵소서.

또한 간구 하옵기는 하나님 앞에서 제직회원으로서 부끄러울 것이 없는 제직들로 삼아주시고 모든 성도들에게 본이 되는 신앙생활을 할 수 있게 하여 주옵소서. 물질적으로나 시간적으로 또한 주님께 받은 은사대로 하나님의 일을 위해 죽도록 충성할 수 있는 제직들이 되게 하여 주옵소서.
교회의 중책을 감당하고 있는 자로서 주님을 위해 할 일이 무엇인지를 민감하게 느낄 수 있는 제직들이 되게 하여 주옵소서.
이 회의가 끝날 때까지 성령께서 친히 저희들 가운데 운행하심을 믿사옵고 예수 그리스도의 이름으로 기도합니다. 아멘

월례회

사랑의 주님! 거룩한 주일을 맞이하여 저희들이 한 자리에 모여 하나님께 찬양과 경배를 드릴 수 있게 하시고 영광을 돌리게 하심을 감사드립니다. 또한 목사님을 통해서 주님의 약속하신 귀한 말씀을 듣게 하여 주셔서 새 힘을 얻게 하여 주심을 감사드립니다.

주님! 이 시간은 저희들이 정기 월례회로 한 자리에 모였습니다. 참석하지 못하고 집으로 향한 회원들도 있지만 이 교회와 이 회를 사랑하는 그들의 마음만큼은 변함이 없는 줄 믿습니다. 오늘 저희들이 월례회로 모였사오니 모든 회무가 은혜롭게 마무리 될 수 있도록 인도하여 주옵소서.

의논하고자 하는 모든 일들이 주님께 영광이 되고, 주님의 교회를 위한 일이 되고, 이 회를 위한 일이 된다면 기쁨으로 용납할 수 있게 하여 주시고, 부족한 일들이 발견될 시에는 사랑으로 감싸주고 격려해 줄 수 있는 회원들이 되게 하여 주옵소서.
특별히 회장님을 기억하셔서 이 회를 이끌고 나가시기에 조금도 부족함이 없도록 능력으로 붙들어 주시고 지혜와 명철을 더하여 주옵소서. 임원들에게도 놀라운 은혜를 더하여 주셔서 저희 회가 주님께 인정받고 사랑받는 기관이 되게 하여 주옵소서.

모든 회원들의 가정을 붙드셔서 육신의 일에 얽매여서 회원으로서의 의무를 감당치 못하는 일이 없도록 도와주시옵소서.
지금은 회의를 시작하는 시간입니다. 마치는 시간까지 성령님께서 저희 각 사람을 친히 주장하실 것을 믿사옵고 예수 그리스도의 이름으로 기도합니다. 아멘

기관총회

섭리하시는 하나님 아버지! 한 해 동안 저희 회를 붙드셔서 주님의 몸 된 교회를 섬기며 믿음의 길을 달려올 수 있도록 인도하심을 감사드립니다. 한 해를 돌아보니 참으로 부끄러운 기억 밖에는 떠오르는 것이 없습니다. 봉사 할 때 제대로 봉사하지 못하고, 충성할 때 제대로 충성하지 못했던 저희들입니다. 회개하오니 용서하여 주옵소서.

주님! 오늘 이렇게 새 일꾼을 선출하는 총회를 하게 되었습니다. 사람이 제비를 뽑으나 그 걸음을 인도하시는 분은 여호와시라고 하셨사오니 인간의 생각이나 판단대로 하지 않게 하시고, 마음과 생각을 주관하시는 주님의 뜻을 담아낼 수 있는 총회가 되게 하여 주옵소서.

총회로 인하여 상처받는 심령들이 없게 하시고, 아울러 교만해지는 심령들도 없게 하여 주옵소서. 임원으로 선출되면 더욱 충성하고 봉사하라는 하나님의 채찍인줄 깨닫게 하시고, 임원이 못 되면 주님처럼 낮아짐을 배우라는 주님의 은혜인줄 깨달아 더욱 섬김의 본을 보일 수 있는 저희들이 되게 하여 주옵소서. 그리하여 합력하여 선을 이루시는 하나님이심을 더욱 깨닫는 저희 모두가 되게 하여 주옵소서.

이제껏 수고한 임원들에게도 함께하시고, 주님의 크신 위로와 평안을 허락하여 주시기를 원합니다. 주님께서 각 사람이 수고한 대로 상급으로 갚아 주실 것을 믿습니다.
총회의 의장을 맡아 수고하는 회장님을 성령의 능력으로 붙드시고, 이 총회가 마치는 시간까지 주의 성령께서 친히 이 자리에 운행하실 것을 믿사오며 예수 그리스도의 이름으로 기도합니다. 아멘

연합구역(속회)모임

사랑이 많으신 하나님 아버지! 저희 교회를 사랑하셔서 교우들이 서로 돌아보며, 믿음의 교제를 나누고, 주님을 높일 수 있는 소그룹모임이 활성화되게 하심을 감사드립니다.
소그룹은 교회 안의 또 다른 작은 교회일진대 건강한 소그룹모임이 될 수 있도록 주의 성령께서 이끌어 주옵소서. 소그룹모임이 건강해야 교회도 건강해짐을 기억합니다. 소그룹모임을 사랑할 수 있게 하시고, 소그룹을 든든히 세워 가는데 마음을 쏟을 수 있는 저희 모두가 되게 하여 주옵소서. 특별히 오늘 연합구역(속회)모임을 주관하는 지도자를 기억하셔서 힘주시기를 원합니다. 그룹원들을 위한 수고와 애씀이 주님께 향기가 되게 하시고, 큰 은혜와 위로로 채워주시옵소서.

주님, 안타깝게도 그룹원들 중에 잘 참석하지 못하는 이들이 있습니다. 그들이 처한 환경을 이해하지 못하는 것은 아니오나, 모든 것을 주님께 맡기고, 먼저 주님의 나라와 그 의를 구할 수 있는 저들이 되게 하여 주옵소서. 항상 주님께 우선권을 두고 주님을 높이며 사는 자를 우리 주님께서 크신 은혜로 채워주실 것을 믿습니다. 또한 이 자리에 참석한 그룹원들 중에 어렵고 힘든 가운데서도 참석한 이들도 있습니다. 이 모임이 침체되지 않고 활성화되기를 원하여 자신을 희생한 그 마음을 우리 주님이 기쁘게 받으시고 축복하여 주옵소서.

오늘 저희가 연합구역(속회)모임을 가지면서 성령 안에서 모든 교제가 이루어지게 하시고, 서로를 위하여 축복해 줄 수 있는 은혜의 시간이 되게 하여 주옵소서. 무엇보다도 모임의 핵심이 되는 말씀을 앞세우게 하시고, 기도함으로 서로의 짐을 나누어 질 수 있는 복된 자리가 되게 하여 주옵소서. 우리 모두가 이 자리를 통하여 주님의 능력을 덧입고 천국을 경험하는 자리가 되게 하실 것을 믿습니다. 주님 안에서 진정한 자유와 기쁨을 누리는 자리가 되게 하실 것을 믿습니다. 이 모임을 사랑하시고 주장하시는 예수 그리스도의 이름으로 기도합니다. 아멘

교사모임

은혜의 주님! 한 없이 부족한 저희들을 생명의 말씀을 가르치고 영적으로 지도하는 교사로 세워주심을 감사드립니다. 또한 교사로서의 사명을 능히 감당할 수 있도록 지혜를 더하시고 능력으로 이끄심을 감사드립니다.
어린 학생들을 신앙으로 양육하고 지도하기에 앞서, 자신의 영적 성숙을 위하여 늘 기도에 힘쓰게 하시고, 말씀을 가까이 할 수 있는 삶이 되게 하여 주옵소서. 이 시간 교사모임을 갖습니다. 탁월한 방법과 수단을 연구하고 토의하는 시간이 되지 않게 하시고, 저희의 부족한 면을 깨달아 반성하고 회개할 수 있는 시간이 되게 하여 주옵소서.

주님! 저희가 맡은 영광된 직분을 기쁨으로 감당하기를 원합니다. 마지못해 억지로 감당하는 모습이 없게 하시고, 천국의 씨앗을 키우는 영적인 농부의 마음으로 최선을 다할 수 있는 저희 모두가 되게 하여 주옵소서.
이 시간에 참석지 못한 교사들도 있습니다. 저마다 안타까운 사정이 있기 때문인 줄 아오나, 주님 나라와 그 의를 위하여 좋은 편을 택할 수 있는 지혜가 있게 하여 주옵소서.

이 시간, 주일학교의 부흥과 학생들의 영적 유익을 위하여 마음과 생각을 나눌 때에 성령께서 저희의 마음을 온전히 주장하여 주시기를 원합니다. 이 모임에 말없이 듣고 계신 주님이 계시다는 것을 잊지 말게 하시고, 내 생각을 내세우기에 앞서 서로의 마음을 헤아리고 살필 수 있는 온유함이 가득한 시간이 되게 하여 주옵소서. 주님께 영광이 되고, 주님이 기뻐하실 일들을 나눌 수 있는 복된 시간이 되게 하실 것을 믿습니다. 또한 어린심령들에게 꼭 필요한 계획들을 세울 수 있도록 도와주실 것을 믿습니다.
부장님을 늘 능력으로 붙드셔서 힘들거나 피곤에 지치지 않게 하시고, 교사들을 앞선 영성으로 잘 이끌 수 있도록 도와주옵소서. 사랑이 많으신 예수 그리스도의 이름으로 기도합니다. 아멘

성가(찬양)대모임

사랑의 주님! 저희들의 입술을 모아 주님을 찬양할 수 있게 하시니 얼마나 감사한지요. 천사도 흠모하는 영광된 직분으로 세움을 받은 것을 늘 감사할 수 있게 하시고, 찬양으로 주님을 높이고 예배를 돕는 일에 충성을 다할 수 있는 저희 모두가 되게 하여 주옵소서.

오늘도 다음 주에 부를 찬양을 연습하고자 이 자리에 모였습니다. 저희 모든 대원들에게 성령의 충만함을 더하여 주셔서 피곤할지라도 마음과 정성을 다하여 찬양연습에 참여할 수 있게 하시고, 찬양의 곡조와 가사를 하나 하나 익힐 때마다 저희들의 신앙도 고백되어지는 시간이 되게 하여 주옵소서.
오늘 이 자리에 참석하지 않은 대원들도 있습니다. 주님이 맡겨주신 직분이 얼마나 중요한지를 깨닫게 하셔서 찬양대원으로서 맡은바 직분을 잘 감당할 수 있게 하여 주옵소서.

주님! 저희가 주님께 드리는 찬양이 영혼을 담은 찬양이 되게 하기 위해서는 영성훈련에도 힘써야 함을 깨닫습니다. 저희 모두가 영성을 쌓는 일에 마음을 다할 수 있게 하시고, 신앙인의 의무를 힘써서 지킬 수 있도록 도와주시옵소서.

이 시간, 지휘자님을 더욱 강력하게 붙드시기를 원합니다. 저희들을 잘 지도하고 가르치기에 피곤치 않게 하여 주시고, 힘겨운 시간이 되지 않도록 새 힘을 더하여 주옵소서. 반주자에게도 함께하여 주셔서 힘들지 않도록 도와주시고, 지휘자님과 마음이 하나가 되어 사역을 감당하는데 어려움이 없게 하여 주옵소서. 대장님에게도 함께하셔서 저희 대원들을 사랑으로 이끌기에 조금도 부족함이 없게 하여 주옵소서.
연습에 임하는 저희 대원들 한 사람 한 사람에게 주의 영으로 충만케 하시고, 도우실 것을 믿사옵고 예수 그리스도의 이름으로 기도합니다. 아멘

남전도(선교)회모임

은혜로우신 하나님 아버지! 저희 남전도회를 사랑하셔서 주님의 몸 된 교회를 세워 가는데 귀하게 쓰임 받을 수 있도록 이끄심을 감사합니다. 또한 이 시간에 남전도회 모임을 가질 수 있도록 함께하심을 감사드립니다.

사랑이 풍성하신 하나님 아버지! 저희 회원들 모두가 주님을 사랑하듯 남전도회를 사랑할 수 있게 하시고, 주님의 몸 된 교회의 유익을 위하여 모임을 갖는 일에 최선을 다할 수 있게 하여 주옵소서.
주님의 몸 된 교회에 할 일이 너무나 많습니다. 출애굽한 이스라엘이 40년 동안 광야를 지날 때에 늘 선봉에 섰던 유다지파와 같이, 저희 남전도회도 주님의 몸 된 교회를 위하여 늘 선봉에 설 수 있는 부서가 되게 하여 주옵소서. 주님을 위하여 봉사하는 일에 늘 앞장설 수 있게 하여 주시고, 헌신과 충성과 희생을 드리는 일에 선봉의 신앙을 드릴 수 있는 저희 남전도회가 되게 하여 주옵소서.
또한 목사님의 말씀에 잘 순종함으로 목회 사역을 잘 도울 수 있는 남전도회가 되게 하여 주시고, 모든 기관에 본이 되는 남전도회가 되게 하여 주옵소서.

오늘 이 모임은 주의 사업을 위하여 더 나은 의견을 모으고 더 나은 계획을 세우고자 하는 자리입니다. 성령님께서 저희들 가운데 함께하여 주셔서 사사로운 의견이기보다는 주님이 쓰시는 생각을 나눌 수 있게 하여 주옵소서.
이 모임을 이끌고 계신 회장님께도 함께하여 주셔서 힘들지 않도록 늘 새 힘을 부어 주시고, 우리 남전도회를 주님이 바라시는 대로 잘 이끌고 나갈 수 있도록 도와주옵소서. 저희들 또한 회장님을 잘 보필하여 건강한 남전도회를 세우는데 부족함이 없게 하여 주옵소서.
예배를 드리며 기도로 시작하였사오니 저희의 생각을 도와주실 것을 믿사옵고 예수 그리스도의 이름으로 기도합니다. 아멘

여전도(선교)회모임

사랑의 하나님 아버지! 믿음의 여인들을 통하여 주님의 몸 된 교회를 세우게 하시고, 주님의 사역을 감당할 수 있도록 은총을 베푸심을 감사합니다. 또한 언제나 주님의 영광을 위하여 아름답게 쓰임 받을 수 있는 여전도회가 되게 하시니 감사합니다. "맡은 자에게 구할 것은 충성"(고전 4:2)이라고 하였사오니 기쁨으로 충성을 다할 수 있는 저희 여전도회가 되게 하여 주옵소서.

주님! 저희 여전도회가 주님이 이 땅에 남기신 몸된 교회를 위하여 최고의 헌신자들이 되기를 원합니다. 초대교회 때 여인들의 헌신을 통하여 교회가 아름답게 세워졌듯이, 저희들의 헌신을 통하여 이 교회가 더욱더 든든히 서가는 축복이 있게 하여 주옵소서. 또한, 예수님이 십자가를 지시고 골고다 언덕으로 향하실 때, 그 뒤를 눈물로 따라간 여인들처럼, 저희들도 주님의 십자가를 따르는 담대한 믿음이 있게 하시고, 저희들의 희생을 통하여 생명의 역사가 일어나는 축복이 있게 하여 주옵소서.

여인의 기도를 기쁘게 받으시는 주님! 교회와 가정을 위하여 늘 기도에 힘쓸 수 있는 여전도회가 되게 하시고, 영혼을 구원하는 일에도 마음을 쏟을 수 있는 여전도회가 되게 하여 주옵소서.
주님! 이 시간에 여전도회의 발전과 사업을 위하여 생각을 모을 것이 있기에 모임을 갖습니다. 저희의 마음과 생각을 지켜주셔서 여전도회를 든든히 세울 수 있는 유익한 대화들이 오고 가게 하시고, 감정이 상하거나 서로 헐뜯는 일이 발생하지 않도록 성령께서 지켜 주시옵소서.
또한, 주님의 몸 된 교회가 더욱 부흥하는데 꼭 필요한 계획들이 되게 하시고, 목사님의 목회 사역에 도움을 드릴 수 있는 계획들이 되게 하여 주옵소서. 회장님과 임,역원들에게도 함께하셔서 영육 간에 강건함을 주시고 맡은 직분을 잘 감당할 수 있도록 능력을 더하여 주옵소서. 이 모임의 모든 대화를 듣고 계시는 예수 그리스도의 이름으로 기도합니다. 아멘

성경공부모임

사랑의 주님! 저희들에게 구원의 은혜를 베풀어 주시고, 주님의 진리의 말씀을 탐구해 갈 수 있는 특권을 주심을 감사합니다. 특별히 연약한 저희들을 지도하시기 위하여 주님이 귀히 쓰시는 000목사님을 세우심을 감사드립니다.

성경공부를 지도하시는 목사님을 더욱 큰 능력으로 붙드셔서 피곤함이 없게 하시고, 늘 강건함으로 지켜주옵소서. 또한 가르치시는 목사님을 통하여 깊은 영성을 만날 수 있게 하여 주시고, 영감 있는 주님의 말씀을 보다 더 깊이 있게 알아갈 수 있는 축복의 시간이 되게 하여 주옵소서.
또한 저희들이 진리의 말씀을 점점 더 알고 이해하는 것으로만 그치지 않기를 원합니다. 그 말씀에 대한 순종을 드릴 수 있게 하시고, 주님의 참된 제자로 살아갈 수 있는 저희 모두가 되게 하여 주옵소서.

주님! 이 귀하고 복 된 자리에 참석하지 못한 교우들이 있습니다. 저들의 딱한 형편을 헤아려 주실 것을 믿습니다. 진리의 말씀과 멀어지지 않도록 저들의 안타까운 삶을 주님의 은혜로 만져주시옵소서.
주님! 더 많은 성도들이 하나님을 힘써 아는데 참여하기를 원합니다. 말씀이 없으면 신앙의 성장도 없고, 영혼이 피폐해질 수밖에 없음을 깨달아 주님의 말씀을 공부하는데 시간을 투자할 수 있게 하여 주옵소서.

오늘 저희들이 주님의 말씀을 배운다고 하지만 지혜가 부족합니다. 놀라운 지혜를 더하여 주셔서 주님의 귀한 말씀을 놓치지 않게 하여 주옵소서. 이 시간에 성령님이 도와주실 것을 믿사옵고 예수 그리스도의 이름으로 기도합니다. 아멘

중보기도모임

은혜로우신 하나님 아버지! 저희들을 사랑하시고 축복하셔서 주님을 가까이 할 수 있도록 이끄심을 감사드립니다. 오늘 저희들이 기도의 중요성을 알기에 이 시간 특별히 시간을 내어 기도회로 모이게 되었습니다.
기도야말로 하늘의 문을 열고 닫는 축복의 통로임을 깨닫습니다. 항상 기도하는 것이 저희들의 습관이 되게 하여 주시고, 기도를 통하여 언제나 주님과 교제하는 삶이 되게 하여 주옵소서. 그 동안 이 핑계, 저 핑계로 기도의 자리를 외면했던 모습이 있었다면 이 시간 회개할 수 있게 하시고, 꾸준한 기도생활이 이어졌다면 더 깊은 기도의 세계를 경험할 수 있는 시간이 되게 하여 주옵소서.

이 시간 이후로 저희 모두가 항상 기도하는 기도자로 세움을 받기를 원합니다. 깨어 있는 기도자가 되기를 원합니다. 사무엘과 같이 기도하기를 쉬는 죄를 범치 않기를 원합니다. 나라와 민족, 교회와 성도, 가정과 이웃을 위하여 두 손을 높이 드는 인생이 되게 하여 주옵소서. 기도할 때는 언제나 사슴이 시냇물을 찾기에 갈급함 같은 기도가 되게 하시고, 한나와 같이 성령에 취할 수 있는 기도가 되게 하여 주옵소서.
오늘 기도회 모임을 인도하는 인도자에게도 함께하셔서 모인 숫자에 힘을 잃지 말게 하시고, 두 세 사람이 모인 곳에서도 주님의 이름으로 모인 곳에는 함께 하신다고 하였사오니 그 약속의 말씀을 붙들고 능력 있게 기도회를 인도할 수 있게 하옵소서.

이 시간 참석하지 못한 성도들에게도 함께하여 주셔서 지금은 주님께 부르짖어야 할 때임을 깨닫게 하옵소서. 부득불 사정이 있어서 못 나온 성도들도 기억하시고 육신의 일에 매여 영적인 자리가 녹슬지 않도록 그 삶을 이끌어 주옵소서. 이 기도회가 하나님의 능력을 끌어내리고 마귀의 공격에 철퇴를 가할 수 있는 기도회가 되게 하실 것을 믿사옵고 예수 그리스도의 이름으로 기도합니다. 아멘

입시생을 위한 어머니기도모임

사랑의 하나님 아버지! 오늘 저희가 수능시험을 앞둔 자녀들을 위하여 기도 모임을 갖게 하여 주심을 감사드립니다.
저희들이 시험을 앞둔 자녀들을 위하여 기도하는 것은 점수를 올리기 위한 수단으로서가 아니라 시험 준비 때문에 자녀들의 신앙에 위기가 오지는 않을까 염려스러워서입니다. 사람이 계획할지라도 그 걸음을 인도하시는 분은 주님이신 것을 믿사오니 시험을 앞둔 자녀들이 먼저 주님을 의뢰할 수 있는 마음을 주시고, 시험을 핑계 삼아 주님을 멀리하는 일이 없게 하여 주옵소서.

정직한 자의 걸음을 인도하시는 주님이심을 믿습니다. 점수를 얻기 위한 수단과 방법을 찾기보다는 어떻게 하면 정직하게 준비하여 주님께 영광 돌릴 수 있을까를 먼저 고민할 수 있는 자녀들이 되게 하여 주옵소서. 심지 않은데서 열매를 바라는 일이 없기를 원합니다. 노력한 대가만큼 결과를 얻을 수 있게 하여 주시고, 악인의 형통함을 인하여 실족하지 않게 하여 주옵소서.
자녀들이 밤잠을 자지 못하며 시험 준비를 하고 있습니다. 건강을 해치는 일이 없게 하여 주시고, 시험 준비를 하기에 앞서 모든 지식과 지혜의 근본이신 주님께 기도하는 것이 먼저이게 하옵소서.
주님을 의뢰하는 자녀들, 우리 주님께서 반드시 책임지실 것을 믿습니다. 반드시 좋은 결과를 얻게 하여 주실 것을 믿습니다. 특별히 시험을 앞둔 자녀를 수발해오고 있는 부모님을 기억하시고, 그 수고가 헛되거나 부끄럽게 되지 않도록 함께하여 주옵소서.

이 시간 저희들이 부르짖는 기도에도 귀 기울이시고, 기도회를 가질 때마다 기도할 이유를 점점 더 깨달아 알 수 있는 복 된 시간이 되게 하여 주옵소서. 합심하여, 또는 은밀히 부르짖는 기도에 주님이 찾아오실 것을 믿사옵고 예수 그리스도의 이름으로 기도합니다. 아멘

전도모임

지금도 잃은 양을 찾으시는 주님! 저희들을 죄에서 구원하여 주시고 복음을 전할 수 있는 도구로 삼아 주셔서 오늘도 구원의 역사를 감당하게 하시니 감사드립니다.

오늘 저희들이 "때를 얻든지 못 얻든지 항상 힘쓰라"(딤후4:2)는 주님의 말씀을 좇아 전도하려고 합니다. 전도하는 것은 사단과의 영적 전쟁임을 깨달습니다. 그러하기에 전도에 나가기에 앞서서 먼저 합심하여 기도합니다. 저희들에게 성령 충만을 허락하여 주셔서 사단과의 영적 전쟁에서 승리할 수 있게 하여 주옵소서.

복음의 씨를 뿌립니다. 거두시는 이는 주님이시오니 당장 열매가 주어지지 않는다 할지라도 낙심치 말게 하여 주시고, 힘을 다하여 복음의 씨를 뿌릴 수 있는 저희 모두가 되게 하여 주옵소서.

사람을 만나고 사람을 접촉하는 일입니다. 저희들에게 지혜를 허락하여 주셔서 말과 행동 속에서 주님의 형체를 드러낼 수 있게 하여 주시고, 비난의 말을 듣거나 핍박을 받는다 할지라도 주님의 피 묻은 십자가를 바라보며 참고 인내할 수 있게 하여 주옵소서. 오늘 저희가 나가서 전도하는 것으로만 영혼구원을 위한 의무를 다한 것으로 생각하지 말게 하시고, 접촉한 영혼의 구원을 위하여 기도의 자리로 나아갈 수 있는 저희 모두가 되게 하여 주옵소서.

주님! 사도바울과 같이 받을 상급을 바라보며 생명 있는 그날까지 몸과 시간과 물질을 깨뜨려 복음을 전할 수 있기를 원합니다. 생명의 복음을 외치지 아니하고는 견딜 수 없는 저희의 마음이 되게 하여 주옵소서.

주님, 저희들뿐만이 아니라 많은 사람들이 영혼에 대한 타는 목마름이 있게 하여 주시고, 주님의 복음을 힘써서 전할 수 있는 전도의 도구가 되게 하여 주옵소서. 전도할 때에 주의 성령께서 저희와 동행하실 것을 믿사옵고 예수 그리스도의 이름으로 기도합니다. 아멘

봉사모임

저희들이 순종하기를 기뻐하시는 주님! 오늘 저희들이 주님의 말씀을 좇아 순종의 자리로 나아올 수 있게 하시니 감사합니다. 언제나 주님의 몸 된 교회를 위하여 순종의 욕구를 충족시킬 수 있는 저희 모두가 되게 하여 주옵소서.

오늘 저희들이 이 자리에 봉사하기 위하여 모였습니다. 저희들이 하는 봉사가 주님께 드려지는 봉사가 되게 하시고, 주님을 나타내고 보여 줄 수 있는 봉사의 모습이 되게 하여 주옵소서.

혹여 저희들의 앞선 봉사가 남을 판단하는 기준이 되지 말게 하시고, 언제나 겸손함으로, 언제나 낮아짐으로, 언제나 성실함으로, 언제나 진실함으로 섬김의 의무를 다 할 수 있는 봉사자들이 되게 하여 주옵소서.

봉사하다가 오해를 받는 일이 발생한다 할지라도 낙심치 말게 하여 주시고, 합력하여 선을 이루시는 주님을 끝까지 바라보며 충성을 다할 수 있게 하여 주옵소서. 봉사의 목표를 주님을 닮아 가는데 둘 수 있게 하시고, 봉사의 이유는 주님의 흔적을 남기는 것이 되게 하여 주옵소서.

또한 저희들의 봉사가 아름다운 열매로 맺혀질 수 있기를 원합니다. 한 알의 밀이 땅에 떨어져 죽을 때에 많은 열매를 맺듯이, 저희들의 봉사에도 주님의 영광을 위한 열매가 혹은 백배, 혹은 육십 배, 혹은 삼십 배로 맺혀지게 하여 주옵소서.

또한 천국의 상급이 되기를 원합니다. 이 땅에서의 아름다운 봉사가 천국에서 해같이 빛날 수 있게 하시고 하늘나라의 영원한 상급으로 이어질 수 있게 하여 주옵소서.

또한 저희들이 이 시간 봉사할 때에, 이것저것 가리지 않기를 원합니다. 힘들고 불편한 것이라면 내가 먼저 할 수 있게 하시고, 열심을 다함으로 은혜 받은 자의 모습을 보여줄 수 있는 저희 모두가 되게 하여 주옵소서.

저희의 몸과 마음을 주님께 영광을 돌리는 일에 사용하심을 감사하오며 예수 그리스도의 이름으로 기도합니다. 아멘

식사모임

공중에 나는 새를 먹이시며 들에 핀 백합화를 입히시는 하나님! 저희에게 일용할 양식을 허락하시고 건강을 주시니 감사합니다.
특별히 이 시간 식탁교제를 나눌 수 있게 하시니 감사합니다. 먹든지 마시든지 무엇을 하든지 주님의 영광을 위해서 하라고 말씀하신 대로 언제나 주님의 영광을 의식하며 떡을 뗄 수 있는 저희 모두가 되게 하여 주옵소서. 나의 양식은 나를 보내신 이의 뜻을 행하는 것이라고 말씀하였사오니 이 음식을 먹고 저의 지체를 불의의 병기로 사용치 않게 하여 주시고, 의의 병기로 사용하는 삶이 되게 하여 주옵소서.

저희들 모두가 이 땅에 사는 동안 먹고 마시는 일 때문에 지나친 염려함이 없게 하여 주시고, 하나님이 주신 식물을 감사함으로 받는 자가 되게 하여 주옵소서.
주님께서 굶주린 자들을 긍휼히 여기시고 먹이셨던 것처럼 제 자신만을 위해 호위호식하지 않게 하시고 의식주 때문에 고통당하고 있는 자들을 구제하는 일에 소홀히 하지 않게 하여 주옵소서.

또한 이 음식이 식탁에 오르기까지 정성껏 준비한 손길이 있습니다. 그 번거로움과 수고로움을 기억하셔서 하늘의 큰 기쁨으로 채워주시옵소서. 이 땅을 살아가는 동안 항상 주님의 마음을 가지고 선한 일에 부할 수 있는 복 있는 손길이 되게 하여 주옵소서. 그 손으로 하는 모든 일들을 주의 강한 손으로 붙드셔서 언제나 나의 나됨이 하나님의 은혜로 된 것임을 고백할 수 있게 하옵소서.
오늘 저희들이 식탁교제를 나누며 주고받는 대화 속에도 함께하셔서 모든 대화에 말없이 듣고 계신 주님을 의식하며 대화를 나눌 수 있게 하옵소서. 이 음식을 먹을 때마다 영원한 양식이 되시는 예수 그리스도의 이름으로 기도합니다. 아멘

잊지 말게 하소서

주님,
순수한 마음과 지혜로운 정신을 주셔서
주님 뜻대로 제 소임을 다하게 하옵소서.
거짓된 욕구로부터,
교만과 탐욕과 시기와 분노로부터
저를 구하소서.
주님께서 제게 주시는 것은 어떤 일이라도
기뻐 받게 하옵소서.
가난한 사람, 슬퍼하는 사람,
일할 수 없는 사람들을 섬기는 일에
적극적이게 하옵소서.
제가 감당할 수 있는 일을 정직하게 분별하게 하시고
할 수 없는 일은 기쁘고 겸손한 마음으로
다른 사람에게 맡길 수 있게 하옵소서.
언제나 잊지 말게 하옵소서.
주님께서 주시는 것 외에는 아무것도 소유할 수 없으며,
주님께서 하시는 일 외에는 아무 일도 할 수 없음을…

_ 야곱 보엠

8장
구역(셀, 속회)모임
대표기도문

구역(셀, 속회)모임대표기도문(1)

주님이 바라시는 열매를 많이 맺게 하소서

희망찬 새해를 허락하신 자비로우신 하나님! 금년 한 해를 다시 시작할 수 있는 은총을 베푸시니 감사를 드립니다. 새해를 맞이하여 믿음의 지체들이 한자리에 모였습니다. 참된 찬양과 경배를 드리기를 원하오니 영광을 받으시옵소서.
새해를 시작하면서 갖게 되는 첫 구역(셀,속회)모임입니다. 저희모두가 이 모임을 사랑하는 마음이 변치 않게 하여 주시고, 끝까지 이 모임을 은혜롭게 이끌어 나갈 수 있도록 도와주시옵소서.
무엇보다도 금년 한 해는 저희 모두가 주님이 바라시는 열매를 많이 맺기를 원합니다. 풍성하게 맺기를 원합니다. 허물 많고 연약한 저희를 주님의 강하신 팔로 붙들어 주셔서 참으로 하나님의 영광을 위하여 열매를 풍성하게 맺는 한 해가 되게 하여 주옵소서. 오직 주의 이름의 영광을 위하여 살아드리는 한해가 되게 하여 주옵소서.

매일 매일의 삶 속에서 하나님을 더 잘 알며, 하나님을 더욱 찬양하며, 더욱 사랑할 수 있게 하시고, 지식과 지혜와 총명과 넓은 마음을 주셔서 주님을 위한 활동의 영역도 더욱 넓힐 수 있게 하옵소서. 주님이 기뻐하시는 모든 사람의 구원을 위하여 저희의 삶을 드릴 수 있게 하시고, 평안한 가운데 교회가 든든히 서갈 수 있도록 저희의 몸과 마음을 깨뜨릴 수 있게 하옵소서.

이 시간 이 모임을 인도하는 인도자를 성령의 능력으로 강하게 붙들어 주시기를 원합니다. 여러 가지로 마음써가며 수고하는 그 손길에 우리 주님이 크신 복을 더하실 것을 믿습니다.
사랑의 주님이 이 모임 가운데 늘 함께하실 것을 믿사옵고 예수 그리스도의 이름으로 기도합니다. 아멘

구역(셀, 속회)모임대표기도문(2)

선한 청지기의 본분을 다하게 하소서

저희의 소망이 되시고 빛이 되시는 하나님 아버지! 저희들에게 새로운 해를 주셔서 기쁨 가운데 희망을 갖고 시작하게 하시니 감사드립니다. 주님이 저희들에게 또 다시 복된 새해를 선물로 주셨사오니 주님의 영광을 위하여 저희의 삶을 드릴 수 있는 한해가 되게 하여 주옵소서.

이 자리에 모인 저희 지체들이 올해에 받은 직분과 직책들이 있습니다. 부족한 저희들에게 주님의 영광을 위하여 봉사하고 섬길 수 있는 기회를 주셨사오니, 감사함으로 잘 감당할 수 있게 하시고, 선한 청지기로서의 본분을 잃지 않게 하여 주옵소서.

주님을 위해서라면 가리는 것이 없게 하여 주시고, 힘을 다하여 충성할 수 있는 저희 모두가 되게 하여 주옵소서. 그리하여 주님이 보시기에 착하고 충성된 종들의 모습이 되게 하시고, 더 많은 것을 맡기시는 주님의 축복을 누리는 저희들이 되게 하여 주옵소서.

이 모임도 우리 주님이 함께하시는 은혜로운 모임이 되게 하기 위하여 저희 모두가 한 마음 한 뜻을 품게 하시고, 힘을 다하여 참석할 수 있도록 저희의 생각과 마음을 주장하여 주옵소서. 횟수가 더해질수록 영적인 풍요가 넘치는 모임이 되게 하시고, 영적인 기쁨이 충만해지는 모임이 되게 하여 주옵소서.

새해에도 구역(셀,속회)모임을 위하여 더 많이 수고하는 손길을 기억하시고, 그 수고와 애씀이 귀한 열매로 맺어질 수 있도록 축복하실 것을 믿습니다. 저희 한 사람 한사람마다 주님의 은혜가 끊임없이 공급되는 축복의 새해가 되게 하실 것을 믿사옵고 예수 그리스도의 이름으로 기도합니다. 아멘

구역(셀, 속회)모임대표기도문(3)

믿음의 경주를 잘하게 하소서

능력과 사랑의 하나님 아버지! 저희들에게 믿음을 주셔서 믿음의 주요 온전케 하시는 이인 예수님을 바라보며 살아갈 수 있게 하시니 감사드립니다. 오늘도 믿음을 가진 자들이 한 자리에 모였습니다. 믿음으로 살고자하는 저희들을 축복하실 것을 믿습니다.

주님! 저희들이 이 땅을 살아가는 동안 믿음의 경주를 잘할 수 있도록 도와주옵소서. 저희들 앞서 믿음으로 살아간 선진들이 달려갈 길을 다 달려가서, 지금은 경주를 마치고 구름떼 같이 둘러서서, 아직도 이 땅에서 신앙의 경주를 하고 있는 모든 신자들의 경주의 모습을 구경하며 지켜보고 있음을 기억하게 하옵소서. 푯대를 바라보고 상을 얻기 위하여 달릴 수 있게 하옵소서.

오랜 훗날 저희들도 사도바울의 고백처럼 선한 싸움을 싸우고 달려갈 길을 마치고 믿음을 지켰노라고 환희와 감사에 찬 승전가를 부를 수 있게 하옵소서. 그 옛날 광야의 이스라엘 못지않게 오늘날도 믿음으로 사는 자에게 기이한 일을 수 없이 베푸시며, 측량할 수 없는 큰일을 베푸시는 하나님이심을 믿습니다.

오늘도 이 구역(셀,속회)모임에 참석하지 못한 발걸음이 있습니다. 저들의 믿음도 붙들어주셔서 이 땅을 살아가는 동안 믿음의 경주를 잘 할 수 있게 하여 주옵소서. 이 시간, 이 구역(셀,속회)모임을 인도하는 자에게도 크신 능력을 더하여 주시며 크신 상으로 갚아주실 것을 믿습니다.
장소를 제공한 손길에게도 동일한 은혜를 더하실 것을 믿사옵고 예수 그리스도의 이름으로 기도합니다. 아멘

구역(셀, 속회)모임대표기도문(4)

충성스러운 일꾼이 되게 하소서

언제나 새로운 역사로 저희와 함께하시는 하나님! 오늘도 저희의 마음을 새롭게 하셔서 믿음의 권속들이 한 자리에 모일 수 있게 하시니 감사드립니다.
만물을 새롭게 함같이 항상 저희의 마음을 새롭게 하셔서 주님께 믿음으로 하나 되는 모습을 보일 수 있게 하여 주옵소서. 이 시간도 저희 모두가 마음 문을 활짝 열어놓기를 원합니다. 그리하여 주님의 예비하신 은혜를 받아 누릴 수 있는 마음들이 되게 하여 주옵소서.

주님! 저희 모두가 신실하고 충성스러운 일꾼들이 되게 하여 주옵소서. 교회의 일꾼, 부끄러움이 없는 일꾼, 그리스도의 신실한 일꾼 들이 되게 하여 주옵소서. 특히 큰 것 보다 작은 것에 충성할 수 있게 하옵소서. 보이는 것보다 보이지 않는 것에 충성할 수 있게 하옵소서. 알아주는 것보다 알아주지 않는 것에 충성할 수 있게 하옵소서. 그리하여 인간의 판단을 받으려 하기보다 하나님의 판단을 잘 받을 수 있는 저희들이 되게 하여 주옵소서.

주님! 저희들이 믿음의 경주도 잘할 수 있기를 원합니다. 믿음으로 달려가다가 실족하여 넘어지는 일이 없게 하시고, 상 주실 주님을 바라보며 힘 있게 달려 갈 수 있는 저희들이 되게 하여 주옵소서.
특별히 이 구역(셀,속회)모임을 위하여 더 많이 수고하는 지체들을 기억하옵소서. 기쁨으로 감당할 수 있도록 성령 충만을 허락하여 주시고, 주님께 향기가 되게 하옵소서.
저희들이 이 모임을 가지면서 주의 말씀으로 하나 되어 언제나 주님의 나라와 그 의를 구하는 모습이 되게 하옵소서. 예수 그리스도의 이름으로 기도합니다. 아멘

구역(셀, 속회)모임대표기도문(5)

삶의 모든 문제들을 권고하여 주소서

만복의 근원이 되시는 하나님 아버지! 허물과 죄로 죽었던 저희들에게 예수 그리스도로 말미암아 영원한 생명을 얻게 하시고 앞서간 성도들과 함께 하늘의 기업을 누리게 하심을 감사드립니다.
은혜로 저희에게 주어진 이 구원과 죄 사함과 의롭다하심과 하나님의 자녀 됨과 천국의 영원한 기업을 인하여 다시 한 번 감사하오며 찬송합니다. 홀로 영광을 받으시옵소서.

이 시간도 진리의 영으로 저희를 감화하시고 도와주시옵소서. 하나님의 말씀을 읽고, 듣고 생각나게 하셔서 그 진리의 말씀으로 저희 자신을 굳게 세워나갈 수 있게 하옵소서.

저희의 짐을 친히 담당하신 주님! 이 자리에 모인 저희들 가운데 생업의 문제로, 질병으로, 가족의 문제로, 부모의 문제 등 여러 가지 일로 마음 아파하며 괴로워하는 지체들이 있습니다. 이 시간 저희의 모든 일들, 모든 문제들을 주님께서 권고해 주심으로 아름답고, 형통하고, 유익하도록 이끌어 주옵소서. 저희의 모든 것이 하나님께 영광이 되도록 도와주시옵소서. 또한 언제든지 실족하거나 낙망치 않는 생활이 되게 하시고, 언제든지 하나님 제일주의로 살아가는 삶이 되게 하여 주옵소서.

이 시간 저희들이 믿음의 교제를 나누며, 기도할 때에 성령의 크신 능력으로 함께 하여 주셔서 때 묻은 불신앙들의 요소들이 물러가고 변함없이 함께하시는 주님의 사랑을 느낄 수 있게 하옵소서. 예수 그리스도의 이름으로 기도합니다. 아멘

구역(셀, 속회)모임대표기도문(6)

강하고 담대한 믿음이게 하소서

사랑의 하나님 아버지! 오늘날까지 끊임없이 연약한 저희들에게 베푸신 은혜를 감사합니다. 오늘도 저희 모두가 받은 은혜를 감사하며 구역(속회, 셀)모임에 참석했습니다. 주님께 큰 영광 돌리며 기쁨으로 믿음의 교제를 나눌 수 있는 자리가 되게 하여 주옵소서.

주님! 저희의 부족한 믿음을 아시오니, 항상 풍성한 은혜로 저희의 믿음을 채워 주시기를 원합니다. 그리하여 주님께 늘 믿음의 고백을 드리며 마음을 다하여 주님을 섬길 수 있게 하시고, 맡겨진 일에 충성을 다할 수 있게 하여 주옵소서. 또한 세상 속에서는 믿음의 용기를 가지고 강하고 담대하게 살아가게 하옵소서. 무슨 일을 만나든지 믿음으로 이겨나갈 수 있게 하시고, 믿음으로 승리할 수 있는 삶이 되게 하여 주옵소서.

또한 믿음의 역사를 세상 앞에 보여줄 수 있는 삶이 되게 하시고, 많은 이들에게 믿음을 갖게 하는데 쓰임 받는 삶이 되게 하옵소서.
오늘도 주님이 사랑하시는 경건한 구역(속회, 셀)모임이 되기를 원합니다. 뜨겁게 교제하는 모임이 되기를 원합니다. 뜨겁게 기도하는 모임이 되기를 원합니다. 이 구역(속회, 셀)모임이 세속적으로 기울어지지 않도록 주의 성령께서 역사하여 주옵소서.

저희의 모임을 항상 복되게 하셔서 믿음의 풍성함이 더하여지는 모임이 되게 하여 주옵소서. 저희들과 함께하시는 예수 그리스도의 이름으로 기도합니다. 아멘

구역(셀, 속회)모임대표기도문(7)

일꾼을 세워갈 수 있게 하소서

사랑의 하나님 아버지! 오늘 이 모임을 사랑하는 자들이 한 자리에 모였습니다. 주님이 기뻐 받으시는 거룩한 공동체를 세우기 위하여 마음을 쏟고 있는 저희 모두에게 성령의 위로하심과 큰 은혜를 더하실 것을 믿습니다. 세상의 풍속을 좇지 아니하고 이 땅위에 주님의 나라가 온전히 이루어지기를 소원하며 이 구역(속회, 셀)모임을 갖습니다. 주의 신실한 종들을 통하여 주님의 역사를 이루시옵소서.

이 구역(속회, 셀)모임이 작은 모임이지만 주님의 몸 된 교회에 봉사자를 세우는 모임이 되기를 원합니다. 충성자를 세우는 모임이 되기를 원합니다. 헌신자를 세우는 모임이 되기를 원합니다. 주님의 몸 된 교회를 위하여 꼭 필요한 모임이 되게 하여 주옵소서.
또한 이 구역(셀,속회)모임이 사랑의 공동체가 되기를 원합니다. 치유의 공동체가 되기를 원합니다. 회복의 공동체가 되기를 원합니다. 성령의 능력으로 함께하여 주옵소서.

이 자리에 모인 저희 모두는 이 모임을 가벼이 여기는 일이 없기를 원합니다. 주님이 기뻐하시는 건강한 믿음을 세워가기 위하여 꼭 필요한 모임임을 잊지 않게 하옵소서. 언제나 힘써서 모일 수 있게 하시고, 이 모임을 위하여 늘 기도할 수 있는 지체들이 되게 하옵소서.

오늘 보이지 않는 지체들이 있습니다. 저들의 형편을 주님께서 아시리라 믿습니다. 긍휼히 여겨 주옵소서. 이 구역(셀,속회)모임을 위하여 세운 리더를 기억하시고, 어렵고 힘들지라도 은혜로 잘 감당할 수 있게 하옵소서. 모든 것을 다 아시는 예수 그리스도의 이름으로 기도합니다. 아멘

구역(셀, 속회)모임대표기도문(8)

주님의 섭리하심을 체험케 하소서

영광을 받으시기에 합당하신 하나님 아버지! 오늘도 이곳에 임재 하셔서 저희들의 구역(속회, 셀)모임을 주관하시고 영광을 받으실 것을 믿습니다. 이 모임에 참석한 저희 모두에게 성령님의 위로하심과 넘치는 기쁨이 있게 하실 것을 믿습니다. 이 시간, 여기에 모인 지체들이 성경을 묵상하고 상고할 때에 저희들을 향하신 하나님의 사랑을 피부 깊숙이 경험하는 시간이 되게 하시고, 하나님의 사랑과 능력이 얼마나 놀랍고 위대한지를 다시 한 번 경험하는 시간이 되게 하여 주옵소서.

저희들이 믿음의 교제를 나눌 때에 하나님의 섭리하심과 인도하심을 온몸으로 느낄 수 있는 시간이 되게 하시고, 필요한 기도 제목을 놓고 간구할 때에 뜨거움을 주시고 응답하시는 주님의 능력의 손길을 체험할 수 있게 하옵소서. 땅으로부터 주어지는 기쁨보다 위로부터 주어지는 기쁨이 훨씬 더 좋고, 그 무엇과도 바꿀 수 없음을 모두가 시인할 수 있는 시간이 되게 하옵소서.

우리 주님께서 저희들에게 이 구역(셀,속회)모임을 허락하신 것을 늘 기뻐하며 감사할 수 있게 하시고, 영적으로 더욱 건강한 모임을 만들기 위하여 마음을 다할 수 있는 저희 모두가 되게 하여 주옵소서. 오늘의 이 모임에 인간의 그 어떤 간계와 궤계도, 사탄의 그 어떤 역사도 용납지 않으시고 성령의 화염검으로 지키실 것을 믿습니다.

이 구역(셀,속회)모임을 위하여 수고하는 인도자와 돕는 손길들에게 크신 위로와 축복을 더하실 것을 믿사옵고 예수 그리스도의 이름으로 기도합니다. 아멘

구역(셀, 속회)모임대표기도문(9)

맛보고 느껴지는 모임이게 하소서

저희에게 주신 지극한 은혜를 인하여, 말할 수 없는 주의 은사를 인하여 하나님께 감사합니다. 이 시간이 있기까지 저희의 삶을 만져주시고 축복해 주신 하나님, 오늘도 저희의 허물과 죄를 용서해 주시고 찬송과 영광을 받으시옵소서.

주님을 의지하는 자, 영혼이 잘되며 범사의 잘되고 강건함으로 이끄실 것을 믿습니다. 이 시간도 주님을 더욱 사랑하고 믿음의 교제를 힘써서 나누기를 원하는 저희 모두에게 한량없으신 주의 은혜를 경험하게 하실 것을 믿습니다. 주의 말씀을 상고할 때에 꿀같이 달다고 고백한 시편의 어느 시인과 같이 저희에게 주어진 말씀이 꿀 송이와 같이 달게 하여 주실 것을 믿습니다.

찬송을 부를 때에도 입술의 찬송이 아닌 영혼 깊은 곳에서 울려 퍼지는 찬송이 되게 하셔서 저희 모두가 천상의 기쁨과 즐거움을 맛보게 하실 것을 믿습니다.
한 마디의 기도를 하더라도 주님의 기도를 닮게 하셔서 서로를 위해서 기도할 때마다 지금도 우리를 위하여 중보기도를 하고 계신 주님의 뜨거운 사랑이 마음으로 느껴지게 하옵소서.

환난을 당한 자 있습니까? 땅 위에서 받는 고난이 잠시인 것을 알아 소망 중에 믿음의 생활을 기쁨으로 해나갈 수 있게 하옵소서. 주님의 몸 된 교회와 주의 사랑하는 가정과 이 자리에 모인 지체들을 기억하셔서 부흥과 성장이 있게 하시고, 안식과 평안이 있게 하여 주옵소서.
이 구역(셀,속회)모임을 통하여 주님의 뜻을 더욱 밝히 드러내며, 주님의 제자로 쓰임받기에 합당한 그릇으로 빚으실 것을 믿습니다. 예수 그리스도의 이름으로 기도합니다. 아멘

구역(셀, 속회)모임대표기도문(10)

사랑의 마음이 깊어지게 하소서

영원하신 하나님 아버지! 저희가 인생길을 걷는 가운데 수많은 만남이 이루어지지만 이 시간, 주를 고백하고 섬기는 자들이 복되고 아름다운 만남을 가질 수 있게 하시니 감사드립니다.
오늘도 저희들이 주님께 영광 돌리며 믿음의 교제를 나눌 때에 새벽이슬 같은 주의 은혜를 경험할 수 있게 하옵소서.
주님의 사랑을 입은 저희들입니다. 모임을 가질 때마다 그 사랑을 잊지 않게 하여 주시고, 사랑에 기초하여 세워지는 아름다운 모임이 되게 하여 주옵소서.

주님! 저희들의 구역(셀,속회)모임이 횟수가 더해질수록 서로에 대한 사랑의 마음도 깊어지게 하시고, 그 사랑이 교회와 이웃을 위한 사랑으로 나타날 수 있게 하옵소서. 사랑으로 주님의 몸 된 교회를 섬기며 봉사할 수 있게 하시고, 사랑으로 이웃에게 주님의 아름다운 덕을 선전할 수 있는 저희 모두가 되게 하여 주옵소서. 저희가 이 구역(셀,속회)모임을 가질수록 사랑의 주님을 닮아가는 모습이 나타나게 하시고, 사랑으로 주님의 형상을 보여줄 수 있는 삶이 되게 하여 주옵소서.

이 시간, 서로 간에 부끄러운 대화가 오고가지 않도록 저희의 입술에 성령의 능력을 인치시기를 원합니다. 서로 간에 영적인 성숙함이 느껴질 수 있는 자리가 되게 하시고, 서로에 대한 신앙을 인정받으며 존경할 수 있는 자리가 되게 하여 주옵소서.
부득불 참석치 못한 지체들을 기억하시고, 그 안타까운 마음을 위로하여 주옵소서. 저희를 너무도 사랑하시는 예수 그리스도의 이름으로 기도합니다. 아멘

구역(셀, 속회)모임대표기도문(11)

기도의 좋은 습관이 만들어지게 하소서

전능하신 하나님 아버지! 저희에게 모일 수 있는 시간을 허락하시고, 힘써서 모일 수 있게 하시니 감사합니다. 저희들이 이 땅에 있는 동안 하나님의 은혜를 헛되이 받는 일이 없게 하여 주옵소서. 받은 은사를 따라 착한 양심을 가지고 주의 일에 힘쓰게 하시고, 언제나 주님을 높이는 삶이 되게 하여 주옵소서.
주님! 저희들이 구역(셀,속회)모임을 가지면서 육욕을 채우기 위한 수단으로 기울어지는 일이 없기를 원합니다.
언제나 주의 성령께서 저희의 마음을 붙들어주셔서 주님의 나라와 그 의를 구할 수 있는 모임이 되게 하여 주옵소서.
이 모임을 통하여 주님이 각자에게 주신 은사를 늘 발견할 수 있게 하시고, 잘 활용할 수 있는 방법도 배울 수 있게 하여 주옵소서. 주님의 말씀을 상고할 때나, 떡을 떼며 교제할 때나 주님께 합당한 모습이 되게 하여 주옵소서.

주님! 저희 각자에게는 함께 나눌 기도의 제목들이 많습니다. 이 땅에서 주님의 자녀로 사는 동안 주님의 도우심을 바랄 수밖에 없는 내용들이오니 우리 주님께서 저희의 기도를 들으시고 합당한 은혜로 채우실 것을 믿습니다. 저희가 서로를 위하여 기도할 때에 중언부언 하는 일이 없게 하시고, 마음을 담아 정성껏 기도할 수 있는 모습이 되게 하여 주옵소서.

혹여 주님이 보시기에 합당치 못한 기도의 내용들이 있을지라도 성령의 채로 걸러내 주실 것을 믿습니다. 이 시간을 서로를 위한 중보기도가 즐거워지게 하시고, 기도하는 좋은 습관이 만들어지게 하옵소서.
이 구역(셀,속회)모임의 인도자를 기억하셔서 언제나 성령님께서 위로를 더하여 주옵소서. 저희를 늘 새롭게 하시는 예수 그리스도의 이름으로 기도합니다. 아멘

구역(셀, 속회)모임대표기도문(12)

하나님의 나라를 구하게 하소서

우주를 통치하시고 다스리시는 하나님 아버지! 저희로 하여금 예수 그리스도를 믿게 하시고 하나님 나라의 비밀을 알게 하심을 감사드립니다. 오늘도 땅에 속한 자들이 아닌 하나님 나라에 속한 자들이 한 자리에 모였습니다. 개개인의 이(利)를 구하기 위하여 모인 것이 아니라 하나님 나라의 의(義)를 구하기 위하여 모인 자리입니다. 우리 주님께서 저희들 가운데 함께하시고 이 자리를 친히 주장하시옵소서.

주님! 저희들의 현재의 삶 가운데 하나님의 나라를 경험하기를 원합니다. 그러나 종말의 마지막 때에 이루어질 하나님 나라 또한 간절히 구하며 소망하는 자녀들이 되게 하여 주옵소서.
자칫 현재의 삶 속에 안주하며 미래에 도래할 영광스런 하나님 나라에 대한 소망을 잊어버리지 않도록 도와주시옵소서. 현실에 발을 디디고 서 있으되, 미래에 하나님께서 이루실 완성된 하나님 나라를 늘 잊지 않고 깨어 기도함으로 준비하는 자녀들이 되게 하여 주옵소서.

저희들의 구역(셀,속회)모임도 하나님께서 이루실 완성된 하나님 나라를 소망하며 준비하는 모임이 되기를 원합니다. 단지 땅의 것을 해결하기 위한 방법이나 처세술을 나누고자 이 모임을 갖는 것이 아니라, 하나님 나라의 백성으로서 천국을 어떻게 준비하며 살아야 하는지를 나눌 수 있는 자리가 되게 하여 주옵소서. 하나님의 나라를 소망하는 자들에게 더욱 크신 은총으로 함께하실 것을 믿습니다.

오늘도 구역(셀,속회)모임을 위하여 장소를 제공한 손길을 기억하시옵소서. 손 대접하기를 즐거워하다가 천사를 대접한 아브라함의 축복이 이 가정 위에 있게 하여 주옵소서. 예수 그리스도의 이름으로 기도합니다. 아멘

구역(셀, 속회)모임대표기도문(13)

쓰임 받는 믿음이 되게 하소서

믿음의 주요 온전케 하시는 주님! 저희들이 달콤한 세상 유혹을 뿌리치고 믿음의 자리로 달려올 수 있게 하심을 감사드립니다. 저희를 강권하셔서 이 자리로 인도하신 이는 성령님이심을 믿습니다. 언제나 성령님의 감동하심과 인도하심을 떠나지 않는 저희의 삶이 되게 하여 주옵소서.

주님! 이 자리에 있는 저희 모두가 주님께 쓰임 받는 믿음의 사람이 되게 하옵소서. 성경에 기록된 수많은 믿음의 사람들처럼 주님께 믿음을 보여줄 수 있는 사람이 되게 하시고, 이 시대에 주님을 위하여 쓰임 받는 믿음의 사람이 되게 하옵소서.
그리하여 과거나 지금이나 주님께서는 믿음의 사람을 통하여 역사하고 계심을 보여줄 수 있는 저희 모두가 되게 하옵소서. 저희의 믿음이 식어지거나 흔들리지 않기 위하여 늘 말씀을 가까이 할 수 있게 하시고, 기도생활을 게을리 하지 않게 하여 주옵소서. 주님을 향한 믿음을 보여 줄 수 있는 일이라면 그 어떤 대가도 기꺼이 감수 할 수 있게 하시고, 주님께 영광이 되는 일이라면 가장 선봉에 설 수 있는 저희의 믿음이 되게 하여 주옵소서.

주님! 저희가 판단할 일은 아니지만 지체들 중에 믿음이 연약한 자들이 있습니다. 그들을 긍휼히 여겨주셔서 세상의 방법대로 사는 것보다 믿음으로 사는 것이 훨씬 더 유익하고 가치 있는 삶임을 깨닫게 하여 주옵소서.

이 모임을 위하여 마음을 다하는 손길이 있습니다. 우리 주님이 그 정성을 받으시고 크신 복으로 함께하실 것을 믿습니다. 특별히 인도자를 기억하여 주셔서 이 모임을 인도할 때마다 새 힘이 넘치게 하옵소서. 저희의 믿음을 세우시는 예수 그리스도의 이름으로 기도합니다. 아멘

구역(셀, 속회)모임대표기도문(14)

나눔과 교제가 기쁨이 되게 하소서

참으로 좋으신 하나님 아버지! 무용지물인 인생을 버려두지 아니하시고 주님의 백성으로 불러주셔서 빛과 진리 가운데로 인도하여 주시니 감사합니다. 오늘도 주의 은총을 입은 자녀들이 한 자리에 모였습니다. 저희들의 구역(속회, 셀)모임이 단지 모이는 것에 목적을 두는 것이 아니라, 왜 모임을 갖는지를 분명히 깨닫게 하셔서 믿음의 덕을 세우는 저희 모두가 되게 하여 주옵소서.

주님! 저희들 서로 간에 생명의 교제가 있기를 원합니다. 하늘에 속한 언어가 있기를 원합니다. 마음을 다한 나눔이 있기를 원합니다. 이 시간만큼이라도 서로 간에 속화된 모습이 보여지지 않게 하시고, 성령님의 지배를 받을 수 있도록 함께하여 주옵소서.

주님! 서로 간에 나누는 것이 기쁨이 되기를 원합니다. 주님의 은혜를 고백하려다 자기 자랑으로 기울어지지 않게 하시고, 자신의 허물을 고백하려다 다른 사람의 상처를 건드리는 일이 없게 하여 주옵소서. 서로 간에 나누는 대화 속에서 성령님의 위로를 느끼게 하시고, 용기와 희망을 주시는 주님의 음성을 들을 수 있게 하옵소서.

오늘도 이 자리에 보이지 않는 지체들이 있습니다. 그들이 육신의 일만 도모하는 것이 아니라 신령한 것을 좇아 행할 수 있도록 은총을 더하여 주옵소서. 이 구역(셀,속회)모임을 위하여 앞장선 자들을 기억하셔서, 주님의 은혜를 앞세워 받은 사명을 잘 감당할 수 있도록 붙들어 주옵소서.
저희 모두에게도 맡겨진 사명이 있사오니 각자 받은 대로 최선을 다할 수 있게 하옵소서. 예수 그리스도의 이름으로 기도합니다. 아멘

구역(셀, 속회)모임대표기도문(15)

모임의 필요성을 깨닫게 하소서

전능하신 하나님 아버지! 저희로 하여금 주님을 따를 수 있는 기회를 주시고, 주님을 섬길 수 있는 날을 주심을 감사드립니다. 또한 믿음의 무리들이 한 자리에 모여 주님을 향한 신앙고백을 든든히 세워갈 수 있게 하시니 감사드립니다. 언제나 저희와 함께 하시옵소서.

주님! 저희들의 구역(셀,속회)모임을 축복해 주옵소서. 모일 때마다 신앙의 모임이 우리의 삶에 왜 필요한지를 강하게 느낄 수 있게 하시고, 신앙생활은 혼자 잘한다고 해서 결코 잘 할 수 있는 것이 아님을 깨닫게 하옵소서.

이 모임을 가질 때마다, 우리 주님이 왜 자신을 머리로 하여 저희들을 그 몸의 지체로 엮어주셨는지를 온몸으로 느껴갈 수 있게 하옵소서. 우리 자신의 건강한 믿음을 세워 가는 데는 반드시 다른 지체들의 도움이 필요하다는 것을 잊지 않게 하옵소서.

주님! 저희가 저희 자신의 신앙을 위해서도 이 모임을 건강하게 세워갈 수 있게 하옵소서. 말씀의 공동체, 교제의 공동체, 기도의 공동체, 나눔의 공동체로 세워갈 수 있도록 은혜를 더하여 주옵소서. 또한 서로의 믿음을 세워주기 위하여 기꺼이 수고할 수 있는 기쁨을 누리게 하옵소서. 서로가 함께하면 함께 할수록 더 큰 보람을 느낄 수 있게 하시고, 서로를 위하면 위할수록 더 큰 행복을 느낄 수 있게 하옵소서.

이 구역(셀,속회)모임을 이끄는 인도자를 기억하여 주옵소서. 엎드려 기도할 때마다 응답하시고, 새 힘과 큰 능력을 더하여 주실 것을 믿습니다.
이 모임을 저희에게 허락하심을 다시 한 번 감사하오며 예수 그리스도의 이름으로 기도합니다. 아멘

구역(셀, 속회)모임대표기도문(16)

성령 충만하게 하소서

성령 충만을 주시는 주님! 저희들을 성령님이 도우시기에 저희들이 구역(속회, 셀)모임에 참석하게 된 줄 믿습니다. 항상 성령님의 인도를 받는 저희의 삶이 되게 하여 주시고, 성령님을 근심케 하는 삶이 되지 않기 위하여 성령 충만을 구할 수 있게 하옵소서.

주님! 저희가 성령 충만하지 않고는 악이 들끓는 세상에서 믿음을 지키며 살아갈 수 없음을 깨닫습니다. 성령 충만하지 않고는 주님의 일을 기쁨으로 감당할 수 없음도 깨닫습니다. 날마다 저희들에게 성령 충만을 허락하여 주옵소서. 성령 충만함으로 세상을 이기고 육욕을 이겨갈 수 있게 하시고, 성령 충만함으로 성령의 권능을 세상에 쏟아 놓는 주의 일꾼으로 쓰임 받게 하옵소서.

주님! 주님의 몸 된 교회도 늘 성령 충만한 가운데서 섬길 수 있게 하옵소서. 봉사와 섬김을 기쁨으로 감당할 수 있게 하시고, 충성과 희생을 기쁨과 즐거움으로 감당할 수 있게 하옵소서.
저희들이 갖는 이 구역(셀,속회)모임도 성령 충만한 모임이 되게 하시고, 언제나 성령 충만을 사모할 수 있는 모임이 되게 하옵소서. 성령 충만한 가운데서 이 구역(셀,속회)모임이 날로 새로워지게 하시고, 주님이 기뻐하시는 일들이 넘쳐나는 모임이 되게 하옵소서.

이 구역(셀,속회)모임을 주관하시는 이는 성령님이심을 믿습니다. 이 모임의 인도자에게도 함께하시는 이는 성령님이심을 믿습니다. 저희들의 마음을 주장하시는 이도 성령님이심을 믿습니다. 성령님의 역사가 이 자리에 있게 하여 주옵소서. 예수 그리스도의 이름으로 기도합니다. 아멘

구역(셀, 속회)모임대표기도문(17)

각 기관과 부서가 든든히 서가게 하소서

은혜로우신 하나님 아버지! 오늘도 저희들이 이 시간을 잊지 않고 힘써서 모일 수 있게 하시니 감사드립니다. 저마다 바쁜 일들이 있겠지만, 그럼에도 불구하고 이 시간을 주님께 드리며 믿음의 교제를 나누고자 모였습니다. 주님께서 영광을 받으시고 저희들에게 합당한 은혜를 내려 주실 것을 믿습니다.

주님! 교회의 각 기관과 교육 부서를 위하여 기도하기를 원합니다. 주님의 몸인 교회에 각 기관과 교육 부서를 세우셔서 든든히 서갈 수 있도록 인도하심을 감사드립니다. 더욱 더 든든히 서가는 각 기관과 교육부서가 되게 하여 주옵소서.
교회마다 교육부서에 숫자가 점점 줄고 있는 추세입니다. 출산율의 저하 때문이기도 하겠지만, 부흥을 위하여 열심을 내지 않은 까닭도 무시할 수 없음을 깨닫습니다. 교육 부서를 맡고 있는 부서장을 비롯하여 교사들이 더욱 열심을 낼 수 있도록 뜨거움을 주시옵소서.

남, 여 전도회도 주님의 영광을 위하여 선한 청지기의 삶을 살 수 있도록 인도하여 주시고, 주님의 몸 된 교회를 위하여 최선을 다할 수 있는 회원들이 되게 하여 주옵소서. 특별히 교회의 본질은 전도에 있음을 잊지 말게 하셔서 때를 얻든지 못 얻든지 복음을 전하는 일에 헌신을 드릴 수 있게 하옵소서.

구역(셀,속회)모임도 부흥하는 모임이 되기를 원합니다. 날마다 영적으로 부흥하게 하시고, 믿음의 식구들이 많아지게 하옵소서. 또한 구역을 인도하는 자에게 영적인 능력을 더하여 주실 것을 믿습니다. 예수 그리스도의 이름으로 기도합니다. 아멘

구역(셀, 속회)모임대표기도문(18)

복음의 전진기지가 되게 하소서

자비로우신 하나님 아버지! 오늘도 저희들이 은혜 중에 모여서 믿음의 교제를 나누며 주님께 영광 돌릴 수 있게 하시니 감사드립니다. 저희가 이 땅을 살아가는 동안 믿음이 약하여지지 아니하고, 기쁜 마음으로 주님을 좇을 수 있게 하옵소서. 여전히 저희들에게 허물이 많이 있습니다. 긍휼히 여겨주시고, 주님의 보혈로 정하게 해 주옵소서.

저희의 소망이신 주님! 간구합니다. 저희 중심에 하나님을 사랑함과, 경외함과 감격이 있게 하옵소서. 때로는 저희가 낙심이 되고 피곤을 느낄 때가 있습니다. 그럴 때마다 능력으로 함께하여 주시고, 위로의 손길로 저희를 강하게 하여 주옵소서. 주의 도우심을 힘입어 늘 승리하는 삶을 살게 하여 주옵소서. 주님의 몸 된 교회, 사랑하는 어린이들과 중고등부, 그리고 청, 장년들을 더욱 사랑해 주시고, 권고해 주셔서 늘 주님 안에 굳게 서게 하시고, 강건하게 하여 주옵소서.

이 구역(셀,속회)모임이 생명을 구원하는 구명선의 역할을 감당하기 원합니다. 복음의 전진기지가 되기를 원합니다. 단지 모여서 예배드리고 교제하는 것으로만 끝나지 말게 하시고, 모이면 모일수록 영혼을 사랑하는 마음과 구원코자 하는 뜨거운 열정이 쉼 없이 일어나게 하여 주옵소서.

이 시간 구역(셀,속회)모임을 이끄는 인도자를 기억하셔서 피곤치 않도록 주의 능력으로 붙들어 주옵소서. 장소를 제공한 손길에게도 함께하셔서 주님의 큰 칭찬을 받는 믿음의 손길이 되게 하실 것을 믿습니다.
저희에게 믿음의 눈을 밝혀주실 것을 믿사옵고 예수 그리스도의 이름으로 기도합니다. 아멘

구역(셀, 속회)모임대표기도문(19)

마귀를 능히 대적하게 하소서

그리스도의 좋은 군사가 되기를 원하시는 하나님! 저희들이 그리스도의 은혜를 힘입어 담대한 믿음으로 살아갈 수 있도록 이끄심을 감사드립니다. 오늘도 세상 가운데서 그리스도의 좋은 군사로 살게 하여 주시다가 주의 이름으로 모이는 이 복된 자리에 참여할 수 있게 하시니 감사합니다. 찬양과 영광을 주님께 돌리오니 홀로 받으시옵소서.

주님! 지금도 사단마귀는 우는 사자 같이 두루 다니며 삼킬 자를 찾고 있다는 것을 깨닫습니다. 이러한 마귀를 능히 대적하기 위하여 저희 모두가 하나님의 전신갑주를 입을 수 있게 하여 주옵소서. 저희를 삼키려고 하는 마귀를 절대로 우습게보거나 가볍게 보는 일이 없게 하시고, 마귀에게 틈을 보이지 않기 위하여 철저하게 말씀으로 무장하게 하여 주옵소서. 쉬지 않고 기도할 수 있는 끈기를 더하여 주시고, 항상 겸손으로 허리를 동이게 하여 주옵소서.

또한 마귀가 좋아 하는 것이라면 저희들이 눈을 가리고 귀를 막게 하시고, 마귀가 싫어하는 것이라면 마귀의 사기를 땅에 떨어뜨리기 위하여 힘을 다하여 열심을 낼 수 있게 하옵소서. 저희 모두가 마귀에게 철퇴를 가하고, 마귀의 진을 파하는 강력한 주의 사람으로 살게 하옵소서.

오늘 이 자리에도 사단마귀가 일절 틈타지 못하도록 성령의 화염검으로 막아주시고, 저희의 심령마다 성령의 역사하심을 고백하는 은혜의 자리가 되게 하여 주옵소서.
장소를 제공한 이 가정도 항상 성령이 주장하여 주시고, 인도자에게도 항상 성령의 능력을 더하실 것을 믿사옵고 예수 그리스도의 이름으로 기도합니다. 아멘

구역(셀, 속회)모임대표기도문(20)

이 나라에 통일을 주소서

살아계신 하나님 아버지! 인생에게 행하신 주의 기이하고도 놀라우신 일을 인하여 찬송과 영광을 돌립니다. 사모하는 자를 만족케 하시고 주린 영혼에게 좋은 것으로 채워주시는 주님의 크신 은혜와 사랑을 생각할 때 감사와 감격할 뿐이옵니다. 주님의 일방적인 은총 속에 사는 저희들, 언제나 주님을 경외하고 높이는 삶이 되게 하여 주옵소서.

주님! 오늘 저희들이 구역(셀,속회)모임을 가지면서 이 나라와 민족을 위하여 기도하기를 원합니다. 이 민족은 아직도 분단이라는 아픔을 안고 있습니다. 저희들이 이 나라의 통일을 위하여 기도하고 있지만 반세기가 훨씬 넘도록 이루어지지 않고 있습니다. 오히려 남과 북이 서로가 더 강력하게 대치하는 냉전국면으로 흐르고 있습니다. 살벌한 남과 북의 대치로 인하여 절대로 있어서는 안 될 아픔들이 이 나라에 일어나고 있습니다.

주님! 이제껏 이 나라의 통일을 위하여 눈물 뿌려 기도한 종들의 울부짖음을 기억하시고, 어서 속히 이 민족의 통일을 앞당겨 주옵소서. 이 강산 이 강토에 더 이상 아벨과 같은 억울한 피가 쏟아지지 않도록 막아주옵소서. 영원한 평화가 아침 이슬같이 내려지는 민족이 되게 하옵소서.

주님! 오늘 이 구역(셀,속회)모임에도 도저히 참석할 수 없는 상황 속에서도 참석한 지체가 있습니다. 사랑의 주님이 그 믿음을 더욱 붙들어 주시고, 이 시간에 주님이 넘치도록 부어주시는 위로를 경험하게 하옵소서.
이 복된 모임을 위하여 장소를 제공한 손길도 기억하셔서, 고넬료와 같이 주님의 칭찬받는 가정이 되게 하옵소서. 예수 그리스도의 이름으로 기도합니다. 아멘

구역(셀, 속회)모임대표기도문(21)

복된 교회생활이 있게 하소서

전능하신 사랑의 하나님! 예수 그리스도를 통하여 저희들에게 주신 영원한 생명을 인하여 감사합니다. 영원한 생명을 주신 주님께 마음을 다하여 순종하며 섬길 수 있는 저희 모두가 되게 하옵소서.
오늘도 저희들이 구역(셀,속회)모임을 갖게 하심을 감사드립니다. 변함없이 모이기에 힘쓰는 저희 모두가 되게 하옵소서.

주님! 저희들에게 복된 교회생활이 있기를 원합니다. 생활에 얽매이지 아니하고 주일성수를 잘할 수 있게 하시고, 다른 예배에도 힘써서 참석할 수 있게 하옵소서. 주님께 드리는 물질도 마음을 담아 정성껏 헌금할 수 있게 하시고, 특히 십의 일조는 주님의 것이오니 생활을 핑계 삼아 손대는 일이 없게 하옵소서.

교회에서 갖는 모임에는 어떤 모임이든지 적극적으로 참석할 수 있게 하시고, 봉사하고 섬기는 일에는 이것저것 가리지 않고 열심을 다할 수 있게 하옵소서. 특히 영혼을 구원하는 전도에는 이유를 불문하고 항상 앞장설 수 있게 하시고, 어려운 이웃을 구제하는 일에도 주님의 손길을 대신 할 수 있는 섬김이 있게 하옵소서. 기도생활도 쉬지 않기를 원합니다.
교회와 목사님을 위하여, 교우를 위하여, 이웃을 위하여 쉬지 않고 항상 기도할 수 있게 하옵소서.

저희들의 복된 교회생활이 저희들의 삶으로 이어지는 축복의 통로가 되게 하실 것을 믿습니다. 이 구역(셀,속회)모임도 저희들이 복된 모임으로 세워갈 수 있게 하옵소서. 예수 그리스도의 이름으로 기도합니다. 아멘

구역(셀, 속회)모임대표기도문(22)

날마다 부흥하는 모임이 되게 하소서

생명의 주인이 되시는 하나님 아버지! 위험 많은 세상에서 항상 저희들의 생명을 지켜주시고 보호하여 주시는 은혜를 감사드립니다. 저희들이 언제나 불꽃같은 눈동자로 살피시고 계시는 주님의 보호를 받고 있음을 잊지 않게 하여 주옵소서.

오늘도 저희들이 가정교회라고 할 수 있는 구역(셀,속회)모임에 힘써서 참석할 수 있게 하시니 감사합니다. 저희들이 믿음으로 살고자하는 마음을 주님이 심어주셨기에 오늘 저희들이 믿음의 덕을 세울 수 있는 이 자리에 있게 된 줄 믿습니다. 언제나 주님께 받은 은택을 인하여 감사하며 영광 돌리는 삶이 되게 하여 주옵소서.

주님! 이 구역(셀,속회)모임에 새 식구들이 불어나게 하시고, 구원받는 자가 날로 더하여지게 하여 주옵소서. 하나님을 경외하는 신실한 일꾼들이 이 모임에도 많아지기를 원합니다. 구역(셀,속회)이 부흥하여 또 다른 구역을 확장할 수 있게 하시고, 승법번식이 계속 일어나는 구역이 되게 하옵소서.

초대교회가 날마다 마음을 같이하여 모이기에 힘쓰고 순전한 마음으로 떡을 떼며 하나님을 찬미할 때 구원받는 숫자를 날마다 더하셨듯이, 저희 구역(속회, 셀)도 초대교회와 같은 모임을 가질 때 구원 받는 숫자를 날로 더하여 주실 것을 믿습니다. 또한 저희들에게 영혼이 잘됨같이 범사가 잘되고 강건함의 복을 더하여 주옵소서. 그리하여 하늘나라의 일꾼으로 사용되기에 부족함이 없게 하옵소서.
이 구역(셀,속회)모임을 더욱 부흥케 하실 것을 믿사옵고 예수 그리스도의 이름으로 기도합니다. 아멘

구역(셀, 속회)모임대표기도문(23)

저희의 약점을 보완해 주소서

전능하신 하나님 아버지! 모든 영광을 하나님께 돌립니다. 참으로 보잘 것 없는 저희들이지만 놀라우신 구속의 은혜를 누리게 하여 주시고, 생명길을 가게 하심을 감사드립니다. 저희들도 이 땅을 살아가는 동안 주님의 선하신 뜻을 이루어 드리는 복 된 삶이 되게 하옵소서. 저희들 개인은 물론 가정과 일터를 통해서 주님이 영광 받으시는 일들이 나타나게 하옵소서.

주님! 저희들은 자신들의 약점을 잘 알고 있습니다. 그것이 믿음으로 살아가는데 올무가 되지 않도록 붙들어 주옵소서. 저희들의 약점을 보완해 주셔서 주님을 위하여 뜻있는 일을 감당해 낼 수 있는 저희의 삶이 되게 하옵소서.

주님! 저희들의 삶 가운데 온갖 슬픔과 고통스러운 일들이 끊이질 않고 있습니다. 주님의 말씀이 저희 속에 풍성히 거하게 하여 주셔서, 주님의 섭리하심을 생각하며 인내와 소망 속에서 살 수 있게 하옵소서.
주님! 아직도 저희의 마음속에는 불건전한 생각과 불순한 욕망들이 꿈틀거리고 있습니다. 이 모든 것들을 성령의 채로 걸러내어 주셔서 새롭고 온전함으로 주님을 닮아갈 수 있게 하옵소서.

오늘 이 구역(셀,속회)모임 속에도 주님의 말씀을 묵상하며 믿음의 교제를 나누는 가운데, 저희의 약점을 강점으로 바꿔주시는 주님의 은혜를 경험하게 하실 것을 믿습니다.
또한 이 구역(셀,속회)모임의 인도자를 기억하시옵소서. 자신의 약점을 보지 말게 하시고, 언제나 붙들어 주시는 능력의 주님을 의지할 수 있게 하옵소서. 이 모임을 받으시는 예수 그리스도의 이름으로 기도합니다. 아멘

9장
구역(셀, 속회)모임
헌금대표기도문

구역(셀,속회)모임 헌금대표기도문(1)

사랑과 정성이 담긴 예물이 되게 하소서

먼저 그 나라와 그의 의를 구하라 그리하면 이 모든 것을 너희에게 더하시리라고 말씀하신 주님! 저희가 모든 염려를 다 주님께 맡겨버리면 주님께서 권고하신다는 약속과 보장을 받고 있으면서도 시시 때때로 염려하고 근심하는 불신앙의 죄를 범하며 살아온 저희들을 용서하여 주옵소서.

신실하시고 능력이 한이 없으신 하나님 아버지! 저희가 주님의 약속을 믿고 믿음으로 살아가는 경건한 백성들이 되게 하시고, 때를 따라 드리는 봉헌 예물에 주님을 향한 사랑과 정성이 담길 수 있도록 항상 도와주시옵소서. 이 시간 각자가 마음을 다하여 주님께 드린 봉헌 예물을 받으시기를 원합니다. 혹 인색함으로 드린 손길이 있다면 한없으신 사랑으로 덮어주시고, 즐겨내는 손길이 될 수 있도록 변화의 축복을 허락하여 주옵소서.

또한 자원하는 마음으로 정성껏 드린 손길이 있습니까? 은혜 위에 은혜를 더하여 주실 것을 믿습니다. 물질로 인하여 어려운 일을 당치 않도록 막아주실 것을 믿습니다. 항상 주님께 넉넉히 드릴 수 있는 손길로 세우실 것을 믿습니다. 저희가 드린 예물이 주님의 몸 된 교회를 위하여, 그리고 주님의 손길이 필요한 곳에 값지게 사용되어지게 하실 것을 믿습니다.
즐겨내는 자를 사랑하시고 더 크고 놀라운 것으로 되갚아주시는 예수 그리스도의 이름으로 기도합니다. 아멘

구역(셀, 속회)모임 헌금대표기도문(2)

좀 더 풍성히 드릴 수 있게 하소서

저희에게 일용할 양식을 끊임없이 공급해 주시는 하나님 아버지! 오늘 저희가 주님께 드리는 봉헌을 받으시옵소서.
주여! 이 헌금, 이 예물은 주님의 것이요, 저희가 받은 것을 드리는 것뿐임을 깨닫습니다. 심히 적고 부족할지라도 주님께 드리기 원하오니 기쁘게 받아주시옵소서. 이후로는 좀 더 준비되고 정성스러운 예물을 풍성히 드릴 수 있기를 원합니다. 저희의 마음을 온전히 주장하여 주셔서 정성이 담긴 예물을 주님께 드릴 수 있게 하옵소서.

이 시간 마음을 다하여 드리지 못한 손길도 긍휼히 여겨주시옵소서. 이 땅을 살아가는 동안 물질 때문에 어려움 당하는 일이 없도록 은총을 더하여 주시고, 주님 앞에 즐거운 마음으로 드릴 수 있도록 때를 따라 채워주시옵소서.

주님! 저희가 드린 예물이 심히 적고 부족할지라도 주님의 나라와 그 의를 위하여 사용되어지는 예물이 되기를 원합니다. 천하보다 귀한 영혼을 구제하고 살리는 일에 사용되어지게 하시고, 하나님 나라의 지경이 확장되어지는 곳에 사용되어지는 예물이 되게 하옵소서.
특별히 재정을 맡아 관리하는 분들을 기억하시기를 원합니다. 그 마음에 정직한 영을 허락하여 주셔서 재정을 보는 것이 시험이 되지 않게 하시며, 주님께 큰 칭찬을 들을 수 있는 깨끗한 재정을 볼 수 있게 하여 주옵소서. 교회의 재정을 보는 것을 통하여 주님의 더 큰 은혜를 경험할 수 있는 계기가 되게 하실 것을 믿습니다.
이 시간 마음을 다하여 정성껏 드린 손길마다 만 배로 갚으실 것을 믿사옵고 예수 그리스도의 이름으로 기도합니다. 아멘

구역(셀, 속회)모임 헌금대표기도문(3)

영원한 것에 가치를 두게 하소서

사랑의 하나님! 이 시간 저희들이 드리는 예물을 받아주시옵소서. 비록 정성이 부족하고 적은 것이라 할지라도 긍휼히 여기사 기쁘게 받아 주시기 원합니다. 저희들에게 좀 더 정성이 깃든 예물을 드릴 수 있도록 성령의 충만함을 허락하여 주시고, 물질로 주님의 몸 된 교회를 섬기기에 최선을 다할 수 있는 삶이 되게 하여 주옵소서.

주님께 예물을 드리면서 물질에 매여 있는 삶이 아니라 물질을 다스릴 수 있는 삶으로 바뀌어 질 수 있게 하옵소서. 물질보다 항상 주님이 우선인 삶이 되게 하여 주옵소서. 또한 세속에 집착하는 삶으로부터 자유를 얻게 하시며, 신령한 것, 영원한 것에 가치를 두는 삶이 되게 하여 주옵소서.

주님! 이 시간 정성을 다하여 드린 손길 위에 주님의 은혜가 더욱 넘쳐나게 하실 것을 믿습니다. 선한 일에 복되게 사용되어질 수 있는 예물이 되게 하시고, 주님의 영광을 드러내는 일에 사용되어 질 수 있는 예물이 되게 하여 주옵소서.

주님! 일정한 소득이 없어 드리지 못한 손길도 기억하옵소서. 그 가정의 형편을 헤아려 주셔서 물질 때문에 어려움 당하거나 시험에 드는 일이 없게 하시고, 주님 앞에 드리는 것도 기쁨이 될 수 있게 하여 주옵소서.
주님만이 물질의 주인이심을 믿습니다. 주님이 채우시는 위로와 축복이 항상 저희들 가운데 넘쳐나게 하실 것을 믿사옵고 물질의 진정한 주인이 되시는 예수 그리스도의 이름으로 기도합니다. 아멘

구역(셀, 속회)모임 헌금대표기도문(4)

기쁨으로 드리게 하소서

은혜의 주님! 구역(셀,속회)모임을 가질 수 있게 하신 하나님께 영광을 돌립니다. 이 시간, 저희들이 은혜의 말씀을 다함께 나누고 순서에 따라 주님께 연보를 드렸습니다.

저희들의 삶을 돌이켜보면 알게 모르게 주님이 베풀어 주신 축복이 얼마나 많습니까? 저희들이 단지 깨닫지 못할 뿐이고 알지 못할 뿐이옵니다. 이 같은 주님의 축복을 온 몸으로 받고 있는 저희들이 가진 것 중에서 일부만 떼어서 드린다고 하니 부끄러움이 앞섭니다. 주님께 받은 축복을 물질로도 풍성하게 표현할 수 있는 저희 모두가 되게 하옵소서.

주님! 주님께 드려진 예물이 액수에 관계없이 주님께 칭찬받는 일에 사용되어지기를 원합니다. 주님이 뜻하시는 일에 아름답게 사용되어 질 수 있는 예물이 되게 하시고, 선한 사업에 부할 수 있는 예물이 되게 하여 주옵소서. 또한 교회를 운영하고 든든히 세우는 일에 복되게 사용되어 질 수 있는 예물이 되게 하옵소서.

주님! 저희들이 주님께 예물을 드릴 때에 항상 넉넉함 가운데 드릴 수는 없지만, 억지로 드리거나 또는 인색함으로 드리는 예물이 되지 않기를 원합니다. 연보의 액수를 떠나서 언제나 기쁨으로 자원하여 드릴 수 있는 예물이 되게 하여 주옵소서.
이 시간, 형편이 어려워 마음만 드린 손길도 있습니다. 주님 앞에 늘 빈손 인생이 되지 않도록 때를 따라 채워주시고, 드림의 기쁨을 누릴 수 있도록 은총을 더하여 주옵소서. 복의 근원이 되시는 예수 그리스도의 이름으로 기도합니다. 아멘

구역(셀, 속회)모임 헌금대표기도문(5)

사랑의 소금이 될 수 있게 하소서

사랑이 많으신 하나님 아버지! 오늘도 저희들에게 주의 이름으로 모일 수 있는 시간을 허락하여 주셔서 주님의 말씀을 묵상하며 믿음의 교제를 나눌 수 있게 하시니 감사드립니다.
이 시간, 순서에 따라서 주님 앞에 귀한 예물을 드렸습니다. 저희들이 주님께 드리는 예물이 물질보다 주님을 더욱 사랑하는 신앙고백이 될 수 있게 하여 주옵소서.

주님! 저희들이 주님 앞에서 물질관을 바로 세우기를 원합니다. 주님이 세우시지 아니하시면 세우는 자의 수고가 헛되듯이, 물질도 주님이 붙드시지 않으면 저희는 얼마든지 궁핍해질 수 있고, 물질이 있다하여도 죄악 된 일에 사용될 수 있다는 사실을 항상 잊지 않게 하옵소서. 저희들이 물질에 항상 거룩함이 깃들게 해달라고 간구할 수 있게 하옵소서.

주님! 이 시간 저희들이 드리는 예물이 주님의 영광을 나타내는데 사용되어지기를 원합니다. 작은 물질이지만 선한 사업에 부할 수 있는 예물이 되게 하여 주옵소서. 빵 한 조각 없는 가난한 이웃을 돌아보고, 주님을 모르는 불쌍한 영혼을 구원하는 일에 사용되어지게 하옵소서.
또한 양심을 썩게 만드는 죄악의 독성을 무력화 시키는 일에 사랑의 소금이 될 수 있는 예물이 되게 하옵소서. 작은 예물도 충분히 주님의 영광을 드러낼 수 있는 복 있는 예물이 되게 하실 것을 믿습니다.
저희들의 진심이 스며있는 예물을 주님께서 기쁘게 받으실 것을 믿사옵고 예수 그리스도의 이름으로 기도합니다. 아멘

구역(셀, 속회)모임 헌금대표기도문(6)

옥합을 깨뜨린 여인의 심정이 되게 하소서

사랑의 주님! 오늘 이 시간 주님의 사랑을 받은 자들이 한 자리에 모여 주님을 찬양하며 예배하였습니다. 두 세 사람이 모인 곳에도 함께하시겠다는 주님의 약속을 믿고 예배하였사오니, 모인 숫자와 관계없이 함께하신 줄 믿습니다.

주님! 이 시간에 저희들이 순서에 따라 연보를 드렸습니다. 이 자리에 있는 저희 모두에게 마음의 감동을 주셔서 정성을 다하여 힘껏 드리게 하신 줄 믿습니다. 항상 저희들이 주님께 드리는 연보가 옥합을 깨뜨린 여인의 심정이 되게 하시고, 진실 된 신앙고백이 묻어나는 예물이 되게 하여 주옵소서.

자비로우신 주님! 이 예물이 사용되어질 때에 많은 열매가 있기를 원합니다. 삶이 고달픈 사람들을 헤아릴 수 있는 예물이 되게 하시고, 복음이 전파되고 영혼을 구원하는 일에 사용되어질 수 있는 주님의 향기가 되게 하옵소서. 선교지에도 사용되어질 수 있는 예물이 되게 하시고, 구역이 든든히 서가는 일에도 사용되어질 수 있는 예물이 되게 하여 주옵소서. 이 시간, 주님께 정성껏 드린 손길마다 30배, 60배, 혹은 100배의 결실을 맺을 수 있도록 축복하실 것을 믿습니다.

주님! 물질의 어려움을 당하는 지체가 있습니까? 그 삶을 주님의 능력의 손으로 만져주셔서 물질로 인한 시험을 당하지 않게 하여 주옵소서.
남은 순서에도 성령님이 함께하실 것을 믿사옵고 예수 그리스도의 이름으로 기도합니다. 아멘

구역(셀, 속회)모임 헌금대표기도문(7)

아벨의 제물처럼 축복하소서

저희를 변함없이 사랑하시고, 끊임없이 다스리시는 주님! 오늘도 저희들이 주님의 이름으로 복된 모임을 가질 수 있게 하시니 감사드립니다. 이 시간을 통하여 저희들 한 사람 한 사람을 믿음으로 굳게 세우시려는 주님의 사랑을 다시 한 번 깨닫습니다. 저희들이 언제나 주님의 사랑 안에 거하는 삶이 되게 하여 주옵소서.

주님! 순서에 따라 주님께 예물을 드렸습니다. 이 예물을 자비로이 받으시고, 아벨의 제물처럼 축복하셔서 주님의 뜻을 이루는데 복되게 쓰임 받게 하옵소서. 비록 작은 예물일지라도 주님의 이름으로 쓰여지는 곳에는 큰 역사가 나타나게 하실 것을 믿습니다. 축복의 역사가 있게 하실 것을 믿습니다.

주님! 저희들 한 가정 한 가정을 기억하시옵소서. 물질적인 결핍이 없도록 도와주셔서 언제나 주님께 부끄러운 손이 되지 않게 하여 주옵소서. 더 많이 드리고 힘써서 드릴 수 있도록 각 가정의 물질을 주장하여 주옵소서.
또한 저희들이 물질이 있을 때에 형제와 이웃을 긍휼히 여길 수 있는 마음을 가질 수 있게 하옵소서. 자신의 필요를 채우기 위한 수단으로만 물질을 사용치 말게 하시고, 주님께서 저희를 도우심같이 저희들도 형제를 돕고 이웃을 도울 수 있는 물질로 사용할 수 있게 하여 주옵소서. 작든 크든, 물질에 의를 담아내고자 하는 마음을 우리 주님께서 칭찬하시고 더 큰 은혜와 복으로 함께하실 것을 믿습니다.
저희가 이 땅을 살아가는 동안 입술의 고백만이 아니라, 물질에도 믿음의 고백이 묻어 있게 하실 것을 믿사옵고 예수 그리스도의 이름으로 기도합니다. 아멘

구역(셀, 속회)모임 헌금대표기도문(8)

향기로 받으소서

지극히 자비로우신 하나님 아버지! 오늘도 저희의 삶을 주장하셔서 신령한 것을 추구하게 하시니 감사합니다. 또한 예배의 복을 누리게 하셔서 구역(셀,속회)모임을 가질 때마다 예배할 수 있게 하시니 감사드립니다.
이 시간은 저희들이 순서에 따라 주님께 예물을 드렸습니다. 저희들에게 향하신 주님의 은혜와 사랑을 생각하면 너무나 보잘 것 없는 예물입니다. 하오나 주님께서는 예물의 많고 적음을 보시는 것이 아니라 중심을 보시기에, 마음을 담아 정성껏 드렸사오니 향기로 받아주시옵소서.

주님! 저희들 평생에 주님께 예물을 드리는 것이 기쁨과 즐거움이 되게 하여 주옵소서. 저희들이 드리는 예물이 지극히 보잘 것 없는 것이지만, 이 작은 것도 주님의 몸 된 교회와 주님의 나라를 위하여 사용될 수 있게 하시니 얼마나 감사하고 복된 일입니까? 믿음의 연수가 더해질수록 주님께 드리는 예물도 더욱 풍성해질 수 있게 하시고, 드림의 축복을 누리며 사는 저희들이 되게 하옵소서.

이 시간, 주님께 드릴 기회를 얻지 못한 지체가 있습니까? 그 마음을 위로하여 주옵소서. 능력의 주님께서 그 삶을 만져주셔서 물질 때문에 고통당하거나 어려움 당하는 일이 없게 하시고, 일평생 주님의 제단을 기쁘게 섬길 수 있도록 신령한 복과 땅의 기름진 것으로 채워주시옵소서.

주님! 이 예물이 쓰이는 곳에 주님의 사랑이 깃들기를 원합니다. 주님의 병 화가 깃들기를 원합니다. 믿음의 문이 열리는 은혜의 역사가 있기를 원합니다. 축복하여 주옵소서. 저희들에게 일용할 양식을 끊임없이 공급해 주시는 예수 그리스도의 이름으로 기도합니다. 아멘

구역(셀, 속회)모임 헌금대표기도문(9)

주님의 축복을 담아낼 수 있게 하소서

복음을 통하여 이 세상을 구원하시는 하나님의 사랑을 감사합니다. 하나님의 그 사랑, 그 지혜를 찬양합니다. 오늘도 저희들이 함께 모여서 주님께 예배를 드렸습니다. 예배를 드릴수록 저희의 신앙이 오롯이 세워지게 하여 주옵소서.

주님! 이 시간, 순서에 따라 주님께 예물을 드렸습니다. 저희의 몸과 마음과 정성을 다 드리고 재물과 생명까지 모두 드려도 아까울 것이 없지마는 그렇게 살지 못하고 있는 저희들입니다. 오히려 아까워하고 인색했던 적이 많았습니다. 하나님의 그 축복된 약속들을 알고 또 갖고 있으면서도 행동으로 옮기지 못하는 저희들의 불신앙을 용서하여 주옵소서.

주님! 은혜에 은혜를 더하시고, 권고에 권고를 더해주셔서 저희가 받은바 은혜에 합당한 신앙의 삶을 살며 복음에 합당한 생활을 할 수 있도록 도와주시옵소서. '늘 울어도 눈물로서 못 갚을 줄 알아 몸 밖에 드릴 것 없어 이 몸 바칩니다'고 한 어느 찬송의 시인처럼 저희의 가진 것을 기쁨으로 드리며 주님을 사랑하는 자가 되게 하여 주옵소서. 앞으로, 저희가 드리는 물질에 항상 주님을 향한 아름다운 신앙고백이 묻어 있게 하시고, 주님의 축복을 담아내는 신앙의 사람으로 쓰임 받게 하여 주옵소서.

주님! 혹 물질 때문에 고통당하는 지체가 있습니까? 그 가난한 마음을 긍휼히 여겨주셔서 눈물의 삶이 되지 않도록 인도하여 주시옵소서.
저희가 주님께 예물을 드릴 때에 부끄러운 예물이 되지 않도록 이끄실 것을 믿사옵고 예수 그리스도의 이름으로 기도합니다. 아멘

구역(셀, 속회)모임 헌금대표기도문(10)

주께로 돌리는 생활이 되게 하소서

전에도 계셨고 지금도 계시고 장차 오실 주님! 영원한 생명과 하늘나라의 기업을 주시기 위하여 저희를 구원하심을 감사드립니다.
이 시간, 구원받은 백성들이 한 자리에 모여 주의 이름을 높이며 감사의 예배를 드렸습니다. 홀로 영광을 받으시고 구원의 능력과 위로의 즐거움을 풍성히 누리게 하여 주옵소서.

주님! 저희들로 하여금 물질을 깨뜨릴 수 있는 기회를 주시니 감사드립니다. 모든 것이 주께로부터 왔음을 알기에 물질을 깨뜨리오니 저희들이 드리는 연보를 기쁘게 받아주시옵소서. 저희들이 이 땅을 살아가는 동안 저희가 가진 모든 것을 힘을 다하여 주께로 돌리는 생활을 할 수 있게 도와주옵소서.
그리고 주님을 위하여 물질을 깨뜨리는 것 이외에도 주변에 궁핍한 형제들이 있거든 그들을 위하여도 물질을 깨뜨릴 수 있는 삶이 되게 하여 주옵소서. 물질의 많고 적음을 떠나서 물질을 잘 깨뜨리는 삶을 사는 자가 물질을 다스릴 줄 아는 지혜로운 자요, 주님이 인정하시는 진정한 부자인줄 믿습니다. 주님이 부르시는 그날까지 주님이 칭찬하시는 부요한 자로 살게 하옵소서.

주님! 저희들이 드린 예물이 주님의 필요를 따라 쓰일 수 있게 하옵소서. 이 예물이 쓰여지는 곳에 소망이 넘치고 행복한 일들이 넘쳐나게 하시고, 많은 사람을 구제하고 살리는 일에 사용될 수 있게 하옵소서.
이 시간, 주님께 드리는 예물에 정성으로 동참한 손길들에게 복에 복을 더하실 것을 믿사옵고 예수 그리스도의 이름으로 기도합니다. 아멘

구역(셀, 속회)모임 헌금대표기도문(11)

물질의 은사를 더하여 주소서

주의 이름으로 모이는 곳에 내가 그들 중에 함께 있겠다고 말씀하신 주님! 오늘도 저희들이 그 말씀을 의지하여 한 자리에 모여 주님께 예배하며 영광을 돌렸습니다. 자신에게 주어진 이익을 좇기 보다는 신령한 것을 좇아 믿음으로 살고자 하는 저희의 중심을 우리 주님이 기쁘게 받으신 것을 믿습니다. 저희들이 항상 주님을 인하여 위로를 얻게 하시고, 즐거움을 느낄 수 있게 하옵소서.

오늘 저희들이 작은 예물로 주님의 사랑에 대한 정성을 보였습니다. 부끄럽게 보일 수 있는 예물이지만 저희의 중심을 아시는 주님께서 저희의 부족함을 긍휼히 여기시고 합당한 예물로 받아주시옵소서. 주님 앞에 물질을 깨뜨려 드릴수록 드림의 질이 점점 더 나아질 수 있게 하시고, 더 크고 풍성하게 드릴 수 있는 복 있는 손길이 되게 하여 주옵소서.

주님! 물질도 은사임을 깨닫습니다. 저희 모두에게 물질의 은사를 더하여 주셔서 그 은사에 대한 책임을 잘 감당하며 주님의 뜻을 이루어 나갈 수 있게 하옵소서. 물질로 주님의 몸 된 교회를 돕고 봉사하며, 복음을 전하는 일에도 앞장 설 수 있는 저희들이 되게 하여 주옵소서. 또한 어려운 이웃에게도 물질로 섬길 수 있는 축복의 사람이 되게 하여 주옵소서.

오늘도 빈손으로 나오지 않은 손길 위에 평안의 복을 더하실 것을 믿습니다. 드리지 못한 지체도 그 마음을 위로하여 주셔서 헌금 때문에 구역(셀, 속회)모임이 부담이 되지 않게 하여 주옵소서. 저희들을 사랑하시되 끝까지 사랑하시는 예수 그리스도의 이름으로 기도합니다. 아멘

10장
구역(셀, 속회)모임
다과와 식사
대표기도문

구역(셀,속회)모임 다과와식사대표기도문(1)

영육 간에 복을 더하여 주소서

사랑이 충만하신 하나님 아버지! 오늘 저희들이 믿음 안에서 구역(속회, 셀)모임을 갖고 또 다시 다과(식탁교제)를 나누는 시간을 갖게 하심을 감사드립니다.
먼저 이 음식을 대접한 손길과 가정에 함께하여 주옵소서. 마르다와 마리아 자매의 가정과 같이 믿음의 권속들을 사랑으로 대접하기에 힘쓴 이 가정에 주님께서 크신 복으로 함께하실 것을 믿습니다. 이 가정이 언제나 대접하기에 익숙한 가정이 되게 하셔서 주님의 사랑을 나타낼 수 있는 가정이 되게 하시고, 주님께 받은 것을 주님께 도로 돌림으로 주님의 은혜를 가치 있게 누릴 줄 아는 가정이 되게 하옵소서.

주님! 이 가정에 속한 식솔들의 건강을 주님이 책임져 주실 것을 믿습니다. 육신은 물론 영적으로도 강건함을 얻어 주님의 뜻대로 사는데 조금도 부족함이 없게 하여 주시고, 주님의 영광을 위하여 성실하게 쓰임 받는 믿음의 일꾼들이 되게 하옵소서. 또한 이 가정에 육신의 양식뿐 아니라 영의 양식도 늘 풍족하게 채워주셔서 많은 영혼을 주께로 인도하는데 귀하게 사용되게 하옵소서.

주님! 저희들이 음식을 대하면서 단지 먹는 즐거움만 누리지 말게 하시고, 음식을 통하여 육체에 필요한 영양을 공급받듯, 영혼에 필요한 양식을 공급받기 위하여 언제나 주님의 말씀을 가까이 해야 함을 잊지 않게 하옵소서.
이 시간, 음식을 정성스럽게 준비한 손길 위에 늘 예비 된 복으로 함께하실 것을 믿사옵고 예수 그리스도의 이름으로 기도합니다. 아멘

구역(셀,속회)모임 다과와식사대표기도문(2)

섬기는 기쁨이 더하여지게 하소서

공중에 나는 새를 먹이시며 들에 핀 백합화를 입히시는 하나님 아버지! 오늘도 저희들이 믿음의 교제를 나누며 주님께 영광을 돌리고, 다시금 식탁 교제를 나누게 하시니 감사드립니다.

먼저, 식탁의 교제를 위하여 다과(음식)를 정성껏 준비한 OOO성도(직분)님을 기억하옵소서. 믿음의 권속들에게 대접하기 위하여 준비한 그 손길을 언제나 복 있게 하실 것을 믿습니다. 또한 저희들에게 대접한 것이 곧 주님께 대접한 것이 되게 하실 것을 믿습니다. 사랑의 주님께서 언제나 이 가정에 필요한 것을 채워주셔서 물질로 주님을 섬기는 기쁨이 더하여질 수 있게 하시고, 남을 섬기는 기쁨도 더하여질 수 있게 하여 주옵소서.

또한 가족들의 건강도 지켜주시기를 원합니다. 음식의 해함을 받는 일이 없게 하시고, 질병의 위협을 받는 일이 없게 하여 주옵소서. 언제나 영육간에 강건함으로 주님을 섬길 수 있는 가정이 되게 하여 주옵소서.

이 자리에 함께한 저희들도 주님이 베푸신 양식에 부끄럼 없는 삶이 되기를 원합니다. 먹든지 마시든지 무엇을 하든지 주님의 영광을 위하여 하라고 하셨사오니 그 말씀대로 사는 저희모두가 되게 하옵소서. 항상 선한 사업에 힘쓰게 하시고 주님의 영광만을 나타낼 수 있는 삶이 되게 하옵소서. 지금도 식사 때마다 보이지 않는 손님이시요, 모든 대화에 말없이 듣고 계시는 예수 그리스도의 이름으로 기도합니다. 아멘

구역(셀,속회)모임 다과와식사대표기도문(3)

아브라함의 축복을 받게 하소서

은혜가 풍성하신 하나님 아버지! 오늘도 저희들에게 합당한 은혜를 더하여 주심을 감사드립니다. 항상 저희들이 주님의 은혜를 사모하는 삶이 되게 하여 주시고, 받은 은혜를 인하여 감사하는 삶이 되게 하여 주옵소서.

이 시간에 저희들이 필요한 모임을 갖고 000성도(직분)님이 준비한 다과(음식)를 대합니다. 믿음의 형제들을 대접하기 위하여 마음을 다하여 정성껏 준비한 그 손길을 기억하시고, 합당한 은혜를 더하여 주옵소서. 대접하기를 기뻐했던 아브라함이 하나님께 큰 축복을 받아 누렸듯이, 000성도(직분)님도 그와 같은 축복을 받아 누리게 하여 주옵소서.

주님! 특별히 이 가정을 통하여 영광을 받으시려는 우리 주님의 특별한 섭리와 계획이 있으신 줄 믿습니다. 그 축복을 누리게 하여 주시고, 주님의 뜻을 높이는데 크게 쓰임 받는 가정이 되게 하여 주옵소서.
혹 이 가정에 저희들이 알지 못하는 어렵고 힘든 일이 있습니까? 주님을 의뢰할 때마다 헤쳐 나갈 수 있는 길을 열어주실 것을 믿습니다. 능력의 오른 손으로 붙드실 것을 믿습니다.

오늘 저희들이 다과(음식)를 먹고 더욱 힘을 얻어 모이기에 힘쓰게 하시고, 주님이 맡겨주신 사명을 잘 감당할 수 있는 삶이 되게 하옵소서. 함께 이 다과(음식)를 나누며 교제할 때도 성령님이 주관하셔서 저희 안에 기쁨과 즐거움이 더욱 풍성해지게 하실 것을 믿사옵고 예수 그리스도의 이름으로 기도합니다. 아멘

구역(셀,속회)모임 다과와식사대표기도문(4)

복되고 아름다운 일들이 넘쳐나게 하소서

전능하시고 자비로우신 하나님 아버지! 오늘도 저희들이 주님의 사랑 안에서 아름다운 구역(속회, 셀)모임을 가지게 하시니 감사드립니다.
세상이 악하여 질수록 악한 영에게 미혹되지 않기 위하여 믿음의 교제를 활발히 나눌 수 있는 저희들이 되게 하시고, 항상 영적인 건강함을 유지할 수 있는 저희 모두가 되게 하여 주옵소서.

오늘 사랑하는 000성도(직분)님의 손길을 통하여 귀한 다과(음식)를 공궤 받습니다. 공궤 받을 아무런 자격이 없는 저희들이지만, 주님의 은혜로 인하여 이 귀한 대접을 받습니다. 그 은혜에 늘 감사하며 더욱 주님을 섬길 수 있는 저희들이 되게 하여 주옵소서.

주님! 사랑하는 000성도(직분)님의 손길을 주님께서 언제나 아름답게 쓰실 것을 믿습니다. 000성도(직분)님이 이 땅을 살아가는 동안 주님이 기뻐하시는 복되고 아름다운 일들이 그 손길을 통하여 넘쳐날 수 있게 하여 주옵소서. 항상 물질을 통하여 주님을 섬기기에 부족함이 없게 하시고, 연약한 이들을 믿음으로 섬기기에 부족함이 없게 하실 것을 믿습니다.
또한 000성도(직분)님이 기도하며 계획한 모든 일들을 우리 주님이 이루실 것을 믿습니다. 항상 능력의 주님이 보살펴 주시고 책임져주시는 은총을 경험하는 삶이 되게 하옵소서.

주님! 주변에 떡을 떼기도 어려운 이웃들이 있습니다. 그 이웃들을 헤아릴 줄 아는 저희의 믿음이 되게 하옵소서. 그리하여 날마다 주님의 형상을 닮아가는 저희 모두가 되게 하옵소서. 감사하오며 이 음식을 먹을 때마다 예수 그리스도의 이름으로 기도합니다. 아멘

구역(셀,속회)모임 다과와식사대표기도문(5)

축복을 경험하는 삶이 되게 하소서

저희들의 삶을 인도하시는 하나님 아버지! 오늘도 저희들과 함께하심을 감사드립니다. 항상 모이기에 힘쓰는 저희들이 되게 하시고, 주님을 사랑하는 마음이 삶으로 표현될 수 있는 저희들이 되게 하옵소서.

오늘 저희들이 은혜로운 모임을 갖고 000성도(직분)님이 대접한 다과(음식)를 먹습니다. 먼저 대접한 손길을 기억하셔서 항상 주의 은혜가 떠나지 않는 손길이 되게 하여 주옵소서. 이 땅을 살아가는 동안 물질 때문에 어려움 당하는 일이 없도록 모든 위험을 막아주시고, 형통의 길로 인도하시는 주님의 축복을 경험하는 삶이 되게 하여 주옵소서.

주님! 000성도(직분)님의 기도제목을 우리 주님이 다 이루실 것을 믿습니다. 주님을 의지함으로 세상에서 얻을 수 없는 부요함을 느낄 수 있도록 그 영혼을 만족케 하실 것을 믿습니다. 항상 주의 평안과 화평함을 누리는 가정이 되게 하실 것을 믿습니다.

주님! 저희들이 다과(음식)를 먹습니다. 먹는 즐거움으로만 그치지 말게 하시고, 000성도(직분)님의 손길을 통하여 맛있는 음식을 대할 수 있게 하신 주님께 감사할 수 있는 저희모두가 되게 하여 주옵소서.
음식의 맛을 느끼듯이 믿음의 맛도 느낄 수 있는 저희들이 되게 하시고, 먹는 즐거움을 갖듯이 주님을 위하여 섬기는 즐거움도 가질 수 있는 저희들이 되게 하여 주옵소서.
이 귀한 음식을 나눌 수 있게 하신 주님께 다시 한 번 감사와 영광을 돌리오며 예수 그리스도의 이름으로 기도합니다. 아멘

구역(셀,속회)모임 다과와식사대표기도문(6)

주님의 귀한 복을 더하여 주소서

찬송을 받으실 하나님 아버지! 주님의 은혜 가운데 주님을 알고 삶의 의미를 주님께 두며 살아갈 수 있는 복된 인생이 되게 하시니 감사드립니다. 오늘도 믿음으로 함께한 이 자리에 우리 주님이 함께하시고 영광을 받으신 줄 믿습니다. 언제나 의를 위하여 살기를 힘쓰는 저희들이 되게 하옵소서.

이 시간에 귀한 다과(음식)로 믿음의 무리들을 공궤하는 손길을 기억하옵소서. 그의 마음이 주님을 대접하기를 힘썼던 성경의 인물들처럼, 동일한 마음으로 저희를 대접하는 줄 믿습니다. 향유옥합까지도 깨뜨려서 주님께 향한 사랑을 보여주었던 여인의 마음으로 저희들을 대접하는 줄 믿습니다. 그 마음을 기억하시고 주님의 귀한 복을 더하여 주옵소서.

주님! 권속들을 공궤하는 손길을 기쁘게 보시는 주님께서 그 가정에 필요한 것들도 꼼꼼히 기억하고 계실 줄 믿습니다. 항상 감사와 기쁨으로 주님을 섬기며 믿음의 좋은 열매를 맺을 수 있도록 인도하실 것을 믿습니다.

주님을 위하여 더 많은 헌신을 드릴 수 있는 사람으로 쓰실 것을 믿습니다. 오늘 저희들이 식탁교제를 할 때에도 성령님께서 저희 각 사람의 마음을 붙드셔서 초대교회 성도들과 같은 식탁교제를 나눌 수 있게 하옵소서. 먹든지 마시든지 무엇을 하든지 주님의 영광을 위해서 해야 함을 잊지 않게 하옵소서.
다시 한 번 간구하오니 이 시간에 다과(음식)로 공궤하는 000성도(직분)님에게 크신 복으로 함께하실 것을 믿사옵고 예수 그리스도의 이름으로 기도합니다. 아멘

구역(셀,속회)모임 다과와식사대표기도문(7)

축복의 통로가 되게 하소서

은혜의 주님! 우리 주님은 참 기쁨의 근원이 되심을 믿습니다. 주님을 의지할 때 저희의 삶의 길에서 더욱 큰 기쁨을 소유케 하시는 주님이심을 믿습니다.

이 시간에 모인 저희들이 참 기쁨의 근원이 되시는 주님을 더욱 찬양하며 살아갈 수 있게 하옵소서. 때로 어렵고 힘든 생활이기는 해도 항상 모이기에 힘쓸 수 있게 하시고, 저희들을 필요로 한 곳에는 기쁨으로 참여할 수 있게 하옵소서.
오늘 모임의 모든 순서를 마치고 사랑하는 000성도(직분)님의 손길을 통하여 귀한 음식을 공궤 받게 되었습니다. 우리 주님께서 000성도(직분)님에게 믿음의 권속들을 물질로 섬길 수 있는 기쁜 마음을 주신 줄 믿습니다. 그의 아름다운 섬김을 언제나 복 있게 하셔서 주님의 은혜를 공급받는 축복의 통로가 되게 하옵소서.

그의 가정에도 함께하셔서 식구 중에 하나라도 질병의 시달림을 받는 일이 없게 하시고, 건강한 몸으로 주님을 잘 받들어 섬길 수 있게 하옵소서. 또한 계획하는 모든 일들이 주님의 뜻 가운데서 아름다운 열매를 맺을 수 있게 하시고, 주님 안에서 안정과 평화를 누리는 복 된 가정이 되게 하옵소서.
주님! 이 시간에 저희들이 물질을 공궤 받으면서 주님을 제대로 공궤하지 못한 저희 자신을 돌아 볼 수 있게 하시고, 말씀보다 떡을 우선시 한 경우는 없었는지 돌아볼 수 있게 하옵소서.
이 시간에 000성도(직분)님의 손길을 통하여 주님이 베푸신 양식을 대하게 하신 것을 감사하오며 예수 그리스도의 이름으로 기도합니다. 아멘

11장
대심방 대표기도문

직장생활을 하는 가정

꼭 필요한 사람으로 쓰임 받게 하소서

자비로우신 하나님 아버지! 오늘도 저희의 발걸음을 000성도(직분)님의 가정으로 인도하심을 감사드립니다. 대심방의 일정에 따라 000성도(직분)님의 가정에서 예배를 드리며 주님께 영광을 돌리오니 기쁘게 받아주시옵소서.

사랑의 주님! 이 가정을 위하여 간구합니다. 특별히 직장생활 하고 있는 000성도(직분)님을 기억하시고 언제나 동행하여 주시옵소서. 직장생활이 힘들고 피곤할지라도 하나님이 000성도(직분)님에게 은사로 주신 성직인 줄 알고 감사하는 마음으로 직장생활에 충실 할 수 있게 하옵소서. 직장에서 능력 있는 일꾼으로 인정받을 수 있게 하시고, 직장 동료들과도 화목을 잘 이루어 회사에 꼭 필요한 사람으로 쓰임 받게 하옵소서.

윗사람을 섬길 때 주님께 하듯 하고 아랫사람을 거느릴 때 사랑으로 대할 수 있게 하옵소서. 자칫 빠지기 쉬운 세상의 부귀영화나 세상 것에 물들지 않게 하시며 주님의 편에 서서 생활하는 굳센 믿음이 되게 하옵소서. 또한, 직장에서도 사람들에게 그리스도의 복음을 증거하며 그리스도의 향기를 드러낼 수 있는 사역자로 쓰임 받을 수 있게 하옵소서.

주님! 000성도(직분)님에게 진급(승진)의 복도 허락하셔서 진급(승진)을 통하여 하나님의 뜻을 더욱 크게 이루어드릴 수 있는 000성도(직분)님이 되게 하여 주옵소서. 앞으로 더 높은 자리에 오르게 되더라도 높임을 받으실 분은 주님 한뿐 뿐임을 기억하여 항상 겸손한 자에게 은혜를 더하시는 주님을 의뢰하는 삶이 되게 하옵소서. 지금까지도 주님의 몸 된 교회를 위해서 아낌없이 충성했듯이, 앞으로도 그 믿음이 변함없게 하셔서 교회에서는 없어서는 안 될, 꼭 필요한 주님의 일꾼이 되게 하옵소서.

오늘도 목사님이 이 가정을 위하여 준비하신 말씀이 있습니다. 축복의 말씀으로 잘 받게 하셔서 귀한 열매를 맺을 수 있게 하옵소서. 사랑이 많으신 예수 그리스도의 이름으로 기도합니다. 아멘

운송업에 종사하는 가정

늘 지켜 주시고 보호하소서

참으로 좋으신 하나님 아버지! 오늘도 좋은 날씨를 허락하여 주셔서 OOO성도(직분)님의 가정에서 대심방으로 하나님께 영광 돌리게 하심을 감사드립니다. 기쁨으로 대심방을 맞은 OOO성도(직분)님의 마음을 보시고 크신 은혜를 더하여 주옵소서.
은혜의 주님! 우리 주님은 사랑하는 백성들을 위하여 졸지도 아니하시고 주무시지도 아니하면서 지켜주시는 하나님이심을 믿습니다. 특별히 운송업을 하고 있는 OOO성도(직분)님을 기억하옵소서. 언제 어느 곳에서 어떤 사고가 일어날지 모르는 위험부담을 늘 안고 운전해야 하는 마음의 부담을 주님이 아시리라 믿습니다. 하루에도 수없이 많은 교통사고가 발생하는 것을 볼 때에, 인간의 부족함을 느끼며 기도하는 마음으로 운전하지 않을 수 없습니다.

지키시는 주님! 주님이 친히 운전자가 되어 주셔서 모든 위험으로부터 막아주시고, 모든 운전자들로 안전운행을 할 수 있도록 그 마음을 주장하여 주시옵소서. 때로는 졸음운전을 할 때도 있사오니 운전 중에 눈이 감기지 않도록 정신을 맑게 하여 주옵소서.
또한 그러한 상황을 주께서 피하게 하시며 여러 가지 위험으로부터 보호하여 주옵소서. 특별히 차량을 운행하기 전에 기도를 잊지 않게 하시며, 운행을 마친 후에도 감사의 기도를 잊지 않게 하여 주옵소서. 뒤에서 운전대를 잡은 남편(아내)을 위하여 한시도 염려의 기도를 쉬지 않고 있는 OOO성도(직분)님을 기억하시고, 주님은 택한 백성을 사랑하시되 끝까지 사랑하고 계심을 잊지 않게 하옵소서. 모든 염려를 주님께 맡기라고 하였사오니 주님께 맡기도 마음의 평안을 얻을 수 있게 하옵소서.
이 시간, 목사님이 이 가정에 들려주시는 축복의 말씀을 통해서 보호자가 되시는 주님을 다시 한 번 경험하게 하옵소서. 언제나 사랑하는 OOO성도(직분)님의 운전대를 친히 잡고 계시는 예수 그리스도의 이름으로 기도합니다. 아멘

어업에 종사하는 가정

주님만을 의지하게 하소서

사랑의 하나님 아버지! 오늘도 저희의 발걸음을 힘 있게 하셔서 대심방에 참여할 수 있는 은혜를 주심을 감사드립니다. 오늘 하루의 심방 일정을 주님이 주장하셔서 오직 주님께만 영광이 되게 하옵소서.

은혜의 주님! 언제나 사랑하는 000성도(직분)님의 가정과 함께하심을 믿습니다. 000성도(직분)님의 가정을 특별히 기억하옵소서. 고기 잡는 생업에 종사하고 있는 가정입니다. 철을 따라 다양한 어종을 하나님께서 허락하셔서 풍성한 어획량이 있게 하시고 시절을 좇아 소득을 거두게 하시는 주님의 손길을 체험하는 삶이 되게 하여 주옵소서. 이 생업으로 가정에 물질로 인하여 고통 받는 일이 없게 하시고 때마다 채우시는 주님의 은총을 누리는 삶이 되게 하옵소서.

주님의 몸 된 교회를 위해서도 복되게 사용될 수 있는 물질이 이 가정 속에서 흘러나오게 하시고, 베드로와 같이 주님의 맡겨주신 사명을 잘 감당할 수 있는 가정이 되게 하여 주옵소서. 특별히 바라옵는 것은 풍랑과 태풍의 위협을 받을 때도 있사오니 자연을 다스리시고 풍랑도 잔잔케 하시는 주님께서 그때마다 놀라운 지혜를 주셔서 피할 길을 찾게 하시고, 주께서 지키시고 계심을 피부 깊숙이 경험할 수 있게 하옵소서. 먼 바다를 항해할 때에 표류하는 일이 없게 하시고, 출어하는 순간부터 돌아오는 그 순간까지 기도하는 마음과 주님을 의지하는 마음으로 어로작업에 임할 수 있게 하옵소서. 망망대해를 항해할 때에 인간의 연약함을 깨닫게 하셔서 인생의 항로를 주장하시는 분은 하나님이라는 사실을 가슴 깊숙이 새길 수 있게 하옵소서. 해적들이 많이 출몰하고 있습니다. 하늘의 천군천사를 동원시켜 주셔서 생명을 빼앗기는 일이 없게 하여 주옵소서.

이 시간, 이 가정에 축복의 말씀을 전하시는 목사님을 기억하셔서 육체의 피곤이 없도록 새 능력과 새 힘을 공급하여 주옵소서. 이 가정에 필요한 말씀을 전하실 때 저희 모두가 큰 은혜를 받게 하옵소서. 언제나 지키시는 예수 그리스도의 이름으로 기도합니다. 아멘

상업에 종사하는 가정

주님이 주신 성직임을 깨닫게 하소서

사랑과 자비가 풍성하신 하나님 아버지! 오늘도 가정마다 대심방을 하면서 기도하며 축복할 수 있는 은혜를 주심을 감사드립니다. 저희들이 예배하는 가운데 주의 성령께서 함께 하심을 믿습니다.
은혜의 주님! 언제나 변함없이 000성도(직분)님의 가정을 붙드시고 축복하셔서 어렵고 힘든 경제난에도 불구하고 경영하는 것을 이루어갈 수 있도록 인도하심을 감사합니다.
이 땅에 수천종의 직업이 있지만, 특별히 이 가정에 이 직종을 허락하신 것은 이 일을 통하여 주님의 영광을 드러내고 주님을 높이는 삶을 살라고 은사로 주신 것임을 믿습니다. 어렵고 힘든 시대인지라 다소 경영하는 것이 힘들지라도 불신자들처럼 세상을 원망하는 일이 없게 하시고 합력하여 선을 이루시는 주님의 섭리를 바라보며 잘 헤쳐 나갈 수 있게 하여 주옵소서. 적은 소득도 의를 겸하면 많은 소득에 불의를 겸한 것보다 나음을 깨닫습니다. 많이 버는 것이 목적이 아니라 잘 버는 것이 목적이 되게 하시고, 이 직업도 하나님이 주신 성직임을 깨달아 주님의 의를 나타내는 일에 열심을 다할 수 있게 하여 주옵소서.

사랑의 주님! 혹여 눈앞의 작은 이익 때문에 주님의 거룩한 일을 뒷전으로 미루는 일이 없게 하시고, 항상 그 중심에 주님의 일이 우선이 될 수 있게 하여 주옵소서. 가게를 출입하는 자들에게 물건만 파는 것이 아니라 주의 복음도 팔 수 있게 하시고, 주님의 사랑을 보여주는데 마음을 쏟을 수 있게 하옵소서.
오늘도 목사님이 이 가정을 위하여 준비하신 말씀이 있습니다, 아멘으로 잘 받게 하셔서 축복의 열매를 맺을 수 있게 하옵소서.
매사에 부지런하여 주님의 자녀 된 본분을 다하게 하실 것을 믿사옵고, 믿는 자의 모든 행사에 꼼꼼히 개입하시는 예수 그리스도의 이름으로 기도합니다. 아멘

교육에 종사하는 가정

기억에 남는 스승이 되게 하소서

사랑이 풍성하신 하나님 아버지! 오늘 000성도(직분)님이 심방을 받을 수 있도록 인도하심을 감사드립니다. 심방을 받기 위하여 바쁜 일을 뒤로 하고 특별히 시간을 냈습니다. 우리 주님이 그 믿음을 보시고 준비한 믿음의 그릇에 넘치는 은혜를 더하여 주옵소서.
지식의 근본이 되시고 지혜의 원천이 되시는 하나님 아버지! 000성도(직분)님이 교육자의 길을 걷고 있다는 것을 우리 주님은 아시지요? 요즘 교육자의 길을 간다는 것이 예전에 비하여 얼마나 어렵고 힘든 길입니까? 어찌 보면 교권이 땅에 떨어진 시대이기에 학생들을 가르치고 지도한다는 것에 많은 부담과 희생이 따른다는 것을 간과하지 않을 수 없나이다.

하오나, 우리 주님이 000성도(직분)님을 교육자로 세우시고 그 길을 가게 하신 것은 주님의 깊으신 뜻과 섭리가 분명히 있음을 깨닫습니다. 교육에 종사하는 동안 어렵고 힘든 일이 발생한다 할지라도 하나님이 주신 성직임을 깨달아 끝까지 잘 달려갈 수 있게 하시고, 혼탁한 이 시대의 잘못된 가치관을 바로 세우는 일에 보배롭게 쓰임 받을 수 있는 000성도(직분)님이 되게 하여 주옵소서. 오랜 세월이 흘러도 학생들에게 오래도록 기억에 남는 훌륭한 스승이 되게 하시고, 하나님을 아는 지식도 그 입술을 통하여 증거 될 수 있도록 성령의 충만함을 허락하여 주옵소서. 하나님 앞에 바로 선 교육자가 있기에 이 시대가 소망이 있음을 깨닫습니다. 주님의 택함을 받은 종으로서 맡겨주신 사명에 최선을 다할 수 있게 하시고, 주님 앞에 한 점 부끄럼 없는 교육자가 될 수 있도록 은총을 더하여 주옵소서.
오늘도 목사님이 이 가정에 필요한 말씀을 준비하여 전하십니다. 말씀을 들을 때 위로가 있게 하시고, 영원한 스승이 되시는 예수님을 느끼는 시간이 되게 하옵소서. 000성도(직분)님의 가는 길을 주께서 붙드실 것을 믿사옵고 예수 그리스도의 이름으로 기도합니다. 아멘

노동에 종사하는 가정

하나님의 의를 심을 수 있게 하소서

좋으신 하나님 아버지! 사랑하는 목사님을 모시고 000성도(직분)님의 가정에서 예배를 드립니다. 오늘도 주의 성령께서 이 자리에 함께하셔서 영혼의 새로움을 경험하는 은혜를 경험할 수 있게 하옵소서.

네가 네 손이 수고한 대로 먹을 것이라고 하신 주님! 하루 벌어 그날을 살아갈 수밖에 없는 000성도(직분)님의 가정을 위하여 기도합니다. 특별한 기술이나 전문적인 지식도 없고 건강 하나만을 믿고 공사장에서 일하는 000성도(직분)님을 기억하시고 긍휼을 베풀어 주옵소서.

노동은 하나님의 신성한 축복임을 잊지 말게 하여 주셔서 다른 직업에 종사하는 자들과 자신을 비교하여 열등감이나 자괴감을 갖지 않게 하여 주시고, 주어진 일을 통하여 하나님의 의를 심는데 마음을 쏟을 수 있는 000성도(직분)님이 되게 하여 주옵소서.

주님도 이 땅에 계실 때에는 목수이셨고, 바울도 천막을 만드는 사람이었습니다. 그러나 주님은 인류의 구원을 이루셨고, 바울은 복음을 땅 끝까지 전파하는데 큰 일꾼으로 쓰임 받지를 않았습니까? 우리 주님의 기준은 사람의 실력이나 능력이 아니라 믿음임을 깨닫습니다.

주님! 000성도(직분)님도 주님께 믿음의 사람으로 훌륭하게 쓰임 받을 수 있도록 인도하여 주시고, 언제나 주님이 쓰실 수밖에 없는 믿음의 사람이 되게 하여 주옵소서. 수입이 적을지라도 낙심치 말게 하시고, 적은 소득도 의를 겸하면 많은 소득에 불의를 겸한 것보다 나음을 기억하게 하여 주옵소서. 하지만 요즘은 건설이니 긴축업도 많은 어려움을 겪고 있습니다. 노동자의 최후 생계의 수단이 위협을 당하지 않도록 우리 주님이 지켜주시옵소서.

오늘도 목사님이 말씀을 들려주실 때 큰 위로와 용기를 얻게 하옵소서. 곤궁하고 피곤할 때 힘주시고, 지치거나 낙심될 때 위로와 큰 능력으로 함께 하실 것을 믿사옵고 예수 그리스도의 이름으로 기도합니다. 아멘

정치에 몸담고 있는 가정

국민의 소망을 이루는 정치인이 되게 하소서

전능하시고 자비로우신 하나님 아버지! 오늘 일찍이 주님의 백성으로 불러주신 OOO성도(직분)님의 가정으로 불러주셔서 대심방예배를 드리게 하심을 감사드립니다. 오늘 이 예배가 주님을 기쁘시게 하는 자리가 되게 하시고, 주님의 놀라우신 은혜를 다시 한 번 경험하는 자리가 되게 하옵소서. 모든 권세의 주관자가 되시는 하나님 아버지! OOO성도(직분)님을 사랑하셔서 국민의 대표자로서 세우심을 받아 나라를 위하여 일하고 국민을 위하여 봉사할 수 있도록 축복하심을 감사합니다.

세움을 받은 것은 국민에 의해서지만, 그러나 하나님께서 세우신 것임을 믿습니다. 천지만물을 주관하시고 모든 권세의 주관자가 되시는 하나님께 세움을 입었사오니 항상 하나님을 두려워하는 마음으로 정치를 할 수 있도록 도와주시옵소서. 이 땅 위에 하나님의 공의와 정직을 강같이 흐르게 하는데 정치의 생명을 걸 수 있게 하시고, 사람이 보기에 옳은 것일지라도 하나님 보시기에 잘못된 것이라면 절대 손을 담그거나 발을 담그지 않게 하여 주옵소서.

사람에게 인정받기보다 하나님께 먼저 인정받을 수 있는 OOO성도(직분)님이 되게 하시고, 자신이 높임을 받기보다 하나님이 높임을 받는 일에 마음을 쏟을 수 있는 OOO성도(직분)님이 되게 하옵소서. 그가 하는 일을 통하여 백성이 억울함을 당하는 일이 없게 하시고, 백성들이 원하는 바가 무엇인지를 잘 파악하여 국민의 간절한 소망을 잘 담아낼 수 있는 정치를 할 수 있게 하옵소서. 한시도 하나님이 선택하신 백성임을 잊지 말게 하시고, 하나님의 영광을 위하여 살아야 함을 잊지 말게 하옵소서. 또한 국민은 섬겨야 할 대상이요, 자신은 섬겨야할 장본인임을 잊지 말게 하옵소서.

오늘도 목사님이 전하시는 말씀을 통하여 섬김의 주님을 다시금 만나게 하시고 그 뒤를 따르는 결단이 있게 하실 것을 믿사옵고 높은 예수 그리스도의 이름으로 기도합니다. 아멘

자녀가 스포츠에 몸담고 있는 가정

날마다 경기력이 향상되게 하소서

만물을 섭리하시는 하나님 아버지! 오늘 이 가정에서 대심방예배로 하나님께 영광을 돌리게 하여 주시니 감사드립니다. 오늘도 주님이 섭리하시고 주관하시는 대심방이 되게 하옵소서.
먹든지 마시든지 무엇을 하든지 하나님의 영광을 위하여 하라고 하신 주님! 스포츠를 통해서 하나님께 영광 돌리는 이 가정을 기억하옵소서. OOO 성도(직분)님의 사랑하는 자녀 OO군(양)이 스포츠를 통하여 하나님께 영광을 돌리고 있사오니 날마다 실력이 향상되어서 주님께 귀하게 쓰임 받는 아름다운 주의 자녀가 되게 하여 주옵소서.
좋은 성적을 내는 것도 중요하지만 주님이 주신 신체를 지나치게 혹사시키는 일이 없게 하시고, 과학적인 운동과 규칙적인 생활과 과학적이고 체계적인 훈련을 통하여 그 실력이 향상될 수 있도록 이끌어 주옵소서. 청년의 때인지라 때로는 충동적인 마음이 앞설 때도 있사오니 운동을 하면서 마음을 다스릴 수 있는 인격적 수양도 잘 할 수 있도록 도와주시옵소서.

거칠고 험한 경기입니다. 그 몸이 상함이 없도록 도와주시고, 어떤 경기에 임하든지 훌륭한 경기를 만들어 낼 수 있는 OO군(양)이 되게 하여 주옵소서. 무엇보다도 늘 주님을 의지하는 OO군(양)이 되기를 원합니다. 연습할 때나, 훈련할 때나, 경기 전이나, 경기 후에 하나님께 감사의 기도를 잊지 않는 OO군(양)이 되게 하여 주옵소서. 다른 동료들과도 친화관계를 잘 가질 수 있게 하여 주시고, 서로 간에 항상 격려와 용기를 줄 수 있는 친밀감이 있게 하여 주옵소서. 지도하는 감독님과 코치 분들에게도 함께하여 주셔서 맡겨진 선수들을 믿음으로 잘 지도할 수 있도록 도와주시옵소서.
개인의 명성을 위하여 스포츠를 하는 것이 아니라, 오직 하나님의 영광을 위하여 스포츠를 한다는 신앙적 자세가 흔들리지 않게 하실 것을 믿사옵고 OO군(양)을 귀하게 들어 쓰시는 예수 그리스도의 이름으로 기도합니다. 아멘

법조인으로 종사하는 가정

하나님의 공의를 드러낼 수 있게 하소서

고마우신 하나님 아버지! 대심방을 할 수 있도록 좋은 날씨를 허락해주심을 감사드립니다. 오늘도 주님이 만세전부터 택하신 가정에서 대심방 예배를 드리오니 기쁘게 받아주시옵소서. 인도하시는 목사님을 붙드셔서 피곤치 않게 하여 주옵소서.

의로우신 재판장이 되시는 하나님 아버지! 이 시간에 법조인의 길을 가고 있는 000성도(직분)님의 집을 방문하였습니다. 하나님께서 000성도(직분)님을 법조인의 길을 걷게 하신 데는 분명한 뜻과 섭리가 계신 것을 믿습니다. 법을 통하여 하나님의 공의로우심을 드러낼 수 있는 000성도(직분)님이 되게 하시고, 하나님의 긍휼을 보여줄 수 있는 000성도(직분)님이 되게 하여 주옵소서.

"오직 정의를 물같이, 공의를 마르지 않는 강 같이 흐르게 할지어다"(암 5:24)고 예언한 아모스 선지자의 외침이 000성도(직분)님의 외침이 되게 하시고, 법조인으로 종사하는 동안 000성도(직분)님의 정신과 생활을 붙잡는 모토(motto)가 되게 하여 주옵소서.

모든 사람은 법 앞에 평등함을 깨닫습니다. 특정한 사람을 위하여 존재하는 법이 아닌 누구나 법의 보호와 혜택을 받을 수 있는 평등의 법을 잘 실천해 나갈 수 있는 000성도(직분)님이 되게 하여 주옵소서. 법보다 우선하는 것은 인권을 존중하는 것임을 잊지 않게 하시고, 법의 잣대가 인권을 유린하는 일에 악용되지 않도록 법의 정신을 잘 지킬 수 있는 000성도(직분)님이 되게 하여주옵소서. 재판을 할 때에 언젠가 우리도 하나님 앞에서 심판받게 된다는 사실을 기억하여 의인을 억울하게 하는 일이 없게 하시고, 주님의 마음을 담아낼 수 있는 진실 된 재판을 할 수 있도록 이끌어 주옵소서. 법보다 중요한 것은 은혜임을 기억하게 하시고, 사람을 살리는 법을 실천해 나갈 수 있는 000성도(직분)님이 되게 하여 주옵소서. 솔로몬과 같이 지혜로운 법조인이 되게 하실 것을 믿사옵고 예수 그리스도의 이름으로 기도합니다. 아멘

언론인으로 종사하는 가정

아픔을 대변할 수 있게 하소서

보배롭고 은혜로우신 하나님 아버지! 오늘도 사랑하는 000(직분)의 가정을 심방하여 하나님께 영광을 돌릴 수 있게 하시니 감사드립니다. 이 예배를 통하여 주님을 기쁘시게 하며 이 가정에 축복하시는 주님의 은총을 경험하게 하옵소서.

가장 선한 것을 기뻐하시는 하나님 아버지! 언제나 하나님께서 이 가정을 붙드시고 하나님의 영광을 드러낼 수 있는 복된 가정으로 이끌어 주시니 감사드립니다. 하나님께서 언론인의 길을 가고 있는 이 가정을 붙드셔서 이 사회가 안고 있는 아픔을 대변할 수 있는 입술이 되게 하여 주시고, 고통 받는 자의 아픔을 헤아릴 수 있는 언론인의 길을 갈 수 있게 하옵소서. 아는 것과 본 것을 정직하게 보도할 수 있는 입술이 되게 하여 주시고, 진실만을 기록할 수 있는 깨끗한 손이 되게 하여 주옵소서.

죽고 사는 것이 혀의 권세에 달려 있다고 하셨사오니 불확실한 것을 사실인 것처럼 포장하는 일이 없게 하시고, 어떤 사건에 대하여 세상에 공개하기 전에 항상 신중을 기할 수 있게 하옵소서.

인간의 말에 대하여 들린 대로 행하시고, 그 말에 대하여 심판하시는 하나님이심을 믿습니다. 000성도(직분)님에게 입술의 권세를 더하여 주셔서 그 말에 하나님보시기에 심판을 더하는 말이 되지 않게 하여 주옵소서. 현실을 정확하게 분석할 수 있는 통찰력을 주시고, 잘못된 사실에 대해서는 옳은 길을 제시할 수 있는 비판력과 담대함도 주옵소서. 주님을 위해서도 크게 쓰임 받을 수 있는 일꾼이 되기를 원합니다.

하나님께서 언론인의 길을 가게 하신 분명한 섭리를 깨닫게 하셔서 그 직업을 통하여 주님을 높일 수 있게 하시고, 주님의 사랑을 나타낼 수 있게 하옵소서. 이 땅에서 부름 받은 주님의 자녀로서 빛과 소금의 역할을 잘 감당하고 하나님의 마음을 대변할 수 있는 언론인의 길을 가게 하옵소서. 000성도(직분)님을 주님의 사람으로 세우시고 일꾼으로 쓰시는 예수 그리스도의 이름으로 기도합니다. 아멘

의료인으로 종사하는 가정

환자의 마음을 헤아릴 수 있게 하소서

고마우신 하나님 아버지! 오늘도 이 가정에서 대심방 예배로 하나님께 영광을 돌리게 하시니 감사드립니다. 오늘도 저희들에게 은혜와 평강을 비추셔서 행복을 얻을 수 있는 시간이 되게 하옵소서.
병든 자를 고치시고 영혼을 구원하시는 능력의 주님! 이 가정에 질병으로 고통 받는 이들을 위하여 봉사할 수 있는 은혜와 은총을 베푸심을 감사합니다. 이 가정에 고통 받는 환자들을 치료하는 귀한 은사를 선물로 주셨사오니 이 일을 통하여 주님의 영광을 드러낼 수 있는 000성도(직분)님이 되게 하여 주옵소서.
환자들을 살필 때에 병든 자를 불쌍히 여기시고 긍휼히 여기셨던 주님의 마음을 잊지 않게 하시고, 그 심정으로 환부보다 더 아픈 환자의 마음을 헤아릴 수 있는 000성도(직분)님이 되게 하여 주옵소서. 000성도(직분)님을 통하여 치료를 받는 환자들마다 주님을 만날 수 있게 하시고, 구원의 문도 열려지는 축복을 얻게 하옵소서. 환자의 질병을 진단하고 의술을 사용하는 것은 의사 자신이지만 낫게 하시는 것은 주님이심을 잊지 않게 하옵소서. 생명을 다루는 직업이니만큼 항상 자신의 의술을 의지하기보다 주님을 의지하는 마음이 간절하게 하시고, 때마다 기도하는 것을 잊지 않게 하옵소서.

주님, 의료사고가 빈번히 일어나고 있는 때입니다. 혹여 부지중에라도 안타까운 일이 발생하지 않도록 모든 위험으로부터 막아주시옵소서. 점차 희귀병을 앓고 있는 환자가 늘어나고 있습니다. 치료의 방법을 알지 못하여 난감한 상황에 빠질 때 주님의 지혜를 구하는 것을 잊지 않게 하시고, 한계에 부딪쳐서 좌절을 경험하는 일이 없게 하옵소서.
수술을 할 때마다 생명을 살려야 한다는 절박한 마음으로 할 수 있게 하시고 수술의 전 과정을 주님께 맡기며 기도하는 중심을 잃지 않게 하옵소서. 000성도(직분)님을 통하여 주님이 높임을 받는 일이 많아지게 하실 것을 믿사옵고 예수 그리스도의 이름으로 기도합니다. 아멘

예술인으로 종사하는 가정

주님의 음성을 담아낼 수 있게 하소서

주님의 아름다우신 창조의 솜씨를 찬양합니다. 이 좋은날에 대심방을 하며 주님께 영광을 돌릴 수 있게 하시니 감사드립니다. 오늘도 주님이 택하신 000성도(직분)님의 가정에서 심방예배를 드립니다. 기쁘게 받아주시옵소서.

주께서 주의 영광을 위하여 창조한 자를 오게 하라고 하신 하나님! 주님이 귀히 쓰시는 사랑하는 000성도(직분)님의 가정이 예술을 통하여 하나님의 영광을 나타내고 주님을 높일 수 있게 하시니 감사합니다. 예술을 통하여 자신의 신앙을 고백하고 하나님의 영광을 위하여 살기를 힘쓰는 000성도(직분)님을 기억하시고, 언제나 크신 은총과 복으로 함께하여 주옵소서. 그 마음에 항상 주님의 음성이 떠나지 않게 하시고, 어떤 작품을 기획하고 구상하던지 주님의 음성을 담아낼 수 있는 작품이 될 수 있게 하옵소서.

우리 000성도(직분)님이 예술을 통하여 주님을 드러내는 일이 많아지면 많아질수록 그만큼 그리스도의 문화가 이 땅에 확장된다는 것을 마음에 둘 수 있게 하시고, 사단의 문화를 파괴하는 것은 그리스도의 문화를 만드는 것 밖에 없음을 기억하여 사명감을 가지고 예술의 길을 걷게 하옵소서. 혹여 경제적인 압박이 다가올 때에 세상의 문화와 정신과 타협하는 일이 없게 하시고, 물질 때문에 어려움 당하지 않도록 물질의 복을 더하여 주옵소서.

하나님의 영광을 위하여 사는 가정, 물질 때문에 예술 활동을 중단하는 일이 발생하지 않도록 때를 따라 흡족하게 채워주실 것을 믿습니다. 자녀들에게도 귀한 복을 허락하시고 부모의 아름다운 예술정신이 그대로 유전될 수 있게 하옵소서. 주님을 위하여 아름답게 쓰임 받는 일이 이 가정 위에 넘치게 하실 것을 믿습니다.

오늘도 목사님이 이 가정에 꼭 필요한 말씀을 전하십니다. 큰 은혜가 되게 하옵소서. 인간의 재능을 주님을 높이는 귀한 도구로 쓰시는 예수 그리스도의 이름으로 기도합니다. 아멘

연예인으로 종사하는 가정

주님을 증거 할 수 있게 하소서

저희들의 삶을 통하여 영광을 받으시는 하나님 아버지! 택함 받은 주님의 자녀로 삼아주셔서 주님의 백성으로 살게 하심을 감사드립니다. 오늘도 주님이 택하신 가정에서 대심방예배로 하나님께 영광을 돌립니다. 기쁘게 받으시옵소서.

인간에게 달란트를 주셔서 영광을 받으시는 하나님 아버지! 이 가정에 특별한 달란트를 주셔서 주님께 쓰임 받을 수 있게 하시니 감사합니다. 갖고 있는 특별한 재능을 통하여 하나님께 영광 돌리기를 원하는 이 가정을 기억하시고 축복하시옵소서. 숨겨진 재능과 끼를 통해서 주님을 높일 수 있게 하시고, 주님을 증거 할 수 있는 길을 걸을 수 있게 하옵소서. 사람들에게 인기를 얻고 사랑을 받을 때마다 영광을 받으셔야 할 분은 주님이심을 잊지 않게 하시고, 모든 영광을 주님께 돌릴 수 있는 아름다운 신앙적 자세가 그 정신을 지배할 수 있게 하옵소서.

때로 땀 흘린 만큼 사랑을 받지 못한다고 하여 좌절하는 일이 없게 하시고, 노력하고 힘쓴 만큼 결과가 좋지 못하다고 하여 낙심하는 일이 없게 하여 주옵소서. 하나님께서 이 길을 걷게 하신 데에는 분명한 뜻이 있음을 기억하여 인기에 관계없이 최선을 다할 수 있는 00군(양)이 되게 하여 주옵소서. 사람의 평가나 높은 인기를 누리는 것보다 보다 하나님의 인정하심이 더욱 중요하다는 것을 깨달아 늘 하나님께 인정받을 수 있는 믿음의 길을 걸을 수 있게 하옵소서.

이 땅 위에 기독교 문화를 정착시키는데 자신에게 있는 재능이 한몫을 한다면 이보다 더 큰 축복이 어디에 있겠습니까? 이 길을 걷게 하신 섭리하심을 깨달아 사명자로서의 본분을 잘 감당할 수 있는 00군(양)이 되게 하옵소서. 부모들도 자녀의 인기를 위해서 기도하기보다 자녀가 하나님께 쓰임 받는 것을 위해서 기도할 수 있게 하옵소서.

오늘도 축복의 말씀을 전하시는 목사님을 통하여 큰 은혜를 받게 하실 것을 믿사옵고 예수 그리스도의 이름으로 기도합니다. 아멘

공직에 종사하는 가정

섬김의 도를 실천할 수 있게 하소서

사랑의 주님! 오늘도 대심방 예배로 하나님께 영광을 돌립니다. 특별히 대심방을 인도하시는 목사님을 붙드셔서 피곤치 않게 하여주옵소서. 이 시간, 저희를 이 가정으로 인도하셨사오니 기쁨으로 예배할 수 있게 하옵소서. 주님! 이 나라에 여러 분야에서 열심히 직분을 수행하는 사람들이 많이 있사온데 특별히 이 가정을 사랑하셔서 공직에 종사할 수 있는 은총을 주심을 감사합니다. 나라와 국민을 위하여 봉사할 수 있는 섬김의 직책이오니, 주님이 저희를 섬기셨듯이 섬김의 도를 잘 실천할 수 있는 OOO성도(직분)님이 되게 하여 주옵소서. 맡은 직책에 권위의식이나 자만심이 없게 하여 주시고, 하나님의 뜻을 성실히 담아낼 수 있는 삶을 살 수 있게 하옵소서. 가야 할 자리와 피할 자리를 잘 구분할 수 있게 하시고, 믿음의 도에 어긋나는 일이라면 과감히 도려낼 수 있는 결단이 있게 하여 주옵소서. 과중한 업무로 인하여 몸이 혹사되는 일이 없게 하시고, 피로가 누적되어 건강을 해치는 일이 없게 하여 주옵소서.
때로, 힘들고 지칠 때 우리 주님이 새 힘을 더하여 주시고, 그 수고를 기억하고 계시는 주님을 인하여 위로를 얻게 하옵소서.

주님! OOO성도(직분)님의 가정도 기억하셔서 행복한 가정을 이룰 수 있게 하시고, 자녀들 또한 어디에서든지 사랑받고 인정받는 믿음의 사람들이 되게 하여 주옵소서. 요즘 돌연사가 많습니다. 업무로 인한 스트레스가 마음에 쌓이지 않도록 늘 주님의 말씀을 묵상할 수 있게 하시고, 괴로운 일은 기도로 주님께 토해낼 수 있는 OOO성도(직분)님이 되게 하여 주옵소서. 어느 누가 인정해주지 않는다고 하여 상심하는 일이 없게 하시고, 전능하신 하나님께서 인정하고 계심을 잊지 않게 하여 주옵소서. 원치 않는 불미스러운 일이 발생할 때도 주님이 막아주실 것을 믿습니다.
사람과 주님께 신뢰받을 수 있는 봉사자의 삶을 사는 OOO성도(직분)님에게 늘 함께 하실 것을 믿사옵고 예수 그리스도의 이름으로 기도합니다. 아멘

방송인으로 활동하는 가정

방송이 좋은 선교매체가 되게 하소서

사랑의 하나님 아버지! 오늘도 저희들을 주님이 택하신 가정으로 인도하여 주셔서 대심방 예배를 드릴 수 있게 하시니 감사드립니다. 주님이 홀로 영광을 받으시고 주님의 임재하심을 경험하는 이자리가 되게 하옵소서.
이 가정을 늘 사랑의 손길로 이끄시는 하나님 아버지! 000성도(직분)님은 지금 방송인으로 활동하고 있습니다. 그가 하는 일에 주의 성령께서 늘 함께하실 것을 믿습니다. 모든 직업이 그렇듯이 방송인으로 활동하는 것도 적잖은 어려움이 있습니다. 그때마다 어려움의 상황을 잘 이겨 나갈 수 있도록 능력으로 함께 하옵소서.
생활이 불규칙적입니다. 피로가 누적되어 건강에 적신호가 생기지 않도록 그 몸을 늘 강건케 하여 주옵소서. 괴로운 일도 발생할 것입니다. 그때마다 주님께 기도함으로 새 힘을 주시는 주님의 은총을 체험케 하여 주옵소서. 때로는 주일도 잘 지킬 수 없습니다. 그 마음을 아시는 주님께서 주님과 멀어지지 않도록 방송의 일정이 잘 잡혀지게 하여 주옵소서. 방송을 하다가 말에 실수함이 없게 하여주시고, 내용을 잘못 전달하는 일도 없게 하여 주옵소서.

주님의 사람으로 방송계에 세우셨사오니 000성도(직분)님을 통하여 방송사가 복음화 되는 역사가 있게 하여 주시고, 방송이 좋은 선교매체로 활용될 수 있도록 은총을 더하여 주옵소서. 하나님께 영광을 돌리는 자녀 된 본분을 잊지 않게 하여 주시고, 어디서 무엇을 하든지 그리스도인이라는 사실을 숨기지 않고 드러낼 수 있게 하여 주옵소서.
때로는 방송인의 신앙고백이 시청자들에게 큰 감동을 주는 경우가 있습니다. 000성도(직분)님도 많은 사람들에게 믿음의 유익을 주고 용기와 희망을 줄 수 있는 사람으로 쓰임 받게 하여 주옵소서.
오늘도 목사님이 들려주시는 말씀이 이 가정에 큰 기쁨이 되게 하실 것을 믿사옵고 예수 그리스도의 이름으로 기도합니다. 아멘

초신자 가정

신령한 복과 은혜를 누리게 하소서

만백성 가운데서 택한 자를 부르시고 생명을 주신 하나님! 이 가정에 구원을 주신 주님의 은혜를 진심으로 감사드립니다.
오늘 이 가정에서 사랑하는 목사님을 모시고 대심방 예배를 드리게 되었습니다. 새로 믿기로 작정한 000성도님에게 성령 충만을 허락하여 주셔서 예수님을 믿는 기쁨이 날마다 더하여지게 하시고, 구원의 진리를 깨달아 가는 가운데 그 영혼이 날마다 새로워지게 하옵소서.
이전에는 세상만을 사랑하고 육신의 정욕과 이생의 안목을 위해서 살았으나 이제는 주님만을 사랑하게 하시고, 주님께 영광 돌리는 삶을 살아갈 수 있게 하옵소서. 영육 간에 주님이 채우시는 신령한 복과 은혜를 받아 누릴 수 있게 하시고, 천국백성의 기쁨을 누릴 수 있는 삶이 되게 하옵소서.

주님! 주님을 모르는 가족들이 있습니까? 이 가정에 구원의 은총을 허락하여 주셔서 온 가족이 구원 받을 수 있게 하시고, 천국을 소유한 축복의 가정이 될 수 있게 하옵소서. 수고의 열매도 더욱 풍성히 맺을 수 있게 하셔서 주님이 붙드시는 손길은 이 땅에서도 차고도 넘치는 복을 받아 누린다는 사실을 체험하게 하옵소서.
고통의 문제가 있습니까? 주님을 의지함으로 고통의 문제를 다루시는 주님의 손길을 체험할 있게 하시고, 원치 않는 질병에 시달리고 있습니까? 만병의 의원이신 주님을 의지함으로 치료하시는 주님의 손길을 체험할 수 있게 하옵소서. 주님의 몸 된 교회를 위해서도 귀하게 쓰임 받을 수 있는 그릇이 되게 하시고, 기도의 열매, 진도의 열매도 많이 맺을 수 있는 하늘나라의 일꾼이 되게 하옵소서.
이 시간 이 가정에 축복의 말씀을 전하시는 목사님을 기억하시고, 들려주시는 말씀이 이 가정에 꼭 필요한 축복의 말씀이 되게 하옵소서. 주님의 크신 경륜을 찬양하오며 예수 그리스도의 이름으로 기도합니다. 아멘

신혼가정

믿음으로 출발하는 가정을 붙드소서

은혜로우신 하나님 아버지! 목사님을 모시고 대심방을 할 수 있는 좋은 계절과 맑은 날씨로 이끄심을 감사드립니다.
오늘은 OOO성도에게 새로운 가정의 보금자리를 마련해 주신 곳에서 예배를 드리게 되었습니다. 언제나 주님의 사랑을 담아내고 주님께 영광 돌리는 축복의 가정을 이룰 수 있게 하실 것을 믿습니다.
사랑의 주님! 젊은 두 부부를 위해서 기도합니다. 믿음으로 출발한 가정입니다. 이 가정을 더욱 굳건한 믿음 위에 세워 주셔서 젊을 때에 주님을 위하여 아름답게 쓰임 받을 수 있게 하시고, 미래에 계획하는 모든 일들 속에서 주님의 뜻을 담아낼 수 있는 삶을 살아갈 수 있게 하옵소서. 주님의 몸 된 교회를 위해서도 아름다운 충성자가 되게 하여 주시고, 믿음의 덕을 세워갈 수 있는 복 된 가정이 되게 하옵소서. 어떠한 사단의 세력도 이 신혼가정의 평화와 질서를 깨뜨리지 못하게 하시며, 하나님께서 이 가정의 호주가 되셔서 주의 날개아래 안전하게 거할 수 있게 하옵소서.

20년이 넘는 세월을 서로 다른 환경 속에서 성장해 왔습니다. 의견의 불일치와 사소한 다툼이 있을지라도 서로가 이해하며 양보하는 가운데 행복한 가정생활을 이루어 나갈 수 있도록 인도하옵소서.
특별히 간구하옵기는 이 가정에 거룩한 자손의 복을 허락하시고 자녀문제로 인하여 염려하는 일이 없게 하시며, 위로는 하나님을 경외하며 또한 부모님께 효도하는 자손을 허락하여 주옵소서. 두 부부가 브리스길라와 아굴라 부부처럼 주의 일에 주의 일에 충성을 다할 수 있게 하시고, 주의 거룩한 길을 걸어갈 수 있게 하옵소서.
말씀을 전하시는 목사님을 성령의 능력으로 붙드셔서 피곤치 않도록 지켜 주시며 이 가정에 꼭 필요한 축복의 말씀을 전하시게 하옵소서. 이 가정의 호주가 되시는 예수 그리스도의 이름으로 기도합니다. 아멘

젊은 부부가정

하나님이 쓰시는 도구가 되게 하소서

사랑의 하나님 아버지! 오늘 이 가정에서 심방예배로 하나님께 영광을 돌리게 하여 주시니 감사합니다. 이 자리에 모인 저희 모두가 기쁨의 예배를 드리기 원하오니 흠향하여 주옵소서.
사랑하는 000성도(직분)님의 가정을 사랑하셔서 젊을 때부터 창조주 하나님을 기억하는 삶을 살게 하여 주시고, 주님의 몸 된 교회를 위하여 왕성한 봉사를 할 수 있게 하시니 얼마나 감사한지요. 이 가정을 통하여 주님의 뜻하신 일을 이루시고 그 하는 모든 일들을 통하여 우리 주님이 영광을 받으시옵소서.
지금 000성도(직분)님이 하고 있는 일을 기억하시기를 원합니다. 주님의 뜻을 담아낼 수 있는 일이 되게 하시고, 주님이 섭리하시고 간섭하시는 일이 되게 하여 주옵소서. 축복의 열매를 많이 거둘 수 있게 하시고, 거둔 만큼 헤아릴 줄도 아는 복된 손길이 되게 하여 주옵소서.

주님! 그의 생각과 마음의 묵상이 항상 하나님이 쓰시는 도구가 되기를 원합니다. 그러기 위하여 늘 기도에 힘쓰는 생활을 잊지 않게 하여 주시고, 주님의 몸 된 교회와 멀어지는 삶이 되지 않도록 그 삶을 온전히 주장하여 주옵소서.
이 가정에 선물로 주신 귀한 자녀들을 기억하시고, 자녀들은 부모의 뒷모습을 보고 배운다는 말이 있사오니 좋은 믿음의 모습을 자녀에게 보여줄 수 있는 000성도(직분)님이 되게 하여 주옵소서. 믿음 안에서 맺혀지는 결실이 자녀들에게도 그대로 나타날 수 있기를 축복합니다.
오늘 이 가정을 위하여 축복의 말씀을 준비하신 목사님을 기억하시고, 전하실 때에 저희 모두가 이 가정에 임하시는 하나님의 임재하심을 경험할 수 있게 하옵소서. 또한 소망의 말씀, 새 힘과 용기를 얻는 말씀이 되게 하옵소서. 이 가정의 믿음과 순결한 신앙을 받으시는 예수 그리스도의 이름으로 기도합니다. 아멘

중년 부부 가정

큰 영광을 받으소서

모든 것의 주님이 되시며 만물을 섭리하시는 하나님 아버지! 오늘 이 가정에서 대심방예배로 하나님께 영광을 돌리게 하여 주시니 감사합니다.
믿음이 견고하고 은혜가 충만한 이 가정에서 예배를 드리니 저희가 큰 은혜를 받습니다. 집안 곳곳에서 배어나오는 경건의 흔적은 하루 이틀에 만들어진 분위기가 아닌 것을 느끼게 합니다. 우리 주님이 언제나 이 가정을 통하여 큰 영광을 받으시옵소서.
주님의 몸 된 교회를 위해서도 열심히 봉사하고 계시오니 그 수고와 땀이 헛되지 않게 하실 것을 믿습니다. 하고 계신 일들 속에도 함께하여 주셔서 아름다운 열매가 있게 하시고, 많은 사람을 부요케 할 수 있도록 이끌어 주옵소서. 혈육 중에 주님을 모르는 형제들이 있습니까? 구원의 문이 열려지게 하셔서 믿음의 가문을 세울 수 있게 하옵소서.

주님! 사랑하는 자녀들을 기억하시옵소서. 성년이 되어 주님의 몸 된 교회를 위해서도 열심히 봉사하고 있사오니 그 앞길을 지도하시고 이끌어 주옵소서. 좋은 직장, 좋은 배필을 만날 수 있게 하시고, 부모의 믿음을 그대로 계승하여 믿음의 가문을 만들어 갈 수 있는 자녀들이 되게 하여 주옵소서.
질병이 많은 세상입니다. 이 가정을 질병에서 막아주셔서 육체가 약함으로 주님께 충성치 못하는 일이 없게 하여 주옵소서.
오늘 목사님이 축복의 말씀을 준비하셨습니다. 아멘으로 받게 하시고 만 가지 주의 은혜를 느끼는 시간이 되게 하여 주옵소서. 피곤할 수도 있는 목사님과 심방대원들에게 함께 하셔서 끝까지 대심방을 잘 마칠 수 있도록 새 힘을 공급하여 주옵소서.
이 가정과 함께하시고 저희의 영혼을 날마다 새롭게 하시는 예수 그리스도의 이름으로 기도합니다. 아멘

연로한 교우가정

주님이 채우시는 평안이 있게 하소서

지극히 높으신 하나님 아버지! 주님의 은혜와 사랑을 감사합니다. 사랑하는 000성도(직분)가 노구에도 불구하고 한결같은 믿음으로 주님의 몸 된 교회를 섬길 수 있게 하여 주시고, 변함없는 신앙생활을 할 수 있도록 이끄심을 감사드립니다. 일평생 주님의 몸 된 교회를 위하여 쏟아 붓는 삶을 사셨사오니 노년에 주님의 위로가 넘치는 삶이 되게 하여 주시고, 항상 그 마음에 주님이 채우시는 평안이 있게 하여 주옵소서.

사랑의 주님! 000성도(직분)님의 신앙생활은 교회의 역사나 마찬가지입니다. 교회와 함께 달려오신 신앙생활입니다. 000성도(직분)님의 수고와 헌신이 있으셨기에 오늘날 주님의 몸 된 교회가 든든히 서가는 틀을 마련하게 된 줄 믿습니다. 이제 앞으로도 000성도(직분)님과 같은 믿음을 가진 자를 통해서 주님의 몸 된 교회를 세우시고 주님나라의 지경을 확장시키시옵소서.

은혜의 주님! 노년에 정신이 흐려질까 염려 되오니 항상 맑은 정신을 허락하여 주셔서 신앙의 젊음을 유지할 수 있도록 이끌어 주옵소서. 000성도(직분)님의 슬하의 자녀들도 기억하시고 부모의 신앙이 그대로 유전되어 자녀들의 신앙 속에서도 000성도(직분)님의 신앙색깔이 발견되게 하옵소서. 자녀들이 하고 있는 모든 일들을 기억하셔서 항상 부모님에게 기쁨을 안겨드릴 있는 일들이 되게 하옵소서.

오늘도 이 가정에 축복의 말씀을 들려주시는 목사님을 기억하시고 늘 듣던 말씀이라 할지라도 새롭게 000성도(직분)님의 미음을 파고드는 말씀이 되게 하여 주옵소서.

언제나 주님 주시는 위로와 평안이 가득 넘치는 가정으로 이끄실 것을 믿사옵고 예수 그리스도의 이름으로 기도합니다. 아멘

중직자 가정

항상 신앙의 본이 되게 하소서

전능하시고 자비로우신 하나님 아버지! 오늘 일찍이 주님의 백성으로 불러주신 000성도(직분)님의 가정으로 불러 주셔서 심방예배를 드릴 수 있게 하시니 감사합니다. 이 예배를 통하여 오직 우리 주님의 영광만 나타나게 하시고, 저희들이 이 복된 자리에서 주님의 은총을 받고 있음을 인하여 찬양과 감사를 드릴 수 있는 저희 모두가 되게 하여 주옵소서.

주님! 사랑하는 000성도(직분)님은 주님의 몸 된 교회를 위하여 큰일을 감당하고 계십니다. 개인적인 일 보다도 항상 주님의 몸 된 교회의 일을 삶의 최우선에 두고 사는 이 가정을 기억하시고 주님의 한량없는 은혜로 이 가정을 채우시옵소서. 주님께 쓰임 받는 것을 기뻐하는 가정입니다. 주님을 위하여 충성하고 헌신하는 것을 최고의 축복으로 삼는 가정입니다. 주님을 위하여 물질을 깨뜨리는 것을 전혀 아까워하지 않고 더욱 힘써서 드리기를 소원하는 가정입니다. 그 생각과 그 마음을 기억하여 주셔서 언제나 주님이 보시기에 보배롭고 존귀한 일꾼이 되게 하시고, 주님이 두고 보시고 또 보시기에도 아깝고 사랑스러운 주의 사람이 되게 하여 주시옵소서.

주님! 그가 하는 모든 일들을 통하여 우리 주님이 더욱 높임을 받기를 원합니다. 주님의 영광이 더 크게 나타나기를 원합니다. 주님의 뜻을 더 크게 이루어 드릴 수 있는 000성도(직분)님이 되게 하여 주시고, 많은 사람의 신앙의 본이 되는 000성도(직분)님이 되게 하여 주옵소서.

우리 주님이 그가 하는 사업을 주장하여 주셔서 주님을 위하여 쏟아 붓는 삶이 멈추지 않게 하여 주옵소서. 자녀들도 축복하셔서 부모의 신앙이 자녀들의 신앙 속에 그대로 스며있게 하시고 그 믿음을 계승하여 주님께 영광 돌리는 축복의 자녀들이 되게 하여 주옵소서. 오늘도 목사님이 축복의 말씀을 전하실 때에 아멘으로 받아, 이 가정이 천국인을 치는 삶이 되게 하여 주실 것을 믿사옵고, 감사하오며 예수 그리스도의 이름으로 기도합니다. 아멘

수험생 가정

노력의 기쁨을 반드시 얻게 하소서

사랑의 하나님 아버지! 오늘도 목사님을 모시고 사랑하는 000성도(직분)님의 집을 방문하여 심방예배를 드릴 수 있게 하시니 감사합니다. 대심방 일정을 우리 주님이 함께하고 계심을 피부로 느낍니다. 가정마다 드려지는 예배 속에서 임재하시는 주님의 은혜를 경험하게 하옵소서.
은혜의 주님! 이 가정에 커다란 기도제목이 있다는 것을 우리 주님이 아시지요. 시험을 앞두고 있는 자녀를 위하여 안타까운 마음으로 기도하는 000성도(직분)님의 마음을 기억하시고, 간절한 마음으로 부르짖을 때마다 살피시고 헤아리실 것을 믿습니다. 밤잠을 자지 못하며 수능시험을 준비하고 있는 사랑하는 000군(양)도 기억하시고, 건강을 해치는 일이 없도록 그 육체를 붙들어 주옵소서. 시험을 준비하면서 지식과 지혜의 근본이신 주님을 의지하는 것을 잊지 않게 하여 주시고, 하나님께 영광 돌려야 한다는 마음을 가지고 시험을 준비할 수 있게 하옵소서. 혹여 시험 준비 때문에 예배를 소홀히 하는 일이 없게 하시고, 시험을 핑계 삼아 주님을 멀리하는 일이 없도록 그 마음을 믿음 위에 세워 주시옵소서.

정직한 자의 걸음을 인도하시는 주님이심을 믿습니다. 노력의 기쁨을 반드시 얻게 하실 주님이심을 믿습니다. 시험을 준비 중인 자녀를 위하여 온갖 눈치를 살피면서 숨죽이며 수발하고 있는 000성도(직분)님의 마음을 기억하시고, 주님의 위로와 평안이 그 마음에 넘치게 하여 주옵소서. 000성도(직분)님도 시험 준비에 힘들어하는 자녀를 위하여 엎드려 기도할 수 있게 하옵소서. 주님을 의뢰하는 자녀는 우리 주님께서 반드시 책임지실 것을 믿습니다. 반드시 좋은 결과를 얻게 하여 주실 것을 믿습니다.
오늘도 목사님이 이 가정에 들려주시는 말씀을 통하여 큰 위로와 힘을 얻게 하옵소서. 예수 그리스도의 이름으로 기도합니다. 아멘

믿음이 신실한 가정

믿음의 꽃이 활짝 피어나게 하소서

은혜로우신 하나님 아버지! 저희의 발걸음을 OOO성도(직분)님의 가정으로 인도하심을 감사드립니다. 대심방의 일정에 따라 오늘 OOO성도의 가정에서 예배를 드리며 주님께 영광을 돌리오니 기쁘게 받아주시옵소서.

사랑의 주님! 만세전부터 주님이 택하신 가정입니다. 주님을 위하여 아름답게 쓰임을 받고 있는 가정입니다. 언제나 그 복된 길로 인도하셔서 아름다운 믿음의 꽃이 이 가정을 통하여 날마다 활짝 필 수 있게 하여 주옵소서. 주님의 몸 된 교회를 위하여 힘을 다하여 봉사하고 충성하고 있사오니 주님의 일을 하면 할수록 지치는 것이 아니라 샘솟는 기쁨이 그 심령에 넘쳐나게 하여 주옵소서.

지금까지도 주님의 은혜에 이끌려 살았지만, 앞으로의 삶도 주님의 은혜의 지배를 받게 하여 주실 것을 믿습니다. 하나님 앞에 정직하고 성실하기를 힘쓰는 이 가정을 기억하시고 그 생업에 복을 더하여 주셔서 물질을 깨뜨려 주님의 몸 된 교회를 섬기는데 부족함이 없게 하여 주옵소서.

사랑하는 자녀들도 기억하시고 부모의 좋은 믿음의 영향을 받아 주님 앞에 바로 세워지고 크게 쓰임 받을 수 있는 자녀들이 되게 하여 주옵소서.

오늘 목사님이 이 가정을 위하여 축복의 말씀을 전하시오니 이 가정에 꼭 필요한 말씀이 되게 하시고, 위로가 되고 새 힘을 얻는 말씀이 되게 하여 주옵소서.

사랑하는 심방대원들, 피곤할지라도 인내함으로 잘 참여할 수 있게 하여 주시고, 선한 일에 힘쓰는 저들의 마음을 우리 주님이 기억하실 것을 믿습니다. 시종을 주님께 의탁하오며 예수 그리스도의 이름으로 기도합니다. 아멘

홀로 신앙생활 하는 가정

주님만을 의지하게 하소서

사랑과 은혜가 충만하신 하나님 아버지! 오늘 사랑하는 000성도(직분)의 가정에서 대심방으로 하나님께 영광 돌리게 하여 주심을 감사드립니다. 은혜의 주님! 대심방을 맞기 위하여 정성껏 준비한 000성도(직분)님의 손길을 볼 때에 그의 신앙이 더욱 성숙되어져가고 있는 것을 보는 것 같아 기쁘기 한량없습니다. 우리 주님께서도 000성도(직분)님의 그 중심을 보시고 친히 이곳에 강림하시고 계심을 믿습니다.

사랑의 주님! 이제 사랑하는 000성도(직분)님이 주님의 몸 된 교회를 통하여 그 심령에 심겨진 믿음이 더욱 아름다운 꽃을 피울 수 있게 하시고, 주님의 영광을 위해서도 귀하게 쓰임 받는 믿음의 그릇이 되게 하여 주옵소서.
온 가족이 예수 믿는 것은 아니지만, 이 가정에 000성도(직분)님을 통하여 복음의 씨앗을 심어놓으셨사오니 주님의 뜻하심과 섭리하심 가운데 이 가정에 온전한 구원이 이르게 하실 것을 믿습니다. 그 때까지 하나님의 구원의 은총을 사모하며 기도할 수 있는 000성도(직분)님이 되게 하시고, 주님을 의지할 수 있는 000성도(직분)님이 되게 하여 주옵소서.
하나님께서 선물로 주신 사랑하는 자녀들도 기억하시고 믿음의 자녀로 성장할 수 있도록 이끌어 주옵소서.
참으로 어둡고 혼탁한 세상입니다. 주님의 밝은 빛으로 이 가정을 비추셔서 항상 주님의 빛 가운데 거하는 가정이 되게 하여 주옵소서.
오늘 목사님이 들려주시는 말씀 속에서 다시 한 번 주님을 만날 수 있게 하시고, 주님의 음성을 가까이서 듣는 말씀이 되게 하여 주옵소서. 시종을 주님께 의탁하옵고 주의 성령께서 함께하고 계심을 믿사오며 예수 그리스도의 이름으로 기도합니다. 아멘

먼 거리에 있는 가정

샘솟는 신앙생활이 되게 하소서

소망이 되시고 빛이 되시는 하나님 아버지! 오늘도 저희들의 발걸음을 힘있게 하셔서 대심방에 참여할 수 있는 축복을 주심을 감사드립니다. 오늘 하루의 심방일정을 주님이 주장하시고 오직 주님께만 영광 돌리는 심방이 되게 하여 주옵소서.
오늘은 특별히 먼 거리에서 출석하고 있는 000성도(직분)님의 가정으로 인도하여 주셔서 심방감사의 예배를 드릴 수 있게 하시니 감사합니다. 교회와의 거리는 멀지라도 주님과의 거리는 전혀 없게 하신 것을 믿습니다. 사랑하는 000성도(직분)님의 믿음을 항상 붙드셔서 샘솟는 신앙생활이 될 수 있도록 이끌어 주옵소서.
때때로 힘겨움을 느낄 때 주님의 십자가를 바라볼 수 있게 하시고, 한계를 뛰어넘는 믿음의 자리로 나아갈 수 있도록 새 힘을 더하여 주옵소서. 우리 주님이 운전대도 친히 잡아주셔서 모든 위험으로부터 막아주시고 지켜주시는 주님의 손길을 느낄 수 있게 하옵소서.

주님! 이 가정의 생업을 붙드시기를 원합니다. 물질로도 헌신할 수 있도록 물질의 복을 더하여 주옵소서. 주님이 이 가정에 기업으로 주신 자녀들도 기억하시고 주님의 말씀을 먹으며 성장하고 있사오니 주님의 성품을 닮는 아이가 되게 하실 것을 믿습니다.
오늘 이 가정에 축복의 말씀을 들려주시는 목사님을 기억하시고 피곤하신 가운데서도 양떼를 향한 사랑을 쏟고 계시오니, 이 가정에 목사님을 통하여 주님의 말씀이 선포될 때에 000성도(직분)님은 물론 저희 모두가 큰 은혜를 받는 말씀이 되게 하옵소서.
성령님의 인도하심을 믿사옵고 예수 그리스도의 이름으로 기도합니다. 아멘

생활이 바쁜 가정

주님의 나라와 그 의를 구하게 하소서

사랑의 하나님 아버지! 오늘 OOO성도(직분)님이 심방을 받을 수 있도록 인도하심을 감사드립니다. 심방을 받기 위하여 바쁜 일들을 뒤로하고 특별히 시간을 마련하였습니다. 하나님께서 그 중심을 보시고 준비한 믿음의 그릇에 넘치는 은혜를 더하여 주실 것을 믿습니다.

주님! OOO성도(직분)님이 하는 일이 많아 항상 바쁩니다. 일에 쫓기다 하나님의 은혜를 잃는 일이 없도록 주의 성령께서 그 마음을 붙들어 주시옵소서. 시간이 없는 관계로 주일도 성수주일을 하지 못할 때도 있습니다. 주님은 먼저 하나님의 나라와 의를 구하라고 하셨사오니 육신의 유익과 재물만을 생각하지 않게 하여 주시고, 영원한 생명과 언제나 마르지 않는 주님의 양식을 사모할 수 있는 OOO성도(직분)님이 되게 하여 주옵소서.

주님! OOO성도(직분)님이 하나님께 받은 은혜가 참으로 많습니다. 그 은혜에 보답하는 삶이 되게 하여 주시고, 범사에 주님을 인정하는 삶이 되게 하여 주옵소서. 하나님께서 집을 세우지 아니하시면 세우는 자의 수고가 헛되다고 했습니다. 하나님을 철저히 의지하는 OOO성도(직분)님이 되게 하여 주시고, 어떤 길은 사람의 보기에 바르나 필경은 사망의 길이라고 했습니다. 주님을 철저히 의뢰하는 OOO성도(직분)님이 되게 하여 주옵소서.

주님! 우리 주님께서 피로 값 주고 사신 가정이 믿음으로 잘 세워질 수 있기를 원합니다. 주님의 나라가 임하는 가정이 되게 하여 주시고, 신령한 것으로 부요해지는 가정이 되게 하여 주옵소서. 가족들과 자녀들의 건강도 지켜 주셔서 주님을 잘 섬길 수 있게 하여 주옵소서.
이 시간, 축복의 말씀을 준비하신 목사님을 기억하시고 이 가정에 꼭 필요한 생명의 말씀이 되게 하옵소서. 예수 그리스도의 이름으로 기도합니다. 아멘

환자의 가정

질병을 물리쳐주소서

전지전능하신 하나님 아버지! 오늘 사랑하는 목사님을 모시고 OOO성도(직분)님의 가정에서 대심방 감사 예배를 드릴 수 있게 하시니 감사합니다.
사랑의 주님! 안타깝게도 사랑하는 OOO성도(직분)님이 병환 중에 신음하고 있습니다. 저희가 이렇게 심방하여 그 아픔을 나누며 함께 기도하오니 불쌍히 여기시고 긍휼을 베풀어 주옵소서. 어서 속히 병석에서 일어나서 치료하시는 여호와 하나님을 찬양하며 주님의 성소로 달려 나올 수 있게 하여 주옵소서.
우리 주님은 못하실 일이 없사오니 사랑하는 OOO성도(직분)님의 질병을 물리쳐 주시고 새 힘을 얻게 하여 주실 것을 믿습니다. 전과 같이 주님의 몸 된 교회에 봉사하며 주께 충성할 수 있도록 이끄실 것을 믿습니다. 이 병석에 누워 계시는 동안 주님과의 깊은 사귐이 있게 하시고, 상한 갈대를 꺾지 아니하시고 꺼져가는 심지를 끄지 아니하시는 주님의 사랑을 영혼 깊숙이 체험할 수 있게 하여 주옵소서.

주님! 간호하는 가족들에게도 함께하여 주시고, 그 마음에 상함이 없도록 평안을 더하여 주실 것을 믿습니다. OOO성도(직분)님을 어서 속히 생명의 주님의 찬양할 수 있는 자리로 어서 이끌어 주옵소서. 이 가정을 우리 주님이 강하신 팔로 붙들고 계신 것을 믿습니다.
오늘 목사님이 이 가정에 꼭 필요한 축복의 말씀을 준비하셨습니다. 말씀이 선포되어 질 때에 병마가 물러가는 주님의 능력을 강력하게 체험할 수 있게 하여 주옵소서.
우리 주님의 능력이 심방의 순서 순서마다 깃들게 하실 것을 믿사옵고 예수 그리스도의 이름으로 기도합니다. 아멘

문제와 아픔이 있는 가정

믿음이 성장하는 기회로 삼게 하소서

선한 목자이신 하나님 아버지! 오늘 사랑하는 000성도(직분)님의 가정을 방문하여 대심방예배로 하나님께 영광을 돌릴 수 있게 하시니 감사합니다. 어렵고 힘든 가운데서도 영적인 일을 놓치지 않는 이 가정을 기억하시고 크신 은총으로 함께하여 주옵소서.

주님! 이 가정이 당한 문제와 그로인한 아픔이 있습니다. 주님이 택하신 은총을 입은 가정이오니 그 아픔을 만져주셔서 오직 소망은 주께 있음을 깨닫고 감사할 수 있게 하옵소서. "환난 날에 나를 부르라 내가 너를 건지리니 네가 나를 영화롭게 하리라."(시50:15) 약속하셨사오니 이 가정이 안고 있는 고통의 신음을 놓치지 마시고 부르짖을 때에 속히 응답하여 주옵소서. 또한 지금 이 가정이 당한 아픔을 통하여 신앙과 믿음이 성장하는 기회로 선용할 수 있게 하시며 그동안 들을 수 없었던 주님의 음성을 더욱 선명하게 들을 수 있는 축복의 계기가 되게 하여 주옵소서.

저희가 믿는 하나님은 합력하여 선을 이루시는 하나님이심을 믿습니다. 도우시고 건지시는 하나님이심을 믿습니다. 일으키시고 세우시는 하나님이심을 믿습니다. 그 하나님을 의지하여 살아계신 하나님을 만날 수 있게 하시고 믿음으로 끝내 승리할 수 있게 하옵소서.
오늘 목사님이 이 가정을 위하여 축복의 말씀을 준비하셨습니다. 마음을 담아 전하시는 말씀을 아멘으로 받게 하시고, 용기와 소망을 얻게 하옵소서.
이 가정을 더욱 굳게 잡아주시고 한 식구도 실족당하지 않도록 성령의 줄로 굳게 매주실 것을 믿사옵고 예수 그리스도의 이름으로 기도합니다. 아멘

재난당한 가정

소망을 가지고 재기할 수 있게 하소서

인생의 생사화복을 주장하시는 하나님 아버지! 오늘 사랑하는 000성도(직분)님의 가정을 방문하여 대심방예배로 하나님께 영광을 돌릴 수 있게 하시니 감사합니다. 어렵고 힘든 가운데서도 영적인 일을 놓치지 않는 이 가정을 기억하시고 크신 은총으로 함께하여 주옵소서.
긍휼이 풍성하신 주님! 갑작스런 재난으로 인하여 고통을 받고 있는 이 가정을 긍휼히 여겨 주옵소서. 금번일로 하나님을 원망하는 자리에 이르지 않게 하시고, 합력하여 선을 이루시는 주님의 섭리하심을 바라보며 믿음으로 극복할 수 있도록 도와주시기를 원합니다. 잃은 것이 많은 이때에, 그것을 인하여 애닮아 하지 말게 하시고, 남아 있는 것을 인하여 감사할 수 있도록 은총을 더하여 주옵소서. 어렵고 힘든 상황이지만 소망을 가지고 재기할 수 있는 은혜를 더하여 주시고, 이 위기의 상황을 지혜롭게 극복하여 하나님께 영광을 돌릴 수 있는 축복의 기회로 삼을 수 있게 하여 주옵소서.

부자 욥이 하루아침에 거지 같이 가난한 자가 되고 육체의 질병으로 고통을 당하면서도 하나님을 원망하지 않았던 믿음을 이 가정에도 주시고, 이 가정에 향하신 하나님의 사랑을 조금도 의심치 않게 하여 주옵소서. 주신 자도 여호와시오니 여호와의 이름을 찬송을 받을 것이라고 한 것처럼 재난 가운데서도 더욱 감사할 수 있는 믿음을 더하여 주옵소서. 특별히 바라옵기는 이 가정이 사방으로 우겨쌈을 당하여도 싸이지 아니하며 답답한 일을 당하여도 낙심하지 아니하며 거꾸러뜨림을 당하여도 망하지 않도록 지켜 주옵소서.(고후4:8,9)
이제 목사님의 말씀을 듣고 심령의 위로를 얻게 하여 주시고, 화가 변하여 복이 되게 하시는 주님의 사랑을 다시 한 번 만날 수 있게 하여 주옵소서.
끝까지 신앙적으로 흔들림 없게 하셔서 믿음의 재난만큼은 당하지 않도록 이끄시고 크신 긍휼을 베푸실 것을 믿사옵고 예수 그리스도의 이름으로 기도합니다. 아멘

부모님을 모시고 사는 가정

주님의 효를 닮은 가정을 귀하게 보소서

은혜가 풍성하신 하나님 아버지! 주님이 택하신 복된 가정을 방문하여 대심방예배로 하나님께 영광을 돌리게 하심을 감사드립니다. 대심방을 기쁨으로 맞는 이 가정을 귀하게 보시고, 크신 은총을 내려 주옵소서.
자비하시고 사랑이 많으신 하나님 아버지! 이 가정은 연로하신 부모님을 모시고 있는 가정입니다. 이 가정에, 연로하신 부모님을 모실 수 있는 은혜를 더하여 주셔서 주님의 계명을 잘 지키며 자녀의 본분을 다할 수 있도록 함께하심을 감사드립니다. 부모를 공경할 수 있는 것은 분명히 주님이 이 가정에 베푸신 아름다운 축복임을 믿습니다.
또한 3대가 한 가정에서 하나님을 받들어 섬기며 주님의 교회를 위하여 충성하고 봉사할 수 있으니, 저희가 이 땅에서 누릴 수 있는 복 가운데 이보다 더 큰 것이 어디에 있겠습니까? ㅇㅇㅇ성도(직분)님에게 부모님을 잘 모실 수 있도록 그 마음에 항상 기쁨을 주시고, 연로하신 부모님께 효를 다하는 것이 곧 하나님께 하는 것임을 잊지 않게 하여 주옵소서.

주님! 부모님의 건강을 위하여 간구합니다. 육체의 강건함을 더하여 주시고, 정신을 맑게 하여 주옵소서. 질병도 막아 주셔서 병상을 의지하는 일이 없게 하여 주옵소서. 일평생 자식을 위하여 모든 것을 다 바치셨는데 자녀의 효를 다 받으실 수 있도록 장수의 복을 더하여 주시고, 여생에 즐거운 나날이 될 수 있도록 복을 더하여 주옵소서. 육신은 쇠하여진다 할지라도 날마다 영적으로 새로움을 경험할 수 있게 하여 주시고, 신앙의 승리자가 될 수 있도록 이끌어 주시옵소서. 믿음으로 걸어오신 그 길이 자손 대대로 이어지게 하시고, 피로 사신 교회를 위하여 헌신과 희생을 아끼지 않으셨던 그 신앙의 모습이 이 가정에 전통이 되게 하여 주옵소서.
목사님이 말씀을 전해주실 때 큰 은혜를 받게 하실 것을 믿사옵고, 이 가정과 함께하시는 예수 그리스도의 이름으로 기도합니다. 아멘

식구가 믿지 않는 성도

구원의 문이 활짝 열려지게 하소서

사랑이 풍성하신 하나님 아버지! 우리 주님은 저희를 사랑하시되 천하보다 더 사랑하심을 믿습니다. 그 사랑으로 인하여 구원을 얻게 하시고, 영생의 귀한 복을 누리게 하시니 얼마나 감사한지요. 오늘 저희들이 목사임을 모시고 000성도(직분)님의 집을 방문하여 대심방예배로 하나님께 영광을 돌립니다. 기쁘게 받아주시옵소서.

은혜의 주님! 000성도(직분)님에게는 커다란 기도제목이 있습니다. 식구들이 주님을 믿지 않아 마음고생을 많이 하고 있습니다. 000성도(직분)님을 긍휼히 여겨 주옵소서. 주님을 믿지 않는 가족들로 인하여 그가 겪고 있는 아픔과 어려움이 그의 마음을 더욱 힘들게 하고 있습니다. 어떤 때는 주일도 제대로 지키지 못할 때도 있고, 헌금은 물론 교회에 봉사하는데 많은 어려움을 겪고 있습니다.

주님! 온 식구가 예수님을 영접하고 주님을 모신 가정을 가꾸는 것이 그의 간절한 소원이요, 소망일일진대 그 마음의 안타까움을 기억하시고 이 가정에 구원의 은총을 베풀어 주옵소서. 000성도의 눈물로 부르짖는 기도를 기억하셔서 속히 이 가정의 믿지 않는 가족들에게 구원의 길을 열어주옵소서. 더 이상 가족의 눈치를 보면서 교회로 발걸음을 옮기지 않아도 될 그런 신앙생활을 할 수 있도록 도와주시고, 집에서도 성경을 읽고 마음껏 찬송을 불러도 될 그런 신앙생활을 할 수 있도록 도와주시옵소서. 주일이면 온 가족이 예배당에 모여 주님의 구원의 은총을 노래하며 예배의 기쁨을 누릴 수 있도록 도와주시옵소서. 좋으신 우리 주님은 가족구원을 놓고 눈물로 부르짖는 000성도(직분)님의 기도에 반드시 힘을 실어주실 것을 믿습니다. 그 마음의 아픔을 감찰하시고 체휼하실 것을 믿습니다.

이 시간에 목사님이 전해주시는 말씀이 이 가정에 구원의 문이 활짝 열려지는 말씀이 되게 하옵소서. 참 좋으신 예수 그리스도의 이름으로 기도합니다. 아멘

종교의 갈등이 있는 가정

즐거운 발걸음이 되게 하여 주소서

사랑이 많으신 하나님 아버지! 주님의 은혜와 사랑을 감사드립니다. 오늘 000성도(직분)님의 가정을 심방하여 예배를 드릴 수 있게 된 것이 주님의 은혜임을 믿습니다. 어렵고 힘든 가운데서도 대심방예배를 드리는 000성도(직분)님의 마음을 기쁘게 받아주시옵소서.
긍휼이 풍성하신 주님! 지금 사랑하는 000성도에게는 말 못할 안타까운 고민이 있는 것을 우리 주님은 아시지요? 늘 종교적인 갈등으로 인하여 심적으로 많은 고통을 겪고 있사오니 그의 마음을 우리 주님께서 헤아려 주옵소서. 모시고 있는 부모님이 다른 종교를 갖고 있습니다. 믿음의 대상이 다르니 이로 인하여 발생되는 문제들이 한두 가지가 아닙니다. 사소한 문제 앞에도 가정의 평화가 깨지고 있고, 안 좋은 일이 발생되면 그것은 전부 예수 믿는 000성도(직분)님의 탓으로 돌립니다.

구원의 주님! 000성도(직분)님을 긍휼히 여기셔서 이방신을 섬기는 가정에서 믿음을 지킬 수 있도록 도와주시옵소서. 부모님이 일평생 섬기던 종교를 쉽게 바꿀 수야 없겠지만, 그 마음을 너그럽게 하여 주셔서 000성도(직분)님이 교회를 다니는데 어려움이 없도록 도와주시옵소서.
트집을 잡으려는 부모의 눈치를 살피며 교회당을 찾는 그의 발걸음이 얼마나 힘들겠습니까? 그의 마음인들 왜 교회에 봉사하고 주님께 충성하고 싶은 마음이 없겠습니까?
사랑하는 000성도(직분)님의 마음의 고통을 살피셔서 주님을 섬기고 교회를 찾는 발걸음이 즐거울 수 있도록 도와주시옵소서. 하실 수 있거든 000성도(직분)님의 부모님에게도 구원의 은총을 내려 주셔서 더 이상 마귀의 노예로 종노릇하며 살지 않게 하여 주옵소서. 죽기 전에 주님을 만날 수 있게 하시고, 천국 가는 백성이 되게 하여 주옵소서. 이 시간, 목사님이 들려주시는 말씀을 통하여 이 가정에 변화의 역사가 있게 하실 것을 믿사옵고 예수 그리스도의 이름으로 기도합니다. 아멘

셋집에 살고 있는 가정

환경에 의해 좌우되지 않게 하소서

자비로우신 하나님 아버지! 목사님을 모시고 사랑하는 000성도(직분)님의 집을 방문하여 대심방예배를 드릴 수 있게 하시니 감사합니다. 주님을 예배하며, 주님의 은혜받기를 사모하는 이 가정에 크신 은총으로 함께하여 주옵소서.

사랑이 많으신 하나님 아버지! 저희가 믿는 하나님은 영혼이 잘되고 범사가 잘되며 생명을 얻되 넘치도록 얻게 하시는 하나님이심을 믿습니다. 현재 사랑하는 000성도(직분)님이 형편이 여의치 않아 셋집에서 살고 있지만, 믿음만큼은 부자인 것을 믿습니다.

우리 주님은 이 땅에 계실 때 머리 둘 곳조차 없는 삶을 사셨는데, 육신의 장막이 초막이면 어떻고 궁궐이면 어떻겠습니까? 이 땅의 장막은 이슬을 피하기 위하여 잠시 거하는 처소 일뿐 영원한 것이 아님을 깨닫습니다. 또한 쉽게 허물어질 수도 있음을 깨닫습니다. 그러나 저희들에겐 영원히 허물어지지 않는 하늘나라가 있사오니 그 집을 믿음으로 든든히 세우는 참으로 복된 삶인 것을 믿습니다. 지금의 형편에서 더 낮아지는 경우가 있다 할지라도 환경에 좌우되는 믿음이 되지 않게 하여 주시고, 영원히 허물어지지도 않고 허물 수도 없는 믿음의 집을 잘 지을 수 있는 000성도(직분)님의 가정이 되게 하여 주옵소서.

때로는 환경의 압박으로 인하여 주춤할 때도 있사오나 그때마다 새 힘을 주셔서 믿음으로 승리할 수 있게 하옵소서. 환경을 초월하여 오직 믿음으로 주님의 몸 된 교회를 잘 받들어 섬길 수 있는 000성도(직분)님이 되게 하여 주시고, 말씀과 기도로 영혼의 양식을 부요케 할 수 있는 000성도(직분)님이 되게 하여 주옵소서. 이 가정에서 생업으로 삼고 있는 일터에도 축복하시고 적은 소득이 주어진다할지라도 남한테 꾸임을 받지 아니하고 결식치 않음을 감사의 조건으로 삼을 수 있는 000성도(직분)님이 되게 하여 주옵소서.

이 시간, 목사님이 말씀을 들려주십니다. 믿음을 부요함을 맛보게 하실 것을 믿사옵고 예수 그리스도의 이름으로 기도합니다. 아멘

12장 일반심방 대표기도문

새로 등록한 가정

시냇가에 심은 나무가 되게 하소서

은혜로우신 하나님 아버지! 사랑하는 000성도님을 저희교회로 보내 주셔서 저희들과 함께 주님의 몸 된 교회를 섬기며 믿음의 교제를 나눌 수 있게 하심을 감사드립니다.
이 지역에 많은 교회들이 있지만 000성도님이 저희교회에 등록하게 된 것은 이 교회에 꼭 필요한 일꾼으로 쓰시려고 성령님이 그 마음을 주장하시고 이끄신 것을 믿습니다. 이제 저희들과 함께 000성도님이 주님의 몸 된 교회를 섬기며 믿음 생활을 할 때에 하나님을 경험하는 삶이 되게 하시고, 시냇가에 심은 나무가 시절을 좇아 과실을 맺듯이 영육 간에 풍성한 열매를 맺을 수 있는 복된 삶이 되게 하여 주옵소서. 기도할 때마다 하나님의 능력이 깃드는 것을 경험할 수 있게 하시고, 봉사할 때마다 새 힘을 주시는 주님의 은혜를 체험케 하여 주옵소서.

주님, 이 가정에 주님을 믿지 않는 가족들이 있습니까? 구원을 문을 열어 주셔서 속히 주님을 영접할 수 있게 하여 주시고, 그리스도의 장성한 분량에까지 이를 수 있도록 축복하여 주옵소서. 고통의 문제가 있다면 그 고통에 함께 참여하고 계신 주님의 손길을 느낄 수 있게 하시고, 질병의 아픔이 있습니까? 치료하시는 주님의 능력을 체험할 수 있게 하여 주옵소서.
생업이나 경영하는 사업도 기억하셔서 날마다 주님의 영광을 드러낼 수 있게 하여 주시고, 날마다 채우시는 주님의 은총을 경험 할 수 있게 하여 주옵소서. 000성도님의 손길을 통하여 영혼이 구원되는 역사도 있기를 원합니다. 많은 사람을 주님께로 인도할 수 있는 축복의 손길이 되게 하시고, 천국의 지경을 확장시켜 나가는 믿음의 사람으로 쓰시옵소서.
오늘 이 가정에 축복의 말씀을 전하시는 목사님을 기억하시고 성령의 능력으로 함께하여 주셔서 이 가정에 꼭 필요한 생명의 말씀이 되게 하여 주옵소서. 주님의 섭리하심을 찬양하오며 예수 그리스도의 이름으로 기도합니다. 아멘

방황하는 자녀를 둔 가정

행동이 잘못된 것임을 깨닫게 하소서

잃은 양을 찾으시는 주님! 000성도님의 자녀가 방황하고 있습니다. 방황하는 자녀를 생각할 때마다 000성도님의 마음이 얼마나 애타고 가슴 아프겠습니까? 정말 속상하고 괴로운 심정 말로다 표현을 못할 것입니다.

주님, 그 마음의 아픔을 긍휼히 여겨 주옵소서. 무너진 그 마음에 위로를 더하여 주옵소서. 그 눈물을 기억하시고 그 부르짖음에 귀를 기울이옵소서. 지금 부모의 안타까운 마음도 아랑곳하지 않은 채 방황하는 자녀를 불쌍히 여겨 주옵소서. 정말 교회생활을 착실하게 했던 아이입니다. 많은 성도들에게 사랑을 받았던 아이입니다. 언제부터 어떤 이유때문에 아이가 방황의 길로 접어들었는지는 모르지만 모든 것을 다 아시는 주님께서 아이가 다시 가정으로 돌아올 수 있도록 그 방황을 종식시켜 주옵소서. 주님 앞으로 돌아와 전과 같이 믿음생활 잘 할 수 있도록 도와주시옵소서.

주님! 그 마음에 깨달음을 주시고, 그 발걸음을 돌이키게 하실 분은 주님밖에 없음을 깨닫습니다. 아이가 학업을 놓치지 않게 도와주시옵소서. 평생 후회로 남을 일을 하지 않도록 그 마음을 진리의 빛을 비춰주셔서 현재의 자신의 모습을 바로 볼 수 있게 하시고, 자신이 하고 있는 행동이 잘못된 것임을 깨닫게 하옵소서. 부모의 마음을 아프게 하고 괴롭게 하는 것임을 깨닫게 하옵소서.
하나님 앞에서 죄 짓는 것임을 깨닫게 하옵소서. 그 아이를 버리지 않으실 것을 믿습니다. 품어주실 것을 믿습니다. 주님의 음성을 들려주실 것을 믿습니다. 멸망의 길로 가지 않게 하실 것을 믿습니다. 어서 속히 그 깊은 수렁에서 건져 주시옵소서.
한 영혼을 잊지 아니하시는 주님의 사랑을 의지하오며 예수 그리스도의 이름으로 기도합니다. 아멘

자녀의 시험을 앞두고 있는 가정

기도하는 마음으로 준비하게 하소서

지혜와 명철의 근본이 되시는 하나님 아버지! 오늘 000성도님의 집을 방문하여 기도제목을 함께 나눌 수 있도록 은혜 베푸심을 감사합니다.
000성도님의 자녀가 귀중한 시험을 앞두고 있습니다. 이 시험을 앞두고 많은 노력을 쏟아 붓고 있사오니 반드시 좋은 열매로 나타날 수 있도록 이끄실 것을 믿습니다.
이제껏 믿음 안에서 올 곧게 성장한 자녀입니다. 무엇을 하든지 하나님의 영광을 위해서 살아온 자녀입니다. 교회생활을 게을리 하지 않고 열심을 품고 주님을 섬겼던 자녀입니다. 주님이 높임을 받는 일에 마음을 쏟았던 00군(양)의 앞길을 반드시 책임지실 것을 믿습니다.

주님! 주님께 더 많이 쓰임 받는 도구가 되기 위하여 삶을 깨뜨리고 있는 00군(양)의 마음을 기억하시고, 주님이 주시는 기쁨의 열매가 꼭 있게 하여 주옵소서. 늘 그랬듯이 남은 기간 동안 항상 기도하는 마음으로 시험을 준비할 수 있도록 도우시고, 주님을 의뢰하는 자, 반드시 형통의 길로 인도하심을 증거 할 수 있게 하옵소서. 건강에 적신호가 오지 않도록 붙들어 주시고 복잡한 생각이 들지 않도록 그 마음을 지켜 주옵소서.

주님! 000성도님이 자녀의 시험을 앞두고 특별히 주님 앞에 엎드려 기도하고 있습니다. 연약한 여인의 기도라 할지라도 기도의 자리만큼은 강하게 하실 것을 믿습니다. 밤잠을 줄여가면서 시험 준비에 마음을 쏟고 있는 자녀만큼 부모 또한 기도의 헌신을 주님께 드리고 있사오니 주님의 뜻대로 사는 백성을 축복하시기를 즐겨하시는 하나님을 꼭 만나게 하여 주옵소서.
언제나 주님을 의뢰하는 자의 편이 되어주시는 예수 그리스도의 이름으로 기도합니다. 아멘

자녀의 취직을 앞두고 있는 가정

좋은 직장을 허락하소서

땅을 정복하고 모든 생물을 다스리라고 하신 하나님 아버지! 000성도님의 가정을 항상 지키심을 감사합니다.
000성도님의 사랑하는 자녀 00군(양)이 하나님의 은혜 가운데 학업을 마치고 취직할 직장을 구하고 있지만 아직도 새로운 직장을 구하지 못한 상태에 있습니다. 더디기는 하지만 합력하여 선을 이루시는 하나님을 의지합니다. 반드시 00군(양)에게 좋은 직장을 허락하실 것을 믿습니다. 그곳에서 이제껏 배우고 익힌 실력과 능력을 마음껏 발휘하고 주님을 높일 수 있도록 이끄실 것을 믿습니다. 당장 취직이 되지 않는다고 하여 낙담하거나 실족치 않게 하여 주시고, 더 좋은 것을 예비하시는 주님의 선하신 손길을 끝까지 바라보며 감사함으로 기다릴 수 있게 하여 주옵소서.

주님! 취직이 늦게 되는 것은 영적인 훈련을 더 시키고자 하시는 주님의 은총과 사랑인줄 깨달아 영성을 키우는 일에 마음을 쏟을 수 있게 하옵소서. 주님을 의지하는 백성에게는 모든 것이 유익이 되게 하시는 하나님이신 것을 믿습니다. 끝내 웃게 하시고, 기쁨을 더하시는 하나님이신 것을 믿습니다. 감사의 기도를 드리게 하시는 하나님이신 것을 믿습니다. 주님이 정하신 합당한 때에 좋은 직장을 허락하실 것을 믿습니다.
자녀의 취직이 늦어진다고 하여 근심하거나 걱정하지 않도록 000성도님의 마음을 강하게 붙들어 주시고, 늦어질수록 자녀를 위하여 기도하며 주님을 더욱 가까이 할 수 있는 복된 계기로 삼을 수 있게 하옵소서.
주님의 선하신 손길이 언제나 이 가정과 함께 하고 계심을 믿사오며 예수 그리스도의 이름으로 기도합니다. 아멘

자녀가 군대에 가게 된 가정

그리스도의 좋은 군사가 되게 하소서

인간의 생사화복을 주관하시는 하나님 아버지! 000성도님의 사랑하는 자녀 00군을 건강하게 키워주셔서 나라와 국민을 위하여 봉사할 수 있도록 은총을 베푸심을 감사드립니다.
건강한 정신과 건강한 몸으로 국가를 위하여 헌신하고 봉사할 수 있는 것이 얼마나 큰 영광이요 축복입니까? 군복무를 하는 동안 그 맡겨진 본분과 직책에 따라 의무와 사명을 잘 감당할 수 있는 00군이 되게 하여 주옵소서. 사랑하는 000성도님은 자식과의 잠시 이별이 못내 아쉽고 서운하여 눈물을 감추지 못하고 있지만 주님께서 그 마음을 위로하시고 평강의 복을 더하실 것을 믿습니다. 00군이 국방의 의무를 다하기 위하여 나라의 부름을 받았지만 또 한편으론 그리스도의 좋은 군사로 부름을 받은 것을 믿습니다. 훈련을 마치고 자대 배치를 받는 곳에서 그리스도의 좋은 군사로 쓰임 받게 하여 주시고, 주님께 큰 영광을 돌릴 수 있는 00군이 되게 하여 주옵소서.

또한 군대는 주님의 파송을 받고 떠나는 선교지임을 믿습니다. 오랫동안 함께 병영생활을 하는 부대원들 중 주님을 모르는 병사들에게 담대하게 복음을 전하고, 하늘나라의 지경을 확장할 수 있는 일등 선교사가 되게 하여 주옵소서. 위험한 무기를 다루고 있습니다. 실수함이 없게 하여 주시고, 늘 긴장할 수 있도록 그 마음과 생각을 지키시옵소서.
정신적으로 힘들고 고통스러울 때 더욱 주님을 사모하는 마음이 있게 하여 주시고, 졸지도 아니하시고 주무시지도 아니하시는 하나님이 항상 지키고 계심을 잊지 않게 하옵소서.
하나님께 영광 돌리는 군 생활이 되게 하실 것을 믿사옵고 예수 그리스도의 이름으로 기도합니다. 아멘

면회(군대)

조국에 대한 사랑이 넘쳐나게 하소서

사랑의 하나님 아버지! 사랑하는 000군이 군에 입대하여 군 생활을 잘 할 있도록 이끄심을 감사드립니다.
젊을 때에 나라를 위하여 봉사할 수 있다는 것이 얼마나 큰 축복이요 소중한 특권입니까? 기쁘고 즐거운 마음으로 군복무에 최선을 다할 수 있게 하시고, 동료 사병들에게도 귀감이 될 수 있는 군 생활이 되게 하여 주옵소서. 교육과 훈련에도 적극적으로 임할 수 있게 하시고, 맡겨진 의무와 책임에 대해서는 성실히 잘 감당할 수 있도록 도와주시옵소서. 권세자에게 복종하라 하셨사오니 상관의 명령에는 복종할 수 있는 마음을 주시고, 속상한 일이 발생할 때에는 주님의 말씀으로 마음을 잘 다스릴 수 있도록 도와주시옵소서.

군 생활에서 가장 필요한 것은 건강인줄 압니다. 우리 주님이 000군의 건강을 지켜 주셔서 주어진 복무기간 동안 훌륭한 군인으로서의 의무를 다할 수 있도록 도와주시옵소서. 또한 그동안 잊고 있었던 조국에 대한 사랑도 넘쳐나게 하시고, 서로를 아끼고 용납하고 품어주는 이해력도 넓히는 계기가 되게 하여 주옵소서. 주님을 섬기는 000군입니다. 한시도 주님을 잊는 일이 없게 하시고, 주님을 알지 동료들에게도 복음을 전할 수 있는 전도자가 되게 하여 주옵소서. 혈기 왕성함을 인하여 충동에 빠지는 일이 없게 하시고, 강한 인내력과 절제력을 주셔서 그 어떤 불미스러운 일에도 걸려 넘어지지 않게 하옵소서.
사랑하는 000군을 위하여 뒤에서 기도하고 있는 부모를 기억하시고, 지나친 염려와 걱정에 사로잡히지 않도록 평안의 복을 더하여 주옵소서. 000군이 성공적인 군복무를 하게 될 때에, 그 뒤에 부모의 기도가 있다는 것을 잊지 말게 하여 주시고, 부모의 기도가 자신의 군복무를 이끌고 있음을 잊지 않게 하여 주옵소서. 하나님을 경외하는 마음으로, 주님을 사랑하는 마음으로 군 생활을 잘 마칠 수 있게 하여 주옵소서. 000군의 영원한 보호자가 되시는 예수 그리스도의 이름으로 기도합니다. 아멘

면회(교도소)

훌륭한 교훈을 얻을 수 있게 하소서

온유하신 주님! 저희가 지금 사랑하는 000형제를 면회하고 위하여 기도합니다. 주님이 택하신 귀한 아들이며 저희와 주 안에서 한 몸을 이룬 000군을 기억하시옵소서. 나라 법에 따라 죄 값을 치루기 위하여 선고된 기간 동안 이곳에 있게 되었사오니 먼저 건강을 주시고 마음의 평안을 허락하여 주옵소서.

그가 부지중에 저지른 일로 인하여 잠시 영어(囹圄)의 몸이 되었으나 그의 중심에는 주님 뜻대로 살려고 했던 믿음이 있었음을 기억합니다. 일생을 걸어가는 동안 인생의 항로에 이번과 같은 경험은 불행이 아니라 훌륭한 교훈을 얻을 수 있는 기회가 되게 하시고, 주어진 역경을 선용할 수 있는 지혜를 갖추는 계기가 되게 하여 주옵소서.

마음대로 할 수 없는 이때에 다시금 주님의 사람으로 거듭나기 위하여 말씀을 묵상할 수 있게 하시고, 고독과 외로움이 밀려올 때마다 주님과의 교통을 위하여 겸손히 무릎 꿇을 수 있는 신앙적 자세가 있게 하여 주옵소서. 결코 좁은 마음이나 원망스러운 생각이나 자포자기의 마음이 들지 않게 하시고, 마음을 잘 정돈하여 여유 있는 품성을 이루는 기회로 삼게 하옵소서.

우리 주님은 의인을 위해 오신 것이 아니라 죄인을 위해 오셨다고 말씀하셨나이다. 저와 형제는 다 같이 하나님 앞에서 죄인임을 깨닫습니다. 저희들을 불쌍히 여기시고 예수 그리스도로 인하여 새사람이 되게 하여 주옵소서. 아무쪼록 이 형제와 함께하시고, 속히 여기서 나와 훌륭한 사회인과 신앙인으로 일할 수 있도록 도와주시옵소서.

죄인을 사랑하시고 용서하시기를 기뻐하시는 예수 그리스도의 이름으로 기도합니다. 아멘

장애아를 키우고 있는 가정

특별한 사랑으로 붙들어주소서

사랑이 많으신 주님! 000성도님의 가정에 아픔이 있습니다. 이 아픔은 누구도 대신할 수 없는 아픔이요, 부모로서 평생 안고가야만 할 아픔입니다. 000성도의 사랑하는 자녀 00군(양)이 장애를 갖고 있는 것 잘 아시지요? 주님이 이 가정에 축복으로 주신 선물입니다.
욕심일 수도 있지만 아이가 건강했더라면 얼마나 좋았겠습니까? 그러나 아이가 장애를 갖고 태어나게 하신 주님의 섭리가 있으리라 확신합니다.
주님! 원하옵기는 000성도님이 장애를 갖고 있는 00군(양)을 정상아 못지 않게 잘 키울 수 있도록 도와주시옵소서. 아이를 키우면서 주님의 섭리를 깨달아 알 수 있게 하시고, 아이에게 향하신 주님의 크신 사랑이 무엇인지 발견할 수 있게 하옵소서.

주님! 아이의 미래를 붙들어 주시고, 그 길을 지도하여 주옵소서. 배나 더 노력이 필요하고, 배나 더 힘든 과정을 겪으면서 살아야 할 터인데 아이의 인생 가운데 큰 힘이 되어 주시고 능력이 되어 주시옵소서.
정상적인 아이에 못지않게 주님께 쓰임 받을 수 있도록 이끌어 주옵소서. 훗날 장애의 불편함을 딛고 일어서서 정상인도 해낼 수 없는 큰일을 해낼 수 있도록 함께하실 것을 믿습니다.
아이가 불편하니 특별한 우리 주님의 사랑이 함께하고 계심을 믿습니다. 이 가정에 아이를 통하여 많은 기적을 선물로 주시며, 축복하시는 주님의 손길을 체험하게 하여 주옵소서.
아이의 미래를 붙들고 계신 예수 그리스도의 이름으로 기도합니다. 아멘

자녀가 해외에 나간 가정

아침과 저녁으로 기도하게 하소서

은혜가 충만하신 하나님 아버지! 언제나 이 가정에 섭리의 하나님으로 함께하심을 감사드립니다. 또한 범사에 주님의 선하신 뜻대로 지도하시고 이끄심을 감사합니다. 또한 믿음 안에서 하나 된 모습으로 살아갈 수 있도록 이 가정에 큰 은총을 베푸심을 감사드립니다.
주님! 000성도님의 사랑하는 자녀 00군(양)이 해외에 나가 있습니다. 자녀가 눈에 보이지 않으면 걱정이 앞서는 것이 부모가 아닌지요. 000성도가 자녀를 외국으로 떠나보낸 후 그 마음 한구석에 걱정이 늘 자리 잡고 있을 것입니다. 불꽃같은 눈동자로 지키시는 하나님께서 그 마음에 평안을 주시고, 걱정이 밀려올 때마다 주님의 보좌 앞으로 향할 수 있도록 이끌어 주옵소서.

주님! 00군(양)이 홀로 외국 땅에서 낯선 환경과 문화에 적응하며 외롭게 생활하고 있지만 주님이 늘 곁에서 도와주실 것을 믿습니다. 행여 부모의 품이 그리워 눈물 흘리는 일이 없게 하시고, 고국이 그리워 세운 목표를 접는 일이 없게 하여 주옵소서.
언어의 장벽도 빨리 극복할 수 있도록 도와주시고, 믿음의 좋은 교제를 나눌 수 있는 친구도 만날 수 있도록 사람을 붙여 주옵소서. 챙겨주는 이가 없다고 하여 규칙적인 생활을 잃지 않게 하여 주시고, 신앙생활도 예전보다 더 잘 할 수 있도록 도와주시옵소서.
목표한 학업을 완성하는 그날까지 언제나 아침저녁으로 기도하기를 쉬지 않게 하여 주시고, 고국에서 부모가 엎드려 기도하고 있다는 것을 한시도 잊지 않게 하여 주옵소서.
주님을 영화롭게 하고 만백성에게 유익함을 줄 수 있는 아이로 빚으실 것을 믿사옵고 예수 그리스도의 이름으로 기도합니다. 아멘

구원의 확신이 없는 성도

입으로 시인하여 구원에 이르게 하소서

구원의 하나님 아버지! 사랑하는 000성도님에게 구원의 빛을 비추시옵소서. 아직 구원의 확신을 갖지 못하여 적극적인 신앙생활을 하지 못하고 있나이다. 우리 주님께서 사랑하는 000성도님을 만세전부터 택정하시고 하나님의 백성으로 택하여 부르신 것을 믿습니다.

사람이 마음으로 믿어 의에 이르고 입으로 시인하여 구원에 이르게 된다.(롬10;10)고 하였사오니 그 마음에 믿음의 빛을 비쳐주셔서 구원의 주님을 입으로 시인할 수 있는 000성도님이 되게 하여 주옵소서. 이는 혈통으로나 육정으로나 사람의 뜻으로 나지 아니하고 오직 하나님께로부터 난 자들이라고 하였습니다(요1:13). 000성도님도 그 가운데 한 사람임을 기억하게 하시고, 구원의 주님을 찬양할 수 있는 자리로 나아갈 수 있게 하옵소서.

주님! 아직 000성도님이 믿음이 연약하여 구원의 확신이 없는 줄 압니다. 믿음은 들음에서 나고 들음은 그리스도의 말씀으로 말미암는다(롬10:17)고 하였사오니 000성도님에게 말씀을 자꾸 들을 수 있는 자리로 인도하여 주시고, 말씀을 들을 때에 깨달아 알 수 있는 지혜를 부어 주시옵소서.

000성도님이 지금은 어린아이 같은 믿음이라 할지라도 장차 그 입으로 구원의 주님을 시인하며 주님을 위하여 순종을 드리고 헌신을 드릴 수 있는 자리로 나아가게 될 것을 믿습니다. 주님께 크게 쓰임 받는 그릇이 되게 하실 것을 믿습니다. 하늘나라의 백성으로 주님께 영광 돌리는 삶을 살게 하여 주실 것을 믿습니다. 예수 그리스도의 이름으로 기도합니다. 아멘

불화가 있는 가정

날마다 죽는 자로서 살게 하소서

화평케 하는 자는 복이 있다고 하신 주님! 이 시간 000성도님의 가정의 평화와 화목을 위해서 기도합니다.
평강의 하나님께서 이 가정을 주장하여 주시고, 000성도님으로 하여금 화목케 하는 자로서의 사명을 잘 감당케 하여 주옵소서. 가정불화의 원인이 무엇 때문인지 알게 하시고 만약 그 이유가 부부 각자에게 있다면 회개할 수 있는 심령들로 삼아주시옵소서.
사랑받기만을 원하기 이전에 사랑하게 하시며, 이해해주기만을 요구하기 이전에 이해할 줄 알며, 노하기를 더디 하면서 인내하는 가운데 서로의 허물을 덮어주고 용서하는 부부가 되게 하옵소서.
자녀불화로 인하여 자녀 교육에 있어서 어려움을 당하지 않게 하시고, 가정의 평화를 위해 지나치게 자신만이 옳다고 주장하는 일이 없게 하옵소서.
하나님과 인간 사이를 화평케 하기 위하여 화목제물이 되신 주님, 남편과 아내 각자가 날마다 죽는 자로서의 삶을 살게 하시며 가정의 평화를 위해 희생적인 삶을 살게 하옵소서.

믿는 자로서의 본을 보이고 주님의 몸 된 교회를 위해서 더욱 충성해야만 할 터인데 세월을 잃어버리는 것 같아 몹시 안타깝습니다. 어서 속히 서로가 하나가 되어 가정천국을 이룰 수 있게 하시고, 아름다운 부부의 모습으로 주님께 쓰임 받을 수 있게 하여 주옵소서.
오늘 이 가정에 주시는 말씀을 통하여 분쟁의 현장으로 찾아오시는 십자가의 주님을 만나게 하시고, 이해와 용서가 넘치는 이 시간이 되게 하여 주옵소서. 평강의 왕이신 예수 그리스도의 이름으로 기도합니다. 아멘

결별한 가정

서로에 대한 그리움이 사무치게 하소서

자비로우신 하나님 아버지! 주님은 자비하셔서 상하고 통회하는 심령을 멸시치 아니하시며 죄악을 사유하시는 하나님이심을 믿습니다. 회개하는 자에게 긍휼을 베푸시는 분이심을 믿습니다.

하나님의 은총을 입어 많은 사람들의 축복을 받으며 출발한 가정입니다. 그러나 지금은 서로가 결별하여 가정에 금이 가고 말았습니다. 서로가 결별할 만치 이해하지 못할 문제가 무엇이었는지, 서로가 넘지 못할 산이 무엇이었는지 이 부족한 종은 자세히는 알지 못하오나 서로에게 상처가 생긴 것은 분명하오니 불쌍히 여겨 주옵소서.

그동안 나름대로 얼마나 많이 고민을 했겠습니까? 얼마나 많이 노력을 했겠습니까? 또한 이 아픔을 놓고 얼마나 많이 기도했겠습니까? 울기도 많이 했을 것입니다. 주님이 기뻐하시는 온전한 가정을 세우지 못한 것을 용서하여 주시고, 상처 난 심령을 불쌍히 여겨 주옵소서. 마음의 강퍅함이 있습니까? 성령의 불로 태워주셔서 온유한 마음이 되게 하여 주옵소서.

언제까지 서로가 떨어져 있을지 모르오나 그 떨어짐이 오래가지 않도록 서로에 대한 그리움이 사무치게 하여 주시고, 떨어져 있는 동안 서로에 대한 갈등과 분노심이 눈 녹듯이 녹아지게 하여 주옵소서. 상한 감정과 격한 마음이 사랑의 마음으로 바뀌어 질 수 있게 하시고, 실망과 낙심이 위로와 격려의 마음으로 바뀌어 지게 하여 주옵소서. 서로의 마음을 헤아리기에 인색했던 마음이 서로를 용납할 수 있는 마음으로 바뀌어 지게 하여 주옵소서.

젊을 때에 주님을 위하여 아름답게 쓰임 받을 수 있기를 원합니다. 젊을 때에 주님나라를 세울 수 있는 일꾼으로 쓰임받기를 원합니다.

이 가정에 회복의 은총을 더하여 주옵소서. 온전케 하시는 예수 그리스도의 이름으로 기도합니다. 아멘

고난당하는 성도

고난이 클수록 받을 영광도 커지게 하소서

재앙을 내리시기도 하시고 거두기도 하시는 주님! 이 가정을 사랑하셔서 고난에 동참할 수 있는 은혜를 내려 주시니 감사합니다. 고난 받을 때에 고난의 이유를 깨닫지 못하여 원망과 불평의 자리로 나아가기 쉽사오니 긍휼을 베푸셔서 고난을 깨닫는 지혜를 주시고 능히 극복해 낼 수 있는 새 힘을 허락하여 주시기를 원합니다.
고난당할 때 더욱 기도할 것을 권면하신 주님! 고난을 받을수록 더욱 더 주님을 의지하는 가운데 기도할 수 있게 하시고, 고난 가운데서도 낙심치 아니하고 주님의 능력과 사랑을 체험하는 기회가 되게 하옵소서.
고난 중에 더욱 겸손하여지는 법을 배울 수 있게 하시고, 인내하는 인격이 더욱 성숙되게 하여 주옵소서. 주님의 백성들에게는 모든 것이 합력하여 선을 이루시는 하나님이신 것을 믿습니다.

주님! 000성도님에게 불필요한 고난을 주신 것이 아니라 유익을 더하시는 고난을 허락하신 것을 믿습니다. 이 고난이 오래 지속 된다할지라도 합력하여 선을 이루시는 주님을 굳게 믿고 담대하게 나아가게 하여 주시고, 고난이 크면 클수록 주님과 더불어 받게 될 영광도 크다는 것을 생각하며 감사가 넘치는 믿음이 되게 하여 주옵소서.
다윗이 사망의 음침한 골짜기로 다닐지라도 결코 두려워하지 않았던 것은 주님이 함께하셨기 때문입니다. 000성도님에게도 동행하셔서 당면한 고난 앞에서 능히 이기게 하실 것을 믿습니다.
오늘 목사님을 통하여 듣게 되는 말씀에 상한 심령이 위로받게 하시고, 피할 길도 열어주시는 피난처이신 주님이심을 다시 한 번 체험케 하옵소서. 지친 영혼을 일으켜 주셔서 언제나 능력을 더하여 주시는 예수 그리스도의 이름으로 기도합니다. 아멘

시험에 든 성도

약속하신 생명의 면류관을 얻게 하소서

자비하시고 거룩하신 하나님 아버지! 주님께서는 하늘 위에 높이 계시지만 몸소 고난을 받으심으로 저희의 연약을 아시고 체휼하심을 감사드립니다.
이 가정에 원치 않는 시험이 찾아왔으나 이 가정에 향하신 주님의 사랑을 조금도 의심치 않게 하실 것을 믿습니다. 주님을 의지하는 자에게 유익을 더하시는 하나님이신 것을 믿습니다. 이럴 때일수록 마음을 어지럽히는 모든 부정적이고 파괴적인 생각들이 찾아들기 쉽사오니 믿음의 주요 온전케 하시는 이인 예수님만을 온전히 바라볼 수 있도록 붙들어 주옵소서.

주님! 주님이 작정하신 시험이라면 감사함으로 받게 하시고, 끝까지 인내할 수 있는 강하고 담대한 믿음을 주시기를 원합니다. 믿음 위에 굳게 서서 조금도 흔들리지 않게 하여 주옵소서. 눈에는 아무 증거 안보이고 귀에는 아무 소리 안 들려도, 손에는 아무것도 잡히는 것이 없어도, "시험을 참는 자가 복이 있도다 이것에 옳다 인정하심을 받은 후에 주께서 자기를 사랑하는 자들에게 약속하신 생명의 면류관을 얻을 것임이니라"(약1:12)고 약속하신 주님의 말씀을 붙들고 이 어렵고 힘든 시기를 잘 인내하며 승리할 수 있도록 도와주시옵소서.
주님이 사랑하시는 자에게 허락하신 시험은 전적으로 시험 당하는 자에게 엄청난 주님의 은혜를 체험케 하시기 위한 것임을 믿습니다. 욥이 엄청난 시험을 통과한 후에 비로소 귀로만 듣던 하나님을 눈으로 볼 수 있는 주님의 은총이 내려졌듯이(욥42:5) 000성도님에게도 그와 같은 주님의 은총이 있게 하여 주옵소서.
오늘 목사님께서 전하시는 말씀을 통하여 큰 위로를 얻게 하시고 담대함을 얻게 하여 주옵소서. 시험당하는 자들을 능히 도우시고 도고하고 계시는 예수 그리스도의 이름으로 기도합니다. 아멘

핍박받는 성도

온전한 인내로 구원을 이루게 하소서

사랑이 많으신 하나님 아버지! 무릇 그리스도 안에서 경건하게 살고자 하는 자는 핍박을 받으리라(딤후3:12)고 하신 말씀을 기억합니다. 지금 000성도님이 주님을 믿는 것 때문에 가족들로부터 많은 핍박을 받고 있습니다. 주님을 위하여 핍박을 받는 것이오니 초대교회 성도들처럼 기쁘게 여길 수 있도록 은총을 더하여 주옵소서.
그 어떤 핍박이 가해진다 할지라도 믿음의 자리를 지킬 수 있도록 인도하여 주시고, 끝까지 변절하지 않는 믿음이 되게 하여 주시옵소서. 신앙의 핍박을 통하여 정금같이 단련되게 하여 주시며, 핍박하는 영혼들을 위해서도 불쌍히 여기는 마음으로 기도할 수 있게 하옵소서.

끝까지 견디는 자는 구원을 얻으리라고 하신 주님! 온전한 인내로 구원을 이룰 수 있게 하시고, 주님을 위하여 받는 능욕을 기뻐할 수 있는 000성도님이 되게 하여 주옵소서. 핍박의 순간마다 이유 없이 핍박을 받으셨던 주님의 모습이 가슴으로 스며들게 하시고, 골고다의 주님의 피 묻은 십자가가 000성도님의 심령 속에 우뚝 세워지게 하여 주옵소서. 핍박을 인하여 주님 앞에 엎드릴 때마다 그 기도를 들으시고 그 마음의 안타까움과 괴롬을 살피시고 만지실 것을 믿습니다. 더 나은 신앙을 위하여, 더 굳센 믿음을 위하여 오늘의 풀무와 같은 아픔이 있음을 위로로 삼게 하시고, 큰 믿음으로 주님께 쓰임 받는 그릇이 되게 하여 주옵소서.
핍박자였던 바울을 변화시키셔서 놀라운 주님의 일꾼으로 삼으셨던 주님, 하실 수 있거든 000성도님을 핍박하는 가족들의 마음이 일순간 녹아져서 주님을 믿고 따르는 사람으로 변화되게 하여 주옵소서.
오늘, 위로의 말씀으로 000성도님을 찾은 목사님을 기억하시고, 권면하는 그 말씀 속에서 하늘의 위로와 신앙의 용기를 얻을 수 있게 하옵소서. 예수 그리스도의 이름으로 기도합니다. 아멘

고부간의 갈등이 있는 가정

나오미와 룻 같은 자부가 되게 하소서

사랑이 많으신 하나님 아버지! 지금까지 000성도님의 가정을 지켜주시고 평강의 길로 인도하심을 감사드립니다. 이 가정에 향하신 주님의 인자하심이 크고 놀라움을 깨닫습니다.
하오나 주님, 000성도님이 시어머니와의 갈등으로 인하여 많은 고통을 겪고 있습니다. 얼굴까지 어두운 000성도님의 모습을 볼 때에 결코 가볍지만은 않음을 깨닫습니다. 어느 가정이건 고부간의 갈등은 항상 있을 수 있사오나 000성도님이 겪고 있는 갈등이 매우 심각함을 깨닫습니다.

주님! 사랑이 한없으신 우리 주님께서 000성도님과 시어머니의 마음을 만져주시옵소서. 더 이상 감정의 골이 깊어지지 않게 하여 주시고, 주님을 믿는 것이 부담이 되지 않게 하여 주옵소서. 사소한 일로 인하여 감정을 앞세우지 않게 하여 주시고, 보이는 허물을 감싸주고 덮어줄 수 있는 푸근함이 그 마음을 지배할 수 있도록 도와주시옵소서.
살아계신 부모님을 진정으로 잘 모실 수 있는 000성도님이 되게 하여 주시고, 자부의 효를 기쁨으로 받을 수 있는 부모님이 되게 하여 주옵소서. 표현은 안하지만 뒤에서 자녀들이 보고 있는 줄 믿습니다. 자녀들에게 가정의 화목을 지키지 못하는 어른의 모습을 보이지 않게 하여 주시고, 자녀들이 부모의 뒷모습을 보고 배운다는 것을 기억하여 화평의 가정을 이루기에 마음을 쏟을 수 있는 시어머니와 며느리가 되게 하여 주옵소서. 성경에 나오는 나오미와 룻같이 아름다운 자부의 사이가 될 수 있도록 이끌어 주옵소서.
감정을 쏟아내는 입술이 변하여 기도의 입술이 되게 하시고, 서로의 아픔을 어루만져주며 불평 없는 식탁에서 감사의 기도를 드릴 수 있도록 은총을 더하여 주옵소서.
회복케 하여 주실 것을 믿사옵고 예수 그리스도의 이름으로 기도합니다. 아멘

억울한 일을 당한 가정

기도로 마음을 잘 다스리게 하소서

사랑의 주님! 언제나 이 가정을 지키시고 붙들고 계심을 믿습니다. 000성도님의 믿음을 굳게 붙드셔서 이 어렵고 고통스런 상황을 잘 인내할 수 있게 하심을 감사합니다. 또한 힘들고 어려울 때에 기도를 잃지 않게 하시니 감사합니다. 주님만이 저희의 반석이심을 믿습니다. 주님만이 억울함을 신원하시며 위로와 평안을 주시는 분이심을 믿습니다.
주님! 지금 000성도님이 말할 수 없는 억울한 일을 당했지만, 그 마음을 아시는 주님께서 그 마음의 상한 감정을 치유하시고 평안을 얻게 하실 것을 믿습니다. 지금은 육체적으로나 정신적으로 밀려오는 고통을 소화해내기가 참으로 힘들지만 치유케 하시는 주님이 계시기에 절망하지 않습니다.

주님! 인간적으로 생각하면 너무나 분노할 일이지만 주님의 말씀으로 분노심을 잠재울 수 있도록 도와주시고, 기도로 마음을 잘 다스릴 수 있도록 도와주시옵소서. 생각하면 생각할수록 때마다 피가 역류하는 것 같은 고통을 겪을지라도 공평하시고 자비로우신 주님께 온전히 맡길 수 있게 하옵소서.
또한 000성도님이 이번 일로 인하여 억울한 일을 당하셨던 주님의 마음을 살필 수 있게 하시고, 핍박하는 자를 위하여 용서의 기도를 드리셨던 주님의 모습을 닮아갈 수 있게 하옵소서.
이제 무엇을 하든지 사람을 지나치게 믿지 않게 하여 주시고, 언제나 성실하시고 신실하신 주님만을 의지하며 바라볼 수 있게 하여 주옵소서.
000성도님의 마음을 살피시고 헤아리시는 예수 그리스도의 이름으로 기도합니다. 아멘

싸워 이기는 믿음을 강화시켜주소서

저희의 가장 친한 벗이 되어주시는 주님! 주님이 000성도님과 함께하시고 친한 벗이 되어주심을 믿습니다.
지금 000성도님은 주님이 항상 곁에 계심을 믿지만 외로움과 고독함을 떨쳐버리지 못하여 심적인 고통을 겪고 있습니다. 밀려드는 외로움과 고독을 이기지 못하여 고통당하는 000성도님을 기억하시고 너르신 주님의 품으로 안으시옵소서.
주님도 고난당하실 때 홀로 십자가를 지셔야만 하는 고독을 겪으셨지만 하나님이 함께하심을 믿으며 조금도 흔들리지 않으셨음을 기억합니다. 그리고 하나님의 뜻을 이루기 위하여 고독과 싸워가며 홀로 골고다의 언덕을 오르셨음을 기억합니다. 000성도님도 주님의 함께하심을 굳게 믿고 외로움과 고독을 잘 이길 수 있도록 믿음을 강화시켜 주시고 주님의 뜻을 이루어 드릴 수 있는 주님의 사람이 되게 하여 주옵소서.

주님! 주님이 000성도님에게 고독을 주신 것은 고독에 숨겨진 주님의 뜻이 계신 줄 믿습니다. 고독해하는 이웃을 살필 줄 아는 하나님의 사람으로 쓰시기 위해서 고독을 경험하게 하신 것을 믿습니다. 고독할 때에 외롭고 쓸쓸함 속에서 지내는 이들을 돌아볼 수 있는 마음을 주시고 그들을 주님의 이름으로 위로할 수 있는 위로자의 역할을 감당할 수 있게 하옵소서.

우리 주님은 외로움과 고독을 아시는 주님이심을 믿습니다. 체휼하시는 주님이심을 믿습니다. 동정을 베푸시고 공감하시는 주님이심을 믿습니다. 지금 000성도님의 마음속에 은총을 더하여 주옵소서. 예수 그리스도의 이름으로 기도합니다. 아멘

생활에 지쳐 있는 성도

생활을 평탄케 하여 주소서

능력이 되시는 하나님 아버지! 지금 000성도님이 생활고로 인하여 매우 지쳐있습니다. 그러나 지친 가운데서도 주님을 바라볼 수 있도록 은총을 허락하시니 감사합니다.
000성도님이 세상에서는 위로를 얻을 수 있는 길이 없지만 진정한 위로자이신 주님이 계심을 믿고 주님 안에서 평안을 얻게 하실 것을 믿습니다. 힘든 생활고로 인하여 몸과 마음이 지쳤을지라도 "세상 끝 날까지 너희와 항상 함께 있으리라." (마28:20)는 주님의 약속의 말씀을 믿고 새 힘을 얻게 하여 주옵소서. 지금은 모든 것이 어렵고 힘들어 보여도 우리 주님께서 반드시 000성도님의 생활을 평탄케 하실 것을 믿습니다.

주님! 고독이 깊어지고 외로움이 살갗을 파고든다 할지라도 그때마다 주님의 약속의 말씀을 떠올릴 수 있게 하시고, 주님의 이름을 간절히 부름으로 주님을 만나는 복된 시간으로 삼을 수 있게 하옵소서.
주님은 멀리 계시는 것이 아니라 가까이 계심을 믿습니다. 주님은 떠나 계신 것이 아니라 저희와 함께하시고 동행하고 계심을 믿습니다. 언제일지는 몰라도 합력하여 선을 이루시는 우리 주님께서 000성도님에게 큰 축복을 허락하실 것을 믿습니다.
그때까지 환경을 초월할 수 있는 믿음의 길을 잘 걸을 수 있도록 새 힘을 주시고, 한계에 부딪칠 때마다 믿음의 장대를 사용할 수 있게 하옵소서. 주님을 진정으로 의지하는 것이 복된 것임을 깨닫습니다.
000성도님을 두고 보시기에도 아까울 정도로 사랑하시는 예수 그리스도의 이름으로 기도합니다. 아멘

열심이 식어진 성도

주님의 일에 우선권을 두게 하소서

은혜로우신 하나님 아버지! 사랑하는 000성도님의 주님을 위한 열심히 식어지고 있음을 깨닫습니다. 오늘 000성도님의 믿음을 위하여 함께 기도할 수 있게 하시니 감사합니다.
무가치하고 무자격한 저희들에게 귀한 사명을 맡기셨사오니 열심을 다할 수 있도록 이끌어주옵소서. 더 이상 사명의 자리를 고의적으로 피하는 일이 없게 하여 주시고, 자신만을 위해서만 분주히 움직이는 일이 없게 하여 주옵소서.

주님! 000성도님이 물질과 시간을 주님을 위하여 드릴 수 있게 하여 주시고, 진실한 마음으로 주님을 섬길 수 있게 하옵소서. 예배와 기도와 전도의 생활을 온전히 드릴 수 있게 하여 주시고, 주님이 기뻐하시는 열매를 풍성히 맺을 수 있는 삶이 되게 하여 주옵소서.
주님의 몸 된 교회와 권속들을 위하여 수고의 땀을 흘리는 자리라면 적극 참여할 수 있는 열심이 있게 하시고, 아름다운 믿음의 본을 보일 수 있는 신앙생활이 되게 하여 주옵소서. 누구나 본받고 싶은 열심이 000성도님에게 있게 하여 주시고, 누구에게나 믿음의 좋은 영향을 끼칠 수 있는 아름다운 주님의 사람이 되게 하여 주옵소서.

오늘 이후로 000성도님이 다시는 육신적인 일에 우선권을 두는 일이 없게 하시고, 주님의 영광을 위하여 모든 것을 쏟을 수 있는 삶이 되게 하여 주옵소서. 000성도님이 녹슬어 없어지는 인생이기 보다는 주님을 위하여 닳아서 없어지는 삶을 살기를 소망합니다.
저희를 일꾼으로 부르신 예수 그리스도의 이름으로 기도합니다. 아멘

기도생활이 식어진 성도

주님의 보좌 앞에 향기로 드려지게 하소서

은혜 베푸시기를 즐겨하시는 하나님 아버지! 오늘 주님이 사랑하시는 OOO 성도님과 믿음의 교제를 나눌 수 있게 하시니 감사합니다.
주님, OOO성도님에게 한 가지 안타까운 것은 주님과 교제하는 그 영광 된 자리를 놓치고 있다는 것입니다. OOO성도님도 기도하는 자리로 힘써서 나아가야한다는 것을 잘 알면서도 행동으로 옮기지 못하고 있습니다. OOO성도님이 무엇에 붙들려 기도의 자리를 놓치고 있는지 부족한 이 죄인은 알 수 없사오나 우리 주님은 아실 것이오니 기도생활에 방해가 되는 것을 제하여 주시고 힘써서 주님을 찾을 수 있도록 은총을 베풀어 주옵소서.

주님! 기도하지 않는 것은 엄연히 죄라는 것을 깨닫게 하시고, 교만으로 주님의 얼굴을 찌르지 아니하도록 OOO성도님에게 주님을 향한 기도무릎이 있게 하여 주옵소서. 기도를 쉬면 사단을 이기지 못하고 영혼이 병들 수 있음을 기억하여 항상 기도하기를 힘쓸 수 있는 OOO성도님이 되게 하여 주옵소서.

주님을 대면할 때마다 마음을 쏟을 수 있는 진실한 기도가 주님의 보좌 앞에 향기로 드려질 수 있게 하시고, 주님과의 깊은 영적인 교제가 부활되어서 주님의 음성을 듣고 주님의 마음을 살필 줄 아는 복된 삶이 되게 하옵소서. 그동안 기도하기에 힘들어 했던 자신을 채찍질하며 기도에 대한 목마름으로 주님을 더욱 갈망하게 하실 것을 믿습니다.
기도의 사람을 쓰시고 기도를 통하여 역사를 이루시는 예수 그리스도의 이름으로 기도합니다. 아멘

직분을 맡은 성도

거룩한 직분을 잘 감당하게 하소서

자비로우신 하나님 아버지! 주님의 백성으로서 주님의 영광을 위하여 사는 것도 너무나 감사한 일이온데 티끌과도 같은 저희들을 충성 된 자로 여기셔서 귀한 직분까지 맡겨주시니 얼마나 감사한지요.

하오나 저희들은 한없이 부족함을 깨닫습니다. 그러나 "내게 능력 주시는 자 안에서 내가 모든 것을 할 수 있느니라."고 하셨사오니 주님의 거룩한 직분을 감당하는데 부족함 없는 믿음을 주시고 오직 능력의 주님을 의지하고 바라볼 수 있게 하옵소서.
행여 인간의 지식, 경험, 기술, 잔재주, 테크닉 같은 것을 앞세우는 일이 없게 하시고, 진심으로 주님만을 의뢰하는 마음만 있게 하여 주옵소서. 이 직분을 통하여 주님의 몸 된 교회를 섬기고 주님을 영화롭게 하는데 모든 것을 깨뜨릴 수 있게 하여 주시고, 목사님의 말씀에 온전히 복종하며 주님의 선한 사업에 부한 일을 감당하게 하옵소서.

열심을 품고 주님을 섬길 수 있게 하여 주시고, 믿음의 형제들에게도 항상 믿음의 유익을 끼칠 수 있는 삶이 되게 하옵소서. 열심이 지나친 나머지 교만함에 이르지 않게 하시고 다른 교우를 실족하게 하거나 마음을 아프게 하는 일이 없도록 제 생각과 마음을 온전히 주장하여 주옵소서.
언제나 겸손함으로, 언제나 낮아짐으로, 언제나 성실함으로, 언제나 진실함으로, 언제나 인내함으로 주님의 선하신 뜻을 분별하며 주님의 거룩한 직분을 감당할 수 있게 하옵소서.
교회의 머리가 되시는 예수 그리스도의 이름으로 기도합니다. 아멘

헌신의 부담을 느끼는 성도

헌신의 대가이신 주님을 닮게 하소서

헌신의 대가이신 우리 주님!
언제나 저희에게 향하신 주님의 사랑하심과 인자하심이 크고 놀라움을 깨닫습니다. 주님의 은혜를 먹고 사는 주의 백성으로서 조금이라도 주님의 은혜에 보답하는 삶을 살수만 있다면 이보다 더 영광된 일이 어디에 있겠습니까? 주님을 위해서 헌신한다는 것은 천사도 흠모할 일임을 깨닫습니다.
주님! 간구하옵기는 000성도님에게 주님을 위하여 모든 것을 깨뜨려 더욱 헌신할 수 있는 길을 열어주옵소서. 특히 000성도는 주님께 받은 달란트가 많은 일꾼입니다. 녹슬어 없어지지 않게 하시고 주님을 위하여 모든 것을 활용할 수 있는 헌신의 사람이 되게 하옵소서.

주님! 주님은 한 알의 밀처럼 땅에 떨어지심으로 죄 가운데 방황하는 인류를 구원하셨습니다. 저희와 000성도도 주님의 밀알의 정신을 본받아 희생의 자리로 나아갈 수 있게 하시고, 희생의 욕구를 충족시켜 나갈 수 있는 주의 사람으로 쓰임 받을 수 있게 하옵소서.
수많은 신앙의 사람들처럼 삶의 그 어떤 위기가 찾아온다 할지라도 주님을 위한 헌신의 자리는 결코 비우지 않는 주님의 사람이 되게 하여 주시고 주님을 위하여 죽도록 충성할 수 있는 헌신의 길을 걸을 수 있게 하옵소서. 행여나 주님께 헌신하는 일이 어떤 의무감 때문에 하는 것이 되지 않게 하여 주시고, 주님께서 저희를 구원해 주신 구속의 은총에 감격하여 드리지 아니하고는 견딜 수 없는 헌신의 생활이 되게 하여 주옵소서.
저희의 심령을 강하게 붙들어 주실 것을 믿사옵고 예수 그리스도의 이름으로 기도합니다. 아멘

헌금에 시험 든 가정

더 많이 드릴 수 있는 길을 열어주소서

자비로우시고 은혜가 풍성하신 하나님 아버지!
사랑하는 000성도님이 헌금으로 인하여 마음의 상처를 받았습니다. 그도 주님께 마음을 다하여 정성껏 헌금하고 싶은 생각이 왜 없겠습니까? 생활이 어렵고 힘들다보니 헌금생활에 많은 어려움을 겪고 있습니다. 풍족한 자가 들으면 아무렇지도 않을 목사님의 설교가 형편이 어렵다보니 예민해지고 마음의 부담이 되고 상처가 됩니다.

사랑의 주님! 목사님이 000성도님을 들으라고 설교하신 것은 아닐 것입니다. 모든 성도를 하나님께 축복받는 성도로 세우시려고 하신 말씀인 것을 믿습니다. 은혜받기 위하여 주님의 전을 찾았다가 헌금 때문에 마음의 상처를 받은 000성도님의 마음을 위로해 주시고 그 영혼에 은총을 더하여 주옵소서.
"나의 하나님이 그리스도 예수 안에서 영광 가운데 그 풍성한 대로 너희 모든 쓸 것을 채우시리라"(빌4:19)말씀하였사오니, 000성도님의 형편을 다 아시는 주님께서 물질에 약해진 이 가정을 붙드시고 일으켜 주시기를 원합니다. 다시는 물질로 인하여 상처를 받거나 고통을 당하지 않아도 될 신앙생활을 할 수 있도록 축복하여 주옵소서.

주님께 정성껏 드리고 싶은 대로, 더 많이 드리고 싶은 대로 힘써서 드릴 수 있도록 물권을 허락하여 주시기를 원합니다. 그리고 이 시험의 단계를 잘 이겨서 더욱 성숙된 신앙의 자리로 나아갈 수 있도록 이끌어 주옵소서. 주님이 이 가정을 더욱 사랑하고 계심을 믿습니다.
실족하여 넘어지지 않도록 붙드실 것을 믿사옵고 예수 그리스도의 이름으로 기도합니다. 아멘

목회자를 위하여 기도하게 하소서

사랑이 풍성하신 하나님 아버지!
사랑하는 목사님을 통하여 하늘나라의 진리를 배우고 양육 받게 하여 주심을 감사드립니다.
하오나 사랑하는 000성도님이 목사님께 상처를 받았다고 합니다. 상처의 깊이가 어느 정도인지는 알 수 없사오나 그 마음을 주님의 넓은 품으로 감싸시고 위로하여 주시기를 원합니다.
목사님도 때로는 인간인지라 실수할 수도 있음을 헤아려봅니다. 목사님의 단점이 눈에 들어올 때, 목사님을 위하여 기도하라는 주님의 응답으로 받아들일 수 있게 하시고, 말씀에 실수가 있다면 주님의 음성을 담아낼 수 있는 입술의 권세를 더하여 달라고 기도할 수 있는 000성도님이 되게 하여 주옵소서.

000성도님의 마음의 상처가 주님을 사랑하고 주님께 영광 돌리는데 걸림돌이 되지 않기를 원합니다. 주님의 몸 된 교회를 섬기는데 틈이 벌어지는 일이 되지 않기를 원합니다. 상대방의 허물과 약점을 덮어주고 용서할 수 있는 넓은 마음을 허락하여 주셔서 주님의 성품을 보여주시기에 부족함이 없는 000성도님이 되게 하여 주옵소서.
한걸음 더 나아가 목사님이 외롭고 힘드실 때 따뜻한 벗이 되어 주고, 목사님이 힘들고 지치셨을 때 따뜻함을 담은 말로 위로와 용기를 줄 수 있는 000성도님이 되게 하여 주옵소서. 목사님도 000성도님이 시험에 든 것을 인하여 마음 아파하고 더 많이 기도하고 계실 것입니다. 조금 더 이해하고 조금 더 헤아림으로 주님의 나라를 이루어 갈 수 있는 000성도님이 되게 하여 주옵소서.
평안의 복을 더하시는 예수 그리스도의 이름으로 기도합니다. 아멘

남편이 신앙생활을 반대하는 성도

하늘기업의 영원한 상속자가 되게 하소서

전능하신 하나님 아버지! 저희에게 영생을 선물로 주시고 하나님나라의 영원한 상속자가 되게 하여 주심을 감사드립니다.
사랑하는 OOO성도님이 남편의 반대로 인하여 신앙생활을 하는데 많은 어려움을 겪고 있습니다. 노골적인 핍박 앞에서 그의 마음이 지쳐가고 있사오니 불쌍히 여기시고 긍휼을 베풀어 주시기를 원합니다.

주님! 남편의 마음을 강팍하게 조종하고 있는 사단마귀를 물리쳐 주시고, 악한 영에 조종당하지 않도록 은혜를 베풀어 주옵소서. 그 영혼을 복되게 하여 주셔서 부인의 신앙을 훼방하고 핍박하는 자신의 행위가 얼마나 악한 일인지를 깨닫게 하시고 하나님을 아는 신령한 눈이 떠지게 하여 주옵소서.
교회를 욕하고 주님을 멸시하는 마음이 변하여 주님을 사모할 수 있는 마음이 되게 하여 주시고, 부인을 핍박하는 손길이 변하여 주님의 손을 붙드는 손길이 되게 하여 주옵소서. 비난과 조롱의 언어가 변하여 주님을 경배하고 찬송할 수 있는 입술이 되게 하여 주시고, 무시하고 멸시하는 태도가 변하여 주님을 경외하고 두려워할 줄 아는 마음이 되게 하여 주옵소서.

주님! 이 가정에 구원의 복을 더하실 것을 믿습니다. 이 가정에 천국이 임하게 하실 것을 믿습니다. 찬송이 울려 퍼지고, 주님을 향한 감사의 고백이 넘치는 가정이 되게 하실 것을 믿습니다. OOO성도님에게 합력하여 선을 이루시는 하나님을 끝까지 바라볼 수 있게 하여 주시고, 화가 변하여 복이 되게 하시는 주님의 손을 굳게 붙들게 하여 주옵소서.
OOO성도님을 하늘나라의 영원한 기업의 상속자가 되게 하실 것을 믿습니다. 예수 그리스도의 이름으로 기도합니다. 아멘

성수주일이 어려운 성도

구별된 삶을 살게 하소서

인생의 본분이 무엇인지를 깨닫게 하시는 하나님 아버지! 저희에게 복된 날을 허락하셔서 주님께 예배하고 영광 돌릴 수 있는 복 된 인생길을 걸어가게 하시니 감사합니다.

주일은 하나님께서 예배를 통하여 저희들에게 복주시기로 작정하신 날임을 믿습니다. 안타까운 것은 사랑하는 000성도님이 늘 육신의 일에 쫓기고 얽매여서 이 귀한 날에 주님을 만나지 못하고 있고, 주님의 은혜를 경험하지 못하고 있습니다. 000성도님을 주님의 능력의 손으로 굳게 붙드셔서 이날에 구별된 삶을 살 수 있도록 도와주시고, 영육 간에 안식을 얻는 날이 되게 하여 주옵소서.

이날을 주님께 온전히 드림으로 주님을 주님 되게 해 드릴 수 있는 000성도님이 되게 하여 주시고, 예배를 통하여 부어주시는 주님의 놀라운 은혜를 경험하는 삶이 되게 하여 주옵소서.

사람이 떡으로만 사는 것이 아니라 하나님의 입에서 나오는 말씀으로 살아야 함을 기억하게 하여 주시고, 육신의 일에 얽매여서 마귀가 좋아하는 일만 좇다가 은혜를 잃고 마는 000성도님이 되지 않게 하여 주옵소서.

"주의 궁정에서의 한 날이 다른 곳에서의 천 날보다 낫다."(시84:10)고백했던 시편기자와도 같이 주일마다 주의 궁정을 사모함으로 세상에서는 맛볼 수 없는 더 큰 기쁨과 평강을 얻을 수 있는 000성도님이 되게 하여 주옵소서.

특별히 주님의 몸 된 교회를 위하여 하루를 봉사하고 헌신할 수 있는 날이 되게 하여 주시고, 헤어졌던 성도들과도 만나서 신앙생활에 유익을 더하는 믿음의 좋은 교제를 나눌 수 있게 하여 주옵소서. 주일이 000성도님에게 세상일을 접고 오직 여호와 하나님만을 찬양하는 귀하고 복된 날이 되게 하실 것을 믿습니다.

000성도님을 사랑하시는 예수 그리스도의 이름으로 기도합니다. 아멘

담배와 술을 끊지 못하는 성도

신실한 신앙인으로 인정받게 하소서

긍휼이 풍성하신 하나님 아버지! 미물만도 못한 저희들에게 천하보다 귀한 사랑을 쏟아 부으셔서 주님의 귀한 자녀로 삼아주시고, 천국을 소유한 주님의 백성으로 살게 하시니 주님의 그 크신 은혜를 어찌 다 말로 표현할 수 있겠사오리까?
주님! 주께서 피로 값 주고 사신 사랑하는 000성도님이 아직 끊어야 할 것을 끊지 못하여 성숙한 신앙생활을 하지 못하고 있습니다. 그도 끊어보려고 결심하고 노력은 하고 있지만 의지가 약하여 다시 그 마음을 사단에게 내어주고 있습니다.
인간의 의지와 힘으로는 죄를 이기지 못하고 끌려갈 수밖에 없사오니 000성도님에게 성령 충만을 허락하여 주옵소서. 성령 충만함을 받아 몸속에 인박혀 있는 잘못된 악습관을 끊어버릴 수 있게 하여 주시고, 더 이상 양심을 속이는 신앙생활을 하지 않도록 이끌어 주옵소서.

저희의 몸은 성령이 거하시는 전이 아닙니까? 잘못된 악습관으로 인하여 주님의 전을 더럽히는 신앙생활이 되지 않게 하여 주시고, 죄 짓는 불의의 병기로 사용하지 도와주시옵소서. 어서 속히 옛 생활을 정리하여 주님께 의의 병기로 충성을 다할 수 있는 귀한 그릇이 되게 하여 주시고, 하나님 앞에서나 사람 앞에서 신실한 신앙인으로 인정받을 수 있는 아름다운 주님의 사람이 되게 하여 주옵소서.
성령께서 도우실 것을 믿사옵고 예수 그리스도의 이름으로 기도합니다. 아멘

설교를 못 듣는 성도

들을 수 있는 귀를 열어주소서

말씀으로 천지 만물을 창조하시고 주관하시는 하나님 아버지! 사랑하는 OOO성도님을 주님의 사랑으로 이끄시고 항상 함께하심을 감사드립니다. OOO성도님이 예배에 잘 참석하시니 얼마나 감사한지요? 이 모든 것이 주님의 은혜임을 믿습니다. 하오나 목사님이 전하시는 말씀이 귀에 들어오지 않는다고 합니다. 무슨 말씀인지 알아듣지를 못하겠고 이해를 할 수 없다고 합니다. 그러다보니 설교 듣는 시간이 지루하게 느껴지고 자신의 의지와는 상관없이 눈이 감긴다고 합니다.

주님! OOO성도님이 말씀을 잘 들을 수 있도록 은총을 베풀어 주옵소서. "믿음은 들음에서 나며 들음은 하나님의 말씀으로 말미암는다."(롬 10:17) 고 했는데 말씀을 잘 들어야 믿음이 자랄 것이 아니겠습니까? OOO성도에게 말씀을 들을 수 있는 귀를 열어주셔서 목사님을 통하여 듣는 하나님의 말씀이 재미가 있게 하시고, 듣고 또 듣고 싶은 말씀이 되게 하여 주옵소서. 말씀을 통해 OOO성도님의 심령을 새롭게 하시고 변화시키시는 주님의 손길을 체험할 수 있게 하여 주옵소서. 그리하여 그리스도의 장성한 분량에 이를 수 있게 하시고, 주님께 영광 돌릴 수 있는 삶이 되게 하여 주옵소서.

주님! 주님의 말씀은 머리로 이해하는 것이 아니라 가슴으로 느껴야 하는 것임을 깨닫습니다. 가슴으로 다가오는 주님의 말씀을 듣기 위하여 심령의 부흥을 위하여 기도할 수 있게 하시고, 성경을 보고 묵상하는 습관을 가질 수 있게 하옵소서.
우리 주님께서 OOO성도님에게 진리의 말씀을 깨달아 알게 하심으로 감격이 넘치는 신앙생활을 할 수 있도록 도우실 것을 믿습니다. 그의 영혼을 진리의 빛으로 밝혀 주실 것을 믿습니다. 예수 그리스도의 이름으로 기도합니다. 아멘

영적싸움에서 승리하게 하소서

마귀를 대적하는 그리스도의 좋은 군사가 되기를 원하시는 하나님 아버지! 세상은 날로 악해져만 가고 성도를 유혹하는 사단의 무리는 갈수록 극성을 부리고 있는 이때에 사랑하는 000성도님이 그리스도의 좋은 군사가 되기를 원합니다. 마귀는 우는 사자와 같이 두루 다니며 삼킬 자를 찾고 있사오니 이러한 마귀의 미혹에 걸려 넘어지지 않고 능히 대적하기 위하여 하나님의 전신갑주를 입을 수 있는 000성도님이 되게 하여 주옵소서.
마귀는 틈을 비집고 들어온다고 하였사오니 영적인 틈을 보이지 않기 위하여 말씀으로 철저하게 무장하게 하여 주시고, 깨어 기도하기를 쉬지 않는 000성도님이 되게 하여 주옵소서.

주님! 사도바울은 영과의 싸움에서 이기기 위하여 날마다 자신을 죽이는 삶을 살았습니다. 000성도님도 자신을 철저히 죽이는 삶을 살게 하여 주셔서 정욕을 통하여 접근해 오는 사단의 계략을 봉쇄해버릴 수 있는 능력의 삶이 되게 하여 주옵소서. 또한 마귀가 좋아하는 것이라면 눈을 가리고 귀를 막게 하여 주시고, 마귀가 싫어하는 것이라면 힘을 다하여 최선을 다할 수 있는 000성도님이 되게 하여 주옵소서.
주위에서 000성도님을 신앙을 넘어뜨리기 위하여 수많은 대적자가 일어난다 할지라도 절대로 마귀의 꾐에 걸려 넘어지지 않게 하시고, 믿음의 사람 욥과 같이 승리함으로 귀로만 듣던 하나님을 직접 눈으로 보는 축복을 받게 하옵소서.
000성도님이 마귀에게 철퇴를 가하고 마귀의 진을 피하는 깅격한 주님의 사람으로 살게 하실 것을 믿사옵고 예수 그리스도의 이름으로 기도합니다. 아멘

이단에 미혹된 성도

사악한 집단에서 건져주소서

길과 진리요 생명이신 주님! 저희들에게는 주님만이 길과 진리와 생명이심을 믿습니다. 하오나 사랑하는 OOO성도님이 거짓된 영을 받은 이단의 꾐에 미혹되어 잘못된 가르침을 받아 이단사상에 빠지고 말았습니다.
사랑하는 OOO성도님을 위하여 간절히 기도하오니 그 어두운 영혼에 진리의 빛을 강하게 비추셔서 다시금 온전한 진리 가운데로 인도함을 받을 수 있게 하여 주옵소서. 이단사상을 가진 자는 가까이 하지도 말고 그들과 변론하지도 말아야 하는 것이 성경의 가르침인데 OOO성도님은 그들을 용납함으로 진리에서 벗어나는 올무가 되어버리고 말았습니다.

사랑의 주님! 우리 주님은 OOO성도님을 지극히 사랑하시는 줄 믿습니다. 만세전부터 택하신 주님의 백성인줄 믿습니다. OOO성도님이 이단 사상에 더 깊숙이 빠지기 전에 사악한 이단의 무리에서 건져주시기를 원합니다. 구원은 말에 있는 것이 아니라 능력에 있음을 깨닫게 하시고, 지식에 있는 것이 아니라 믿음에 있음을 깨닫게 하여 주옵소서. 성경을 많이 알아야 믿음생활을 잘하는 것이 아니라 한 말씀이라도 그 말씀에 순종하는 삶을 살아야 믿음생활을 잘하는 것임을 깨닫게 하옵소서.
OOO성도님에게뿐 아니라 수많은 성도들이 진리를 가장한 거짓된 영에 노출되어 있사오니 악한 영에 사로잡히지 않도록 그들의 영을 지키시옵소서. OOO성도님이 다시 주님 앞으로 돌아와 오직 하나님 중심, 말씀 중심, 교회중심으로 건강한 신앙생활 할 수 있도록 이끄실 것을 믿습니다. 주님의 백성을 미혹하는 악한 영의 세력을 주님의 권능으로 멸하여 주옵소서. OOO성도님을 생명책에 기록하신 예수 그리스도의 이름으로 기도합니다. 아멘

모임에 자주 빠지는 성도

교제의 유익을 가질 수 있게 하소서

사랑의 주님! 000성도님을 사랑하여 주셔서 주님의 몸 된 교회를 통하여 신앙생활을 잘할 수 있도록 인도하심을 감사합니다.
더 좋은 믿음의 자리로 나아갈 수 있도록 인도하실 것을 믿습니다. 그러나 한 가지 안타까운 것은 000성도님이 모임에 잘 참석하지를 못하고 있습니다. 모임에 잘 참석할 수 없는 개인적인 사정과 형편이 있는 줄 아오나 너무 사정과 형편에만 얽매이지 않도록 그 마음에 주님의 은혜를 가득 부어 주시옵소서. 어떻게 하는 것이 주님이 기뻐하실 지를 먼저 생각할 수 있게 하여 주시고, 육신적인 일보다 영적인 일을 우선권에 둘 수 있는 000성도님이 되게 하여 주옵소서.
"한 사람이면 패하겠거니와 두 사람이면 맞설 수 있나니 세겹줄은 쉽게 끊어지지 아니하느니라."(전4:12) 하였사오니 000성도님이 모임에 잘 참석하여 삼겹줄 같은 역할을 감당할 수 있는 주님의 사람이 되게 하여 주옵소서.

또한 신앙생활은 홀로 하는 것이 아니라 더불어 해야만 믿음이 더욱 든든히 서갈 수 있음을 깨닫습니다. 모임을 통하여 얻게 되는 교제의 유익을 통하여 더 깊은 신앙의 세계를 경험할 수 있는 000성도님이 되게 하여 주옵소서.
마음을 같이하여 함께 고민하고, 함께 기도함으로 주님의 몸 된 교회를 든든히 세워갈 수 있는 000성도가 되게 하여 주시고, 주님 나라를 부요케 하는 자로 쓰임 받을 수 있는 000성도님이 되게 하여 주옵소서.
이제 000성도님에게 모임에 잘 참석할 수 있도록 복된 길을 열어주실 것을 믿습니다. 000성도님을 사랑하시는 예수 그리스도의 이름으로 기도합니다. 아멘

자살의 충동을 느끼는 성도

천국을 소망할 수 있게 하소서

생명을 주관하시는 하나님 아버지! 000성도님의 무거운 마음을 기억하시옵소서. 그가 삶의 무게를 이기지 못하여 자살의 충동을 느낄 때가 많다고 합니다. 죽고 싶은 마음이 간절할 정도로 그의 마음이 힘든 상태에 놓여 있사오니 불쌍히 여겨 주시기를 원합니다. 믿음의 담대함보다 감정에 흔들리고 있는 그의 연약한 마음을 기억하시옵소서.
죽으면 지옥 가는 것인 줄 알면서도 차라리 죽는 것이 낫겠다는 생각까지 할 정도라면 그의 마음이 얼마나 힘들고 고달팠겠습니까? 단순한 감정에 이끌려서 죽기를 사모한 것이 아닐진대 연약해질 대로 연약해진 그의 형편을 돌아보시옵소서.

주님! 만세전부터 택정하신 하나님의 백성을 마귀에게 빼앗기면 안 되지 않습니까? 그 마음을 붙드시고 지키시옵소서. 운전을 할 때 핸들을 꺾어버리고 싶다는 그의 고백을 들을 때 가슴이 철렁 내려앉습니다.
그 영혼이 점점 더 사단에게 도적질 당하지 않도록 우리 주님이 성령의 화염검으로 막아주시고, 그의 이 고통스런 올무를 풀어주시기를 원합니다. 죽기를 소망한 마음이 변하여 천국을 소망할 수 있는 마음이 되게 하여 주시고, 하나님이 주신 생명을 함부로 해하는 죄를 범치 않게 하여 주옵소서.

주님! 우리 주님은 지금 삶의 의욕을 잃어버린 채 파괴적인 생각에 사로잡혀 있는 000성도님을 반드시 건지실 것을 믿습니다. 상하고 그늘진 심령 속에 소망의 가락이 울려나게 하실 것을 믿습니다. 믿음으로 승리하는 길을 걸을 수 있도록 이끄실 것을 믿습니다.
문제를 보지 말게 하시고 문제를 다루시는 주님의 능력을 바라보게 하옵소서. 예수 그리스도의 이름으로 기도합니다. 아멘

13장
가정 애경사(哀慶事) 대표기도문

잉태

믿음으로 품게 하소서

생명의 하나님 아버지! 이 가정을 축복하여 주셔서 새 생명을 잉태하게 하심을 감사드립니다.
하나님께서 이 가정에 이 좋은 기쁨을 주셨사오니 새 생명을 허락하신 하나님께 감사할 수 있게 하시고, 주님께 나아갈 때도 기쁨으로 나아갈 수 있게 하여 주옵소서. 이제 열 달 동안 품고 있을 때에 태아에게 하나님의 말씀을 많이 들려줄 수 있게 하여 주시고, 찬송과 기도도 많이 들려줄 수 있게 하여 주옵소서.

주님! 믿음도 유전 된다는 것을 기억하여서 태아 때부터 신앙의 교육을 놓치지 않게 하여 주시고, 아이를 믿음으로 품을 수 있게 하여 주옵소서. 특별히 태아를 품고 있는 000성도님에게 건강을 허락하여 주셔서 품고 있는 새 생명이 건강하게 자랄 수 있게 하여 주옵소서.

태아를 위하여 말하는 것이나 행동하는 것이나 조심할 수 있게 하여 주시고, 태아를 출산하기까지 주님의 은혜와 사랑만 품을 수 있게 하여 주옵소서. 남편과 가족들에게도 함께하여 주셔서 태아를 품은 산모를 위하여 기도할 수 있게 하여 주시고, 태아에게 안 좋은 영향이 미치는 것을 하지 않도록 도와주시옵소서.
새 생명을 출산하기까지 주의 성령께서 함께하셔서 산모와 태아를 지키실 것을 믿사옵고 예수 그리스도의 이름으로 기도합니다. 아멘

힘든 잉태

신앙으로 태교할 수 있게 하소서

하나님 아버지! 참으로 하나님의 은혜를 감사합니다. 이 가정에 그토록 기다려 왔던 태의 열매를 주셔서 얼마나 감사한지요. 그동안 산모가 마음고생을 했던 것을 생각하면 눈물 밖에 나지 않을 것입니다.
참으로 오랫동안 아이가 잉태되지 않아 죄인 아닌 죄인이 되어 하루하루를 숨죽이며 살아왔는데 연약한 여인의 서글픈 기도를 외면치 아니하시고 웃음과 기쁨을 주시니 감사합니다. 이 넘치는 마음의 기쁨을 무엇으로 표현할 수 있겠습니까? 그저 눈물만 하염없이 흐를 뿐입니다.

주님! 이제 아픔이 변하여 기쁨이 되게 하셨사오니 앞으로 이 가정에 모든 시름을 잊을 수 있는 기쁨의 일들만 넘치게 하옵소서. 웃게 하신 하나님, 계속 웃음이 떠나지 않는 가정에 되게 하실 것을 믿습니다. 오랜 기다림 끝에 얻게 된 새 생명이오니, 태중의 아이를 감사함으로 품을 수 있게 하시고, 신앙적으로 태교를 잘 할 수 있도록 지혜를 더하여 주옵소서.
태중의 아이도 부모의 말을 듣고 있다는 것을 기억하여 거친 언어나 불필요한 말을 삼가게 하시고, 주님의 말씀을 태반에 심을 수 있게 하여 주옵소서. 아이를 출산하기까지 산모의 건강을 지켜 주시기를 원합니다. 걱정 근심이 없게 하여 주시기를 원합니다. 평안한 길로 이끄셔서 탄생의 신비를 경험할 수 있게 하여 주시고 주님께 넘치는 감사를 드릴 수 있게 하여 주옵소서.

이제 이 태아뿐만 아니라 이 가정에 태의 복을 더 허락하실 것을 믿습니다. 한나에게 허락하셨던 태의 복을 이 가정에도 허락하여 주셔서 주의 기업을 잇는 가정이 되게 하여 주옵소서. 오늘 축복의 말씀을 전하시는 목사님을 기억하시고, 큰 위로와 용기가 되는 말씀이 되게 하여 주옵소서. 예수 그리스도의 이름으로 기도합니다. 아멘

출산

사랑스러움이 더하여지게 하소서

생명의 창조자이신 하나님 아버지! 주께서 세우신 000성도님의 가정에 새 생명을 선물로 주심을 감사드립니다. 새 생명의 탄생을 어찌 천하의 모든 것과 비교할 수 있겠사오리까? 주님이 주신 귀한 생명으로 인하여 저희에게 기쁨이 넘치게 하시니 감사합니다. 새 생명의 축복을 허락하신 하나님께 다시 한 번 감사와 영광을 돌립니다.
주님, 해산의 고통을 겪은 산모를 기억하셔서 빠른 회복을 주시기를 원합니다. 아기가 먹고 싶은 때에 언제나 젖을 물릴 수 있도록 젖샘이 풍부하게 하여 주옵소서. 또한 산모를 항상 건강으로 지켜주셔서 어린 생명을 키우는데 조금도 어려움이 없게 하여 주옵소서.

산모의 태중에 있을 때에도 건강으로 지켜주신 하나님, 이 어린 생명 위에 건강의 복을 내려주시옵소서. 잘 먹고 잘 자고, 잘 자라게 하여 주시고, 질병 없이 무럭무럭 성장할 수 있도록 늘 지켜 주옵소서. 그 키가 자라감에 따라 사랑스러움이 더하여지게 하시고, 지혜와 명철도 더하여 주옵소서.

주님, 탄생의 신비와 생명의 신비스러움을 통하여 창조주 하나님을 찬양하는 가정이 되게 하여 주옵소서. 이 어린 심령이 부모의 신앙으로 인하여 날 때부터 주님께 맡긴바 되었사오니, 주님께서 이 아이의 평생 동안 동행하여 주시고 그의 삶을 인도하여 주옵소서.
성실한 부모의 믿음 안에서 신앙교육으로 잘 양육 받을 수 있게 하시고 주님이 쓰시는 귀한 아이로 성장할 수 있게 하옵소서.
기업을 잇게 하신 예수 그리스도의 이름으로 기도합니다. 아멘

생일(백일, 돌)

건강하게 자라게 하소서

사랑과 자비가 풍성하신 하나님 아버지! 오늘 이 가정에 선물로 주신 새 생명이 주님의 은총 안에서 무럭무럭 자라게 하심을 감사합니다. 어린 생명의 생일을 맞이하여 감사하는 마음을 모아 주님께 예배하오니 계신 곳 하늘에서 기쁘게 받아주시옵소서.

이 가정에 기업을 잇게 하신 귀한 생 생명, 주님의 사랑과 은총 속에서 건강하게 자라게 하시고, 선한 인격과 아름다운 마음을 가지게 하옵소서. 장성해서도 늘 주님의 마음을 좇는 삶을 살게 하시고, 주님의 뜻을 높이는 일을 하게 하시고, 하나님의 영광을 생의 최고 가치로 여기며 살 수 있는 삶이 되게 하옵소서.
이 가정에 이 아이를 위하여 여러 가지 미래의 계획을 세우고 있는 줄 압니다. 무엇보다도 하나님을 경외하는 신실한 자녀로 양육하기에 정성을 쏟을 수 있게 하시고, 주님의 몸 된 교회를 가까이 하면서 자랄 수 있도록 양육하게 하옵소서. 주님께 찬양을 잊지 않는 아이, 기도를 잊지 않는 아이, 주님께 영광 돌리는 것을 잊지 않는 아이로 성장할 수 있게 하여 주옵소서. 장성하여서도 주님을 떠나는 일이 없게 하여 주시고, 주의 교양과 훈계를 멀리하지 않는 아이가 되게 하여 주옵소서.
우리 주님이 보시기에 내 마음에 합한 자로 인정되게 하옵소서. 아이는 부모의 말보다는 부모의 뒷모습을 보고 닮아간다고 하였사오니 아이에게 아이의 인성과 신앙을 해치거나 독이 되는 행동을 보이지 않는 부모가 되게 하여 주옵소서. 어린 자녀 앞에서 부부싸움을 하는 일이 없게 하시고, 남을 비방하는 일이 없게 하옵소서.
오늘 첫 생일을 맞은 아이와 가정에 축복의 말씀을 들려주실 목사님을 기억하시고, 아이와 이 가정에 꼭 필요한 말씀을 증거 하실 수 있게 하여 주옵소서. 첫 생일을 맞은 아이를 다시 한 번 축하하오며 예수 그리스도의 이름으로 기도합니다. 아멘

입학(초등학교)

지혜가 되어주시고 보호자가 되어주소서

참 진리이시며 지혜의 샘이 되시는 하나님 아버지! 사랑하는 000성도님의 아이가 주님의 축복하심으로 초등학교에 입학하게 되었습니다. 그동안 아이를 건강하게 키워주시고, 지혜를 더하여 주신 하나님께 감사와 영광을 돌립니다.
아이가 학교에 입학을 하게 되면 부모는 마음이 들뜨고 설레는 감정을 지울 수 없습니다. 한편으론 어린자식인지라 불안한 마음도 떨쳐버리지 못합니다. 그러나 아이와 함께하시는 주님이 계시기에 학교생활에 첫발을 내딛는 아이의 앞길을 친히 인도하시고 이끄실 것을 굳게 믿습니다. 주님이 친히 아이의 지혜자가 되어주시고 보호자가 되어주실 것을 믿습니다.

사랑의 주님! 간구하옵기는 새로운 세계를 접하는 아이를 위하여 늘 기도를 쉬지 않는 000성도님이 되게 하여 주시고, 믿음으로 양육 하는 일에도 마음을 쏟을 수 있게 하여 주옵소서.
너무나 거칠고 험한 세상입니다. 믿음이 없이는 살아갈 수 없는 세상입니다. 아이가 학교교육을 통하여 다듬는 인성과 지성 위에 주님의 말씀을 덮어 주셔서 믿음의 사람으로 성장하는데 부족함이 없게 하여 주옵소서.
어릴 때의 습관이 평생을 간다고 합니다. 자녀에게 말씀을 가까이 하는 훈련을 잘 시킬 수 있는 000성도님이 되게 하여 주시고, 교회를 가까이 하고 주님을 사랑하는 법을 세워줄 수 있는 000성도님이 되게 하여 주옵소서.
또한 아이가 어릴 때부터 부모의 뒷모습을 보고 영적세계관을 바로 세워갈 수 있도록 믿음의 본을 잘 보이는 부모가 되게 하여 주옵소서.
아이가 학교에 입학하게 된 것을 다시 한 번 주님께 감사와 영광을 돌리오며 예수 그리스도의 이름으로 기도합니다. 아멘

졸업(대학)

좌로나 우로나 치우치지 말게 하소서

진리와 지혜의 근원이신 하나님 아버지! 000성도님의 자녀 00군(양)이 학업을 잘 마칠 수 있도록 인도하심을 감사드립니다. 아이가 학업을 잘 마치게 된 것은 전적으로 주님의 은혜임을 믿습니다. 또한 부모가 음으로 양으로 최선을 다하여 뒷바라지를 했기 때문에 가능할 수 있었음을 믿습니다. 이제 모든 과정을 다 마치고 사회에 첫발을 내딛게 되었사오니 배운 학문과 실력을 신뢰하기에 앞서 언제나 주님의 지혜를 먼저 구할 수 있는 자녀가 되게 하여 주시고, 주님을 의지하며 주님의 말씀과 뜻을 먼저 깨닫는 자녀가 되게 하여 주옵소서.

주님! 00군(양)이 사회생활을 하면서 출세지향적인 가치관에 빠지지 않기를 원합니다. 먼저 올바른 인간, 올바른 그리스도인이 되어야 한다는 생각을 갖게 하여 주시고, 주님께 쓰임 받는 것을 최우선에 둘 수 있는 자녀가 되게 하여 주옵소서. 뜻을 세운대로 되지 않는다고 하여 낙심하는 일이 없게 하시고, 주님을 멀리하거나 교회를 등지는 일이 없게 하여 주옵소서.

또한, 그리스도인으로서 빛과 소금의 역할을 잘 감당할 수 있는 00군(양)이 되기를 원합니다. 올바른 판단력을 주셔서 그리스도인으로서 해야 할 것과 하지 말아야 할 것을 잘 구분할 수 있게 하여 주시고, 가야할 곳과 가지 말아야 할 곳을 잘 구분할 수 있게 하여 주옵소서.
세상풍조에 좌로나 우로나 치우치지 않도록 그 생각과 마음을 주시고, 모든 사람들에게 유익함을 주며, 신앙의 능력을 보여줄 수 있는 자녀가 되게 하여 주시옵소서. 길 되신 예수 그리스도의 이름으로 기도합니다. 아멘

결혼(자녀)

복으로 충만한 가정이 되게 하소서

참으로 좋으신 하나님 아버지! 000성도님의 사랑하는 자녀 00군(양)이 장성하여 부모 곁을 떠나 한 가정을 이루게 하심을 감사드립니다. 믿음의 반려자를 만나 새로운 인생을 시작하였사오니 평강과 형통의 길로 인도하여 주옵소서. 한 가정을 이루게 하신 주님의 크신 뜻을 먼저 깨달아 인간의 욕심과 정욕대로 살지 않게 하시고, 하나님을 경외하고 섬기는 믿음의 가정이 되게 하여 주옵소서.
서로 다른 가정환경 속에서 성장하였으므로 성격도 다르고 기호도 다르겠지만, 가정은 일치를 이루는 곳임을 깨닫게 하셔서 모든 차이를 극복하고 하나님이 주신 아름다운 가정을 가꿀 수 있게 하옵소서.

주님의 뜻하심 가운데서 한 가정을 이루었사오니 일평생 주님의 은혜를 떠나지 아니하고 주님께 쓰임 받을 수 있는 신실한 믿음의 가정이 되게 하옵소서. 더 많은 이해, 더 많은 양보, 더 많은 자기희생이 있게 하시고, 상대방을 충분히 배려할 줄 아는 아름다움이 있게 하여 주옵소서. 또한 주님이 주신 복으로 충만한 가정이 되게 하시고, 주님의 선하신 뜻을 이루는 가정이 되게 하여 주옵소서.

이제 태의 열매도 주셔서 주님이 허락하신 산업과 기업을 이을 수 있게 하시고, 생명의 주인이신 주님을 찬양할 수 있는 가정이 되게 하여 주옵소서. 주님의 몸 된 교회를 위해서도 귀하게 쓰임 받는 부부가 되게 하시고, 사랑과 봉사와 헌신과 충성을 보일 수 있는 일꾼이 되게 하옵소서.
더 많은 은혜와 사랑을 쏟아 부어 주시기를 원하시는 예수 그리스도의 이름으로 기도합니다. 아멘

취직(어른)

능력 있는 일꾼으로 인정받게 하소서

구하는 자에게 항상 좋은 것을 허락하여 주시는 하나님 아버지! 오늘 이 가정에 주님께서 귀히 쓰시는 000성도님이 일자리를 구하여 새롭게 직장생활을 할 수 있도록 인도하심을 감사드립니다.

주님! 아시지요? 그동안 취직을 하지 못하여 마음고생을 얼마나 많이 하였는지 모릅니다. 남모르게 운적도 있었을 것이고, 무능력하게 느껴지는 자신을 바라보며 자괴감을 느낀 적도 있었을 것입니다.
또한 주님께 원망 섞인 기도를 드린 적도 있었을 것입니다. 그러나 이렇게 오랜 기다림과 갈급함 끝에 일할 수 있는 좋은 직장을 주셔서 얼마나 감사한지요. 오랜 가뭄 끝에 단비를 맛보는 기쁨입니다. 꽉 막혔던 것이 펑 뚫리는 시원함을 맛봅니다. 모든 것이 주님의 은혜와 은총임을 깨닫습니다.

주님! 이제 이 직장이 주님이 사랑하는 000성도님에게 예비하시고 맡겨주신 직장임을 확실히 믿고 감사하는 마음으로 직장생활에 충실할 수 있도록 이끌어 주옵소서. 능력 있는 일꾼으로 인정받을 수 있게 하시고, 직장 동료들과도 화목을 잘 이루어 회사에 꼭 필요한 사람으로 쓰임 받게 하옵소서.

주님을 사모하며 따르는 일에도 더욱 열심을 낼 수 있게 하시고 그가 있는 그곳에서 많은 사람들에게 그리스도의 복음을 증거하며 그리스도의 향기를 드러낼 수 있는 선교의 현장이 되게 하옵소서. 자칫 빠지기 쉬운 세상의 부귀영화나 세상 것에 물들지 않게 하시며 주님의 편에 서서 생활하는 굳센 믿음이 되게 하옵소서. 이 가정을 평안의 길로 인도하시는 예수 그리스도의 이름으로 기도합니다. 아멘

승진

지혜와 능력을 더하여 주소서

인간을 높이시기도 하시고 낮추시기도 하시는 하나님 아버지! 금번에 이 가정에 진급(승진)의 복을 허락하시니 감사합니다. 000성도님이 승진하여 이를 자신의 능력으로 돌리지 않고 겸손히 하나님의 은총으로 돌리며 영광 돌리게 하시니 얼마나 감사한지요. 겸손한 그의 믿음을 귀하게 보셔서 주님이 000성도님이 높이신 것임을 믿습니다.

사랑의 주님! 이번 승진을 통하여 하나님의 뜻을 더욱 이루어 드릴 수 있는 000성도님이 되게 하여 주옵소서. 승진하기까지 영육 간에 최선을 다하였듯이 승진 이후에도 그 태도와 마음가짐이 전혀 흐트러지지 않게 하여 주옵소서.
이제 그가 맡은 업무와 책임도 더욱 큰 줄 압니다. 지혜와 능력을 물 붓듯이 부어주셔서 직책을 감당하는데 전혀 부족함이 없게 하여 주옵소서. 벼는 익을수록 고개를 숙이는 법이오니 위에 있을 때 밑에 있는 자들을 주님을 섬기는 마음으로 잘 섬길 수 있게 하옵소서.

주님! 사람에게 실력과 능력을 인정받는 것도 중요하지만 그 전에 먼저 하나님께 믿음의 사람으로 인정받기를 힘쓸 수 있는 000성도님이 되게 하여 주옵소서. 혹여나 높아졌다고 하여 교만하지 않게 하여 주시고, 남을 얕보거나 무시하는 태도가 없게 하여 주옵소서. 윗사람을 섬길 때 주님께 하듯 하고 아랫사람을 거느릴 때 사랑으로 대할 수 있게 하옵소서.
앞으로 더 높은 자리에 오르더라도 전적인 주님의 은총임을 잊지 않게 하여 주시고, 주님께 영광 돌릴 수 있도록 축복하신 것임을 잊지 않게 하여 주옵소서.
이 가정의 믿음을 기쁘게 받으시고 넘치는 축복으로 채워주시는 예수 그리스도의 이름으로 기도합니다. 아멘

수상(受賞)

하나님께도 귀한 상을 받게 하소서

은혜가 풍성하신 하나님 아버지! 사랑하는 000성도님이 귀한 상을 받게 하심을 감사합니다. 이 모든 것이 주님의 은혜와 은총임을 믿습니다. 000성도님이 귀한 상을 받게 된 것은 자신과 가족들뿐만 아니라 한 뜻 안에서 한 교회를 섬기고 있는 저희들에게도 기쁨이 됨을 깨닫습니다.

주님! 이제 그의 어깨가 한층 더 무거워짐을 깨닫습니다. 이제껏 이 귀한 영광의 자리에 있기까지 맡은 일에 성실과 정직을 심으며 최선을 다하였듯이, 앞으로도 그 길을 잘 걸어갈 수 있도록 그 생각을 지도하시고 그 걸음을 이끌어주옵소서. "선줄로 생각하는 자는 넘어질까 조심하라"고 하였사오니 초심을 잃지 않도록 도와주시고, 처음처럼 그 겸손함과 성실함으로 주님을 높일 수 있는 삶이 되게 하여 주옵소서.

주님! 사람에게 뿐만 아니라 하나님께도 귀한 상급을 받는 일꾼이 되기를 원합니다. 사람을 통하여 받는 영광도 한없이 좋고 기쁘기 그지없는데 주님께로부터 받는 칭찬과 상급 또한 얼마나 귀하고 영광되겠습니까? 주님께로부터 받는 상급과 영광은 감히 사람을 통하여 얻는 영광과 족히 비교될 수 없음을 깨닫습니다. 그 부름의 상을 바라보고 푯대를 향하여 힘차게 달려갈 수 있는 000성도님이 되게 하여 주시고, 영적인 가치를 최우선에 둘 수 있는 000성도님이 되게 하여 주옵소서.

000성도님을 통하여 좋은 일들이 많이 일어나기를 원합니다. 축복된 일들이 많이 일어나기를 원합니다. 소망이 넘치는 일들이 많이 일어나기를 원합니다. 예수 그리스도의 이름으로 기도합니다. 아멘

생일(어른)

하나님의 영광을 위하여 살게 하소서

인생을 주관하시는 하나님 아버지! 오늘 000성도(직분)님의 생일을 맞이하여 지금까지 지켜주신 하나님의 은혜를 찬양하면서, 예배드리게 된 것을 감사합니다. 하루 동안에도 무슨 일이 일어날지 모르는 현실 속에서 지나간 00년의 세월을 불꽃과 같은 눈동자로 지켜주신 것을 생각할 때 하나님께 감사를 드립니다.
앞으로의 남은 여생도 "여호와께서 내게 주신 은혜를 무엇으로 보답할꼬."(시116:12)라고 했던 시편기자와도 같이 그 동안 하나님께서 주신 은혜와 복을 생각하면서 항상 감사와 찬양의 생활이 넘치는 000성도가 되게 하여 주옵소서. 하늘과 땅의 권세를 가지신 주님의 권세를 받아 누릴 수 있는 삶이 되게 하시고, 주님의 교회와 믿음의 권속들을 위하여도 더 많이 충성하고 봉사할 수 있는 삶이 되게 하여 주옵소서. 주님이 특별히 사랑하시는 이 가정도 성도님을 통하여 더욱 큰 복을 받게 하시고, 온 가족이 영육간에 윤택하여지는 은혜를 입게 하시며, 기타 모든 일에도 축복이 넘쳐나게 하여 주옵소서.

먼 훗날 주님 앞에 가서도 귀한 상급과 칭찬을 받는 종이 되게 하시고, 이 영광된 일을 위하여 이 땅에서 살아가는 동안 주님이 기뻐하시는 열매를 풍성히 맺을 수 있게 하옵소서. 주님의 전에 나와서 겸손히 주님을 의뢰할 때마다 그 영혼을 만지시는 주님의 손길을 체험할 수 있게 하시고, 정직한 자의 기도를 들으시는 주님의 사랑을 피부 깊숙이 경험하는 삶이 되게 하여 주옵소서. 사랑하는 자녀들을 기억하시고, 부모의 신앙을 이어받아 하나님을 기쁘시게 하는 신앙생활을 할 수 있게 하시고, 먹든지 마시든지 무엇을 하든지 하나님의 영광을 위해서 살 수 있게 하여 주옵소서.(고전10:31) 오늘 목사님이 전하시는 말씀 속에서 이제껏 동행하신 주님의 사랑을 다시 한 번 깨닫게 하시고, 험악한 삶을 살아왔다면 말씀의 위로가 있게 하여 주옵소서. 예수 그리스도의 이름으로 기도합니다. 아멘

수연(회갑)

소원이 성취되는 복을 누리게 하소서

만복의 근원이 되시며 인간의 생사화복을 주장하시는 하나님 아버지! 오늘 사랑하는 000성도(직분)님의 수연을 당하여 감사와 영광을 돌립니다. 거룩하신 하나님의 뜻 가운데서 사랑하는 아들(딸)을 이 땅에 보내시고, 은총을 베푸사 예수 그리스도를 믿어 구원을 얻게 하시고, 영원한 소망과 주님의 사랑 안에서 복된 삶을 누리게 하셨사오니 감사합니다.
특별히 질고와 죽음이 많은 이 땅에서 하나님의 보호와 축복으로 60년 동안 영육 간에 건강하게 지냈음을 감사하옵니다. 그리고 주 안에서 결혼하여 행복한 성도의 가정을 이루게 하시고, 기업의 복을 주셔서 그들의 신앙과 지극한 효행으로 오늘 수연축하 예배를 드리게 됨을 감사합니다.

간구하옵기는 사랑하는 000성도(직분)님을 더욱 축복하사 영육 간에 건강하게 하시고, 앞으로의 생애가 더욱 행복하고 하나님께 큰 영광을 돌리며 소망 중에 승리하는 생활이 되게 하여 주옵소서. 기도의 영역을 칠배로 더하사 가정과 자녀 손과 교회와 국가를 위하여 기도하게 하시고, 바라는 소원이 생전에 모두 성취되는 복을 누릴 수 있게 하옵소서. 특히 자녀들에게 믿음의 유산을 남겨줄 수 있는 영적인 부모가 되게 하시고, 교회에서도 모두가 본받고 싶은 신앙의 사람이 되게 하여 주옵소서.
오늘 000성도(직분)님의 회갑을 맞이하여 목사님이 축복의 말씀을 준비하셨습니다. 그 말씀을 듣는 가운데 주님의 사랑이 가슴속으로 스며들게 하시고 남은 생애, 주님을 위하여 더욱 충성할 수 있는 위로의 말씀이 되게 하옵소서.
000성도(직분)님으로 하여금 많은 믿음의 간증을 남기는 삶이 되게 하실 것을 믿사옵고 예수 그리스도의 이름으로 기도합니다. 아멘

희수(칠순), 산수(팔십)

부름의 상을 위하여 좇아가게 하소서

백발은 영화의 면류관이라고 하신 하나님 아버지! 특별히 하나님께서 OOO 성도(직분)님에게 장수의 복을 주시고, 자손의 자손을 볼 수 있는 은혜를 주시니 감사합니다.
오늘 고희를 맞아 이제껏 인도하여 주신 하나님의 은혜와 사랑을 감사하며 영광을 돌리는 것이 얼마나 큰 축복입니까? 그동안 인생의 여러 굴곡 가운데서도 하나님을 경외하는 중심이 흔들리지 않게 하시고, 모든 역경과 시련을 믿음으로 잘 이겨낼 수 있도록 함께하심을 감사드립니다.
앞으로의 남은 여생도 험난한 세상에서 어떠한 일을 만나든지 늘 주님을 의지하고 바라보며 믿음의 길을 걸어가는 복된 삶이 되게 하여 주옵소서. 또한 주님의 사랑과 크신 지혜와 측량할 길이 없는 은혜를 늘 체험하는 삶이 되게 하시고, 하늘과 땅의 권세를 가지신 주님의 권세를 늘 받아 누리는 삶이 되게 하옵소서. 지금까지도 주님의 뜻을 따라 주님의 몸 된 교회에 충성하며 헌신하는 삶을 살아오셨겠지만 육체의 남은 때를 끝까지 주님의 말씀에 순종할 수 있게 하여 주옵소서. 현재의 신앙생활에서 만족하지 말게 하시고, 갈렙과 같이 청년의 기상을 가지고 부름의 상을 위하여 좇아가는 여생이 되게 하옵소서.

특별히 디모데의 모친과도 같이 물질보다는 믿음의 유산을 물려줄 수 있는 영적인 부모가 되게 하여 주옵소서. 의인은 종려나무 같이 번성하며 레바논의 백향목 같이 발육한다고 했는데(시92:12) 자손의 복은 물론이요, 물질의 복과 영적인 복까지 항상 넘쳐나는 가정이 되게 하시고, 주님께 늘 감사와 찬양을 드릴 수 있게 하여 주옵소서. OOO성도(직분)님의 고희를 축하하기 위하여 이 자리에 함께한 가족과 성도들에게도 함께 하셔서 주님만을 의지하는 삶을 사는 가운데 주님이 주시는 장수의 복을 누릴 수 있게 하여 주옵소서. 목사님이 축복의 말씀을 드려주실 때에 위로가 넘치게 하시고 평안의 복을 얻게 하옵소서. 예수 그리스도의 이름으로 기도합니다. 아멘

이사(확장)

믿음의 반석 위에 세워지게 하소서

은혜가 풍성하신 하나님 아버지! 오늘 000성도님이 장막을 넓혀 새로운 곳으로 이사하게 하심을 감사합니다. 그동안 주님의 뜻대로 살기를 소망하며 주님의 몸 된 교회를 위하여 봉사한 중심을 보시고 주님 베푸신 축복임을 믿습니다.
이제 이 가정에 이전 보다 더 나은 장막을 주셨사오니 주님의 베푸신 은혜와 축복을 기억하여 더욱 진실 되게 마음을 다하여 주님을 섬길 수 있는 손길이 되게 하여 주옵소서.

또한 이 새로운 장막을, 육신을 위한 장막으로만 삼을 것이 아닌 주님의 장막을 넓히는데 도구로 사용 할 수 있게 하시고, 이 장막 안에 주님의 교회를 세울 수 있는 장막이 되게 하여 주옵소서. 항상 주님을 향한 찬송이 끊이지 않는 장막이 되게 하시고, 감사가 멈추지 않는 장막이 되게 하여 주옵소서.
이곳을 통하여 더욱 가정천국을 만들어 갈 수 있게 하시고, 하나님의 임재하심을 경험할 수 있는 처소가 되게 하여 주옵소서. 모든 가족들의 믿음이 더욱 반석 위에 세워질 수 있게 하시고, 시절을 따라 맺는 열매도 풍성하게 하여 주옵소서. 주님이 이 가정에 목자가 되시기를 원합니다. 앞으로도 주님이 이끄시는 대로만 따라갈 수 있는 가정이 되게 하여 주옵소서.

오늘 목사님을 통하여 주시는 축복의 말씀을 듣고 하나님의 은혜와 사랑을 또 한 번 느낄 수 있게 하시고, 많은 사람을 부요케 할 수 있는 복 있는 손길로 살게 하여 주옵소서.
이 집을 출입하는 자마다 주님의 다스리심을 경험하게 하시고 주님의 영광을 보게 하실 것을 믿사옵고 예수 그리스도의 이름으로 기도합니다. 아멘

이사(축소)

신앙으로 승리하게 하소서

자비로우신 하나님 아버지! 언제나 이 가정과 함께하여 주셔서 어렵고 힘든 가운데서도 믿음으로 달려갈 수 있도록 인도하여주시니 감사합니다. 열악한 환경이지만 환경을 바라보지 아니하고 주님을 바라볼 수 있도록 하시니 얼마나 감사한 일이옵니까? 잃어버린 것이 많을지라도 주님만큼은 잃어버리지 않은 것을 인하여 기뻐할 수 있게 하여 주시고, 생채기 난 마음을 어루만지시는 주님의 따뜻한 손길을 인하여 위로를 얻게 하여 주옵소서.

주님! 환경은 결코 넘어짐의 대상이 아님을 믿습니다. 환경은 극복하라고 저희에게 허락하신 것을 믿습니다. 지금의 상황이 육신의 눈으로 보기에 최악이라 할지라도 머리 둘 곳 없이 사셨던 주님을 생각하며 용기를 얻게 하여 주시고, 더 낮은 곳으로 찾아오시는 주님의 손길을 체험할 수 있게 하여 주옵소서.
사도바울의 고백과 같이 예수님만 모시고 있으면 근심하는 자 같으나 항상 기뻐하고 가난한 자 같으나 많은 사람을 부요하게 하고 아무 것도 없는 자 같으나 모든 것을 가진 자임을 믿습니다(고후6:10). 어렵고 힘든 상황의 한계를 뛰어넘는 신앙으로 승리하게 하실 것을 믿습니다. 또한 회복의 은혜를 더하여 주셔서 때를 따라 회복케 하시는 주님의 은총을 경험하게 하옵소서.

오늘 목사님이 들려주시는 말씀을 통하여 심령의 큰 위로를 얻게 하시고, 말씀에 힘을 얻어 변함없이 주님을 섬길 수 있게 하여 주옵소서. 심령이 가난한 자를 복 있게 하시는 예수 그리스도의 이름으로 기도합니다. 아멘

입주

신앙의 집도 아름답게 세워지게 하소서

은혜로우신 하나님 아버지! 이 가정을 지켜 주셔서 부족함 없이 살아가게 하시니 감사합니다. 또한 아름답고 사랑이 넘치는 가정이 되게 하여 주심도 감사합니다. 특별히 감사하옵는 것은 이 가정이 주님이 주신 새로운 장막으로 입주하여 먼저 주님께 감사 예배를 드리게 하시고 영광을 돌릴 수 있게 하시니 감사합니다.
이제껏 붙드시고, 인도하시고, 축복하신 하나님께서 앞으로도 이 가정과 함께하실 것을 믿습니다. 이제 새로운 집에 입주하였사오니 주님을 더 잘 섬길 수 있는 복 된 가정이 되게 하여 주시고, 주님을 더욱 사랑하고 주님의 말씀을 더욱 가까이 할 수 있는 가정으로 이끌어 주옵소서. 그리하여 입주하기 전보다 더욱 성숙된 신앙생활이 되게 하여 주시고, 주님을 기쁘시게 하는 자로 쓰임 받게 하여 주옵소서.

주님! 이 가정에 계획하고 있는 일들이 있습니까? 우리 주님이 그 계획을 만져주셔서 주님의 영광을 나타낼 수 있게 하시고, 선한 열매를 맺게 하여 주옵소서. 또한 이 가정에 예배와 찬송이 늘 가득하고 주님 안에서 형제자매들을 즐거이 대접하는 복된 처소가 되게 하여 주옵소서. 이 집이 육신의 장막뿐 아니라 신앙의 집으로도 아름답게 세워지고 쓰임 받게 하여 주옵소서.
새집 증후군이 있습니다. 면역력을 강화시켜 주셔서 잘 적응할 수 있게 하여 주옵소서. 이웃과 좋은 사귐이 있게 하여 주시고, 전도할 수 있는 문도 열어주옵소서.
목사님이 준비하신 말씀이 이 가정에 기쁨이 되게 하시고, 축복이 되게 하여 주옵소서. 이 가정의 호주가 되시는 예수 그리스도의 이름으로 기도합니다. 아멘

사업(개업)

경영을 하나님께 맡기게 하소서

복의 근원이신 하나님 아버지! 이 가정에 새로운 사업을 시작하게 하심을 감사드립니다. 이 사업을 시작하게 하신 이는 주님이심을 굳게 믿기에 먼저 주님께 감사의 예배를 드립니다. 이 예배를 받으시고 이 새로운 사업을 반석 위에 든든히 세워 주시옵소서. 사람의 계획이 제 아무리 완벽한들 어찌 하나님의 지혜에 견줄 수 있겠사오리까.

이제 이 사업을 경영하는 동안 세상의 방법과 자신의 경험과 실력보다 주님의 지혜를 더 의지하게 하시고, 항상 이 사업을 이끌고 계시는 주님의 능력을 체험하는 경영이 되게 하여 주옵소서. "너희 행사를 여호와께 맡기라. 그리하면 너의 경영하는 것이 이루리라."(잠16:3) 말씀하셨사오니 하나님께 모든 것을 맡길 수 있게 하여 주시고, 하나님의 말씀을 잘 지킬 수 있게 하여 주옵소서.

사업을 할 때에 물질관이 철저해야 주님께서 복을 내려주심을 믿습니다. 물질의 범죄함이 없게 하여 주시고, 주님께 드릴 물질을 잘 구분하여 드릴 수 있는 손길이 되게 하여 주옵소서. 이 사업도 주님이 주신 성직인줄 믿습니다. 육신의 이득보다 주님의 영광을 먼저 생각할 수 있게 하셔서 주님께 영광 돌릴 수 있는 사업이 되게 하여 주시옵소서.

이 사업장에 예배가 끊어지지 않기를 원합니다. 하루의 사업을 시작할 때나 마무리할 때 주님을 향한 예배가 있게 하시고, 사업체의 주인이 주님이심을 나타낼 수 있는 복 있는 경영이 되게 하여 주옵소서. 사업을 하다보면 뜻하지 않은 어려움도 발생할 것인데 그때 마다 무릎 꿇어 기도할 수 있게 하시고, 합력하여 선을 이루시는 주님을 바라보며 담대히 나아갈 수 있게 하여 주옵소서.

세상 사람들은 사업을 지식과 경험과 인맥으로 하겠지만 그리스도인들은 주님을 의지하는 무릎으로 하는 것임을 보여줄 수 있게 하옵소서. 목사님이 전하시는 말씀 속에서도 주님의 음성을 듣게 하실 것을 믿사옵고 예수 그리스도의 이름으로 기도합니다. 아멘

사업(경영)

형통의 길로 인도하소서

광야에서 물이 솟게 하시고 사막에서 시내가 흐르게 하시는 하나님(사 35:6,7)! 이 가정의 사업을 이끌어 주셔서 주님께 영광을 돌릴 수 있게 하여 주시니 감사합니다.
이 사업을 경영하면서 오직 하나님께 맡기고자 하는 그 중심을 기억하고 계신 줄 믿습니다. 주님이 이 사업을 붙드셔서 악한 권세가 틈타지 않게 하여 주시고, 언제나 형통의 길로 인도하시는 주님의 은총을 덧입게 하여 주옵소서.
오늘 보다 내일이, 내일 보다 모래가 더 나은 결과를 얻게 하시고, 매 순간마다 사업을 이끌고 계시는 주님의 손길을 체험할 수 있게 하여 주옵소서.

이 사업장에 속한 근로자들도 기억하시고, 주인의식을 가지고 내일처럼 열심히 하게 하여 주시고, 경영자와 근로자들 간에 불협화음이 없도록 모든 불의를 막아주시기를 원합니다. 근로자 간에도 서로 화목할 수 있게 하여 주시고, 서로의 애로사항을 살피며 가족 이상의 친밀감을 갖게 하여 주옵소서. "너의 행사를 여호와께 맡기라."(잠16:3)고 하셨사오니 항상 하나님께 맡기는 겸손의 모습이 이 경영하는 사업에서 떠나지 않게 하여 주옵소서.
사업의 이윤을 선한 사업에 투자 할 수 있게 하셔서 주님의 마음을 보여 줄 수 있는 사업이 되게 하시고, 이 세상에 빛과 소금의 역할을 감당할 수 있는 사업이 되게 하여 주옵소서.
목사님을 통하여 축복의 말씀을 듣게 되었사오니 겸손한 마음으로 받게 하시고, 사업에 적용할 수 있는 말씀이 되게 하옵소서. 이 사업을 경영하시고 이루시는 예수 그리스도의 이름으로 기도합니다. 아멘

사업(확장)

수고의 열매를 풍성히 맺게 하소서

사랑이 많으시고 은혜가 풍성하신 하나님 아버지! 오래 전부터 이 가정을 주님의 백성으로 택하여 주시고 이끌어 주시며 모든 것을 주관해 주시니 주님의 사랑과 은총에 감사드립니다. 또한 주님의 섭리와 은총 속에 이 가정이 사업을 시작하게 하시고 주님의 축복으로 사업을 더욱 확장하게 하시니 주님께 더욱 감사와 찬양과 영광을 돌립니다.
사업의 확장이 있기까지 얼마나 많은 수고의 땀을 흘렸겠으며 정성을 쏟았겠습니까? 모든 것이 땀의 결실인 것을 믿어 의심치 않습니다. 더욱이 주님이 이 가정의 사업을 친히 주관하시고 이끌어 주셨기에 더 좋고 넓은 곳으로의 확장이 가능했음을 믿습니다.

이제껏 이 가정을 형통의 길로 인도하신 하나님! 이제 새롭게 확장한 사업장에서 정직과 성실을 심으며 최선을 다할 때에 이 전과 같이 매 순간마다 함께하시는 주님의 손길을 느낄 수 있게 하시고, 수고의 열매를 풍성히 맺을 수 있는 길로 이끌어 주옵소서.
원하옵기는 이 가정이 사업의 확장뿐만 아니라 믿음과 신앙의 영역도 더욱 확장되게 하시고 주님의 몸 된 교회를 섬기는 일에도 열심을 내는 가정이 되게 하옵소서. 하나님께서 이 가정의 사업을 확장케 하신 것은 주님의 영광을 위한 도구로 쓰시기 위한 것임을 믿습니다. 이 사업체를 통하여 선한 사업에 부할 수 있게 하시고, 주님의 사랑을 나타내고 주님의 뜻을 높이는 일에 크게 쓰임 받을 수 있게 하옵소서. 이 사업체를 경영하는 000성도님에게 지혜와 능력을 더하여 주셔서 이 사업체를 주님이 기뻐하시는 방향으로 이끌고 나갈 수 있게 하옵소서.
앞으로의 모든 계획과 원하는 것들을 복된 성공으로 이끄실 것을 믿사옵고 예수 그리스도의 이름으로 기도합니다. 아멘

사업(이전)

날마다 번창하게 하소서

사랑과 자비가 풍성하시며 공의로우신 하나님 아버지! 주님의 넘치는 사랑과 은혜를 감사드립니다. 이 가정을 주님의 사랑 안에 품어 주시고 사업을 축복해 주시는 주님, 이제 주님의 뜻에 따라 귀한 사업체를 이전하고 먼저 주님께 감사의 예배를 드릴 수 있게 하시니 얼마나 감사한지요.
오늘 이전 감사 예배를 드리면서 먼저 주님의 섭리를 깨달아 알 수 있는 저희 모두가 되게 하시고, 전능하신 하나님께서 이 가정의 사업을 붙들고 계심을 가슴 깊숙이 느낄 수 있는 저희 모두가 되게 하여 주옵소서.

주님! 이 사업이 사람의 뜻과 유익만을 위한 것이 아니라, 주님의 섭리와 뜻에 따른 것임을 믿사오니 이 사업을 통하여 더욱 주님의 영광을 드러낼 수 있게 하시고 날마다 번창하는 사업이 될 수 있도록 복에 복을 더하여 주옵소서.
특별히 복음적인 경영관을 잘 간직하여 개인의 욕심을 채우기 위한 사업이 아니라, 주님의 영광을 위하며 주님의 몸 된 교회를 든든히 세우는 일에 도구로 쓰임 받는 사업으로 발전시켜 나갈 수 있게 하옵소서.
새로운 곳에서 새로운 결심으로 시작하는 이 가정으로 하여금 새롭게 믿음 생활을 할 수 있게 하시고 인간의 지혜나 힘을 의지하지 않고 주님의 지혜와 뜻을 따라 운영하도록 붙들어 주옵소서. 혹 이 사업을 경영하면서 여러모로 힘들고 어려운 일도 많을 줄 아오니 그때마다 무릎으로 주님을 찾을 수 있게 하시고, 주님의 도우심을 얻어 힘든 과정을 잘 이겨 나갈 수 있게 하옵소서.
사업을 위하여 수고하는 모든 분들에게 육신의 건강과 영혼의 강건함을 더하여 주옵소서. 예수 그리스도의 이름으로 기도합니다. 아멘

가게(개업)

주일을 범하지 않게 하소서

사랑이 많으신 하나님 아버지! 오늘 이 가정이 새로운 사업을 준비하여 개업을 하게 되었습니다. 가게의 문을 열기 전에 먼저 개업 예배를 드릴 수 있도록 함께하심을 감사드립니다. 그동안 이 사업의 터전을 마련하기 위하여 힘든 과정이 있었지만 믿음으로 잘 이겨낼 수 있게 하시고, 믿음의 결과를 보게 하시니 감사드립니다.

오늘부터 개업하는 이 가게를 우리 주님이 붙드실 것을 믿습니다. 수고에 합당한 열매가 주어질 수 있게 하시고, 아름다운 소문이 잘 나게 하여 주셔서 손님의 발걸음이 끊어지지 않는 생업이 되게 하여 주옵소서.

이 가게의 주인은 주님이심을 잊지 않기를 원합니다. 정직과 진실함으로 이 가게를 운영해 나갈 수 있도록 지혜를 더하여 주시고, 주님을 섬기는 주님의 백성임을 늘 의식하며 사업을 하게 하여 주옵소서.

주님! 이 일도 하나님이 주신 귀한 성직임을 깨닫게 하셔서 이곳을 통하여 영적인 열매도 풍성히 맺을 수 있도록 도와주시옵소서. 수고의 열매 가운데 주님의 것은 정직히 떼어서 주님께 드릴 수 있게 하여 주시고, 범사에 하나님의 주권을 인정하는 믿음이 이 가게의 큰 자산이 되게 하여 주옵소서. 가게를 운영하다보면 어려움도 만나게 될 것입니다. 그 때마다 좌절하지 않고 주님께 더 가까이 나아가 부르짖을 수 있는 믿음이 되게 하여 주옵소서. 가게 때문에 주일을 범하는 일이 없게 하여 주시고, 주님의 날은 주님께 정직하게 돌릴 수 있도록 이끌어 주옵소서.

이제 시작하오니 우리 주님이 형통케 하실 것을 믿습니다. 큰 복으로 채워주실 것을 믿습니다. 주님의 영광을 드러내게 하실 것을 믿습니다.

오늘 축복의 말씀을 준비하신 목사님을 기억하시고, 그 말씀이 이 사업을 하는 동안 이 가게를 운영하는 중심이 되게 하여 주옵소서. 좋은 것으로 채워주시는 예수 그리스도의 이름으로 기도합니다. 아멘

건축(집)

모든 위험에서 막아주소서

사랑하는 자녀에게 은혜를 더하시는 하나님 아버지! 사랑하는 OOO성도님이 집을 건축하게 되었습니다. 우리 주 하나님께서 이 가정을 축복하셔서 믿음의 집을 잘 건축하게 하시더니 육신의 장막도 건축할 수 있는 은총을 더하시니 얼마나 감사한지요.

주님! 이제 이집이 건축되면서 더욱더 하나님께 감사할 수 있는 OOO성도님이 되게 하시고, OOO성도님에게 향하신 하나님의 사랑이 놀랍고 끝이 없음을 다시 한 번 경험하는 계기가 되게 하여 주옵소서. 집을 짓는 동안 공사를 맡은 시공자와 인부들에게도 함께하여 주셔서 내 집을 짓듯이 정성을 다할 수 있게 하여 주시고, 안전사고가 발생하지 않도록 모든 위험에서 막아주시옵소서.
"여호와께서 집을 세우지 아니하시면 세우는 자의 수고가 헛되다."(시 127:1)고 하였사오니 공사가 시작될 때나 마무리 될 때에 항상 기도로 시작하고 기도로 마무리하여 주님께 영광을 돌릴 수 있는 OOO성도님이 되게 하여 주옵소서. 날씨도 주관하여 주셔서 때를 따라 도우시는 주님의 손길도 느끼며 감사할 수 있게 하옵소서.
주님! 집을 짓는 일에 지나치게 마음을 빼앗김으로 주님이 맡겨주신 사명을 소홀히 하는 일이 없게 하여 주시고, 주님의 교회도 든든히 세워져야 함을 기억할 수 있게 하옵소서.
OOO성도님을 사랑하시는 예수 그리스도의 이름으로 기도합니다. 아멘

사업실패

주님의 세미한 음성을 듣게 하소서

소망의 하나님 아버지! 저희의 힘이 되시는 분은 주님 밖에 안계시기에 주님을 의지합니다. 어려운 가운데서도 주님의 섭리하심을 바라보며 예배를 드릴 수 있게 하시니 감사합니다. 상한 마음을 위로하시고 상처 난 심령을 싸매 주시옵소서.

이 순간 세상 사람들은 실족하여 넘어졌을 것이오나, 하나님의 자녀이기에 마음을 추스렸습니다. 위기의 때에 주님을 바라보고 의지하는 심령을 놓치지 마시고 크신 긍휼을 베풀어 주옵소서. 잘 될 때 보다 안 될 때 더욱 가까이 계신 주님을 느낄 수 있게 하시고, 평안할 때 보다 어려울 때 주님의 세미한 음성을 들 을 수 있게 하여 주옵소서. 마음이 한없이 힘들겠지만 소망의 끈을 놓지 않게 하여 주시고, 실패를 통하여 하나님께서 깨달음을 주시는 것이 무엇인지 살필 줄 아는 분별력이 있게 하여 주옵소서.

주님! 욥과 같은 신앙이 필요한줄 압니다. "주신 자도 여호와시요 취하신 자도 여호와 시오니 여호와의 이름이 찬송을 받으실지니이다."(욥1:22) 찬송 할 수 있게 하시고, 실패의 뒤에 서 계신 주님을 바라보게 하여 주옵소서. 이런 때일수록 가족들이 사랑과 믿음으로 하나가 되는 것이 중요함을 깨닫습니다. 주님을 믿고 섬기는 자, 시련은 있을지라도 실패는 없음을 깨달아서 이 어려움의 때를 잘 이기고 나갈 수 있도록 새 힘을 더하여 주옵소서. 오늘 목사님이 들려주시는 말씀이 이 가정에 주시는 소망의 말씀이 되게 하시고, 회복과 치유의 말씀이 되게 하여 주시옵소서. 우리를 체휼하시는 예수 그리스도의 이름으로 기도합니다. 아멘

실직

믿음위에 온전히 설 수 있게 하소서

선한 목자이신 우리 주님! 어떻게 해야 합니까? 사랑하는 000성도님이 평생을 몸 바쳐 일하던 일터를 잃어버렸습니다. 가정에 대한 책임감과 미래에 대한 염려가 그의 마음을 더욱 무겁게 하고 있습니다. 실족하여 넘어질 수밖에 없는 이 상황을 어떻게 해야 좋을지 우리 주님이 000성도님에게 놀라운 지혜로 함께 하여 주옵소서.
그 마음이 얼마나 괴롭겠습니까? 얼마나 고통스럽겠습니까? 상처 난 그 심령을 주님의 따뜻하신 손으로 어루만져 주시고, 이 힘든 상황을 잘 헤쳐 나갈 수 있도록 새 힘을 더하여 주옵소서.

선한 목자이신 우리 주님께서 갈길 몰라 두려움에 떠는 길 잃은 양을 불꽃 같은 눈동자로 살피실 것을 믿습니다. 능력의 막대기와 지팡이로 인도하실 것을 믿습니다. 영혼이 잘되고 범사가 잘되도록 축복하실 것을 믿습니다. 주님의 섭리하심을 조금도 의심치 않는 믿음을 주시고 주님의 이끄심을 확신하는 믿음 위에 온전히 설 수 있도록 붙들어 주옵소서.

주님! 000성도님의 인생에 닥친 이 위기의 상황을 주님을 보다 더 깊이 체험할 수 있는 수련의 계기로 삼게 하여 주시고, 듣지 못했던 주님의 음성을 들을 수 있는 기회로 삼을 수 있게 하여 주옵소서.
우리 주님은 의인이 걸식함을 용납지 않으시기에 반드시 더 좋은 일터를 주실 것을 믿습니다. 일할 수 있는 대로 힘써 일하여 수고의 열매를 먹을 수 있는 좋은 일터를 예비해 놓고 계신 줄 믿습니다.
생명을 얻되 넘치도록 얻으며 승리의 삶을 살게 하실 것을 믿습니다. 모든 것을 주님께 맡기오며 예수 그리스도의 이름으로 기도합니다. 아멘

이혼

아픔을 회복할 수 있게 하소서

긍휼이 풍성하신 하나님 아버지! 이 가정에 우리 주님도 원치 않는 헤어짐의 아픔이 주어졌습니다. 그동안 서로의 갈등을 풀어보기 위하여 수없이 노력해 보았지만 모든 것이 허사가 되어 버렸고, 가정이 금이 가는 아픔이 주어지고 말았습니다. 주님이 세우신 가정을 온전히 관리하지 못한 것은 분명히 주님 앞에 큰 죄를 지었음을 부인할 수 없나이다. 용서하여 주옵소서. 말할 수 없는 큰 죄를 지었을지라도 긍휼을 구하는 자를 외면치 아니하시고 품어주시는 주님이심을 믿습니다. 죄는 지었을지라도 상처받은 심령입니다. 긍휼히 여기셔서 너르신 품으로 품어주시고, 이 아픔을 회복할 수 있도록 은총을 더하여 주옵소서.

주님! 이 일로 말미암아 주님의 교회와 멀어지지 않게 하시고, 주님을 가까이 하는 생활에 틈이 벌어지지 않도록 도와주시옵소서. 아픔이 있을 때 더욱 기도할 수 있게 하시고, 배반하지 않는 주님을 더욱 의지할 수 있는 삶이 되게 하여 주옵소서. 성경을 읽음으로 마음의 평안을 찾게 하시고, 찬송을 부름으로 어두운 과거를 잊어버리게 하여 주옵소서. 앞으로 살아가야 할 길도 주님께서 이끌어 주셔서 온 세상 날 버려도 주님만은 버리시지 않음을 피부 깊숙이 느끼게 하옵소서.

주님! 아이들을 기억하시기를 원합니다. 부모에게 사랑받으며 맑고 티 없이 자라야 할 아이들인데 아이들 마음에 생채기가 나고 말았습니다. 어린 심령들을 불쌍히 여기시고 부모의 허물과 아픔이 자녀들에게 영향이 미치지 막아주시옵소서. 따가운 시선과 비난의 말이 있을지라도 눈멀게 하시고, 귀를 막게 하여 주옵소서.

우리 주님이 가장 연약한 상태에 있는 OOO성도님을 다시 일으켜 세워주시고, 주님을 꼭 붙드는 삶이 되게 하실 것을 믿습니다. 죄인들의 친구가 되시는 예수 그리스도의 이름으로 기도합니다. 아멘

입원

치료의 광선을 발하여 주소서

자비하시고 전능하신 하나님 아버지! 우리 하나님은 저희의 형편과 처지를 아시고 저희의 기도를 들으시며, 축복하여 주시기를 기뻐하시는 아버지이신 줄 믿나이다.
지금 사랑하는 000성도의 병상에 둘러서서 000성도님의 건강을 위해 기도합니다. 전능하신 손을 펴셔서 000성도님을 만져주시고 그 마음에 위로를 더하여 주옵소서. 고통에도 하나님의 뜻이 있음을 깨닫게 하셔서 모든 낙심 되는 것과 고독함과 슬픈 생각을 멀리하여 주옵소서.
하나님의 크신 사랑과 전능하신 능력을 믿게 하시며, 합력하여 선을 이루시는 주님을 의지함으로 소망과 용기를 갖게 하옵소서. 우리 주님은 주를 의뢰하는 자의 마음을 아시며, 또 육체를 아시나이다. 주님께서 손수 사람을 지으셨기에 사람의 병든 부분과 그 정황을 잘 아시며, 또 낫게 하실 권능도 소유하고 계시오니 치료의 광선을 발하여 주셔서 아픈 곳이 깨끗이 치료되는 은총을 더하여 주옵소서.

000성도님이 할 일이 많습니다. 병상을 오래 의지하는 일이 없게 하시고, 속히 병상에서 일어나 주님께 충성하고 주님의 몸 된 교회를 위하여 봉사할 수 있도록 인도하여 주옵소서. 믿음의 교우들도 000성도님을 위하여 기도하고 있사오니 그 기도가 헛되지 않도록 이끄실 것을 믿습니다. 이 병원에서 수고하고 있는 의사와 간호원 들에게도 복을 더하여 주셔서 기술로 병인을 대하는 것이 아니라 사랑으로 병인을 대할 수 있게 하시고, 사랑의 손길로 병인의 마음을 살피고 헤아릴 수 있는 손길들이 되게 하여 주옵소서.
오늘 목사님이 들려주시는 말씀에 큰 위로와 용기를 얻게 하시고, 말씀을 통하여 치료하시는 주님의 능력을 체험하게 하여 주옵소서. 예수 그리스도의 이름으로 기도합니다. 아멘

장기입원

병상에서 일으켜주소서

사랑이 많으시고 거룩하신 하나님 아버지! 예수 그리스도 안에 있는 사람은 누구든지 영혼이 잘 됨 같이 범사가 잘 되고 강건하며 생명을 얻되 넘치도록 풍성히 얻는 삶을 살게 하여 주신다는 사실을 조금도 의심치 않나이다. 간구하옵기는 오래도록 병상에서 병마와 씨름하고 있는 OOO성도님을 긍휼히 여기셔서 치료와 회획의 은총을 더하여 주시기를 원합니다. 너무나 많은 세월을 병마에 시달리고 있습니다. 쉽게 치료되지 않는 질병을 놓고 주님을 얼마나 많이 찾았겠습니까? 주님의 이름을 얼마나 많이 불렀겠습니까? 그 연약한 육신으로 흘린 눈물이 얼마나 많았겠습니까? 병마에 시달려 초라해진 영혼을 불쌍히 여기시고 어서 속히 이 병상에서 일으켜 주시옵소서.

주님의 뜻이 어디에 있는지 무지한 저희는 알 수가 없사오나 믿음의 기도는 병든 자를 구원한다는 주님의 말씀을 붙들고 오늘도 기도합니다. 전과 같이 건강함을 되찾아 주님을 위하여 건강하게 쓰임 받다가 주님 품에 안길 수 있게 하여 주옵소서. 주님이 아시다시피 아직은 젊습니다. 주님을 위해서나 사회를 위해서 아직도 할 일이 많은 사람이고 얼마든지 주님을 높이는 삶을 살 수 있는 사람입니다. 때가 아닌 줄 아오니 이 병상에서 일으켜 주옵소서.

OOO성도님의 빈자리가 너무 커서 온 교우가 합심하여 기도하고 있습니다. 온 교우가 살아계신 하나님을 만날 수 있도록 은총을 더하여 주시고, 못하실 일이 전혀 없으신 주님의 권세를 인하여 생명 되신 주님을 찬양할 수 있도록 역사하여 주옵소서. 특별히 간호에 마음을 쏟고 있는 가족들을 기억하시고, 오랜 간호로 인하여 마음이 지쳐 있는 줄 아오나 끝까지 치료의 주님을 바라보게 하시고, 소망의 하나님을 붙들 수 있게 하여 주옵소서.
경제적으로도 매우 어렵습니다. 돕는 손길을 붙여 주셔서 이 고통의 때에 그 고통 속에 함께 참여하고 계신 주님의 사랑을 느낄 수 있게 하여 주옵소서. 만병의 의원이신 예수 그리스도의 이름으로 기도합니다. 아멘

수술(자녀)

의사의 손을 붙드소서

졸지도 아니하시고 주무시지도 아니하시는 하나님 아버지! 오늘 000성도님의 사랑하는 00군(양)이 잡혀진 수술일정에 따라 수술을 하게 되었습니다. 수술에 들어가기 전 먼저 수술의 전 과정을 주님께 맡기기 위하여 주님을 의뢰하며 기도합니다.
왠지 모를 불안이 밀려오는 이 현장을 놓치지 마시고 저희들의 마음을 평안의 길로 인도하여 주옵소서. 사랑하는 00군(양)의 수술의 전 과정을 주님께 맡깁니다. 한 생명을 천하보다도 귀하게 보시는 주님이시기에 주님이 불꽃같은 눈동자로 지키실 것을 믿습니다. 어려운 수술이 되지 않도록 모든 위험으로부터 막아주시고 긴 시간이 소요되지 않도록 주님께서 온전히 주장하여 주옵소서. 연약한 아이인지라 체력이 이 수술을 감당해낼 수 있을지 걱정도 되오나 우리 주님이 수술대에 오른 아이의 힘이 되어주시고 능력이 되어주실 것을 믿습니다. 아이에게 공포심도 잠재워 주시고, 그 어린 손을 꼭 붙들고 계신 주님의 사랑을 부모나 아이나 꼭 체험케 하여 주옵소서.

주님! 수술의 전 과정은 하나님이 지키시오나 사람의 손을 도구로 사용하시는 것이 아닙니까? 생명을 다루는 의사의 손길을 붙드셔서 가벼운 마음으로 수술에 임하지 않게 하시고, 생명을 살려야한다는 절박한 사명감을 가지고 수술에 임할 수 있게 하여 주옵소서.
또한 병의 뿌리를 잘 찾아내어 제거할 수 있게 하시고, 수술을 집도하는 또 다른 손이 함께하고 있음을 느낄 수 있게 하옵소서. 이번 수술이 잘 이루어져서 모든 가족들이 생명을 지키시는 주님을 더 크게 찬양할 수 있게 하시고, 더 큰 감사와 더 큰 감격의 마음으로 주님의 전을 향할 수 있게 하옵소서. 생명의 주인이신 예수 그리스도의 이름으로 기도합니다. 아멘

수술(어른)

수술이 잘되게 하소서

사랑과 자비가 풍성하시며 환난 날에 피난처가 되시는 하나님 아버지! 주님께서 택하신 백성인 000성도님을 사랑하셔서 질병 가운데서 하나님을 다시 만나게 하시니 감사합니다.

건강할 때 만나던 하나님과 병상에서 만나는 하나님이 분명히 다름을 깨닫습니다. 질병 중에도 합력하여 선을 이루시는 주님의 손길을 의심치 아니하고, 고통에도 주님의 뜻이 있음을 기억하며 흔들림 없는 믿음으로 주님을 바라보고 있는 000성도님을 기억하시고 놀라운 은혜와 은총을 더하실 것을 믿습니다.

주님! 이제 수술을 앞두고 있사오니 주의 권능의 손으로 어루만져 주시옵소서. 특히 000성도님을 성령의 능력으로 붙들어 주셔서 주님을 의지하는 마음으로 투병할 때에 결코 나약해지는 일이 없게 하시고, 믿음으로 병마를 물리쳐 이길 힘을 더하여 주옵소서.

수술을 담당한 의사들과 간호사들에게 함께하셔서 침착한 마음과 지혜를 주시고 그들의 손길을 인도하셔서 무사히 성공적으로 수술을 마칠 수 있게 하여 주옵소서. 염려하며 기도하는 가족과 교우들에게도 주님의 위로와 평안을 허락하시며 피곤치 않도록 보호하여 주옵소서.
질병을 제거해 주시고 상처를 싸매어 주시며 영과 육을 붙잡아 주시는 예수 그리스도의 이름으로 기도합니다. 아멘

수술(응급)

주님이 직접 수술을 집도하소서

천지만물과 인간의 영혼과 육신을 창조하신 하나님 아버지! 놀란 가슴이 아직도 진정되지 않습니다. 그러나 합력하여 선을 이루시는 주님의 섭리하심을 바라보며 받은 충격을 애써 지워봅니다. 주님의 선하신 손길을 멈추지 마옵소서. 주님의 큰 뜻을 알아갈 수 있도록 깨닫는 마음을 주옵소서. 감사할 수 있도록 도와주시옵소서.

이제 주께서 사랑하시는 000성도님이 갑작스런 사고로 말미암아 수술을 하게 되었습니다. 생명의 위협을 받지 않도록 지켜 주신 하나님께 감사와 영광을 돌립니다. 이제 수술에 들어 갈 터인데 생명을 지키신 하나님께서 수술의 과정도 지키실 것을 믿습니다. 수술을 집도하는 것은 의사이지만 그들의 손을 친히 주장하고 움직이는 것은 주님이심을 믿습니다. 수술이 성공리에 마칠 수 있도록 우리 주님께서 매 순간마다 간섭하여 주옵소서.

갑작스럽게 닥친 고통으로 인하여 가족들이 적잖은 충격을 받았사오니 놀란 가슴을 어루만져 주시고 평안의 복을 더하여 주옵소서. 슬픔이 변하여 기쁨이 되게 하시고, 충격이 변하여 소망이 되게 하여 주옵소서. 이 일로 인하여 언제나 간섭하시는 주님의 사랑을 느낄 수 있게 하여 주시고, 생명을 붙들고 계시는 주님의 은총을 경험할 수 있게 하옵소서.
수술을 한 후에 건강이 빠른 속도로 회복 될 수 있게 하시고, 수술의 후유증으로 어려움 당하지 않도록 도와주시옵소서. 재수술해야 하는 일이 없도록 막아주시고, 건강한 몸으로 다시 주님께 충성할 수 있도록 도와주시옵소서. 수술은 의사가 하지만 환부를 아물게 하시며 낫게 해주시는 분은 주님이신 줄 믿사오니 믿음대로 응답하여 주옵소서.
000성도님을 주님의 능력의 오른손에 의탁하오며 예수 그리스도의 이름으로 기도합니다. 아멘

질병(깊은 병)

조금 더 기회를 주소서

사랑과 긍휼이 풍성하신 하나님 아버지! 사랑하는 000성도님이 질병의 고통을 받고 있습니다. 모든 것이 약해질 수밖에 없는 000성도님을 기억하시고 주님의 긍휼을 거두지 마시옵소서.
그가 얼마나 하나님을 찾았겠습니까? 얼마나 주님의 이름을 간절히 불렀겠습니까? 매순간 매순간이 진지할 수밖에 없고 매순간 매순간이 정직할 수밖에 없을 것입니다. 상한 갈대를 꺾지 아니하시고 꺼져가는 심지를 끄지 아니하시는 우리 주님이심을 믿습니다. 심령이 가난한 마음을 주님께 의뢰하는 자를 외면치 아니하시는 우리 주님이심을 믿습니다.

이제는 병상을 의지해야 하는 초라한 삶으로 변해버린 그의 형편을 기억하시고 돌아보시옵소서. "믿음의 기도는 병든 자를 구원하리니 주께서 그를 일으키시리라."(약5:15) 말씀하였사오니 그 말씀이 지금 000성도님에게 그대로 이루어지는 역사가 있게 하여 주시옵소서.
아직도 그가 할 일이 많습니다. 주님의 섭리하심은 분간하기 어려우나 지금은 때가 아니라는 생각을 갖습니다. 조금 더 주님을 위하여 충성할 수 있는 기회를 주시고, 헌신할 수 있는 기회를 주시옵소서.

많은 병자를 일으키셨던 우리 주님, 죽은 자도 살리셨던 우리 주님, 주님이 죽음의 권세를 깨뜨리시고 부활하실 때 무덤 속에 잠자던 자들도 일으키셨던 우리 주님, 그 주님이 지금 여기에 오셔서 000성도님을 치료하여 주옵소서. 그 아픔을 어루만져 주시고, 다시 한 번 사망권세에서 일으키시는 주님의 기적을 체험하게 하여 주옵소서.
살아계신 주님, 주님의 치료의 강물에서 000성도님이 꼭 나음을 얻게 하실 것을 믿습니다. 예수 그리스도의 이름으로 기도합니다. 아멘

불치병(난치병)

반드시 낫게 하여 주소서

전능하신 하나님 아버지! 하나님의 하시는 일은 가장 놀랍고 지으신 모든 것을 사랑하시는 줄을 아옵고 감사드립니다.
주님, 질병으로 인하여 고통당하고 있는 000성도님을 위하여 기도합니다. 아픔과 괴로움 속에서 신음하고 있사오니 불쌍히 여겨주셔서 치료의 은혜를 베풀어 주옵소서. 이제껏 흔들리지 아니하고 믿음의 길을 잘 달려왔는데 질병 앞에 맥없이 쓰러져 신음하고 있나이다.
그러나 신음 중에도 주님의 이름만 부르고 있고, 고통 중에도 주님만 찾고 있사오니, 주님께로만 마음이 향하고 있는 000성도님을 병상에서 일으켜 주옵소서. 그동안 주님의 몸 된 교회를 위하여 얼마나 열심히 봉사했는지 모릅니다. 그 바쁜 일 가운데서도, 그 피곤함 가운데서도 주님을 위한 일이라면 기꺼이 몸을 깨뜨려 헌신하고자 했던 000성도님입니다.
"나는 너희를 치료하는 여호와임이니라"(출15:26) 말씀하셨사오니 이제껏 주님을 위하여 살기를 힘써온 000성도를 고쳐 주옵소서. 전과 같이 건강함을 되찾아 주님의 일에 더욱 정진할 수 있도록 은총을 베풀어 주옵소서. 모든 주권이 주님께 속해 있사오니 치료와 복으로 함께하여 주옵소서. 하나님의 살아계심을 다시 한 번 체험하게 하시고, 주님만을 위하여 살아온 자의 말로가 초라하게 끝나지 않게 하여 주옵소서.

사랑이 많으신 우리 주님께서 000성도님을 반드시 일으켜 주실 것을 믿습니다. 다시 한 번 구원의 주님을 찬양하고 주님을 자랑할 수 있도록 인도하실 것을 믿습니다.
오늘 목사님이 들려주시는 말씀을 통하여 구원의 하나님을 만날 수 있게 하시고, 치료의 하나님을 만날 수 있게 하여 주옵소서. 만병의 의원이신 예수 그리스도의 이름으로 기도합니다. 아멘

별세(사고)

주님의 뜻을 헤아릴 수 있게 하소서

오, 주님! 어찌된 일입니까? 이 무슨 청천벽력 같은 소식이란 말입니까? 어찌하여 이 같은 슬픔을 저희로 겪게 하시는 것입니까? 그날에 무슨 일이 일어날지 모르는 것이 저희의 인생이라고 하지만 모든 위험에서 지키시고 보호하시는 하나님이 아니십니까? 왜 이런 준비 없는 죽음을 맞게 하셨나이까? 놀란 저희들의 가슴은 너무나 당혹스럽고 기가 막혀 슬픔도 잊어 버렸나이다.

주님! 이 엄청난 아픔의 현장을 어떻게 수습해야만 하는 것입니까? 절망에 몸부림치는 유족들에게 어떤 말씀을 들려주어야 위로를 얻을 수 있겠습니까? 이 종도 어안이 벙벙하오니 깨닫는 지혜를 주시고 가르쳐 주시옵소서. 일순간에 사랑하는 사람을 잃어버린 가족들을 기억하시옵소서.
주님을 원망할까 두렵사오니 그 마음에 주님의 뜻을 분별할 수 있는 지혜를 주시옵소서. 어렵고 힘든 가운데서도 그토록 믿음으로 살려고 힘썼던 OOO성도님이기에 가슴으로 파고드는 슬픔은 이루 말할 수 없나이다. 슬픔을 당한 가족들과 저희들에게, 상한 감정을 다스릴 수 있는 지혜를 주셔서 이 고통의 현장을 주님의 위로하심이 넘쳐나는 현장으로 바꿀 수 있게 하여 주옵소서.

지금은 슬픔 앞에 주님의 선하신 뜻이 무엇인지 헤아리기가 어렵지만 마음의 안정을 찾게 하여 주셔서 깨닫게 하실 것을 믿습니다. 앞으로의 장례 절차에도 우리 주님이 개입하셔서 고통가운데서도 하나님께 영광 돌리는 것을 잊지 않도록 도와주시옵소서. 이 고통의 현장에 우리 주님도 참예하고 계심을 믿습니다.
주님의 위로하심을 갈망하며 예수 그리스도의 이름으로 기도합니다. 아멘

별세(자녀)

용기를 주시고 새 힘을 주소서

위로의 하나님 아버지! 슬픈 마음을 주님께 내어놓습니다. ㅇㅇㅇ성도님의 사랑하는 아이가 주님 품으로 간 것은 확신하지만, 너무나 빨리 데려가신 것 같아 인간적인 야속한 마음을 지울 길 없습니다. 저희들도 말할 수 없이 안타까운데 한 아이를 잃은 ㅇㅇㅇ성도님의 마음은 어떠하겠습니까? 사람의 생명은 주님께 속한 것이기에 주님이 하시는 일을 항거할 수 없음을 깨닫습니다.

그러하기에, 준비 없이 아이의 죽음을 맞은 ㅇㅇㅇ성도님이기에 너무나 고통스러울 것입니다. 괴로운 마음을 어찌할 방법이 없어 가슴을 쥐어뜯는 그 고통을 우리 주님은 아시지요. 어찌할 수 없이 자식을 가슴에 묻어버린 부모의 심정을 그 누가 헤아릴 수 있겠습니까? ㅇㅇㅇ성도님의 가슴속으로 흐르고 있는 한 많은 눈물을 누가 알 수 있겠습니까?

주님! 빛이신 주님이 ㅇㅇㅇ성도님의 마음을 살피시고 괴로움에 떨고 있는 그 마음에 평안을 주시옵소서. 주님이 그 어느 때보다 확실한 음성을 들려주셔야만 할 줄로 믿습니다. 용기를 주시고 새 힘을 주셔야만 할 줄로 믿습니다. 이 절망과 어두움의 자리에서 일어설 수 있도록 도와주시옵소서. 주님의 뜻을 알아갈 수 있도록 도와주시옵소서. 욥도 많은 시련을 당했으나 믿음으로 잘 극복함으로 보다 큰 축복을 받은 것을 기억합니다. 말로 다 형언할 수 없는 이 슬픈 사건이 주님의 새로운 은총을 받을 수 있는 계기가 되게 하여 주옵소서.

언젠가는 이 이 가정에게 향하신 주님의 깊으신 뜻을 깨닫게 하실 것을 믿습니다. 주님 품에 안긴 아이를 잘 품어 주시고, 보석으로 수놓인 천국 길을 걷게 하실 것을 믿습니다. 예수 그리스도의 이름으로 기도합니다. 아멘

별세(부모)

상한 마음을 싸매어 주소서

선택하신 백성을 위하여 좋은 것을 예비하신 하나님 아버지! 저희는 살아도 주님의 것이요 죽어도 주님의 것임을 믿습니다. 사랑하는 부모를 잃은 000성도님의 가정을 기억하시옵소서.
부모님의 장례를 치루면서 그 마음이 얼마나 슬펐겠습니까? 무엇보다도 부모님의 살아생전에 자식으로서 그 효를 다하지 못한 것이 마음에 큰 아픔으로 자리 잡고 있을 것입니다. 긍휼이 풍성하신 우리 주님께서 000성도님과 그 가족들의 마음을 기억하셔서 죄스런 마음을 풀어주시고 상한 마음을 싸매시옵소서.

부모님의 별세는 믿음으로 살다가 주님 품에 안기셨기에 결코 헛된 죽음이 아님을 깨닫습니다. 주님의 영원한 안식이 주어지는 죽음이요, 보상과 상급이 기다리고 있는 죽음임을 믿습니다. 지금 고인이 된 부모님은 이 땅에 계실 때에 끝까지 주님의 몸 된 교회를 위하여 충성을 다하셨기에 그에 따른 상급과 면류관을 받으신 줄 믿습니다. 이제 이 땅에 남아있는 있는 000성도님과 유족들에게, 고인이 된 부모님의 아름다운 신앙을 본받아 부모님이 이루어 놓으신 믿음의 사업을 잘 계승할 수 있게 하여 주시고, 훗날에 천국에서 다시 뵙게 될 때에 진정한 효자의 모습으로 마주할 수 있게 하여 주옵소서.

현재의 이별의 아픔은 하늘나라에서 새로운 관계를 지속하기 위한 아픔임을 깨닫습니다. 이 가정에 소망 가운데서 장래를 기약하는 믿음을 더욱 굳게 세워주옵소서.
저희의 영원한 생명이 되시며 영원한 안식처가 되시는 예수 그리스도의 이름으로 기도합니다. 아멘

사별(남편)

넓으신 품으로 안아주소서

위로의 주님! 남편을 먼저 주님 곁으로 보낸 000성도님을 위하여 기도합니다. 그 마음의 슬픔과 아픔을 기억하시고 너르신 품으로 품어주시기를 원합니다. 아무리 신앙이 깊고 믿음이 견고하다 할지라도 남편과 함께해 온 세월이 있기에 쉽게 극복하기가 어려울 것입니다. 새롭게 하시는 우리 주님이 000성도님과 함께하시기에, 이 아픔의 현장이 변하여 회복의 현장이 되게 하실 것을 믿습니다.
당장은 견디기 어렵지만 주님을 의뢰하고 의지함으로 잘 이길 수 있게 하여 주시고, 믿음의 길을 잘 달려갈 수 있도록 이끌어 주옵소서. 때로는 남편의 빈자리가 크게 느껴질 때가 있을 것입니다. 먼저 간 남편이 죽도록 보고 싶을 때도 있을 것입니다. 그때마다 000성도님의 마음에 서러움이 가득차지 않도록 신랑 되신 우리 주님께서 함께하여 주시고 너르신 품으로 꼭 껴안아 주시옵소서.
자녀들을 기억하시고 아버지의 빈자리를 잘 감당할 수 있도록 도와주시고 그 믿음을 잘 계승할 수 있도록 이끌어 주옵소서.

홀로 신앙생활하는 것이 조금은 힘들고 고통스러울지라도 믿음의 길을 잘 달려가노라면 훗날에 예비하신 본향에서 다시 기쁨으로 재회하게 될 것을 믿습니다. 그 날을 바라보며 남편의 믿음의 흔적이 남아있는 주님의 몸 된 교회를 잘 받들어 섬길 수 있게 하시고, 남편이 지폈던 기도의 불을 꺼뜨리지 않는 000성도님이 되게 하여 주옵소서.
이 땅에서 인간이 느낄 수 있는 슬픔 중에 가장 큰 슬픔을 느끼고 있는 이 가정에 진정한 위로자로 다가오시는 예수 그리스도의 이름으로 기도합니다. 아멘

사별(부인)

믿음 위에 굳게 서게 하소서

깊은 수렁에서 건지시고 크신 팔을 펴 사 지키시는 하나님 아버지! 사랑하는 부인을 먼저 하늘나라로 보낸 000성도님의 아픔을 기억하시옵소서. 그의 눈물이 묻어있는 고백 속에서 부인을 향한 사랑이 얼마나 애틋하고 컸었는지를 만나보게 됩니다.
이제껏 함께 고생만하다 겨우 한숨 돌리는 형편이 됐는가 싶더니 뜻하지 않은 이별이 찾아왔기에 000성도님이 느끼는 슬픔은 더욱 가슴을 파고드는 줄 압니다. 남편으로서 잘해주지 못한 감정과, 좋은 곳에 제대로 데려가 보지도 못했던 안타까움이 얼마나 가슴속으로 파고들겠습니까? 그러나 먼저 간 고(故) 000성도는 결코 후회 없고 부끄럼 없는 삶을 살다가 주님 곁에 안기신 줄 믿습니다.

부족한 종이 보고 느끼기에도 오직 가정 밖에 몰랐고 오직 교회밖에 몰랐던 고(故) 000성도였습니다. 그러하기에 우리 주님이 넘치는 위로와 상급으로 함께하시고 천사도 부러워 할 영광의 옷으로 입혀주신 것을 확신합니다. 부인을 보낼 때 베옷 한 벌 입혀서 보냈다고 자책하지 말게 하여 주시고, 믿음위에 굳게 설 수 있도록 도와주시옵소서. 아내의 빈자리가 매우 클 것입니다. 그때마다 우리 주님이 친한 벗이 되어주시고, 그의 신음까지도 헤아려 주옵소서.
어머니를 잃은 자녀들을 기억하시고, 어머니의 빈자리를 잘 감당할 수 있는 믿음의 자녀들이 되게 하여 주옵소서. 어머니가 남기고 간 신앙을 잘 계승할 수 있게 하여 주시고, 홀로된 아버지를 잘 봉양할 수 있는 자녀들이 되게 하여 주옵소서.
이 가정에 소망의 빛을 더욱 강하게 비춰주실 것을 믿습니다. 산 자와 죽은 자의 구원이 되시는 예수 그리스도의 이름으로 기도합니다. 아멘

14장
가정예식 (禮式) 대표기도문

약혼식

오늘의 약속이 곧게 지켜지게 하소서

참으로 좋으신 하나님 아버지! 택하신 자녀들에게 복을 주시되 넘치도록 후히 주시는 그 은혜에 감사를 드립니다. 오늘 이 시간은 주님의 은총 가운데 000군과 000양이 약혼식을 갖게 되어 하나님께 영광을 돌리고자 합니다. 이 예식이 하나님께 기쁨이 되게 하여 주옵소서. 이제 두 사람이 하나님 앞과 사람 앞에서 성혼을 약속합니다. 그 약속이 지켜질 수 있도록 두 사람의 가는 길을 주의 신실함으로 붙드시고 축복하여 주셔서 오늘의 이 약속이 곧게 지켜질 수 있게 하여 주옵소서.

하나님께서 사람을 지으실 때 남자를 지으시고 사람의 독처하는 것이 좋지 못함을 보고서 돕는 배필로 여자를 지으셨습니다. 오늘 이 두 사람이 하나님의 섭리 가운데 연합하여 가정을 이루고 평생을 하나님께 영광 돌리며 살기로 준비하는 마음으로 섰사오니 두 사람의 마음에 더욱 큰 주님의 은혜와 사랑으로 채워주시옵소서.

이제 두 사람이 서로 신실한 사랑과 희생의 각오를 가지고 결혼을 준비하게 하시며, 하나님과, 부모와, 일가친척과, 함께하고 있는 모든 사람에게 기쁨과 축복을 받을 수 있는 결혼을 이룰 수 있도록 붙들어 주옵소서.
오늘 두 사람의 서약을 위해 이 자리에 함께한 양가부모님들과 친지들에게도 동일한 마음을 주셔서 이 두 사람이 주님의 사랑 안에서 아름다운 결실을 맺을 수 있도록 진심으로 기도해줄 수 있게 하옵소서.
이 두 사람을 위하여 말씀을 준비하신 목사님을 기억하시고, 이 두 사람이 평생 동안 가슴에 새기고 주님께 영광 돌릴 축복의 말씀이 되게 하여 주옵소서.이 예식을 마치는 시간까지 주의 성령께서 함께하실 것을 믿사옵고 예수 그리스도의 이름으로 기도합니다. 아멘

결혼식

죽음 같이 강한 사랑을 품게 하소서

사랑이 무궁하시며 지극하신 하나님 아버지! 오늘 하나님의 사랑 안에서 믿음으로 성장한 두 사람이 부부가 되어 복된 가정을 이루게 하심을 감사드립니다. 이제 하나님의 경륜과 뜻 가운데서 한 가정을 이루어 살게 된 두 사람을 위하여 기도합니다. 언제나 개인의 생각보다 하나님의 뜻을 우선하는 가정을 이루게 하시고, 하나님께 영광 돌리는 것을 인생의 목적으로 삼고 달려갈 수 있는 부부가 되게 하옵소서. 하나님의 계명을 지키며 살되 생명처럼 지키며 살게 하시고, 교회와 이웃을 사랑하며 살되, 죽음 같이 강한 주님의 사랑을 품고 사랑할 수 있는 부부가 되게 하옵소서.

오늘 한 가정을 이루는 이 두 사람으로 인하여 주변이 복을 받게 하시고, 주님의 몸 된 교회가 든든히 서가게 하시며, 천국의 지경이 확장되는 은혜의 역사가 있게 하여 주옵소서. 또한, 생육의 복을 더하여 주셔서 하나님의 기업을 자자손손 무를 수 있게 하시고, 번성의 복을 더하여 주셔서 이 부부를 통하여 믿음의 나라를 세우는 자손들이 온 세계로 퍼져나가게 하옵소서. 또한, 물질의 복을 더하여 주셔서, 물질로 많은 사람들을 헤아리며 섬길 수 있게 하시고, 주님의 몸 된 교회도 물질로 잘 받들고 섬김으로, 섬김의 기쁨을 누리며 사는 두 사람이 되게 하옵소서.

혹 인생 가운데 원치 않는 고난과 시련이 몰려와 마음을 괴롭힐 때, 십자가에서 오래 참으신 주님을 바라보며 인내할 수 있게 하시고, 하나님을 확신하는 흔들이지 않는 믿음으로 주님을 기쁘시게 하는 두 사람이 되게 하옵소서.
오늘 주례하시는 목사님의 축복의 말씀이, 두 사람에게는 어렵고 힘들 때마다 믿음을 더욱 강화 시킬 수 있는 능력의 말씀이 되게 하시고, 잘되고 형통할 때마다 겸손으로 주님의 영광을 더욱 높일 수 있는 축복의 말씀이 되게 하옵소서. 예수 그리스도의 이름으로 기도합니다. 아멘

임종(1)

주님 품에 안기게 하소서

죄악과 허물을 용서하여 주시는 하나님 아버지! 이 시간 000 성도(직분)님의 임종을 바라보면서 안타까운 마음을 안고 하나님께 예배드립니다.

000성도(직분)님이 이 세상에 사는 동안 그리스도 안에 계신 분이었음을 믿고 감사드립니다. 인간의 머리로는 이해할 수 없지만, 하나님의 주권 앞에 무릎을 꿇는 믿음의 삶이 되게 하옵소서.

000성도(직분)님을 잃은 슬픔도 크지만, 하나님 품에 안길 것을 믿고, 이 자리에 참석한 가족들과 저희들이 위로받게 하옵소서.
오직 주님만을 의지하고 살아오신 000성도(직분)님의 믿음을 본받아 믿는 자로서 동일한 소망을 품고 사는 저희들이 되게 하옵소서. 사랑하는 가족들과 성도들의 마음에 하늘의 위로가 넘쳐나게 하시고, 저희들도 비록 이 땅에 살지라도 영원한 하늘나라의 소망을 가지고 믿음으로 살아가게 하여 주옵소서.

부모님의 신앙을 본받아 예수를 믿음으로, 남은 생애 헌신하며 살도록 인도하여 주옵소서. 주님 안에서 참된 기쁨과 행복을 얻게 하여 주옵소서. 주를 믿는 자의 부활이요 생명이신 예수 그리스도의 이름으로 기도합니다. 아멘

참고성경 | 요한복음 14장 1절

임종(2)

안개와 같은 것임을 깨닫게 하소서

인간의 생사화복을 주관하시는 하나님 아버지! 이 시간 저희들은 000성도(직분)님의 임종예배로 함께하고 있습니다.

주님! 저희는 너무도 유한한 인생임을 고백합니다. 그럼에도 영원히 살 것처럼 행동합니다. 고인이 이렇게 쉽게 저희 곁을 떠날 줄은 몰랐습니다. 저희로 하여금 인생이 안개와 같은 것임을 깨닫게 하옵소서. 이 시간 성령님께서 오셔서 저희에게 새 힘을 주시고, 고인을 잃은 슬픔 가운데 있는 유족들을 위로하옵소서.

000성도(직분)님을 잃은 슬픔도 크지만 하나님 품에 안기셨음을 믿고 가족들이 위로받게 하시고, 고인의 신앙을 본받아 믿는 자로서 동일한 소망을 품고 사는 저들이 되도록 은혜를 내려 주옵소서.
뿐만 아니라 천국에 대한 확실한 소망을 가지고 믿음 안에서 그리스도의 사랑을 실천할 수 있도록 다짐하는 기회가 되게 하시고, 고인의 교훈을 따라 살면서 실천하도록 다짐하는 기회가 되게 하옵소서. 저희 모두가 이 땅에서의 삶을 허송세월하지 않게 하사 주님을 모시고 섬기며 살아갈 수 있는 지혜로운 자녀가 되도록 인도하여 주옵소서.

오늘 목사님의 전하시는 말씀에서 큰 위로를 받고 천국의 소망을 갖기를 원합니다. 예수 그리스도의 이름으로 기도합니다. 아멘

참고성경 | 베드로전서 1장 3절

입관식(1)

본향에 대한 사모함을 갖게 하소서

과거를 용서 받고 의인으로 새 삶을 살게 하신 하나님 아버지! 이 시간 무한하신 아버지의 뜻 앞에 머리 숙였습니다.

주님! 이 시간 저희는 주 안에서 사랑하는 고(故) 000성도(직분)의 입관예배를 드리고 있습니다. 참석한 저희 모두에게 영원한 본향에 대한 확신과 사모함을 갖게 하여 주옵소서.
죽음 앞에 선 저희도 이 시간만큼은 저희 신앙의 현주소를 반성합니다. 한낱 들에 핀 꽃같이 피었다가도 바람에 사라지는 인생임을 고백합니다. 저희 생명이 주님 손에 있음을 알면서도 주님 뜻대로 살지 못했고, 주의 사랑을 체험했으면서도 나누어주지 못했습니다. 주님의 명령은 좁은 길, 생명의 길인 줄 알면서도 그 길 가기를 회피했고, 주님의 고난에 동참하는 것이 넘치는 하늘의 은사인줄 알면서도, 쉬운 길에 함정이 있다고 말은 하면서도, 안락과 편한 것을 변명으로 취했습니다. 저희들을 용서하여 주옵소서.

고인과 이별해야 할 이 시간, 슬픔에 쌓인 유가족에게 죽음의 십자가에서 부활의 주님을 바라보는 소망을 주옵소서. 고(故) 000성도(직분)가 남기신 믿음과 사랑을 가지고 형제들이 서로 우애하게 하시고, 천국 소망을 가지고 살아가게 하옵소서.
이 시간, 이 예식을 집례하시며 말씀을 전하시는 목사님을 붙드시기를 원합니다. 고(故) 000성도(직분)의 장례가 마치는 그날까지 피곤치 않도록 큰 능력으로 함께 하여 주옵소서.
주의 나타나심을 사모하는 자에게 면류관을 예비해 놓으신 예수 그리스도의 이름으로 기도합니다. 아멘

참고성경 | 로마서 14장 7,8절; 디모데후서 4장 7,8절

입관식(2)

하늘나라에서 안식을 얻게 하소서

영원하신 하나님 아버지! 그 귀중한 생명이 떠났기에 저희는 애태우며 슬픔 마음으로 입관예배를 드립니다.
그 생명은 이미 부름을 받아 주님 품에 안기우고 여기에는 그 몸만이 남아 있습니다. 고인의 몸을 관속에 고이 모시며 슬퍼하는 유족들과 저희들에게도 위로하여 주옵소서. 육신의 장막 집을 쓰고 사는 동안 갖가지의 고통을 당했으나 지금은 주님과 함께 편히 살게 된 것을 믿고 위로를 받습니다. 저희는 죄의 용서와 부활과 영원한 삶을 믿으면서 형제의 몸을 고이 모십니다.

영원히 인도하시는 하나님 아버지! 다시 간구하옵기는 고(故) 000성도(직분)님의 모든 죄를 사하시고 슬픔이 없고 눈물이 없는 영원한 하늘나라에 들어가게 하옵소서. 영원한 하늘나라에서 주님이 주시는 위로와 안식을 얻게 하시고, 영생복락을 누리며 면류관을 씌워주옵소서.

특별히 유족들에게 큰 위로를 주시고 마음의 흔들림이 없도록 성령께서 붙드시옵소서. 천국의 소망을 가지고 부활하여 다시 만나는 그날을 사모하며 믿음의 생활을 잘할 수 있도록 도와주시옵소서.
오늘 고인의 장례식을 집례하시는 목사님을 기억하시고 피곤치 않도록 성령의 능력으로 붙드시옵소서. 생명의 주가 되시는 예수 그리스도의 이름으로 기도합니다. 아멘

참고성경 | 시편 62편 5절; 요한복음 6장 40절

발인식(1)

그의 영혼을 받아주소서

영생하시고 변함이 없으신 하늘에 계신 하나님 아버지! 사랑하는 자식(부모)의 죽음과 그의 얼굴을 마지막으로 보면서 보내는 이 슬픈 시간에 우리 모두 하늘의 위로를 기다리고 있습니다. 하나님께서는 날의 시작도 없으시며, 해의 마침도 없으시나이다.
그러나 저희는 오늘 이 시간 우리와 함께 신앙생활 했던 고(故) OOO성도(직분)님을 위해 기도드립니다. 육체의 쇠함으로 인해 심히 고통 중에 주님의 부름을 받았사오니 그의 영혼을 붙들어 주옵소서. 결코 밤이 없으며, 눈물도 없는 그 나라에 이르게 하시고, 주님께서 고(故) OOO성도(직분)님과 함께 하사 그의 영혼을 받아주옵소서. 하나님의 복되신 이름을 영화롭게 하시고, 우리 마음의 신을 새롭게 하사 저희로 하여금 주님 안에서 새로운 세계를 바라보게 하옵소서.

이곳에 모인 사랑하는 가족들 마음에도 주님의 위로와 함께 은혜가 넘치게 하옵소서. 저희들은 비록 이 땅에서 살더라도 영원한 하늘나라의 소망을 가지고 믿음으로 살아가게 하여 주옵소서.

이 시간 고(故) OOO성도(직분)님과 유족들을 생각하면서 말씀을 전하시는 목사님을 기억하시고, 그 말씀을 들을 때에 주님을 믿고 의지하는 믿음이 더욱 굳세어지는 시간이 되게 하여 주옵소서.
남은 모든 장례절차 위에도 주님께서 함께하셔서 홀로 주관하시며 영광을 받으시옵소서. 나그네 인생길을 지도하시며, 영원한 하늘나라로 이끄시는 예수 그리스도의 이름으로 기도합니다. 아멘

참고성경 | 시편 23편 4절; 고린도전서 15장 52,53절

발인식(2)

천국을 소망하게 하소서

인간의 생명은 안개와 같은 것이라고 하신 하나님 아버지! 오늘 고(故) 000성도(직분)님의 발인식에 함께 하셔서 슬퍼하는 자리를 위로하시고, 고인의 죽음을 보고 인생의 허무를 느끼는 자들에게는 삶의 의미를 다시 한 번 깨닫는 시간이 되게 하옵소서. 고인의 죽음을 애도하기 위하여 모인 저희 모두의 인생도 종말이 언제인지 알지 못하오니 매일의 생활에 충실할 수 있는 심령들이 되게 하여 주옵소서.
인생은 그날이 풀과 같으며 그 영화가 들의 꽃과 같다고 하신 주님, 사람이 한번 죽는 것은 주님이 정하신 것이요 그 후에는 심판이 있다는 사실도 확실히 믿는 저희들이 되게 하여 주옵소서.

주님! 오늘 저희는 고 000성도(직분)님을 환송합니다. 고(故) 000성도(직분)님을 천국에서 만나는 날까지 이 땅 위에서 믿음 생활을 잘할 수 있게 하여 주시고, 주님의 심판을 철저히 준비하는 삶이 되게 하여 주옵소서.
특별히 고인을 잃고 슬퍼하는 유족들에게 인간의 말로는 그 어떤 위로도 권면도 할 수 없사오니 주가 친히 찾아오셔서 하늘의 위로와 축복을 주옵소서. 천국을 소망하는 가운데 낙심치 않게 하여 주시고, 더욱 큰 믿음으로 새롭게 되는 계기가 되게 하여 주옵소서.

고인의 장례예식을 집례하시는 목사님을 성령의 능력으로 붙드셔서 피곤치 않도록 이끄시고 은혜의 말씀을 증거 하심으로 예식에 참예하는 자 모두가 산 자에게 들려주시는 주님의 음성을 듣게 하옵소서.
남은 모든 순서 위에도 주님이 주장하실 것을 믿사옵고 예수 그리스도의 이름으로 기도합니다. 아멘

참고성경 | 시편 103편 15절; 요한복음 6장 40절

하관식(매장)

다시 만날 소망을 주소서

연약한 성도들의 피난처가 되어 주시는 하나님 아버지! 죄인을 사랑하시되 독생자 예수 그리스도를 내어 주시기까지 사랑하시고, 예수 그리스도를 믿음으로 말미암아 사망 권세를 이기게 하심을 감사드립니다.

고(故) OOO성도(직분)님을 땅에 묻으면서 이제는 지상에서 영원으로 옮기시는 하나님의 은혜와 사랑을 인하여 감사와 찬송과 영광을 돌려드립니다. 저희들은 하나님의 부르심을 받은 고(故) OOO성도(직분)님이 주님께서 호령과 천사장의 나팔소리로 강림하실 때에 다시 살아 영화로운 몸으로 영원히 살 것을 믿습니다.
그런즉 소망 없는 다른 이와 같이 슬퍼하는 자가 되지 말게 하시고, 오직 다시 만날 소망을 주셔서 무슨 일을 만나든지 흔들리지 않게 하옵소서. 항상 주의 일에 더욱 힘쓰는 자들이 되게 하여 주옵소서.

가족을 잃고 슬퍼하는 유족을 찾아와 주옵소서. 인간의 말로는 어떻게 위로할 말이 없습니다. 하늘의 위로와 소망을 이들에게 주사 하나님 앞에서 참된 위로를 얻게 하옵소서. 그리하여 남은 생애를 주님 앞에 더욱 신실하게 믿음으로 살아갈 힘을 주옵소서.

이 시간 이 예식을 집례하시며 말씀을 전하시는 목사님을 기억하시고 끝까지 피곤치 않도록 성령의 능력으로 붙드시옵소서.
처음과 나중이 되시고, 영원한 소망이 되시는 예수 그리스도의 이름으로 기도합니다. 아멘

참고성경 | 요한복음 11장 25,26절; 14장 1~3절

하관식(안장)

전능하신 하나님 아버지!

저희는 지금 고(故) 000성도(직분)님을 안장하려고 모였나이다. 흙으로 된 인생, 땅에서 왔으니 땅으로 돌아가고 호흡은 하나님께로부터 받은 것이기에 이미 하나님께로 들어갔나이다.

이제 이곳에 썩을 몸이 묻히지만 썩지 않을 몸으로 다시 살아날 것을 믿습니다. 천한 몸이 묻히지만 영광스러운 것으로 다시 살아날 것을 믿습니다. 약한 자가 묻히지만 강한자로 다시 살아나며 육체적 몸이 묻히지만 영적인 몸으로 부활할 것을 믿고 여기에 안장하나이다. 세상의 모든 짐을 벗겨주신 주께서 고인에게 영원한 안식을 허락하여 주시옵소서.

주님께서 호령과 천사장의 나팔소리로 강림하실 때에 다시 살아 영화로운 몸으로 다시 살 것을 믿습니다. 눈물짓는 유족들과 저희 모두의 눈에서 눈물을 씻어주시며 부활의 소망을 가지고 주님이 계신 저 천국을 바라보게 하옵소서. 고인을 다시 만날 소망 가운데 남은 생을 서로 믿고, 서로 위로하며, 믿음의 격려를 하게 하시고, 항상 주님의 일에 더욱 힘쓰는 자들이 되게 하여 주옵소서.

장례 예식을 집례하시는 목사님에게도 피곤치 않도록 성령의 능력으로 붙드실 것을 믿습니다. 부활이요 생명이신 예수 그리스도의 이름으로 기도합니다. 아멘

참고성경 | 요한복음 6장 40절; 계시록 21장 3,4절

화장(1)

위로와 평안을 더하소서

사랑으로 주의 백성들을 보살펴 주시는 참으로 좋으신 하나님 아버지! 유한한 인생을 살아가던 고인이 주님의 부름을 받고 이 세상을 떠나 주님 품에 안깁니다. 육신은 타서 한줌의 재로 돌아가 땅에 묻힐지라도 그 영혼은 이미 천국의 주님 품에서 큰 위로와 안식을 얻고 있는 줄 믿습니다. 고인을 떠나보내면서 슬퍼할 수밖에 없는 유족들의 마음을 감찰하여 주시고, 애통하는 그 마음에 위로와 평안이 가득 넘치게 하여 주옵소서.

이 자리에 모인 저희들도 인생의 무상함과 유한성을 깨닫고 영원을 준비할 수 있는 삶이 되게 하시고, 죄 많은 세상을 살아갈 때 세상의 죄악을 따라 살지 아니하고 주님의 십자가를 붙들고 살아갈 수 있는 삶이 되게 하옵소서. 고(故) 000성도(직분)의 믿음을 기억하여 저희에게 남겨진 이 시간을 성도로서 믿음 안에서 살기에 마음을 쏟을 수 있게 하옵소서.

남겨진 유족들에게도 함께하여 주셔서 무한하신 하나님의 섭리를 바라보게 하시고, 고인이 뿌려놓은 신앙에 누를 끼치지 않게 하시며, 더욱 풍성한 열매를 맺는 자녀들이 되게 하여 주옵소서.

오늘 이 시간까지 장례식을 집례하신 목사님을 기억하시고, 육신적인 피곤함을 덜어주셔서 새 힘을 주시는 하나님을 찬양하게 하옵소서. 사랑하는 유족들도 그 피곤함을 기억하사 새 힘을 주시고, 이별의 슬픔이 변하여 부활의 주님을 더욱 찬양할 수 있게 하여 주옵소서.
영생의 기쁨을 맛보게 하시는 예수 그리스도의 이름으로 기도합니다. 아멘

참고성경 | 요한복음 14장 1~3절; 계시록 22장 5절

화장(2)

부활에 참여하게 하소서

성도의 죽은 것을 귀중히 보시는 하나님 아버지! 고(故) 000성도(직분)의 시신을 화장하기 전에 모든 유가족들과 성도들이 한자리에 모여 하나님께 예배를 드립니다.

이제 고(故) 000성도(직분)는 그 육신은 한줌의 재로 돌아가오나 영혼은 능히 불사르지 못하기에 영광의 나라로 옮기신 것을 믿습니다. 저희가 불에 던져지는 것을 두려워할 것이 아니라 불같은 믿음이 없음을 두려워할 줄 알게 하시고, 부끄러운 구원을 받지 않기 위하여 이 땅 위에 사는 동안 믿음의 길을 잘 달려갈 수 있게 하옵소서.

남은 유족들, 서로가 헤어져야 하는 아픔이 있지만 고인은 이미 주 안에서 행복한 삶을 누리고 있다는 확신을 주시고 이제 장차 주님의 나라에서 다시 만날 것을 기대하면서 소망 중에 살게 하옵소서. 그리고 고인이 뿌려놓은 신앙의 유산을 잘 이어받아 더욱 풍성한 열매를 맺는 유족들이 되게 하시고, 고인이 섬기던 교회를 잘 받들어 섬길 수 있는 유족들이 되게 하옵소서.

주 안에서의 죽음은 죽음이 아닌 것을 깨닫습니다. 주님이 영광중에 다시 오시는 그날, 한줌의 재로 돌아가는 고인을 다시 일으키셔서 믿는 자의 부활에 참예케 하실 것을 믿습니다.
말씀을 전하시는 목사님을 기억하시고 이 자리에 있는 모든 자에게 큰 위로와 소망을 품는 말씀이 뇌세 하여 주옵소서. 예수 그리스도의 이름으로 기도합니다. 아멘

참고성경 | 로마서 14장 7,8절; 디모데후서 4장 7,8절

추모식(부모님기일)

고인의 믿음을 본받게 하소서

산 자와 죽은 자의 주님이 되신 하나님! 저희로 하여금 주님의 은혜를 힘입어 죽음과 절망의 어두운 그늘 속에서도 영원한 소망을 가지고 살게 하심을 감사드립니다.

오늘은 이미 하나님 나라의 백성이 된 고인(호칭)과 아브라함의 품으로 불러 가신 그날을 당하여 추모예배로 모였습니다. 고인(호칭)에게 영원한 안식을 허락하신 은총을 감사하오며, 오늘까지 저희 가족들을 믿음 안에서 붙들어 주시고 이끌어 주신 것을 감사드립니다.

거룩하신 하나님! 우리조차 삶과 죽음, 이곳과 저곳으로 갈라져 있었사오나 하나님의 은총 밑에 지나온 것을 더욱 감사드립니다. 그러나 고인(호칭)이 하시던 큰 뜻을 이루어드리지 못한 부족을 용서하여 주옵소서. 여기에 모인 저희들에게 영원한 은총을 베풀어 주셔서 저희를 인도하던 고인(호칭)을 생각하며 그의 행실을 보고 그 믿음을 본받고 따를 수 있게 하옵소서.

자비로우신 하나님! 저희 모두가 이 땅을 살아가는 동안 땅 위의 것을 보며 실족하지 않게 하시고, 새 하늘과 새 땅을 소망하며 믿음으로 달려갈 수 있게 하옵소서. 지금도 부활의 주님이 저희 곁에 계셔서 격려하며 응원하고 계심을 믿습니다. 그 주님을 경험하는 시간이 되게 하옵소서.
죄와 사망의 문제를 해결해 주신 예수 그리스도의 이름으로 기도합니다. 아멘

추모식(남편, 아내기일)

믿음으로 잘 이겨나가게 하소서

사랑과 자비가 풍성하신 하나님 아버지! 오늘 고인(호칭)의 기일을 맞아 하나님께 추모예배를 드립니다. 사랑하는 사람을 먼저 하늘나라로 보낸 후 홀로 쓸쓸한 시간을 보내온 배우자의 마음을 기억하셔서 주님의 크신 위로를 더하여 주시기를 원합니다. 고인(호칭)의 빈자리를 주님이 대신하여 주셔서 식사할 때나, 일을 할 때나, 잠자리에 들 때도 언제나 외롭지 않도록 붙들어 주옵소서.
아직도 고인(호칭)을 먼저 떠나보낸 그 마음이 무척이나 힘들겠지만, 머잖아 천국에서 다시 만날 것을 소망하면서 믿음으로 잘 이겨나갈 수 있게 하옵소서.

주님! 고인(호칭)이 남긴 아름다운 믿음의 업적이 있을 것입니다. 그 업적을 잘 계승할 수 있도록 배우자와 모든 자녀들에게 큰 믿음을 허락하여 주옵소서. 고인(호칭)의 마음처럼 하나님을 잘 섬길 수 있게 하시고, 고인(호칭)의 충성처럼 주님의 교회를 위하여 열심을 다할 수 있게 하여 주옵소서.

또한 자녀들은 이 땅에 홀로 남아 있는 부모님이 쓸쓸하거나 외롭지 않도록 효를 다할 수 있게 하시고, 기쁨과 보람을 안겨 드릴 수 있는 축복의 자녀들이 되게 하여 주옵소서.
이 시간, 주님의 크신 은총이 함께하실 것을 믿사옵고 예수 그리스도의 이름으로 기도합니다. 아멘

추모식(형제기일)

크신 위로와 평안이 있게 하소서

영원한 소망과 생명의 주인 되신 하나님 아버지! 고인(호칭)이, 이 세상을 떠난 지 0년의 시간이 지났습니다. 오늘 온 가족들이 하나님 앞에 추모예배를 드리려 모였습니다.

성령님께서 친히 저희 가운데 함께하심을 믿습니다. 저희는 생전의 고인(호칭)이 가족들과의 아름다웠던 시간들을 추억하며 이 예배에 참여하고 있습니다. 주님의 크신 위로와 평안이 있게 하실 것을 믿습니다.

주님! 오직 예수 안에서 살았던 고인(호칭)이었습니다. 저희들도 같은 믿음을 가지고 승리의 삶을 살다가 천국에서 고인(호칭)을 만나길 소원합니다. 하지만 아직도 예수님을 알지 못하는 가족이 있습니다. 온 가족이 구원을 받고 주님을 섬기는 것이 생전의 고인(호칭)의 간절한 소원이었습니다.

하나님께서 은혜를 베푸셔서 주님을 사모하는 마음을 주시고, 십자가의 사랑을 깨닫고 주님을 구주로 영접할 수 있게 하옵소서. 모든 가족이 하나님을 섬기며 한 소망 안에서 영광스러운 복음사역을 이루어갈 수 있게 하옵소서.

이 자리에 있는 모든 가족들에게 건강의 복을 더하셔서 질병 때문에 고통당하는 일이 없게 하시고 범사에 감사할 수 있는 삶이 되게 하옵소서. 저희의 생사화복을 주장하시는 예수 그리스도의 이름으로 기도합니다. 아멘

추모식(자녀기일)

부활의 주님을 굳게 붙들게 하소서

소망이 되시는 하나님 아버지! 오늘 고인(호칭)의 기일을 맞아 저희들이 한자리에 모였습니다. 슬픔을 기쁨으로, 절망을 희망으로 바꾸어 주시는 주님이시기에 고인(호칭)을 기억하며 하나님께 추모예배를 드립니다. 부활의 주님이 이 자리에 강림하셔서 저희의 상한 마음을 위로하여 주옵소서.
아직도 먼저 보낸 고인(호칭)의 흔적을 지울 수 없어 눈물이 마르지 않는 부모를 기억하여 주옵소서. 고인(호칭)으로 인하여 행복해 했던 그 아름다운 흔적들을 어떻게 그 마음에서 지울 수 있겠습니까?

고인(호칭)에게 기대를 걸었던 부모의 그 아름다운 소망들을 어떻게 흩날려버릴 수 있겠습니까? 사랑이 많으신 우리 주님이 아직도 마음을 추스르지 못하여 힘들어하는 부모의 마음을 품어주시고 소망을 갖게 하여 주시옵소서.

절망과 충격의 먹구름이 걷힐 수 있도록 그 마음에 빛이 되어 주시고, 부활의 주님을 굳게 붙들고 믿음으로 달려갈 수 있도록 주님의 오른손으로 굳게 잡아주시옵소서. 천국에서 다시 만나는 그날까지 고인(호칭)이 남긴 아름다운 믿음의 흔적들을 이어갈 수 있도록 도와주시옵소서.
꿈속에서라도 고인(호칭)을 만날 수 있는 위로와 기쁨을 주실 것을 믿사옵고 예수 그리스도의 이름으로 기도합니다. 아멘

추모식(교우기일)

고인의 유지를 잘 받들게 하소서

부활이요 생명이신 주님! 오늘 이 시간 0년 전에 주님 품으로 부르셨던 고 000성도(직분)님의 기일을 맞아 주님께 감사의 예배를 드립니다.

고인을 눈물과 슬픔뿐인 이 세상에서 기쁨의 나라로 옮기신 것을 믿고 감사드립니다. 또한 지금까지 고인의 유족을 돌보아 주시고 믿음 안에서 승리하게 하심을 감사드립니다. 하지만 저희들은 문득 고인의 빈자리가 생각날 때, 허전함과 회한이 밀려옴을 감당키 어려울 때가 있음을 고백합니다. 위로하여 주옵소서.

주님! 사랑하는 남은 가족들을 축복하셔서 생활 가운데 부족함이 없게 하시고 나누고 베풀며 살아갈 수 있도록 은총을 베풀어 주옵소서. 고인의 유지를 잘 받들어 가족 모두가 화목하게 하시고 믿음의 반석 위에 굳게 서게 하옵소서.

사랑의 주님! 저희들이 이 땅을 살아가는 동안 땅위의 것을 보며 실망하지 않게 하시고 부활의 주님을 바라보며 믿음으로 승리할 수 있게 하옵소서. 오늘 말씀을 전하시는 목사님을 성령으로 붙드시고 선포되는 말씀으로 주님의 심판과 부활과 영생이 저희의 마음 깊은 곳에 견고해지게 하옵소서.

마음을 다하여 드리는 이 예배를 주님이 홀로 영광 받으실 것을 믿사옵고 예수 그리스도의 이름으로 기도합니다. 아멘

추모식(초신자 가정)

믿음의 길을 지켜주소서

은혜로우신 하나님 아버지! 우리 가정에 믿음을 주셔서 감사드립니다. 추모예배가 살아 있는 제사일 줄 믿습니다.
올해는 제사 대신 추모예배를 드리기 위해서 많은 설득과 노력이 필요했습니다. 아직도 주님을 영접하지 못한 친척들이 있지만 성령께서 그들의 마음을 감화시켜 주셔서 내년에는 함께 추모예배를 드리게 하실 것을 믿습니다.

주님! ○○○님이 세상을 떠났을 때 성도들이 베풀어 주신 사랑을 기억하며 감사드립니다. 그 사랑에 힘입어 저희가 이와 같이 예수님을 믿는 가정이 되었습니다. 저희도 남을 도우며 사랑을 베풀기에 힘쓰는 가정이 되게 하옵소서.
또한 저희 가정이 걷는 믿음의 길을 지켜 주옵소서. 심히 부족하고 연약합니다. 흔들리지 않게 하시고 곁길로 가지 않도록 도와주시옵소서. 믿음의 사람 에녹과 같이 주님과 동행하는 삶을 살게 하여 주옵소서.

오늘 저희는 ○○○님이 살아생전에 바르게 살기위해서 힘쓰던 모습을 기억합니다. 저희 자녀를 위하여 온갖 희생을 마다하지 않으셨던 ○○○님이셨습니다. 저희들도 그 모습을 닮아갈 수 있게 하여 주옵소서.

오늘 하나님께 드리는 이 추모예배를 통하여 또 한 번 주님의 크신 사랑과 은혜를 경험하게 하실 것을 믿사옵고 예수 그리스도의 이름으로 기도합니다. 아멘

추모식(불신자 가정)

놀라운 복으로 채워주소서

처음과 나중이 되시는 하나님 아버지! 주님의 이름으로 모여 추모예배를 드립니다. 고인(호칭)은 주님을 믿지 않고 세상을 떠났지만 이 가정이 주님을 영접하고 주님의 자녀가 되었습니다. 이제는 제사 드리는 전통에서 하나님 앞에 추모예배를 드리는 신앙의 결단을 했습니다. 이 가정의 결단력을 크게 칭찬하여 주시고 놀라운 복으로 채워주시옵소서.

"그가 나를 사랑한즉 내가 그를 건지리라 그가 내 이름을 안즉 내가 그를 높이리라 그가 내게 간구하리니 내가 그에게 응답하리라 그들이 환난 당할 때에 내가 그와 함께하여 그를 건지고 영화롭게 하리라"(시91:14,15)고 약속하셨사오니 이 축복의 말씀이 이 가정 위에 충만히 임하게 하여 주옵소서.

주님! 여기에 모인 고인(호칭)의 자손들과 성도들에게 영적인 귀가 열려서 항상 주님의 음성을 듣는 은혜가 있게 하옵소서. 그리하여 살아계신 하나님을 날마다 경험하는 축복의 삶이 되게 하옵소서.
또한 주변에 믿지 않는 사람들에게도 복음을 전하여 주님을 기쁘시게 하는 삶이 되게 하옵소서.

오늘 정성을 다하여 추모예배를 드리는 이 가정에 놀라운 사랑으로 함께 하실 것을 믿사옵고 예수 그리스도의 이름으로 기도합니다. 아멘

추모식(성묘)

다시 상봉할 수 있게 하소서

사랑이 풍성하신 하나님 아버지! 부활의 소망이 되시고 영생의 기쁨과 소망을 주신 하나님께 감사드립니다. 오늘 귀한 은혜를 베푸셔서 조상을 성묘할 수 있도록 인도하심을 감사드립니다. 저희들이 세상에 사는 동안 천국의 소망을 주시고 하나님을 바라볼 수 있는 영안을 열어주심을 감사드립니다.

사람은 누구를 막론하고 왔다 가는 것이 하나님의 섭리이므로 영원한 이별이 아니라 그리스도인에게는 다시 상봉하는 부활의 소망이 있는 것을 믿습니다. 오늘 성묘를 통해서 내세의 소망을 더욱 확고하게 세울 수 있게 하시고 참다운 인생관을 바로 알 수 있는 믿음을 가질 수 있게 하옵소서. 그리하여 험한 세상에서 신앙생활에 승리만 있게 하옵소서.

주님! 고인(호칭)이 저희 가족들에게 남기신 믿음의 가업이 있습니다. 훗날 천국에서 고인(호칭)을 다시 만날 때 부끄럽지 않도록 잘 받들어 계승할 수 있게 하옵소서. 또한 자자손손 믿음의 유산이 뿌리내려져서 길이길이 가문을 빛내는 후손들이 되게 하여 주옵소서.

저희의 생명을 주장하셔서 영원한 나라로 이끄시는 예수 그리스도의 이름으로 기도합니다. 아멘

추모식(설날)

부모님 은덕을 감사하게 하소서

역사의 주관자 되시며 저희에게 새 소망을 주시는 하나님 아버지! 다사다난했던 묵은해를 보내고 새로운 희망과 새 소망의 한 해를 주신 하나님께 감사를 드립니다.
이제 지난해를 돌이켜 볼 때, 잘못된 일과 부족했던 일들이 많이 있었사오나 저희들의 잘못을 용서하여 주시고 금년 새해에는 저희들에게 굳센 믿음을 주셔서 죄에 물들지 않고 바르게 살도록 인도하여 주옵소서.

새해에는 하나님께서 저희의 가정을 지켜주셔서 온 가족에게 강건함을 주시고 생업도 축복해 주셔서 번성하는 역사가 있게 하시며 무엇인가 변화 있는 새 출발의 기점이 되게 하옵소서.

주님! 저희 가족이 선친의 유훈을 기릴 수 있게 하시며 부모님의 은덕을 감사하는 자녀가 되게 하옵소서. 또한 형제들과 우애하며, 서로 사랑하며, 화평이 넘치며, 소망하는 뜻이 아름답게 이루어지는 새해가 되게 하옵소서. 오늘 새해를 맞아 저희 모든 가족이 한자리에 모여 하나님께 감사의 예배를 드립니다. 하나님과 부모님 앞에 부끄럽지 않는 삶이 될 것을 다짐할 할 수 있는 시간이 되게 하옵소서.

저희 가족이 그리스도의 사랑 안에서 화평을 누리며 희망찬 새해가 되게 하실 것을 믿사옵고 예수 그리스도의 이름으로 기도합니다. 아멘

추모식(추석)

효의 정신을 이어갈 수 있게 하소서

만물을 창조하셔서 때를 따라 일용할 양식을 공급하시는 하나님 감사드립니다. 우리나라에 고유한 추석 명절을 주셔서 온가족, 친척이 한자리에 모여 조상의 은혜를 감사하며 추모하게 하심을 감사드립니다.

더욱 감사한 것은 우리에게 신앙의 조상을 주시고, 조상으로 하여금 신앙의 교훈을 받게 됨을 감사합니다. 많은 사람들은 명절을 맞이하여 우상을 숭배하며 사탄마귀와 귀신들의 종노릇을 하고 있으나 우리 가정은 하나님께 감사하게 하심을 진실로 감사드립니다.
우리 가족은 우주의 유일신이신 창조주 하나님을 잘 공경하여 뜻있는 명절이 되어 자손만대로 하나님의 축복을 받는 효도의 정신을 이어가는 가정이 되게 하옵소서.

사랑이 풍성하신 하나님! 이 좋은 명절에 슬픔과 아픔 가운데 있는 이웃도 있습니다. 사랑하는 가족과 함께 하고 싶어도 가족을 만날 수 없는 이웃도 있습니다. 저희 가족들만 즐겁게 보내는 명절이 아니라 어려운 이웃을 돌아보며 그들과 작은 즐거움도 함께 나눌 수 있는 명절이 되게 하옵소서.

저희 모든 가족을 항상 지켜주셔서 이 자리에 함께할 수 있게 하심을 다시금 감사드리오며 예수 그리스도의 이름으로 기도합니다. 아멘

맡기는 기도

아버지,
제 자신을 당신 손에 드립니다.
주님께 저를 양도합니다.
주님 원대로 제게 행하소서.
어떻게 하시든 저는 감사할 따름입니다.
무슨 일에든 감사함으로 응하겠습니다.
무슨 일이든 감사함으로 응하겠습니다.
무슨 일이든 감사함으로 받아들이겠습니다.
제 안에,
그리고 당신의 모든 피조물 안에,
당신의 모든 자녀들 안에,
당신이 사랑하시는 모든 사람들 안에
주님 뜻이 이루어진다면 저는 아무 상관없습니다.
하나님,
제 영혼을 당신 손에 맡깁니다.
제 마음의 모든 사랑과 함께.
주님,
제가 당신을 사랑하기에,
제 사랑이 그렇게 하도록 강권하기에
제 자신을 드립니다.
아무것도 남김없이,
한없는 믿음으로 저를 당신의 손에 맡깁니다.
당신은 제 아버지이시기 때문입니다.

_ 샤를 드 푸코

15장
가정추모(追慕) 예배 가이드

부모님기일(신자가족과의 추모예배)

천국을 바라보며

1) 개식사
오늘은 고 000(호칭)의 기일이므로 지금부터 하나님 앞에 추모예배를 드리도록 하겠습니다. 다함께 묵상기도를 드리겠습니다.
송영(인도자가 천천히 낭독한다)
"나의 힘이신 여호와여 내가 주를 사랑하나이다 여호와는 나의 반석이시요 나의 요새시요 나를 건지시는 이시요 나의 하나님이시요 내가 그 안에 피할 나의 바위시요 나의 방패시요 나의 구원의 뿔이시요 나의 산성이시로다"(시 18: 1~3)

2) 신앙고백/ 다함께

3) 찬송/ 301장<통: 460장>/ 다함께

4) 대표기도/ 맡은이 또는 가족 중 한사람

5) 성경봉독/ 누가복음 16장 19 ~ 22절
"한 부자가 있어 자색 옷과 고운 베옷을 입고 날마다 호화롭게 즐기더라 그런데 나사로라 이름하는 한 거지가 헌데 투성이로 그의 대문 앞에 버려진 채 그 부자의 상에서 떨어지는 것으로 배불리려 하매 심지어 개들이 와서 핥더라 이에 그 거지가 죽어 천사들에게 받들려 아브라함의 품에 들어가고 부자도 죽어 장사되매"

6) 말씀제목/ 하나님의 나라를 바라보며
오늘 우리는 이미 고인이 되신 000(호칭)을 추모하는 시간을 갖고 있습니다. 이미 고인(호칭)은 하나님의 나라에서 평안을 누리고 있을 것을 믿습니다. 우리 또한 세상에서의 시간이 다 지나면 그곳에 갈 것입니다. 다시 말씀드리면 우리가 갈 곳은 천국입니다.
그러나 종종 우리는 죽음 이후에 갈 곳이 없는 사람들처럼 살고 있다는 생각을 합니다. 세상에서의 즐거움을 좇고 성공을 이루려고 갖은 애를 쓰고 실패에 낙심하고 좌절하며 살아가고 있습니다.
바로 오늘 본문에 나오는 부자와 같은 모습입니다. 부자는 세상에서 성공한 사람이었나 봅니다. 자색 옷이나 고운 베옷을 입고 날마다 호화롭게 즐겼다고 했습니다. 사람들이 부러워할 만한 사람이었을 것입니다. 그리고 인격적으로도 너그러운 성격의 소유자였었나 봅니다. 그는 날마다 잔치를 베풀어서 많은 사람을 대접했습니다. 거지 나사로가 대문 앞에 있었으면 무척 거슬렸을 터인데 그를 내쫓지도 않았습니다.

하지만 부자는 죽음이라는 것을 생각하지 않는 사람이었습니다. 그렇기 때문에 자신의 영혼에 대하여도 무관심했습니다. 오직 세상이 전부였고 그것이 끝이었습니다. 그는 죽은 후에야 비로소 천국과 지옥이 있음을 알게 됐고, 자신뿐만 아니라 다른 가족의 영혼에 대하여도 관심을 갖게 되었습니다.

그러나 이미 늦어버렸습니다. 천국과 지옥을 택할 수 있는 기회는 오직 이 땅 위에 살아있을 동안뿐이기 때문입니다.

하나님은 성경의 곳곳에서 천국과 지옥에 대하여 보여주고 계십니다. 그리고 만물의 주인이시요, 온 우주의 통치자이신 하나님을 기억하라고 말씀하고 계십니다. 땅을 딛고 세상을 살고 있지만 우리의 최종적인 도착지는 천국이라는 것을 거듭 말씀하고 있는 것을 볼 수 있습니다.

천국을 생각하며 바라보면 세상에서의 부와 성공과 즐거움이 그리 커 보이지 않습니다. 하늘에서의 평안과 기쁨은 이 세상의 어느 것과 비교조차 할 수 없을 것이기 때문입니다.

죽음이라는 것은 분명 슬프며 가슴 아픈 일입니다. 그러나 죽음을 통해서 천국을 바라볼 수 있다면 죽음이 복이 될 것입니다. 이 세상이 끝이 아님을 되새기며 영혼에 관심을 가질 수 있다면 큰 은혜일 것입니다.

하나님의 사랑으로 우리는 이미 천국을 얻었습니다. 천국의 백성이 되었습니다. 고인(호칭)을 생각할 때마다 하나님의 나라인 천국을 떠올리며 천국백성의 모습을 이루어가는 우리 모두가 되기를 바랍니다.

7) 기도/ 설교자
하나님 아버지, 저희를 사망의 길에서 구원하여 주시고 하나님 나라의 영원한 소망을 품게 하시니 감사합니다. 이 땅을 살아가는 동안 이 세상이 끝이 아님을 되새기며 영혼에 관심을 갖고 살 수 있는 저희들이 되게 하옵소서.
저희에게 주신 하나님의 생명을 가슴에 품고 천국에 가신 고인(호칭)을 생각할 때마다, 하나님의 은혜와 사랑과 소망을 되새길 수 있는 이 시간이 되게 하옵소서. 예수 그리스도의 이름으로 기도합니다. 아멘

8) 찬송/ 242장<통: 233장>/ 다함께

9) 추모묵도/ 돌아가신 부모님을 추모하는 묵도를 잠시 한다(다함께).

10) 주기도문/ 다함께

부모님기일(불신가족과의 추모예배)

복된 죽음

1) 개식사
오늘은 고 000(호칭)의 기일이므로 지금부터 하나님 앞에 추모예배를 드리도록 하겠습니다. 다함께 묵도하겠습니다.
송영(인도자가 천천히 낭독한다)
"여호와는 궁핍한 자의 소리를 들으시며 자기로 말미암아 갇힌 자를 멸시하지 아니하시나니 천지가 그를 찬송할 것이요 바다와 그 중의 모든 생물도 그리할지로다"(시 69: 33~34)

2) 신앙고백/ 다함께

3) 찬송/ 240장<통: 231장>/ 다함께

4) 대표기도/ 맡은이 또는 가족 중 한사람

5) 성경봉독/ 요한계시록 14장 13절
"또 내가 들으니 하늘에서 음성이 나서 이르되 기록하라 지금 이후로 주 안에서 죽는 자들은 복이 있도다 하시매 성령이 으르시되 그러하다 그들이 수고를 그치고 쉬리니 이는 그들의 행한 일이 따름이라 하시더라"

6) 말씀제목/ 복된 죽음
잘 사는 것은 모든 사람들의 공통된 소망입니다. 사람들이 열심히 일해서 돈을 많이 벌려고 하는 것이나 몸에 좋은 음식을 먹는 것도 잘 살기 위한 몸부림일 것입니다. 그런데 삶이 있으면 죽음도 있기에 잘 죽는 것도 잘 사는 것 못지않게 중요합니다. 그러면 잘 죽는 것은 어떤 것일까요? 오늘 고인(호칭)을 추모하는 예배를 드리면서 이에 대해 잠깐 말씀을 증거하고자 합니다.
첫째, 주 안에서 죽는 것입니다. 오늘 본문에 "또 내가 들으니 하늘에서 음성이 나서 이르되 기록하라 지금 이후로 주 안에서 죽는 자들은 복이 있도다 하시매"(上)라는 말씀이 있습니다. 이 말씀은 복된 죽음이 어떤 것인지 밝히 증거하고 있습니다. 주 안에서 죽는 것입니다.
다시 말하면 생전에 예수 그리스도를 믿고 살다가 세상을 떠나는 것입니다. 그러므로 진정으로 잘 죽는 것은 세상에서 부유하고 평안하게 살다가 수한이 다 되어 죽는 것이 아닙니다. 세상에서 아무리 부귀와 장수를 누렸다고 할지라도 죽어서 그 영혼이 구원을 받지 못하면 무슨 이익이 있겠습니까? 주 안에서 죽지 못한 사람이 갈 곳은 영원히 불타는 지옥입니다.
고인(호칭)은 생전에 예수님을 잘 믿으셨기 때문에 복된 죽음을 맞이하신 것입니다. 우리 역시 세상에서 믿음으로 살다가 복된 죽음을 맞이해야만 할 것입니다.
둘째, 하늘에 상급을 쌓는 것입니다. 오늘 본문에 "성령이 으르시되 그러하다 그들이 수고를 그치고 쉬리니 이는 그들의 행한 일이 따름이라 하시더라"(下)하는 말씀이 있습니다.
이 말씀에 나오는 '그들'이란 주 안에서 죽은 자들을 가리킵니다. 성령께서는 주 안에서 죽은 자들이 수고를 그치고 쉬는 이유에 대해 그들의 업적이 항상 뒤에 남아 있기 때문이라고 하셨습니다. 이것은 곧 주 안에서 죽은 자들에게는 그 업적에 따라 상급이 다를 것임을 암시한 것입니다.
예수님을 믿고 주 안에서 죽은 자들은 모두 구원을 받지만 천국에서 받을 상급은 동일하지 않습니다. 하나님의 나라를 위해 열심히 일하고 큰 열매를 맺은 사람일수록 많은 상급을 받습니다. 고인(호칭)께서는 생전에 하나님의 나라와 교회를 위해 많은 수고를 하셨기 때문에 천국에서 많은 상급을 받으셨을 것입니다.
우리도 세상에서의 모든 수고를 그치고 하나님 앞에 설 때 많은 상급을 받을 수 있도록 주의 일에 힘쓰고 하나님이 기뻐하시는 삶을 살아야 할 것입니다.
요즘 사람들은 건강하고 오래 사는 것에 관심이 많습니다. 그러나 우리가 세상을 살면 얼마나 더 살겠습니까?
우리 그리스도인은 잘 사는 것보다 잘 죽는 것을 더 중시해야만 합니다. 아무쪼록 고인(호칭)을 추모하기 위해 이 자리에 모인 모든 가족들도 훗날에 복된 죽음이 될 수 있도록 예수님을 잘 믿으시고 믿음의 업적을 쌓을 수 있기를 바랍니다.

7) 기도/ 설교자

은혜로우신 하나님, 저희 모두가 생전에 예수 그리스도를 잘 믿다가 죽어 세상을 떠나면 주님 품에 안길 수 있게 하옵소서. 또한 이 땅에서 믿음의 공적을 많이 쌓음으로 모든 수고를 그치고 주님 앞에 설 때, 많은 상급을 받을 수 있게 하옵소서. 저희 가족 모두가 믿음으로 잘 사는 삶이 되게 하실 것을 믿습니다. 예수 그리스도의 이름으로 기도합니다. 아멘

8) 찬송/ 494장<통: 188장>/ 다함께

9) 추모묵도/ 돌아가신 부모님을 추모하는 묵도를 잠시 한다(다함께).

10) 주기도문/ 다함께

형제(자녀)기일

그 이름을 생명책에서

1) 개식사
오늘은 고 000(호칭)의 기일이므로 지금부터 하나님 앞에 추모예배를 드리도록 하겠습니다. 다함께 묵도하겠습니다.
송영(인도자가 천천히 낭독한다)
"내 아버지 집에 거할 곳이 많도다 그렇지 않으면 너희에게 일렀으리라 내가 너희를 위하여 거처를 예비하러 가노니 가서 너희를 위하여 거처를 예비하면 내가 다시 와서 너희를 내게로 영접하여 나 있는 곳에 너희도 있게 하리라"(요 14: 2~3)

2) 신앙고백/ 다함께

3) 찬송/ 292장<통: 415장>/ 다함께

4) 대표기도/ 맡은이 또는 가족 중 한사람

5) 성경봉독/ 요한계시록 3장 4~5절
"그러나 사데에 그 옷을 더럽히지 아니한 자 몇 명이 네게 있어 흰 옷을 입고 나와 함께 다니리니 그들은 합당한 자인 연고라 이기는 자는 이와 같이 흰 옷을 입을 것이요 내가 그 이름을 생명책에서 결코 지우지 아니하고 그 이름을 내 아버지 앞과 그의 천사들 앞에서 시인하리라"

6) 말씀제목/ 그 이름을 생명책에서
소속 정당에서 국회의원으로 출마하려는 정치인들이 가장 싫어하는 말 중의 하나는 아마도 살생부(殺生簿)일 것입니다. 살생부란 "죽이고 살릴 사람의 이름을 적어 둔 명부"를 의미합니다. 정당 후보로 국회의원직에 출마하려면 당의 공천을 받아야 하는데 살생부에 이름이 올라간다는 것은 당사자에게는 정치생명이 왔다 갔다 할 만큼 두려운 일입니다. 그러나 사람들에게는 이보다 더 두려워해야 할 것이 있는데 그것은 생명책에 이름이 없는 것입니다. 생명책에 이름이 없으면 지옥의 영원한 불못에 던져지기 때문입니다(계 20:15)
오늘 사랑하는 고인(이름)을 추모하는 예배를 드리면서 잠깐 생명책에 대해 말씀을 증거 하고자 합니다.
첫째, 생명책에 이름이 기록되면 구원을 받습니다. 생명책이란 하나님께서 친히 택하신 백성들의 이름이 기록된 책을 의미합니다. 살생부에는 사람을 죽이고 살릴 사람의 이름이 함께 기록되어 있지만 생명책에는 살릴 사람의 이름만 기록되어 있습니다. 생명책 사상은 구약시대에도 있었습니다. 모세는 하나님이 이스라엘 백성들의 죄를 사해주지 아니하시려거든 주께서 기록하신 책에서 자신의 이름을 지워달라고 했고(출 32:32), 다윗은 자신의 원수들을 생명책에서 지우사 의인들과 함께 기록되지 않게 해달라고 기도했습니다(시 69:28).

생명책에 이름이 기록된다는 것은 바로 구원을 의미했습니다. 요한계시록에 의하면 생명책에 이름이 기록되지 못한 사람은 둘째 사망인 불못에 던져진다고 했습니다. 그러나 생명책에 이름이 기록된 사람은 거룩한 성 예루살렘에 들어간다고 증거하고 있습니다(계 21:27). 그러므로 생명책에 이름이 기록되면 완전한 구원을 얻게 되는 것입니다.

둘째, 믿음으로 살다간 사람은 생명책에 이름이 있습니다. 생명책은 하나님이 친히 기록하신 책이므로 하나님의 선택을 받은 사람들의 이름이 기록되어 있습니다. 그러면 하나님의 선택을 받은 사람들을 어떻게 구별할 수 있겠습니까? 사실 구원은 하나님의 주권에 속한 것이기 때문에 우리는 하나님의 선택 여부를 함부로 판단할 수는 없습니다.

그러나 믿음으로 살다간 사람에 대해서는 하나님의 선택을 받아 생명책에 이름이 기록되어 있다고 확신할 수 있습니다. 고인(이름)은 비록 이 땅에서 짧은 삶을 살았지만 믿음으로 살았기 때문에 생명책에 그 이름이 기록되어 있다는 것을 확신할 수 있습니다. 지금 고인(이름)은 오늘 말씀대로 천국에서 흰 옷을 입고 영생복락을 누리고 있을 것입니다.

아무쪼록 고인(이름)을 추모하기 위해 이 자리에 있는 가족들도 슬픔 속에 젖어있지만 말고 천국에서 고인을 다시 만날 수 있도록 믿음으로 승리하는 삶을 살아가실 수 있기를 바랍니다.

7) 기도/ 설교자

은혜로우신 하나님, 고인(이름)은 비록 이 땅에서 짧은 삶을 살았지만, 그 이름이 생명책에 기록되었으므로 천국에서 주님의 사랑을 받으며 영생복락을 누리고 있는 줄 믿습니다. 여기에 있는 저희들도 고인(이름)을 다시 만날 때까지 믿음을 굳게 붙들고 살아갈 수 있게 하옵소서. 예수 그리스도의 이름으로 기도합니다. 아멘

8) 찬송/ 222장<통: 524장>/ 다함께

9) 추모묵도/ 고인을 추모하는 묵도를 잠시 한다(다함께).

10) 주기도문/ 다함께

성묘(부모님)

막벨라 굴의 교훈

1) 개식사
지금부터 고 000(호칭)님을 추모하며 하나님 앞에 예배를 드리겠습니다. 다함께 묵도함으로 예배를 시작합니다.
송영(인도자가 천천히 낭독한다)
"내가 주의 영을 떠나 어디로 가며 주의 앞에서 어디로 피하리이까 내가 하늘에 올라갈지라도 거기 계시며 스올에 내 자리를 펼지라도 거기 계시니이다 내가 새벽 날개를 치며 바다 끝에 가서 거주할 지라도 거기서도 주의 손이 나를 인도하시며 주의 오른 손이 나를 붙드시리이다"(시 139: 7~10)

2) 신앙고백/ 다함께

3) 찬송/ 491장<통: 543장>/ 다함께

4) 대표기도/ 맡은이 또는 가족 중 한사람

5) 성경봉독/ 창세기 23장 1 ~ 18절
"사라가 백이십칠 세를 살았으니 이것이 곧 사라가 누린 햇수라 사라가 가나안 땅 헤브론 곧 기럇아르바에서 죽으매 아브라함이 들어가서 사라를 위하여 슬퍼하며 애통하다가 그 시신 앞에서 일어나 나가서 헷 족속에게 말하여 이르되 나는 당신들 중에 나그네요 거류하는 자이니 당신들 중에서 내게 매장할 소유지를 주어 내가 나의 죽은 자를 내 앞에서 내어다가 장사하게 하시오<후략>"

6) 말씀제목 / 막벨라 굴의 교훈
오늘 본문의 말씀은 아내 사라가 죽은 후 그의 장례를 위해 막벨라 굴을 많은 값을 치르고 산 아브라함의 이야기를 기록하고 있는데 이 말씀은 우리에게 소중한 영적 교훈을 주고 있습니다. 오늘 고인(호칭)을 추모하는 예배를 드리면서 막벨라 굴의 교훈에 대하여 잠깐 생각해보고자 합니다.
첫째, 신앙의 가문을 이어가는 것입니다. 아브라함이 사랑가 죽었을 때 헷 사람 에브론에게서 샀던 막벨라 굴은 아브라함 가문의 선영이 되었습니다. 이 막벨라 굴에는 사라 외에도 아브라함, 이삭, 리브가, 야곱, 레아가 묻혔습니다. 즉 3대 족장의 부부가 여기에 묻힌 것입니다. 하나님은 호렙산에서 모세를 부르실 때, 이 3대 족장의 이름을 언급하시면서 "이는 나의 영원한 이름이요 대대로 기억할 나의 칭호"

라고 하셨습니다(출3:15). 하나님이 대대로 기억할 당신의 칭호라고 하신 이 이름에는 아브라함과 이삭과 야곱의 이름이 다 들어 있습니다. 이 3대 신앙인은 믿음으로 살다간 위대한 신앙의 거성이었습니다.

그러므로 막벨라 굴이 우리에게 주는 교훈은 신앙의 가문을 이어가라는 것입니다. 자손대대로 하나님을 잘 믿는 신앙의 대를 이어간다는 것이 얼마나 큰 복인지 모릅니다. 아브라함의 가문을 보면 아브라함의 아들 중에는 이삭만이, 이삭의 아들 중에는 야곱만이 복을 받았지만, 야곱의 아들들은 모두가 복을 받았습니다.

이것은 믿음의 가계를 대대로 이어갈 때 우리와 우리의 후손이 복을 받을 수 있음을 보여주고 있습니다.

둘째, 천국 본향에 대한 소망입니다. 야곱은 애굽 땅에서 죽을 때 자신의 시신을 가나안 땅에 있는 막벨라 굴에 묻어달라는 유언을 남겼는데 야곱의 이 같은 유언 속에는 가나안 땅을 후손에게 주리라는 하나님의 약속에 대한 믿음과 함께 천국 본향에 대한 소망이 담겨져 있습니다. 가나안 땅은 영적으로는 천국을 상징하는 곳입니다. 후기의 유대 전승에 의하면 에덴동산으로 가는 길은 막벨라 굴에서 시작된다는 말이 있습니다. 에덴동산은 천국의 모형입니다. 그래서 막벨라 굴에 묻힌다는 것은 천국의 본향을 들어간다는 상징적인 의미가 있습니다.

히브리서 기자에 의하면 믿음을 따라 죽었던 사람들이 진정으로 사모한 본향은 땅에 있는 것이 아니라 하늘에 있는 것이었습니다(11:16). 하늘에 있는 본향은 우리도 언젠가 이 세상을 떠날 때 들어가게 될 곳입니다.

그러니 우리는 하늘에 있는 본향에서 돌아가신 분을 만나기를 소망하며 우리에게 주어진 삶을 열심히 살아야 합니다. 사랑하는 가족 여러분, 아브라함이 많은 값을 치르고 산 막벨라 굴은 오늘을 사는 우리에게 신앙의 가문을 이어갈 것과 천국의 본향을 소망하며 살아가라는 귀중한 영적 교훈을 주고 있습니다. 이같은 교훈을 마음에 새기고 천국 본향을 바라보며 신앙생활을 열심히 할 수 있기를 바랍니다.

7) 기도/ 설교자

은혜로우신 하나님, 오늘 저희들도 아브라함의 가문처럼 자손 대대로 하나님을 잘 믿는 믿음의 가정을 이룰 수 있게 하옵소서. 그리하여 하나님의 크신 복을 자손 대대로 받아 누릴 수 있게 하옵소서. 또한 천국의 본향을 소망하며 살아갈 수 있는 저희 모두가 되게 하옵소서. 예수 그리스도의 이름으로 기도합니다. 아멘

8) 찬송/ 559장<통: 305장>/ 다함께

9) 추모묵도/ 고인을 추모하는 묵도를 잠시 한다(다함께).

10) 주기도문/ 다함께

설날

우애와 존경

1) 개식사
지금부터 설날 명절을 맞이하여 하나님 앞에 예배를 드리겠습니다. 다함께 묵도함으로 예배를 시작합니다.
송영(인도자가 천천히 낭독한다)
"여호와께 감사하고 그의 이름을 불러 아뢰며 그가 하는 일을 만민 중에 알게 할지어다 그에게 노래하며 그를 찬양하며 그의 모든 기이한 일들을 말할지어다 그의 거룩한 이름을 자랑하라 여호와를 구하는 자들은 마음이 즐거울지로다"(시 105: 1~3)

2) 신앙고백/ 다함께

3) 찬송/ 550장<통: 248장>/ 다함께

4) 대표기도/ 가족 중 한사람(생략해도 무방함)

5) 성경봉독/ 로마서 12장 10~11절
"형제를 사랑하여 서로 우애하고 존경하기를 서로 먼저하며 부지런 하여 게으르지 말고 열심을 품고 주를 섬기라"

6) 말씀제목 / 우애와 존경
행복한 가정은 부부 사이뿐만 아니라 온 가족의 사이가 좋은 가정입니다. 즉 부부간, 부모와 자식간, 그리고 자식과 자식간이 모두 화목한 가정입니다. 우리가 이런 가정을 이루기 위해서는 무엇이 필요하겠습니까?
본문 말씀에는 행복한 가정을 이루는데 필요한 두 가지 원리가 제시되어 있습니다. 오늘 이 시간에 설날 가정 예배를 드리면서 우리 가정이 주 안에서 행복한 가정으로 세워지기를 바라는 마음으로 그 두 가지 원리를 증거 하고자 합니다.
첫째, 우애입니다. 본문 말씀에 보면 "형제를 사랑하여 서로 우애하고"라는 말씀이 있습니다. 사전적인 의미에서의 우애란 "형제간이나 친구 사이의 두터운 정과 사랑"이라는 뜻입니다. 가족 사이에서의 우애는 어떤 상황에서도 서로에 대한 사랑이 변하지 않고 화목한 것을 뜻합니다. 즉 건강할 때나 병들 때나, 기쁠 때나 슬플 때나, 성공했을 때나 실패했을 때나 변함없이 서로 사랑하는 것을 말합니다.

예컨대 가족 중 누군가가 중병에 걸렸거나 큰 사고를 당하여 오랜 세월을 몸져누워서 지낸다고 할지라도 이를 짐으로 여기지 않고 살아 있는 것만으로도 감사할 수 있는 사랑입니다. 가족 간에 이와 같은 우애가 있는 가정이 참으로 화목한 가정이라고 할 수 있습니다. 우리가 함께 이루어가야 할 가정은 바로 이와 같이 어떤 상황에서도 서로에 대한 사랑이 변치 않는 화목한 가정입니다.

둘째, 존경입니다. 본문 말씀에는 "존경하기를 서로 먼저하며'라는 말씀이 있습니다. 존경이란 상대방을 무서워하는 마음으로 떠받드는 것이 아니라 상대방을 인정하고 높여주는 것을 뜻합니다.

가족들이 서로 존경하지 못하는 가정은 행복할 수 없습니다. 오늘날 수많은 가정이 이혼으로 파괴되는 원인도 서로를 존경하지 못하기 때문입니다.

가족 사이의 존경은 평등해야 합니다. 성별이나 나이순으로 더 존경을 받아야 하는 것은 아닙니다. 만일 남존여비 사상으로 남편과 아들을 아내와 딸보다 더 존중한다면 그 가정은 결코 행복할 수 없습니다. 자식은 마땅히 부모를 존경해야 하지만 부모 역시 자식을 존경해야 합니다. 요즘 사회문제로 대두되고 있는 아동학대도 바로 부모가 자식을 존경하지 못하기 때문에 가해지는 가정폭력입니다.

사람들은 누구나 자존감이 있습니다. 즉 누구나 다른 사람들에게서 존경받기를 원하는 욕구가 있습니다. 그런데 다른 사람도 아닌 자기 가족에게서 존경을 받지 못한다면 어디서 자존감을 세울 수 있겠습니까? 다른 사람들은 내 가족을 존경하지 못할지라도 나는 존경할 수 있어야 합니다.

오늘 말씀에 하나님은 무엇보다 가정의 행복을 위해서 가족을 존경할 것을 명하셨습니다. 사랑하는 우리 가족 모두가 행복한 가정을 이루는 것은 하나님이 우리 가정에 원하시는 뜻입니다. 행복한 가정은 본문 말씀의 가르침과 같이 '우애'와 '존경'이 있는 가정이란 것을 기억하여 서로 우애하고 존경하기를 먼저 함으로 가정을 든든히 세워갈 수 있기를 바랍니다.

7) 기도/ 설교자

자비하신 하나님, 설날을 맞이하여 저희 가족 모두가 한자리에 모여 예배를 드릴 수 있게 하시니 감사드립니다. 오늘 주신 말씀대로 저희 가족 모두가 서로 우애하고 존경하기를 먼저 함으로 주님 안에서 행복한 가정을 든든히 세워갈 수 있게 하옵소서. 예수 그리스도의 이름으로 기도합니다. 아멘

8) 찬송/ 559장<통: 305장>/ 다함께

9) 추모묵도/ 고인을 추모하는 묵도를 잠시 한다(다함께).

10) 주기도문/ 다함께

추석

추석은 감사의 명절

1) 개식사
지금부터 추석명절을 맞이하여 하나님 앞에 예배를 드리겠습니다. 다함께 묵도함으로 예배를 시작합니다.
송영(인도자가 천천히 낭독한다)
"내가 산을 향하여 눈을 들리라 나의 도움이 어디서 올까 나의 도움은 천지를 지으신 여호와에게서로다 여호와께서 너를 실족하지 아니하게 하시며 너를 지키시는 이가 졸지 아니하시리로다"(시 121: 1~3)

2) 신앙고백/ 다함께

3) 찬송/ 301장<통: 460장>/ 다함께

4) 대표기도/ 가족 중 한사람(생략해도 무방함)

5) 성경봉독/ 룻기 1장 15 ~ 18절
"나오미가 또 이르되 보라 네 동서는 그의 백성과 그의 신들에게로 돌아가나니 너도 동서를 따라 돌아가라 하니 룻이 이르되 내게 어머니를 떠나며 어머니를 따르지 말고 돌아가라 강권하지 마옵소서 어머니께서 가시는 곳에 나도 가고 어머니께서 머무시는 곳에서 나도 머물겠나이다 어머니의 백성이 나의 백성이 되고 어머니의 하나님이 나의 하나님이 되시리니 어머니께서 죽으시는 곳에서 나도 죽어 거기 묻힐 것이라 내가 만일 죽는 일 외에 어머니를 떠나면 여호와께서 내게 벌을 내리시고 더 내리시기를 원하나이다 하는지라 나오미가 룻이 자기와 함께 가기로 굳게 결심함을 보고 그에게 말하기를 그치니라"

6) 말씀제목/ 추석은 감사의 명절
오늘은 우리 민족 최대의 명절인 추석입니다. 이날이 되면 흩어져 살던 가족들이 고향을 찾아옵니다. 집안의 어른들을 뵙고 인사를 드리고, 부모님의 사랑에 감사하며 온 가족이 한 자리에 모여서 그동안의 안부를 나눕니다.
햅쌀로 밥을 짓고, 송편을 빚으며, 조상의 묘를 찾아 성묘를 하기도 합니다. 농촌에서는 한자리에 모여서 농악과 춤으로 흥겹게 지내기도 하고, 마을마다 편을 짜서 줄다리기도 하며, 모래밭에서는 씨름판이 벌어지기도 하였습니다. 전라남도 서

해안 지방에서는 추석날 저녁 보름달이 뜰 무렵에는 부녀자들이 넓은 공터에 모여 손에 손을 잡고 원을 그리며 강강술래를 즐기고 친교를 나누기도 하였습니다. 우리 민족이 지키는 이 추석 명절의 정신을 한마디로 말한다면 '감사의 정신'이라고 설명할 수 있습니다.

추석은 하나님께 감사함을 갖는 절기입니다. 지난해를 살아오면서 여러 가지로 많은 어려움이 있었지만, 오늘 풍요로운 명절을 맞이하기까지 우리 가정을 지켜 주시고 인도해주신 하나님의 은혜에 크게 감사하는 마음을 가져야 합니다.

또한 추석은 우리 가족의 소중함을 다시 생각하고 가족들에게 감사하는 절기가 되어야 합니다. 평소에는 잊고 살았던 조상님들을 깊이 생각해 봅시다. 특별히 낳아 주시고 길러 주신 부모님의 은혜에 감사하는 절기가 되어야 합니다.

가족들 간에도 서로에게 감사하는 마음을 표현합시다. 남편은 아내에게, 아내는 남편에게 감사하는 마음을 전합시다. 명절을 맞아 부모의 은혜에 감사하고 효로써 공경하면 그것은 곧 우리 사람에게 축복으로 이어질 것입니다.

오늘 본문은 극도의 가난 속에서 남편을 잃은 룻이 홀시어머니인 나오미를 따르기로 작정하고 자기의 고향 모압을 떠나 베들레헴으로 가려는 결단의 모습을 보여줍니다.

하나님을 사랑하는 그의 신앙은 시어머니에 대한 효심으로 이어지고 있습니다. 이러한 결단은 상상하기조차 벅찬 하나님의 복을 그녀에게 안겨주었습니다. 그녀는 생전에 복의 사람 보아스를 만나 결혼하였고 다윗의 증조할머니가 되었으며 예수님의 족보에도 그 이름을 올렸습니다.

오늘 우리도 하나님의 은혜와, 부모님과 가족들의 사랑에 감사하며 살면 룻에게 함께하신 하나님을 경험하는 사람으로 살 수 있습니다. 우리 가족들도 하나님의 큰 복을 받아 누리는 삶이 되기를 소원합니다.

7) 기도/ 설교자

자비로우신 하나님, 오늘 추석 명절이 있기까지 저희 가족을 보호해 주시고 인도해 주심을 진심으로 감사드립니다. 주님의 사랑과 은혜 가운데 모든 가족이 강건하고 행복한 삶을 살아가게 하옵소서. 특히 범사에 하나님의 은혜에 감사할 줄 아는 신앙의 사람이 되게 하시고, 조상의 은덕과 부모님의 사랑과 은혜에 감사할 줄 아는 자녀들이 되게 하옵소서. 예수 그리스도의 이름으로 기도합니다. 아멘

8) 찬송/ 569장<통: 442장>/ 다함께

9) 추모묵도/ 고인을 추모하는 묵도를 잠시 한다(다함께).

10) 주기도문/ 다함께